中国高被引分析报告

2015

曾建勋　主编

·北京·

图书在版编目(CIP)数据

中国高被引分析报告.2015/曾建勋主编.—北京：科学技术文献出版社，2017.8
ISBN 978-7-5189-3066-1

Ⅰ.①中… Ⅱ.①曾… Ⅲ.①期刊－文献计量学－统计资料－中国－2015 Ⅳ.① G255.2

中国版本图书馆 CIP 数据核字（2017）第 171107 号

中国高被引分析报告 2015

策划编辑：周国臻　责任编辑：赵　斌　白建刚　崔灵菲　王瑞瑞　责任校对：文　浩　责任出版：张志平

出 版 者	科学技术文献出版社
地　　址	北京市复兴路 15 号　邮编 100038
编 务 部	（010）58882938，58882087（传真）
发 行 部	（010）58882868，58882874（传真）
邮 购 部	（010）58882873
网　　址	www.stdp.com.cn
发 行 者	科学技术文献出版社发行　全国各地新华书店经销
印 刷 者	北京地大彩印有限公司
版　　次	2017 年 8 月第 1 版　2017 年 8 月第 1 次印刷
开　　本	787×1092　1/16
字　　数	824 千
印　　张	36
书　　号	ISBN 978-7-5189-3066-1
定　　价	298.00 元

版权所有　违法必究

购买本社图书，凡字迹不清、缺页、倒页、脱页者，本社发行部负责调换

中国高被引分析报告 2015

主任编委 戴国强

主　　编 曾建勋

编写人员　赵　捷　　杨代庆　　李旭林　　王　星　　苏　静
　　　　　　张闪闪　　张卓然　　范如霞　　江俊鹏　　李永泽
　　　　　　邹欣欣　　徐少明　　赵莹莹　　池国强　　王　娜
　　　　　　丁遒劲　　刘敏健　　丹　英

通信地址：北京市海淀区复兴路 15 号　100038
　　　　　中国科学技术信息研究所　信息资源中心
网　　址：http://www.istic.ac.cn
电　　话：010-58882369　58882061
传　　真：010-58882321
电子信箱：library@istic.ac.cn

前　　言

近几年来，基于引文进行文献情报计算、知识关联分析已成为科学监测和科学评价的重要手段。针对期刊的各种计量指标如总被引频次、影响因子等不断深入人心，被社会广为应用。然而，除了基于引文的期刊影响力分析外，还可以进行文献计量指标的深度分析，特别是针对地区、论文、作者、研究机构、期刊、图书、会议等进行高被引指数分析，从中了解高影响力的学者、研究机构（大学）、地区（城市）和学术期刊在某一学科领域的影响和贡献，获得各个领域学术研究的进展、影响和趋势报告，为科技人员提供一种动态、综合、基于网络的研究分析环境。

为了更加科学地利用海量科学论文引文数据，遴选各学科高被引科学论文，合理测算科研机构的学术影响力，探索科研基础能力的评估方法，使引文统计分析结果更具有可应用性，我们基于"中国知识链接数据库"，全面深化学科高被引分析，编制成《中国高被引分析报告 2015》。报告以我国正式出版的各学科 6000 余种中、英文期刊（不包括少数民族语种期刊和港、澳、台地区出版的期刊）为统计源刊，经过对期刊引文数据的规范化处理，依托"中国知识链接数据库"进行统计分析、数据挖掘和知识链接，再以图谱、表格等方式加以展现，按年编卷出版。

《中国高被引分析报告 2015》以高被引论文为基础，按论文所属学科类别统计，从主题、期刊、作者、机构、图书、会议等多个角度分学科进行高影响力分析，全面展现各个学科领域的高被引情况。按学科领域反映高被引论文、高被引期刊、高被引作者、高被引机构、高被引图书、高被引国外期刊、高被引学术会议等，并利用共词分析、共被引分析、合作分析等方法，借助可视化工具进行论文主题关联分析、作者合著和作者共被引关系分析、期刊共被引关系分析及机构科研合作关系分析，力求直观地展现领域内各种学术主体的被引、合作和主题关联情况。

在整个编写过程中，尽管力求严格规范、细致准确、精益求精。但是，由于一些实际情况，如期刊的更名合并、引用文献著录不规范、期刊缩简写各异或学报版本迭更、作者重名、机构演化变更等，给我们的统计、分析和编写工作带来了很大困难，错误和疏漏在所难免，诚望广大读者不吝赐教，批评指正。

编　者
2017 年 6 月

目 录

第1章 绪 论 1
   1.1 数据来源 1
   1.2 高被引分析指数 2
   1.3 分析框架和方法 4
   1.4 其他说明 6

第2章 数学学科高被引分析 7
   2.1 学科论文概况 7
   2.2 高被引论文分析 8
   2.3 研究主题关联分析 9
   2.4 学科高影响力期刊分析 9
   2.5 高被引作者分析 12
   2.6 高被引机构分析 15
   2.7 高被引图书、国外期刊及学术会议 17

第3章 物理学科高被引分析 18
   3.1 学科论文概况 18
   3.2 高被引论文分析 19
   3.3 研究主题关联分析 20
   3.4 学科高影响力期刊分析 20
   3.5 高被引作者分析 23
   3.6 高被引机构分析 26
   3.7 高被引图书、国外期刊及学术会议 28

第4章 化学学科高被引分析 29
   4.1 学科论文概况 29
   4.2 高被引论文分析 30
   4.3 研究主题关联分析 31
   4.4 学科高影响力期刊分析 31
   4.5 高被引作者分析 34
   4.6 高被引机构分析 37
   4.7 高被引图书、国外期刊及学术会议 39

第 5 章 天文学、地球科学学科高被引分析 40
- 5.1 学科论文概况 40
- 5.2 高被引论文分析 41
- 5.3 研究主题关联分析 42
- 5.4 学科高影响力期刊分析 42
- 5.5 高被引作者分析 44
- 5.6 高被引机构分析 48
- 5.7 高被引图书、国外期刊及学术会议 50

第 6 章 生物科学学科高被引分析 51
- 6.1 学科论文概况 51
- 6.2 高被引论文分析 52
- 6.3 研究主题关联分析 53
- 6.4 学科高影响力期刊分析 53
- 6.5 高被引作者分析 56
- 6.6 高被引机构分析 59
- 6.7 高被引图书、国外期刊及学术会议 61

第 7 章 预防医学、卫生学学科高被引分析 62
- 7.1 学科论文概况 62
- 7.2 高被引论文分析 63
- 7.3 研究主题关联分析 64
- 7.4 学科高影响力期刊分析 64
- 7.5 高被引作者分析 67
- 7.6 高被引机构分析 70
- 7.7 高被引图书、国外期刊及学术会议 72

第 8 章 中国医学学科高被引分析 73
- 8.1 学科论文概况 73
- 8.2 高被引论文分析 74
- 8.3 研究主题关联分析 75
- 8.4 学科高影响力期刊分析 75
- 8.5 高被引作者分析 78
- 8.6 高被引机构分析 81
- 8.7 高被引图书、国外期刊及学术会议 83

第 9 章 基础医学学科高被引分析 84
- 9.1 学科论文概况 84
- 9.2 高被引论文分析 85
- 9.3 研究主题关联分析 86

9.4　学科高影响力期刊分析 86
　　9.5　高被引作者分析 89
　　9.6　高被引机构分析 92
　　9.7　高被引图书、国外期刊及学术会议 94

第10章　临床医学学科高被引分析 95
　　10.1　学科论文概况 95
　　10.2　高被引论文分析 96
　　10.3　研究主题关联分析 97
　　10.4　学科高影响力期刊分析 97
　　10.5　高被引作者分析 100
　　10.6　高被引机构分析 103
　　10.7　高被引图书、国外期刊及学术会议 105

第11章　内科学学科高被引分析 106
　　11.1　学科论文概况 106
　　11.2　高被引论文分析 107
　　11.3　研究主题关联分析 108
　　11.4　学科高影响力期刊分析 108
　　11.5　高被引作者分析 111
　　11.6　高被引机构分析 114
　　11.7　高被引图书、国外期刊及学术会议 116

第12章　外科学学科高被引分析 117
　　12.1　学科论文概况 117
　　12.2　高被引论文分析 118
　　12.3　研究主题关联分析 119
　　12.4　学科高影响力期刊分析 119
　　12.5　高被引作者分析 122
　　12.6　高被引机构分析 125
　　12.7　高被引图书、国外期刊及学术会议 127

第13章　妇产科学、儿科学学科高被引分析 128
　　13.1　学科论文概况 128
　　13.2　高被引论文分析 129
　　13.3　研究主题关联分析 130
　　13.4　学科高影响力期刊分析 130
　　13.5　高被引作者分析 133
　　13.6　高被引机构分析 136
　　13.7　高被引图书、国外期刊及学术会议 138

第14章　肿瘤学学科高被引分析 139
14.1　学科论文概况 139
14.2　高被引论文分析 140
14.3　研究主题关联分析 141
14.4　学科高影响力期刊分析 141
14.5　高被引作者分析 144
14.6　高被引机构分析 147
14.7　高被引图书、国外期刊及学术会议 149

第15章　神经病学与精神病学学科高被引分析 150
15.1　学科论文概况 150
15.2　高被引论文分析 151
15.3　研究主题关联分析 152
15.4　学科高影响力期刊分析 152
15.5　高被引作者分析 155
15.6　高被引机构分析 158
15.7　高被引图书、国外期刊及学术会议 160

第16章　皮肤病学与性病学学科高被引分析 161
16.1　学科论文概况 161
16.2　高被引论文分析 162
16.3　研究主题关联分析 162
16.4　学科高影响力期刊分析 163
16.5　高被引作者分析 166
16.6　高被引机构分析 169
16.7　高被引图书、国外期刊及学术会议 171

第17章　眼科学学科高被引分析 172
17.1　学科论文概况 172
17.2　高被引论文分析 173
17.3　研究主题关联分析 174
17.4　学科高影响力期刊分析 174
17.5　高被引作者分析 177
17.6　高被引机构分析 180
17.7　高被引图书、国外期刊及学术会议 182

第18章　耳鼻喉科学学科高被引分析 183
18.1　学科论文概况 183
18.2　高被引论文分析 184
18.3　研究主题关联分析 185

- 18.4 学科高影响力期刊分析 185
- 18.5 高被引作者分析 188
- 18.6 高被引机构分析 191
- 18.7 高被引图书、国外期刊及学术会议 193

第 19 章 口腔医学学科高被引分析 194
- 19.1 学科论文概况 194
- 19.2 高被引论文分析 195
- 19.3 研究主题关联分析 196
- 19.4 学科高影响力期刊分析 196
- 19.5 高被引作者分析 199
- 19.6 高被引机构分析 202
- 19.7 高被引图书、国外期刊及学术会议 204

第 20 章 特种医学学科高被引分析 205
- 20.1 学科论文概况 205
- 20.2 高被引论文分析 206
- 20.3 研究主题关联分析 207
- 20.4 学科高影响力期刊分析 207
- 20.5 高被引作者分析 210
- 20.6 高被引机构分析 213
- 20.7 高被引图书、国外期刊及学术会议 215

第 21 章 药学学科高被引分析 216
- 21.1 学科论文概况 216
- 21.2 高被引论文分析 217
- 21.3 研究主题关联分析 218
- 21.4 学科高影响力期刊分析 218
- 21.5 高被引作者分析 221
- 21.6 高被引机构分析 224
- 21.7 高被引图书、国外期刊及学术会议 226

第 22 章 农业科学与工程学科高被引分析 227
- 22.1 学科论文概况 227
- 22.2 高被引论文分析 228
- 22.3 研究主题关联分析 229
- 22.4 学科高影响力期刊分析 229
- 22.5 高被引作者分析 232
- 22.6 高被引机构分析 235
- 22.7 高被引图书、国外期刊及学术会议 237

第 23 章 植物保护学科高被引分析 238
- 23.1 学科论文概况 238
- 23.2 高被引论文分析 239
- 23.3 研究主题关联分析 240
- 23.4 学科高影响力期刊分析 240
- 23.5 高被引作者分析 243
- 23.6 高被引机构分析 246
- 23.7 高被引图书、国外期刊及学术会议 248

第 24 章 农作物学科高被引分析 249
- 24.1 学科论文概况 249
- 24.2 高被引论文分析 250
- 24.3 研究主题关联分析 251
- 24.4 学科高影响力期刊分析 251
- 24.5 高被引作者分析 254
- 24.6 高被引机构分析 257
- 24.7 高被引图书、国外期刊及学术会议 259

第 25 章 园艺学科高被引分析 260
- 25.1 学科论文概况 260
- 25.2 高被引论文分析 261
- 25.3 研究主题关联分析 262
- 25.4 学科高影响力期刊分析 262
- 25.5 高被引作者分析 265
- 25.6 高被引机构分析 268
- 25.7 高被引图书、国外期刊及学术会议 270

第 26 章 林业学科高被引分析 271
- 26.1 学科论文概况 271
- 26.2 高被引论文分析 272
- 26.3 研究主题关联分析 273
- 26.4 学科高影响力期刊分析 273
- 26.5 高被引作者分析 276
- 26.6 高被引机构分析 279
- 26.7 高被引图书、国外期刊及学术会议 281

第 27 章 畜牧、动物医学学科高被引分析 282
- 27.1 学科论文概况 282
- 27.2 高被引论文分析 283
- 27.3 研究主题关联分析 284

  27.4 学科高影响力期刊分析 284
  27.5 高被引作者分析 287
  27.6 高被引机构分析 290
  27.7 高被引图书、国外期刊及学术会议 292

第 28 章 水产、渔业学科高被引分析 293
  28.1 学科论文概况 293
  28.2 高被引论文分析 294
  28.3 研究主题关联分析 295
  28.4 学科高影响力期刊分析 295
  28.5 高被引作者分析 298
  28.6 高被引机构分析 301
  28.7 高被引图书、国外期刊及学术会议 303

第 29 章 一般工业技术学科高被引分析 304
  29.1 学科论文概况 304
  29.2 高被引论文分析 305
  29.3 研究主题关联分析 306
  29.4 学科高影响力期刊分析 306
  29.5 高被引作者分析 309
  29.6 高被引机构分析 312
  29.7 高被引图书、国外期刊及学术会议 314

第 30 章 矿业工程学科高被引分析 315
  30.1 学科论文概况 315
  30.2 高被引论文分析 316
  30.3 研究主题关联分析 317
  30.4 学科高影响力期刊分析 317
  30.5 高被引作者分析 320
  30.6 高被引机构分析 323
  30.7 高被引图书、国外期刊及学术会议 325

第 31 章 石油、天然气工业学科高被引分析 326
  31.1 学科论文概况 326
  31.2 高被引论文分析 327
  31.3 研究主题关联分析 328
  31.4 学科高影响力期刊分析 328
  31.5 高被引作者分析 331
  31.6 高被引机构分析 334

31.7　高被引图书、国外期刊及学术会议...336

第 32 章　冶金工业学科高被引分析...337
　　32.1　学科论文概况...337
　　32.2　高被引论文分析...338
　　32.3　研究主题关联分析...339
　　32.4　学科高影响力期刊分析...339
　　32.5　高被引作者分析...342
　　32.6　高被引机构分析...345
　　32.7　高被引图书、国外期刊及学术会议...347

第 33 章　金属学与金属工艺学科高被引分析...348
　　33.1　学科论文概况...348
　　33.2　高被引论文分析...349
　　33.3　研究主题关联分析...350
　　33.4　学科高影响力期刊分析...350
　　33.5　高被引作者分析...353
　　33.6　高被引机构分析...356
　　33.7　高被引图书、国外期刊及学术会议...358

第 34 章　机械、仪表工业学科高被引分析...359
　　34.1　学科论文概况...359
　　34.2　高被引论文分析...360
　　34.3　研究主题关联分析...361
　　34.4　学科高影响力期刊分析...361
　　34.5　高被引作者分析...364
　　34.6　高被引机构分析...367
　　34.7　高被引图书、国外期刊及学术会议...369

第 35 章　能源与动力工程学科高被引分析...370
　　35.1　学科论文概况...370
　　35.2　高被引论文分析...371
　　35.3　研究主题关联分析...372
　　35.4　学科高影响力期刊分析...372
　　35.5　高被引作者分析...375
　　35.6　高被引机构分析...378
　　35.7　高被引图书、国外期刊及学术会议...380

第 36 章　电工技术学科高被引分析...381
　　36.1　学科论文概况...381
　　36.2　高被引论文分析...382

36.3	研究主题关联分析	383
36.4	学科高影响力期刊分析	383
36.5	高被引作者分析	386
36.6	高被引机构分析	389
36.7	高被引图书、国外期刊及学术会议	391

第37章 无线电电子学、电信技术学科高被引分析 392

37.1	学科论文概况	392
37.2	高被引论文分析	393
37.3	研究主题关联分析	394
37.4	学科高影响力期刊分析	394
37.5	高被引作者分析	397
37.6	高被引机构分析	400
37.7	高被引图书、国外期刊及学术会议	402

第38章 自动化技术学科高被引分析 403

38.1	学科论文概况	403
38.2	高被引论文分析	404
38.3	研究主题关联分析	405
38.4	学科高影响力期刊分析	405
38.5	高被引作者分析	408
38.6	高被引机构分析	411
38.7	高被引图书、国外期刊及学术会议	413

第39章 计算机技术学科高被引分析 414

39.1	学科论文概况	414
39.2	高被引论文分析	415
39.3	研究主题关联分析	415
39.4	学科高影响力期刊分析	416
39.5	高被引作者分析	419
39.6	高被引机构分析	422
39.7	高被引图书、国外期刊及学术会议	424

第40章 化学工业学科高被引分析 425

40.1	学科论文概况	425
40.2	高被引论文分析	426
40.3	研究主题关联分析	427
40.4	学科高影响力期刊分析	427
40.5	高被引作者分析	430
40.6	高被引机构分析	433

| | 40.7 | 高被引图书、国外期刊及学术会议 | 435 |

第41章 轻工业、手工业学科高被引分析 436
- 41.1 学科论文概况 436
- 41.2 高被引论文分析 437
- 41.3 研究主题关联分析 438
- 41.4 学科高影响力期刊分析 438
- 41.5 高被引作者分析 441
- 41.6 高被引机构分析 444
- 41.7 高被引图书、国外期刊及学术会议 446

第42章 建筑科学学科高被引分析 447
- 42.1 学科论文概况 447
- 42.2 高被引论文分析 448
- 42.3 研究主题关联分析 449
- 42.4 学科高影响力期刊分析 449
- 42.5 高被引作者分析 452
- 42.6 高被引机构分析 455
- 42.7 高被引图书、国外期刊及学术会议 457

第43章 水利工程学科高被引分析 458
- 43.1 学科论文概况 458
- 43.2 高被引论文分析 459
- 43.3 研究主题关联分析 460
- 43.4 学科高影响力期刊分析 460
- 43.5 高被引作者分析 463
- 43.6 高被引机构分析 466
- 43.7 高被引图书、国外期刊及学术会议 468

第44章 交通运输学科高被引分析 469
- 44.1 学科论文概况 469
- 44.2 高被引论文分析 470
- 44.3 研究主题关联分析 471
- 44.4 学科高影响力期刊分析 471
- 44.5 高被引作者分析 474
- 44.6 高被引机构分析 477
- 44.7 高被引图书、国外期刊及学术会议 479

第45章 航空、航天学科高被引分析 480
- 45.1 学科论文概况 480
- 45.2 高被引论文分析 481

- 45.3 研究主题关联分析 ... 482
- 45.4 学科高影响力期刊分析 ... 482
- 45.5 高被引作者分析 ... 485
- 45.6 高被引机构分析 ... 488
- 45.7 高被引图书、国外期刊及学术会议 ... 490

第46章 环境科学、安全科学学科高被引分析 ... 491
- 46.1 学科论文概况 ... 491
- 46.2 高被引论文分析 ... 492
- 46.3 研究主题关联分析 ... 493
- 46.4 学科高影响力期刊分析 ... 493
- 46.5 高被引作者分析 ... 496
- 46.6 高被引机构分析 ... 499
- 46.7 高被引图书、国外期刊及学术会议 ... 501

第47章 哲学、社会科学学科高被引分析 ... 502
- 47.1 学科论文概况 ... 502
- 47.2 高被引论文分析 ... 503
- 47.3 研究主题关联分析 ... 504
- 47.4 学科高影响力期刊分析 ... 504
- 47.5 高被引作者分析 ... 507
- 47.6 高被引机构分析 ... 510
- 47.7 高被引图书、国外期刊及学术会议 ... 512

第48章 经济学科高被引分析 ... 513
- 48.1 学科论文概况 ... 513
- 48.2 高被引论文分析 ... 514
- 48.3 研究主题关联分析 ... 515
- 48.4 学科高影响力期刊分析 ... 515
- 48.5 高被引作者分析 ... 518
- 48.6 高被引机构分析 ... 521
- 48.7 高被引图书、国外期刊及学术会议 ... 523

第49章 文化传播学科高被引分析 ... 524
- 49.1 学科论文概况 ... 524
- 49.2 高被引论文分析 ... 525
- 49.3 研究主题关联分析 ... 526
- 49.4 学科高影响力期刊分析 ... 526
- 49.5 高被引作者分析 ... 529
- 49.6 高被引机构分析 ... 532

49.7　高被引图书、国外期刊及学术会议 534

第 50 章　图书情报档案学科高被引分析 535
　　50.1　学科论文概况 535
　　50.2　高被引论文分析 536
　　50.3　研究主题关联分析 537
　　50.4　学科高影响力期刊分析 537
　　50.5　高被引作者分析 540
　　50.6　高被引机构分析 543
　　50.7　高被引图书、国外期刊及学术会议 545

第 51 章　教育学科高被引分析 546
　　51.1　学科论文概况 546
　　51.2　高被引论文分析 547
　　51.3　研究主题关联分析 548
　　51.4　学科高影响力期刊分析 548
　　51.5　高被引作者分析 551
　　51.6　高被引机构分析 554
　　51.7　高被引图书、国外期刊及学术会议 556

参考文献 557

第1章 绪 论

1.1 数据来源

《中国高被引分析报告 2015》统计了我国正式出版的各学科 6000 余种中、英文期刊（不包括少数民族语种期刊和港、澳、台地区出版的期刊），经过期刊引文数据规范化处理，依托"中国知识链接数据库"进行统计分析、数据挖掘和知识链接，再以图谱、表格等方式加以展现，按年编卷出版。

根据论文主题，《中国高被引分析报告 2015》参考《中国图书资料分类法（第四版）》的学科分类，按照"突出基础、科技类学科，兼顾人文、社科类学科"的原则将统计源论文划分为 50 个学科，详情见表 1-1。

表 1-1 《中国高被引分析报告 2015》学科分类

章节	学科名称	章节	学科名称
2	数学	20	特种医学
3	物理（含力学）	21	药学
4	化学（含晶体学）	22	农业科学与工程
5	天文学、地球科学（含地理学）	23	植物保护
6	生物科学	24	农作物
7	预防医学、卫生学（含一般理论、现状与发展、外国民族医学）	25	园艺
8	中国医学	26	林业
9	基础医学	27	畜牧、动物医学（含狩猎、蚕、蜂）
10	临床医学	28	水产、渔业
11	内科学	29	一般工业技术
12	外科学	30	矿业工程
13	妇产科学、儿科学	31	石油、天然气工业
14	肿瘤学	32	冶金工业
15	神经病学与精神病学	33	金属学与金属工艺
16	皮肤病学与性病学	34	机械、仪表工业
17	眼科学	35	能源与动力工程（含原子能技术）
18	耳鼻喉科学	36	电工技术
19	口腔医学	37	无线电电子学、电信技术

章节	学科名称	章节	学科名称
38	自动化技术（计算机技术除外）	45	航空、航天
39	计算机技术	46	环境科学、安全科学
40	化学工业	47	哲学、社会科学（含马克思主义、政治、法律）
41	轻工业、手工业	48	经济
42	建筑科学	49	文化传播（含语言文字、文学、艺术、历史，地理除外）
43	水利工程	50	图书情报档案
44	交通运输	51	教育（含体育）

"中国知识链接数据库"共收录2009—2013年的论文1408.9万篇，比上一个5年统计周期的论文数量增长9.83%，在2014年累积被引频次为457.08万次，比2013年度增长12.76%。

1.2 高被引分析指数

为全面反映、客观评判学者、机构及期刊等各个科研主体的高被引情况，本书选取了发文量、被引频次、被引率、5年影响因子、高被引论文、高影响力期刊、高被引作者、高被引机构、高被引图书及高被引学术会议等多种角度来揭示学科被引情况。具体包括以下内容。

（1）**发文量/载文量**

发文量：在数据统计的时间范围内，某学者或机构在国内正式期刊上发表的学术论文数量；载文量：在数据统计的时间范围内，某期刊登载的学术论文数量。学科发文量：在数据统计的时间范围内，某学者或机构在国内正式期刊上发表的主题隶属于某学科的学术论文数量；学科载文量：在数据统计的时间范围内，某期刊登载的主题隶属于某学科的学术论文数量。

● 5年发文量/5年载文量

统计发文量/载文量的时间范围限定为：5年（2009—2013年），不限定论文主题所属学科。

● 学科5年发文量/学科5年载文量

统计发文量的时间范围限定为：5年（2009—2013年）；同时，论文主题范围限定为：本书所划分的50个学科中的某一个学科。为便于统计，一篇学术论文只隶属于一个学科。

● （期刊）学科载文量占比

某期刊的5年发文中，主题涉及某一学科的学术论文数量占该刊5年发文量的比例。

● 2014年学科发文量

某机构的2014年发文中，主题涉及某一学科的学术论文数量。

（2）**被引频次**

在文献计量学领域，被引频次常被用于体现学术论文受其他学者关注的程度，并进一步用于反映学术论文的影响力(被引频次并不必然是学术水平的直接体现)。一般情况下,"被引频次"指学术论文被其他学术论文引用的次数。本书在统计被引频次时不排除自引。

● 总被引频次

在统计范围内,被统计对象所发表(或刊载)全部学术论文的被引频次的累计值。

● 2014年被引频次

被统计对象5年(2009—2013年)发文在2014年被其他学术论文引用的次数。若同一被统计对象发表(或刊载)的两篇或多篇论文同时被一篇论文引用,则只计作一次被引。

● 最高被引频次

被统计对象5年间所发表的论文中,在2014年被引用最多的论文的被引频次。

● 篇均被引频次

用作统计的论文集合的平均被引用次数。

● 学科被引频次

在统计范围内,被统计对象所发表/刊载的某学科论文的被引频次。

(3)被引率

以期刊被引率为例(同理可计算学者和机构的论文被引率):期刊前5年刊载的学术论文中,在统计当年获得过引用的论文占载文总数的比例。被引率反映期刊论文被利用的情况,被引率越高的期刊,其刊载论文的被引用概率越高。具体算法为:

$$期刊被引率 = \frac{期刊前5年刊载并在统计当年被引用过的论文数量}{期刊前5年刊载的论文数量} \times 100\%。$$

(4)5年影响因子

5年影响因子主要用于反映期刊所载论文的总体被引情况。

● 期刊5年影响因子

期刊前5年刊载的所有学术论文在统计当年的篇均被引频次。具体算法为:

$$期刊5年影响因子 = \frac{期刊前5年刊载的论文在统计当年的总被引频次}{期刊前5年刊载的论文数量}。$$

● 期刊的学科5年影响因子

期刊前5年刊载的所有学术论文中,隶属于某一学科的论文在统计当年的篇均被引频次。具体算法为:

$$期刊的学科5年影响因子 = \frac{期刊前5年刊载的某学科论文在统计当年的总被引频次}{期刊前5年刊载的某学科论文数量}。$$

(5)高被引论文

某学科2014年被引用过的论文中,按论文被引频次高低排序,排位在前1%的论文定义为"高被引论文"。

（6）学科高影响力期刊

前 5 年内刊载过某学科论文的期刊中，将期刊的学科载文量占比、学科被引频次和学科 5 年影响因子都较高的期刊定义为"学科高影响力期刊"。在 2014 年被某学科论文引用较多的国外期刊定义为"高被引国外期刊"。

（7）高被引作者

前 5 年内发表过某学科论文的作者中，将学科论文累计被引频次高低排在前列的作者定义为"高被引作者"。本书只统计论文的第一作者。

5 年发文期刊分布特指同一作者的学科 5 年发文发表在多少种期刊上。

（8）高被引机构

本书将机构划分为高等院校和科研院所两种类型。前 5 年内发表过某学科论文的机构中，将学科论文累计被引频次排在前列的高等院校和科研院所分别定义为"高被引高等院校"和"高被引科研院所"。对于医学类学科，则视具体被引情况列出"高被引医院""高被引高等院校"或"高被引科研院所"等类型的机构。需要说明的是，本书将出现在高被引机构中的行政管理单位归入"科研院所"类别。

（9）高被引图书

在某学科内 2014 年发表的论文中，将引用频次排在前列的图书（合并同一图书的版次）定义为"高被引图书"。本书只统计被引图书的第一作者。

1.3　分析框架和方法

本书按照 50 个学科来分别统计学术论文的发表和被引，不但从整体上展现学科内论文发表和被引的数量分布和地区分布等概况，还从期刊、作者、机构、图书、会议等侧面反映学科内学术影响力情况，更进一步利用共现、共被引及合著等方法揭示各学术主体之间内在的主题关联。本书的分析框架如图 1-1 所示。

（1）高被引论文分析

①高被引论文 TOP 10。列出学科内 2014 年被引频次排名前 10 位的学术论文的题名、第一作者姓名、来源期刊、发表年份、总被引频次（2014 年之前）及 2014 年的被引频次等指数。

②热点研究主题。一方面，由于论文被引存在较长时滞，分析高被引论文的主题难以贴切反映学科的最新研究热点；另一方面，分析 2014 年发表的各学科全部论文的主题，数据量又较大。为此，我们分别抽取各个学科高被引论文的施引文献，借助关键词共现分析来获得各学科的热点主题分布情况，并以知识图谱的形式加以展现。在热点主题关联图中，节点大小代表关键词文档词频的相对高低，链接粗细反映共现次数多少；节点颜色、位置和距离未赋予特定意义。

共词分析是一种研究词语共现现象的计量分析方法，其原理是：具有概念内涵的两个词语在指定范围内多次共同出现，则假定它们之间存在着某种主题关联，共现频率越高则认为主题关联越紧密。

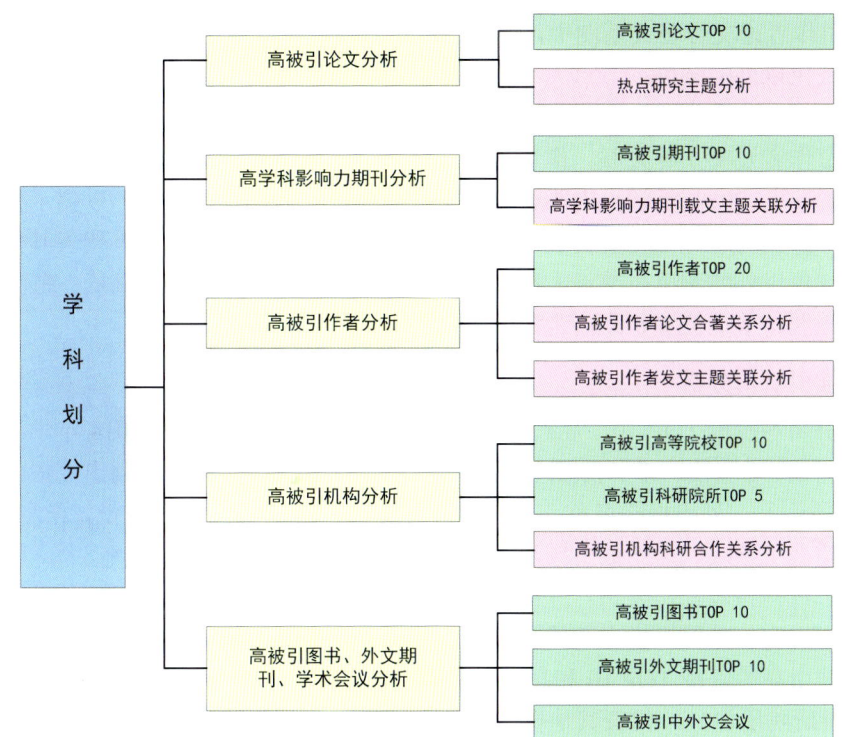

图 1-1 "中国高被引分析"分析框架

（2）学科高影响力期刊分析

①学科高影响力期刊 TOP 10。对于各学科内 2014 年学科 5 年影响因子排名前 10 位的学术期刊，列出期刊的学科 5 年载文量、5 年载文总量、2014 年被引频次、高被引论文数量、5 年影响因子、学科 5 年影响因子等指数。

②学科高影响力期刊载文主题关联。期刊共被引分析可以揭示期刊在载文主题方面的内在关联。利用共被引分析获取 2014 年学科内各期刊之间的共被引情况并加以可视化，以揭示期刊的载文主题关联。在期刊载文主题关联图中，红色节点代表高学科影响力期刊 TOP 10，代表其他期刊的节点则随机赋予红色以外的颜色；节点大小反映期刊的学科 5 年影响因子的相对高低；链接粗细表示共被引关联强弱；节点位置和距离未赋予特定意义。

共被引分析是一种研究两篇文献同时被引用现象的计量分析方法，其原理是：两篇文献被多篇文献同时引用，就假定它们之间具有某种主题关联性或相似性，共被引次数越多表明主题越接近。

（3）高被引作者分析

①高被引作者 TOP 20。对于学科内 2014 年学科被引频次排名前 20 位的作者，列出作者的姓名、单位，5 年发文量、学科 5 年发文量、学科 5 年发文期刊分布、学科被引频次、被引率、篇均被引等指数。

②高被引作者论文合著关系。在不区分作者的论文署名次序的前提下，分析高被引作者 TOP 20 的论文合著情况，从发表论文的角度揭示高被引作者与其他学者之间的科研合作情

况。在高被引作者论文合著关系图中,红色节点代表高被引作者 TOP 20,代表其他作者的节点随机赋予红色以外的颜色;节点大小反映作者的学科 5 年发文量的相对高低;链接粗细表示合著关联强弱;节点位置和距离未赋予特定意义。

③高被引作者发文主题关联。作者共被引分析可以揭示作者在发文主题方面的关联。利用共被引分析获取 2014 年学科内所有作者的共被引情况并加以可视化,以揭示作者的发文主题关联。在作者发文主题关联图中,红色节点代表高被引作者 TOP 20,代表其他作者的节点随机赋予红色以外的颜色;节点大小反映作者的学科被引频次的相对高低;链接粗细表示共被引关联强弱;节点位置和距离未赋予特定意义。

(4)**高被引机构分析**

①高被引高等院校 TOP 10、高被引科研院所 TOP 5。对于学科内 2014 年学科被引频次排名前 10 位的高等院校、排名前 5 位的科研院所(部分医学学科分别列出"医院""高等院校/科研院所"),列出机构名称,学科 5 年发文量、2014 年学科发文量,学科被引频次、被引率、最高被引频次、篇均被引频次等指数。

②高被引机构科研合作关系。分析学科内高被引机构的论文合著情况,从发表论文的角度揭示高被引机构与其他机构之间的科研合作情况。在高被引机构科研合作关系图中,红色节点代表高被引高等院校 TOP 10 和高被引科研院所 TOP 5(部分医学学科分别列出"医院""高等院校/科研院所"),代表其他机构的节点随机赋予红色以外的颜色;节点大小反映机构的学科 5 年发文篇均被引频次的相对高低;链接粗细表示合著关联的强弱;节点位置和距离未赋予特定意义。

(5)**高被引图书、国外期刊及学术会议**

①高被引图书 TOP 10。对于学科内 2014 年学科被引频次排名前 10 位的图书,列出主要责任者、题名、出版社和被引频次。

②高被引国外期刊 TOP 10。对于学科内 2014 年学科被引频次排名前 10 位的国外期刊,列出期刊名称和被引频次。

③高被引学术会议。对于学科内 2014 年学科被引频次较高的中外文学术会议,列出会议名称。

1.4 其他说明

(1)在统计论文被引时,本书将 2009—2013 年(共 5 年)的论文数据都统计在内。如果在统计的时间范围内期刊更名,则将更名前后的被引频次累加为新刊名的被引频次。

(2)在统计中,同一机构的重名作者无法排重,只能按同一作者对待,并对有多个机构的高被引作者进行合并归一。

(3)为了便于统计,当一位作者有 2 个或 2 个以上的作者机构时,均按其第一个机构名称进行统计。如果统计机构被引频次,则只计算第一作者的第一个机构名称。

(4)所有论文分类遵循《中国图书资料分类法(第四版)》。由于标引过程中对论文的理解偏差,可能存在论文所分学科不精确的现象。

第 2 章 数学学科高被引分析

2.1 学科论文概况

2009—2013 年，数学学科共有 70794 位来自 16421 所机构的论文第一作者在 2902 种期刊上发表了 93844 篇学术论文。其中，80%以上的论文产出自 2027 所机构、49890 位作者，发表在 408 种期刊上。在前 5 年发表的这些论文中，有 11473 篇在 2014 年获得过引用，整体被引率为 12.2%，总被引频次为 16889 次，篇均被引 0.18 次；其中，高被引论文有 125 篇，单篇论文最高被引频次为 22 次，累计被引 1253 次，篇均被引 10.02 次（表 2-1）。另外，2014 年数学学科共发表论文 16076 篇，其中有 384 篇在当年获得过引用，总共被引 465 次。

表 2-1 数学学科论文分布情况

年份	论文篇数	2014 年被引频次	2014 年被引率（%）	2014 年高被引论文			
				论文篇数	最高被引频次	总被引频次	篇均被引频次
2009	18177	2695	10.2	22	13	161	7.32
2010	19259	3249	11.3	22	13	254	11.55
2011	21426	3965	12.3	26	22	268	10.31
2012	19432	4021	13.7	26	17	322	12.38
2013	15550	2959	13.8	29	21	248	8.55
合计	93844	16889	12.2	125	22	1253	10.02

从数学学科论文的地域分布来看，2014 年被引频次较高的 5 个省、直辖市或自治区依次是江苏、陕西、北京、山东和广东（图 2-1）；5 年论文产出量较多的 5 个省、直辖市或自治区依次是江苏、陕西、河南、山东和北京（图 2-2）。

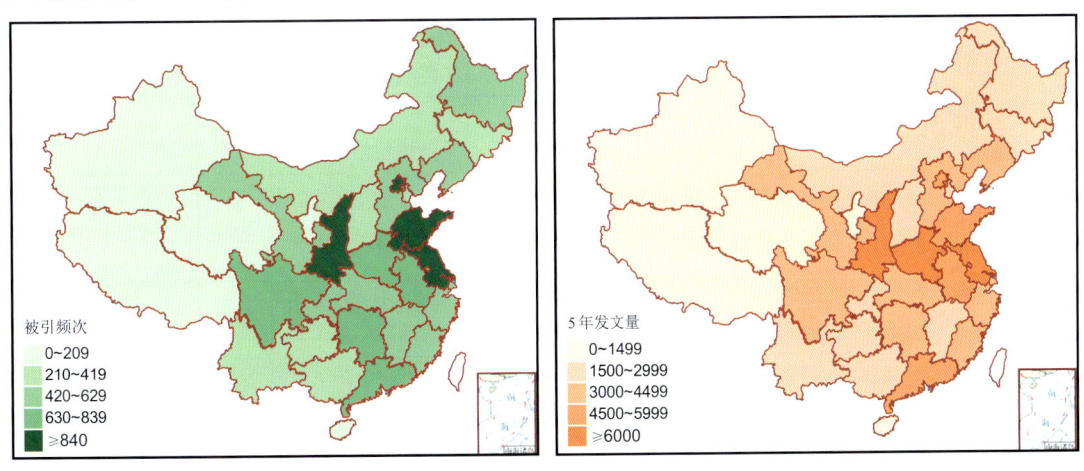

图 2-1　2014 年数学学科地区被引分布　　图 2-2　数学学科 5 年论文产出地区分布

2.2 高被引论文分析

在数学学科,2014 年被引频次位居前 10 位的论文(表 2-2)平均被引频次为 27.17 次,是全部 125 篇高被引论文篇均被引频次的 2.7 倍。其中,被引频次最高的论文是邓雪于 2012 年发表的《层次分析法权重计算方法分析及其应用研究》,随后 2 篇分别是刘瑞江于 2010 年发表的《正交试验设计和分析方法研究》和程启月于 2010 年发表的《评测指标权重确定的结构熵权法》。

从论文分布来看,刊载高被引论文数量居前的 3 种期刊分别是《山东大学学报(理学版)》(7 篇)、《数学的实践与认识》(5 篇)和《系统工程理论与实践》(5 篇),而《吉首大学学报(自然科学版)》刊载了高被引论文 TOP 10 中的 3 篇;发表高被引论文居前的 3 位学者分别是华东交通大学的吴跃生(8 篇)、山东大学的史开泉(4 篇)和红河学院的杜先存(4 篇);产出高被引论文数量居前的 3 所机构分别是山东大学(9 篇)、华东交通大学(8 篇)和浙江大学(7 篇),而华东交通大学产出了高被引论文 TOP 10 中的 6 篇。

表 2-2 数学学科高被引论文 TOP 10

序号	论文题名	第一作者	期刊名称	发表年份	被引频次 总频次	被引频次 2014 年
1	层次分析法权重计算方法分析及其应用研究	邓雪	数学的实践与认识	2012	148	61
2	正交试验设计和分析方法研究	刘瑞江	实验技术与管理	2010	135	47
3	评测指标权重确定的结构熵权法	程启月	系统工程理论与实践	2010	87	30
4	浅议灰色关联度分析方法及其应用	孙芳芳	科技信息	2010	61	25
5	关于圈 C_{4h} 的 $(r_1,r_2,\cdots,r_{4h})$-冠的优美性	吴跃生	华东交通大学学报	2011	57	24
6	关于圈 C_{4h+3} 的 $(r_1,r_2,\cdots,r_{4h+3})$-冠的优美性	吴跃生	吉首大学学报(自然科学版)	2011	42	23
7	关于圈 C_{4h+3} 的 $(G_{r1},G_{r2},\cdots,G_{r4h+3})$-冠的优美性	吴跃生	吉首大学学报(自然科学版)	2013	22	22
8	两类非连通图 $(P_2\vee(K_n))(0,0,r_1,0,\cdots,0,r_n)\cup S_t(m)$ 及 $(P_2\vee(K_n))(r_{1+a},r_2,0,\cdots,0)\cup G_r$ 的优美性	吴跃生	中山大学学报(自然科学版)	2012	31	21
9	关于图 $P^3_{6k+5}\cup P^3_n$ 的优美性	吴跃生	吉首大学学报(自然科学版)	2012	19	19
10	P-集合,逆 P-集合与信息智能融合-过滤辨识	史开泉	计算机科学	2012	47	18
10	非连通图 $C_{2n+1}\cup G_{n-1}$ 的优美性	吴跃生	华东交通大学学报	2012	20	18
10	随机森林方法研究综述	方匡南	统计与信息论坛	2011	41	18

2.3 研究主题关联分析

在数学学科，高被引论文累计被 2014 年发表的 1053 篇论文引用了 1253 次。通过分析施引文献关键词的词频及关键词之间的共现关系，获得 2014 年数学学科的热点主题和主题关联，如图 2-3 所示（共现 8 次以下不显示）。由图 2-3 可知："优美图""非连通图"等关键词的文档词频较高，是 2014 年学科的研究热点；以"非连通图""优美图""优美标号""交错图"等关键词为主要节点的多个概念相互关联，构成了学科内最为突出的研究主题簇。

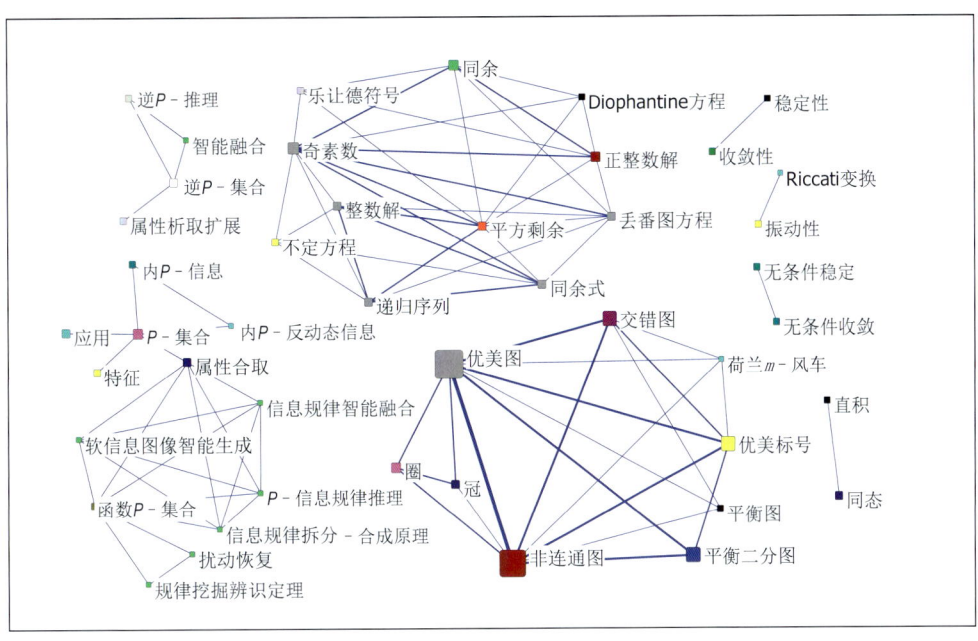

图 2-3 数学学科 2014 年热点主题关联

2.4 学科高影响力期刊分析

2.4.1 学科高影响力期刊 TOP 10

在数学学科，学科 5 年影响因子位居前 10 位的期刊见表 2-3，排在前 3 位的期刊分别是《数理统计与管理》《统计与信息论坛》和《计算力学学报》。在表 2-3 中，学科载文量占其总载文量比例最大的期刊是《计算数学》；前 5 年学科载文在 2014 年被引率最高的期刊是《数理统计与管理》；期刊 5 年影响因子较高的前 3 种期刊分别是《数理统计与管理》《统计与信息论坛》和《运筹与管理》；学科 5 年影响因子与期刊 5 年影响因子差异最大的期刊是《数理统计与管理》。表 2-3 中期刊的学科 5 年影响因子和前 5 年学科载文的 2014 年被引率对比如图 2-4 所示，2009—2014 年期刊 5 年影响因子的变动情况如图 2-5 所示。

表 2-3　数学学科高影响力期刊基本指数

序号	期刊名称	前5年载文量			2014年学科被引			5年影响因子		h指数(学科)
		学科(篇)	占比(%)	总量(篇)	频次	被引率(%)	高被引论文篇数	期刊(2014)	学科(2014)	
1	数理统计与管理	404	52.3	772	261	37.9	3	0.808	0.646	6
2	统计与信息论坛	164	12.4	1323	103	28.7	2	0.630	0.628	7
3	计算力学学报	141	13.5	1048	63	26.2	2	0.427	0.447	4
4	吉首大学学报（自然科学版）	268	26.6	1006	115	9.7	2	0.297	0.429	5
5	中山大学学报（自然科学版）	146	12.3	1192	61	15.8	1	0.456	0.418	5
6	计算数学	213	93.4	228	86	24.9	1	0.404	0.404	3
7	计算物理	110	14.7	749	43	29.0	0	0.306	0.391	4
8	海南大学学报（自然科学版）	116	24.2	480	43	21.6	0	0.433	0.371	4
9	运筹与管理	182	15.5	1175	67	23.1	0	0.528	0.368	6
10	系统科学与数学	648	68.2	950	233	20.8	3	0.388	0.360	5

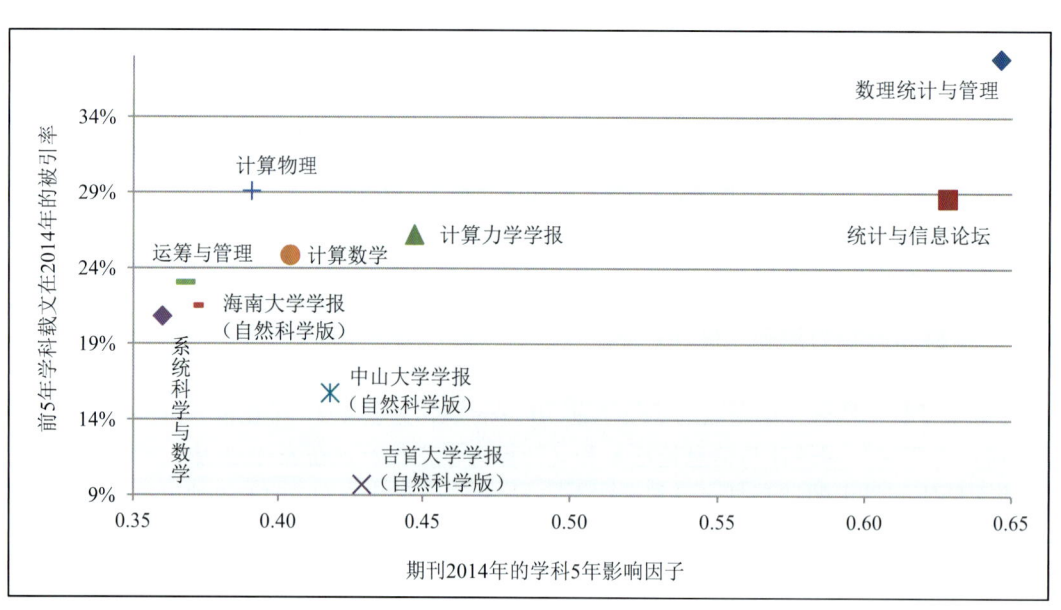

图 2-4　数学学科高影响力期刊对比

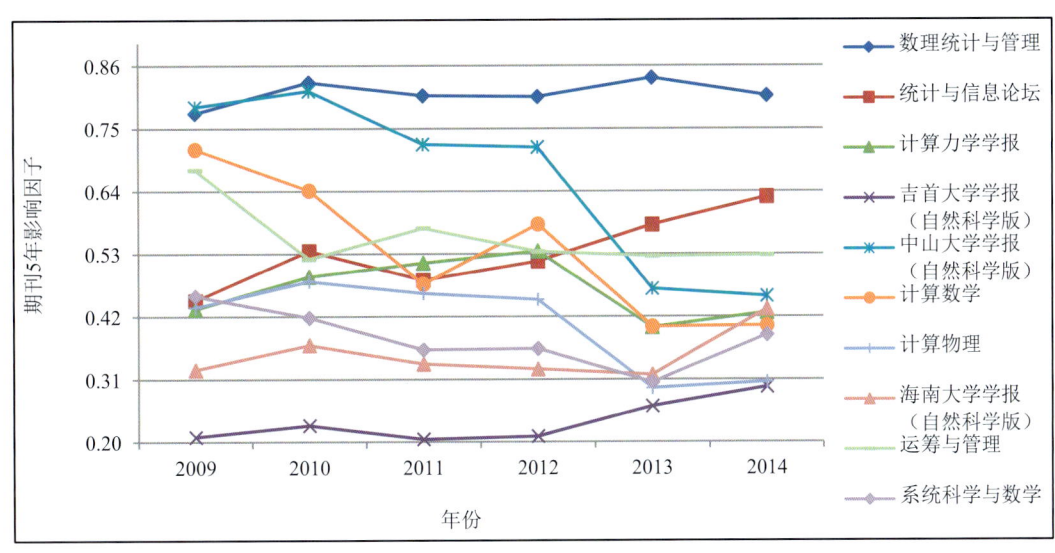

图 2-5　数学学科期刊 5 年影响因子变动

2.4.2　学科高影响力期刊载文主题关联

通过期刊共被引分析，获得数学学科高影响力期刊及与其他期刊之间的载文主题关联，如图 2-6 所示（共被引 9 次以下不显示）。结果显示，数学学科的高影响力期刊相互链接较为松散，显示出该学科高影响力期刊可能各自有较为偏好的载文主题，热点研究主题在期刊上的分布相对集中。《西南大学学报（自然科学版）》与《西南师范大学学报（自然科学版）》、《山东大学学报（理学版）》与《数学的实践与认识》等期刊之间的链接较强，意味着它们之间可能分别有较多相同或相近的载文主题。

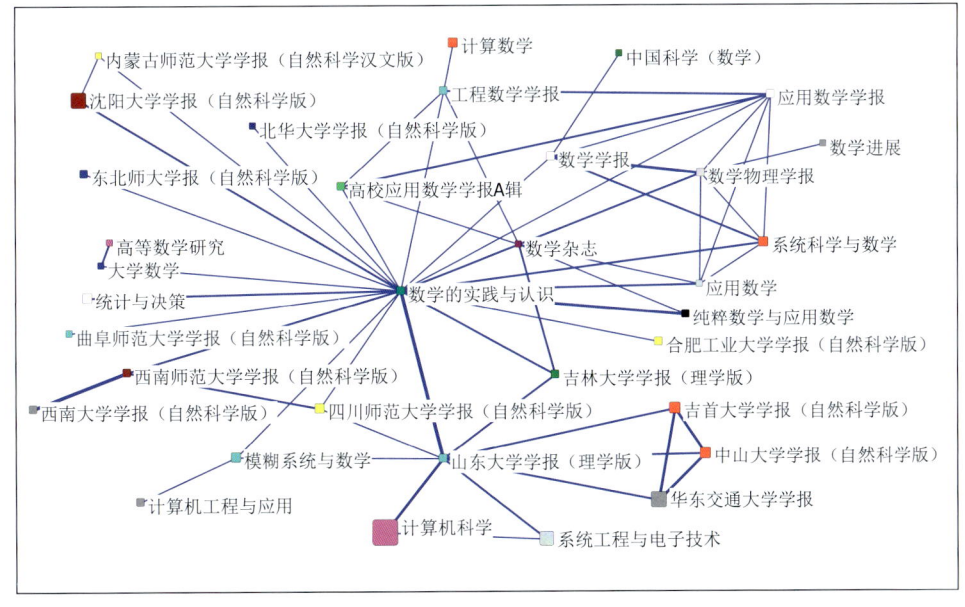

图 2-6　数学学科高影响力期刊载文主题关联

2.5 高被引作者分析

2.5.1 高被引作者 TOP 20

2009—2013 年，在 70794 位数学学科论文的第一作者中，在 2014 年学科被引频次位居前 20 位的学者的发文及被引情况见表 2-4。其中，学科发文总被引频次较高的 3 位作者分别是华东交通大学的吴跃生（175 次）、邵阳学院的杨甲山（83 次）和毕节学院的文开庭（63 次）。高被引作者的 5 年学科发文数量从 1 篇到 73 篇不等，同时，作者学科发文的期刊分布也在 1 种到 37 种之间变化。在发文超过 5 篇的所有作者中，篇均被引较高的 3 位作者分别是山东大学的史开泉（篇均 7.86 次）、江南大学的廖祖华（篇均 3.40 次）和华东交通大学的吴跃生（篇均 2.50 次）；前 5 年发表学科论文较多的 3 位作者分别是泰州师范高等专科学校的管训贵（74 篇）、广东第二师范学院的杨必成（73 篇）和华东交通大学的吴跃生（70 篇）。高被引作者的学科发文量和被引量对比如图 2-7 所示。

表 2-4 数学学科高被引作者 TOP 20

序号	姓名	作者单位	前 5 年发文			前 5 年学科发文在 2014 年的被引				h 指数（学科）
			学科发文（篇）	期刊分布（种）	发文总量（篇）	总频次	被引率（%）	最高（次）	篇均（次）	
1	吴跃生	华东交通大学	70	37	72	175	27.1	24	2.50	8
2	杨甲山	邵阳学院	50	32	52	83	62.0	6	1.66	5
3	文开庭	毕节学院	46	14	47	63	47.8	5	1.37	4
4	邓雪	华南理工大学	1	1	8	61	100.0	61	61.00	1
5	史开泉	山东大学	7	2	11	55	85.7	18	7.86	6
6	杜先存	红河学院	33	23	41	51	21.2	13	1.55	4
7	刘瑞江	江苏大学	1	1	12	47	100.0	47	47.00	2
8	唐保祥	天水师范学院	33	24	34	42	45.5	5	1.27	4
9	廖祖华	江南大学	10	8	10	34	70.0	11	3.40	4
10	林文贤	韩山师范学院	32	19	34	32	50.0	5	1.00	2
11	程启月	中国人民解放军国防大学	2	2	5	30	50.0	30	15.00	1
12	石东洋	郑州大学	46	17	47	28	34.8	5	0.61	3
13	刘春辉	赤峰学院	36	9	37	27	50.0	3	0.75	2
14	于秀清	德州学院	24	8	27	26	41.7	6	1.08	3
15	杨必成	广东第二师范学院	73	29	73	25	16.4	7	0.34	3
15	金瑾	毕节学院	40	18	42	25	30.0	6	0.62	3
15	马亮亮	攀枝花学院	26	15	29	25	34.6	11	0.96	2
15	孙芳芳	河南省濮阳市公路管理局	1	1	3	25	100.0	25	25.00	1

序号	姓名	作者单位	前5年发文			前5年学科发文在2014年的被引				h指数（学科）
			学科发文（篇）	期刊分布（种）	发文总量（篇）	总频次	被引率（%）	最高（次）	篇均（次）	
19	王胜华	上饶师范学院	15	4	15	23	26.7	9	1.53	3
19	詹森	广东技术师范学院	14	1	14	23	78.6	3	1.64	3

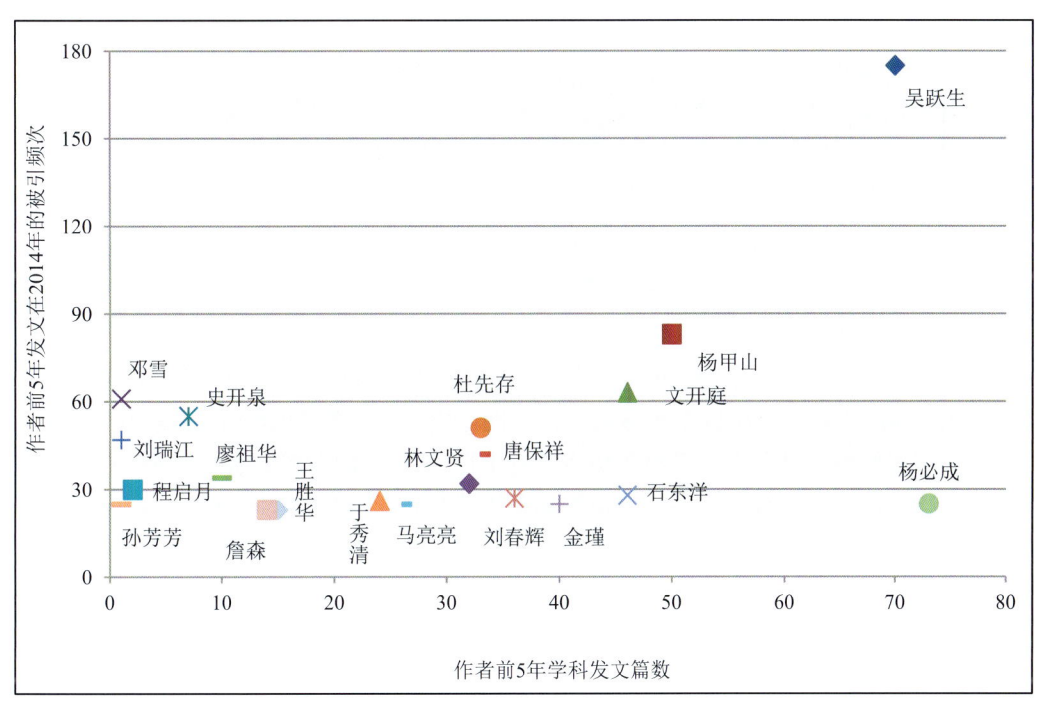

图2-7　数学学科高被引作者学科发文及被引对比

2.5.2　高被引作者科研合作关系

通过作者合著分析，获得2014年数学学科高被引作者及与其他学者之间的科研论文合作关系（不考虑论文署名次序），如图2-8所示（合著3次以下不显示）。可以看出，数学学科的高被引作者的论文合作现象比较普遍。学者杨必成和吴跃生的发文量较多；石东洋的论文合作网络最为突出，在该学科的研究人员中表现出一定的集聚效应；廖祖华与曹姝、刘春芝，唐保祥与任韩等学者之间的合作关系最为紧密，显示出他们可能分别属于同一支科研团队。

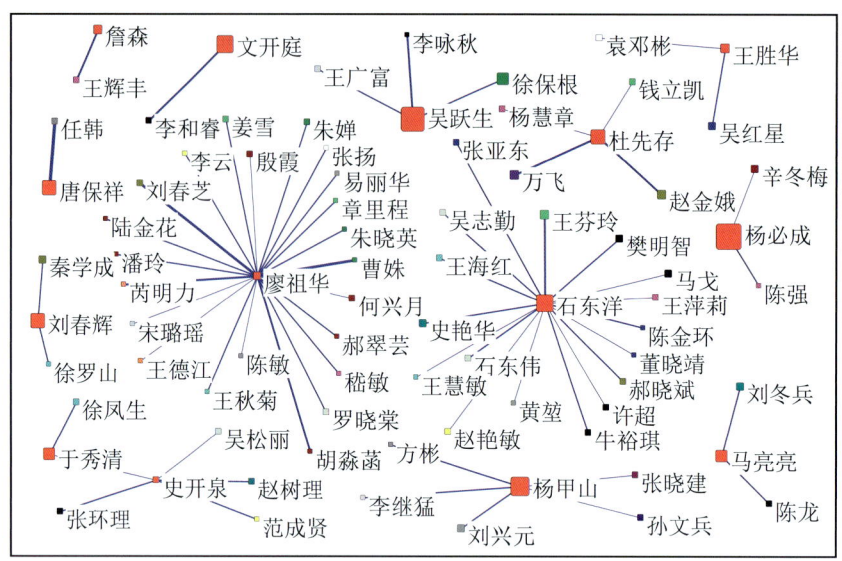

图 2-8　数学学科高被引作者科研论文合作关系

2.5.3　高被引作者发文主题关联

通过作者共被引分析，获得 2014 年数学学科高被引作者及与其他学者之间的发文主题关联（见图 2-9，共被引 2 次以下不显示）。如图 2-9 所示，数学学科的高被引作者基本主导了作者共被引网络，显示出该学科在热点主题上已经形成了优势较为明显的科研力量。学者吴跃生和杨甲山的节点较大，显示出他们的学术成果在学科内得到较多关注；廖祖华与胡淼菡、史开泉与汤积华等学者之间的链接较强，意味着他们之间可能分别有较为相近的研究主题；以史开泉、于秀清，廖祖华等学者为主要节点的共被引作者簇人数较多，意味着这些学者的研究主题关联可能较为紧密。

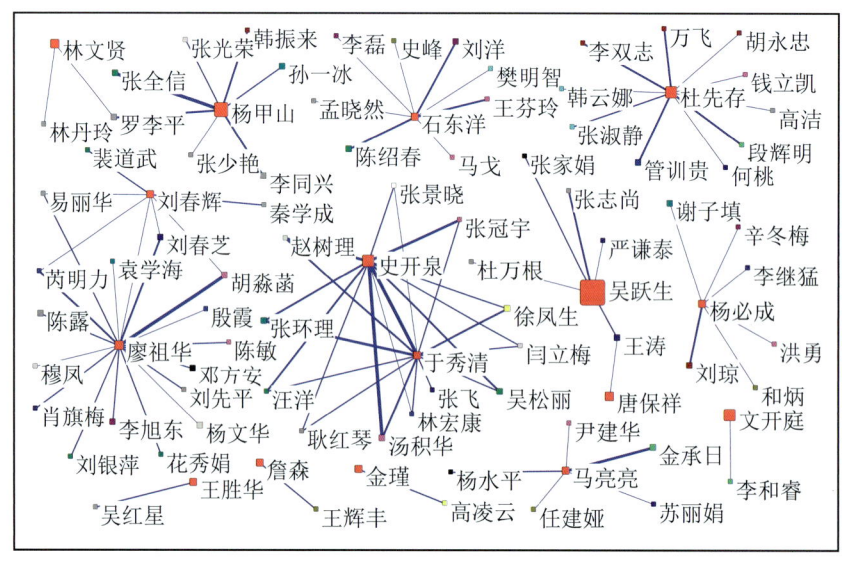

图 2-9　数学学科高被引作者发文主题关联

2.6 高被引机构分析

2.6.1 高被引机构

为便于比较，本书将数学学科的高被引机构分为高等院校和科研院所两种类型。其中，被引频次 TOP 10 高等院校和被引频次 TOP 5 科研院所的发文及被引情况分别见表 2-5 和表 2-6。其中，总被引频次较高的 3 所高等院校分别是华东交通大学、陕西师范大学和山东大学，中国科学院数学与系统科学研究院、北京应用物理与计算数学研究所和中国科学院武汉岩土力学研究所是总被引频次较高的 3 所科研院所；前 5 年学科发文在 2014 年的被引率最高的高等院校和科研院所分别是毕节学院和中国科学院武汉岩土力学研究所，篇均被引最高的高等院校和科研院所分别是华东交通大学和中国科学院武汉岩土力学研究所。上述高被引机构的论文被引率和篇均被引频次对比如图 2-10 所示。

表 2-5　数学学科高被引高等院校 TOP 10

序号	第一作者单位	学科发文量（篇）		前 5 年学科发文在 2014 年的被引			
		前 5 年	2014 年	频次	被引率(%)	最高（次）	篇均（次）
1	华东交通大学	201	47	204	19.9	24	1.01
2	陕西师范大学	925	112	179	13.2	7	0.19
3	山东大学	309	36	171	18.8	18	0.55
4	西北工业大学	536	79	165	21.5	6	0.31
5	华南理工大学	183	16	131	19.1	61	0.72
6	安徽师范大学	582	86	126	12.7	7	0.22
7	重庆大学	391	44	115	19.9	5	0.29
8	大连理工大学	413	65	113	17.9	7	0.27
8	浙江大学	319	30	113	16.0	11	0.35
10	毕节学院	168	24	111	28.0	6	0.66

表 2-6　数学学科高被引科研院所 TOP 5

序号	第一作者单位	学科发文量（篇）		前 5 年学科发文在 2014 年的被引			
		前 5 年	2014 年	频次	被引率(%)	最高（次）	篇均（次）
1	中国科学院数学与系统科学研究院	175	15	91	21.7	12	0.52
2	北京应用物理与计算数学研究所	101	14	45	31.7	4	0.45
3	中国科学院武汉岩土力学研究所	32	4	23	43.8	5	0.72
4	中国人民解放军陆军军官学院	57	12	7	8.8	2	0.12
5	中国科学院地理科学与资源研究所	10	3	6	20.0	4	0.60

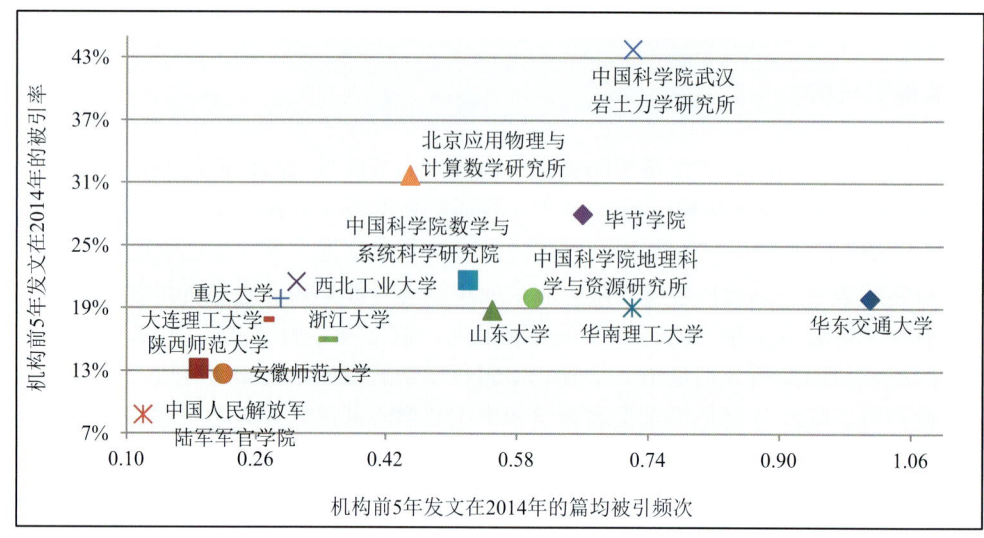

图 2-10　数学学科高被引机构论文篇均被引及被引率对比

2.6.2 高被引机构科研合作关系

通过合著分析，获得数学学科高被引机构之间及其与其他机构之间的科研合作关联，如图 2-11 所示（合作 11 次以下不显示）。分析得知，数学学科的机构合作链接较为紧密，表明学科内机构合作现象普遍且具有一定的地域性；高被引机构尚未形成合作网络；陕西师范大学和西安工业大学、安徽师范大学和安徽财经大学等机构之间的链接较强，表明它们的学术合作较为频繁。

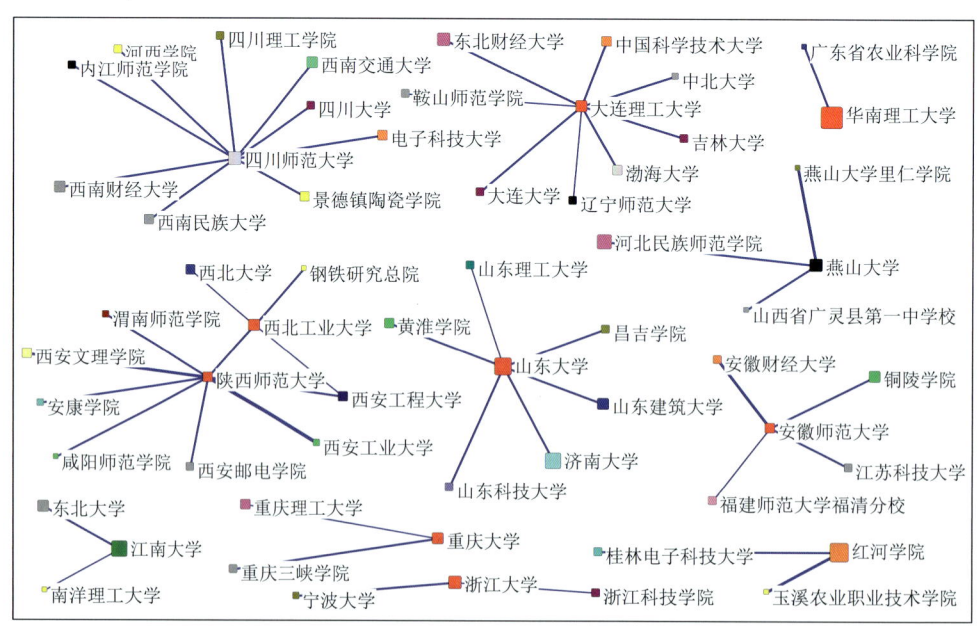

图 2-11　数学学科高被引机构科研合作关联

2.7 高被引图书、国外期刊及学术会议

2014 年,数学学科被引频次位居前 10 位的图书及国外期刊见表 2-7 和表 2-8。其中,被引次数较多的 3 种图书分别是华东师范大学数学系的《数学分析》、同济大学数学系的《高等数学》和姜启源的《数学模型》;被引次数较多的 3 种国外期刊分别是《Journal of Mathematical Analysis and Applications》《Nonlinear Analysis: Theory, Methods & Applications》和《Applied Mathematics and Computation》;被引次数较多的 3 场学术会议分别是"American Control Conference""The Sixth International Conference on Information and Management Sciences"和"SPE Annual Technical Conference and Exhibition"。

表 2-7　数学学科高被引图书 TOP 10

序号	责任者	图书名称	出版社	2014 年被引频次
1	华东师范大学数学系	数学分析	高等教育出版社	108
2	同济大学数学系	高等数学	高等教育出版社	76
3	姜启源	数学模型	高等教育出版社	75
4	匡继昌	常用不等式	山东科学技术出版社	46
5	裴礼文	数学分析中的典型问题与方法	高等教育出版社	45
5	王高雄	常微分方程	高等教育出版社	45
7	茆诗松	概率论与数理统计教程	高等教育出版社	40
8	张禾瑞	高等代数	高等教育出版社	39
8	郭大钧	非线性泛函分析	山东科学技术出版社	39
8	马知恩	传染病动力学的数学建模与研究	科学出版社	39

表 2-8　数学学科高被引国外期刊 TOP 10

序号	期刊名称	2014 年被引频次
1	Journal of Mathematical Analysis and Applications	2838
2	Nonlinear Analysis: Theory, Methods & Applications	1687
3	Applied Mathematics and Computation	1551
4	Linear Algebra and its Applications	1315
5	Computers & Mathematics with Applications	984
6	Journal of Computational and Applied Mathematics	813
7	Journal of Differential Equations	808
8	Fuzzy Sets and Systems	734
9	Proceedings of the American Mathematical Society	672
10	Transactions of the American Mathematical Society	646

第 3 章 物理学科高被引分析

3.1 学科论文概况

2009—2013 年，物理学科共有 67406 位来自 11373 所机构的论文第一作者在 2762 种期刊上发表了 77256 篇学术论文。其中，80%以上的论文产出自 1199 所机构、50551 位作者，发表在 320 种期刊上。在前 5 年发表的这些论文中，有 13722 篇在 2014 年获得过引用，整体被引率为 17.8%，总被引频次为 20738 次，篇均被引 0.27 次；其中，高被引论文有 204 篇，单篇论文最高被引频次为 27 次，累计被引 1408 次，篇均被引 6.90 次（表 3-1）。另外，2014 年物理学科共发表论文 14145 篇，其中有 482 篇在当年获得过引用，总共被引 597 次。

表 3-1 物理学科论文分布情况

年份	论文篇数	2014 年被引频次	2014 年被引率（%）	2014 年高被引论文			
				论文篇数	最高被引频次	总被引频次	篇均被引频次
2009	16025	3734	15.4	27	15	221	8.19
2010	15499	3962	17.2	51	24	322	6.31
2011	15722	4085	17.5	58	27	349	6.02
2012	16129	4939	19.8	37	23	292	7.89
2013	13881	4018	19.1	31	16	224	7.23
合计	77256	20738	17.8	204	27	1408	6.90

从物理学科论文的地域分布来看，2014 年被引频次较高的 5 个省、直辖市或自治区依次是北京、江苏、陕西、上海和四川（图 3-1）；5 年论文产出量较多的 5 个省、直辖市或自治区依次是北京、江苏、陕西、四川和上海（图 3-2）。

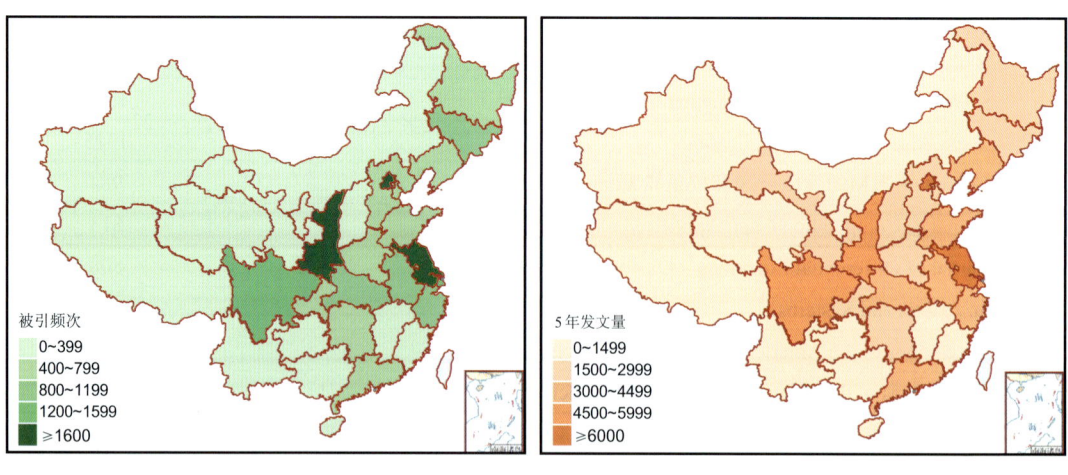

图 3-1 2014 年物理学科地区被引分布　　图 3-2 物理学科 5 年论文产出地区分布

3.2 高被引论文分析

在物理学科，2014 年被引频次位居前 10 位的论文（表 3-2）平均被引频次为 13.83 次，是全部 204 篇高被引论文篇均被引频次的 2.0 倍。其中，被引频次最高的论文是赵沁平于 2009 年发表的《虚拟现实综述》，随后 2 篇分别是沈川于 2012 年发表的《基于像素结构空间光调制器的全息再现像问题研究》和李杰于 2010 年发表的《随机动力系统中的概率密度演化方程及其研究进展》。

从论文分布来看，刊载高被引论文数量居前的 3 种期刊分别是《光学学报》（25 篇）、《物理学报》（12 篇）和《力学进展》（8 篇），而《物理学报》刊载了高被引论文 TOP 10 中的 3 篇；发表高被引论文居前的 3 位学者分别是河池学院的苏安（5 篇）、空军工程大学的许金余（2 篇）和中国科学院长春光学精密机械与物理研究所的林旭东（2 篇）；产出高被引论文数量居前的 3 所机构分别是中国科学院长春光学精密机械与物理研究所（6 篇）、河池学院（5 篇）和空军工程大学（5 篇），而河池学院和中国科学院长春光学精密机械与物理研究所产出了高被引论文 TOP 10 中的 2 篇。

表 3-2 物理学科高被引论文 TOP 10

序号	论文题名	第一作者	期刊名称	发表年份	被引频次 总频次	被引频次 2014 年
1	虚拟现实综述	赵沁平	中国科学 F 辑	2009	89	28
2	基于像素结构空间光调制器的全息再现像问题研究	沈川	光学学报	2012	21	14
2	随机动力系统中的概率密度演化方程及其研究进展	李杰	力学进展	2010	21	14
4	双重势垒一维光子晶体量子阱的光传输特性研究	苏安	物理学报	2012	25	13
4	实现高品质滤波功能的一维光子晶体量子阱滤波器	苏安	中国激光	2013	19	13
6	自适应光学波前校正器技术发展现状	林旭东	中国光学	2012	20	12
6	一维光子晶体的全反射隧穿效应的解析研究	刘启能	光学学报	2012	22	12
6	137 单元变形镜的性能测试及校正能力实验	林旭东	光学精密工程	2013	19	12
6	几何相似体应力—应变分布相同时的载荷关系	李春旺	空军工程大学学报（自然科学版）	2011	12	12
6	基于改进混合蛙跳算法的认知无线电协作频谱感知	郑仕链	物理学报	2010	30	12
6	量子粒子群优化算法的收敛性分析及控制参数研究	方伟	物理学报	2010	43	12
6	无网格法的理论及应用	张雄	力学进展	2009	55	12

3.3 研究主题关联分析

在物理学科，高被引论文累计被2014年发表的982篇论文引用了1408次。通过分析施引文献关键词的词频及关键词之间的共现关系，获得2014年物理学科的热点主题和主题关联，如图3-3所示（共现4次以下不显示）。由图3-3可知："光子晶体""全息"等关键词的文档词频较高，是2014年学科的研究热点；以"光子晶体""透射谱"等关键词为主要节点的多个概念相互关联，构成了学科内最为突出的研究主题簇。

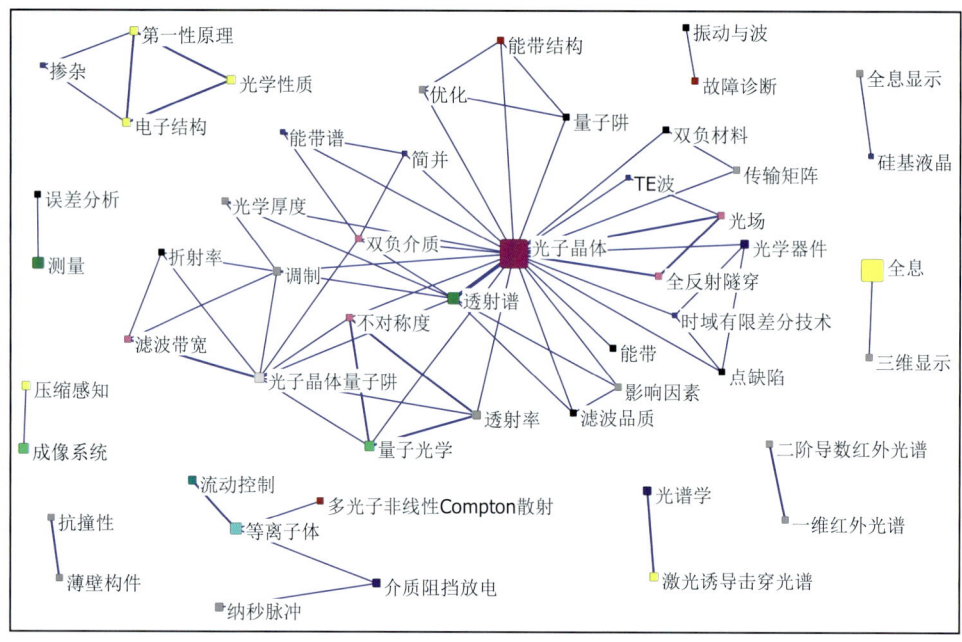

图 3-3　物理学科 2014 年热点主题关联

3.4 学科高影响力期刊分析

3.4.1 学科高影响力期刊 TOP 10

在物理学科，学科5年影响因子位居前10位的期刊见表3-3，排在前3位的期刊分别是《力学进展》《光学学报》和《声学学报》。在表3-3中，学科载文量占其总载文量比例最大的期刊是《爆炸与冲击》；前5年学科载文在2014年被引率最高的期刊是《力学进展》；期刊5年影响因子较高的前3种期刊分别是《力学进展》《光学学报》和《光子学报》；学科5年影响因子与期刊5年影响因子差异最大的期刊是《光学学报》。表3-3中期刊的学科5年影响因子和前5年学科载文的2014年被引率对比如图3-4所示，2009—2014年期刊5年影响因子的变动情况如图3-5所示。

表 3-3 物理学科高影响力期刊基本指数

序号	期刊名称	前 5 年载文量			2014 年学科被引			5 年影响因子		h 指数（学科）
		学科（篇）	占比（%）	总量（篇）	频次	被引率（%）	高被引论文篇数	期刊（2014）	学科（2014）	
1	力学进展	168	60.2	279	196	40.5	8	1.172	1.167	8
2	光学学报	1626	42.1	3867	1265	39.4	25	0.865	0.778	9
3	声学学报	395	71.2	555	227	32.4	2	0.537	0.575	5
4	爆炸与冲击	675	100.0	675	359	32.6	3	0.532	0.532	5
5	光子学报	821	32.5	2526	413	29.8	1	0.580	0.503	6
6	力学学报	454	56.4	805	218	30.2	0	0.507	0.480	5
7	大学物理实验	816	67.2	1215	341	27.2	3	0.457	0.418	5
8	物理实验	563	62.0	908	228	27.7	1	0.374	0.405	4
9	发光学报	844	62.3	1355	330	26.5	0	0.405	0.391	5
10	实验力学	234	38.3	611	87	25.2	1	0.390	0.372	5

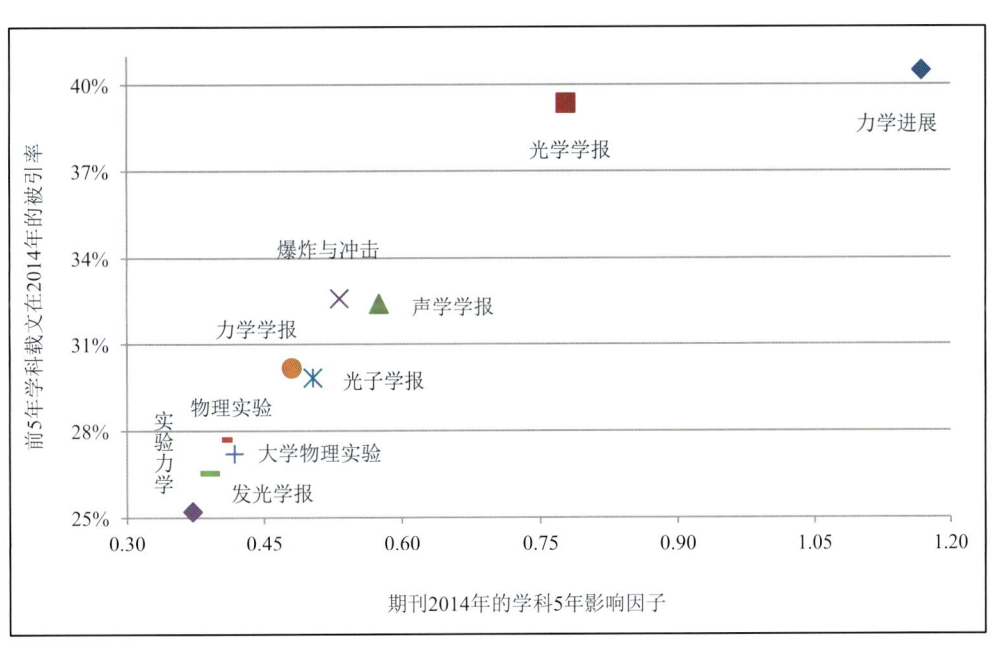

图 3-4 物理学科高影响力期刊对比

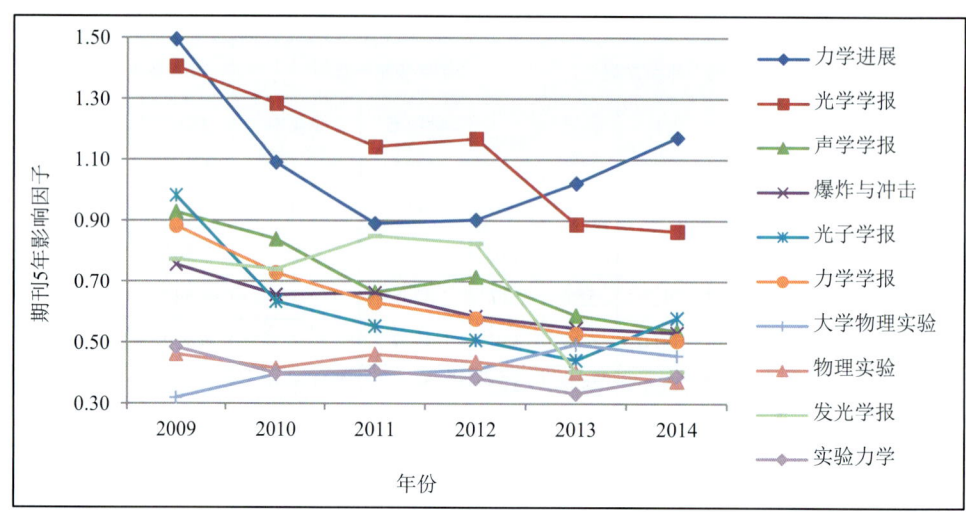

图 3-5 物理学科期刊 5 年影响因子变动

3.4.2 学科高影响力期刊载文主题关联

通过期刊共被引分析，获得物理学科高影响力期刊及与其他期刊之间的载文主题关联，如图 3-6 所示（共被引 10 次以下不显示）。结果显示，物理学科的高影响力期刊相互链接较为松散，显示出该学科高影响力期刊可能各自有较为偏好的载文主题，热点研究主题在期刊上的分布相对集中。《光学学报》的学科 5 年影响因子较高，显示出该刊在学科内学术影响力较大；《光学学报》与《中国激光》《激光与光电子学进展》等期刊之间的链接较强，意味着它们之间可能有较多相同或相近的载文主题。

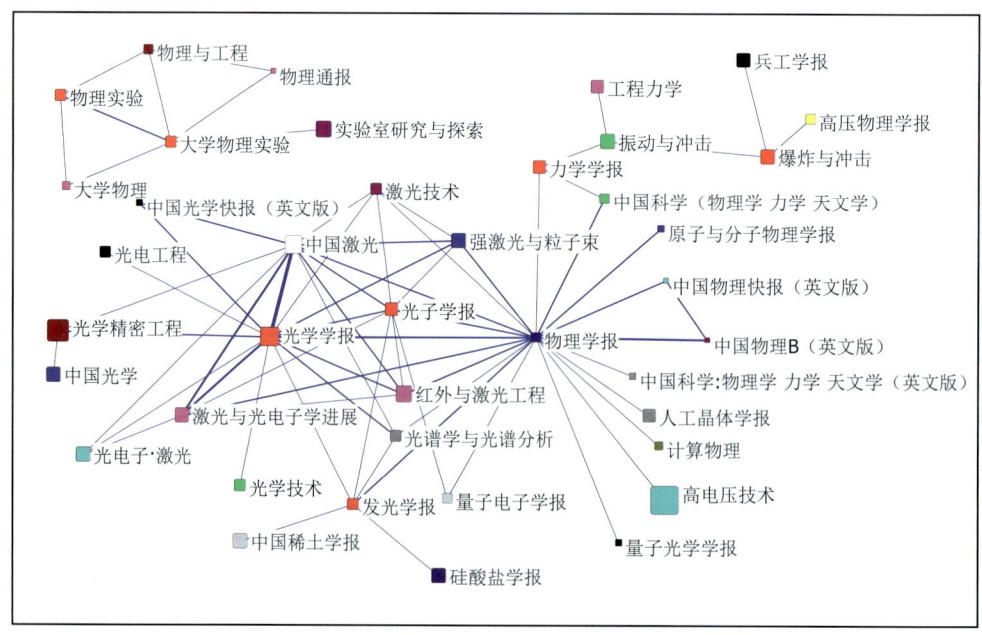

图 3-6 物理学科高影响力期刊载文主题关联

3.5 高被引作者分析

3.5.1 高被引作者 TOP 20

2009—2013 年，在 67406 位物理学科论文的第一作者中，在 2014 年学科被引频次位居前 20 位的学者的发文及被引情况见表 3-4。其中，学科发文总被引频次较高的 3 位作者分别是重庆工商大学的刘启能（84 次）、河池学院的苏安（83 次）和湖南文理学院的吴晓（38 次）。高被引作者的 5 年学科发文数量从 1 篇到 57 篇不等，同时，作者学科发文的期刊分布也在 1 种到 23 种之间变化。在发文超过 5 篇的所有作者中，篇均被引较高的 3 位作者分别是中国科学院长春光学精密机械与物理研究所的刘洪兴（篇均 3.80 次）、同济大学的李杰（篇均 3.33 次）和清华大学深圳研究生院的马建设（篇均 3.00 次）；前 5 年发表学科论文较多的 3 位作者分别是重庆工商大学的刘启能（57 篇）、运城学院的吉选芒（49 篇）和武夷学院的卢道明（47 篇）。高被引作者的学科发文量和被引量对比如图 3-7 所示。

表 3-4 物理学科高被引作者 TOP 20

序号	姓名	作者单位	前 5 年发文			前 5 年学科发文在 2014 年的被引				h 指数（学科）
			学科发文（篇）	期刊分布（种）	发文总量（篇）	总频次	被引率（%）	最高（次）	篇均（次）	
1	刘启能	重庆工商大学	57	23	154	84	45.6	12	1.47	5
2	苏安	河池学院	35	16	35	83	48.6	13	2.37	5
3	吴晓	湖南文理学院	45	16	68	38	37.8	5	0.84	3
4	黄志洵	中国传媒大学	34	2	37	35	55.9	4	1.03	3
5	杨志平	河北大学	44	13	46	34	52.3	3	0.77	2
6	许金余	空军工程大学	10	7	25	28	70.0	9	2.80	3
6	赵沁平	北京航空航天大学	1	1	5	28	100.0	28	28.00	1
8	薛庆生	中国科学院长春光学精密机械与物理研究所	14	4	24	26	64.3	7	1.86	3
9	林旭东	中国科学院长春光学精密机械与物理研究所	2	2	10	24	100.0	12	12.00	2
10	周云龙	东北电力大学	39	16	118	23	38.5	3	0.59	3
11	张淼	长春工程学院	20	11	22	21	35.0	6	1.05	3
12	李杰	同济大学	6	5	38	20	66.7	14	3.33	3
13	刘洪兴	中国科学院长春光学精密机械与物理研究所	5	5	8	19	100.0	8	3.80	3
13	吕翎	辽宁师范大学	11	3	13	19	54.6	9	1.73	2
15	王华英	河北工程大学	10	4	17	17	70.0	6	1.70	3
15	付秀华	长春理工大学	17	5	19	17	41.2	6	1.00	3

序号	姓名	作者单位	前5年发文			前5年学科发文在2014年的被引				h指数（学科）
			学科发文（篇）	期刊分布（种）	发文总量（篇）	总频次	被引率（%）	最高（次）	篇均（次）	
17	沈川	安徽大学	4	4	4	16	50.0	14	4.00	2
17	谭志中	南通大学	19	4	23	16	63.7	2	0.84	2
19	唐恩凌	沈阳理工大学	20	6	25	15	45.0	4	0.75	2
19	卢道明	武夷学院	47	10	49	15	25.5	2	0.32	2
19	马建设	清华大学深圳研究生院	5	3	14	15	60.0	11	3.00	2
19	毛北行	郑州航空工业管理学院	14	9	34	15	42.9	4	1.07	3

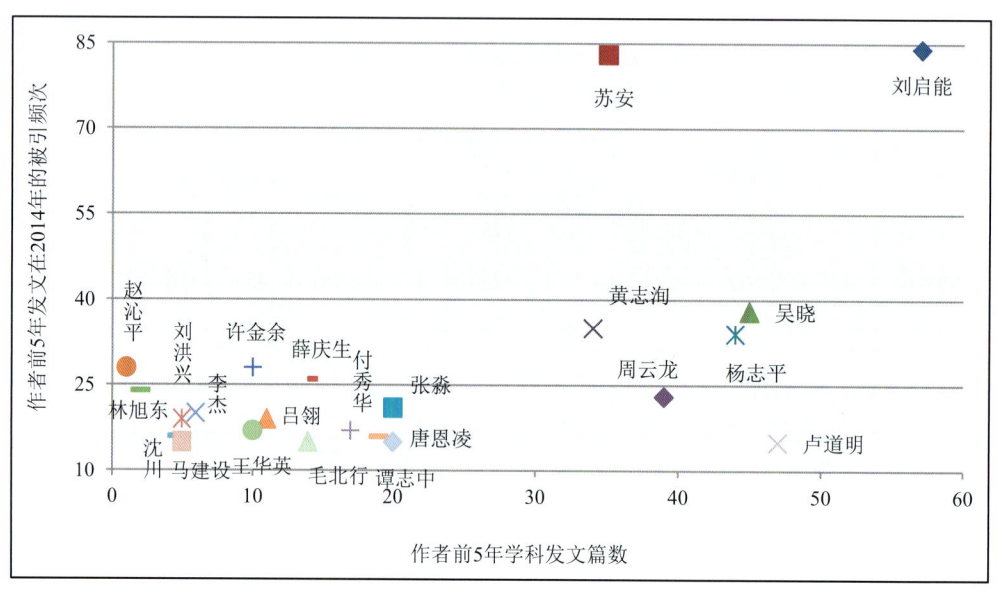

图3-7　物理学科高被引作者学科发文及被引对比

3.5.2　高被引作者科研合作关系

通过作者合著分析，获得2014年物理学科高被引作者及与其他学者之间的科研论文合作关系（不考虑论文署名次序），如图3-8所示（合著5次以下不显示）。可以看出，物理学科的高被引作者的论文合作现象比较普遍。学者刘启能、吴晓和杨志平的发文量较多；杨志平的论文合作网络最为突出，在该学科的研究人员中表现出一定的集聚效应；吴晓与杨立军，杨志平与李旭、李盼来等学者之间的合作关系最为紧密，显示出他们可能分别属于同一支科研团队。

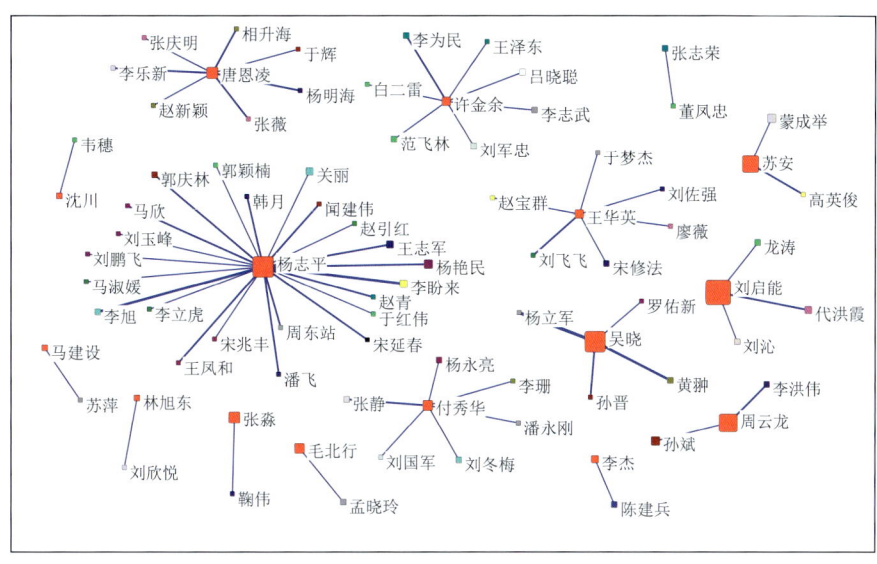

图 3-8 物理学科高被引作者科研论文合作关系

3.5.3 高被引作者发文主题关联

通过作者共被引分析，获得 2014 年物理学科高被引作者及与其他学者之间的发文主题关联（见图 3-9，共被引 2 次以下不显示）。如图 3-9 所示，物理学科的高被引作者基本主导了作者共被引网络，显示出该学科在热点主题上已经形成了优势较为明显的科研力量。学者刘启能和苏安的节点较大，显示出他们的学术成果在学科内得到较多关注；苏安与刘启能、张淼与于澜等学者之间的链接较强，意味着他们之间可能分别有较为相近的研究主题；以刘启能、苏安等学者为主要节点的共被引作者簇人数较多且网络规模较大，意味着这些学者的研究主题关联可能较为紧密。

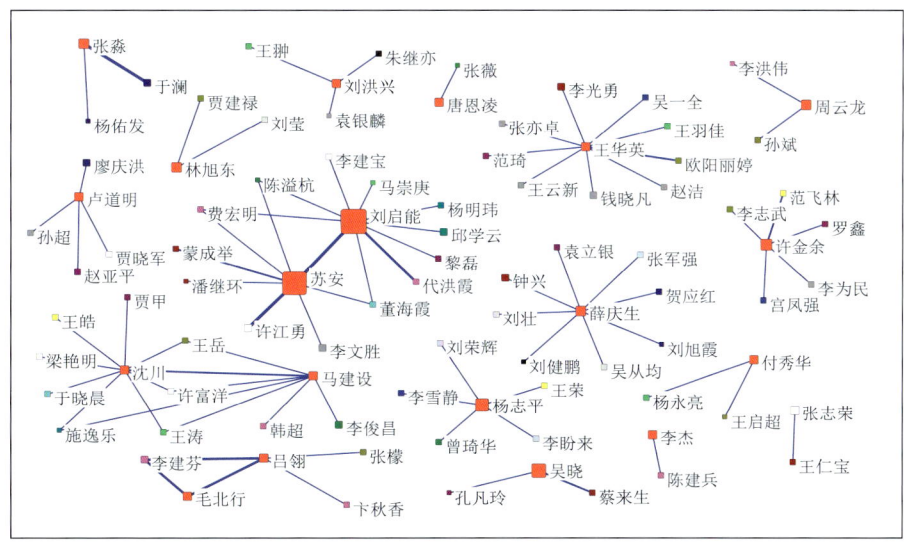

图 3-9 物理学科高被引作者发文主题关联

3.6 高被引机构分析

3.6.1 高被引机构

为便于比较，本书将物理学科的高被引机构分为高等院校和科研院所两种类型。其中，被引频次 TOP 10 高等院校和被引频次 TOP 5 科研院所的发文及被引情况分别见表 3-5 和表 3-6。其中，总被引频次较高的 3 所高等院校分别是北京理工大学、西北工业大学和清华大学，中国科学院长春光学精密机械与物理研究所、中国科学院安徽光学精密机械研究所和中国科学院上海光学精密机械研究所是总被引频次较高的 3 所科研院所；前 5 年学科发文在 2014 年的被引率最高的高等院校和科研院所分别是南京理工大学和中国科学院光电技术研究所，篇均被引最高的高等院校和科研院所分别是清华大学和中国科学院西安光学精密机械研究所。上述高被引机构的论文被引率和篇均被引频次对比如图 3-10 所示。

表 3-5　物理学科高被引高等院校 TOP 10

序号	第一作者单位	学科发文量（篇）		前 5 年学科发文在 2014 年的被引			
		前 5 年	2014 年	频次	被引率(%)	最高(次)	篇均(次)
1	北京理工大学	858	128	314	24.1	8	0.37
2	西北工业大学	971	140	306	21.5	5	0.32
3	清华大学	743	94	304	25.4	12	0.41
4	大连理工大学	883	121	257	19.1	8	0.29
5	南京理工大学	658	99	256	25.5	10	0.39
5	天津大学	696	90	256	23.9	7	0.37
7	浙江大学	738	95	236	21.4	8	0.32
8	上海交通大学	786	101	231	20.4	5	0.29
9	中国科学技术大学	1143	170	229	12.9	7	0.20
10	四川大学	830	107	220	17.3	9	0.27

表 3-6　物理学科高被引科研院所 TOP 5

序号	第一作者单位	学科发文量（篇）		前 5 年学科发文在 2014 年的被引			
		前 5 年	2014 年	频次	被引率(%)	最高(次)	篇均(次)
1	中国科学院长春光学精密机械与物理研究所	580	130	423	38.1	12	0.73
2	中国科学院安徽光学精密机械研究所	262	42	180	38.2	7	0.69
3	中国科学院上海光学精密机械研究所	421	60	153	21.9	6	0.36
4	中国科学院西安光学精密机械研究所	160	31	122	39.4	11	0.76
5	中国科学院光电技术研究所	159	14	111	43.4	6	0.70

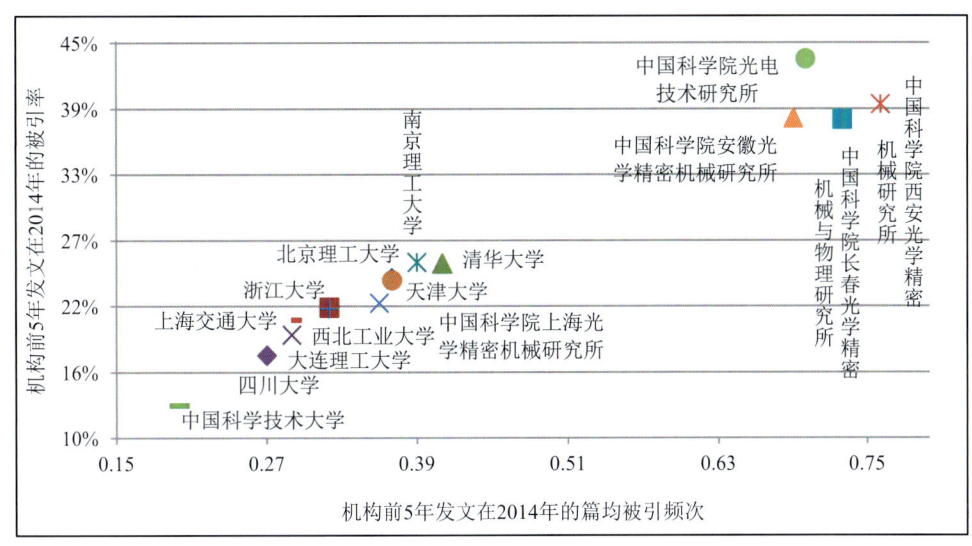

图 3-10　物理学科高被引机构论文篇均被引及被引率对比

3.6.2　高被引机构科研合作关系

通过合著分析，获得物理学科高被引机构之间及其与其他机构之间的科研合作关联，如图 3-11 所示（合作 37 次以下不显示）。分析得知，物理学科的机构合作链接较为紧密，表明学科内机构合作现象普遍且具有一定的地域性；高被引机构基本主导了机构合作网络；中国科学技术大学和中国科学院高能物理研究所等机构之间的链接较强，表明它们的学术合作较为频繁。

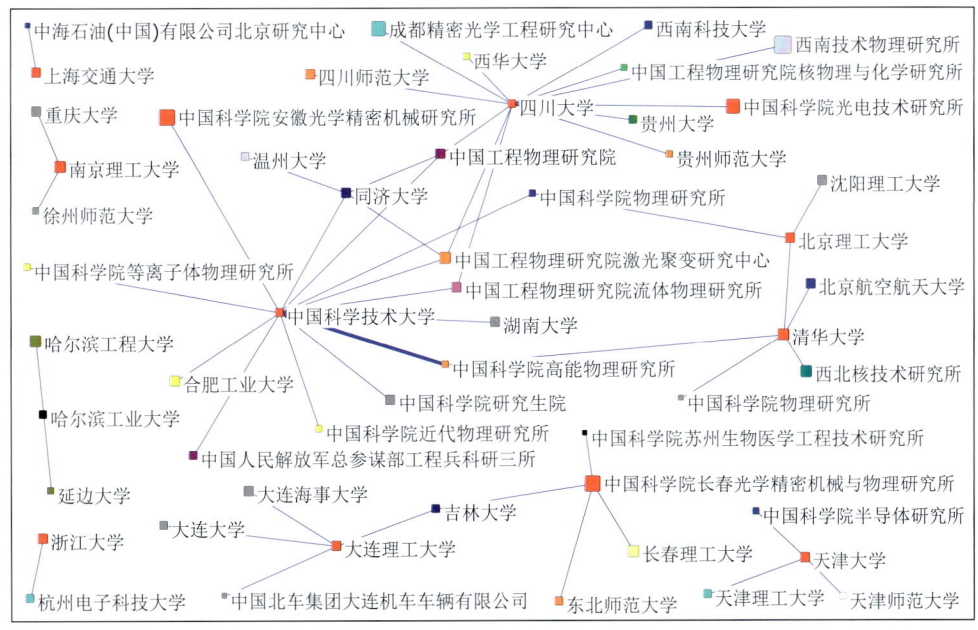

图 3-11　物理学科高被引机构科研合作关联

3.7 高被引图书、国外期刊及学术会议

2014年，物理学科被引频次位居前10位的图书及国外期刊见表3-7和表3-8。其中，被引次数较多的3种图书分别是姚启钧的《光学教程》、Nielsen M A 的《Quantum computation and quantum information》和唐晋发的《现代光学薄膜技术》；被引次数较多的3种国外期刊分别是《Physical Review Letters》《Physical Review B》和《Physical Review A》；被引次数较多的3场学术会议分别是"SPIE""The 38th International Conference on IRMMW-THz"和"AIP Conference Proceedings"。

表3-7 物理学科高被引图书 TOP 10

序号	责任者	图书名称	出版社	2014年被引频次
1	姚启钧	光学教程	高等教育出版社	43
2	Nielsen M A	Quantum computation and quantum information	Cambridge University Press	40
3	唐晋发	现代光学薄膜技术	浙江大学出版社	34
4	周衍柏	理论力学教程	高等教育出版社	30
5	周世勋	量子力学教程	高等教育出版社	27
5	郭硕鸿	电动力学	高等教育出版社	27
7	赵凯华	电磁学	高等教育出版社	26
8	黄昆	固体物理学	高等教育出版社	25
9	王礼立	应力波基础	国防工业出版社	21
10	刘恩科	半导体物理学	电子工业出版社	20
10	郁道银	工程光学	机械工业出版社	20

表3-8 物理学科高被引国外期刊 TOP 10

序号	期刊名称	2014年被引频次
1	Physical Review Letters	10392
2	Physical Review B	5413
3	Physical Review A	5192
4	Applied Physics Letters	5159
5	Journal of Applied Physics	3035
6	Optics Express	2510
7	Nature	2332
8	Science	2298
9	Optics Letters	2100
10	Physical Review E	1726

第 4 章　化学学科高被引分析

4.1　学科论文概况

2009—2013 年，化学学科共有 89776 位来自 13953 所机构的论文第一作者在 2868 种期刊上发表了 104257 篇学术论文。其中，80%以上的论文产出自 1381 所机构、66204 位作者，发表在 286 种期刊上。在前 5 年发表的这些论文中，有 25199 篇在 2014 年获得过引用，整体被引率为 24.2%，总被引频次为 39335 次，篇均被引 0.38 次；其中，高被引论文有 324 篇，单篇论文最高被引频次为 48 次，累计被引 2344 次，篇均被引 7.23 次（表 4-1）。另外，2014 年化学学科共发表论文 18449 篇，其中有 801 篇在当年获得过引用，总共被引 938 次。

表 4-1　化学学科论文分布情况

年份	论文篇数	2014 年被引频次	2014 年被引率（%）	2014 年高被引论文			
				论文篇数	最高被引频次	总被引频次	篇均被引频次
2009	21622	7444	22.1	60	31	434	7.23
2010	21080	8472	25.2	55	33	476	8.65
2011	21212	8545	25	87	48	646	7.43
2012	21192	8582	25.9	61	29	423	6.93
2013	19151	6292	22.6	61	28	365	5.98
合计	104257	39335	24.2	324	48	2344	7.23

从化学学科论文的地域分布来看，2014 年被引频次较高的 5 个省、直辖市或自治区依次是北京、江苏、广东、浙江和山东（图 4-1）；5 年论文产出量较多的 5 个省、直辖市或自治区依次是北京、江苏、广东、山东和河南（图 4-2）。

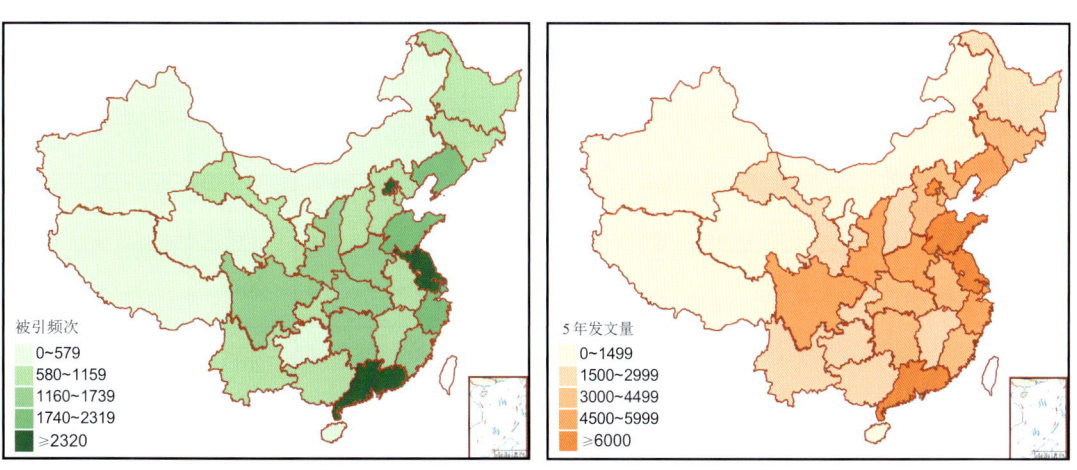

图 4-1　2014 年化学学科地区被引分布　　图 4-2　化学学科 5 年论文产出地区分布

4.2 高被引论文分析

在化学学科，2014 年被引频次位居前 10 位的论文（表 4-2）平均被引频次为 15.6 次，是全部 324 篇高被引论文篇均被引频次的 2.2 倍。其中，被引频次最高的论文是郑向华于 2012 年发表的《固相萃取-气相色谱-质谱法测定食品中 23 种邻苯二甲酸酯》，随后被引较多的分别是胡耀娟于 2010 年发表的《石墨烯的制备、功能化及在化学中的应用》、吴惠勤于 2011 年发表的《不同类别食品中 21 种邻苯二甲酸酯的气相色谱-质谱测定及其分布情况研究》和冯先进于 2011 年发表的《电感耦合等离子体质谱法（ICP-MS）最新应用进展》。

从论文分布来看，刊载高被引论文数量居前的 3 种期刊分别是《色谱》（39 篇）、《分析测试学报》（23 篇）和《光谱学与光谱分析》（20 篇），而《分析测试学报》刊载了高被引论文 TOP 10 中的 5 篇；发表高被引论文居前的 3 位学者分别是西南科技大学的杨勇辉（2 篇）、沈阳药科大学的孙国祥（2 篇）和宁波市产品质量监督检验研究院的沈坚（2 篇）；产出高被引论文数量居前的 3 所机构分别是陕西科技大学（5 篇）、北京工业大学（4 篇）和北京市疾病预防控制中心（4 篇）。

表 4-2 化学学科高被引论文 TOP 10

序号	论文题名	第一作者	期刊名称	发表年份	被引频次 总频次	被引频次 2014 年
1	固相萃谱-气相色谱-质谱法测定食品中 23 种邻苯二甲酸酯	郑向华	色谱	2012	41	22
2	石墨烯的制备、功能化及在化学中的应用	胡耀娟	物理化学学报	2010	64	19
3	不同类别食品中 21 种邻苯二甲酸酯的气相色谱-质谱测定及其分布情况研究	吴惠勤	分析测试学报	2011	53	16
3	电感耦合等离子体质谱法（ICP-MS）最新应用进展	冯先进	中国无机分析化学	2011	47	16
5	液相色谱-质谱分析中的基质效应	向平	分析测试学报	2009	50	15
5	超高效液相色谱串联质谱法测定花生、粮油中 18 种真菌毒素	宫小明	分析测试学报	2011	34	15
7	气相色谱-质谱联用测定食品中的邻苯二甲酸酯	卢春山	分析测试学报	2010	49	14
8	超高效液相色谱串联质谱法对水产品中 8 种雌激素的测定	徐英江	分析测试学报	2010	30	13
8	液相色谱-串联质谱法同时测定纺织品和食品包装材料中的壬基酚、辛基酚和双酚 A	马强	分析化学	2010	38	13
8	ICP-OES/ICP-MS 测定葵花子中 28 种无机元素	刘宏伟	光谱学与光谱分析	2013	15	13

4.3 研究主题关联分析

在化学学科，高被引论文累计被 2014 年发表的 1995 篇论文引用了 2344 次。通过分析施引文献关键词的词频及关键词之间的共现关系，获得 2014 年化学学科的热点主题和主题关联，如图 4-3 所示（共现 6 次以下不显示）。由图 4-3 可知："邻苯二甲酸酯""微波消解""检测"等关键词的文档词频较高，是 2014 年学科的研究热点；"检测"与"食品"，"微波消解"与"ICP-OES"之间的共现次数较多，显示出它们之间的主题关联分别较为紧密；以"检测""食品""邻苯二甲酸酯"等关键词为主要节点的多个概念相互关联，构成了学科内最为突出的研究主题簇。

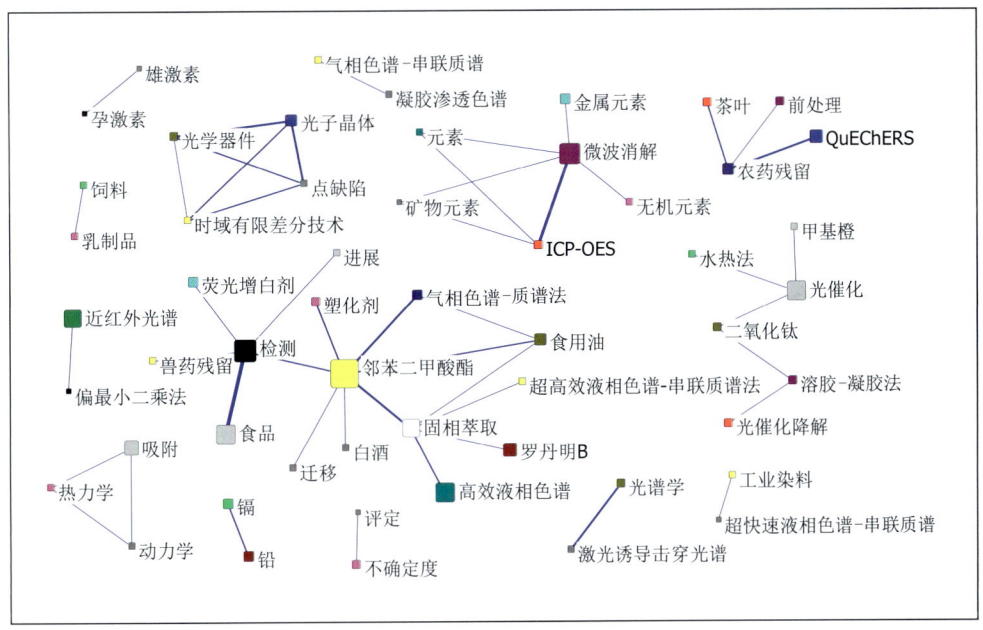

图 4-3　化学学科 2014 年热点主题关联

4.4 学科高影响力期刊分析

4.4.1 学科高影响力期刊 TOP 10

在化学学科，学科 5 年影响因子位居前 10 位的期刊见表 4-3，排在前 3 位的期刊分别是《色谱》《岩矿测试》和《分子催化》。在表 4-3 中，学科载文量占其总载文量比例最大的期刊是《色谱》和《中国无机分析化学》；前 5 年学科载文在 2014 年被引率最高的期刊是《岩矿测试》；期刊 5 年影响因子较高的前 3 种期刊分别是《色谱》《岩矿测试》和《质谱学报》；学科 5 年影响因子与期刊 5 年影响因子差异最大的期刊是《中国酿造》。表 4-3 中期刊的学科 5 年影响因子和前 5 年学科载文的 2014 年被引率对比如图 4-4 所示，2009—2014 年期刊 5 年影响因子的变动情况如图 4-5 所示。

表 4-3　化学学科高影响力期刊基本指数

序号	期刊名称	前 5 年载文量			2014 年学科被引			5 年影响因子		h 指数（学科）
		学科（篇）	占比（%）	总量（篇）	频次	被引率（%）	高被引论文篇数	期刊(2014)	学科(2014)	
1	色谱	1245	99.2	1255	1330	45.0	39	1.073	1.068	8
2	岩矿测试	388	42.6	911	354	48.7	4	0.948	0.912	7
3	分子催化	443	84.5	524	374	40.0	5	0.781	0.844	6
4	质谱学报	373	97.9	381	306	40.2	4	0.806	0.820	5
5	中国无机分析化学	380	99.2	383	297	39.2	4	0.789	0.782	5
6	分析测试学报	1519	86.6	1754	1186	38.7	23	0.735	0.781	9
7	冶金分析	1121	93.1	1204	826	42.2	3	0.713	0.737	5
8	光谱学与光谱分析	1825	41.2	4430	1307	38.5	20	0.665	0.716	9
9	稀土	270	35.4	763	182	37.0	1	0.676	0.674	6
10	中国酿造	421	11.4	3687	279	41.6	0	0.564	0.663	7

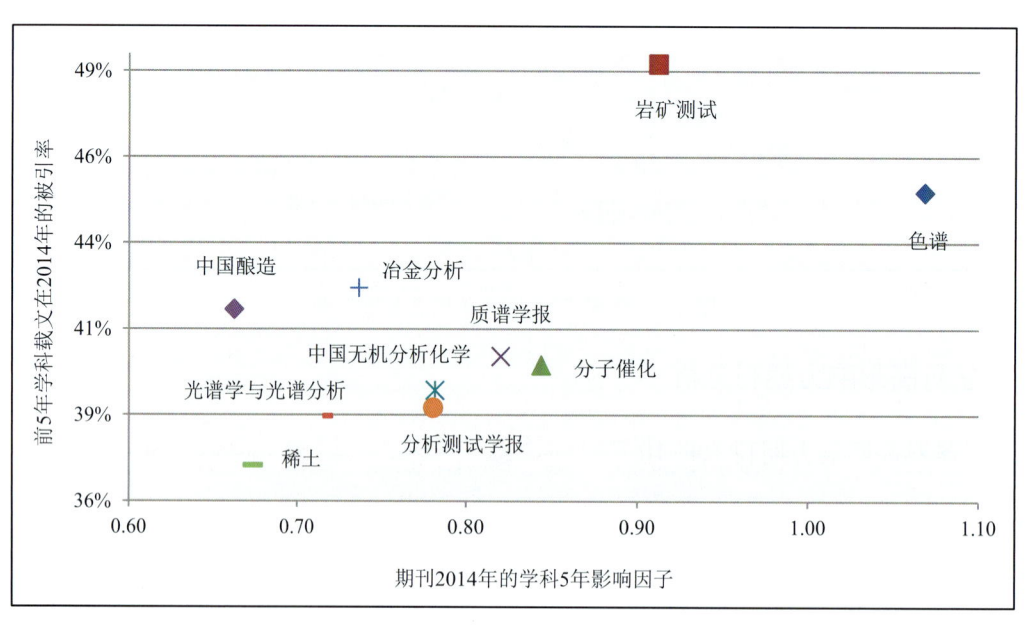

图 4-4　化学学科高影响力期刊对比

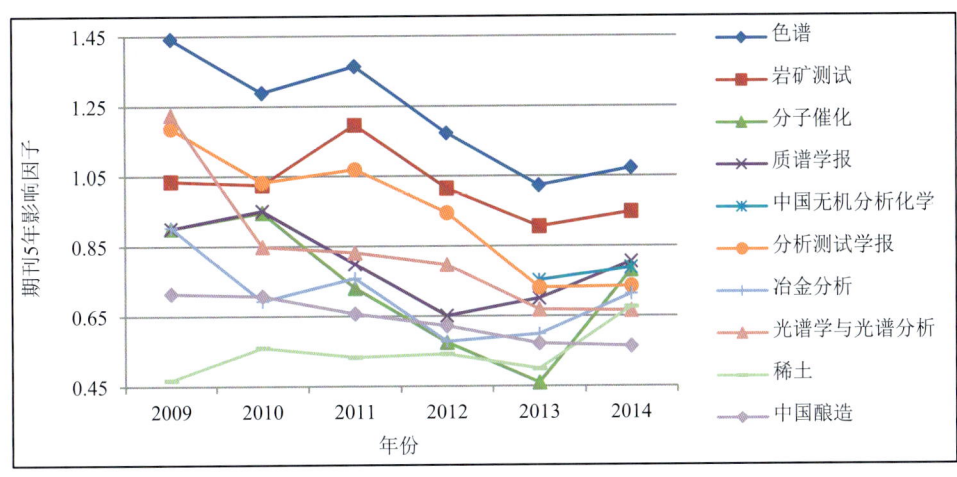

图 4-5 化学学科期刊 5 年影响因子变动

4.4.2 学科高影响力期刊载文主题关联

通过期刊共被引分析，获得化学学科高影响力期刊及与其他期刊之间的载文主题关联，如图 4-6 所示（共被引 23 次以下不显示）。结果显示，化学学科的高影响力期刊相互链接较为紧密，基本主导了该学科的期刊共被引网络，显示出该学科高影响力期刊可能共同刊载了许多相近的研究主题，热点研究主题分散在多种期刊上。《色谱》的学科 5 年影响因子较高，显示出该刊在学科内学术影响力较大；《分析测试学报》与《色谱》《分析化学》等期刊之间的链接较强，意味着它们之间可能有较多相同或相近的载文主题。

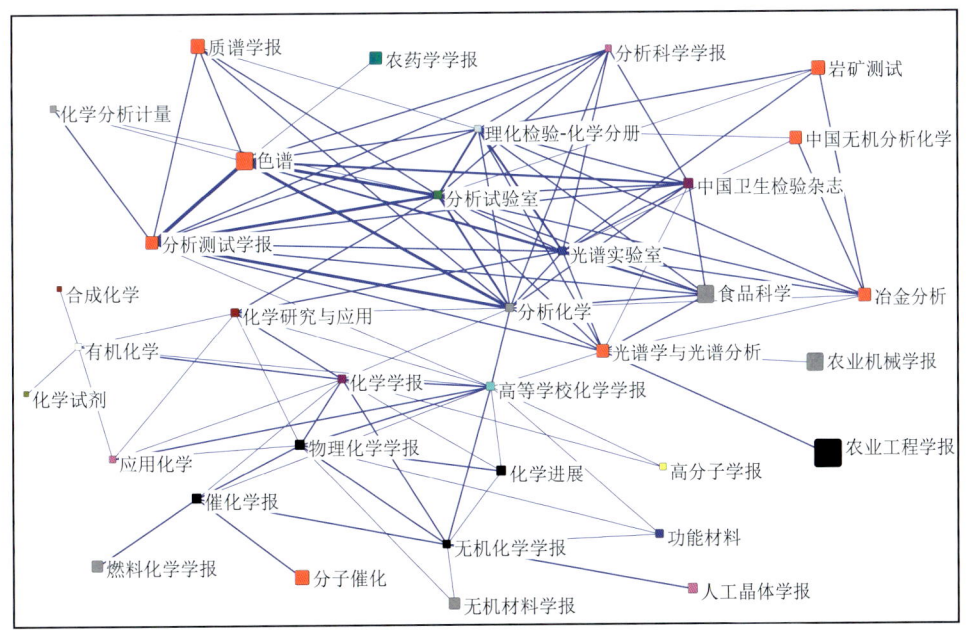

图 4-6 化学学科高影响力期刊载文主题关联

4.5 高被引作者分析

4.5.1 高被引作者TOP 20

2009—2013年,在89776位化学学科论文的第一作者中,在2014年学科被引频次位居前20位的学者的发文及被引情况见表4-4。其中,学科发文总被引频次较高的3位作者分别是沈阳药科大学的孙国祥（39次）、江西理工大学的余长林（37次）和深圳出入境检验检疫局的王成云（32次）。高被引作者的5年学科发文数量从1篇到32篇不等,同时,作者学科发文的期刊分布也在1种到20种之间变化。在发文超过5篇的所有作者中,篇均被引较高的3位作者分别是山东省海洋水产研究所的徐英江（篇均3.67次）、北京矿冶研究总院的冯先进（篇均3.60次）和滨州医学院的付彩霞（篇均3.20次）；前5年发表学科论文较多的3位作者分别是宝鸡文理学院的张来新（40篇）、同济大学的李可群（32篇）和深圳出入境检验检疫局的王成云（32篇）。高被引作者的学科发文量和被引量对比如图4-7所示。

表4-4 化学学科高被引作者TOP 20

序号	姓名	作者单位	前5年发文			前5年学科发文在2014年的被引				h指数（学科）
			学科发文（篇）	期刊分布（种）	发文总量（篇）	总频次	被引率（%）	最高（次）	篇均（次）	
1	孙国祥	沈阳药科大学	21	4	258	39	57.1	7	1.86	6
2	余长林	江西理工大学	14	9	28	37	64.3	10	2.64	4
3	王成云	深圳出入境检验检疫局	32	20	58	32	53.1	5	1.00	3
4	马强	中国检验检疫科学研究院	17	6	18	30	47.1	13	1.76	3
5	刘启能	重庆工商大学	16	10	154	26	62.5	7	1.62	5
6	成勇	攀钢集团研究院有限公司	24	4	25	23	45.8	4	0.96	3
7	郑向华	厦门出入境检验检疫局	3	2	4	22	33.3	22	7.33	1
7	徐英江	山东省海洋水产研究所	6	3	14	22	83.3	13	3.67	2
9	李忠	太原理工大学	16	7	16	21	68.8	4	1.31	3
10	刘燕德	华东交通大学	9	6	32	20	66.7	8	2.22	4
11	刘芃岩	河北大学	13	7	20	19	53.9	7	1.46	3
11	胡耀娟	南京师范大学	1	1	1	19	100.0	19	19.00	1
11	任婷	北京工业大学	3	2	5	19	66.7	10	6.33	2
11	吴惠勤	中国广州分析测试中心	9	3	9	19	33.3	16	2.11	2
15	冯先进	北京矿冶研究总院	5	4	5	18	60.0	16	3.60	1
15	郝勇	华东交通大学	9	7	9	18	44.4	9	2.00	2

序号	姓名	作者单位	前5年发文			前5年学科发文在2014年的被引				h指数（学科）
			学科发文（篇）	期刊分布（种）	发文总量（篇）	总频次	被引率（%）	最高（次）	篇均（次）	
17	宫小明	潍坊出入境检验检疫局	4	2	7	17	75.0	15	4.25	2
17	刘宏伟	湖南工学院	6	5	14	17	66.7	13	2.83	2
19	李小莉	天津地质矿产研究所	4	4	4	16	100.0	7	4.00	3
19	王春龙	中国科学院安徽光学精密机械研究所	2	2	3	16	100.0	11	8.00	3
19	王连珠	漳州出入境检验检疫局	3	2	3	16	100.0	10	5.33	3
19	宋华	东北石油大学	21	11	56	16	52.4	3	0.76	2
19	胡松青	中国石油大学(华东)	7	5	15	16	85.7	5	2.29	3
19	付彩霞	滨州医学院	5	4	7	16	160.0	5	3.20	2
19	杨勇辉	西南科技大学	2	2	2	16	100.0	8	8.00	2

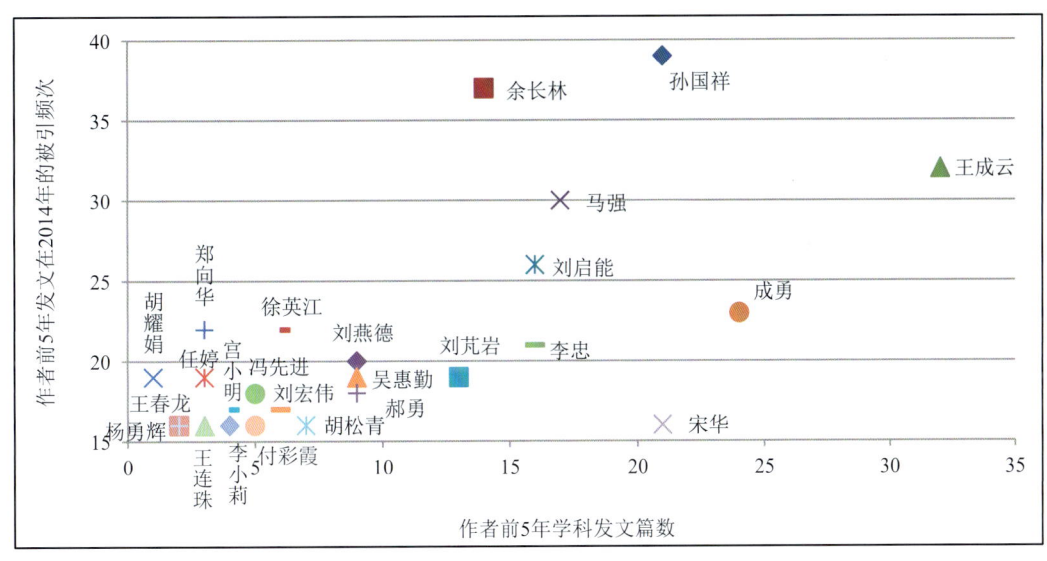

图 4-7　化学学科高被引作者学科发文及被引对比

4.5.2　高被引作者科研合作关系

通过作者合著分析，获得 2014 年化学学科高被引作者及与其他学者之间的科研论文合作关系（不考虑论文署名次序），如图 4-8 所示（合著 5 次以下不显示）。可以看出，化学学科的高被引作者的论文合作现象比较普遍。学者王成云、成勇和宋华的发文量较多；马强、李忠的论文合作网络较为突出，在该学科的研究人员中表现出一定的集聚效应；马强和白桦、王超等学者之间的合作关系最为紧密，显示出他们可能属于同一支科研团队。

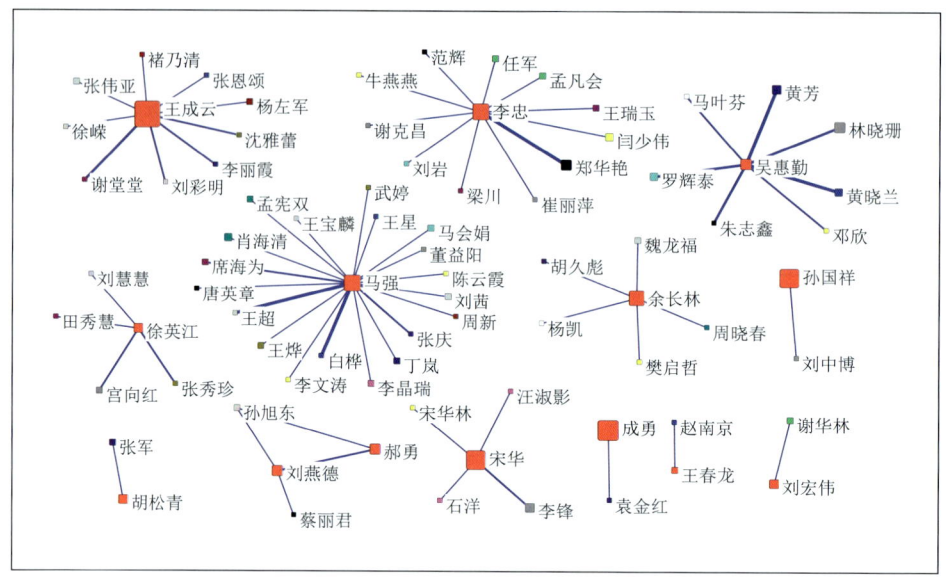

图 4-8　化学学科高被引作者科研论文合作关系

4.5.3 高被引作者发文主题关联

通过作者共被引分析，获得 2014 年化学学科高被引作者及与其他学者之间的发文主题关联（见图 4-9，共被引 2 次以下不显示）。如图 4-9 所示，学者孙国祥和余长林的节点较大，显示出他们的学术成果在学科内得到较多关注；刘宏伟与李冰、郑向华与卢春山等学者之间的链接较强，意味着他们之间可能分别有较为相近的研究主题；以郑向华、吴惠勤等学者为主要节点的共被引作者簇人数较多且网络规模较大，意味着这些学者的研究主题关联可能较为紧密。

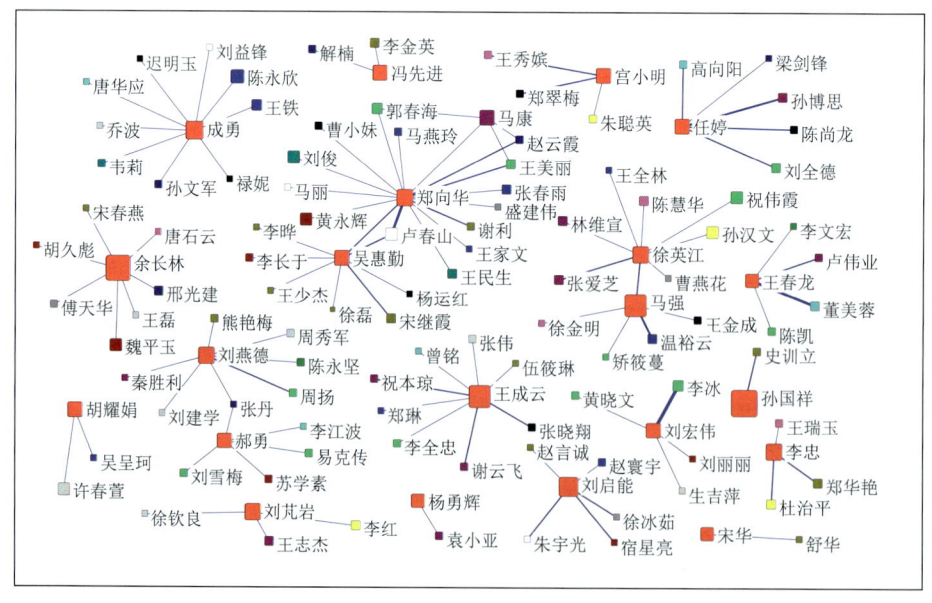

图 4-9　化学学科高被引作者发文主题关联

4.6 高被引机构分析

4.6.1 高被引机构

为便于比较,本书将化学学科的高被引机构分为高等院校和科研院所两种类型。其中,被引频次 TOP 10 高等院校和被引频次 TOP 5 科研院所的发文及被引情况分别见表 4-5 和表 4-6。其中,总被引频次较高的 4 所高等院校分别是四川大学、浙江大学、华南理工大学和吉林大学,中国科学院大连化学物理研究所、中国科学院长春应用化学研究所和中国科学院兰州化学物理研究所是总被引频次较高的 3 所科研院所;前 5 年学科发文在 2014 年的被引率最高的高等院校和科研院所分别是中国农业大学和中国科学院生态环境研究中心,篇均被引最高的高等院校和科研院所分别是中国农业大学和中国科学院生态环境研究中心。上述高被引机构的论文被引率和篇均被引频次对比如图 4-10 所示。

表 4-5 化学学科高被引高等院校 TOP 10

序号	第一作者单位	学科发文量(篇)		前 5 年学科发文在 2014 年的被引			
		前 5 年	2014 年	频次	被引率(%)	最高(次)	篇均(次)
1	四川大学	1303	160	423	21.4	9	0.32
2	浙江大学	1078	132	413	23.9	10	0.38
3	华南理工大学	659	95	308	30.0	7	0.47
3	吉林大学	1163	160	308	17.6	8	0.26
5	华东理工大学	931	131	292	20.2	7	0.31
6	中国农业大学	350	47	273	40.6	6	0.78
7	浙江工业大学	750	118	266	23.2	14	0.35
7	中南大学	616	76	266	28.2	5	0.43
9	南昌大学	629	69	246	25.4	6	0.39
10	南京工业大学	678	106	244	21.7	11	0.36

表 4-6 化学学科高被引科研院所 TOP 5

序号	第一作者单位	学科发文量(篇)		前 5 年学科发文在 2014 年的被引			
		前 5 年	2014 年	频次	被引率(%)	最高(次)	篇均(次)
1	中国科学院大连化学物理研究所	409	54	193	24.4	11	0.47
2	中国科学院长春应用化学研究所	377	70	140	24.7	6	0.37
3	中国科学院兰州化学物理研究所	231	31	123	27.7	8	0.53
4	中国科学院生态环境研究中心	88	5	103	47.7	7	1.17
5	中国检验检疫科学研究院	105	13	88	33.3	13	0.84

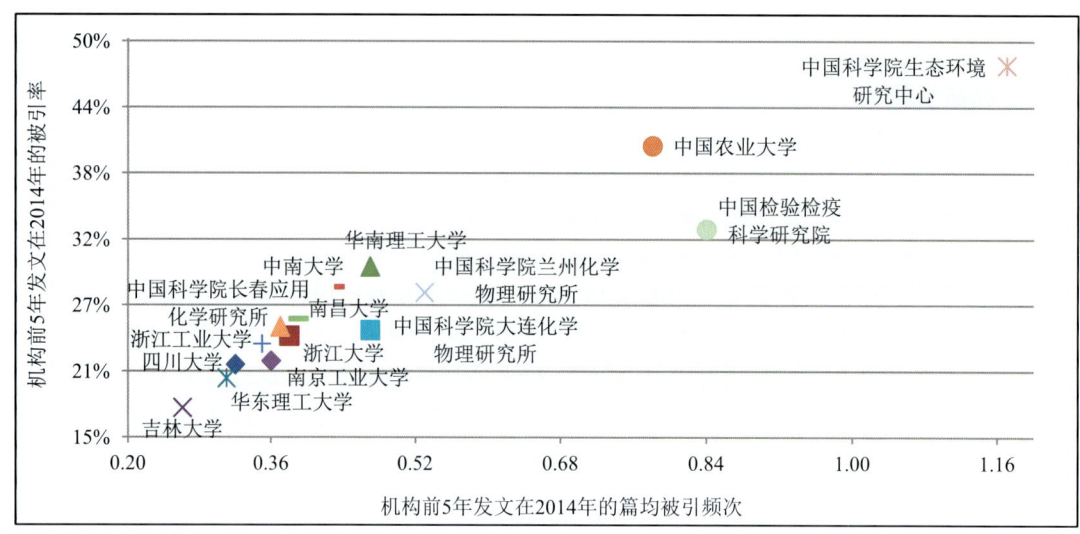

图 4-10 化学学科高被引机构论文篇均被引及被引率对比

4.6.2 高被引机构科研合作关系

通过合著分析，获得化学学科高被引机构之间及其与其他机构之间的科研合作关联，如图 4-11 所示（合作 48 次以下不显示）。分析得知，化学学科的机构合作链接较为紧密，表明学科内机构合作现象普遍且具有一定的地域性；高被引机构基本主导了机构合作网络，显示出这些机构已经在学科内具有了一定的科研优势；中国科学院长春应用化学研究所与吉林大学等机构之间的链接较强，表明它们的学术合作较为频繁。

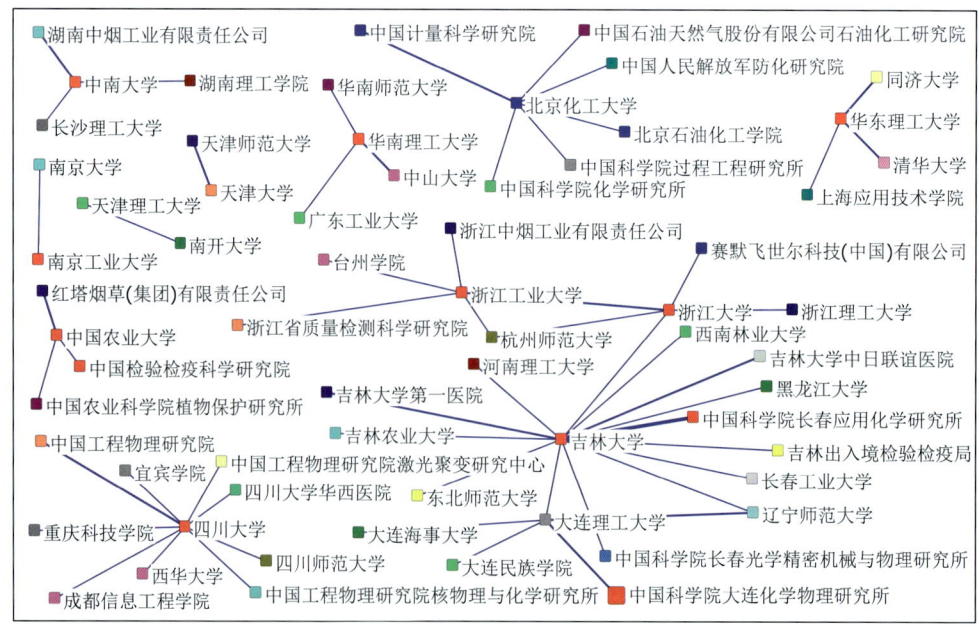

图 4-11 化学学科高被引机构科研合作关联

4.7 高被引图书、国外期刊及学术会议

2014 年,化学学科被引频次位居前 10 位的图书及国外期刊见表 4-7 和表 4-8。其中,被引次数较多的 4 种图书分别是辛仁轩的《等离子体发射光谱分析》、许金钩的《荧光分析法》、牟世芬的《离子色谱方法及应用》和王恩波的《多酸化学导论》;被引次数较多的 3 种国外期刊分别是《Journal of the American Chemical Society》《Angewandte Chemie International Edition》和《Chemical Communications》;被引次数较多的 3 场学术会议分别是"15th International Congress on Catalysis""Proceedings of SPIE"和"ACS Symposium Series"。

表 4-7 化学学科高被引图书 TOP 10

序号	责任者	图书名称	出版社	2014 年被引频次
1	辛仁轩	等离子体发射光谱分析	化学工业出版社	43
2	许金钩	荧光分析法	科学出版社	33
3	牟世芬	离子色谱方法及应用	化学工业出版社	30
3	王恩波	多酸化学导论	化学工业出版社	30
5	陈国珍	荧光分析法	科学出版社	29
6	武汉大学	分析化学	高等教育出版社	28
7	傅献彩	物理化学	高等教育出版社	27
8	徐如人	分子筛与多孔材料化学	科学出版社	26
9	吉昂	X 射线荧光光谱分析	科学出版社	24
10	陆婉珍	现代近红外光谱分析技术	中国石化出版社	23

表 4-8 化学学科高被引国外期刊 TOP 10

序号	期刊名称	2014 年被引频次
1	Journal of the American Chemical Society	10947
2	Angewandte Chemie International Edition	5099
3	Chemical Communications	4334
4	Macromolecules	3244
5	Chemical Reviews	3199
6	Analytical Chemistry	3107
7	Science	2896
8	Journal of Chromatography A	2828
9	Langmuir	2731
10	Journal of Organic Chemistry	2660

第 5 章 天文学、地球科学学科高被引分析

5.1 学科论文概况

2009—2013 年,天文学、地球科学学科共有 166094 位来自 31212 所机构的论文第一作者在 4448 种期刊上发表了 192059 篇学术论文。其中,80%以上的论文产出自 6424 所机构、124470 位作者,发表在 406 种期刊上。在前 5 年发表的这些论文中,有 59109 篇在 2014 年获得过引用,整体被引率为 30.8%,总被引频次为 128080 次,篇均被引 0.67 次;其中,高被引论文有 682 篇,单篇论文最高被引频次为 118 次,累计被引 10522 次,篇均被引 15.43 次(表 5-1)。另外,2014 年天文学、地球科学学科共发表论文 45734 篇,其中有 2406 篇在当年获得过引用,总共被引 3533 次。

表 5-1 天文学、地球科学学科论文分布情况

年份	论文篇数	2014 年被引频次	2014 年被引率(%)	2014 年高被引论文			
				论文篇数	最高被引频次	总被引频次	篇均被引频次
2009	30563	25037	35.2	133	107	2475	18.61
2010	34032	27093	35.0	134	104	2321	17.32
2011	41397	28243	30.9	130	100	2017	15.52
2012	44820	28144	29.2	162	118	2254	13.91
2013	41247	19563	25.6	123	88	1455	11.83
合计	192059	128080	30.8	682	118	10522	15.43

从天文学、地球科学学科论文的地域分布来看,2014 年被引频次较高的 5 个省、直辖市或自治区依次是北京、江苏、湖北、四川和陕西(图 5-1);5 年论文产出量较多的 5 个省、直辖市或自治区依次是北京、江苏、山东、湖北和四川(图 5-2)。

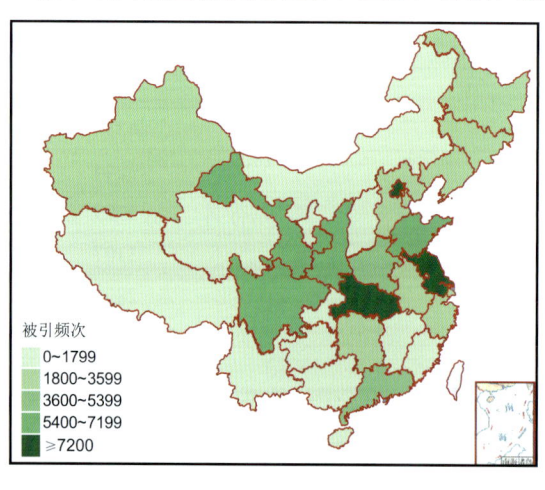

图 5-1 2014 年天文学、地球科学学科地区被引分布

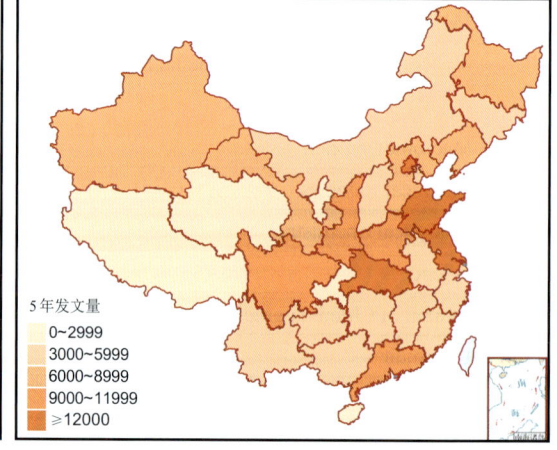

图 5-2 天文学、地球科学学科 5 年论文产出地区分布

5.2 高被引论文分析

在天文学、地球科学学科，2014 年被引频次位居前 10 位的论文（表 5-2）平均被引频次为 66.3 次，是全部 682 篇高被引论文篇均被引频次的 4.3 倍。其中，被引频次最高的论文是邹才能于 2010 年发表的《中国页岩气形成机理、地质特征及资源潜力》，随后 2 篇分别是侯可军于 2009 年发表的《LA-MC-ICP-MS 锆石微区原位 U-Pb 定年技术》和潘桂棠于 2009 年发表的《中国大地构造单元划分》。

从论文分布来看，刊载高被引论文数量居前的 3 种期刊分别是《岩石学报》（74 篇）、《地球物理学报》（70 篇）和《地质学报》（32 篇），而《地球物理学报》刊载了高被引论文 TOP 10 中的 2 篇；发表高被引论文居前的 3 位学者分别是中国科学院地质与地球物理研究所的秦四清（9 篇）、中国地质科学院矿产资源研究所的唐菊兴（5 篇）和中国地质科学院的董树文（4 篇）；产出高被引论文数量居前的 3 所机构分别是中国地质科学院矿产资源研究所（47 篇）、中国科学院地质与地球物理研究所（43 篇）和中国地质大学（北京）（39 篇），而中国石油勘探开发研究院产出了高被引论文 TOP 10 中的 2 篇。

表 5-2 天文学、地球科学学科高被引论文 TOP 10

序号	论文题名	第一作者	期刊名称	发表年份	被引频次 总频次	被引频次 2014 年
1	中国页岩气形成机理、地质特征及资源潜力	邹才能	石油勘探与开发	2010	356	106
2	LA-MC-ICP-MS 锆石微区原位 U-Pb 定年技术	侯可军	矿床地质	2009	373	100
3	中国大地构造单元划分	潘桂棠	中国地质	2009	280	99
4	页岩气成藏控制因素及中国南方页岩气发育有利区预测	聂海宽	石油学报	2009	262	67
5	北斗卫星导航系统的进展、贡献与挑战	杨元喜	测绘学报	2010	177	61
6	中国油气储层中纳米孔首次发现及其科学价值	邹才能	岩石学报	2011	148	52
7	21 世纪初中国土地利用变化的空间格局与驱动力分析	刘纪远	地理学报	2009	184	46
8	我国页岩气富集类型及资源特点	张金川	天然气工业	2009	160	44
8	"国家数字测震台网数据备份中心"技术系统建设及其对汶川大地震研究的数据支撑	郑秀芬	地球物理学报	2009	141	44
8	2013 年 4 月 20 日四川芦山地震震源破裂过程反演初步结果	王卫民	地球物理学报	2013	57	44

5.3 研究主题关联分析

在天文学、地球科学学科，高被引论文累计被 2014 年发表的 5777 篇论文引用了 10522 次。通过分析施引文献关键词的词频及关键词之间的共现关系，获得 2014 年天文学、地球科学学科的热点主题和主题关联，如图 5-3 所示（共现 14 次以下不显示）。由图 5-3 可知："页岩气""地球化学"等关键词的文档词频较高，是 2014 年学科的研究热点；以"页岩气""龙马溪组""四川盆地"等关键词为主要节点的多个概念相互关联，构成了学科内最为突出的研究主题簇。

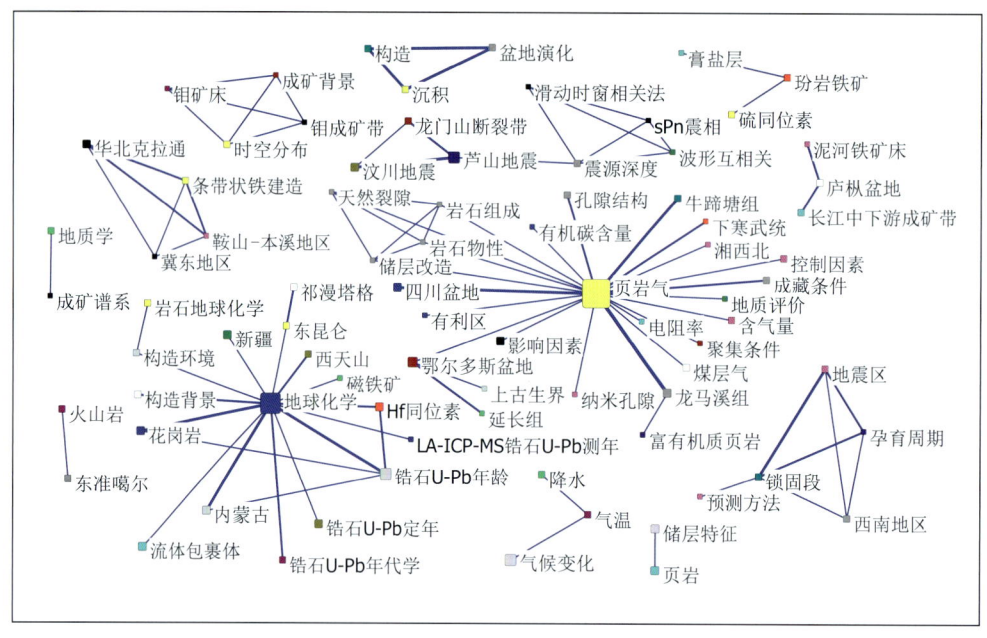

图 5-3 天文学、地球科学学科 2014 年热点主题关联

5.4 学科高影响力期刊分析

5.4.1 学科高影响力期刊 TOP 10

在天文学、地球科学学科，学科 5 年影响因子位居前 10 位的期刊见表 5-3，排在前 3 位的期刊分别是《地理学报》《岩石学报》和《矿床地质》。在表 5-3 中，学科载文量占其总载文量比例最大的期刊是《岩石学报》；前 5 年学科载文在 2014 年被引率最高的期刊是《高原气象》和《气象》；期刊 5 年影响因子较高的前 3 种期刊分别是《地理学报》《岩石学报》和《矿床地质》；学科 5 年影响因子与期刊 5 年影响因子差异最大的期刊是《地理学报》。表 5-3 中期刊的学科 5 年影响因子和前 5 年学科载文的 2014 年被引率对比如图 5-4 所示，2009—2014 年期刊 5 年影响因子的变动情况如图 5-5 所示。

表 5-3　天文学、地球科学学科高影响力期刊基本指数

序号	期刊名称	前5年载文量			2014年学科被引			5年影响因子		h指数(学科)
		学科(篇)	占比(%)	总量(篇)	频次	被引率(%)	高被引论文篇数	期刊(2014)	学科(2014)	
1	地理学报	452	47.2	957	1300	62.0	28	3.732	2.876	20
2	岩石学报	1821	99.9	1822	4898	61.8	74	2.691	2.690	19
3	矿床地质	568	98.8	575	1430	59.5	23	2.506	2.518	12
4	地球物理学报	2241	99.8	2247	5506	57.9	70	2.461	2.457	18
5	地质学报	933	98.6	946	2208	61.8	32	2.355	2.367	15
6	地球学报	490	80.0	613	945	55.1	18	1.892	1.929	12
7	中国地质	912	93.0	981	1696	58.1	13	1.817	1.860	11
8	高原气象	1095	98.8	1108	1993	62.1	8	1.819	1.820	10
9	气象	1184	95.2	1244	2148	62.1	14	1.828	1.814	12
10	冰川冻土	720	65.6	1098	1277	57.6	10	1.603	1.774	11

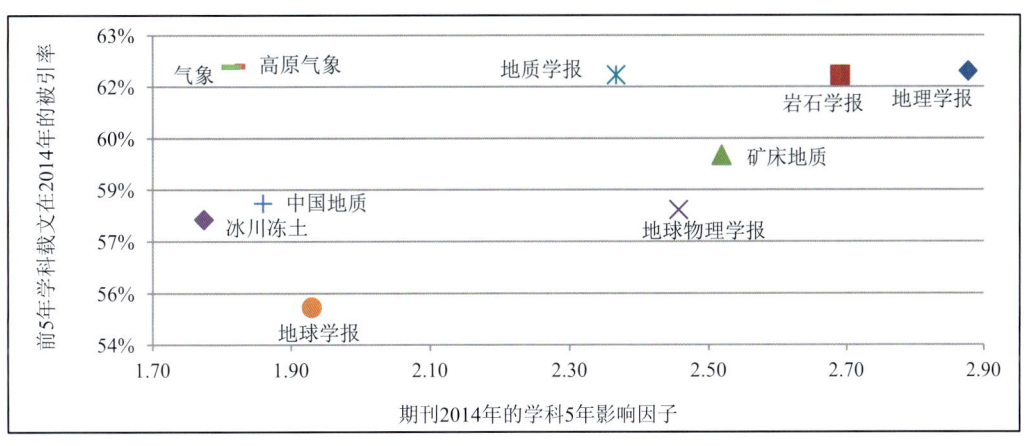

图 5-4　天文学、地球科学学科高影响力期刊对比

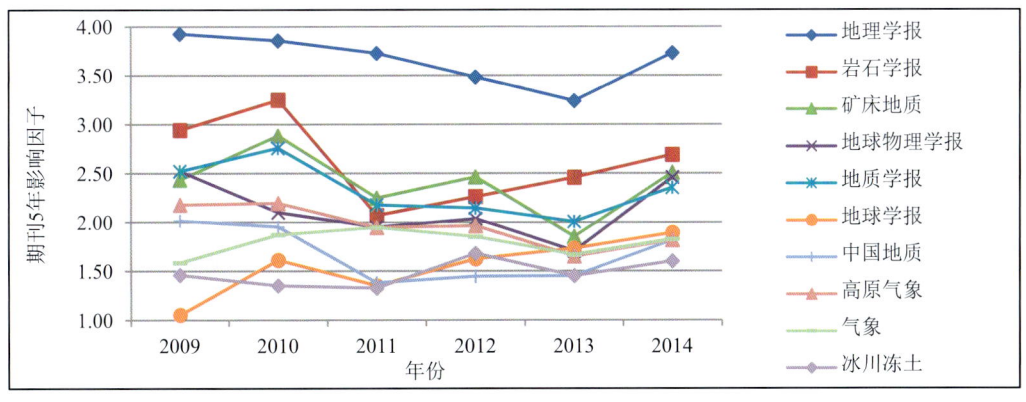

图 5-5　天文学、地球科学学科期刊5年影响因子变动

5.4.2 学科高影响力期刊载文主题关联

通过期刊共被引分析，获得天文学、地球科学学科高影响力期刊及与其他期刊之间的载文主题关联，如图 5-6 所示（共被引 114 次以下不显示）。结果显示，天文学、地球科学学科的高影响力期刊相互链接较为紧密，基本主导了该学科的期刊共被引网络，显示出该学科高影响力期刊可能共同刊载了许多相近的研究主题，热点研究主题分散在多种期刊上。《矿床地质》和《岩石学报》的学科 5 年影响因子较高，显示出该刊在学科内学术影响力较大；《岩石学报》与《地质学报》、《地球物理学报》与《地球物理学进展》等期刊之间的链接较强，意味着它们之间可能分别有较多相同或相近的载文主题。

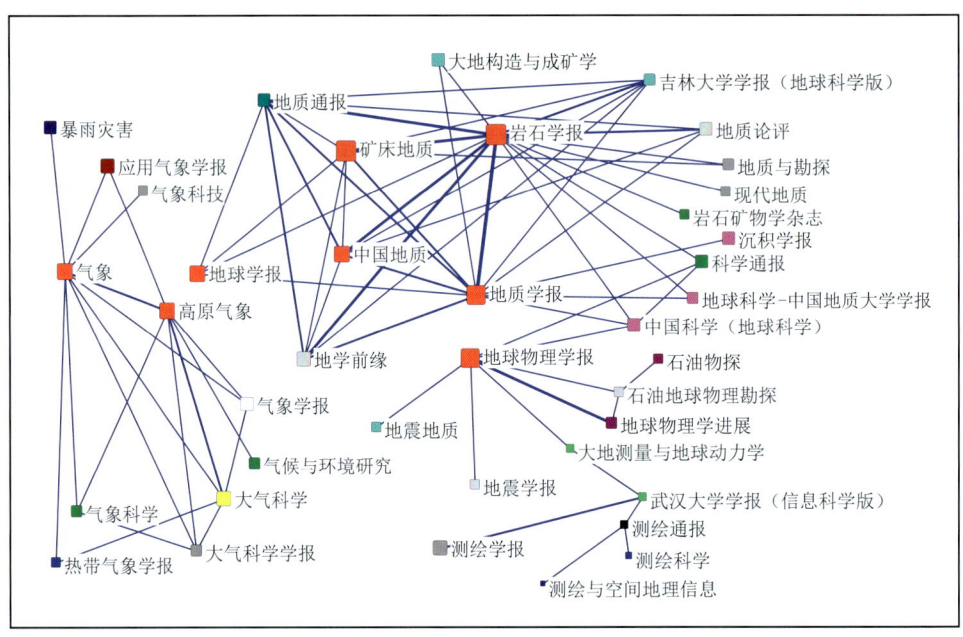

图 5-6　天文学、地球科学学科高影响力期刊载文主题关联

5.5　高被引作者分析

5.5.1　高被引作者 TOP 20

2009—2013 年，在 166094 位天文学、地球科学学科论文的第一作者中，在 2014 年学科被引频次位居前 20 位的学者的发文及被引情况见表 5-4。其中，学科发文总被引频次较高的 3 位作者分别是中国石油勘探开发研究院的邹才能（197 次）、中国科学院地质与地球物理研究所的秦四清（193 次）和武汉大学的李德仁（174 次）。高被引作者的 5 年学科发文数量从 2 篇到 34 篇不等，同时，作者学科发文的期刊分布也在 1 种到 12 种之间变化。在发文超过 5 篇的所有作者中，篇均被引较高的 3 位作者分别是中国石油勘探开发研究院的邹才能（篇均 24.62 次）、中国地质大学（北京）的杨立强（篇均 20.20 次）和中国地质大学（北京）的张金川（篇均 19.40 次）；前 5 年发表学科论文较多的 3 位作者分别是北京大学的王绍武

（42篇）、大庆油田勘探开发研究院的陈可洋（39篇）和中国地震局地球物理研究所的陈培善（36篇）。高被引作者的学科发文量和被引量对比如图5-7所示。

表5-4 天文学、地球科学学科高被引作者 TOP 20

序号	姓名	作者单位	前5年发文			前5年学科发文在2014年的被引				h指数（学科）
			学科发文（篇）	期刊分布（种）	发文总量（篇）	总频次	被引率（%）	最高（次）	篇均（次）	
1	邹才能	中国石油勘探开发研究院	8	5	42	197	87.5	106	24.62	11
2	秦四清	中国科学院地质与地球物理研究所	28	5	29	193	60.7	24	6.89	10
3	李德仁	武汉大学	25	8	32	174	64.0	34	6.96	8
4	王登红	中国地质科学院矿产资源研究所	23	8	25	129	87.0	31	5.61	7
5	周涛发	合肥工业大学	8	5	10	127	100.0	37	15.88	7
6	潘桂棠	成都地质矿产研究所	2	1	2	109	100.0	99	54.50	2
6	董树文	中国地质科学院	14	7	17	109	71.4	23	7.79	7
8	张旗	中国科学院地质与地球物理研究所	31	10	31	104	61.3	14	3.35	6
9	侯可军	中国地质科学院矿产资源研究所	3	3	5	102	66.7	100	34.00	2
10	杨立强	中国地质大学（北京）	5	2	5	101	80.0	43	20.20	3
11	张金川	中国地质大学（北京）	5	3	5	97	100.0	44	19.40	5
12	邓军	中国地质大学（北京）	11	5	16	91	45.5	29	8.27	4
13	唐菊兴	中国地质科学院矿产资源研究所	14	6	15	89	78.6	17	6.36	6
13	滕吉文	中国科学院地质与地球物理研究所	34	7	35	89	64.7	10	2.62	5
15	毛景文	中国地质科学院矿产资源研究所	6	6	6	87	100.0	27	14.50	6
16	许冲	中国地震局地质研究所	27	12	28	84	77.8	10	3.11	6
17	徐锡伟	中国地震局地质研究所	7	4	7	74	71.4	25	10.57	4
18	张强	中国气象局兰州干旱气象研究所	18	9	21	73	88.9	20	4.06	5

序号	姓名	作者单位	前5年发文			前5年学科发文在2014年的被引				h指数(学科)
			学科发文（篇）	期刊分布（种）	发文总量（篇）	总频次	被引率（%）	最高（次）	篇均（次）	
19	高林志	中国地质科学院地质研究所	18	5	18	71	83.3	12	3.94	5
20	沈永平	中国科学院寒区旱区环境与工程研究所	8	1	9	68	62.5	26	8.50	4

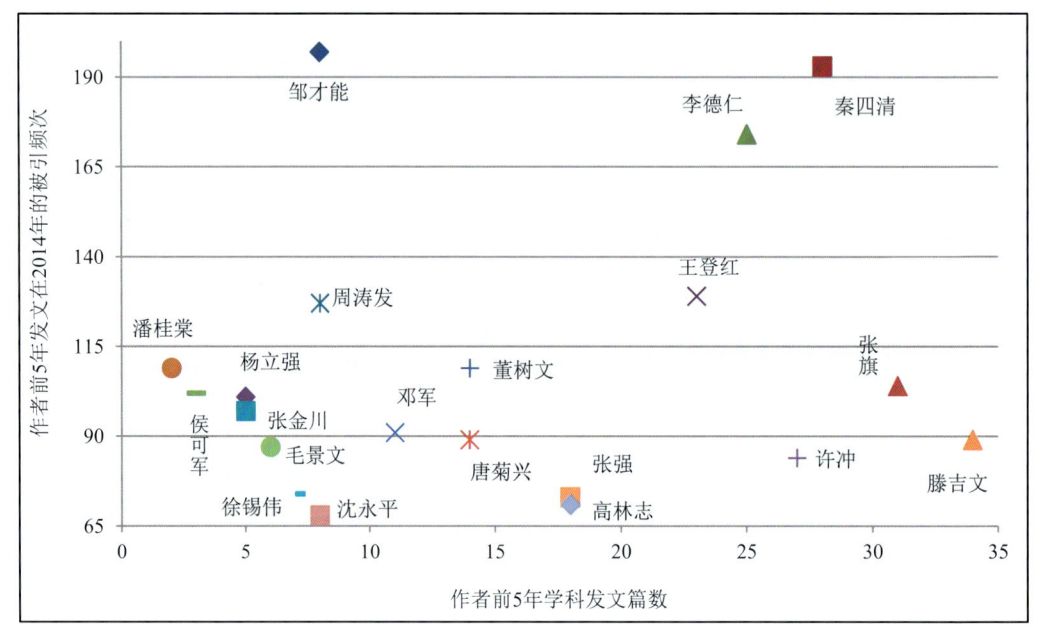

图 5-7　天文学、地球科学学科高被引作者学科发文及被引对比

5.5.2　高被引作者科研合作关系

通过作者合著分析，获得 2014 年天文学、地球科学学科高被引作者及与其他学者之间的科研论文合作关系（不考虑论文署名次序），如图 5-8 所示（合著 8 次以下不显示）。可以看出，天文学、地球科学学科的高被引作者的论文合作现象比较普遍。学者滕吉文、张旗和秦四清的发文量较多；唐菊兴的论文合作网络最为突出，在该学科的研究人员中表现出一定的集聚效应；周涛发和袁峰、范裕等学者之间的合作关系最为紧密，显示出他们可能属于同一支科研团队。

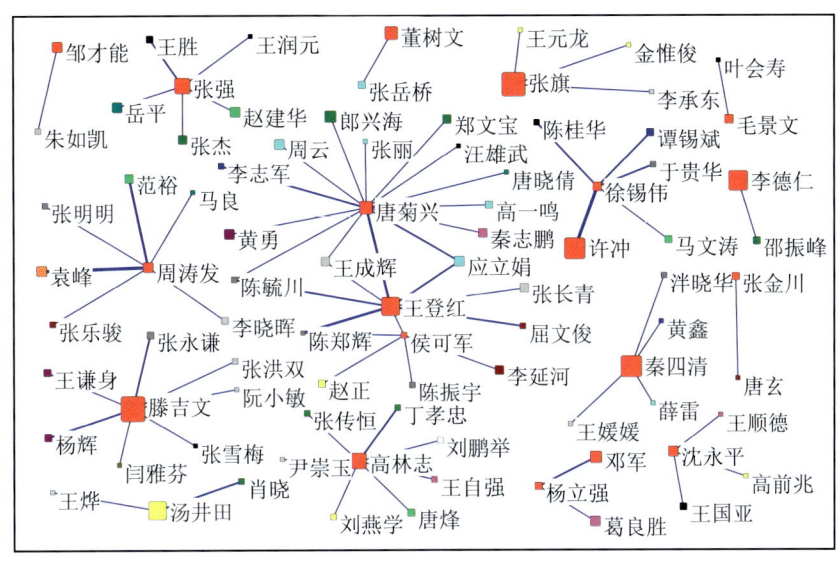

图 5-8　天文学、地球科学学科高被引作者科研论文合作关系

5.5.3　高被引作者发文主题关联

通过作者共被引分析，获得 2014 年天文学、地球科学学科高被引作者及与其他学者之间的发文主题关联（见图 5-9，共被引 8 次以下不显示）。如图 5-9 所示，天文学、地球科学学科的高被引作者基本主导了作者共被引网络，显示出该学科在热点主题上已经形成了优势较为明显的科研力量。学者邹才能和李德仁的节点较大，显示出他们的学术成果在学科内得到较多关注；聂海宽与邹才能、张金川等学者之间的链接较强，意味着他们之间可能有较为相近的研究主题；以邹才能、周涛发等学者为主要节点的共被引作者簇人数较多且网络规模较大，意味着这些学者的研究主题关联可能较为紧密。

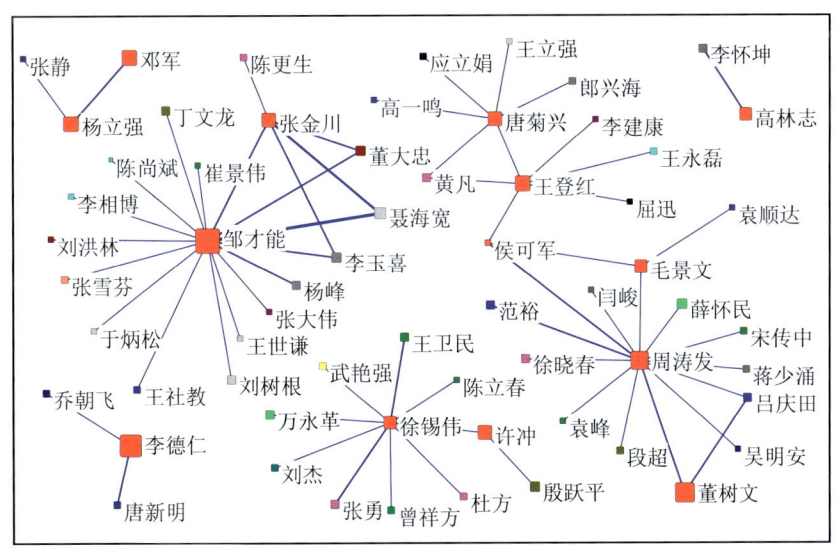

图 5-9　天文学、地球科学学科高被引作者发文主题关联

5.6 高被引机构分析

5.6.1 高被引机构

为便于比较,本书将天文学、地球科学学科的高被引机构分为高等院校和科研院所两种类型。其中,被引频次 TOP 10 高等院校和被引频次 TOP 5 科研院所的发文及被引情况分别见表 5-5 和表 5-6。其中,总被引频次较高的 3 所高等院校分别是中国地质大学(北京)、中国地质大学(武汉)和南京信息工程大学,中国科学院地质与地球物理研究所、中国地质科学院矿产资源研究所和中国地质科学院地质研究所是总被引频次较高的 3 所科研院所;前 5 年学科发文在 2014 年的被引率最高的高等院校和科研院所分别是中国石油大学(北京)和中国地质科学院矿产资源研究所,篇均被引最高的高等院校和科研院所分别是北京大学、中国石油大学(北京)和中国地质科学院矿产资源研究所。上述高被引机构的论文被引率和篇均被引频次对比如图 5-10 所示。

表 5-5 天文学、地球科学学科高被引高等院校 TOP 10

序号	第一作者单位	学科发文量(篇)		前 5 年学科发文在 2014 年的被引			
		前 5 年	2014 年	频次	被引率(%)	最高(次)	篇均(次)
1	中国地质大学(北京)	3676	601	4198	38.8	67	1.14
2	中国地质大学(武汉)	3028	484	2825	41.7	16	0.93
3	南京信息工程大学	2394	444	2404	43.5	14	1.00
4	成都理工大学	3599	623	2398	30.0	23	0.67
5	武汉大学	2776	488	2192	35.7	34	0.79
6	北京大学	1799	290	2176	42.6	25	1.21
7	吉林大学	2174	388	2131	38.0	28	0.98
8	南京大学	1834	228	1930	41.8	42	1.05
9	中国石油大学(北京)	1243	188	1499	49.1	30	1.21
10	兰州大学	1385	251	1435	42.9	22	1.04

表 5-6 天文学、地球科学学科高被引科研院所 TOP 5

序号	第一作者单位	学科发文量(篇)		前 5 年学科发文在 2014 年的被引			
		前 5 年	2014 年	频次	被引率(%)	最高(次)	篇均(次)
1	中国科学院地质与地球物理研究所	1325	168	2514	50.6	36	1.90
2	中国地质科学院矿产资源研究所	750	159	2309	64.5	100	3.08
3	中国地质科学院地质研究所	668	100	1545	61.2	36	2.31
4	中国科学院地理科学与资源研究所	955	166	1513	51.3	46	1.58
5	中国科学院寒区旱区环境与工程研究所	849	126	1376	57.6	26	1.62

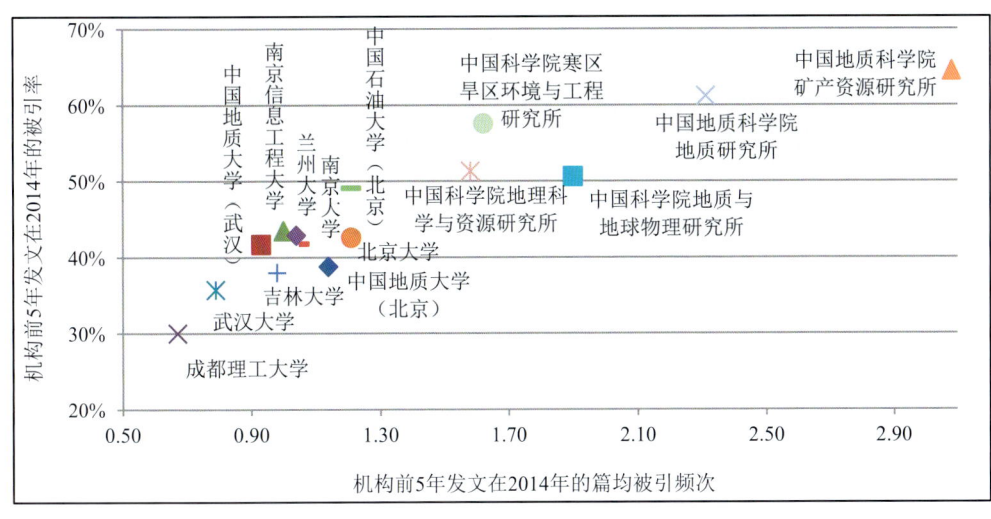

图 5-10　天文学、地球科学学科高被引机构论文篇均被引及被引率对比

5.6.2 高被引机构科研合作关系

通过合著分析，获得天文学、地球科学学科高被引机构之间及其与其他机构之间的科研合作关联，如图 5-11 所示（合作 154 次以下不显示）。分析得知，天文学、地球科学学科的机构合作链接较为紧密，表明学科内机构合作现象普遍且具有一定的地域性；高被引机构基本主导了机构合作网络，显示出这些机构已经在学科内具有了一定的科研优势；中国地质大学（北京）和中国地质科学院矿产资源研究所、中国地质科学院地质研究所等机构之间的链接较强，表明它们的学术合作较为频繁。

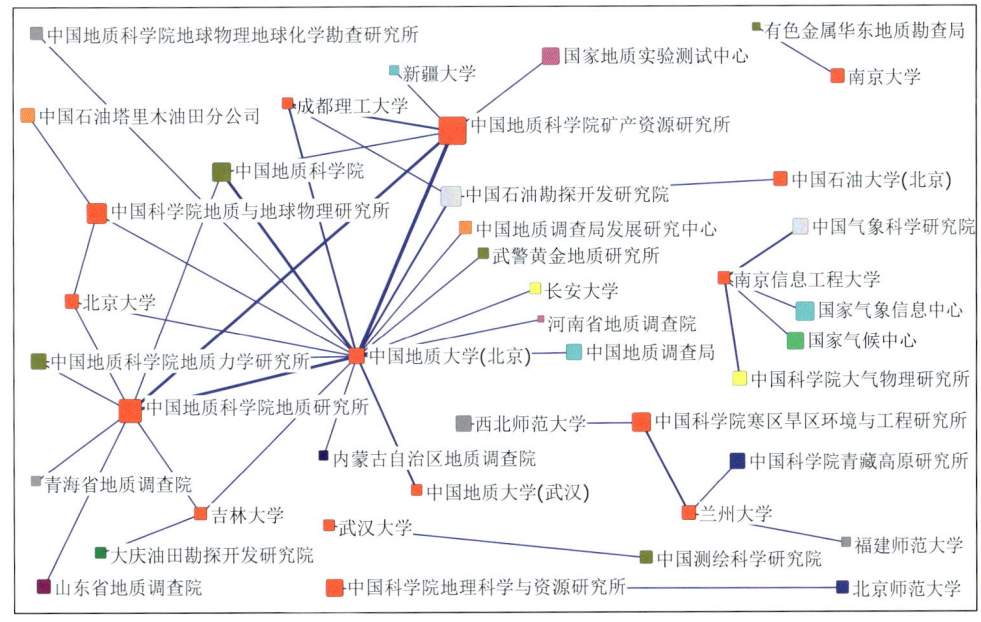

图 5-11　天文学、地球科学学科高被引机构科研合作关联

5.7 高被引图书、国外期刊及学术会议

2014年，天文学、地球科学学科被引频次位居前10位的图书及国外期刊见表5-7和表5-8。其中，被引次数较多的3种图书分别是魏凤英的《现代气候统计诊断与预测技术》、朱乾根的《天气学原理和方法》和中国气象局的《地面气象观测规范》；被引次数较多的3种国外期刊分别是《Journal of Geophysical Research》《Geophysics》和《Nature》；被引次数较多的3场学术会议分别是"Offshore Technology Conference""Abstracts Book of 19th International Sedimentological Congress"和"SEG Annual Meeting"。

表5-7 天文学、地球科学学科高被引图书 TOP 10

序号	责任者	图书名称	出版社	2014年被引频次
1	魏凤英	现代气候统计诊断与预测技术	气象出版社	228
2	朱乾根	天气学原理和方法	气象出版社	168
3	中国气象局	地面气象观测规范	气象出版社	167
4	李征航	GPS测量与数据处理	武汉大学出版社	109
5	陶诗言	中国之暴雨	科学出版社	108
6	俞小鼎	多普勒天气雷达原理与业务应用	气象出版社	99
7	内蒙古自治区地质矿产局	内蒙古自治区区域地质志	地质出版社	95
8	张国伟	秦岭造山带与大陆动力学	科学出版社	89
9	孔祥元	大地测量学基础	武汉大学出版社	76
9	武汉大学测绘学院测量平差学科组	误差理论与测量平差基础	武汉大学出版社	76

表5-8 天文学、地球科学学科高被引国外期刊 TOP 10

序号	期刊名称	2014年被引频次
1	Journal of Geophysical Research	8986
2	Geophysics	4268
3	Nature	4079
4	Earth and Planetary Science Letters	3960
5	Geophysical Research Letters	3931
6	Science	3726
7	Geochimica et Cosmochimica Acta	3285
8	Chemical Geology	3161
9	Journal of Climate	3118
10	Acta Petrologica Sinica	2728

第 6 章　生物科学学科高被引分析

6.1　学科论文概况

2009—2013 年，生物科学学科共有 110215 位来自 17946 所机构的论文第一作者在 3738 种期刊上发表了 117987 篇学术论文。其中，80%以上的论文产出自 2300 所机构、85253 位作者，发表在 485 种期刊上。在前 5 年发表的这些论文中，有 34612 篇在 2014 年获得过引用，整体被引率为 29.3%，总被引频次为 60468 次，篇均被引 0.51 次；其中，高被引论文有 400 篇，单篇论文最高被引频次为 59 次，累计被引 3898 次，篇均被引 9.75 次（表 6-1）。另外，2014 年生物科学学科共发表论文 21889 篇，其中有 1130 篇在当年获得过引用，总共被引 1358 次。

表 6-1　生物科学学科论文分布情况

年份	论文篇数	2014 年被引频次	2014 年被引率（%）	2014 年高被引论文			
				论文篇数	最高被引频次	总被引频次	篇均被引频次
2009	22470	12774	30.7	76	50	861	11.33
2010	22626	13026	32.1	83	59	902	10.87
2011	26051	12993	28.3	74	50	749	10.12
2012	25502	12483	28.5	89	54	771	8.66
2013	21338	9192	27.3	78	47	615	7.88
合计	117987	60468	29.3	400	59	3898	9.75

从生物科学学科论文的地域分布来看，2014 年被引频次较高的 5 个省、直辖市或自治区依次是北京、江苏、广东、山东和浙江（图 6-1）；5 年论文产出量较多的 5 个省、直辖市或自治区依次是北京、江苏、广东、山东和上海（图 6-2）。

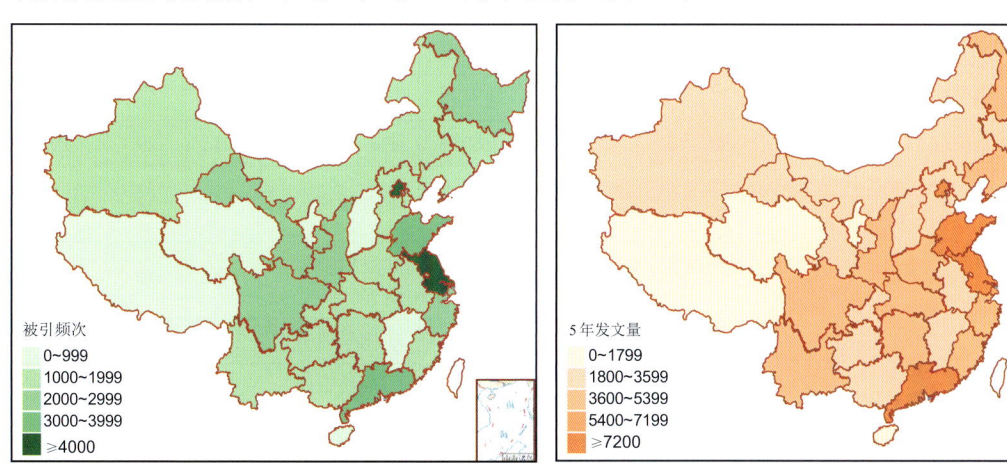

图 6-1　2014 年生物科学学科地区被引分布　　图 6-2　生物科学学科 5 年论文产出地区分布

6.2 高被引论文分析

在生物科学学科，2014年被引频次位居前10位的论文（表6-2）平均被引频次为19.58次，是全部400篇高被引论文篇均被引频次的2.0倍。其中，被引频次最高的论文是方精云于2009年发表的《植物群落清查的主要内容、方法和技术规范》，随后被引较多的分别是李晓光于2009年发表的《生态补偿标准确定的主要方法及其应用》、杨阔于2010年发表的《青藏高原草地植物群落冠层叶片氮磷化学计量学分析》、刘兴诏于2010年发表的《南亚热带森林不同演替阶段植物与土壤中N、P的化学计量特征》和任保青于2010年发表的《植物DNA条形码技术》。

从论文分布来看，刊载高被引论文数量居前的3种期刊分别是《生态学报》（98篇）、《植物生态学报》（35篇）和《应用生态学报》（34篇），而《生态学报》刊载了高被引论文TOP 10中的3篇；发表高被引论文居前的3位学者分别是井冈山大学的叶子飘（3篇）、北京林业大学的陈健（2篇）和中国科学院生态环境研究中心的李晓光（2篇）；产出高被引论文数量居前的3所机构分别是北京林业大学（18篇）、东北林业大学（13篇）和中国科学院生态环境研究中心（13篇），而中国科学院生态环境研究中心、中国科学院植物研究所分别产出了高被引论文TOP 10中的2篇。

表6-2 生物科学学科高被引论文TOP 10

序号	论文题名	第一作者	期刊名称	发表年份	被引频次 总频次	被引频次 2014年
1	植物群落清查的主要内容、方法和技术规范	方精云	生物多样性	2009	103	24
2	生态补偿标准确定的主要方法及其应用	李晓光	生态学报	2009	86	22
2	青藏高原草地植物群落冠层叶片氮磷化学计量学分析	杨阔	植物生态学报	2010	42	22
2	南亚热带森林不同演替阶段植物与土壤中N、P的化学计量特征	刘兴诏	植物生态学报	2010	71	22
2	植物DNA条形码技术	任保青	植物学报	2010	72	22
6	能源作物柳枝稷研究进展	刘吉利	草业学报	2009	53	19
6	重要理化因子对小球藻生长和油脂产量的影响	张桂艳	生态学报	2011	29	19
8	基于NDVI的三江源地区植被生长对气候变化和人类活动的响应研究	李辉霞	生态学报	2011	31	17
8	光照强度、温度、pH、盐度对小球藻（Chlorella）光合作用的影响	欧阳峥嵘	武汉植物学研究	2010	39	17
8	实验动物树鼩和人类疾病的树鼩模型研究概述	徐林	动物学研究	2013	19	17
8	植物叶片相对电导率测定方法比较研究	陈爱葵	广东教育学院学报	2010	46	17
8	威胁棉花生产的外来入侵新害虫——扶桑绵粉蚧	武三安	昆虫知识	2009	91	17

6.3 研究主题关联分析

在生物科学学科，高被引论文累计被 2014 年发表的 3969 篇论文引用了 3898 次。通过分析施引文献关键词的词频及关键词之间的共现关系，获得 2014 年生物科学学科的热点主题和主题关联，如图 6-3 所示（共现 7 次以下不显示）。由图 6-3 可知："干旱胁迫""生长""生态化学计量学"等关键词的文档词频较高，是 2014 年学科的研究热点；"植被恢复""紫色土"与"衡阳"之间的共现次数较多，显示出它们之间主题关系较为紧密。以"生态化学计量学""土壤"等关键词为主要节点的多个概念相互关联，初步构成了学科内的研究主题簇。

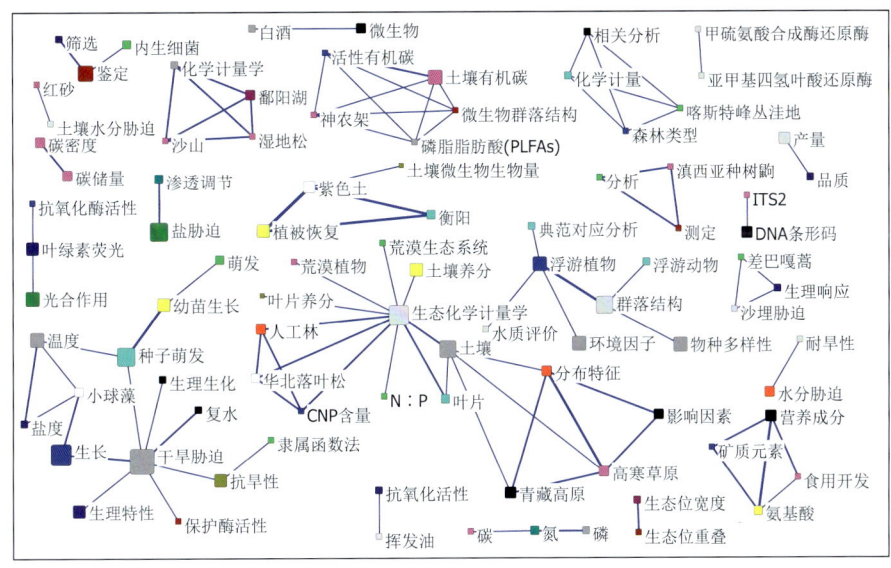

图 6-3　生物科学学科 2014 年热点主题关联

6.4 学科高影响力期刊分析

6.4.1 学科高影响力期刊 TOP 10

在生物科学学科，学科 5 年影响因子位居前 10 位的期刊见表 6-3，排在前 3 位的期刊分别是《植物生态学报》《应用生态学报》和《生态学报》。在表 6-3 中，学科载文量占其总载文量比例最大的期刊是《西北植物学报》；前 5 年学科载文在 2014 年被引率最高的期刊是《植物生态学报》；期刊 5 年影响因子较高的前 3 种期刊分别是《植物生态学报》《生态学报》和《应用生态学报》；学科 5 年影响因子与期刊 5 年影响因子差异最大的期刊是《生态学报》。表 6-3 中期刊的学科 5 年影响因子和前 5 年学科载文的 2014 年被引率对比如图 6-4 所示，2009—2014 年期刊 5 年影响因子的变动情况如图 6-5 所示。

表 6-3　生物科学学科高影响力期刊基本指数

序号	期刊名称	前5年载文量			2014年学科被引			5年影响因子		h指数（学科）
		学科（篇）	占比（%）	总量（篇）	频次	被引率（%）	高被引论文篇数	期刊(2014)	学科(2014)	
1	植物生态学报	559	71.1	786	1214	64.4	35	2.125	2.172	12
2	应用生态学报	938	32.9	2852	1584	62.8	34	1.787	1.689	14
3	生态学报	2142	43.5	4927	3281	51.2	98	1.859	1.532	15
4	生物多样性	392	70.9	553	524	50.5	12	1.335	1.337	8
5	植物学报	293	65.1	450	358	46.8	6	1.158	1.222	7
6	中国水稻科学	394	64.9	607	435	50.8	4	1.273	1.104	8
7	生态学杂志	1202	44.8	2684	1270	48.7	16	1.167	1.057	10
8	西北植物学报	2311	99.8	2315	1892	42.2	17	0.819	0.819	8
9	兽类学报	330	95.1	347	241	31.8	3	0.703	0.730	5
10	微生物学报	919	75.5	1217	666	38.7	7	0.720	0.725	7

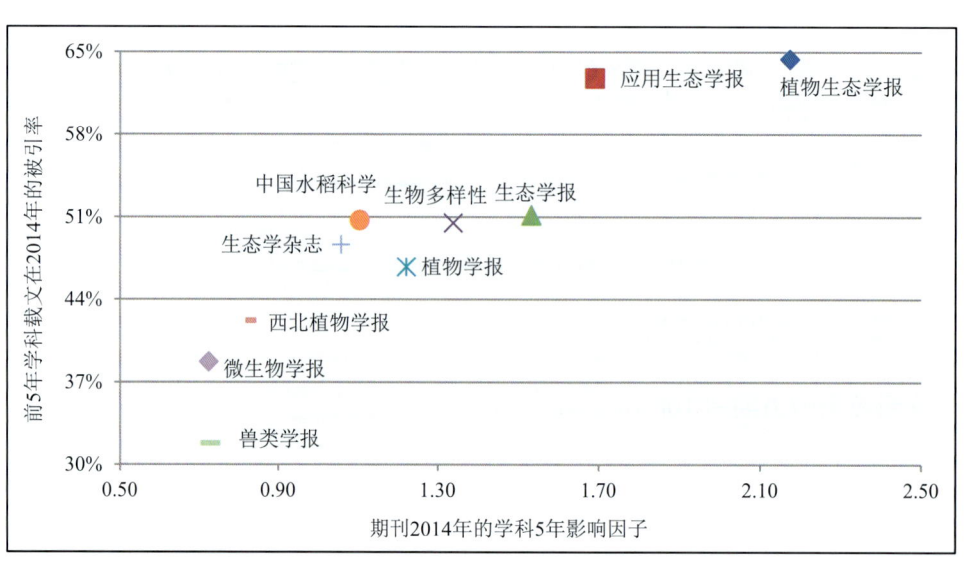

图 6-4　生物科学学科高影响力期刊对比

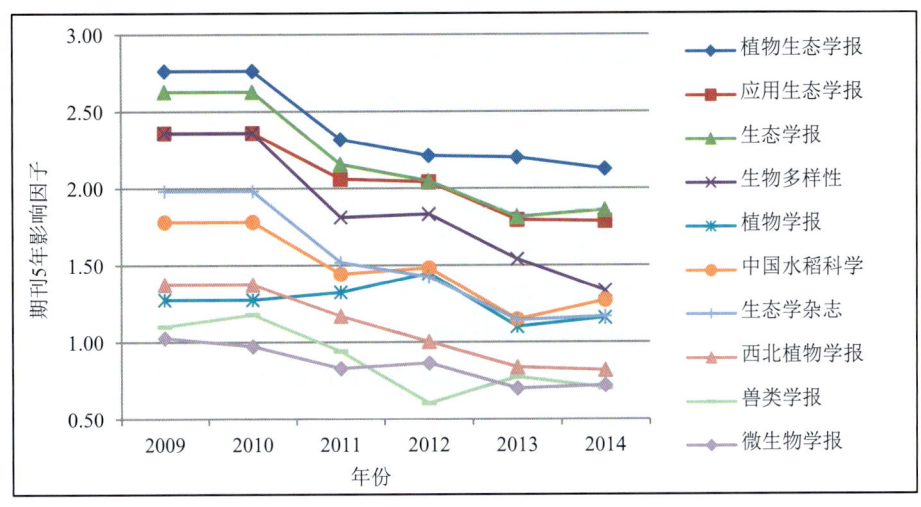

图 6-5　生物科学学科期刊 5 年影响因子变动

6.4.2　学科高影响力期刊载文主题关联

通过期刊共被引分析，获得生物科学学科高影响力期刊及与其他期刊之间的载文主题关联，如图 6-6 所示（共被引 24 次以下不显示）。结果显示，生物科学学科的高影响力期刊相互链接较为紧密，基本主导了该学科的期刊共被引网络，显示出该学科高影响力期刊可能共同刊载了许多相近的研究主题，热点研究主题分散在多种期刊上。《植物生态学报》的学科 5 年影响因子较高，显示出该刊在学科内学术影响力较大；《生态学报》与《应用生态学报》《生态学杂志》等期刊之间的链接较强，意味着它们之间可能有较多相同或相近的载文主题。

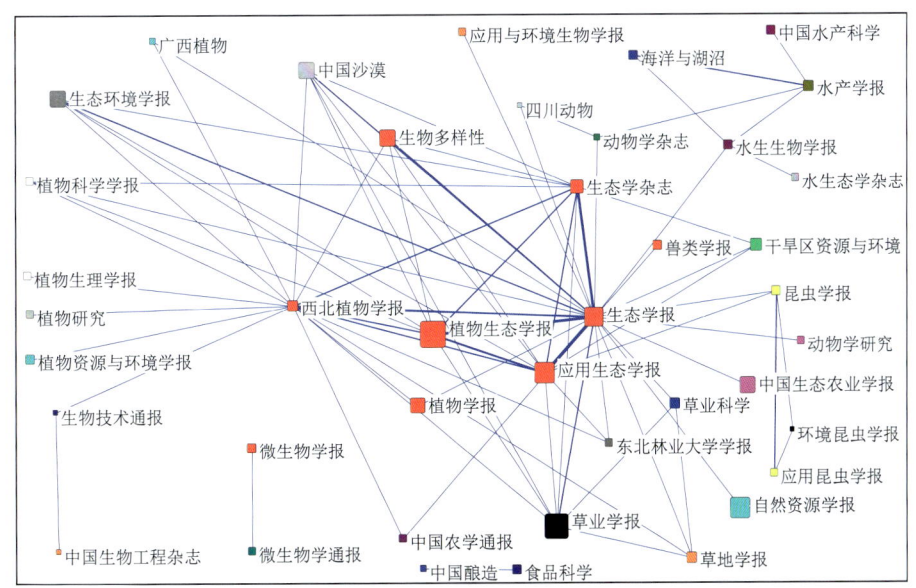

图 6-6　生物科学学科高影响力期刊载文主题关联

6.5 高被引作者分析

6.5.1 高被引作者TOP 20

2009—2013年，在110215位生物科学学科论文的第一作者中，在2014年学科被引频次位居前20位的学者的发文及被引情况见表6-4。其中，学科发文总被引频次较高的作者分别是井冈山大学的叶子飘（55次）、中国科学院生态环境研究中心的李晓光（33次）、四川农业大学的涂利华（28次）、东北林业大学的张会慧（28次）和北京大学的方精云（28次）。高被引作者的5年学科发文数量从1篇到68篇不等，同时，作者学科发文的期刊分布也在1种到11种之间变化。在发文超过5篇的所有作者中，篇均被引较高的3位作者分别是陕西省农业遥感信息中心的李登科（篇均5.00次）、四川农业大学的涂利华（篇均4.67次）和井冈山大学的叶子飘（篇均4.23次）；前5年发表学科论文较多的3位作者分别是韩山师范学院的曾宪锋（72篇）、陕西师范大学的郑哲民（68篇）和中国人民解放军白求恩军医学院的郭晓强（39篇）。高被引作者的学科发文量和被引量对比如图6-7所示。

表6-4 生物科学学科高被引作者TOP 20

序号	姓名	作者单位	前5年发文			前5年学科发文在2014年的被引				h指数（学科）
			学科发文（篇）	期刊分布（种）	发文总量（篇）	总频次	被引率（%）	最高（次）	篇均（次）	
1	叶子飘	井冈山大学	13	6	14	55	84.6	16	4.23	5
2	李晓光	中国科学院生态环境研究中心	2	1	2	33	100.0	22	16.50	2
3	涂利华	四川农业大学	6	3	12	28	83.3	9	4.67	5
3	张会慧	东北林业大学	8	7	16	28	75.0	13	3.50	5
3	方精云	北京大学	2	1	12	28	100.0	24	14.00	4
6	宋同清	中国科学院亚热带农业生态研究所	3	3	6	27	66.7	17	9.00	4
6	刘伟	中国科学院西北高原生物研究所	7	2	7	27	85.7	10	3.86	3
8	李登科	陕西省农业遥感信息中心	5	4	7	25	100.0	9	5.00	3
8	郑连斌	天津师范大学	19	8	20	25	52.6	6	1.32	3
8	白学礼	宁夏疾病预防控制中心	24	4	32	25	50.0	4	1.04	3
11	冯建孟	大理学院	25	11	28	24	60.0	3	0.96	3
11	郑哲民	陕西师范大学	68	9	68	24	30.9	2	0.35	2
11	杨宁	湖南环境生物职业技术学院	3	1	11	24	66.7	12	8.00	6
11	丁小慧	中国科学生态环境研究中心	2	1	2	24	100.0	15	12.00	2
15	张国伟	南京农业大学	2	1	2	23	100.0	17	11.50	2

序号	姓名	作者单位	前5年发文			前5年学科发文在2014年的被引				h指数(学科)
			学科发文（篇）	期刊分布（种）	发文总量（篇）	总频次	被引率（%）	最高（次）	篇均（次）	
16	刘兴诏	中国科学院华南植物园	1	1	1	22	100.0	22	22.00	1
16	任保青	中国科学院植物研究所	1	1	1	22	100.0	22	22.00	1
16	杨阔	中国科学院植物研究所	1	1	1	22	100.0	22	22.00	1
19	杨再学	贵州省余庆县植保植检站	19	8	25	21	63.2	5	1.11	2
19	任书杰	中国科学院地理科学与资源研究所	3	3	3	21	100.0	12	7.00	3
19	吴统贵	中国林业科学研究院亚热带林业研究所	4	4	9	21	75.0	17	5.25	3
19	吴秀华	四川农业大学	2	1	3	21	100.0	16	10.50	2
19	单立山	甘肃农业大学	5	5	7	21	60.0	9	4.20	3

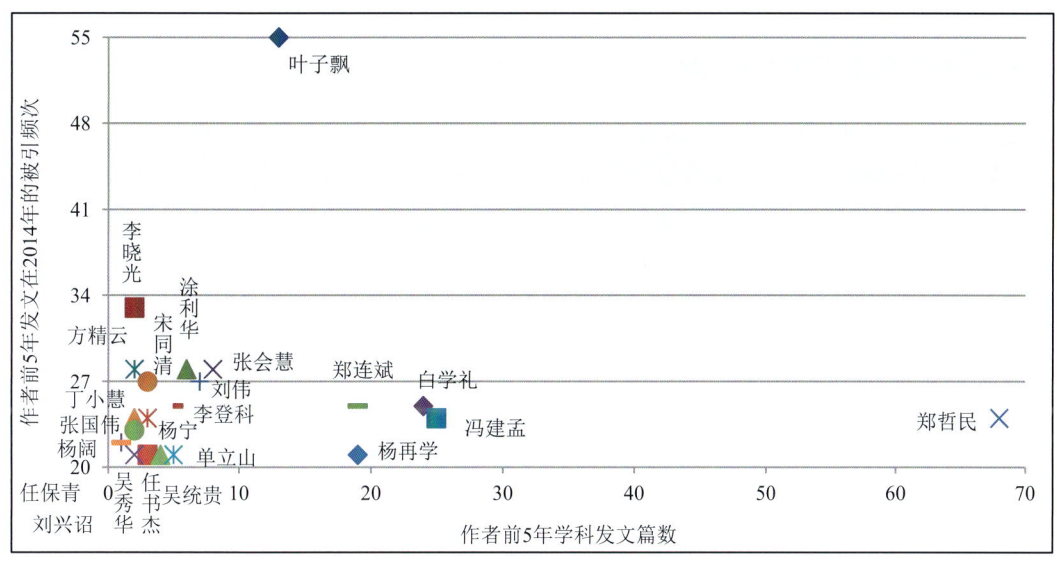

图 6-7 生物科学学科高被引作者学科发文及被引对比

6.5.2 高被引作者科研合作关系

通过作者合著分析，获得 2014 年生物科学学科高被引作者及与其他学者之间的科研论文合作关系（不考虑论文署名次序），如图 6-8 所示（合著 7 次以下不显示）。可以看出，生物科学学科的高被引作者的论文合作现象比较普遍。学者郑哲民的发文量较多；郑连斌的论文合作网络最为突出，在该学科的研究人员中表现出一定的集聚效应；郑连斌和陆舜华、张兴华等学者之间的合作关系最为紧密，显示出他们可能属于同一支科研团队。

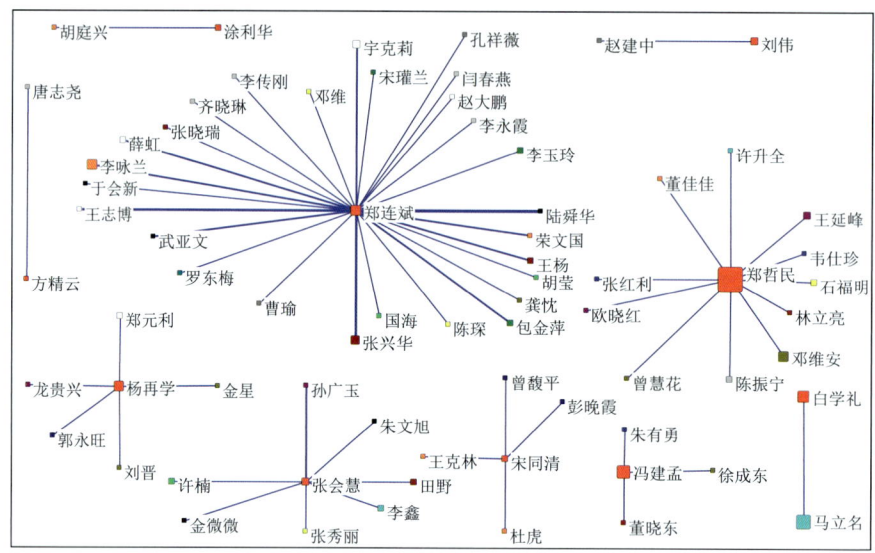

图 6-8　生物科学学科高被引作者科研论文合作关系

6.5.3　高被引作者发文主题关联

通过作者共被引分析，获得 2014 年生物科学学科高被引作者及与其他学者之间的发文主题关联（见图 6-9，共被引 3 次以下不显示）。如图 6-9 所示，生物科学学科的高被引作者基本主导了作者共被引网络，显示出该学科在热点主题上已经形成了优势较为明显的科研力量。学者叶子飘的节点较大，显示出其学术成果在学科内得到较多关注；杨宁与杨满元、杨阔与吴统贵等学者之间的链接较强，意味着他们之间可能分别有较为相近的研究主题；以吴统贵、杨阔等学者为主要节点的共被引作者簇人数较多且网络规模较大，意味着这些学者的研究主题关联可能较为紧密。

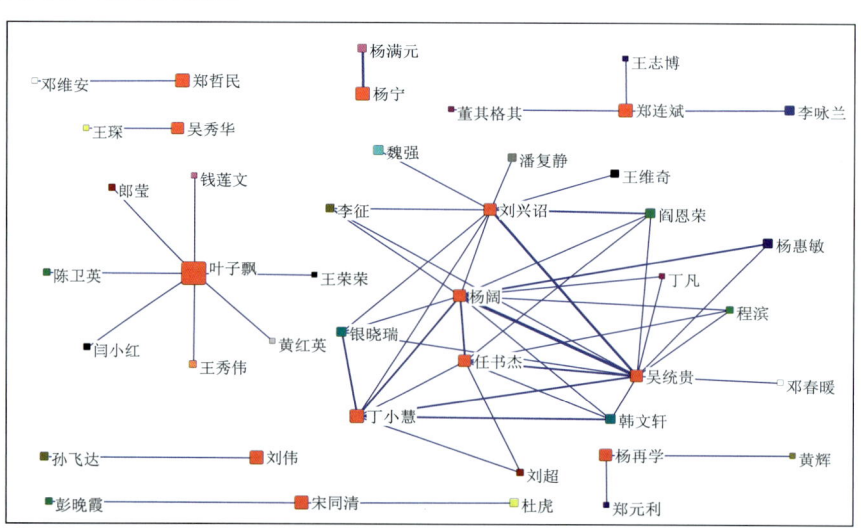

图 6-9　生物科学学科高被引作者发文主题关联

6.6 高被引机构分析

6.6.1 高被引机构

为便于比较，本书将生物科学学科的高被引机构分为高等院校和科研院所两种类型。其中，被引频次 TOP 10 高等院校和被引频次 TOP 5 科研院所的发文及被引情况分别见表 6-5 和表 6-6。其中，总被引频次较高的 3 所高等院校分别是西北农林科技大学、南京农业大学和北京林业大学，中国科学院新疆生态与地理研究所、中国科学院植物研究所和中国科学院生态环境研究中心是总被引频次较高的 3 所科研院所；前 5 年学科发文在 2014 年的被引率最高的高等院校和科研院所分别是兰州大学和中国科学院生态环境研究中心，篇均被引最高的高等院校和科研院所分别是兰州大学和中国科学院生态环境研究中心。上述高被引机构的论文被引率和篇均被引频次对比如图 6-10 所示。

表 6-5 生物科学学科高被引高等院校 TOP 10

序号	第一作者单位	学科发文量（篇）		前 5 年学科发文在 2014 年的被引			
		前 5 年	2014 年	频次	被引率(%)	最高(次)	篇均（次）
1	西北农林科技大学	1588	224	1154	36.7	13	0.73
2	南京农业大学	1134	136	822	37.9	17	0.72
3	北京林业大学	995	134	810	36.0	17	0.81
4	东北林业大学	1086	141	730	33.7	14	0.67
5	中国海洋大学	887	129	524	33.8	9	0.59
6	中国农业大学	733	90	514	35.1	19	0.70
7	西南大学	942	153	504	29.8	12	0.54
8	华南农业大学	900	135	477	29.9	8	0.53
9	兰州大学	523	78	470	38.8	14	0.90
10	浙江大学	833	146	446	28.8	15	0.54

表 6-6 生物科学学科高被引科研院所 TOP 5

序号	第一作者单位	学科发文量（篇）		前 5 年学科发文在 2014 年的被引			
		前 5 年	2014 年	频次	被引率(%)	最高(次)	篇均（次）
1	中国科学院新疆生态与地理研究所	371	53	430	52.6	9	1.16
2	中国科学院植物研究所	282	49	396	45.0	22	1.40
3	中国科学院生态环境研究中心	135	19	319	57.8	22	2.36
4	中国科学院寒区旱区环境与工程研究所	231	40	299	49.4	14	1.29
5	中国科学院沈阳应用生态研究所	241	26	294	46.5	15	1.22

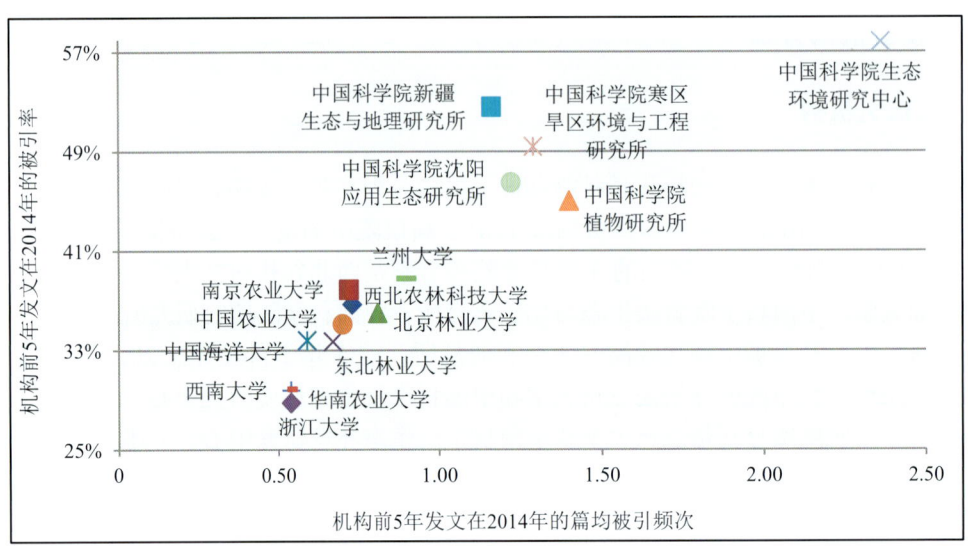

图 6-10　生物科学学科高被引机构论文篇均被引及被引率对比

6.6.2　高被引机构科研合作关系

通过合著分析,获得生物科学学科高被引机构之间及其与其他机构之间的科研合作关联,如图 6-11 所示(合作 69 次以下不显示)。分析得知,生物科学学科的机构合作链接比较紧密,表明学科内机构合作现象普遍;高被引机构初步形成机构合作网络;南京农业大学和江苏省农业科学院之间的链接较强,表明它们的学术合作较为频繁。

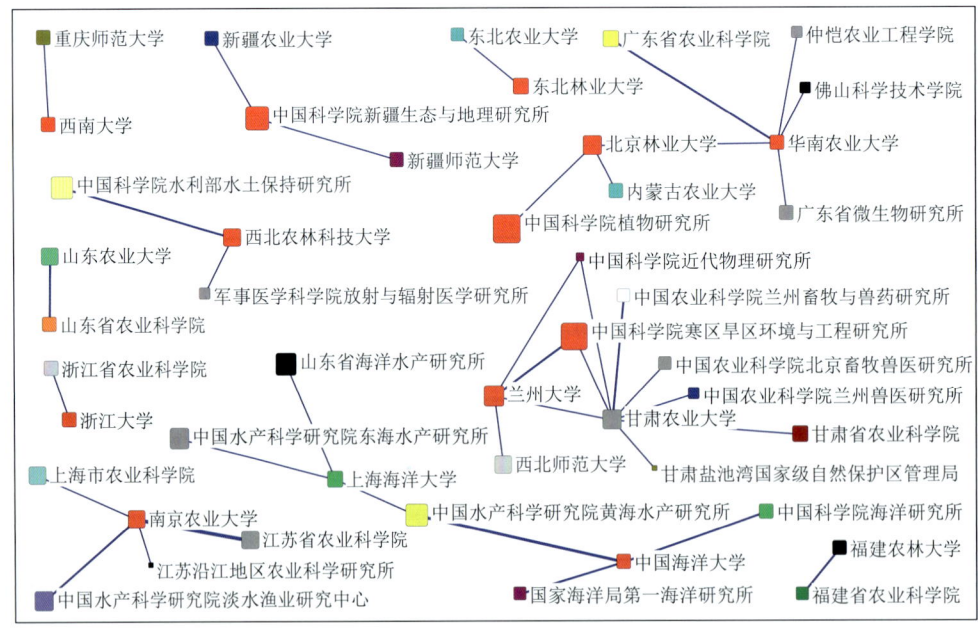

图 6-11　生物科学学科高被引机构科研合作关联

6.7 高被引图书、国外期刊及学术会议

2014年，生物科学学科被引频次位居前10位的图书及国外期刊见表6-7和表6-8。其中，被引次数较多的3种图书分别是李合生的《植物生理生化实验原理和技术》、东秀珠的《常见细菌系统鉴定手册》和张志良的《植物生理学实验指导》；被引次数较多的3种国外期刊分别是《Proceedings of the National Academy of Sciences of the United States of America》《Nature》和《Science》；被引次数较多的3场学术会议分别是"Proceedings of the National Academy of Sciences of the United States of America""The 10th World Buffalo Congress and the 7th Asian Buffalo Congress（Abstracts）"和"Proceedings of the IEEE International Conference on Robotics and Automation"。

表6-7 生物科学学科高被引图书 TOP 10

序号	责任者	图书名称	出版社	2014年被引频次
1	李合生	植物生理生化实验原理和技术	高等教育出版社	147
2	东秀珠	常见细菌系统鉴定手册	科学出版社	115
3	张志良	植物生理学实验指导	高等教育出版社	93
4	鲍士旦	土壤农化分析	中国农业出版社	63
5	张金屯	数量生态学	科学出版社	62
6	张荣祖	中国动物地理	科学出版社	58
7	沈萍	微生物学实验	高等教育出版社	52
8	鲁如坤	土壤农业化学分析方法	中国农业科技出版社	49
9	魏景超	真菌鉴定手册	上海科学技术出版社	46
9	郑光美	中国鸟类分类与分布名录	科学出版社	46

表6-8 生物科学学科高被引国外期刊 TOP 10

序号	期刊名称	2014年被引频次
1	Proceedings of the National Academy of Sciences of the United States of America	8786
2	Nature	8735
3	Science	7015
4	Journal of Biological Chemistry	5929
5	PLoS One	4810
6	Cell	4679
7	Plant Physiology	4626
8	The Plant Cell	3200
9	Nucleic Acids Research	3033
10	The Plant Journal	2557

第 7 章 预防医学、卫生学学科高被引分析

7.1 学科论文概况

2009—2013 年,预防医学、卫生学学科共有 258355 位来自 44866 所机构的论文第一作者在 3551 种期刊上发表了 316385 篇学术论文。其中,80%以上的论文产出自 14070 所机构、188679 位作者,发表在 263 种期刊上。在前 5 年发表的这些论文中,有 84361 篇在 2014 年获得过引用,整体被引率为 26.7%,总被引频次为 153826 次,篇均被引 0.49 次;其中,高被引论文有 974 篇,单篇论文最高被引频次为 156 次,累计被引 11818 次,篇均被引 12.13 次(表 7-1)。另外,2014 年预防医学、卫生学学科共发表论文 60738 篇,其中有 3103 篇在当年获得过引用,总共被引 4003 次。

表 7-1 预防医学、卫生学学科论文分布情况

年份	论文篇数	2014 年被引频次	2014 年被引率(%)	2014 年高被引论文			
				论文篇数	最高被引频次	总被引频次	篇均被引频次
2009	44920	20879	26.0	125	96	1855	14.84
2010	52073	30044	30.5	188	137	2467	13.12
2011	66716	35871	28.6	208	153	2718	13.07
2012	82108	36861	24.4	241	156	2811	11.66
2013	70568	30171	25.0	212	128	1967	9.28
合计	316385	153826	26.7	974	156	11818	12.13

从预防医学、卫生学学科论文的地域分布来看,2014 年被引频次较高的 5 个省、直辖市或自治区依次是北京、广东、江苏、浙江和上海(图 7-1);5 年论文产出量较多的 5 个省、直辖市或自治区依次是江苏、北京、广东、浙江和山东(图 7-2)。

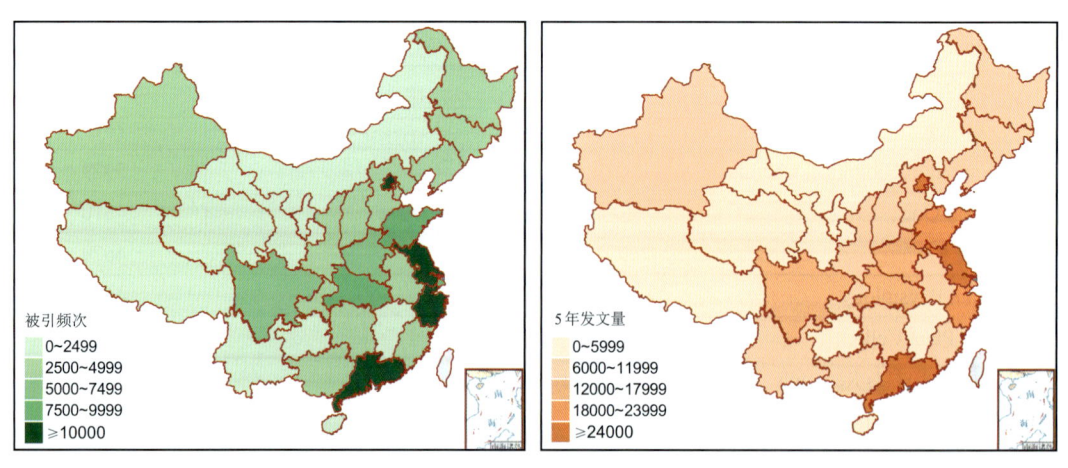

图 7-1 2014 年预防医学、卫生学学科地区被引分布　　图 7-2 预防医学、卫生学学科 5 年论文产出地区分布

7.2 高被引论文分析

在预防医学、卫生学学科，2014年被引频次位居前10位的论文（表7-2）平均被引频次为47.3次，是全部974篇高被引论文篇均被引频次的3.9倍。其中，被引频次最高的论文是李六亿于2011年发表的《综合医院多药耐药菌医院感染控制效果的研究》，随后2篇分别是王秀芳于2011年发表的《品管圈活动对住院病人护理工作满意度的影响》和汪四花于2011年发表的《品质管理活动在病房用药安全质量管理中的应用》。

从论文分布来看，刊载高被引论文数量居前的3种期刊分别是《中华医院感染学杂志》（154篇）、《中华护理杂志》（45篇）和《中国护理管理》（39篇），而《中华医院感染学杂志》《中华流行病学杂志》分别刊载了高被引论文TOP 10中的2篇；发表高被引论文居前的3位学者分别是中国疾病预防控制中心免疫规划中心的武文娣（3篇）、四川大学华西医院的成翼娟（3篇）和上海市浦东新区潍坊社区卫生服务中心的杜兆辉（2篇）；产出高被引论文数量居前的3所机构分别是中国疾病预防控制中心（23篇）、中国疾病预防控制中心营养与食品安全所（13篇）和华中科技大学同济医学院（13篇）。

表7-2 预防医学、卫生学学科高被引论文 TOP 10

序号	论文题名	第一作者	期刊名称	发表年份	被引频次 总频次	被引频次 2014年
1	综合医院多药耐药菌医院感染控制效果的研究	李六亿	中华医院感染学杂志	2011	110	56
2	品管圈活动对住院病人护理工作满意度的影响	王秀芳	全科护理	2011	107	53
3	品质管理活动在病房用药安全质量管理中的应用	汪四花	中华护理杂志	2011	128	52
4	2009—2010年上海市65所医院ICU导管相关性感染目标性监测分析	周晴	中华医院感染学杂志	2011	108	49
4	品管圈在护理质量管理中的实践和成效分析	邵翠颖	护理与康复	2012	94	49
6	品管圈在医院药学管理中的探索与实践	张幸国	实用药物与临床	2009	138	48
7	现代医学科学发展中的缺憾与思考	杨志寅	中华诊断学电子杂志	2013	60	45
8	中国一般人群中医体质流行病学调查——基于全国9省市21948例流行病学调查数据	王琦	中华中医药杂志	2009	166	43
9	广东省手足口病流行特征和危险因素研究	郭汝宁	中华流行病学杂志	2009	201	39
9	中国2008—2009年手足口病报告病例流行病学特征分析	常昭瑞	中华流行病学杂志	2011	136	39

7.3 研究主题关联分析

在预防医学、卫生学学科，高被引论文累计被 2014 年发表的 11101 篇论文引用了 11818 次。通过分析施引文献关键词的词频及关键词之间的共现关系，获得 2014 年预防医学、卫生学学科的热点主题和主题关联，如图 7-3 所示（共现 14 次以下不显示）。由图 7-3 可知："品管圈""医院感染"等关键词的文档词频较高，是 2014 年学科的研究热点；以"医院感染""手卫生""危险因素"等关键词为主要节点的多个概念相互关联，构成了学科内相对最为突出的研究主题簇。

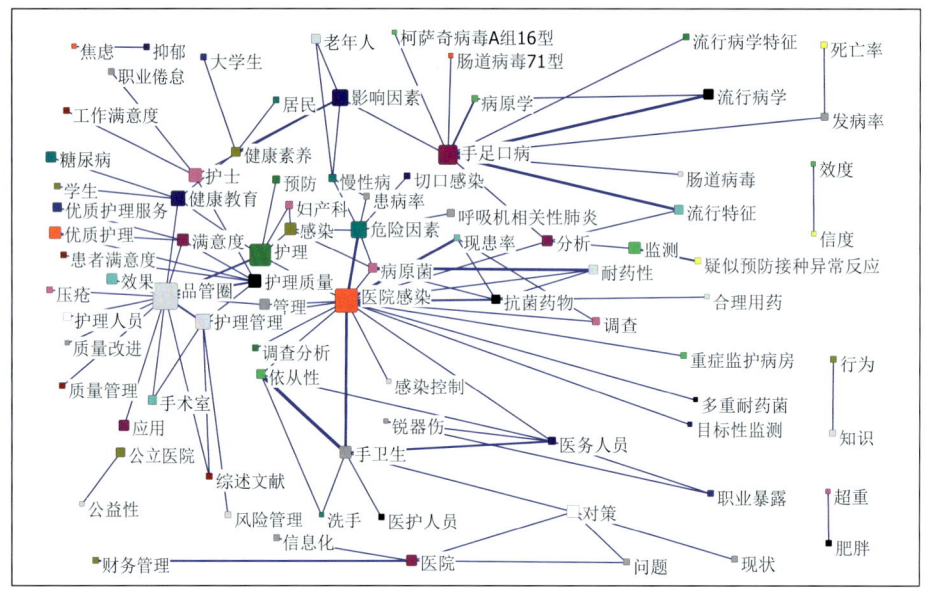

图 7-3 预防医学、卫生学学科 2014 年热点主题关联

7.4 学科高影响力期刊分析

7.4.1 学科高影响力期刊 TOP 10

在预防医学、卫生学学科，学科 5 年影响因子位居前 10 位的期刊见表 7-3，排在前 3 位的期刊分别是《中华流行病学杂志》《护理与康复》和《中华医院感染学杂志》。在表 7-3 中，学科载文量占其总载文量比例最大的期刊是《中国医院管理》；前 5 年学科载文在 2014 年被引率最高的期刊是《中国医院管理》；期刊 5 年影响因子较高的前 3 种期刊分别是《中国循证医学杂志》《中华流行病学杂志》和《中国医院管理》；学科 5 年影响因子与期刊 5 年影响因子差异最大的期刊是《护理与康复》。表 7-3 中期刊的学科 5 年影响因子和前 5 年学科载文的 2014 年被引率对比如图 7-4 所示，2009—2014 年期刊 5 年影响因子的变动情况如图 7-5 所示。

表 7-3 预防医学、卫生学学科高影响力期刊基本指数

序号	期刊名称	前5年载文量			2014年学科被引			5年影响因子		h指数（学科）
		学科（篇）	占比（%）	总量（篇）	频次	被引率（%）	高被引论文篇数	期刊(2014)	学科(2014)	
1	中华流行病学杂志	1356	67.5	2009	1929	47.2	36	1.429	1.423	16
1	护理与康复	501	14.5	3462	713	49.9	16	0.864	1.423	11
3	中华医院感染学杂志	6887	49.9	13790	8979	49.5	154	1.237	1.304	23
4	中国医院管理	2380	95.9	2483	3081	51.3	38	1.287	1.295	13
5	中国计划生育学杂志	626	37.8	1654	802	48.7	15	1.041	1.281	11
6	中国药理学通报	1730	68.2	2538	1981	48.3	15	1.043	1.145	8
7	中华疾病控制杂志	927	47.6	1947	1039	48.2	8	1.064	1.121	8
8	中华预防医学杂志	1223	70.9	1725	1367	41.0	29	1.138	1.118	12
9	中国循证医学杂志	404	28.4	1423	433	45.5	7	1.489	1.072	12
10	中国医院	1353	91.9	1473	1443	44.9	16	1.053	1.067	10

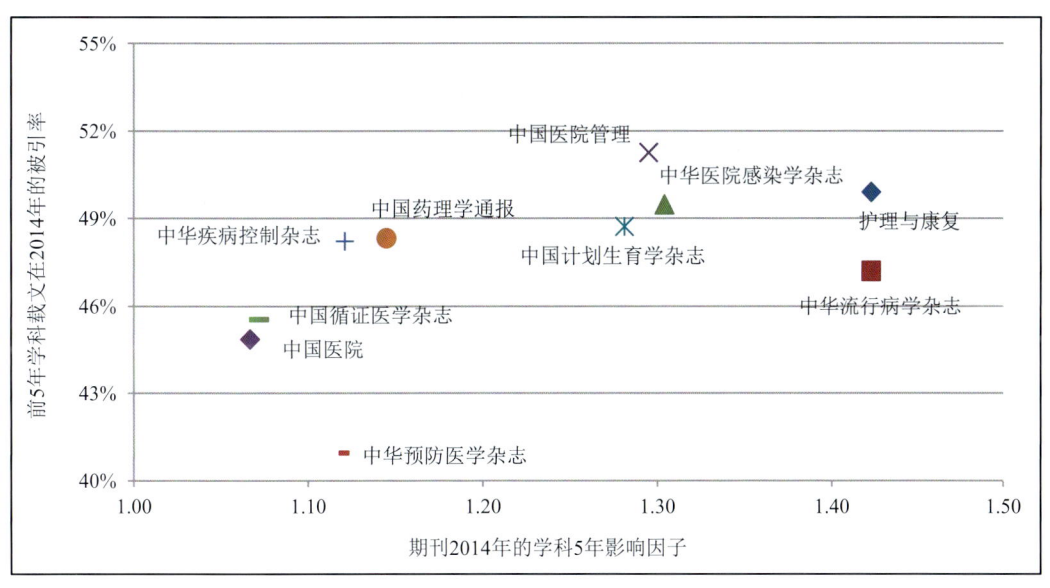

图 7-4 预防医学、卫生学学科高影响力期刊对比

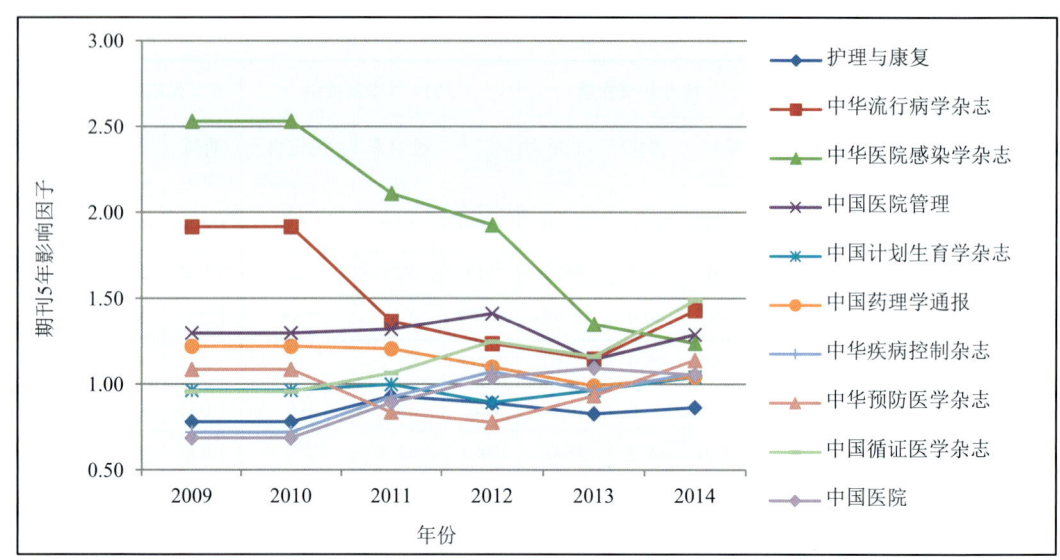

图 7-5　预防医学、卫生学学科期刊 5 年影响因子变动

7.4.2　学科高影响力期刊载文主题关联

通过期刊共被引分析，获得预防医学、卫生学学科高影响力期刊及与其他期刊之间的载文主题关联，如图 7-6 所示（共被引 65 次以下不显示）。结果显示，预防医学、卫生学学科的高影响力期刊相互链接较为紧密，基本主导了该学科的期刊共被引网络，显示出该学科高影响力期刊可能共同刊载了部分相近的研究主题，热点研究主题分散在多种期刊上。《中华流行病学杂志》的学科 5 年影响因子较高，显示出该刊在学科内学术影响力较大；《中华医院感染学杂志》与《中国消毒学杂志》等期刊之间的链接较强，意味着它们之间可能有较多相同或相近的载文主题。

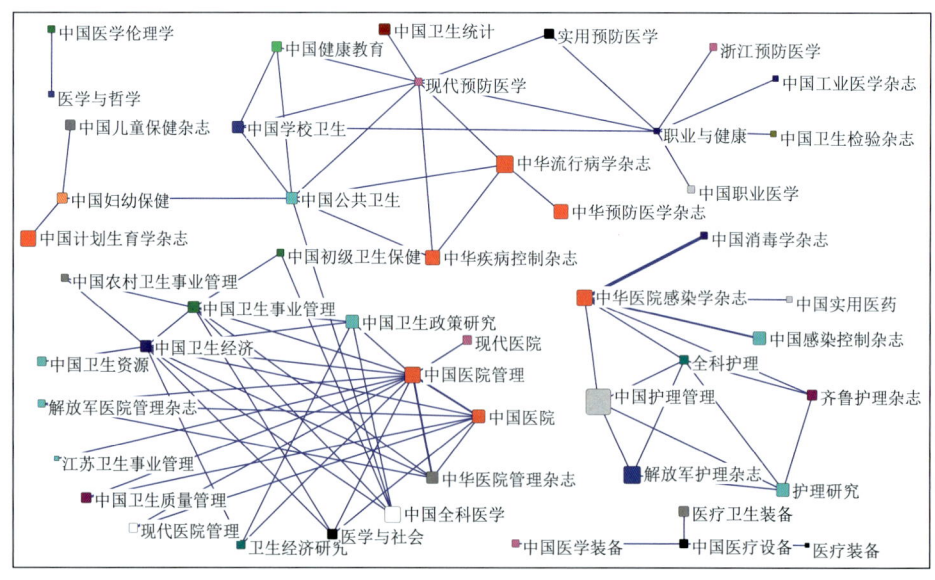

图 7-6　预防医学、卫生学学科高影响力期刊载文主题关联

7.5 高被引作者分析

7.5.1 高被引作者 TOP 20

2009—2013 年，在 258355 位预防医学、卫生学学科论文的第一作者中，在 2014 年学科被引频次位居前 20 位的学者的发文及被引情况见表 7-4。其中，学科发文总被引频次较高的 3 位作者分别是华中科技大学同济医学院附属同济医院的郑大喜（142 次）、中国疾病预防控制中心免疫规划中心的武文娣（88 次）和北京大学第一医院的李六亿（77 次）。高被引作者的 5 年学科发文数量从 1 篇到 98 篇不等，同时，作者学科发文的期刊分布也在 1 种到 14 种之间变化。在发文超过 5 篇的所有作者中，篇均被引较高的 3 位作者分别是中国疾病预防控制中心免疫规划中心的武文娣（篇均 9.78 次）、济宁医学院的杨志寅（篇均 8.83 次）和中国疾病预防控制中心营养与食品安全所的毛雪丹（篇均 7.60 次）；前 5 年发表学科论文较多的 3 位作者分别是中国农业大学的范志红（115 篇）、右江民族医学院的赵云（98 篇）和华中科技大学同济医学院附属同济医院的郑大喜（90 篇）。高被引作者的学科发文量和被引量对比如图 7-7 所示。

表 7-4 预防医学、卫生学学科高被引作者 TOP 20

序号	姓名	作者单位	前 5 年发文			前 5 年学科发文在 2014 年的被引				h 指数（学科）
			学科发文（篇）	期刊分布（种）	发文总量（篇）	总频次	被引率（%）	最高（次）	篇均（次）	
1	郑大喜	华中科技大学同济医学院附属同济医院	90	12	96	142	58.9	11	1.58	6
2	武文娣	中国疾病预防控制中心免疫规划中心	9	1	9	88	66.7	28	9.78	4
3	李六亿	北京大学第一医院	15	4	19	77	60.0	56	5.13	4
4	赵云	右江民族医学院	98	14	120	71	32.7	8	0.72	5
5	方鹏骞	华中科技大学同济医学院	45	14	51	65	42.2	22	1.44	4
5	鲍勇	上海交通大学	63	11	75	65	34.9	13	1.03	4
7	张幸国	浙江大学附属第一医院	3	2	9	62	66.7	48	20.67	3
8	杨志寅	济宁医学院	6	3	14	53	66.7	45	8.83	2
8	王秀芳	复旦大学附属中山医院青浦分院	1	1	2	53	100.0	53	53.00	2
8	梁铭会	华中科技大学同济医学院	4	2	4	53	100.0	32	13.25	2
11	李玲	北京大学	29	13	66	52	41.4	16	1.79	5
11	汪四花	浙江大学医学院附属第二医院	1	1	5	52	100.0	52	52.00	2
13	王力红	首都医科大学宣武医院	11	5	13	49	63.6	33	4.45	3

序号	姓名	作者单位	前5年发文			前5年学科发文在2014年的被引				h指数（学科）
			学科发文（篇）	期刊分布（种）	发文总量（篇）	总频次	被引率（%）	最高（次）	篇均（次）	
13	邵翠颖	嘉兴市第二医院	2	2	1	49	50.0	49	24.50	2
13	周晴	复旦大学附属中山医院	1	1	4	49	100.0	49	49.00	3
16	刘庭芳	清华大学	14	7	19	48	50.0	29	3.43	4
17	杜治政	《医学与哲学》杂志社	20	3	20	47	50.0	14	2.35	4
18	郭汝宁	广东省疾病预防控制中心	2	2	5	45	100.0	39	22.50	2
19	贾会学	北京大学第一医院	8	4	11	44	87.5	18	5.50	4
19	马军	北京大学	13	7	20	44	69.2	21	3.38	5

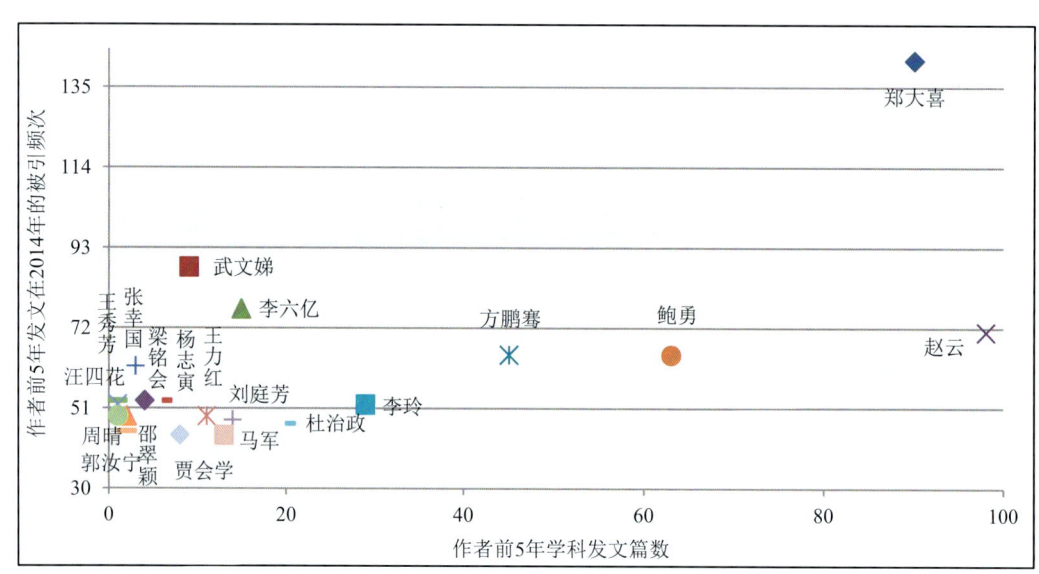

图 7-7 预防医学、卫生学学科高被引作者学科发文及被引对比

7.5.2 高被引作者科研合作关系

通过作者合著分析，获得 2014 年预防医学、卫生学学科高被引作者及与其他学者之间的科研论文合作关系（不考虑论文署名次序），如图 7-8 所示（合著 5 次以下不显示）。可以看出，预防医学、卫生学学科的高被引作者的论文合作现象比较普遍。学者赵云、郑大喜和鲍勇的发文量较多；王力红的论文合作网络最为突出，在该学科的研究人员中表现出一定的集聚效应；王力红和李小莹、贾会学和李六亿等学者之间的合作关系最为紧密，显示出他们可能分别属于同一支科研团队。

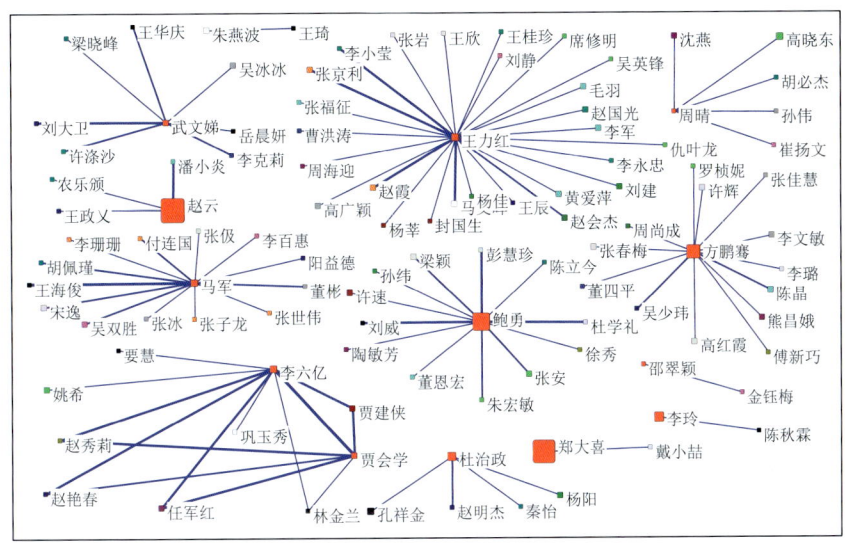

图 7-8　预防医学、卫生学学科高被引作者科研论文合作关系

7.5.3　高被引作者发文主题关联

通过作者共被引分析，获得 2014 年预防医学、卫生学学科高被引作者及与其他学者之间的发文主题关联（见图 7-9，共被引 3 次以下不显示）。如图 7-9 所示，预防医学、卫生学学科的高被引作者基本主导了作者共被引网络，显示出该学科在热点主题上已经形成了优势较为明显的科研力量。学者郑大喜的节点较大，显示出其学术成果在学科内得到较多关注；梁铭会与刘庭芳等学者之间的链接较强，意味着他们之间可能有较为相近的研究主题；以郑大喜、梁铭会等学者为主要节点的共被引作者簇人数较多且网络规模较大，意味着这些学者的研究主题关联可能较为紧密。

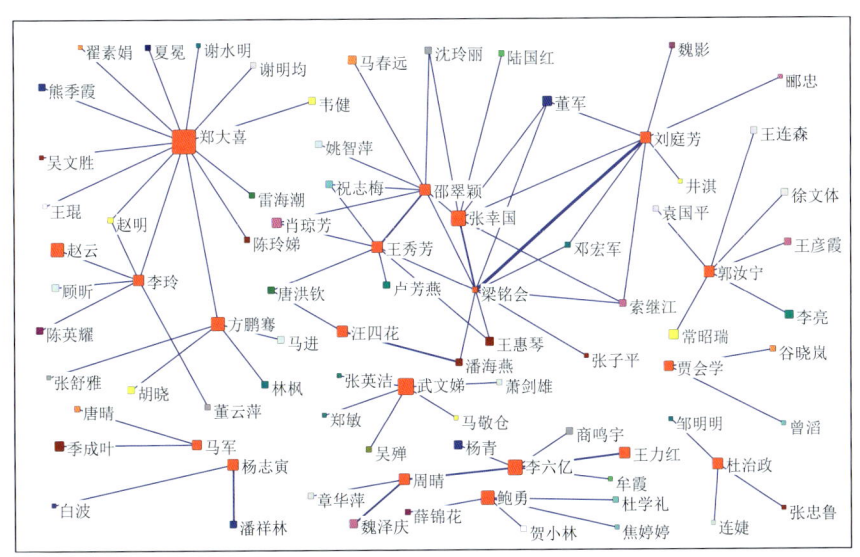

图 7-9　预防医学、卫生学学科高被引作者发文主题关联

7.6 高被引机构分析

7.6.1 高被引机构

为便于比较，本书将预防医学、卫生学学科的高被引机构分为医院和高等院校/科研院所两种类型。其中，被引频次 TOP 10 医院和被引频次 TOP 5 高等院校/科研院所的发文及被引情况分别见表 7-5 和表 7-6。其中，总被引频次较高的 3 所医院分别是中国人民解放军总医院、四川大学华西医院和首都医科大学宣武医院，华中科技大学同济医学院、北京大学和复旦大学是总被引频次较高的 3 所高等院校/科研院所；前 5 年学科发文在 2014 年的被引率最高的医院和高等院校/科研院所分别是南京军区南京总医院和北京大学，篇均被引最高的医院和高等院校/科研院所分别是浙江大学附属第一医院和北京大学。上述高被引机构的论文被引率和篇均被引频次对比如图 7-10 所示。

表 7-5 预防医学、卫生学学科高被引医院 TOP 10

序号	第一作者单位	学科发文量（篇）		前 5 年学科发文在 2014 年的被引			
		前 5 年	2014 年	频次	被引率(%)	最高（次）	篇均（次）
1	中国人民解放军总医院	1303	154	924	36.6	18	0.71
2	四川大学华西医院	844	157	646	34.1	11	0.77
3	首都医科大学宣武医院	541	92	484	38.6	33	0.89
4	华中科技大学同济医学院附属同济医院	584	107	470	38.2	11	0.80
5	南京军区南京总医院	574	77	461	39.0	14	0.80
6	北京大学第三医院	447	71	390	36.5	19	0.87
7	南方医科大学南方医院	478	52	386	38.1	9	0.81
8	北京大学第一医院	362	78	381	29.3	56	1.05
9	浙江大学附属第一医院	253	49	353	32.4	48	1.40
10	北京大学人民医院	571	91	348	25.6	13	0.61

表 7-6 预防医学、卫生学学科高被引高等院校/科研院所 TOP 5

序号	第一作者单位	学科发文量（篇）		前 5 年学科发文在 2014 年的被引			
		前 5 年	2014 年	频次	被引率(%)	最高（次）	篇均（次）
1	华中科技大学同济医学院	1332	154	1279	41.9	32	0.96
2	北京大学	1279	243	1237	45.0	21	0.97
3	复旦大学	1250	180	942	38.3	17	0.75
4	安徽医科大学	969	150	839	40.5	9	0.87
5	中国疾病预防控制中心	866	229	816	32.9	39	0.94

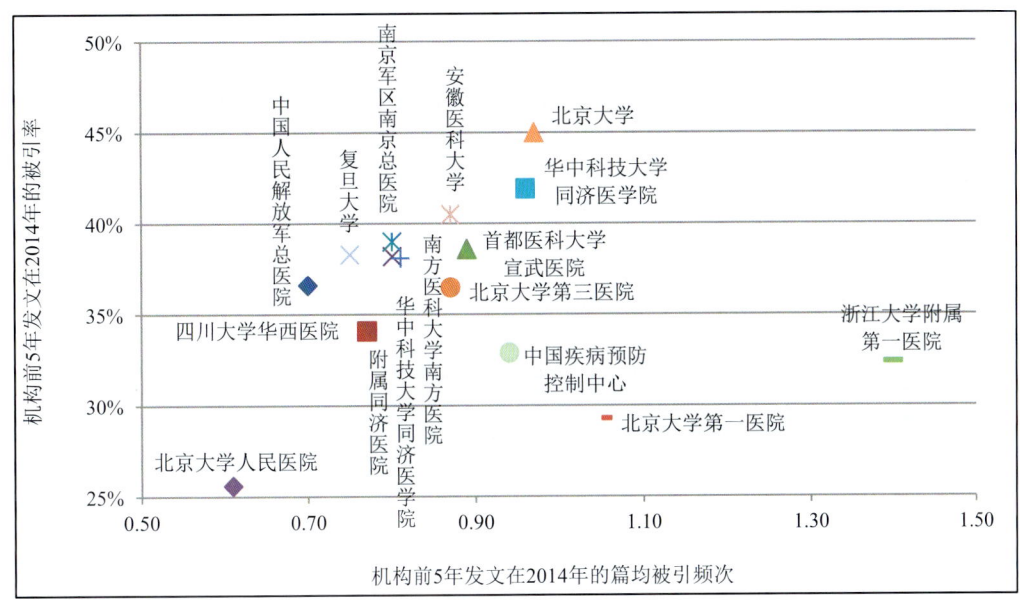

图 7-10　预防医学、卫生学学科高被引机构论文篇均被引及被引率对比

7.6.2　高被引机构科研合作关系

通过合著分析，获得预防医学、卫生学学科高被引机构之间及其与其他机构之间的科研合作关联，如图 7-11 所示（合作 136 次以下不显示）。分析得知，预防医学、卫生学学科的机构合作链接比较紧密，表明学科内机构合作现象普遍；高被引机构尚未形成机构合作网络；复旦大学与上海市卫生局、四川大学与四川大学华西医院等机构之间的链接相对较强，表明它们的学术合作较为频繁。

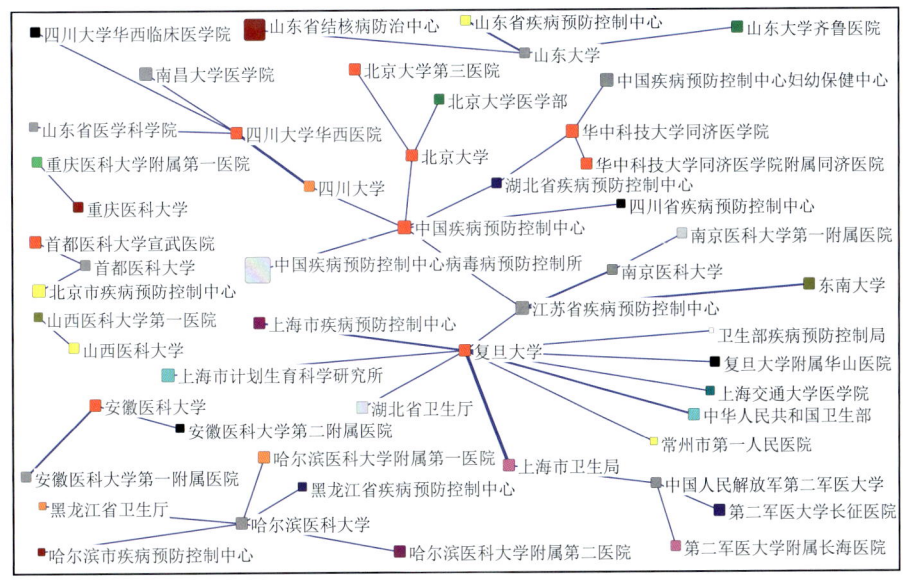

图 7-11　预防医学、卫生学学科高被引机构科研合作关联

7.7 高被引图书、国外期刊及学术会议

2014 年，预防医学、卫生学学科被引频次位居前 10 位的图书及国外期刊见表 7-7 和表 7-8。其中，被引次数较多的 3 种图书分别是：乐杰的《妇产科学》、李立明的《流行病学》和叶任高的《内科学》；被引次数较多的 3 种国外期刊分别是《The Lancet》《New England Journal of Medicine》和《PLoS One》；被引次数较多的 3 场学术会议分别是"TCT""Conference Proceeding IEEE Engineering in Medicine and Biology Society"和"Proceedings of 2010 the 5th International Academic Conference on Environmental and Occupational Medicine"。

表 7-7　预防医学、卫生学学科高被引图书 TOP 10

序号	责任者	图书名称	出版社	2014 年被引频次
1	乐杰	妇产科学	人民卫生出版社	309
2	李立明	流行病学	人民卫生出版社	88
3	叶任高	内科学	人民卫生出版社	84
4	曹泽毅	中华妇产科学	人民卫生出版社	83
5	陆再英	内科学	人民卫生出版社	82
6	中国营养学会	中国居民膳食指南	西藏人民出版社	76
7	孙振球	医学统计学	人民卫生出版社	73
8	谢幸	妇产科学	人民卫生出版社	69
9	迮文远	计划免疫学	上海科学技术文献出版社	67
9	季成叶	儿童少年卫生学	人民卫生出版社	67

表 7-8　预防医学、卫生学学科高被引国外期刊 TOP 10

序号	期刊名称	2014 年被引频次
1	The Lancet	1373
2	New England Journal of Medicine	1290
3	PLoS One	1056
4	Journal of the American Medical Association	711
5	Nature	678
6	Proceedings of the National Academy of Sciences of the United States of America	639
7	Circulation	637
8	Science	624
9	Journal of Biological Chemistry	484
10	Environmental Health Perspectives	483

第 8 章　中国医学学科高被引分析

8.1　学科论文概况

2009—2013 年，中国医学学科共有 232574 位来自 37242 所机构的论文第一作者在 2404 种期刊上发表了 293893 篇学术论文。其中，80%以上的论文产出自 5753 所机构、162460 位作者，发表在 151 种期刊上。在前 5 年发表的这些论文中，有 96249 篇在 2014 年获得过引用，整体被引率为 32.7%，总被引频次为 167181 次，篇均被引 0.57 次；其中，高被引论文有 1333 篇，单篇论文最高被引频次为 192 次，累计被引 11825 次，篇均被引 8.87 次（表 8-1）。另外，2014 年中国医学学科共发表论文 63978 篇，其中有 3533 篇在当年获得过引用，总共被引 4352 次。

表 8-1　中国医学学科论文分布情况

年份	论文篇数	2014 年被引频次	2014 年被引率（%）	2014 年高被引论文			
				论文篇数	最高被引频次	总被引频次	篇均被引频次
2009	48234	24142	29.9	174	95	1587	9.12
2010	55132	32502	33.6	249	170	2329	9.35
2011	58635	38072	36.0	319	192	2877	9.02
2012	67179	41185	34.4	308	190	2874	9.33
2013	64713	31280	29.5	283	163	2158	7.63
合计	293893	167181	32.7	1333	192	11825	8.87

从中国医学学科论文的地域分布来看，2014 年被引频次较高的 5 个省、直辖市或自治区依次是北京、广东、江苏、河南和浙江（图 8-1）；5 年论文产出量较多的 5 个省、直辖市或自治区依次是广东、北京、江苏、河南和山东（图 8-2）。

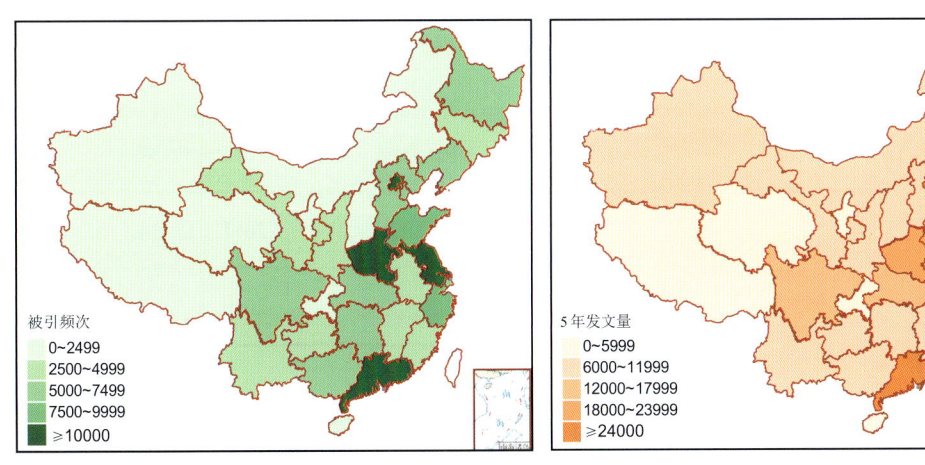

图 8-1　2014 年中国医学学科地区被引分布　　图 8-2　中国医学学科 5 年论文产出地区分布

8.2 高被引论文分析

在中国医学学科，2014年被引频次位居前10位的论文（表8-2）平均被引频次为36次，是全部1333篇高被引论文篇均被引频次的4.1倍。其中，被引频次最高的论文是陈士林于2013年发表的《中药材DNA条形码分子鉴定指导原则》，随后2篇分别是陈士林于2012年发表的《中药鉴定学新技术新方法研究进展》和黎阳于2009年发表的《人参化学成分和药理研究进展》。

从论文分布来看，刊载高被引论文数量居前的3种期刊分别是《中国实验方剂学杂志》（121篇）、《中国中药杂志》（63篇）和《中草药》（52篇），而《中国中药杂志》刊载了高被引论文TOP 10中的4篇；发表高被引论文居前的3位学者分别是中国中医科学院中医临床基础医学研究所的杨薇（6篇）、北京中医药大学的贾春华（4篇）和中国医学科学院北京协和医学院药用植物研究所的陈士林（4篇）；产出高被引论文数量居前的3所机构分别是北京中医药大学（56篇）、南京中医药大学（34篇）和中国中医科学院中医临床基础医学研究所（20篇），而中国中医科学院中医临床基础医学研究所和中国医学科学院北京协和医学院药用植物研究所分别产出了高被引论文TOP 10中的2篇。

表8-2 中国医学学科高被引论文TOP 10

序号	论文题名	第一作者	期刊名称	发表年份	被引频次 总频次	2014年
1	中药材DNA条形码分子鉴定指导原则	陈士林	中国中药杂志	2013	80	58
2	中药鉴定学新技术新方法研究进展	陈士林	中国中药杂志	2012	91	48
3	人参化学成分和药理研究进展	黎阳	中草药	2009	150	42
4	黄芪主要活性成分的药理作用	全欣	时珍国医国药	2011	92	34
5	基于中医传承辅助系统的治疗肺痈方剂组方规律分析	李健	中国实验方剂学杂志	2012	96	32
6	芍药苷药理作用研究新进展	郑世存	中国药物警戒	2012	58	31
6	川芎嗪药理作用研究进展	杨雪梅	中国生化药物杂志	2010	78	31
8	基于HIS灯盏细辛注射液真实世界临床用药特点分析	杨薇	中国中药杂志	2012	37	30
9	基于HIS"真实世界"数据仓库探索上市后中成药安全性评价方法	杨薇	中国中药杂志	2011	34	27
9	糖尿病周围神经病变中医诊疗规范初稿	庞国明	中华中医药杂志	2010	87	27

8.3 研究主题关联分析

在中国医学学科，高被引论文累计被 2014 年发表的 9248 篇论文引用了 11825 次。通过分析施引文献关键词的词频及关键词之间的共现关系，获得 2014 年中国医学学科的热点主题和主题关联，如图 8-3 所示（共现 11 次以下不显示）。由图 8-3 可知："化学成分""中药"等关键词的文档词频较高，是 2014 年学科的研究热点；以"化学成分""药理作用"等关键词为主要节点的多个概念相互关联，构成了学科内较为突出的研究主题簇。

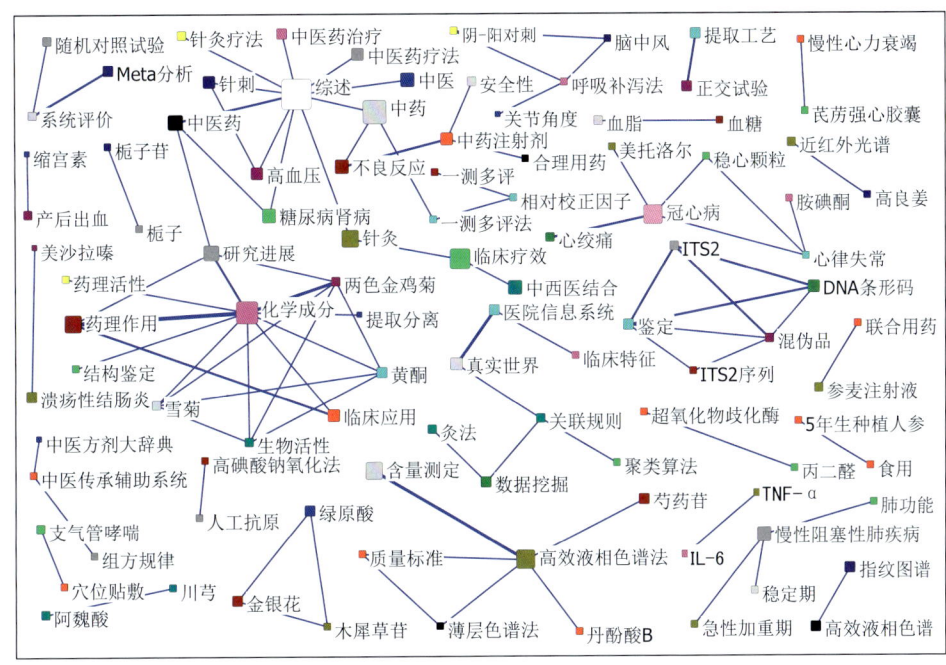

图 8-3　中国医学学科 2014 年热点主题关联

8.4 学科高影响力期刊分析

8.4.1 学科高影响力期刊 TOP 10

在中国医学学科，学科 5 年影响因子位居前 10 位的期刊见表 8-3，排在前 3 位的期刊分别是《药物评价研究》《中国中西医结合急救杂志》和《中国中西医结合杂志》。在表 8-3 中，学科载文量占其总载文量比例最大的期刊是《中国针灸》；前 5 年学科载文在 2014 年被引率最高的期刊是《中国中西医结合急救杂志》；期刊 5 年影响因子较高的前 3 种期刊分别是《中国中西医结合杂志》《针刺研究》和《中国中药杂志》；学科 5 年影响因子与期刊 5 年影响因子差异最大的期刊是《药物评价研究》。表 8-3 中期刊的学科 5 年影响因子和前 5 年学科载文的 2014 年被引率对比如图 8-4 所示，2009—2014 年期刊 5 年影响因子的变动情况如图 8-5 所示。

表 8-3　中国医学学科高影响力期刊基本指数

序号	期刊名称	前5年载文量			2014年学科被引			5年影响因子		h指数（学科）
		学科（篇）	占比（%）	总量（篇）	频次	被引率（%）	高被引论文篇数	期刊(2014)	学科(2014)	
1	药物评价研究	87	17.5	496	139	44.8	5	0.837	1.598	7
2	中国中西医结合急救杂志	431	51.6	836	608	56.2	11	1.135	1.411	9
3	中国中西医结合杂志	1230	59.1	2083	1720	55.9	32	1.396	1.398	11
4	中国中药杂志	3726	74.8	4983	4426	51.0	63	1.143	1.188	13
5	结合医学学报（英文版）	518	59.9	865	609	51.9	7	1.025	1.176	8
6	针刺研究	474	83.6	567	552	51.9	7	1.150	1.165	7
7	中国药物化学杂志	69	11.9	582	78	46.4	2	0.409	1.130	4
8	中草药	3574	97.4	3669	3840	50.1	52	1.075	1.074	10
9	现代药物与临床	438	43.0	1018	459	46.8	12	0.707	1.048	8
10	中国针灸	2204	98.3	2242	2294	45.2	33	1.051	1.041	10

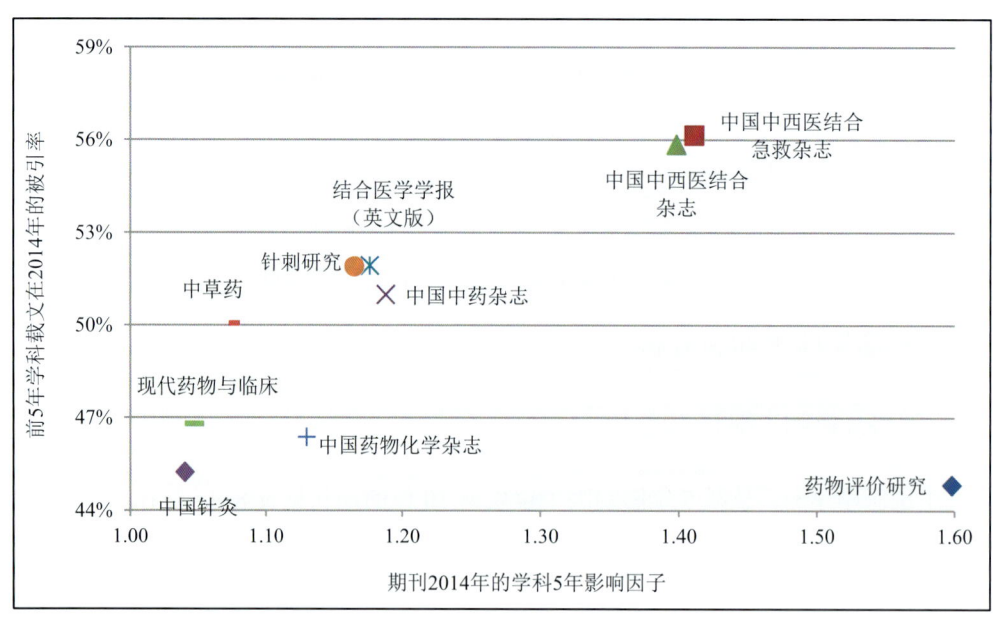

图 8-4　中国医学学科高影响力期刊对比

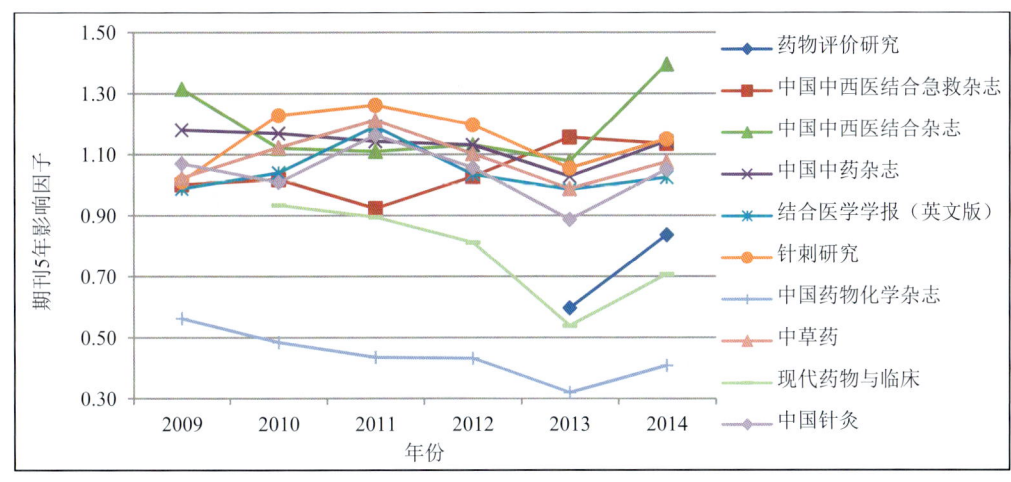

图 8-5 中国医学学科期刊 5 年影响因子变动

8.4.2 学科高影响力期刊载文主题关联

通过期刊共被引分析，获得中国医学学科高影响力期刊及与其他期刊之间的载文主题关联，如图 8-6 所示（共被引 113 次以下不显示）。结果显示，中国医学学科的高影响力期刊相互链接较为紧密，基本主导了该学科的期刊共被引网络，显示出该学科高影响力期刊可能共同刊载了许多相近的研究主题，热点研究主题分散在多种期刊上。《中国中西医结合杂志》《针刺研究》的学科 5 年影响因子较高，显示出该刊在学科内学术影响力较大；《中国实验方剂学杂志》与《时珍国医国药》《中国中药杂志》等期刊之间的链接较强，意味着它们之间可能有较多相同或相近的载文主题。

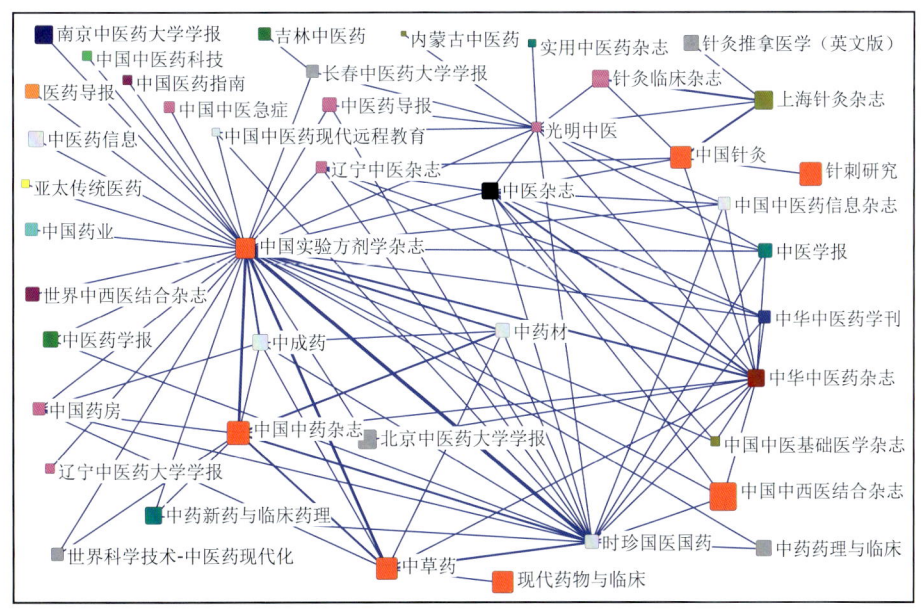

图 8-6 中国医学学科高影响力期刊载文主题关联

8.5 高被引作者分析

8.5.1 高被引作者TOP 20

2009—2013年,在232574位中国医学学科论文的第一作者中,在2014年学科被引频次位居前20位的学者的发文及被引情况见表8-4。其中,学科发文总被引频次较高的3位作者分别是中国医学科学院北京协和医学院药用植物研究所的陈士林(154次)、中国中医科学院中医临床基础医学研究所的杨薇(110次)和上海美优制药有限公司的张明发(95次)。高被引作者的5年学科发文数量从4篇到82篇不等,同时,作者学科发文的期刊分布也在1种到26种之间变化。在发文超过5篇的所有作者中,篇均被引较高的3位作者分别是中国医学科学院北京协和医学院药用植物研究所的陈士林(篇均30.80次)、中国中医科学院中医临床基础医学研究所的杨薇(篇均11.00次)和广东药学院的蔡佳良(篇均9.00次);前5年发表学科论文较多的3位作者分别是北京中医药大学的吴嘉瑞(82篇)、河南中医学院的王付(79篇)和河南中医学院的许敬生(76篇)。高被引作者的学科发文量和被引量对比如图8-7所示。

表8-4 中国医学学科高被引作者TOP 20

序号	姓名	作者单位	前5年发文			前5年学科发文在2014年的被引				h指数(学科)
			学科发文(篇)	期刊分布(种)	发文总量(篇)	总频次	被引率(%)	最高(次)	篇均(次)	
1	陈士林	中国医学科学院北京协和医学院药用植物研究所	5	3	7	154	80.0	58	30.80	5
2	杨薇	中国中医科学院中医临床基础医学研究所	10	2	12	110	70.0	30	11.00	7
3	张明发	上海美优制药有限公司	28	9	102	95	85.7	11	3.39	6
4	吴嘉瑞	北京中医药大学	82	17	103	72	37.8	16	0.88	4
5	段金廒	南京中医药大学	20	8	23	68	95.0	10	3.40	5
5	仝小林	中国中医科学院广安门医院	38	18	55	68	60.5	8	1.79	5
7	熊兴江	中国中医科学院广安门医院	26	11	31	63	69.2	15	2.42	4
8	李建生	河南中医学院	38	10	68	62	60.5	9	1.63	4
9	王琦	北京中医药大学	33	11	88	61	54.6	7	1.85	4
10	唐仕欢	中国中医科学院中药研究所	10	5	9	53	100.0	26	5.30	3
11	朱现民	河南中医学院	56	26	64	50	42.9	4	0.89	3
12	孙国祥	沈阳药科大学	50	5	258	48	50.0	6	0.96	6

第8章 预防医学、卫生学学科高被引分析　79

序号	姓名	作者单位	前5年发文			前5年学科发文在2014年的被引				h指数(学科)
			学科发文（篇）	期刊分布（种）	发文总量（篇）	总频次	被引率（%）	最高（次）	篇均（次）	
13	王阶	中国中医科学院广安门医院	22	7	30	48	68.2	8	2.18	5
13	黎阳	天津中医药大学	4	1	4	48	100.0	42	12.00	2
15	陈日新	江西中医学院附属医院	9	5	9	47	100.0	16	5.22	4
16	蔡佳良	广东药学院	5	5	6	45	80.0	14	9.00	5
17	孙远征	黑龙江中医药大学附属第二医院	47	8	53	44	44.7	6	0.94	3
17	赵保胜	北京中医药大学	15	6	21	44	80.0	9	2.93	4
19	张保国	河南大学	37	1	39	43	51.4	6	1.16	4
19	贾春华	北京中医药大学	10	6	10	43	60.0	8	4.30	6

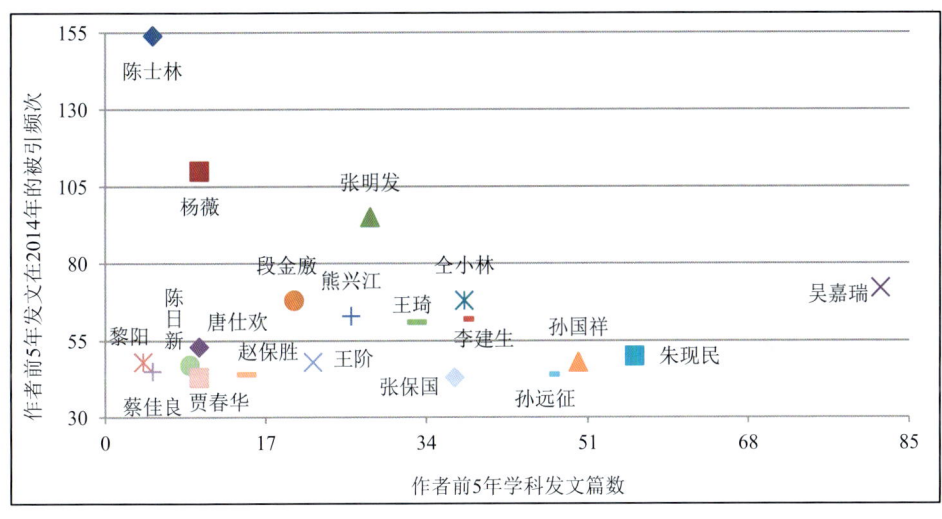

图 8-7　中国医学学科高被引作者学科发文及被引对比

8.5.2　高被引作者科研合作关系

通过作者合著分析，获得2014年中国医学学科高被引作者及与其他学者之间的科研论文合作关系（不考虑论文署名次序），如图8-8所示（合著9次以下不显示）。可以看出，中国医学学科的高被引作者的论文合作现象比较普遍。学者吴嘉瑞、朱现民的发文量较多；仝小林、段金廒的论文合作网络较为突出，在该学科的研究人员中表现出一定的集聚效应；王阶和熊兴江、段金廒和唐于平、钱大玮、宿树兰等学者之间的合作关系最为紧密，显示出他们可能分别属于同一支科研团队。

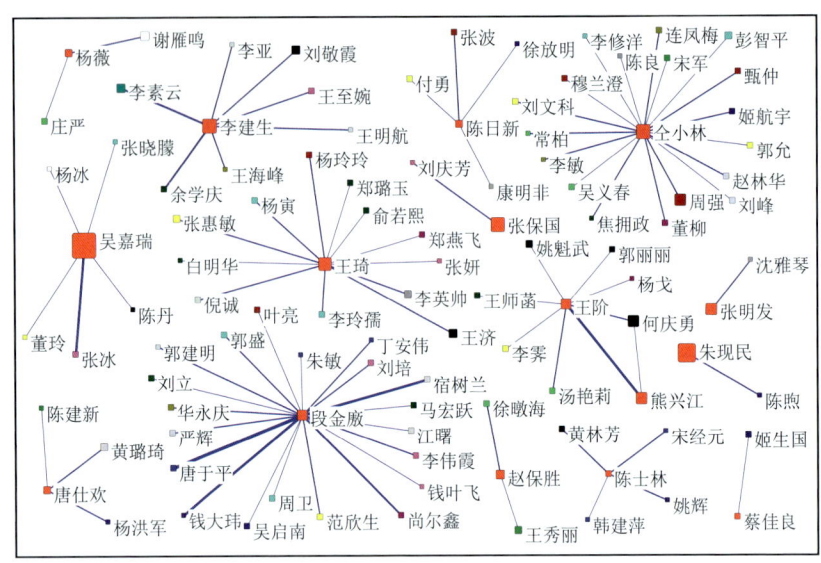

图 8-8 中国医学学科高被引作者科研论文合作关系

8.5.3 高被引作者发文主题关联

通过作者共被引分析，获得 2014 年中国医学学科高被引作者及与其他学者之间的发文主题关联（见图 8-9，共被引 3 次以下不显示）。如图 8-9 所示，中国医学学科的高被引作者初步主导了作者共被引网络。学者陈士林和杨薇的节点较大，显示出他们的学术成果在学科内得到较多关注；杨薇与王连心、唐仕欢与卢朋等学者之间的链接较强，意味着他们之间可能分别有较为相近的研究主题；以陈士林、杨薇等学者为主要节点的共被引作者簇人数较多且网络规模较大，意味着这些学者的研究主题关联可能较为紧密。

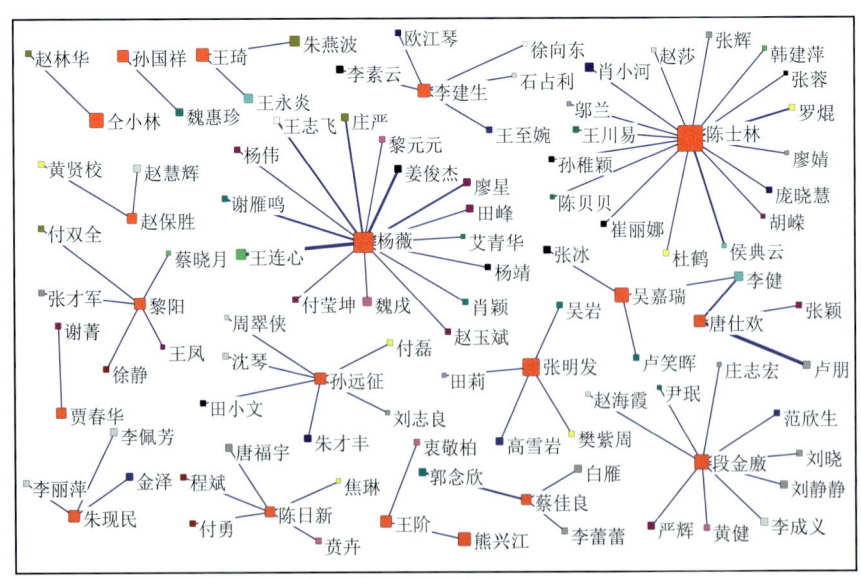

图 8-9 中国医学学科高被引作者发文主题关联

8.6 高被引机构分析

8.6.1 高被引机构

为便于比较，本书将中国医学学科的高被引机构分为医院和高等院校/科研院所两种类型。其中，被引频次 TOP 10 医院和被引频次 TOP 5 高等院校/科研院所的发文及被引情况分别见表 8-5 和表 8-6。其中，总被引频次较高的 3 所医院分别是中国中医科学院广安门医院、广东省中医院和河南中医学院第一附属医院，南京中医药大学、北京中医药大学和天津中医药大学是总被引频次较高的 3 所高等院校/科研院所；前 5 年学科发文在 2014 年的被引率最高的医院和高等院校/科研院所分别是中国中医科学院西苑医院和南京中医药大学，篇均被引最高的医院和高等院校/科研院所分别是北京中医药大学东直门医院和南京中医药大学。上述高被引机构的论文被引率和篇均被引频次对比如图 8-10 所示。

表 8-5 中国医学学科高被引医院 TOP 10

序号	第一作者单位	学科发文量（篇）		前 5 年学科发文在 2014 年的被引			
		前 5 年	2014 年	频次	被引率(%)	最高（次）	篇均（次）
1	中国中医科学院广安门医院	1969	293	1528	38.7	15	0.78
2	广东省中医院	1426	165	931	34.9	14	0.65
3	河南中医学院第一附属医院	1503	248	860	33.9	8	0.57
4	北京中医药大学东直门医院	1018	220	833	37.6	14	0.82
5	中国中医科学院西苑医院	851	102	681	40.3	12	0.80
6	天津中医药大学第一附属医院	1059	190	670	33.6	13	0.63
7	广州中医药大学第一附属医院	975	148	602	35.3	12	0.62
8	上海中医药大学附属龙华医院	838	155	597	37.7	7	0.71
9	上海中医药大学附属曙光医院	821	186	576	36.1	34	0.70
10	黑龙江中医药大学附属第一医院	960	163	540	31.0	10	0.56

表 8-6 中国医学学科高被引高等院校/科研院所 TOP 5

序号	第一作者单位	学科发文量（篇）		前 5 年学科发文在 2014 年的被引			
		前 5 年	2014 年	频次	被引率(%)	最高（次）	篇均（次）
1	南京中医药大学	5576	932	3880	36.2	26	0.70
2	北京中医药大学	4917	1105	3363	34.4	25	0.68
3	天津中医药大学	4319	830	2320	29.9	42	0.54
4	成都中医药大学	4478	955	2123	27.4	18	0.47
5	广州中医药大学	3427	509	1975	33.4	16	0.58

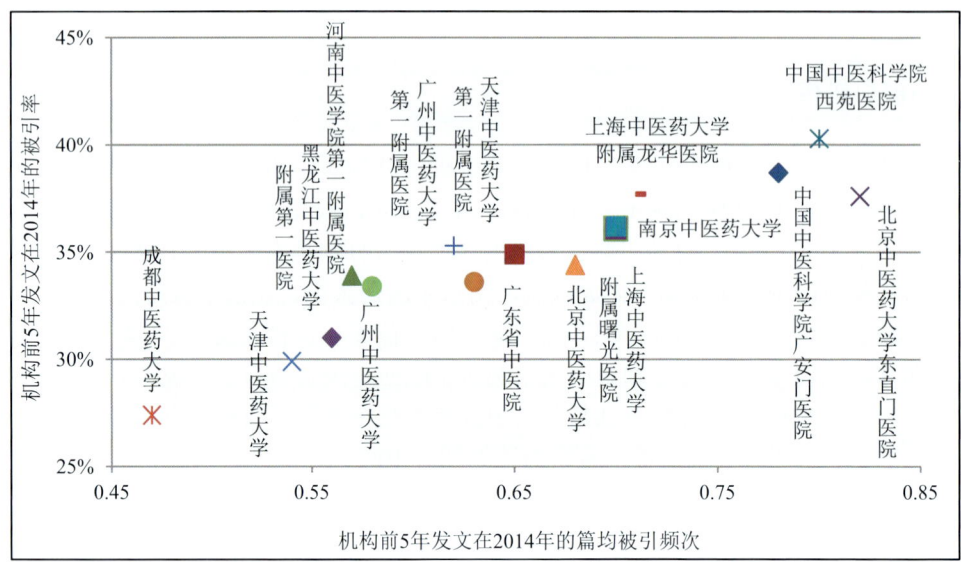

图 8-10　中国医学学科高被引机构论文篇均被引及被引率对比

8.6.2　高被引机构科研合作关系

通过合著分析，获得中国医学学科高被引机构之间及其与其他机构之间的科研合作关联，如图 8-11 所示（合作 304 次以下不显示）。分析得知，中国医学学科的机构合作链接较为紧密，表明学科内机构合作现象普遍；高被引机构基本主导了机构合作网络；天津中医药大学和天津中医药大学第一附属医院、湖南中医药大学和湖南中医药大学第一附属医院等机构之间的链接较强，表明它们的学术合作较为频繁。

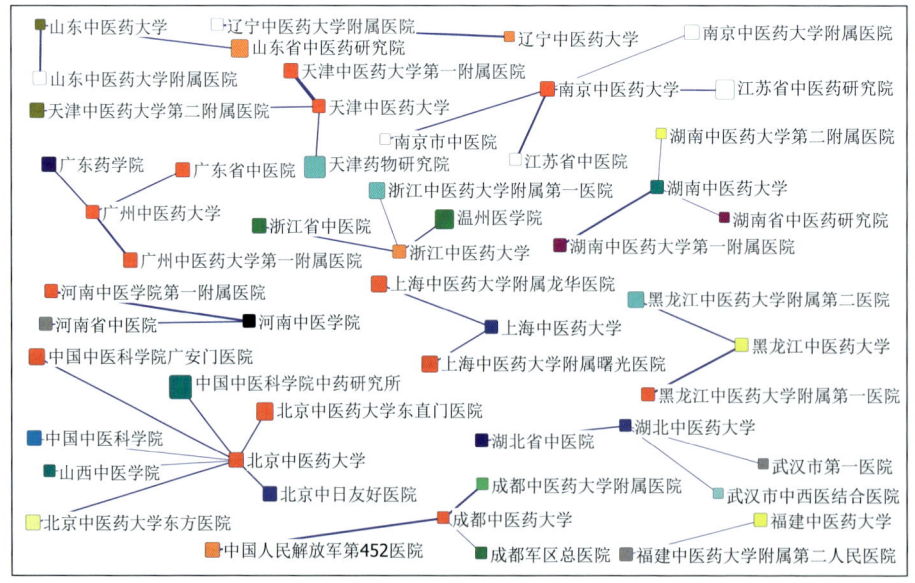

图 8-11　中国医学学科高被引机构科研合作关联

8.7 高被引图书、国外期刊及学术会议

2014 年,中国医学学科被引频次位居前 10 位的图书及国外期刊见表 8-7 和表 8-8。其中,被引次数较多的 3 种图书分别是国家中医药管理局的《中医病证诊断疗效标准》、郑筱萸的《中药新药临床研究指导原则》和乐杰的《妇产科学》;被引次数较多的 3 种国外期刊分别是《Phytochemistry》《Journal of Ethnopharmacology》和《Journal of Natural Products》;被引次数较多的 3 场学术会议分别是"International Conference on Instrumentation,Measurement,Computer,Communication and Control""Proceedings of the 20th International Conference on Very Large Databases"和"Thesis Collection of the Twelfth National Academic Annual Meeting of TCM diagnostics"。

表 8-7 中国医学学科高被引图书 TOP 10

序号	责任者	图书名称	出版社	2014年被引频次
1	国家中医药管理局	中医病证诊断疗效标准	南京大学出版社	953
2	郑筱萸	中药新药临床研究指导原则	中国医药科技出版社	721
3	乐杰	妇产科学	人民卫生出版社	575
4	周仲瑛	中医内科学	中国中医药出版社	472
5	陈灏珠	实用内科学	人民卫生出版社	447
6	郑筱萸	中药新药临床研究指导原则(试行)	中国医药科技出版社	396
7	高学敏	中药学	中国中医药出版社	362
8	陆再英	内科学	人民卫生出版社	356
9	张玉珍	中医妇科学	中国中医药出版社	326
10	叶任高	内科学	人民卫生出版社	279

表 8-8 中国医学学科高被引国外期刊 TOP 10

序号	期刊名称	2014 年被引频次
1	Phytochemistry	1548
2	Journal of Ethnopharmacology	1331
3	Journal of Natural Products	1054
4	Chemical & Pharmaceutical Bulletin	914
5	Planta Medica	888
6	PLoS One	866
7	New England Journal of Medicine	827
8	Nature	748
9	Proceedings of the National Academy of Sciences of the United States of America	736
10	Journal of Biological Chemistry	722

第 9 章 基础医学学科高被引分析

9.1 学科论文概况

2009—2013 年，基础医学学科共有 130629 位来自 19398 所机构的论文第一作者在 2437 种期刊上发表了 126135 篇学术论文。其中，80%以上的论文产出自 2838 所机构、99642 位作者，发表在 349 种期刊上。在前 5 年发表的这些论文中，有 38718 篇在 2014 年获得过引用，整体被引率为 30.7%，总被引频次为 66197 次，篇均被引 0.52 次；其中，高被引论文有 499 篇，单篇论文最高被引频次为 82 次，累计被引 5222 次，篇均被引 10.46 次（表 9-1）。另外，2014 年基础医学学科共发表论文 31827 篇，其中有 2174 篇在当年获得过引用，总共被引 2751 次。

表 9-1 基础医学学科论文分布情况

年份	论文篇数	2014 年被引频次	2014 年被引率（%）	2014 年高被引论文			
				论文篇数	最高被引频次	总被引频次	篇均被引频次
2009	22195	8488	24.4	57	39	550	9.65
2010	22867	12120	30.9	80	63	949	11.86
2011	24314	14643	33.3	88	65	1168	13.27
2012	26705	16161	33.8	136	82	1505	11.07
2013	30054	14785	30.4	138	79	1050	7.61
合计	126135	66197	30.7	499	82	5222	10.46

从基础医学学科论文的地域分布来看，2014 年被引频次较高的 5 个省、直辖市或自治区依次是北京、广东、江苏、上海和浙江（图 9-1）；5 年论文产出量较多的 5 个省、直辖市或自治区依次是北京、广东、江苏、上海和浙江（图 9-2）。

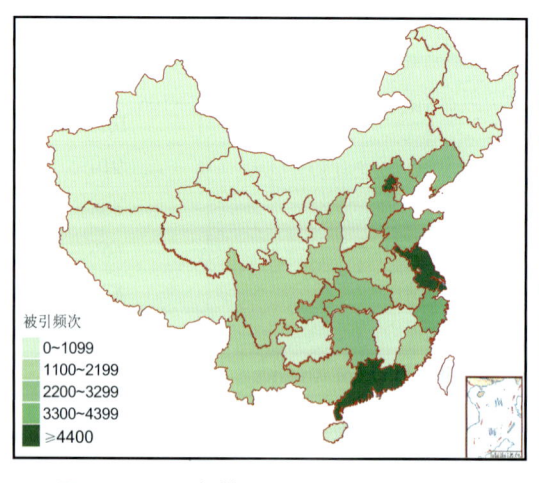

图 9-1 2014 年基础医学学科地区被引分布

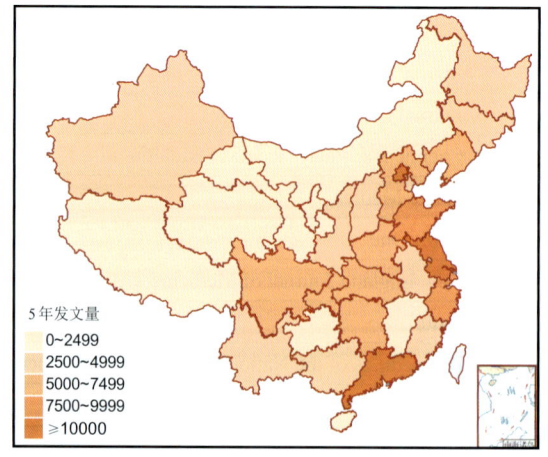

图 9-2 基础医学学科 5 年论文产出地区分布

9.2 高被引论文分析

在基础医学学科，2014 年被引频次位居前 10 位的论文（表 9-2）平均被引频次为 58 次，是全部 499 篇高被引论文篇均被引频次的 5.5 倍。其中，被引频次最高的论文是胡付品于 2012 年发表的《2011 年中国 CHINET 细菌耐药性监测》，随后 2 篇分别是朱德妹于 2011 年发表的《2010 年中国 CHINET 细菌耐药性监测》和胡可于 2011 年发表的《降钙素原在细菌感染中临床应用的研究》。

从论文分布来看，刊载高被引论文数量居前的 3 种期刊分别是《中华医院感染学杂志》（95 篇）、《中国组织工程研究与临床康复》（37 篇）和《中国感染与化疗杂志》（26 篇），而《中国感染与化疗杂志》刊载了高被引论文 TOP 10 中的 6 篇；发表高被引论文居前的 3 位学者分别是浙江大学附属第一医院的杨青（4 篇）、复旦大学附属华山医院的朱德妹（4 篇）和复旦大学附属华山医院的汪复（3 篇）；产出高被引论文数量居前的 3 所机构分别是北京协和医院（10 篇）、北京大学第一医院（10 篇）和复旦大学附属华山医院（10 篇），而复旦大学附属华山医院产出了高被引论文 TOP 10 中的 5 篇。

表 9-2 基础医学学科高被引论文 TOP 10

序号	论文题名	第一作者	期刊名称	发表年份	被引频次 总频次	被引频次 2014 年
1	2011 年中国 CHINET 细菌耐药性监测	胡付品	中国感染与化疗杂志	2012	299	147
2	2010 年中国 CHINET 细菌耐药性监测	朱德妹	中国感染与化疗杂志	2011	363	88
3	降钙素原在细菌感染中临床应用的研究	胡可	中华医院感染学杂志	2011	138	57
4	Mohnarin 2008 年度全国细菌耐药监测	肖永红	中华医院感染学杂志	2010	478	56
4	2012 年中国 CHINET 细菌耐药性监测	汪复	中国感染与化疗杂志	2013	144	56
6	2009 年中国 CHINET 细菌耐药性监测	汪复	中国感染与化疗杂志	2010	330	46
7	全国医院感染监控网医院感染病原菌分布及变化趋势	文细毛	中华医院感染学杂志	2011	158	44
8	2010 年中国 CHINET 鲍曼不动杆菌耐药性监测	习慧明	中国感染与化疗杂志	2012	106	38
9	多药耐药鲍氏不动杆菌的同源性鉴定与控制	赵霞	中华医院感染学杂志	2012	77	36
10	耐甲氧西林金黄色葡萄球菌 SCCmec 分型与耐药性研究	赵彩芸	中华医院感染学杂志	2011	67	35
10	2008 年中国 CHINET 细菌耐药性监测	汪复	中国感染与化疗杂志	2009	353	35

9.3 研究主题关联分析

在基础医学学科，高被引论文累计被 2014 年发表的 4683 篇论文引用了 5222 次。通过分析施引文献关键词的词频及关键词之间的共现关系，获得 2014 年基础医学学科的热点主题和主题关联，如图 9-3 所示（共现 11 次以下不显示）。由图 9-3 可知："耐药性""病原菌""抗菌药物"等关键词的文档词频较高，是 2014 年学科的研究热点；以"耐药性""病原菌""抗菌药物"等关键词为主要节点的多个概念相互关联，构成了学科内最为突出的研究主题簇。

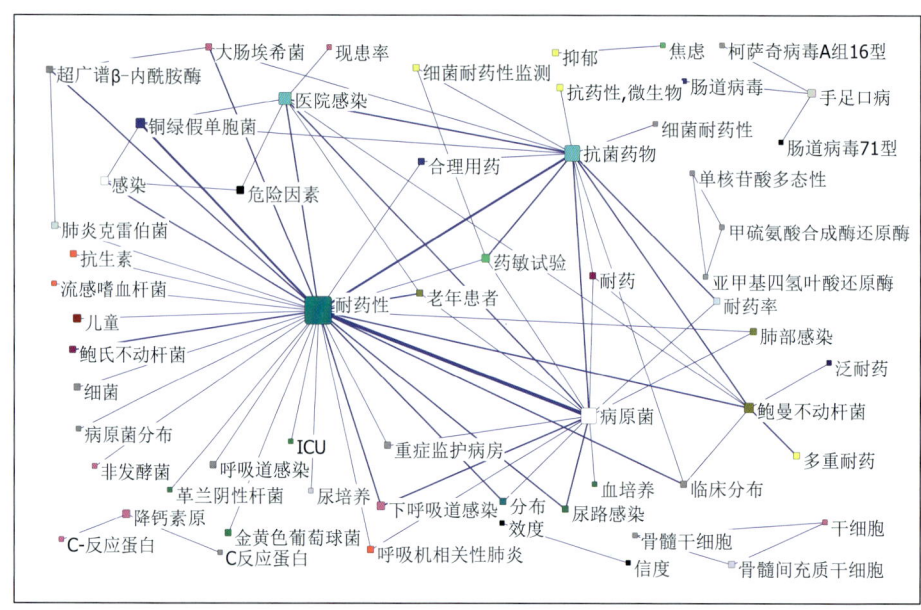

图 9-3 基础医学学科 2014 年热点主题关联

9.4 学科高影响力期刊分析

9.4.1 学科高影响力期刊 TOP 10

在基础医学学科，学科 5 年影响因子位居前 10 位的期刊见表 9-3，排在前 3 位的期刊分别是《中国感染与化疗杂志》《中国抗生素杂志》和《中国血液净化》。在表 9-3 中，学科载文量占其总载文量比例最大的期刊是《中国临床心理学杂志》；前 5 年学科载文在 2014 年被引率最高的期刊是《中国抗生素杂志》；期刊 5 年影响因子较高的前 3 种期刊分别是《中国感染与化疗杂志》《疾病监测》和《国际病毒学杂志》；学科 5 年影响因子与期刊 5 年影响因子差异最大的期刊是《中国感染与化疗杂志》。表 9-3 中期刊的学科 5 年影响因子和前 5 年学科载文的 2014 年被引率对比如图 9-4 所示，2009—2014 年期刊 5 年影响因子的变动情况如图 9-5 所示。

表 9-3　基础医学学科高影响力期刊基本指数

序号	期刊名称	前 5 年载文量			2014 年学科被引			5 年影响因子		h 指数（学科）
		学科（篇）	占比（%）	总量（篇）	频次	被引率（%）	高被引论文篇数	期刊(2014)	学科(2014)	
1	中国感染与化疗杂志	380	56.0	679	940	50.0	26	1.766	2.474	12
2	中国抗生素杂志	326	26.2	1243	391	50.6	7	0.763	1.199	8
3	中国血液净化	641	51.7	1240	646	43.1	11	0.994	1.008	9
4	中国临床心理学杂志	1546	99.7	1550	1543	46.4	23	0.998	0.998	8
5	国际病毒学杂志	240	67.4	356	235	40.0	4	1.067	0.979	7
6	疾病监测	317	18.9	1680	270	38.5	5	1.082	0.852	13
7	中国社会医学杂志	114	11.7	978	91	44.7	1	0.766	0.798	7
8	中国病理生理杂志	1645	61.3	2685	1113	37.2	9	0.667	0.677	7
9	中国病毒病杂志	117	32.0	366	79	43.6	0	0.639	0.675	5
10	中国组织工程研究	10741	88.9	12077	6733	35.3	15	0.603	0.627	10

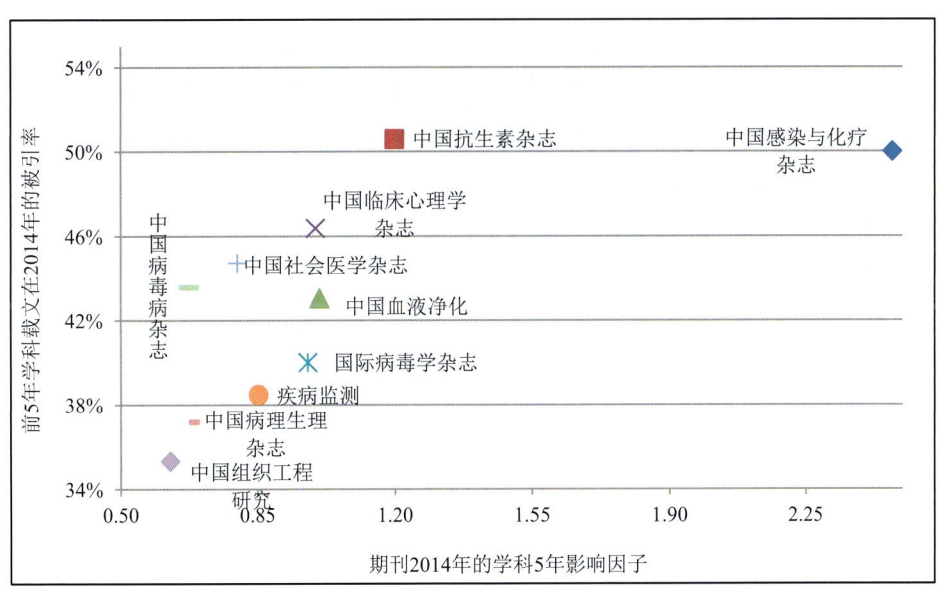

图 9-4　基础医学学科高影响力期刊对比

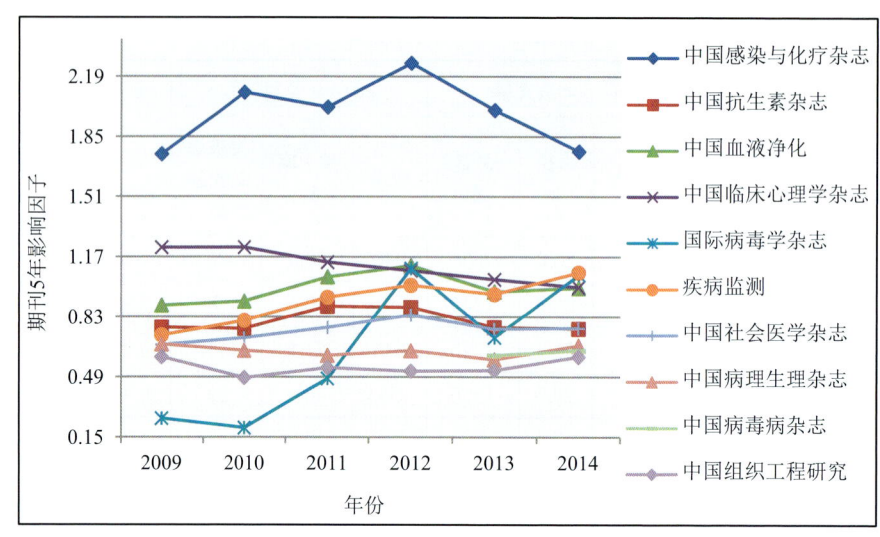

图 9-5　基础医学学科期刊 5 年影响因子变动

9.4.2　学科高影响力期刊载文主题关联

通过期刊共被引分析，获得基础医学学科高影响力期刊及与其他期刊之间的载文主题关联，如图 9-6 所示（共被引 19 次以下不显示）。结果显示，基础医学学科的高影响力期刊形成了 2 个较为突出的共被引子网络，显示出这 2 类期刊可能各自有着不同的载文主题。《中国感染与化疗杂志》的学科 5 年影响因子较高，显示出该刊在学科内学术影响力较大；《中华医院感染学杂志》与《中国感染与化疗杂志》《中国抗生素杂志》等期刊之间的链接较强，意味着它们之间可能有较多相同或相近的载文主题。另外，《中国组织工程研究》也与较多期刊具有共被引关系，表明其具有一定的影响力。

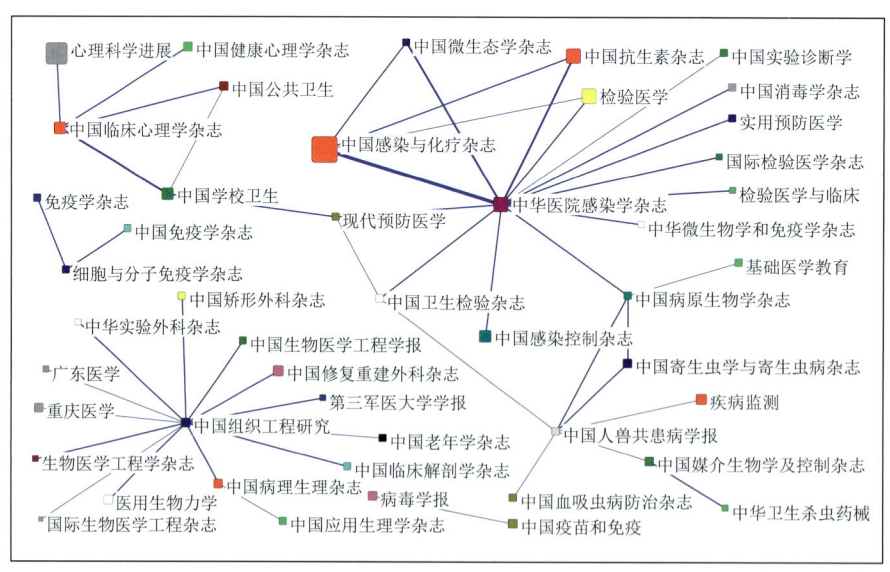

图 9-6　基础医学学科高影响力期刊载文主题关联

9.5 高被引作者分析

9.5.1 高被引作者 TOP 20

2009—2013 年，在 130629 位基础医学学科论文的第一作者中，在 2014 年学科被引频次位居前 20 位的学者的发文及被引情况见表 9-4。其中，学科发文总被引频次较高的 3 位作者分别是复旦大学附属华山医院的胡付品（151 次）、复旦大学附属华山医院的汪复（138 次）和复旦大学附属华山医院的朱德妹（136 次）。高被引作者的 5 年学科发文数量从 1 篇到 45 篇不等，同时，作者学科发文的期刊分布也在 1 种到 7 种之间变化。在发文超过 5 篇的所有作者中，篇均被引较高的 3 位作者分别是复旦大学附属华山医院的胡付品（篇均 30.20 次）、浙江大学附属第一医院的肖永红（篇均 15.29 次）和复旦大学附属华山医院的朱德妹（篇均 15.11 次）；前 5 年发表学科论文较多的 3 位作者分别是中国人民解放军第 102 医院的张理义（45 篇）、重庆医科大学附属第一医院的李文桂（29 篇）和杭州市余杭区中医院的朱健铭（24 篇）。高被引作者的学科发文量和被引量对比如图 9-7 所示。

表 9-4 基础医学学科高被引作者 TOP 20

序号	姓名	作者单位	前 5 年发文			前 5 年学科发文在 2014 年的被引				h 指数（学科）
			学科发文（篇）	期刊分布（种）	发文总量（篇）	总频次	被引率（%）	最高（次）	篇均（次）	
1	胡付品	复旦大学附属华山医院	5	1	6	151	40.0	147	30.20	3
2	汪复	复旦大学附属华山医院	4	1	5	138	100.0	56	34.50	3
3	朱德妹	复旦大学附属华山医院	9	1	12	136	100.0	88	15.11	5
4	肖永红	浙江大学附属第一医院	7	2	66	107	86.7	56	15.29	5
5	文细毛	中南大学湘雅医院	2	1	5	59	100.0	44	29.50	3
6	胡可	中南大学湘雅医院	1	1	1	57	100.0	57	57.00	1
7	杨青	浙江大学附属第一医院	6	3	10	50	100.0	18	8.33	6
8	杨启文	北京协和医院	6	4	15	40	83.3	25	6.67	4
8	张理义	中国人民解放军第 102 医院	45	6	75	40	44.4	8	0.89	4
10	习慧明	北京协和医院	1	1	1	38	100.0	38	38.00	1
11	赵霞	首都医科大学宣武医院	3	1	10	36	33.3	36	12.00	2
12	赵彩芸	北京大学第一医院	1	1	8	35	100.0	35	35.00	1
13	张丽	北京协和医院	2	2	3	33	50.0	33	16.50	2
14	徐海栋	南京军区南京总医院	11	1	33	31	90.9	8	2.82	4
15	翁建平	广东省糖尿病防治研究中心	1	1	1	30	100.0	30	30.00	1
15	周水森	中国疾病预防控制中心寄生虫病预防控制所	1	1	3	30	100.0	30	30.00	3

序号	姓名	作者单位	前5年发文			前5年学科发文在2014年的被引				h指数(学科)
			学科发文（篇）	期刊分布（种）	发文总量（篇）	总频次	被引率（%）	最高（次）	篇均（次）	
17	黄从新	武汉大学人民医院	5	2	33	28	60.0	25	5.60	3
18	翁幸鐾	宁波市第一医院	10	7	18	27	80.0	8	2.70	3
19	罗显荣	解放军第四五八医院	12	4	102	26	66.7	7	2.17	4
19	阳志勇	南华大学附属第一医院	3	2	5	26	33.3	26	8.67	1
19	张小江	北京协和医院	6	3	11	26	83.3	16	4.33	2
19	杨亚静	成都市妇女儿童中心医院	1	1	2	26	100.0	26	26.00	1

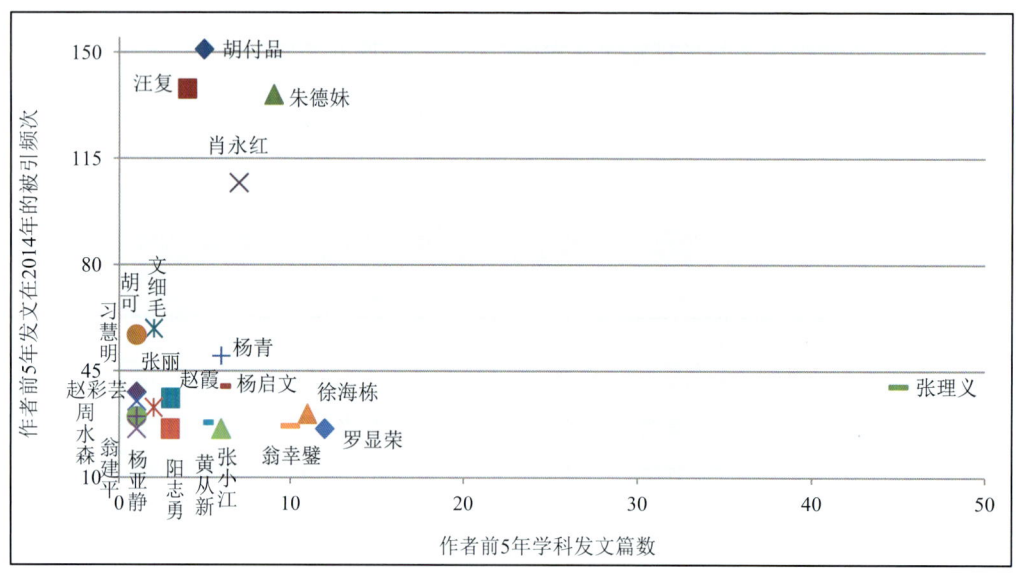

图 9-7　基础医学学科高被引作者学科发文及被引对比

9.5.2　高被引作者科研合作关系

通过作者合著分析，获得 2014 年基础医学学科高被引作者及与其他学者之间的科研论文合作关系（不考虑论文署名次序），如图 9-8 所示（合著 15 次以下不显示）。可以看出，基础医学学科的高被引作者的论文合作现象比较普遍。学者张理义的发文量较多；以朱德妹、杨青、汪复为主要节点的论文合作网络最为突出，在该学科的研究人员中表现出一定的集聚效应；张理义和姚高峰、陈春霞，朱德妹与汪复等学者之间的合作关系最为紧密，显示出他们可能分别属于同一支科研团队。

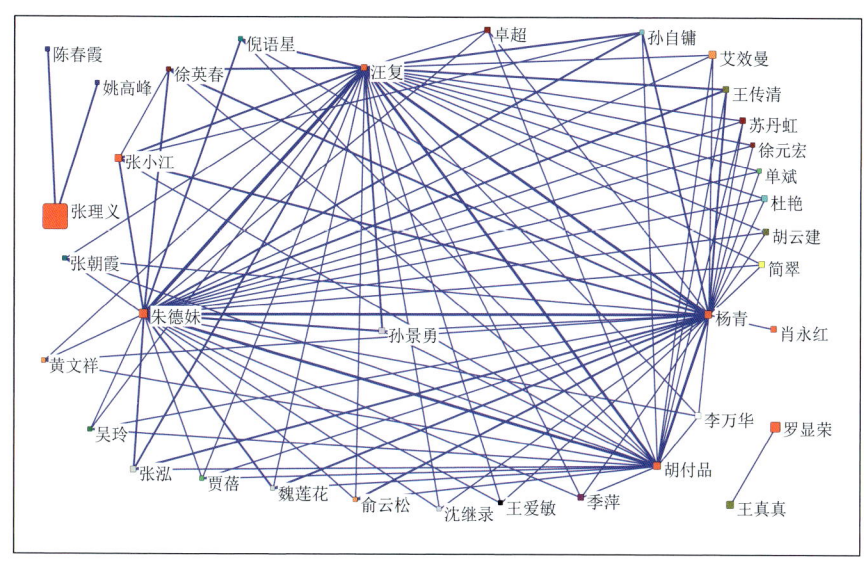

图 9-8　基础医学学科高被引作者科研论文合作关系

9.5.3　高被引作者发文主题关联

通过作者共被引分析，获得 2014 年基础医学学科高被引作者及与其他学者之间的发文主题关联（见图 9-9，共被引 3 次以下不显示）。如图 9-9 所示，基础医学学科的高被引作者基本主导了作者共被引网络，显示出该学科在热点主题上已经形成了优势较为明显的科研力量。学者胡付品和朱德妹的节点较大，显示出他们的学术成果在学科内得到较多关注；胡付品与朱德妹、汪复等学者之间的链接较强，意味着他们之间可能有较为相近的研究主题；以胡付品等学者为主要节点的共被引作者簇已经初具规模，意味着他们之间可能有较为相近的研究主题。

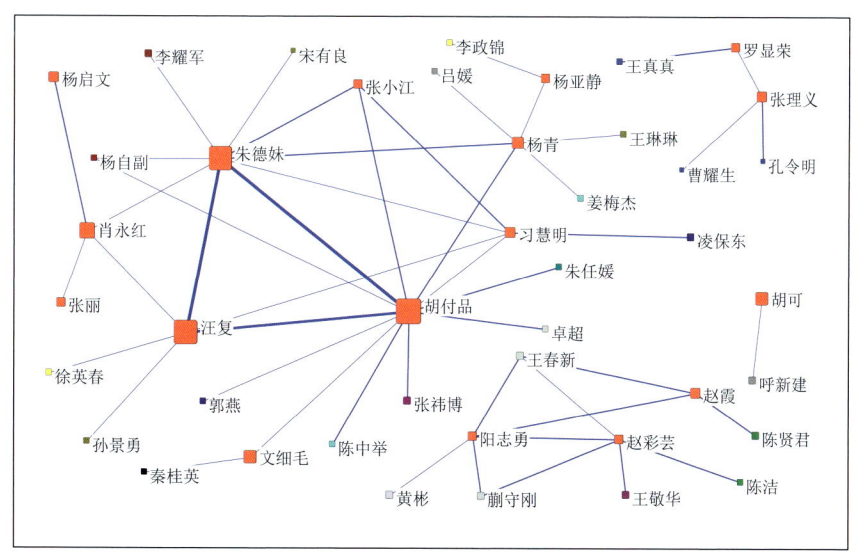

图 9-9　基础医学学科高被引作者发文主题关联

9.6 高被引机构分析

9.6.1 高被引机构

为便于比较，本书将基础医学学科的高被引机构分为医院和高等院校/科研院所两种类型。其中，被引频次 TOP 10 医院和被引频次 TOP 5 高等院校/科研院所的发文及被引情况分别见表 9-5 和表 9-6。其中，总被引频次较高的 3 所医院分别是复旦大学附属华山医院、中国人民解放军总医院和重庆医科大学附属第一医院，南方医科大学、中国人民解放军第三军医大学和安徽医科大学是总被引频次较高的 3 所高等院校/科研院所；前 5 年学科发文在 2014 年的被引率最高的医院和高等院校/科研院所分别是北京大学第一医院和安徽医科大学，篇均被引最高的医院和高等院校/科研院所分别是复旦大学附属华山医院和安徽医科大学。上述高被引机构的论文被引率和篇均被引频次对比如图 9-10 所示。

表 9-5 基础医学学科高被引医院 TOP 10

序号	第一作者单位	学科发文量（篇）		前 5 年学科发文在 2014 年的被引			
		前 5 年	2014 年	频次	被引率(%)	最高（次）	篇均（次）
1	复旦大学附属华山医院	211	40	512	29.4	147	2.43
2	中国人民解放军总医院	1048	182	489	27.0	11	0.47
3	重庆医科大学附属第一医院	826	126	425	30.4	10	0.51
4	北京大学第一医院	298	54	380	36.9	56	1.28
5	北京协和医院	403	94	374	30.8	38	0.93
6	中南大学湘雅二医院	574	85	324	32.1	7	0.56
7	中南大学湘雅医院	351	63	281	27.9	57	0.80
8	华中科技大学同济医学院附属同济医院	670	83	263	26.3	8	0.39
9	第三军医大学西南医院	561	77	248	26.6	15	0.44
10	青岛大学附属医院	402	71	246	32.1	13	0.61

表 9-6 基础医学学科高被引高等院校/科研院所 TOP 5

序号	第一作者单位	学科发文量（篇）		前 5 年学科发文在 2014 年的被引			
		前 5 年	2014 年	频次	被引率(%)	最高（次）	篇均（次）
1	南方医科大学	942	112	416	27.7	10	0.44
2	中国人民解放军第三军医大学	734	87	343	25.9	9	0.47
3	安徽医科大学	545	98	292	28.4	17	0.54
4	重庆医科大学	811	124	290	23.4	10	0.36
5	中国人民解放军第四军医大学	663	82	270	26.2	6	0.41

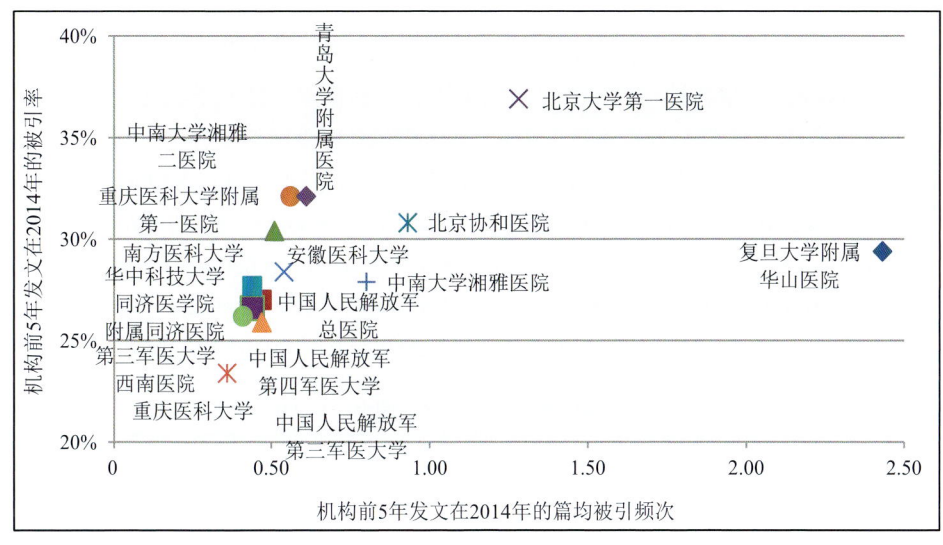

图 9-10 基础医学学科高被引机构论文篇均被引及被引率对比

9.6.2 高被引机构科研合作关系

通过合著分析，获得基础医学学科高被引机构之间及其与其他机构之间的科研合作关联，如图 9-11 所示（合作 122 次以下不显示）。分析得知，基础医学学科的机构合作链接比较紧密，表明学科内机构合作现象普遍；高被引机构基本主导了机构合作网络；重庆医科大学和重庆医科大学附属第一医院、南方医科大学与南方医科大学南方医院等机构之间的链接较强，表明它们的学术合作较为频繁。

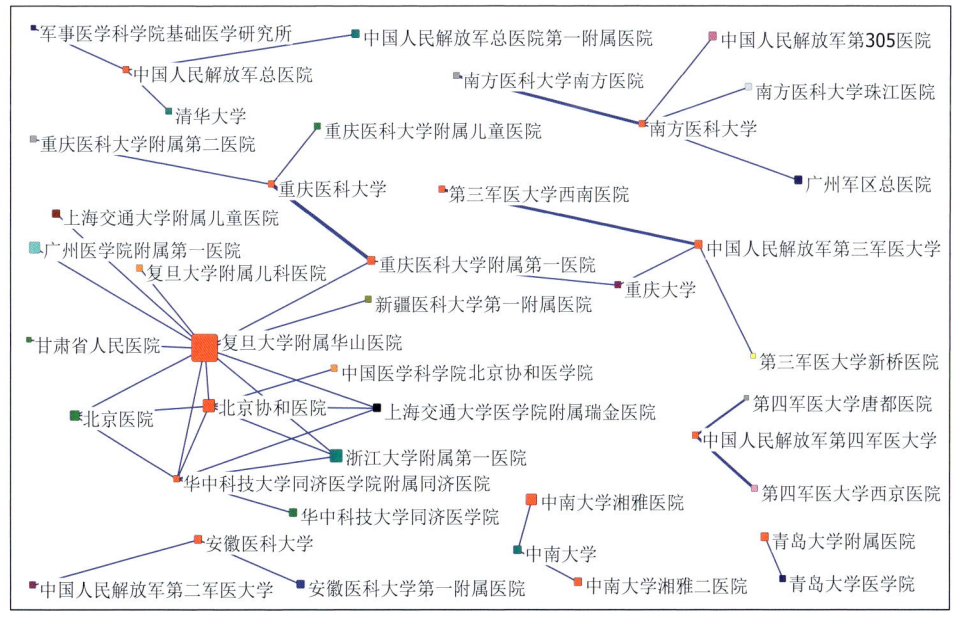

图 9-11 基础医学学科高被引机构科研合作关联

9.7 高被引图书、国外期刊及学术会议

2014年,基础医学学科被引频次位居前10位的图书及国外期刊见表9-7和表9-8。其中,被引次数较多的3种图书分别是叶应妩的《全国临床检验操作规程》、乐杰的《妇产科学》和陆再英的《内科学》;被引次数较多的3种国外期刊分别是《PLoS One》《Proceedings of the National Academy of Sciences of the United States of America》和《Journal of Biological Chemistry》;被引次数较多的3场学术会议分别是"Conference Proceedings -IEEE Engineering in Medicine and Biology Society" "64th Annual Meeting of the American Association for the Study of Liver diseases"和"IEEE Conference on Computer Vision and Pattern Recognition"。

表9-7 基础医学学科高被引图书 TOP 10

序号	责任者	图书名称	出版社	2014年被引频次
1	叶应妩	全国临床检验操作规程	东南大学出版社	109
2	乐杰	妇产科学	人民卫生出版社	103
3	陆再英	内科学	人民卫生出版社	64
4	陈灏珠	实用内科学	人民卫生出版社	61
5	汪向东	心理卫生评定量表手册	中国心理卫生杂志社	56
5	叶任高	内科学	人民卫生出版社	56
7	张明园	精神科评定量表手册	湖南科学技术出版社	40
8	胥少汀	实用骨科学	人民军医出版社	36
9	张之南	血液病诊断及疗效标准	科学出版社	34
9	胡亚美	诸福棠实用儿科学	人民卫生出版社	34

表9-8 基础医学学科高被引国外期刊 TOP 10

序号	期刊名称	2014年被引频次
1	PLoS One	4217
2	Proceedings of the National Academy of Sciences of the United States of America	3643
3	Journal of Biological Chemistry	3400
4	Nature	3367
5	Science	2583
6	Journal of Immunology	2446
7	New England Journal of Medicine	2262
8	Blood	2036
9	Cell	1958
10	Biomaterials	1894

第 10 章 临床医学学科高被引分析

10.1 学科论文概况

2009—2013 年，临床医学学科共有 437039 位来自 48197 所机构的论文第一作者在 1985 种期刊上发表了 514982 篇学术论文。其中，80% 以上的论文产出自 5072 所机构、308645 位作者，发表在 130 种期刊上。在前 5 年发表的这些论文中，有 151487 篇在 2014 年获得过引用，整体被引率为 29.4%，总被引频次为 280541 次，篇均被引 0.54 次；其中，高被引论文 1845 篇，单篇论文最高被引频次为 345 次，累计被引 21761 次，篇均被引 11.79 次（表 10-1）。另外，2014 年临床医学学科共发表论文 131034 篇，其中有 7651 篇在当年获得过引用，总共被引 9919 次。

表 10-1 临床医学学科论文分布情况

年份	论文篇数	2014 年被引频次	2014 年被引率（%）	2014 年高被引论文			
				论文篇数	最高被引频次	总被引频次	篇均被引频次
2009	54712	24419	25.4	161	115	1925	11.96
2010	64885	38390	30.4	249	187	3709	14.90
2011	103108	62846	31.8	424	313	5200	12.26
2012	147422	86424	31.1	470	336	5889	12.53
2013	144855	68462	27.1	541	345	5038	9.31
合计	514982	280541	29.4	1845	345	21761	11.79

从临床医学学科论文的地域分布来看，2014 年被引频次较高的 5 个省、直辖市或自治区依次是广东、江苏、浙江、河南和北京（图 10-1）；5 年论文产出量较多的 5 个省、直辖市或自治区依次是江苏、广东、河南、山东和湖北（图 10-2）。

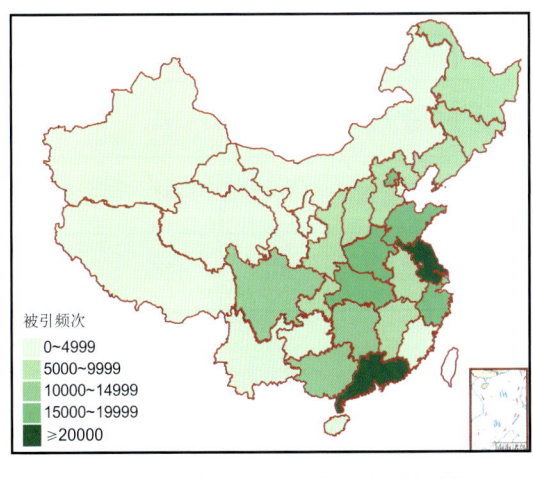

图 10-1 2014 年临床医学学科地区被引分布

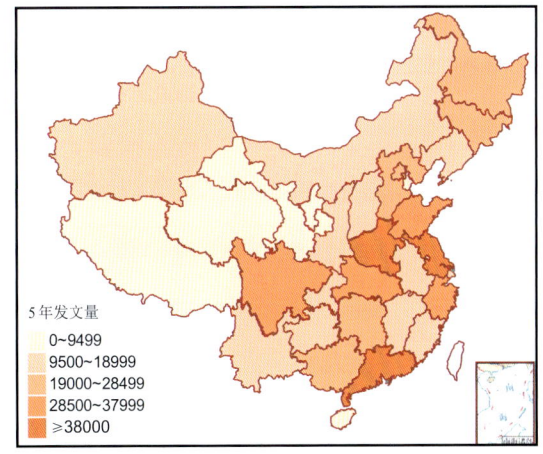

图 10-2 临床医学学科 5 年论文产出地区分布

10.2 高被引论文分析

在临床医学学科，2014 年被引频次位居前 10 位的论文（表 10-2）平均被引频次为 70 次，是全部 1845 篇高被引论文篇均被引频次的 5.9 倍。其中，被引频次最高的论文是李明子于 2010 年发表的《临床路径的基本概念及其应用》，随后 2 篇分别是杨莘于 2010 年发表的《335 起护理不良事件分析及对策》和覃桂荣于 2012 年发表的《出院患者延续护理的现状及发展趋势》。

从论文分布来看，刊载高被引论文数量居前的 3 种期刊分别是《护士进修杂志》（248 篇）、《中华护理杂志》（208 篇）和《中国实用护理杂志》（130 篇），而《中华护理杂志》刊载了高被引论文 TOP 10 中的 6 篇；发表高被引论文居前的 3 位学者分别是南京军区南京总医院的蒋琪霞（8 篇）、湖北医药学院附属太和医院的曾宪涛（5 篇）和复旦大学附属中山医院的徐建鸣（4 篇）；产出高被引论文数量居前的 3 所机构分别是中国人民解放军总医院（23 篇）、南京军区南京总医院（22 篇）和四川大学华西医院（20 篇），而香港威尔斯亲王医院产出了高被引论文 TOP 10 中的 2 篇。

表 10-2 临床医学学科高被引论文 TOP 10

序号	论文题名	第一作者	期刊名称	发表年份	被引频次 总频次	被引频次 2014 年
1	临床路径的基本概念及其应用	李明子	中华护理杂志	2010	430	116
2	335 起护理不良事件分析及对策	杨莘	中华护理杂志	2010	400	99
3	出院患者延续护理的现状及发展趋势	覃桂荣	护理学杂志	2012	181	78
4	集束化护理理念及其临床应用的研究进展	单君	护士进修杂志	2010	163	67
5	品管圈在护理工作中的应用研究	王玉琼	护士进修杂志	2009	152	64
6	呼吸机相关性肺炎与呼吸机集束干预策略	陈永强	中华护理杂志	2010	267	62
7	护士在疼痛管理中的作用	赵继军	中华护理杂志	2009	238	57
8	导管相关性血流感染与中心静脉导管集束干预策略	陈永强	中华护理杂志	2009	203	55
9	品管圈活动在手术病理标本安全管理中的应用	许晨耘	中国护理管理	2012	144	53
10	品管圈活动在精神科老年病房基础护理质量管理中的作用	章飞雪	中华护理杂志	2013	126	49

10.3 研究主题关联分析

在临床医学学科，高被引论文累计被 2014 年发表的 19386 篇论文引用了 21761 次。通过分析施引文献关键词的词频及关键词之间的共现关系，获得 2014 年临床医学学科的热点主题和主题关联，如图 10-3 所示（共现 26 次以下不显示）。由图 10-3 可知："护理""护理干预"等关键词的文档词频较高，是 2014 年学科的研究热点；以"护理"与"压疮""健康教育"与"糖尿病""焦虑"与"抑郁"等概念之间的共现次数较多，显示出它们之间的主题关联较为紧密。

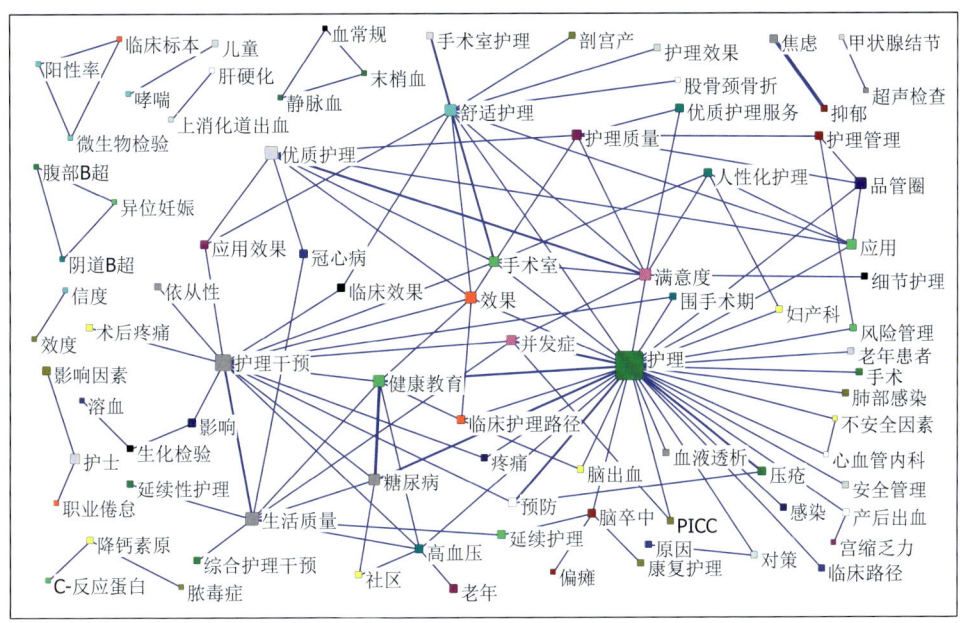

图 10-3 临床医学学科 2014 年热点主题关联

10.4 学科高影响力期刊分析

10.4.1 学科高影响力期刊 TOP 10

在临床医学学科，学科 5 年影响因子位居前 10 位的期刊见表 10-3，排在前 3 位的期刊分别是《中华护理杂志》《中华危重病急救医学》和《中国护理管理》。在表 10-3 中，学科载文量占其总载文量比例最大的期刊是《护士进修杂志》；前 5 年学科载文在 2014 年被引率最高的期刊是《中华护理杂志》；期刊 5 年影响因子较高的前 3 种期刊分别是《中华护理杂志》《中国护理管理》和《护理管理杂志》；学科 5 年影响因子与期刊 5 年影响因子差异最大的期刊是《肠外与肠内营养》。表 10-3 中期刊的学科 5 年影响因子和前 5 年学科载文的 2014 年被引率对比如图 10-4 所示，2009—2014 年期刊 5 年影响因子的变动情况如图 10-5 所示。

表 10-3 临床医学学科高影响力期刊基本指数

序号	期刊名称	前 5 年载文量			2014 年学科被引			5 年影响因子		h 指数（学科）
		学科（篇）	占比（%）	总量（篇）	频次	被引率（%）	高被引论文篇数	期刊(2014)	学科(2014)	
1	中华护理杂志	1528	58.0	2634	5522	66.16	208	3.694	3.614	26
2	中华危重病急救医学	415	27.2	1527	780	58.55	8	1.585	1.880	10
3	中国护理管理	1621	67.9	2387	2712	48.86	69	1.844	1.673	17
4	护理管理杂志	1105	46.2	2392	1722	54.57	30	1.655	1.558	16
5	肠外与肠内营养	191	26.8	712	296	51.83	4	1.173	1.550	9
5	护士进修杂志	6931	99.1	6992	10743	50.38	248	1.547	1.550	17
7	现代临床护理	2063	97.9	2108	2513	51.24	27	1.209	1.218	11
8	护理学杂志	6703	97.6	6869	7946	47.53	96	1.190	1.185	16
9	中国康复医学杂志	560	29.2	1920	661	48.21	9	1.262	1.180	9
10	广东医学	1703	20.4	8360	1864	45.80	28	0.852	1.095	11

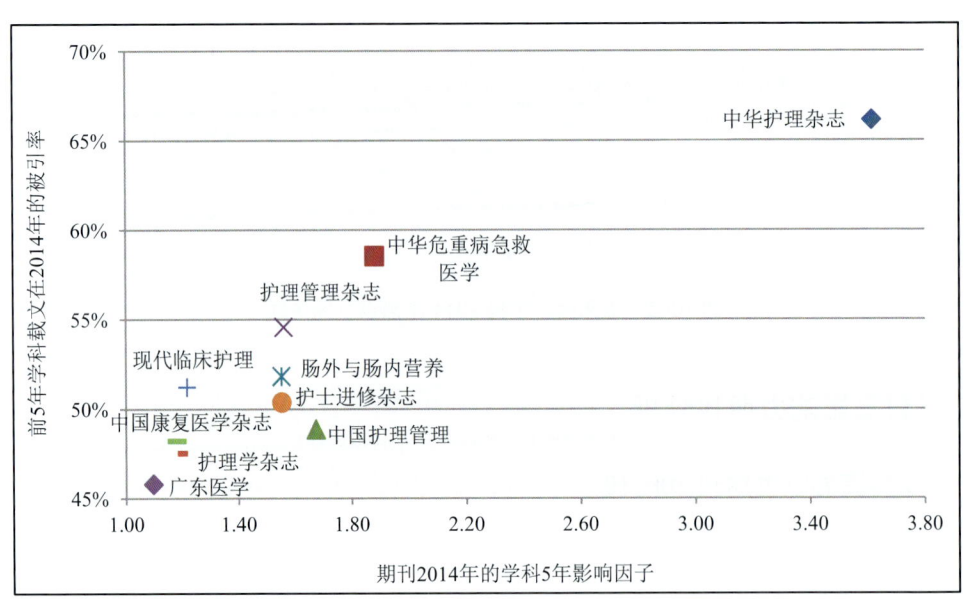

图 10-4 临床医学学科高影响力期刊对比

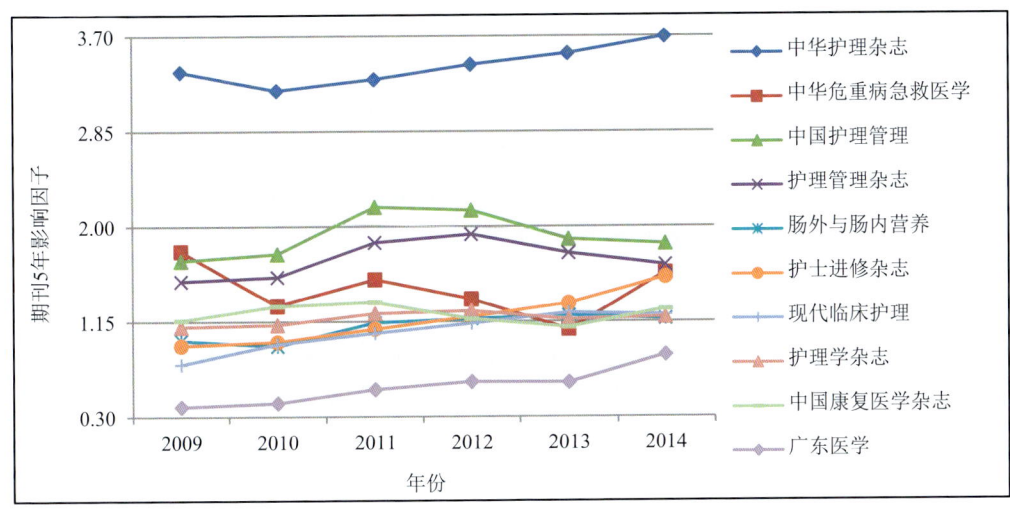

图 10-5 临床医学学科期刊 5 年影响因子变动

10.4.2 学科高影响力期刊载文主题关联

通过期刊共被引分析，获得临床医学学科高影响力期刊及与其他期刊之间的载文主题关联，如图 10-6 所示（共被引 220 次以下不显示）。结果显示，临床医学学科的高影响力期刊相互链接较为紧密，基本主导了该学科的期刊共被引网络，显示出该学科高影响力期刊可能共同刊载了许多相近的研究主题，热点研究主题分散在多种期刊上。《中华护理杂志》的学科 5 年影响因子较高，显示出该刊在学科内学术影响力较大；《护士进修杂志》与《护理学杂志》《齐鲁护理杂志》等期刊之间的链接较强，意味着它们之间可能有较多相同或相近的载文主题。

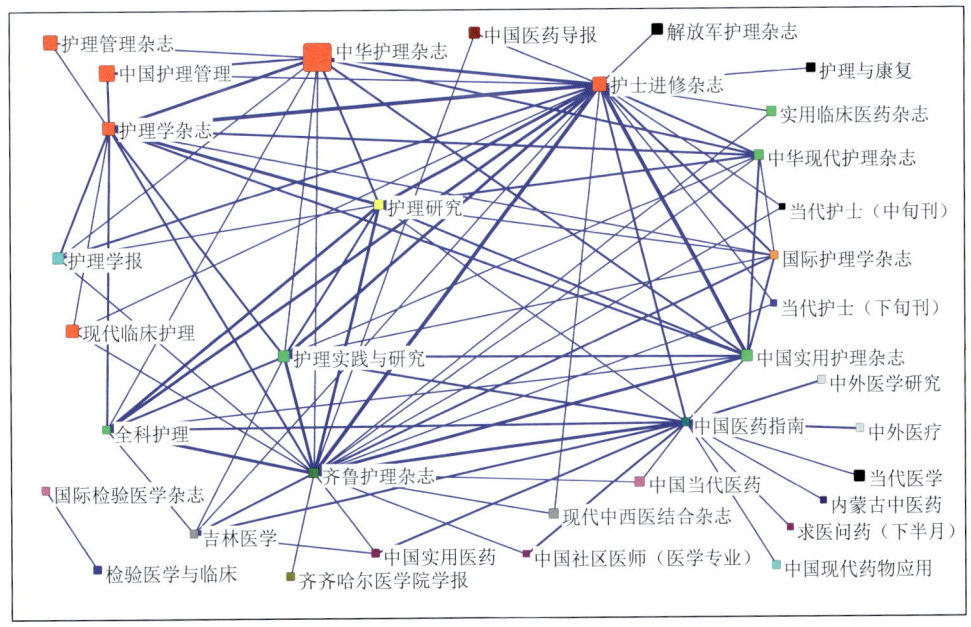

图 10-6 临床医学学科高影响力期刊载文主题关联

10.5 高被引作者分析

10.5.1 高被引作者 TOP 20

2009—2013 年，在 437039 位临床医学学科论文的第一作者中，在 2014 年学科被引频次位居前 20 位的学者的发文及被引情况见表 10-4。其中，学科发文总被引频次较高的 3 位作者分别是南京军区南京总医院的蒋琪霞（172 次）、首都医科大学宣武医院的杨莘（137 次）和香港威尔斯亲王医院的陈永强（117 次）。高被引作者的 5 年学科发文数量从 1 篇到 38 篇不等，同时，作者学科发文的期刊分布也在 1 种到 10 种之间变化。在发文超过 5 篇的所有作者中，篇均被引较高的 3 位作者分别是南通大学的单君（篇均 16.20 次）、卫生部医政司的郭燕红（篇均 13.67 次）和广西融安县人民医院的覃桂荣（篇均 12.14 次）；前 5 年发表学科论文较多的 3 位作者分别是南京军区南京总医院的蒋琪霞（38 篇）、长春中医药大学附属医院的熊桂华（28 篇）和平顶山市第一人民医院的李晓丽（27 篇）。高被引作者的学科发文量和被引量对比如图 10-7 所示。

表 10-4 临床医学学科高被引作者 TOP 20

序号	姓名	作者单位	前 5 年发文			前 5 年学科发文在 2014 年的被引				h 指数（学科）
			学科发文（篇）	期刊分布（种）	发文总量（篇）	总频次	被引率（%）	最高（次）	篇均（次）	
1	蒋琪霞	南京军区南京总医院	38	10	60	172	76.3	32	4.53	9
2	杨莘	首都医科大学宣武医院	12	3	16	137	83.3	99	11.42	5
3	陈永强	香港威尔斯亲王医院	2	1	2	117	100.0	62	58.50	2
4	李明子	北京大学	3	2	4	116	33.3	116	38.67	1
5	曾宪涛	湖北医药学院附属太和医院	14	1	28	93	100.0	20	6.64	8
6	覃桂荣	广西融安县人民医院	7	7	10	85	57.1	78	12.14	3
7	郭燕红	卫生部医政司	6	4	9	82	66.7	48	13.67	4
8	单君	南通大学	5	2	6	81	100.0	67	16.20	4
9	许晨耘	海南省人民医院	4	2	8	72	75.0	53	18.00	3
10	黎介寿	南京军区南京总医院	6	2	14	66	100.0	37	11.00	5
11	王玉琼	四川大学华西第二医院	3	3	5	64	33.3	64	21.33	4
12	陈湘玉	南京大学医学院附属鼓楼医院	3	3	4	59	100.0	45	19.67	4
13	章飞雪	温州康宁医院	6	6	11	57	66.7	49	9.50	4
13	赵继军	第二军医大学附属长海医院	1	1	1	57	100.0	57	57.00	1

序号	姓名	作者单位	前5年发文			前5年学科发文在2014年的被引				h指数(学科)
			学科发文(篇)	期刊分布(种)	发文总量(篇)	总频次	被引率(%)	最高(次)	篇均(次)	
15	刘义兰	华中科技大学同济医学院附属协和医院	8	5	21	53	62.5	27	6.62	5
16	李萍	杭州师范大学	3	2	5	52	66.7	29	17.33	2
17	洪素菊	台州市立医院	1	1	2	47	100.0	47	47.00	1
17	陈小慧	连云港中医药高等职业技术学校	2	2	2	47	50.0	47	23.50	1
19	吉云兰	南通大学附属医院	2	2	6	46	50.0	46	23.00	2
20	洪小美	浙江萧山医院	2	2	2	45	50.0	45	22.50	1
20	徐建鸣	复旦大学附属中山医院	11	3	11	45	63.64	19	4.09	3

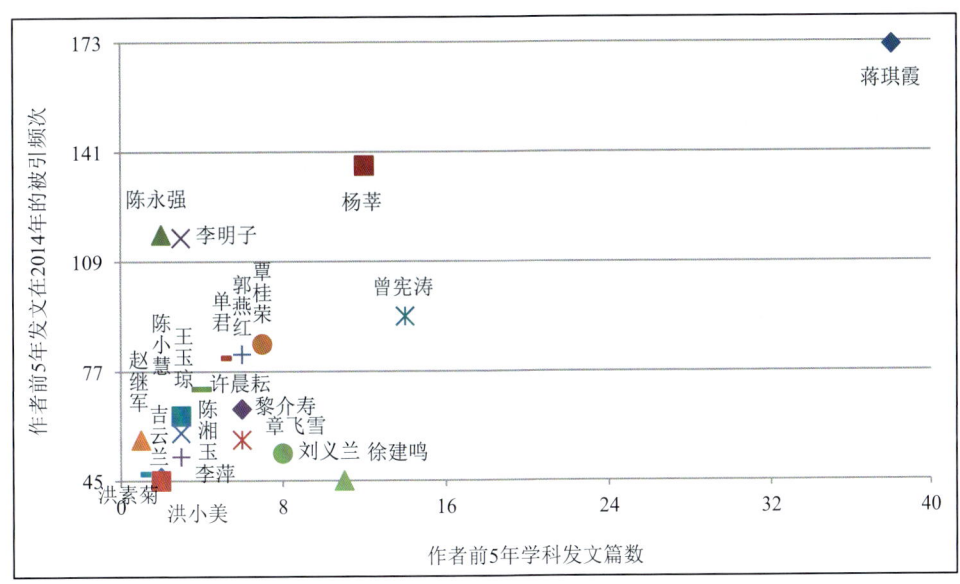

图 10-7　临床医学学科高被引作者学科发文及被引对比

10.5.2　高被引作者科研合作关系

通过作者合著分析，获得 2014 年临床医学学科高被引作者及与其他学者之间的科研论文合作关系（不考虑论文署名次序），如图 10-8 所示（合著 3 次以下不显示）。可以看出，临床医学学科的高被引作者的论文合作现象比较普遍。学者蒋琪霞、曾宪涛的发文量较多；蒋琪霞、刘义兰的论文合作网络较为突出，在该学科的研究人员中表现出一定的集聚效应；蒋琪霞和周昕、彭青等学者之间的合作关系最为紧密，显示出他们可能属于同一支科研团队。

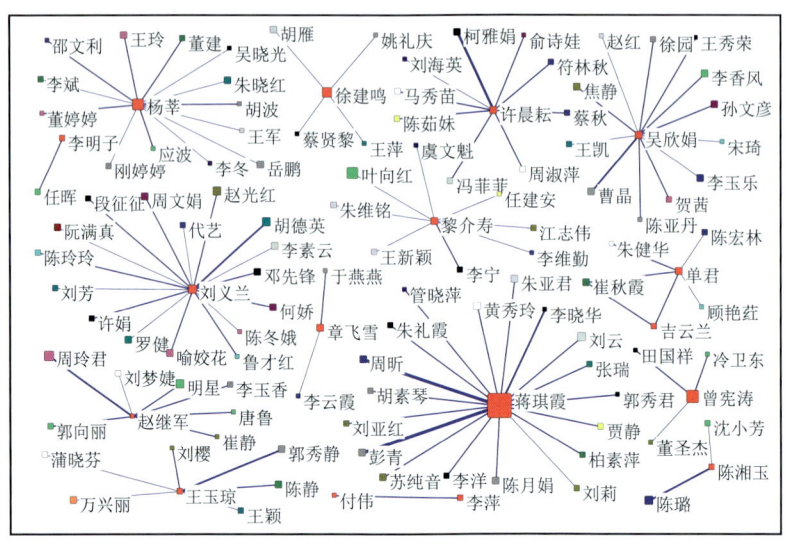

图 10-8　临床医学学科高被引作者科研论文合作关系

10.5.3　高被引作者发文主题关联

通过作者共被引分析，获得 2014 年临床医学学科高被引作者及与其他学者之间的发文主题关联（见图 10-9，共被引 4 次以下不显示）。如图 10-9 所示，临床医学学科的高被引作者基本主导了作者共被引网络，显示出该学科在热点主题上已经初步形成了具有一定优势的科研力量。学者蒋琪霞和杨莘的节点较大，显示出他们的学术成果在学科内得到较多关注；陈永强与单君、覃桂荣与李萍等学者之间的链接较强，意味着他们之间可能分别有较为相近的研究主题；以蒋琪霞、覃桂荣等学者为主要节点的共被引作者簇人数较多且网络规模较大，意味着这些学者的研究主题关联可能较为紧密。

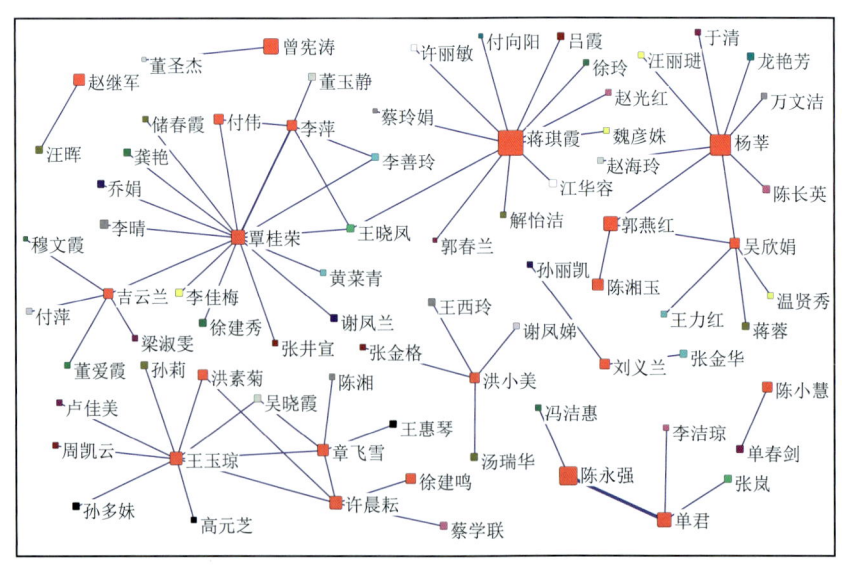

图 10-9　临床医学学科高被引作者发文主题关联

10.6 高被引机构分析

10.6.1 高被引机构

为便于比较,本书将临床医学学科的高被引机构分为医院和高等院校/科研院所两种类型。其中,被引频次 TOP 10 医院和被引频次 TOP 5 高等院校/科研院所的发文及被引情况分别见表 10-5 和表 10-6。其中,总被引频次较高的 3 所医院分别是中国人民解放军总医院、四川大学华西医院和南京军区南京总医院,北京大学、复旦大学和中南大学是总被引频次较高的 3 所高等院校/科研院所;前 5 年学科发文在 2014 年的被引率最高的医院和高等院校/科研院所分别是南方医科大学南方医院和复旦大学,篇均被引最高的医院和高等院校/科研院所分别是南京军区南京总医院和北京大学。上述高被引机构的论文被引率和篇均被引频次对比如图 10-10 所示。

表 10-5 临床医学学科高被引医院 TOP 10

序号	第一作者单位	学科发文量（篇）		前 5 年学科发文在 2014 年的被引			
		前 5 年	2014 年	频次	被引率(%)	最高（次）	篇均（次）
1	中国人民解放军总医院	2159	316	1666	34.9	19	0.77
2	四川大学华西医院	1908	323	1510	36.6	29	0.79
3	南京军区南京总医院	1181	151	1154	36.8	37	0.98
4	华中科技大学同济医学院附属同济医院	1389	310	1086	35.3	17	0.78
5	华中科技大学同济医学院附属协和医院	1510	322	996	27.7	27	0.66
6	南京医科大学第一附属医院	1415	262	892	31.4	29	0.63
7	中山大学附属第一医院	1421	185	889	31.0	25	0.63
8	北京协和医院	1569	282	847	27.1	25	0.54
9	广西医科大学第一附属医院	1094	225	827	32.7	14	0.76
10	南方医科大学南方医院	783	131	725	39.6	15	0.93

表 10-6 临床医学学科高被引高等院校/科研院所 TOP 5

序号	第一作者单位	学科发文量（篇）		前 5 年学科发文在 2014 年的被引			
		前 5 年	2014 年	频次	被引率(%)	最高（次）	篇均（次）
1	北京大学	330	52	592	47.6	116	1.79
2	复旦大学	397	69	531	50.1	13	1.34
3	中南大学	409	85	439	38.6	19	1.07
4	中国人民解放军第二军医大学	313	51	390	41.2	32	1.25
5	中国医学科学院北京协和医学院	288	63	324	33.7	18	1.12

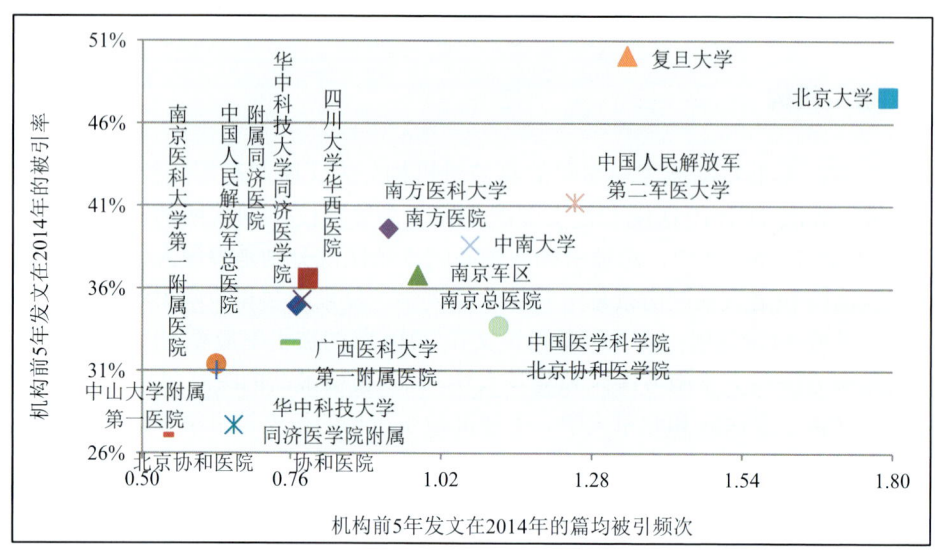

图 10-10　临床医学学科高被引机构论文篇均被引及被引率对比

10.6.2　高被引机构科研合作关系

通过合著分析，获得临床医学学科高被引机构之间及其与其他机构之间的科研合作关联，如图 10-11 所示（合作 42 次以下不显示）。分析得知，临床医学学科的机构合作链接比较紧密，表明学科内机构合作现象普遍；高被引机构合作网络尚未形成；南京医科大学和南京医科大学第一附属医院、中山大学和中山大学附属第一医院等机构之间的链接较强，表明它们的学术合作较为频繁。

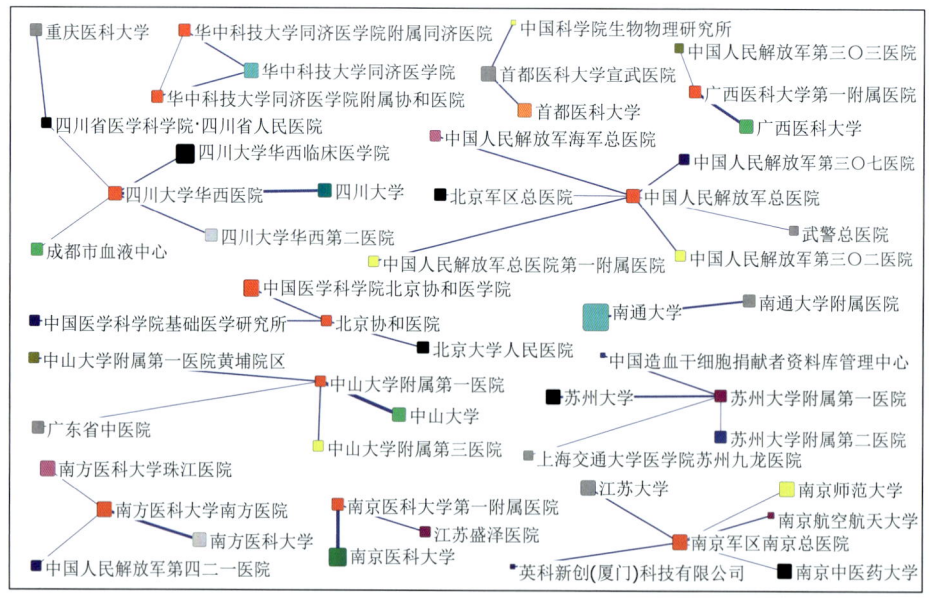

图 10-11　临床医学学科高被引机构科研合作关联

10.7 高被引图书、国外期刊及学术会议

2014 年,临床医学学科被引频次位居前 10 位的图书及国外期刊见表 10-7 和表 10-8。其中,被引次数较多的 3 种图书分别是乐杰的《妇产科学》、尤黎明的《内科护理学》和叶应妩的《全国临床检验操作规程》;被引次数较多的 3 种国外期刊分别是《New England Journal of Medicine》《Radiology》和《Circulation》;被引次数较多的 3 场学术会议分别是 "IEEE Ultrasonics Symposium" "Conference Proc IEEE Engineering in Medicine and Biology Society" 和 "Proceedings of the ISMRM/ESMRMB Joint Annual Meeting"。

表 10-7 临床医学学科高被引图书 TOP 10

序号	责任者	图书名称	出版社	2014 年被引频次
1	乐杰	妇产科学	人民卫生出版社	982
2	尤黎明	内科护理学	人民卫生出版社	602
3	叶应妩	全国临床检验操作规程	东南大学出版社	515
4	陆再英	内科学	人民卫生出版社	514
5	叶任高	内科学	人民卫生出版社	469
6	李小寒	基础护理学	人民卫生出版社	455
7	吴在德	外科学	人民卫生出版社	444
8	陈灏珠	实用内科学	人民卫生出版社	352
9	曹伟新	外科护理学	人民卫生出版社	304
10	郑修霞	妇产科护理学	人民卫生出版社	298

表 10-8 临床医学学科高被引国外期刊 TOP 10

序号	期刊名称	2014 年被引频次
1	New England Journal of Medicine	2186
2	Radiology	2137
3	Circulation	1770
4	Critical Care Medicine	1549
5	The Lancet	1522
6	Stroke	1351
7	American Journal of Roentgenology	1253
8	Blood	1212
9	PLoS One	1160
10	Chest	1149

第 11 章 内科学学科高被引分析

11.1 学科论文概况

2009—2013 年，内科学学科共有 361928 位来自 50147 所机构的论文第一作者在 1901 种期刊上发表了 429827 篇学术论文。其中，80%以上的论文产出自 6322 所机构、259701 位作者，发表在 290 种期刊上。在前 5 年发表的这些论文中，有 141680 篇在 2014 年获得过引用，整体被引率为 33.0%，总被引频次为 258563 次，篇均被引 0.60 次；其中，高被引论文有 1762 篇，单篇论文最高被引频次为 269 次，累计被引 19920 次，篇均被引 11.31 次（表 11-1）。另外，2014 年内科学学科共发表论文 94149 篇，其中有 5485 篇在当年获得过引用，总共被引 7109 次。

表 11-1 内科学学科论文分布情况

年份	论文篇数	2014 年被引频次	2014 年被引率（%）	2014 年高被引论文			
				论文篇数	最高被引频次	总被引频次	篇均被引频次
2009	76523	30469	24.4	203	140	2069	10.19
2010	89895	51327	31.4	382	261	4292	11.24
2011	87570	60073	36.0	362	257	4767	13.17
2012	86936	61127	37.4	386	269	4704	12.19
2013	88903	55567	34.7	429	258	4088	9.53
合计	429827	258563	33.0	1762	269	19920	11.31

从内科学学科论文的地域分布来看，2014 年被引频次较高的 5 个省、直辖市或自治区依次是北京、广东、江苏、河南和山东（图 11-1）；5 年论文产出量较多的 5 个省、直辖市或自治区依次是广东、江苏、北京、河南和山东（图 11-2）。

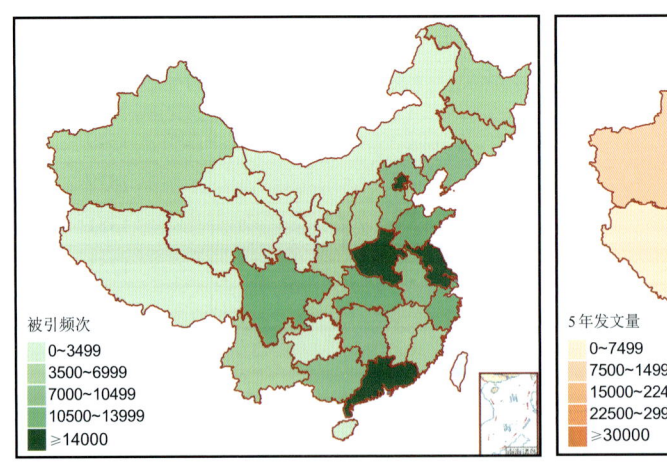

图 11-1 2014 年内科学学科地区被引分布

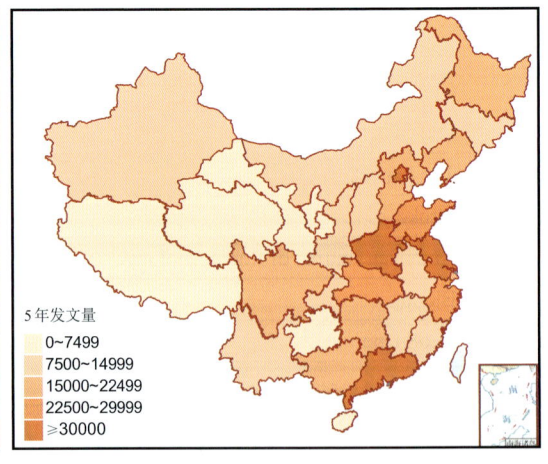

图 11-2 内科学学科 5 年论文产出地区分布

11.2 高被引论文分析

在内科学学科，2014年被引频次位居前10位的论文（表11-2）平均被引频次为62.6次，是全部1762篇高被引论文篇均被引频次的5.5倍。其中，被引频次最高的论文是柳涛于2012年发表的《慢性阻塞性肺疾病诊断、处理和预防全球策略（2011年修订版）介绍》，随后2篇分别是张万岱于2010年发表的《中国自然人群幽门螺杆菌感染的流行病学调查》和孙胜男于2011年发表的《糖尿病患者自我管理现状及影响因素分析》。

从论文分布来看，刊载高被引论文数量居前的3种期刊分别是《中国老年学杂志》（77篇）、《中国全科医学》（69篇）和《中华护理杂志》（50篇）；发表高被引论文居前的3位学者分别是阜外心血管病医院的王文（4篇）、上海交通大学医学院附属仁济医院的刘文忠（3篇）和北京协和医院的蔡柏蔷（3篇）；产出高被引论文数量居前的3所机构分别是中国人民解放军总医院（24篇）、中国疾病预防控制中心（19篇）和北京大学人民医院（16篇）。

表11-2 内科学学科高被引论文 TOP 10

序号	论文题名	第一作者	期刊名称	发表年份	被引频次 总频次	被引频次 2014年
1	慢性阻塞性肺疾病诊断、处理和预防全球策略（2011年修订版）介绍	柳涛	中国呼吸与危重监护杂志	2012	336	132
2	中国自然人群幽门螺杆菌感染的流行病学调查	张万岱	现代消化及介入诊疗	2010	249	90
3	糖尿病患者自我管理现状及影响因素分析	孙胜男	中华护理杂志	2011	202	71
4	Management of hepatitis B in China	卢凤敏	中华医学杂志（英文版）	2009	304	61
5	氨氯地平阿托伐他汀钙片治疗高血压合并冠心病的疗效观察	余盛龙	广东医学	2011	149	53
5	2008—2010年中国流行性腮腺炎流行病学特征分析	费方荣	疾病监测	2011	139	53
7	2010年中国成年人高血压患病情况	李镒冲	中华预防医学杂志	2012	128	49
8	第四次全国幽门螺杆菌感染处理共识报告	刘文忠	胃肠病学	2012	97	43
9	发热伴血小板减少综合征布尼亚病毒概述	李德新	中华实验和临床病毒学杂志	2011	135	40
10	糖尿病肾病发病机制研究进展	丁志珍	中华全科医学	2011	86	34

11.3 研究主题关联分析

在内科学学科，高被引论文累计被 2014 年发表的 19386 篇论文引用了 19920 次。通过分析施引文献关键词的词频及关键词之间的共现关系，获得 2014 年内科学学科的热点主题和主题关联，如图 11-3 所示（共现 25 次以下不显示）。由图 11-3 可知："高血压""冠心病""糖尿病"等关键词的文档词频较高，是 2014 年学科的研究热点；以"高血压""冠心病""疗效"等关键词为主要节点的多个概念相互关联，构成了学科内最为突出的研究主题簇。

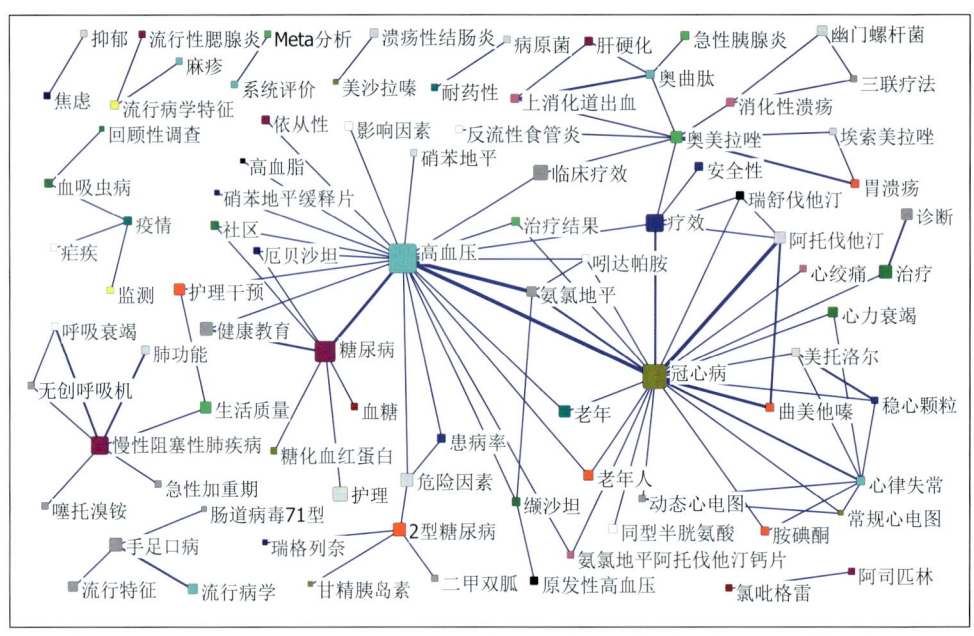

图 11-3 内科学学科 2014 年热点主题关联

11.4 学科高影响力期刊分析

11.4.1 学科高影响力期刊 TOP 10

在内科学学科，学科 5 年影响因子位居前 10 位的期刊见表 11-3，排在前 3 位的期刊分别是《中国全科医学》《中国医学科学院学报》和《中国呼吸与危重监护杂志》。在表 11-3 中，学科载文量占其总载文量比例最大的期刊是《中华结核和呼吸杂志》；前 5 年学科载文在 2014 年被引率最高的期刊是《中国全科医学》；期刊 5 年影响因子较高的前 3 种期刊分别是《中华心血管病杂志》《中华结核和呼吸杂志》和《中国防痨杂志》；学科 5 年影响因子与期刊 5 年影响因子差异最大的期刊是《中华心血管病杂志》。表 11-3 中期刊的学科 5 年影响因子和前 5 年学科载文的 2014 年被引率对比如图 11-4 所示，2009—2014 年期刊 5 年影响因子的变动情况如图 11-5 所示。

表 11-3　内科学学科高影响力期刊基本指数

序号	期刊名称	前 5 年载文量			2014 年学科被引			5 年影响因子		h 指数（学科）
		学科（篇）	占比（%）	总量（篇）	频次	被引率（%）	高被引论文篇数	期刊(2014)	学科(2014)	
1	中国全科医学	2505	30.8	8143	3677	51.6	69	1.280	1.468	17
2	中国医学科学院学报	135	15.3	883	188	50.4	4	0.997	1.393	8
3	中国呼吸与危重监护杂志	540	57.2	944	745	46.7	8	1.074	1.380	8
4	现代消化及介入诊疗	285	40.3	708	362	38.6	6	0.823	1.270	8
5	中国防痨杂志	753	57.0	1321	950	48.1	13	1.325	1.262	9
6	中华结核和呼吸杂志	1200	64.7	1854	1454	41.1	32	1.499	1.212	15
7	中华心血管病杂志	840	54.4	1544	1007	44.1	23	1.829	1.199	15
8	南方医科大学学报	606	17.8	3396	690	48.5	12	0.946	1.139	11
9	中国血吸虫病防治杂志	810	64.4	1258	911	39.6	20	0.897	1.125	10
10	中国寄生虫学与寄生虫病杂志	273	33.7	810	305	37.4	6	0.785	1.117	7

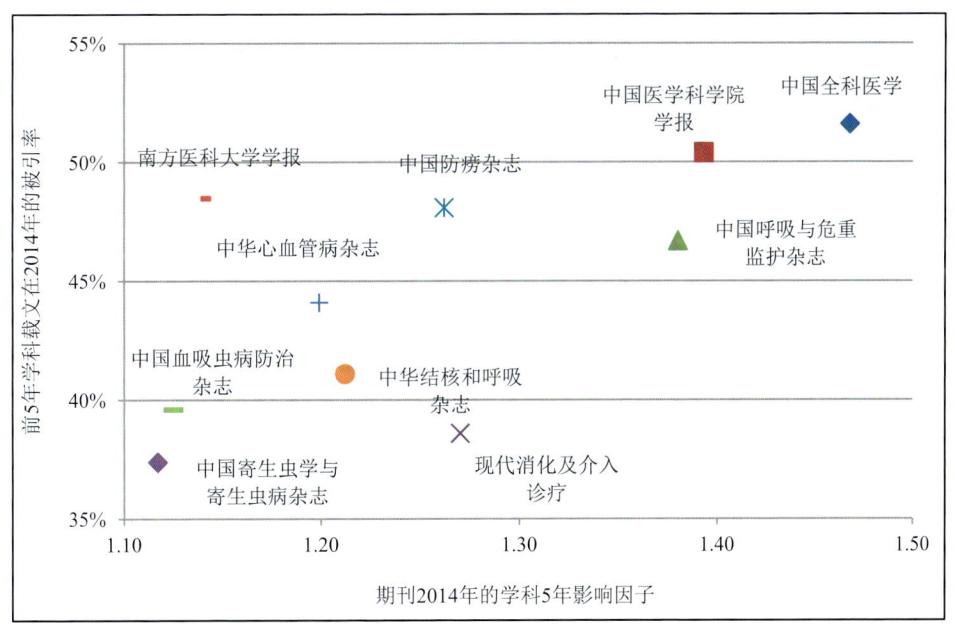

图 11-4　内科学学科高影响力期刊对比

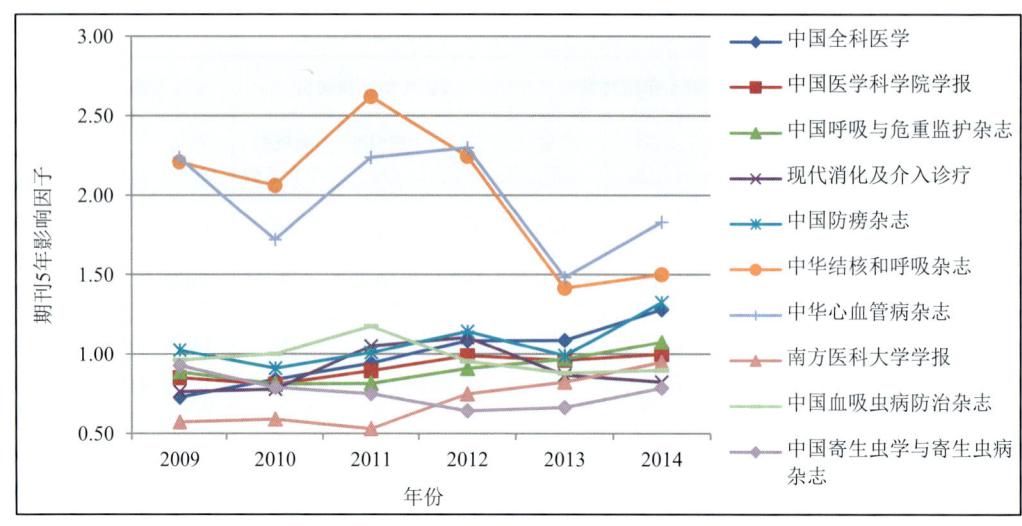

图 11-5 内科学学科期刊 5 年影响因子变动

11.4.2 学科高影响力期刊载文主题关联

通过期刊共被引分析，获得内科学学科高影响力期刊及与其他期刊之间的载文主题关联，如图 11-6 所示（共被引 87 次以下不显示）。结果显示，内科学学科的高影响力期刊相互链接较为紧密，基本主导了该学科的期刊共被引网络，显示出该学科高影响力期刊可能共同刊载了许多相近的研究主题，热点研究主题分散在多种期刊上。《中国全科医学》《中国呼吸与危重监护杂志》的学科 5 年影响因子较高，显示出该刊在学科内学术影响力较大；《中国全科医学》与《中国老年学杂志》等期刊之间的链接较强，意味着它们之间可能有较多相同或相近的载文主题。

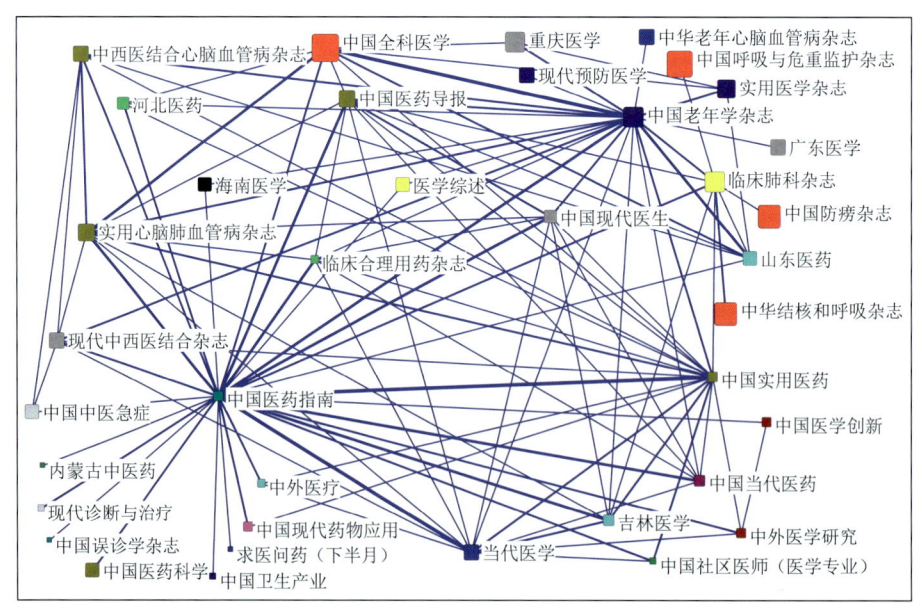

图 11-6 内科学学科高影响力期刊载文主题关联

11.5 高被引作者分析

11.5.1 高被引作者 TOP 20

2009—2013 年,在 361928 位内科学学科论文的第一作者中,在 2014 年学科被引频次位居前 20 位的学者的发文及被引情况见表 11-4。其中,学科发文总被引频次较高的 3 位作者分别是北京协和医院的柳涛(154 次)、北京大学人民医院的胡大一(119 次)和南方医科大学南方医院的张万岱(95 次)。高被引作者的 5 年学科发文数量从 1 篇到 63 篇不等,同时,作者学科发文的期刊分布也在 1 种到 27 种之间变化。在发文超过 5 篇的所有作者中,篇均被引较高的 3 位作者分别是中国疾病预防控制中心免疫规划中心的马超(篇均 11.60 次)、第三军医大学新桥医院的钱桂生(篇均 8.29 次)和北京大学第一医院的张岩(篇均 7.20 次);前 5 年发表学科论文较多的 3 位作者分别是北京大学人民医院的胡大一(63 篇)、北京大学人民医院的郭继鸿(63 篇)和济南医院的王建华(63 篇)。高被引作者的学科发文量和被引量对比如图 11-7 所示。

表 11-4 内科学学科高被引作者 TOP 20

序号	姓名	作者单位	前 5 年发文			前 5 年学科发文在 2014 年的被引				h 指数(学科)
			学科发文(篇)	期刊分布(种)	发文总量(篇)	总频次	被引率(%)	最高(次)	篇均(次)	
1	柳涛	北京协和医院	4	3	6	154	75.0	132	38.50	2
2	胡大一	北京大学人民医院	63	27	224	119	42.9	23	1.89	6
3	张万岱	南方医科大学南方医院	4	4	5	95	75.0	90	23.75	3
4	郭继鸿	北京大学人民医院	63	8	91	93	41.3	25	1.48	5
5	王文	阜外心血管病医院	28	13	39	85	46.4	23	3.04	5
5	王毅	绵阳市疾病预防控制中心	44	11	74	85	65.9	7	1.93	5
7	刘文忠	上海交通大学医学院附属仁济医院	12	4	15	77	83.3	43	6.42	5
8	孙胜男	北京积水潭医院	1	1	4	71	100.0	71	71.00	2
9	余盛龙	广州医学院附属第三医院	1	1	1	61	100.0	53	61.00	2
9	孙宁玲	北京大学人民医院	42	18	70	61	52.4	10	1.45	5
9	卢凤敏	北京大学医学部	2	1	2	61	50.0	61	30.50	1
12	蔡柏蔷	北京协和医院	17	11	20	59	64.7	17	3.47	4
13	马超	中国疾病预防控制中心免疫规划中心	5	1	5	58	60.0	32	11.60	2
13	钱桂生	第三军医大学新桥医院	7	5	14	58	85.7	25	8.29	4

序号	姓名	作者单位	前5年发文			前5年学科发文在2014年的被引				h指数(学科)
			学科发文（篇）	期刊分布（种）	发文总量（篇）	总频次	被引率（%）	最高（次）	篇均（次）	
15	周晓农	中国疾病预防控制中心寄生虫病预防控制所	12	5	14	54	75.0	15	4.50	5
16	费方荣	中国医学科学院北京协和医学院	1	1	1	53	100.0	53	53.00	1
17	刘又宁	中国人民解放军总医院	22	3	70	49	27.3	32	2.23	2
18	王少玲	香港理工大学	2	1	3	48	100.0	27	24.00	2
19	俞森洋	中国人民解放军总医院	10	4	15	47	90.0	15	4.70	4
20	陆菊明	中国人民解放军总医院	28	9	114	43	53.6	10	1.54	4

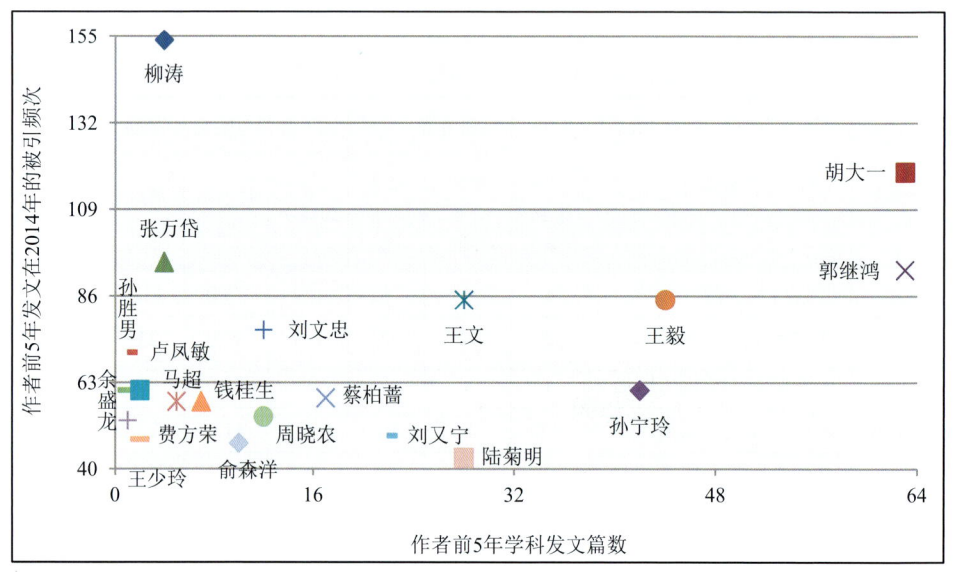

图 11-7　内科学学科高被引作者学科发文及被引对比

11.5.2　高被引作者科研合作关系

通过作者合著分析，获得 2014 年内科学学科高被引作者及与其他学者之间的科研论文合作关系（不考虑论文署名次序），如图 11-8 所示（合著 5 次以下不显示）。可以看出，内科学学科的高被引作者的论文合作现象比较普遍。学者郭继鸿、胡大一的发文量较多；周晓农和胡大一的论文合作网络较为突出，在该学科的研究人员中表现出一定的集聚效应；王毅和樊静、周晓农和李石柱等学者之间的合作关系最为紧密，显示出他们可能分别属于同一支科研团队。

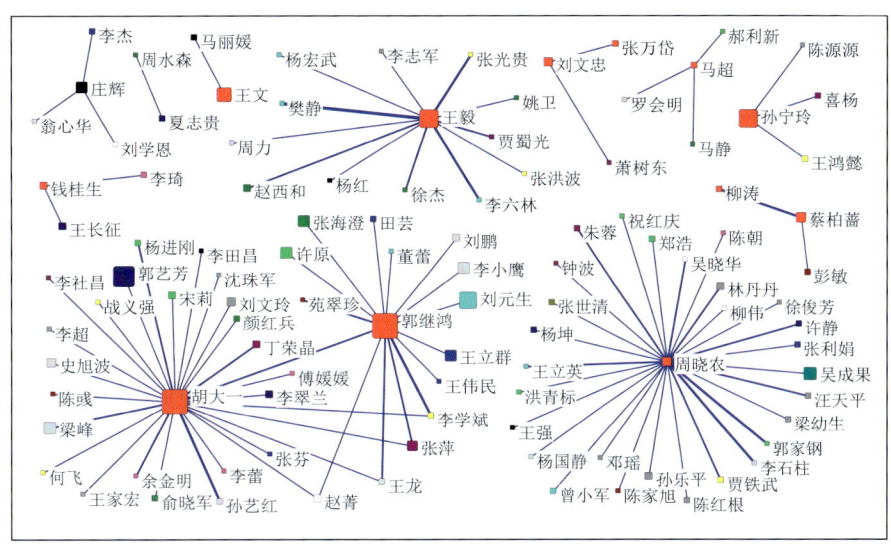

图 11-8 内科学学科高被引作者科研论文合作关系

11.5.3 高被引作者发文主题关联

通过作者共被引分析，获得 2014 年内科学学科高被引作者及与其他学者之间的发文主题关联（见图 11-9，共被引 3 次以下不显示）。如图 11-9 所示，内科学学科的高被引作者基本主导了作者共被引网络，显示出该学科在热点主题上已经形成了优势较为明显的科研力量。学者柳涛、胡大一的节点较大，显示出他们的学术成果在学科内得到较多关注；周晓农与陈红根、费方荣与马静等学者之间的链接较强，意味着他们之间可能分别有较为相近的研究主题；以周晓农等学者为主要节点的共被引作者簇人数较多且网络规模较大，意味着这些学者的研究主题关联可能较为紧密。

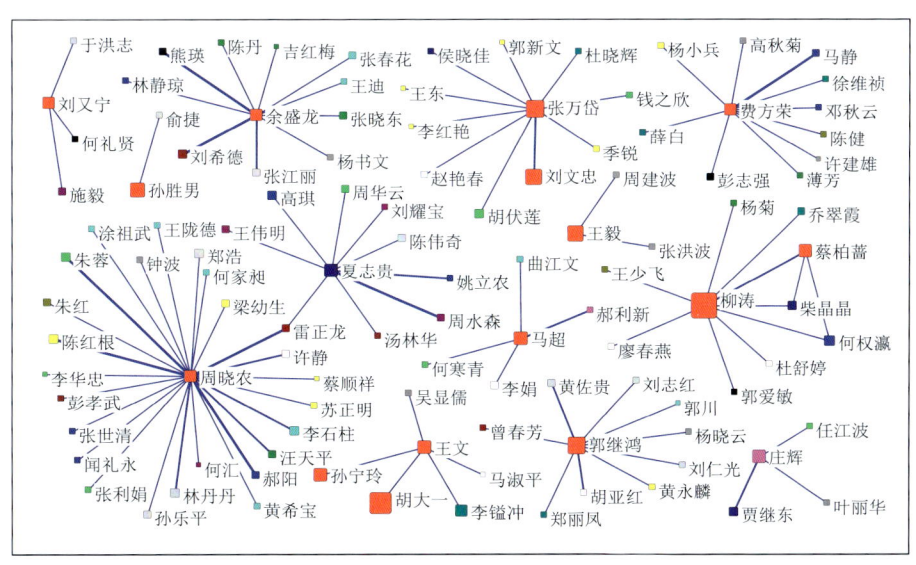

图 11-9 内科学学科高被引作者发文主题关联

11.6 高被引机构分析

11.6.1 高被引机构

为便于比较，本书将内科学学科的高被引机构分为医院和高等院校/科研院所两种类型。其中，被引频次 TOP 10 医院和被引频次 TOP 5 高等院校/科研院所的发文及被引情况分别见表 11-5 和表 11-6。其中，总被引频次较高的 3 所医院分别是中国人民解放军总医院、首都医科大学附属北京安贞医院和北京协和医院，中国疾病预防控制中心、天津医科大学和南京中医药大学是总被引频次较高的 3 所高等院校/科研院所；前 5 年学科发文在 2014 年的被引率最高的医院和高等院校/科研院所分别是首都医科大学附属北京安贞医院和中国疾病预防控制中心，篇均被引最高的医院和高等院校/科研院所分别是复旦大学附属中山医院和中国疾病预防控制中心。上述高被引机构的论文被引率和篇均被引频次对比如图 11-10 所示。

表 11-5 内科学学科高被引医院 TOP 10

序号	第一作者单位	学科发文量（篇）		前 5 年学科发文在 2014 年的被引			
		前 5 年	2014 年	频次	被引率(%)	最高（次）	篇均（次）
1	中国人民解放军总医院	2696	371	2072	36.2	32	0.77
2	首都医科大学附属北京安贞医院	1768	318	1467	42.0	22	0.83
3	北京协和医院	1790	223	1335	33.2	132	0.75
4	四川大学华西医院	1570	224	1091	33.7	19	0.69
5	南京医科大学第一附属医院	1600	225	1025	33.1	16	0.64
6	北京大学人民医院	1259	201	990	33.1	25	0.79
7	中国医科大学附属第一医院	1436	178	928	32.5	15	0.65
8	阜外心血管病医院	1586	276	922	27.4	23	0.58
9	复旦大学附属中山医院	983	130	822	37.5	17	0.84
10	新疆医科大学第一附属医院	1347	268	778	32.7	9	0.58

表 11-6 内科学学科高被引科研院所/高等院校 TOP 5

序号	第一作者单位	学科发文量（篇）		前 5 年学科发文在 2014 年的被引			
		前 5 年	2014 年	频次	被引率(%)	最高（次）	篇均（次）
1	中国疾病预防控制中心	404	64	601	38.9	32	1.49
2	天津医科大学	708	112	573	37.0	19	0.81
3	南京中医药大学	831	136	557	37.2	9	0.67
4	天津中医药大学	670	137	417	31.8	10	0.62
5	山西医科大学	713	141	343	28.3	7	0.48

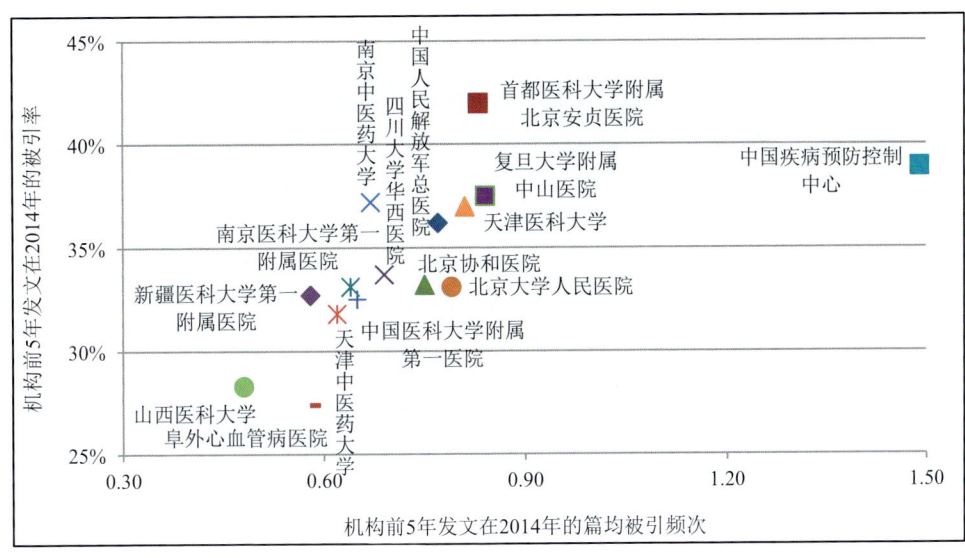

图 11-10　内科学学科高被引机构论文篇均被引及被引率对比

11.6.2　高被引机构科研合作关系

通过合著分析，获得内科学学科高被引机构之间及其与其他机构之间的科研合作关联，如图 11-11 所示（合作 119 次以下不显示）。分析得知，内科学学科的机构合作链接比较紧密，表明学科内机构合作现象普遍；高被引机构合作网络尚未形成；新疆医科大学和新疆医科大学第一附属医院、广西医科大学与广西医科大学第一附属医院等机构之间的链接较强，表明它们的学术合作较为频繁。

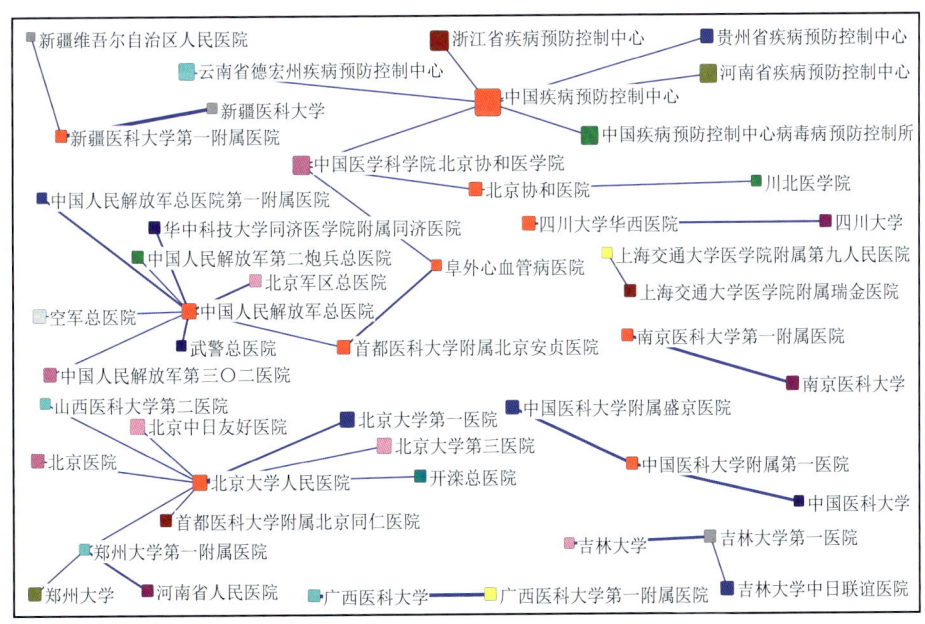

图 11-11　内科学学科高被引机构科研合作关联

11.7 高被引图书、国外期刊及学术会议

2014 年，内科学学科被引频次位居前 10 位的图书及国外期刊见表 11-7 和表 11-8。其中，被引次数较多的 3 种图书分别是陆再英的《内科学》、陈灏珠的《实用内科学》和叶任高的《内科学》；被引次数较多的 3 种国外期刊分别是《Circulation》《New England Journal of Medicine》和《Journal of the American College of Cardiology》；被引次数较多的 3 场学术会议分别是"Program and Abstracts of the 49th Annual Meeting of the EASL""Conference Proceedings - IEEE Engineering in Medicine and Biology Society"和"第十三次全国心血管病学术会议"。

表 11-7 内科学学科高被引图书 TOP 10

序号	责任者	图书名称	出版社	2014 年被引频次
1	陆再英	内科学	人民卫生出版社	1403
2	陈灏珠	实用内科学	人民卫生出版社	967
3	叶任高	内科学	人民卫生出版社	854
4	王吉耀	内科学	人民卫生出版社	293
5	郑筱萸	中药新药临床研究指导原则	中国医药科技出版社	282
6	胡亚美	诸福棠实用儿科学	人民卫生出版社	270
7	乐杰	妇产科学	人民卫生出版社	238
8	葛均波	内科学	人民卫生出版社	237
9	郑筱萸	中药新药临床研究指导原则（试行）	中国医药科技出版社	213
10	张之南	血液病诊断及疗效标准	科学出版社	209

表 11-8 内科学学科高被引国外期刊 TOP 10

序号	期刊名称	2014 年被引频次
1	Circulation	11192
2	New England Journal of Medicine	7773
3	Journal of the American College of Cardiology	6306
4	The Lancet	4761
5	Diabetes Care	4148
6	PLoS One	3718
7	American Journal of Cardiology	3630
8	European Heart Journal	3623
9	Hepatology	3541
10	Journal of the American Medical Association	3186

第 12 章 外科学学科高被引分析

12.1 学科论文概况

2009—2013 年，外科学学科共有 261230 位来自 34684 所机构的论文第一作者在 1671 种期刊上发表了 323656 篇学术论文。其中，80%以上的论文产出自 4328 所机构、184251 位作者，发表在 248 种期刊上。在前 5 年发表的这些论文中，有 106187 篇在 2014 年获得过引用，整体被引率为 32.8%，总被引频次为 193981 次，篇均被引 0.60 次；其中，高被引论文有 1297 篇，单篇论文最高被引频次为 213 次，累计被引 13691 次，篇均被引 10.56 次（表 12-1）。另外，2014 年外科学学科共发表论文 64556 篇，其中有 4239 篇在当年获得过引用，总共被引 5434 次。

表 12-1 外科学学科论文分布情况

年份	论文篇数	2014 年被引频次	2014 年被引率（%）	2014 年高被引论文			
				论文篇数	最高被引频次	总被引频次	篇均被引频次
2009	57858	23646	24.3	157	117	1809	11.52
2010	65575	37737	31.6	268	192	2911	10.86
2011	66124	44887	35.6	250	189	3104	12.42
2012	65400	46026	37.2	321	213	3257	10.15
2013	68699	41685	34.2	301	180	2610	8.67
合计	323656	193981	32.8	1297	213	13691	10.56

从外科学学科论文的地域分布来看，2014 年被引频次较高的 5 个省、直辖市或自治区依次是广东、江苏、北京、浙江和上海（图 12-1）；5 年论文产出量较多的 5 个省、直辖市或自治区依次是广东、江苏、河南、北京和浙江（图 12-2）。

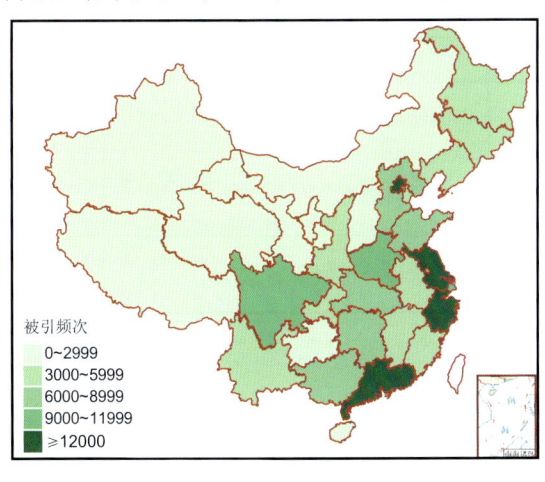

图 12-1 2014 年外科学学科地区被引分布

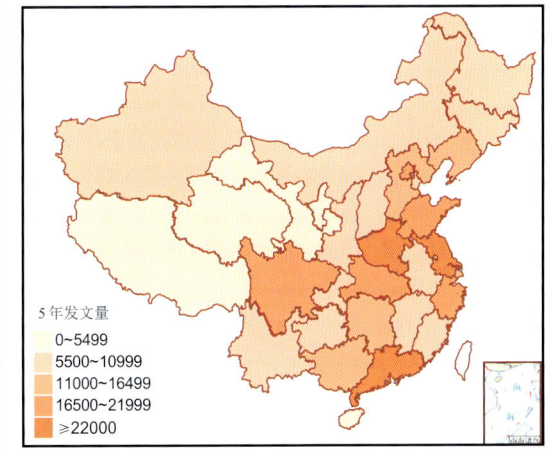

图 12-2 外科学学科 5 年论文产出地区分布

12.2 高被引论文分析

在外科学学科，2014年被引频次位居前10位的论文（表12-2）平均被引频次为40.4次，是全部1297篇高被引论文篇均被引频次的3.8倍。其中，被引频次最高的论文是黄天雯于2011年发表的《骨科无痛病房护理工作模式的建立》，随后2篇分别是董家鸿于2009年发表的《精准肝切除——21世纪肝脏外科新理念》和罗从风于2009年发表的《基于CT的胫骨平台骨折的三柱分型》。

从论文分布来看，刊载高被引论文数量居前的3种期刊分别是《中国实用外科杂志》（64篇）、《临床麻醉学杂志》（40篇）和《中国矫形外科杂志》（38篇）；发表高被引论文居前的3位学者分别是上海交通大学医学院附属瑞金医院的郑民华（6篇）、中南大学湘雅医院的唐举玉（5篇）和安徽省巢湖市紫晨手外科医院的江起庭（4篇）；产出高被引论文数量居前的3所机构分别是北京大学人民医院（19篇）、四川大学华西医院（13篇）和中国人民解放军总医院（13篇），而第三军医大学新桥医院和中山大学附属第一医院分别产出了高被引论文TOP 10中的2篇。

表12-2 外科学学科高被引论文TOP 10

序号	论文题名	第一作者	期刊名称	发表年份	被引频次 总频次	被引频次 2014年
1	骨科无痛病房护理工作模式的建立	黄天雯	中华护理杂志	2011	164	57
2	精准肝切除——21世纪肝脏外科新理念	董家鸿	中华外科杂志	2009	224	49
3	基于CT的胫骨平台骨折的三柱分型	罗从风	中华创伤骨科杂志	2009	167	47
4	皮瓣移植临床应用应坚持原则	庞水发	中华显微外科杂志	2010	145	46
5	经皮椎体成形术和经皮椎体后凸成形术治疗骨质疏松性椎体压缩骨折	杨丰建	中国脊柱脊髓杂志	2011	106	40
6	应用中国商环包皮环切手术标准化方案对328例成年男性包皮环切的临床报告	程跃	中华男科学杂志	2009	117	37
6	成人术后疼痛治疗进展	徐建国	临床麻醉学杂志	2011	86	37
8	完整结肠系膜切除在结肠癌手术治疗中的应用	叶颖江	中国实用外科杂志	2011	72	32
9	椎间孔镜YESS与TESSYS技术治疗腰椎间盘突出症	周跃	中华骨科杂志	2010	87	30
10	腰椎间盘突出症疼痛发生机制的研究进展	王洪伟	中国矫形外科杂志	2011	72	29

12.3 研究主题关联分析

在外科学学科，高被引论文累计被 2014 年发表的 19386 篇论文引用了 13691 次。通过分析施引文献关键词的词频及关键词之间的共现关系，获得 2014 年外科学学科的热点主题和主题关联，如图 12-3 所示（共现 25 次以下不显示）。由图 12-3 可知："腹腔镜""疗效"和"护理"等关键词的文档词频较高，是 2014 年学科的研究热点；"腹腔镜"与"胆囊切除术"等概念之间的共现次数较多，显示出它们之间主题关联较为紧密；以"腹腔镜"等概念为中心的研究主题簇初具规模。

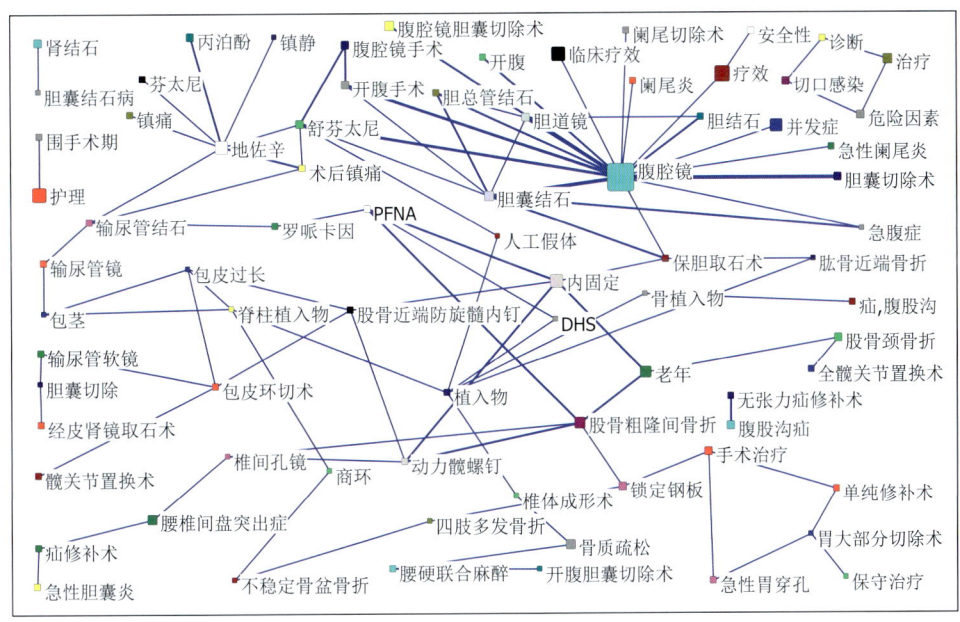

图 12-3　外科学学科 2014 年热点主题关联

12.4 学科高影响力期刊分析

12.4.1 学科高影响力期刊 TOP 10

在外科学学科，学科 5 年影响因子位居前 10 位的期刊见表 12-3，排在前 3 位的期刊分别是《中华显微外科杂志》《中国微创外科杂志》和《中华骨科杂志》。在表 12-3 中，学科载文量占其总载文量比例最大的期刊是《中国实用外科杂志》；前 5 年学科载文在 2014 年被引率最高的期刊是《中华显微外科杂志》和《北京大学学报（医学版）》；期刊 5 年影响因子较高的前 3 种期刊分别是《中华显微外科杂志》《中国微创外科杂志》和《中国实用外科杂志》；学科 5 年影响因子与期刊 5 年影响因子差异最大的期刊是《北京大学学报（医学版）》。表 12-3 中期刊的学科 5 年影响因子和前 5 年学科载文的 2014 年被引率对比如图 12-4 所示，2009—2014 年期刊 5 年影响因子的变动情况如图 12-5 所示。

表 12-3　外科学学科高影响力期刊基本指数

序号	期刊名称	前 5 年载文量			2014 年学科被引			5 年影响因子		h 指数 (学科)
		学科（篇）	占比（%）	总量（篇）	频次	被引率（%）	高被引论文篇数	期刊(2014)	学科(2014)	
1	中华显微外科杂志	1012	71.5	1416	1599	54.9	24	1.412	1.580	13
2	中国微创外科杂志	1291	54.0	2393	1819	54.1	26	1.356	1.409	13
3	中华骨科杂志	999	70.2	1424	1379	49.9	27	1.309	1.380	11
4	北京大学学报（医学版）	213	18.5	1151	285	54.9	6	1.050	1.338	8
5	中国实用外科杂志	2293	99.2	2311	3023	49.2	64	1.337	1.318	14
6	中国脊柱脊髓杂志	1168	75.9	1538	1520	49.6	24	1.221	1.301	10
7	中国骨伤	1475	79.9	1847	1870	54.0	20	1.205	1.268	9
8	南方医科大学学报	491	14.5	3396	596	52.8	10	0.946	1.214	11
9	重庆医学	1440	13.4	10747	1626	46.7	26	0.973	1.129	15
10	中华普外科手术学杂志（电子版）	209	38.9	538	232	43.5	2	0.874	1.110	6

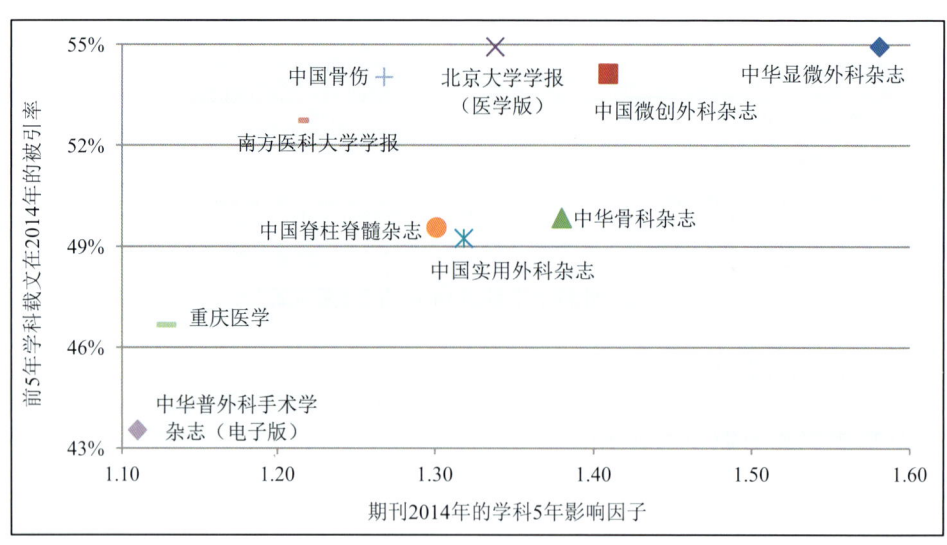

图 12-4　外科学学科高影响力期刊对比

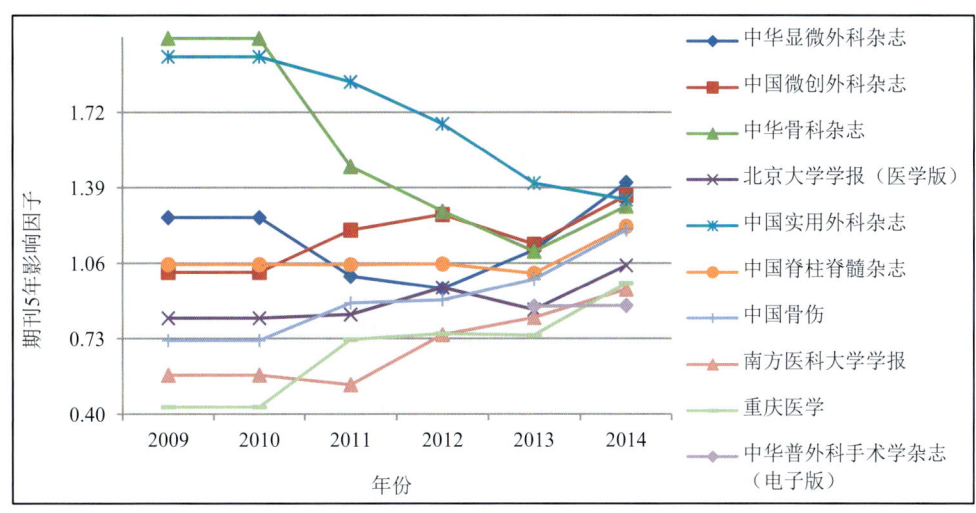

图 12-5　外科学学科期刊 5 年影响因子变动

12.4.2　学科高影响力期刊载文主题关联

通过期刊共被引分析，获得外科学学科高影响力期刊及与其他期刊之间的载文主题关联，如图 12-6 所示（共被引 91 次以下不显示）。结果显示，外科学学科的高影响力期刊相互链接较为紧密，基本主导了该学科的期刊共被引网络，显示出该学科高影响力期刊可能共同刊载了许多相近的研究主题，热点研究主题分散在多种期刊上。《中国微创外科杂志》和《中华骨科杂志》的学科 5 年影响因子较高，显示出该刊在学科内学术影响力较大；《中国骨与关节损伤杂志》与《中国矫形外科杂志》等期刊之间的链接较强，意味着它们之间可能有较多相同或相近的载文主题。

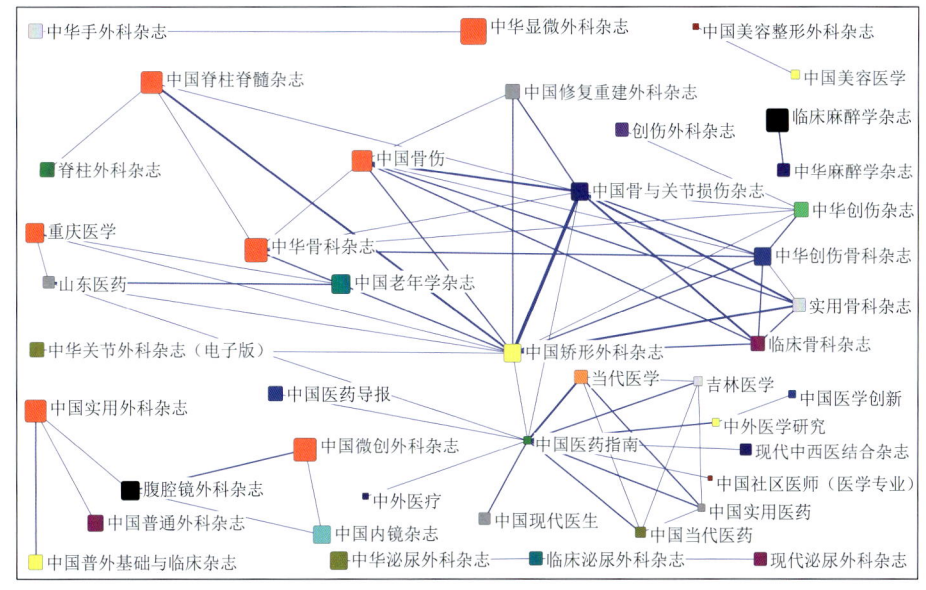

图 12-6　外科学学科高影响力期刊载文主题关联

12.5 高被引作者分析

12.5.1 高被引作者TOP 20

2009—2013 年，在 261230 位外科学学科论文的第一作者中，在 2014 年学科被引频次位居前 20 位的学者的发文及被引情况见表 12-4。其中，学科发文总被引频次较高的 3 位作者分别是宁波大学医学院附属宁波市第一医院的程跃（121 次）、上海交通大学医学院附属瑞金医院的郑民华（110 次）和中国人民解放军总医院肝胆外科医院的董家鸿（98 次）。高被引作者的 5 年学科发文数量从 1 篇到 39 篇不等，同时，作者学科发文的期刊分布也在 1 种到 15 种之间变化。在发文超过 5 篇的所有作者中，篇均被引较高的 3 位作者分别是北京大学第一医院的张宝善（篇均 12.80 次）、南京军区南京总医院的徐建国（篇均 10.60 次）和第三军医大学新桥医院的周跃（篇均 9.00 次）；前 5 年发表学科论文较多的 3 位作者分别是兰州军区兰州总医院的张功林（70 篇）、哈尔滨医科大学附属第一医院的孙备（39 篇）和深圳平乐骨伤科医院的贾斌（36 篇）。高被引作者的学科发文量和被引量对比如图 12-7 所示。

表 12-4 外科学学科高被引作者 TOP 20

序号	姓名	作者单位	前5年发文			前5年学科发文在2014年的被引				h指数（学科）
			学科发文（篇）	期刊分布（种）	发文总量（篇）	总频次	被引率（%）	最高（次）	篇均（次）	
1	程跃	宁波大学医学院附属宁波市第一医院	14	6	19	121	72.4	37	8.64	5
2	郑民华	上海交通大学医学院附属瑞金医院	30	14	102	110	66.7	14	3.67	7
3	董家鸿	中国人民解放军总医院肝胆外科医院	11	4	44	98	81.8	49	8.91	7
4	王洪伟	第三军医大学新桥医院	26	7	66	93	73.1	29	3.58	5
5	孙备	哈尔滨医科大学附属第一医院	39	7	48	84	69.2	8	2.15	5
6	叶颖江	北京大学人民医院	15	4	36	73	66.7	32	4.87	5
7	周跃	第三军医大学新桥医院	8	5	16	72	100.0	30	9.00	4
7	唐举玉	中南大学湘雅医院	13	6	20	72	53.9	18	5.54	5
7	庞水发	中山大学附属第一医院	2	1	2	72	100.0	46	36.00	2
10	黄志强	中国人民解放军总医院	21	11	37	65	66.7	19	3.10	5
11	张宝善	北京大学第一医院	5	5	5	64	100.0	23	12.80	4
12	顾玉东	复旦大学附属华山医院	28	7	34	63	46.4	14	2.25	5
13	江起庭	安徽省巢湖市紫晨手外科医院	30	15	37	59	46.7	13	1.97	6

序号	姓名	作者单位	前5年发文			前5年学科发文在2014年的被引				h指数(学科)
			学科发文(篇)	期刊分布(种)	发文总量(篇)	总频次	被引率(%)	最高(次)	篇均(次)	
14	黄天雯	中山大学附属第一医院	1	1	19	57	100.0	57	57.00	3
15	姜保国	北京大学人民医院	11	4	17	56	90.9	17	5.09	5
16	罗从风	上海交通大学附属第六人民医院	4	4	5	53	100.0	47	13.25	2
16	徐建国	南京军区南京总医院	5	2	9	53	60.0	37	10.60	2
18	陈双	中山大学孙逸仙纪念医院	12	5	14	50	66.7	13	4.17	5
19	杨帆	华中科技大学同济医学院附属同济医院	17	9	24	49	76.5	17	2.88	4
20	唐健雄	复旦大学附属华东医院	27	11	28	46	48.2	12	1.70	4

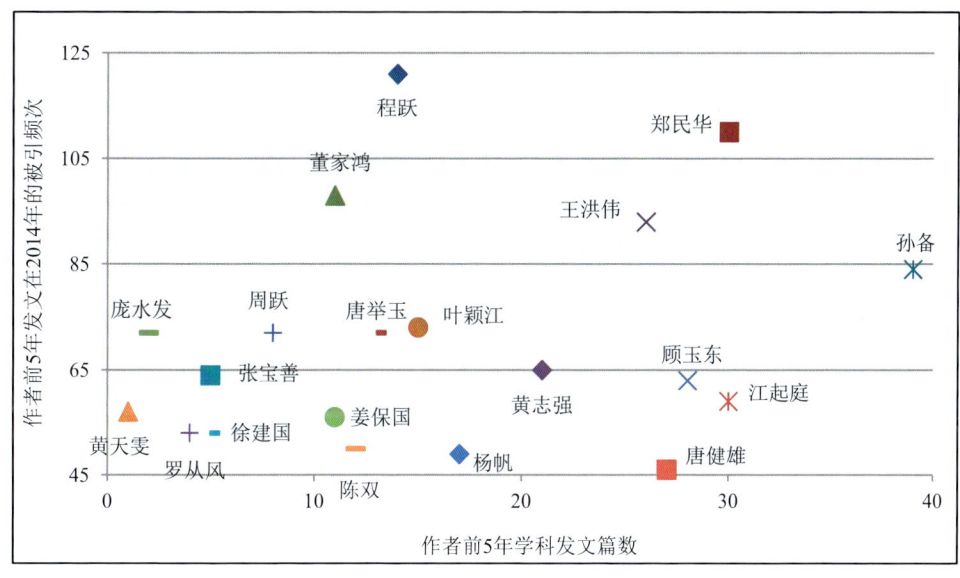

图 12-7 外科学学科高被引作者学科发文及被引对比

12.5.2 高被引作者科研合作关系

通过作者合著分析，获得2014年外科学学科高被引作者及与其他学者之间的科研论文合作关系（不考虑论文署名次序），如图12-8所示（合著6次以下不显示）。可以看出，外科学学科的高被引作者的论文合作现象比较普遍，而且合著人数较多。学者孙备、郑民华和江起庭的发文量较多；姜保国的论文合作网络最为突出，在该学科的研究人员中表现出一定的集聚效应；李长青和周跃、姜保国和张殿英等学者之间的合作关系最为紧密，显示出他们可能分别属于同一支科研团队。

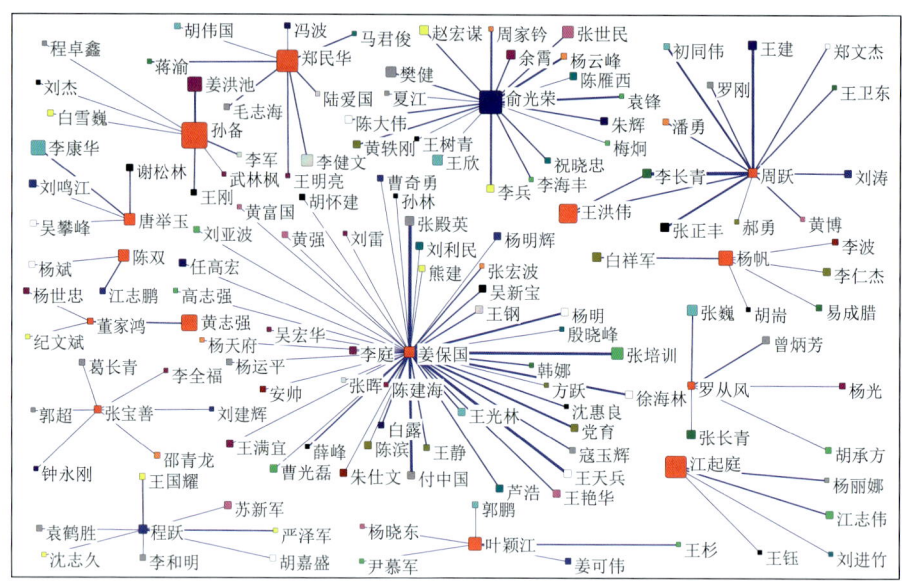

图 12-8　外科学学科高被引作者科研论文合作关系

12.5.3　高被引作者发文主题关联

通过作者共被引分析，获得 2014 年外科学学科高被引作者及与其他学者之间的发文主题关联（见图 12-9，共被引 4 次以下不显示）。如图 12-9 所示，外科学学科的高被引作者基本主导了作者共被引网络，显示出该学科在热点主题上已经形成了优势较为明显的科研力量。学者郑民华的节点较大，显示出其学术成果在学科内得到较多关注；以唐举玉、程跃等学者为主要节点的共被引作者簇人数较多，意味着这些学者的研究主题关联可能较为紧密；唐举玉与张世民等学者之间的链接较强，意味着他们之间可能有较为相近的研究主题。

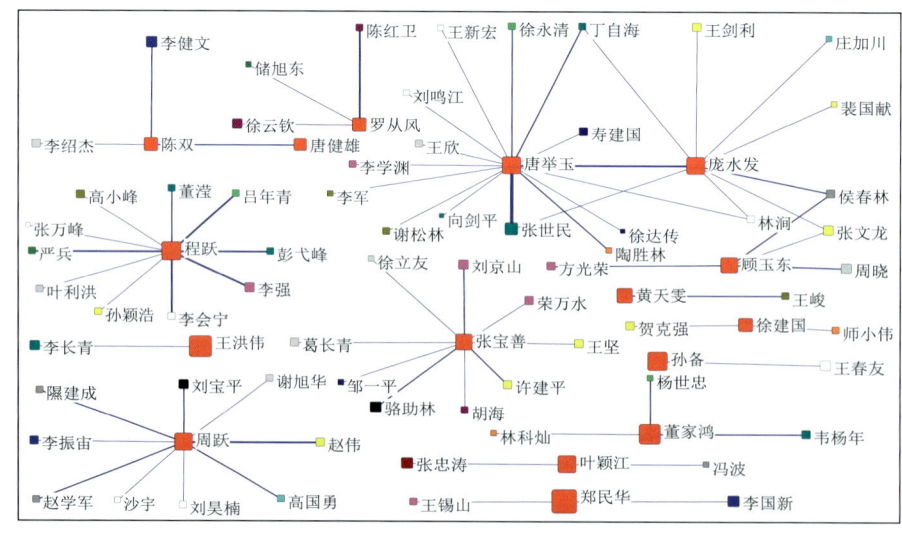

图 12-9　外科学学科高被引作者发文主题关联

12.6 高被引机构分析

12.6.1 高被引机构

为便于比较,本书将外科学学科的高被引机构分为医院和高等院校/科研院所两种类型。其中,被引频次 TOP 10 医院和被引频次 TOP 5 高等院校/科研院所的发文及被引情况分别见表 12-5 和表 12-6。其中,总被引频次较高的 3 所医院分别是中国人民解放军总医院、四川大学华西医院和上海交通大学附属第六人民医院,南京中医药大学、天津医科大学和浙江中医药大学是总被引频次较高的 3 所高等院校/科研院所;前 5 年学科发文在 2014 年的被引率最高的医院和高等院校/科研院所分别是北京大学第三医院和南京中医药大学,篇均被引最高的医院和高等院校/科研院所分别是北京大学人民医院和南京中医药大学。上述高被引机构的论文被引率和篇均被引频次对比如图 12-10 所示。

表 12-5 外科学学科高被引医院 TOP 10

序号	第一作者单位	学科发文量(篇)		前 5 年学科发文在 2014 年的被引			
		前 5 年	2014 年	频次	被引率(%)	最高(次)	篇均(次)
1	中国人民解放军总医院	1727	277	1248	35.1	19	0.72
2	四川大学华西医院	1715	269	1238	34.6	12	0.72
3	上海交通大学附属第六人民医院	1103	162	1107	43.5	47	1.00
4	南京军区南京总医院	993	119	929	39.0	37	0.94
5	中山大学附属第一医院	1097	121	876	36.2	57	0.80
6	北京大学人民医院	648	101	829	46.0	32	1.28
7	第二军医大学附属长海医院	987	119	767	39.2	16	0.78
8	北京协和医院	1023	187	763	35.9	22	0.75
9	北京大学第三医院	708	100	746	47.9	14	1.05
10	上海交通大学医学院附属瑞金医院	884	117	741	37.7	14	0.84

表 12-6 外科学学科高被引高等院校/科研院所 TOP 5

序号	第一作者单位	学科发文量(篇)		前 5 年学科发文在 2014 年的被引			
		前 5 年	2014 年	频次	被引率(%)	最高(次)	篇均(次)
1	南京中医药大学	470	73	354	41.3	7	0.75
2	天津医科大学	391	73	290	36.3	7	0.74
3	浙江中医药大学	341	49	231	34.9	15	0.68
4	南方医科大学	283	41	188	35.7	13	0.66
5	潍坊医学院	351	55	143	21.7	10	0.41

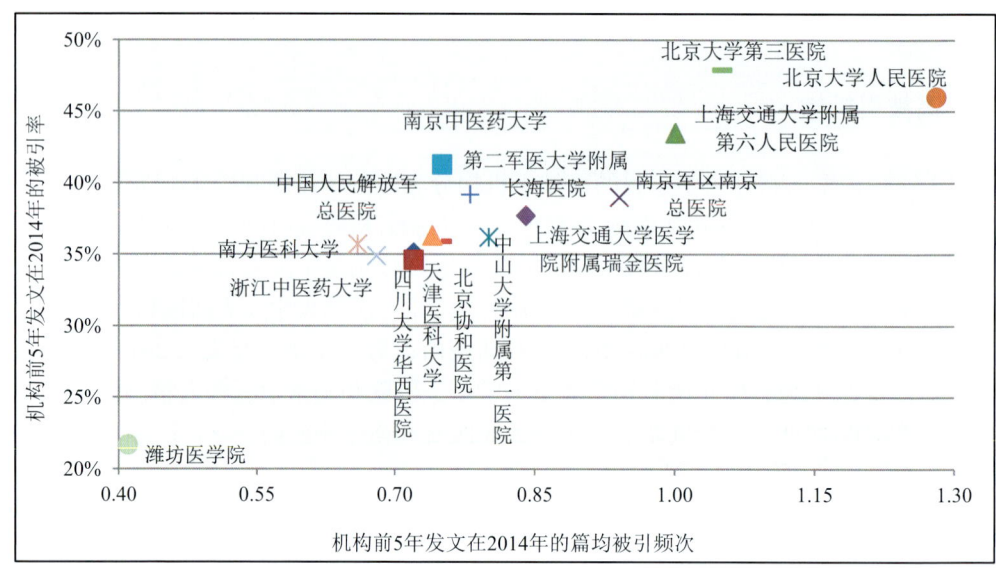

图 12-10　外科学学科高被引机构论文篇均被引及被引率对比

12.6.2　高被引机构科研合作关系

通过合著分析，获得外科学学科高被引机构之间及其与其他机构之间的科研合作关联，如图 12-11 所示（合作 81 次以下不显示）。分析得知，外科学学科的机构合作链接比较紧密，表明学科内机构合作现象普遍；高被引机构合作网络尚未形成；北京积水潭医院和北京大学人民医院等机构之间的链接较强，表明它们的学术合作较为频繁。

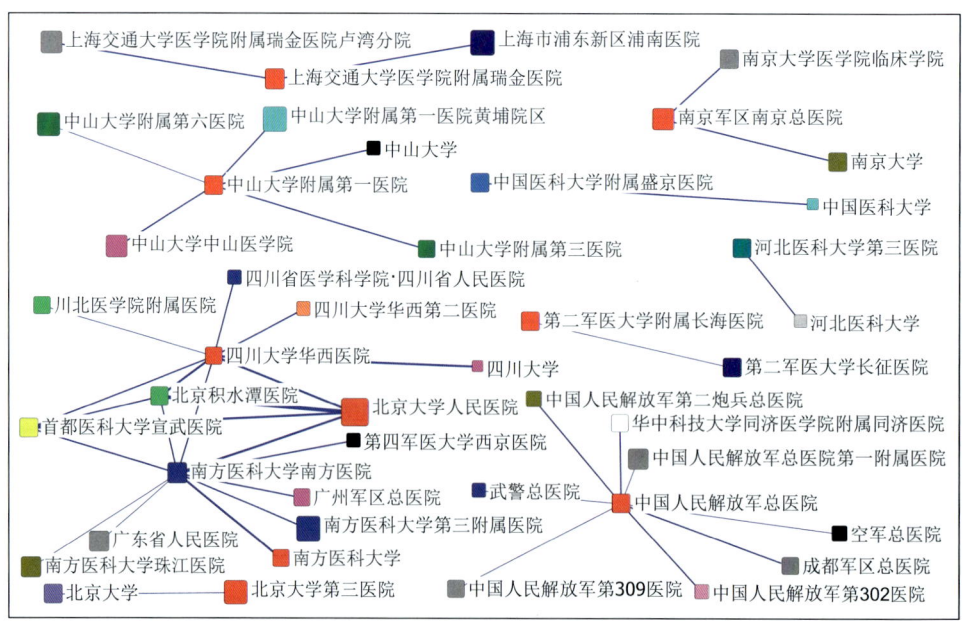

图 12-11　外科学学科高被引机构科研合作关联

12.7 高被引图书、国外期刊及学术会议

2014 年,外科学学科被引频次位居前 10 位的图书及国外期刊见表 12-7 和表 12-8。其中,被引次数较多的 3 种图书分别是吴在德的《外科学》、胥少汀的《实用骨科学》和庄心良的《现代麻醉学》;被引次数较多的 3 种国外期刊分别是《Spine》《Journal of Bone and Joint Surgery(American volume)》和《Clinical Orthopaedics and Related Research》;被引次数较多的 3 场学术会议分别是"Proceedings of the 6th World Congress of Endoscopic Surgery""2013 San Antonio Breast Cancer Symposium"和"Transplantation Proceedings"。

表 12-7 外科学学科高被引图书 TOP 10

序号	责任者	图书名称	出版社	2014 年被引频次
1	吴在德	外科学	人民卫生出版社	604
2	胥少汀	实用骨科学	人民军医出版社	512
3	庄心良	现代麻醉学	人民卫生出版社	451
4	王亦璁	骨与关节损伤	人民卫生出版社	397
5	国家中医药管理局	中医病证诊断疗效标准	南京大学出版社	250
6	陈孝平	外科学	人民卫生出版社	190
7	吴阶平	吴阶平泌尿外科学	山东科学技术出版社	186
8	王忠诚	神经外科学	湖北科学技术出版社	182
9	王海燕	肾脏病学	人民卫生出版社	168
10	王忠诚	王忠诚神经外科学	湖北科学技术出版社	159

表 12-8 外科学学科高被引国外期刊 TOP 10

序号	期刊名称	2014 年被引频次
1	Spine	6764
2	Journal of Bone and Joint Surgery(American volume)	5240
3	Clinical Orthopaedics and Related Research	3707
4	Journal of Urology	3237
5	Injury	2558
6	New England Journal of Medicine	2486
7	Journal of Bone and Joint Surgery(British volume)	2427
8	Anesthesia & Analgesia	2344
9	European Spine Journal	2078
10	Surgical Endoscopy	1997

第 13 章　妇产科学、儿科学学科高被引分析

13.1　学科论文概况

2009—2013 年，妇产科学、儿科学学科共有 164597 位来自 30111 所机构的论文第一作者在 1399 种期刊上发表了 196624 篇学术论文。其中，80%以上的论文产出自 5691 所机构、116923 位作者，发表在 174 种期刊上。在前 5 年发表的这些论文中，有 67064 篇在 2014 年获得过引用，整体被引率为 34.1%，总被引频次为 130162 次，篇均被引 0.66 次；其中，高被引论文有 796 篇，单篇论文最高被引频次为 138 次，累计被引 9529 次，篇均被引 11.97 次（表 13-1）。另外，2014 年妇产科学、儿科学学科共发表论文 43657 篇，其中有 2647 篇在当年获得过引用，总共被引 3452 次。

表 13-1　妇产科学、儿科学学科论文分布情况

年份	论文篇数	2014 年被引频次	2014 年被引率（%）	2014 年高被引论文			
				论文篇数	最高被引频次	总被引频次	篇均被引频次
2009	34044	15105	24.9	91	69	1190	13.08
2010	41697	26572	32.5	142	101	2024	14.25
2011	39221	31023	38.7	178	131	2423	13.61
2012	39336	30281	38.2	165	120	1990	12.06
2013	42326	27181	35.0	220	138	1902	8.65
合计	196624	130162	34.1	796	138	9529	11.97

从妇产科学、儿科学学科论文的地域分布来看，2014 年被引频次较高的 5 个省、直辖市或自治区依次是广东、北京、河南、江苏和浙江（图 13-1）；5 年论文产出量较多的 5 个省、直辖市或自治区依次是广东、河南、江苏、山东和浙江（图 13-2）。

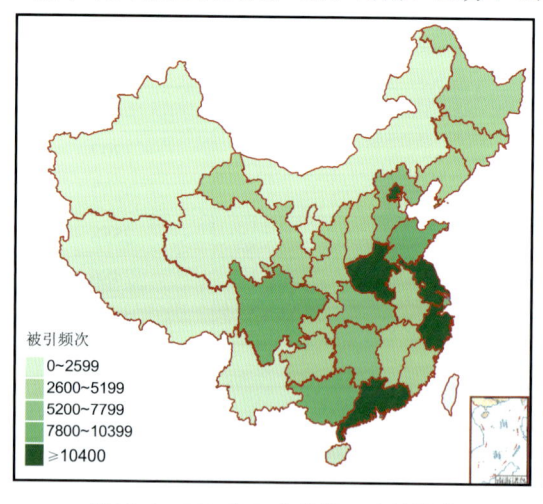

图13-1　2014年妇产科学、儿科学学科地区被引分布

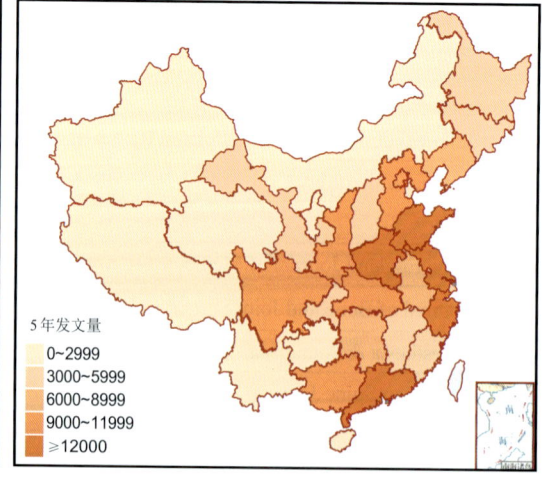

图13-2　妇产科学、儿科学学科5年论文产出地区分布

13.2 高被引论文分析

在妇产科学、儿科学学科，2014 年被引频次位居前 10 位的论文（表 13-2）平均被引频次为 35.36 次，是全部 796 篇高被引论文篇均被引频次的 3.0 倍。其中，被引频次最高的论文是申昆玲于 2011 年发表的《糖皮质激素雾化吸入疗法在儿科应用的专家共识》，随后 2 篇分别是孙娟于 2010 年发表的《母婴床旁护理模式在产科的应用及其效果》和王九丽于 2011 年发表的《硫酸镁及硫酸镁联合硝苯地平治疗妊高症 84 例疗效比较》。

从论文分布来看，刊载高被引论文数量居前的 3 种期刊分别是《实用妇产科杂志》（63 篇）、《中国实用妇科与产科杂志》（47 篇）和《中华妇产科杂志》（41 篇），而《中国实用妇科与产科杂志》刊载了高被引论文 TOP 10 中的 4 篇；发表高被引论文居前的 3 位学者分别是北京大学第一医院的杨慧霞（6 篇）、中山大学附属第一医院的陈玉清（3 篇）和国家人口计生委科学技术研究所的吴尚纯（3 篇）；产出高被引论文数量居前的 3 所机构分别是北京大学第一医院（22 篇）、四川大学华西第二医院（18 篇）和北京协和医院（13 篇），而北京大学第一医院产出了高被引论文 TOP 10 中的 2 篇。

表 13-2 妇产科学、儿科学学科高被引论文 TOP 10

序号	论文题名	第一作者	期刊名称	发表年份	被引频次 总频次	被引频次 2014 年
1	糖皮质激素雾化吸入疗法在儿科应用的专家共识	申昆玲	临床儿科杂志	2011	174	61
2	母婴床旁护理模式在产科的应用及其效果	孙娟	中华护理杂志	2010	108	38
3	硫酸镁及硫酸镁联合硝苯地平治疗妊高症 84 例疗效比较	王九丽	航空航天医学杂志	2011	85	37
4	宫缩乏力性产后出血治疗现状	严宇	中国实用妇科与产科杂志	2010	124	36
4	中国剖宫产现状与思考	张为远	实用妇产科杂志	2011	114	36
6	中国人工流产的现状与对策建议	吴尚纯	中国医学科学院学报	2010	102	32
6	凶险型前置胎盘的诊断及处理	刘兴会	中国实用妇科与产科杂志	2011	84	32
8	瘢痕子宫妊娠分娩时机及分娩方式选择	陈廉	中国实用妇科与产科杂志	2010	123	30
9	中国剖宫产现状及其远期影响	廖予妹	中国实用妇科与产科杂志	2010	87	29
9	剖宫产术后子宫瘢痕妊娠 42 例临床分析	尹玲	中华妇产科杂志	2009	112	29
9	妊娠期糖尿病诊断标准的新里程碑	杨慧霞	中华围产医学杂志	2010	86	29

13.3 研究主题关联分析

在妇产科学、儿科学学科，高被引论文累计被2014年发表的19386篇论文引用了9529次。通过分析施引文献关键词的词频及关键词之间的共现关系，获得2014年妇产科学、儿科学学科的热点主题和主题关联，如图13-3所示（共现22次以下不显示）。由图13-3可知："产后出血""剖宫产""腹腔镜"等关键词的文档词频较高，是2014年学科的研究热点；以"产后出血""剖宫产""缩宫素"等关键词为主要节点的多个概念相互关联，构成了学科内最为突出的研究主题簇。

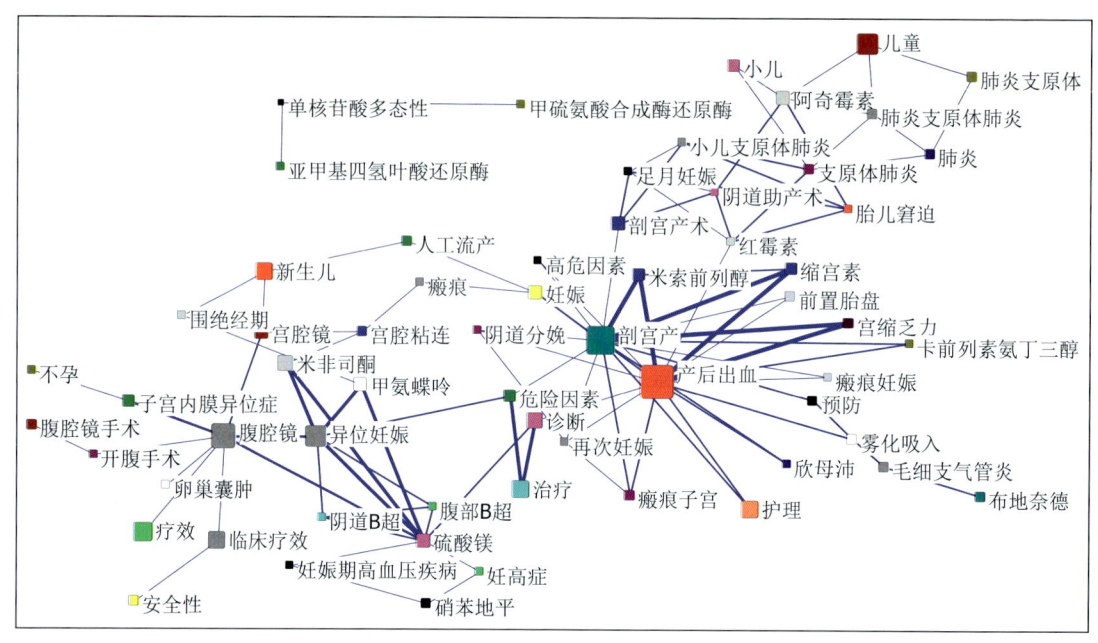

图13-3 妇产科学、儿科学学科2014年热点主题关联

13.4 学科高影响力期刊分析

13.4.1 学科高影响力期刊 TOP 10

在妇产科学、儿科学学科，学科5年影响因子位居前10位的期刊见表13-3，排在前3位的期刊分别是《中华妇产科杂志》《实用妇产科杂志》和《中山大学学报（医学科学版）》。在表13-3中，学科载文量占其总载文量比例最大的期刊是《中国实用妇科与产科杂志》；前5年学科载文在2014年被引率最高的期刊是《中山大学学报（医学科学版）》；期刊5年影响因子较高的前3种期刊分别是《中华妇产科杂志》《中华儿科杂志》和《实用妇产科杂志》；学科5年影响因子与期刊5年影响因子差异最大的期刊是《中山大学学报（医学科学版）》。表13-3中期刊的学科5年影响因子和前5年学科载文的2014年被引率对比如图13-4所示，2009—2014年期刊5年影响因子的变动情况如图13-5所示。

表 13-3　妇产科学、儿科学学科高影响力期刊基本指数

序号	期刊名称	前5年载文量			2014年学科被引			5年影响因子		h指数（学科）
		学科（篇）	占比（%）	总量（篇）	频次	被引率（%）	高被引论文篇数	期刊(2014)	学科(2014)	
1	中华妇产科杂志	777	51.9	1498	1444	52.1	41	1.645	1.858	16
2	实用妇产科杂志	1581	70.8	2233	2726	48.0	63	1.504	1.724	15
3	中山大学学报（医学科学版）	145	12.6	1149	237	54.5	4	0.872	1.634	8
4	中国实用妇科与产科杂志	1650	86.8	1900	2537	49.8	47	1.407	1.538	16
5	临床儿科杂志	1344	70.0	1921	1981	50.8	29	1.191	1.474	12
6	中华儿科杂志	901	68.9	1307	1254	45.5	29	1.511	1.392	16
7	中国循证儿科杂志	324	68.5	473	387	45.7	4	1.203	1.194	8
8	中国妇产科临床杂志	606	60.3	1005	707	41.4	10	1.092	1.167	10
9	中国新生儿科杂志	694	81.7	850	808	46.8	7	1.109	1.164	8
10	中国当代儿科杂志	811	47.5	1706	900	44.3	8	0.889	1.110	9

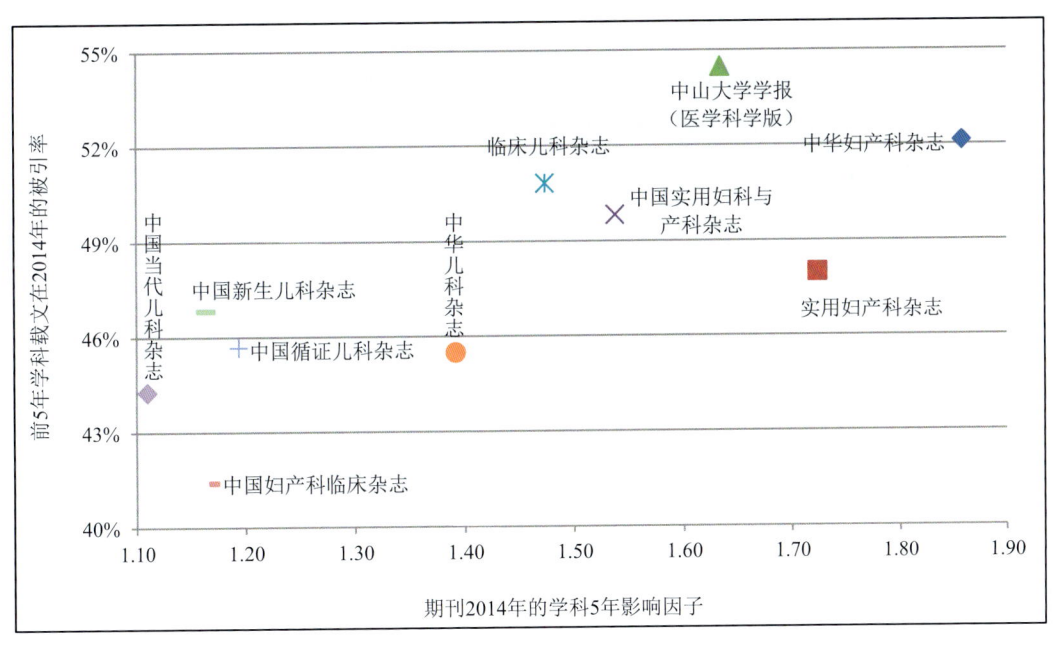

图 13-4　妇产科学、儿科学学科高影响力期刊对比

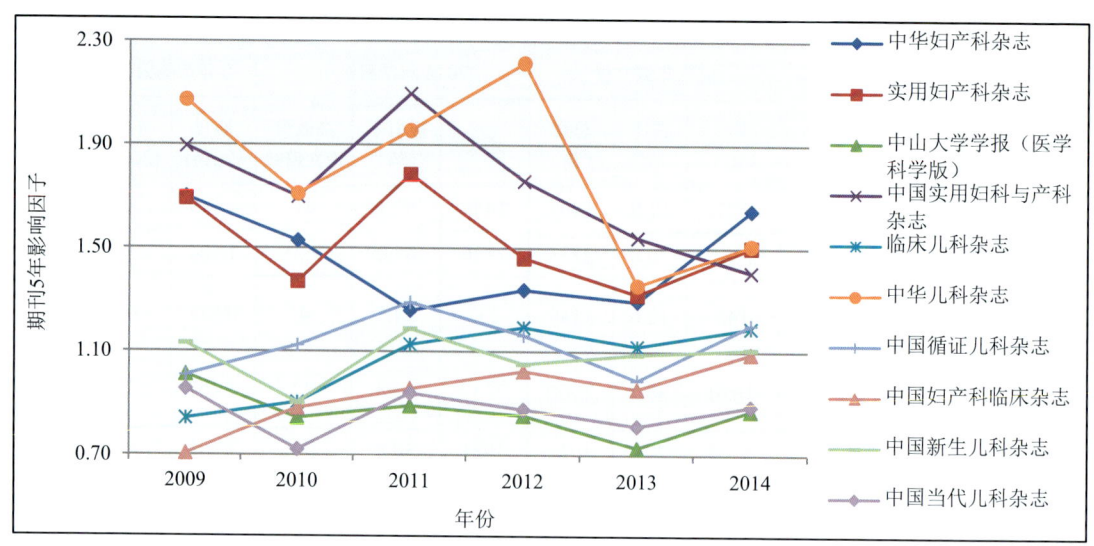

图 13-5 妇产科学、儿科学学科期刊 5 年影响因子变动

13.4.2 学科高影响力期刊载文主题关联

通过期刊共被引分析，获得妇产科学、儿科学学科高影响力期刊及与其他期刊之间的载文主题关联，如图13-6所示（共被引98次以下不显示）。结果显示，妇产科学、儿科学学科的高影响力期刊相互链接较为紧密，基本主导了该学科的期刊共被引网络，显示出该学科高影响力期刊可能共同刊载了许多相近的研究主题，热点研究主题分散在多种期刊上。《中华妇产科杂志》的学科5年影响因子较高，显示出该刊在学科内学术影响力较大；《中国妇幼保健》与《中国实用妇科与产科杂志》《实用妇产科杂志》等期刊之间的链接较强，意味着它们之间可能有较多相同或相近的载文主题。

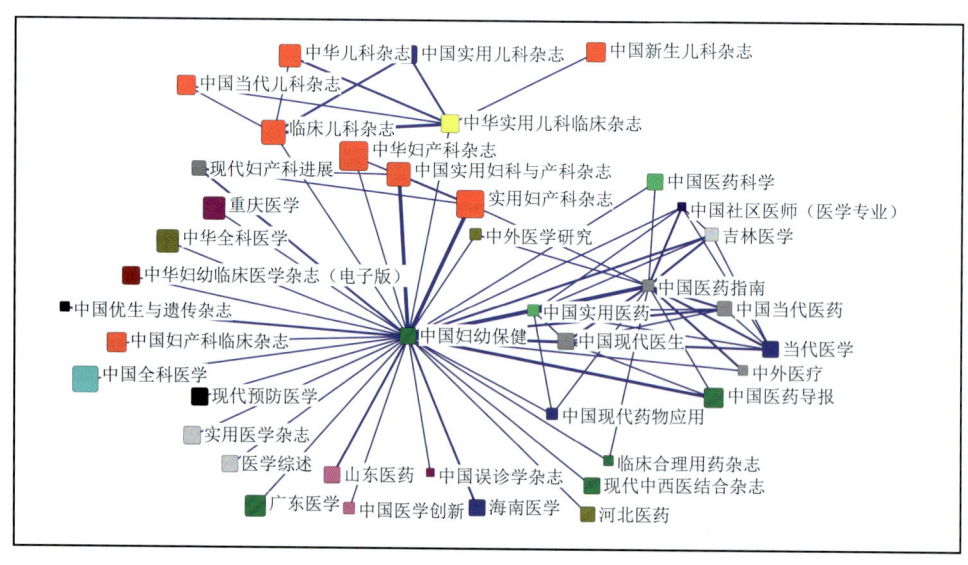

图 13-6 妇产科学、儿科学学科高影响力期刊载文主题关联

13.5 高被引作者分析

13.5.1 高被引作者TOP 20

2009—2013年，在164597位妇产科学、儿科学学科论文的第一作者中，在2014年学科被引频次位居前20位的学者的发文及被引情况见表13-4。其中，学科发文总被引频次较高的3位作者分别是北京大学第一医院的杨慧霞（135次）、四川大学华西第二医院的刘兴会（81次）和第三军医大学大坪医院野战外科研究所的李力（69次）。高被引作者的5年学科发文数量从3篇到32篇不等，同时，作者学科发文的期刊分布也在1种到12种之间变化。在发文超过5篇的所有作者中，篇均被引较高的3位作者分别是国家人口计生委科学技术研究所的吴尚纯（篇均11.00次）、天津医科大学总医院的范爱萍（篇均7.17次）和首都儿科研究所的米杰（篇均6.80次）；前5年发表学科论文较多的3位作者分别是中国医科大学附属第一医院的施萍（37篇）、南方医科大学南方医院的陈春林（32篇）和北京大学第一医院的杨慧霞（31篇）。高被引作者的学科发文量和被引量对比如图13-7所示。

表13-4 妇产科学、儿科学学科高被引作者TOP 20

序号	姓名	作者单位	前5年发文			前5年学科发文在2014年的被引				h指数(学科)
			学科发文（篇）	期刊分布（种）	发文总量（篇）	总频次	被引率（%）	最高（次）	篇均（次）	
1	杨慧霞	北京大学第一医院	31	12	57	135	58.1	29	4.35	8
2	刘兴会	四川大学华西第二医院	15	6	18	81	73.3	32	5.40	5
3	李力	第三军医大学大坪医院野战外科研究所	18	5	26	69	72.2	23	3.83	5
4	申昆玲	首都医科大学附属北京儿童医院	4	4	7	66	75.0	61	16.50	2
4	吴尚纯	国家人口计生委科学技术研究所	6	5	9	66	66.7	32	11.00	5
6	冷金花	北京协和医院	15	7	16	54	93.3	18	3.60	4
6	陈玉清	中山大学附属第一医院	9	5	15	54	77.8	22	6.00	5
8	廖秦平	北京大学第一医院	9	5	10	50	88.9	15	5.56	5
8	郎景和	北京协和医院	22	9	42	50	50.0	10	2.27	4
10	洪建国	上海交通大学附属第一人民医院	13	4	19	49	76.9	24	3.77	4
11	刘朝晖	北京大学第一医院	14	6	16	48	85.7	13	3.43	4
11	林建华	上海交通大学医学院附属仁济医院	13	4	18	48	69.2	23	3.69	4
11	陈春林	南方医科大学南方医院	32	5	45	48	53.1	14	1.50	4

序号	姓名	作者单位	前5年发文			前5年学科发文在2014年的被引				h指数(学科)
			学科发文（篇）	期刊分布（种）	发文总量（篇）	总频次	被引率（%）	最高（次）	篇均（次）	
14	陈敦金	广州医学院附属第三医院	18	5	18	43	72.2	9	2.39	4
14	范爱萍	天津医科大学总医院	6	3	6	43	83.3	27	7.17	4
16	方鹤松	首都儿科研究所	4	1	5	41	100.0	19	10.25	3
16	肖兵	四川省妇幼保健院	15	2	16	41	80.0	19	2.73	3
16	应豪	同济大学附属第一妇婴保健院	9	4	9	41	44.4	16	4.56	4
19	贺晶	浙江大学医学院附属妇产科医院	15	9	16	40	46.7	14	2.67	4
19	李辉	首都儿科研究所	3	2	17	40	100.0	21	13.33	3

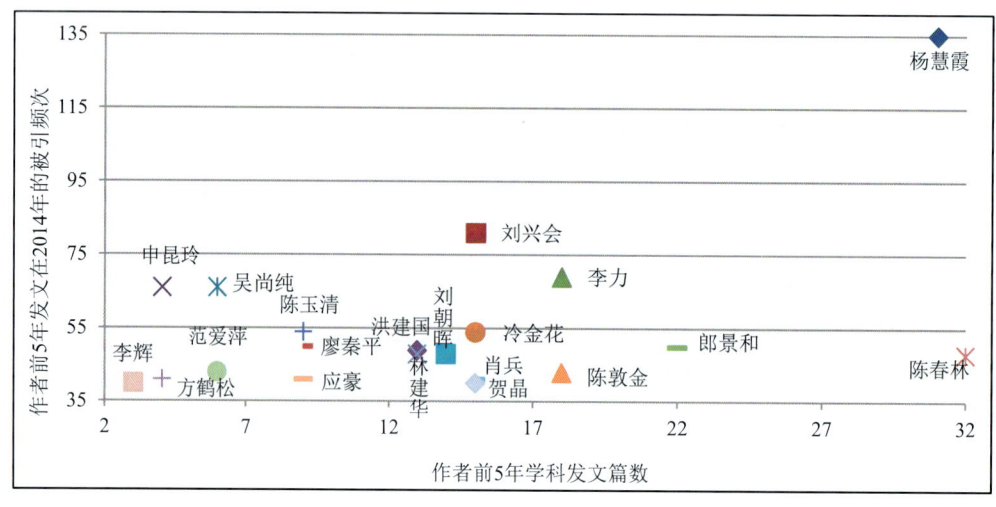

图 13-7　妇产科学、儿科学学科高被引作者学科发文及被引对比

13.5.2　高被引作者科研合作关系

通过作者合著分析，获得 2014 年妇产科学、儿科学学科高被引作者及与其他学者之间的科研论文合作关系（不考虑论文署名次序），如图 13-8 所示（合著 7 次以下不显示）。可以看出，妇产科学、儿科学学科的高被引作者的论文合作现象比较普遍。学者杨慧霞和陈春林的发文量较多；郎景和和陈春林的论文合作网络较为突出，在该学科的研究人员中表现出一定的集聚效应；郎景和和朱兰等学者之间的合作关系最为紧密，显示出他们可能属于同一支科研团队。

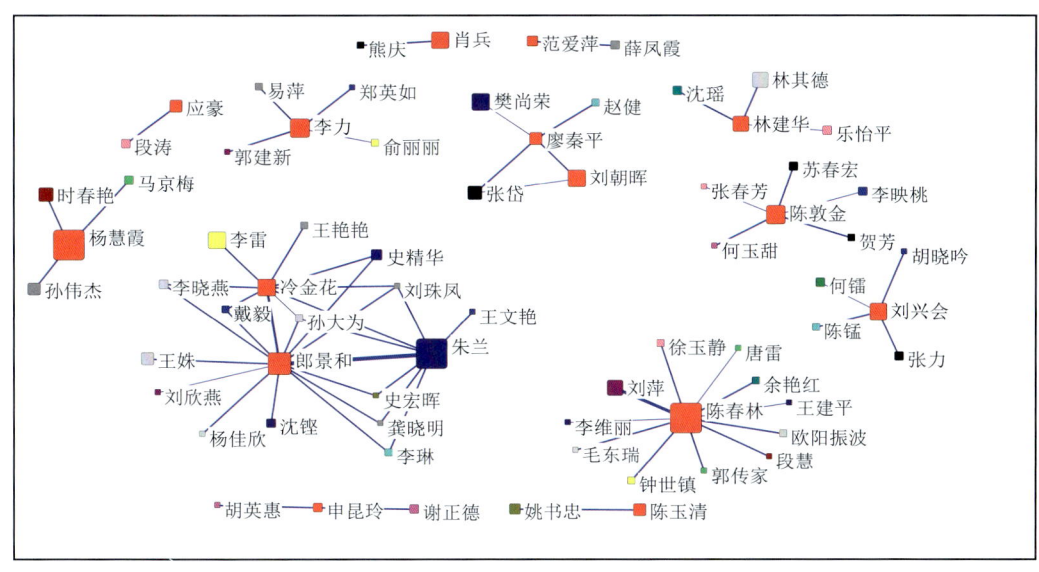

图 13-8　妇产科学、儿科学学科高被引作者科研论文合作关系

13.5.3　高被引作者发文主题关联

通过作者共被引分析，获得 2014 年妇产科学、儿科学学科高被引作者及与其他学者之间的发文主题关联（见图 13-9，共被引 3 次以下不显示）。如图 13-9 所示，妇产科学、儿科学学科的高被引作者基本主导了作者共被引网络，显示出该学科在热点主题上已经形成了优势较为明显的科研力量。学者杨慧霞和刘兴会的节点较大，显示出他们的学术成果在学科内得到较多关注；范爱萍与周朝阳、林怀宪等学者之间的链接较强，意味着他们之间可能有较为相近的研究主题；以杨慧霞、刘兴会等学者为主要节点的共被引作者簇人数较多且网络规模较大，意味着这些学者的研究主题关联可能较为紧密。

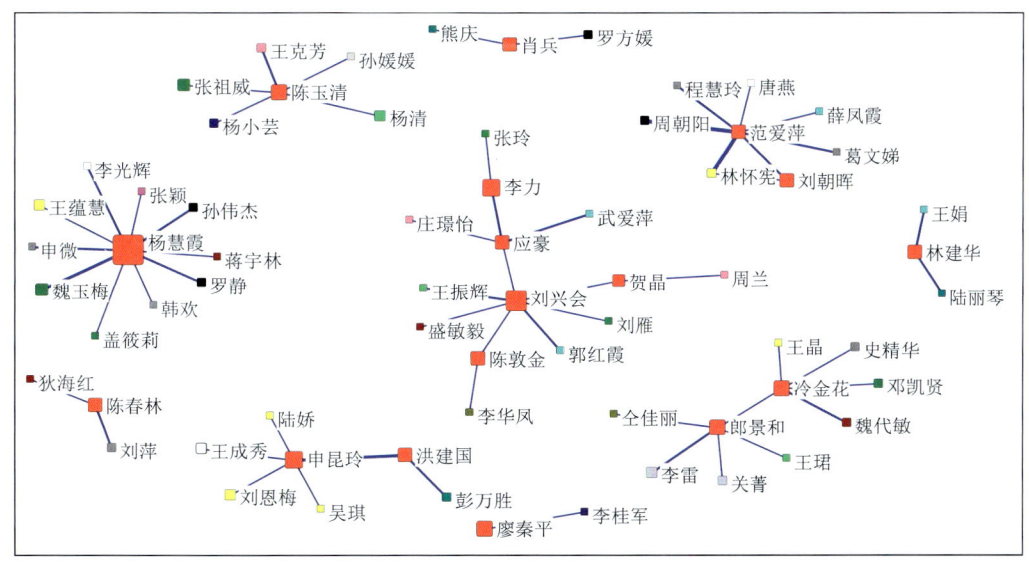

图 13-9　妇产科学、儿科学学科高被引作者发文主题关联

13.6 高被引机构分析

13.6.1 高被引机构

为便于比较,本书将妇产科学、儿科学学科的高被引机构分为医院和高等院校/科研院所两种类型。其中,被引频次 TOP 10 医院和被引频次 TOP 5 高等院校/科研院所的发文及被引情况分别见表 13-5 和表 13-6。其中,总被引频次较高的 3 所医院分别是四川大学华西第二医院、北京大学第一医院和中国医科大学附属盛京医院,首都儿科研究所、南京中医药大学和北京大学是总被引频次较高的 3 所高等院校/科研院所;前 5 年学科发文在 2014 年的被引率最高的医院和高等院校/科研院所分别是首都医科大学附属北京妇产医院和北京大学,篇均被引最高的医院和高等院校/科研院所分别是首都医科大学附属北京妇产医院和北京大学。上述高被引机构的论文被引率和篇均被引频次对比如图 13-10 所示。

表 13-5 妇产科学、儿科学学科高被引医院 TOP 10

序号	第一作者单位	学科发文量(篇)		前 5 年学科发文在 2014 年的被引			
		前 5 年	2014 年	频次	被引率(%)	最高(次)	篇均(次)
1	四川大学华西第二医院	870	134	1091	42.5	32	1.25
2	北京大学第一医院	735	124	963	43.8	29	1.31
3	中国医科大学附属盛京医院	1166	146	953	37.4	23	0.82
4	北京协和医院	714	69	930	46.2	19	1.30
5	首都医科大学附属北京妇产医院	527	115	774	54.8	36	1.47
6	首都医科大学附属北京儿童医院	716	108	703	44.1	61	0.98
7	中山大学附属第一医院	515	53	533	39.0	24	1.03
8	复旦大学附属妇产科医院	347	65	487	46.4	27	1.40
9	广州市妇女儿童医疗中心	633	135	472	36.8	24	0.75
10	复旦大学附属儿科医院	544	71	451	36.9	10	0.83

表 13-6 妇产科学、儿科学学科高被引高等院校/科研院所 TOP 5

序号	第一作者单位	学科发文量(篇)		前 5 年学科发文在 2014 年的被引			
		前 5 年	2014 年	频次	被引率(%)	最高(次)	篇均(次)
1	首都儿科研究所	216	17	277	42.1	22	1.28
2	南京中医药大学	268	37	193	38.1	5	0.72
3	北京大学	116	11	152	52.6	16	1.31
4	安徽医科大学	99	10	99	41.4	11	1.00
5	陕西中医学院	141	18	96	41.1	5	0.68

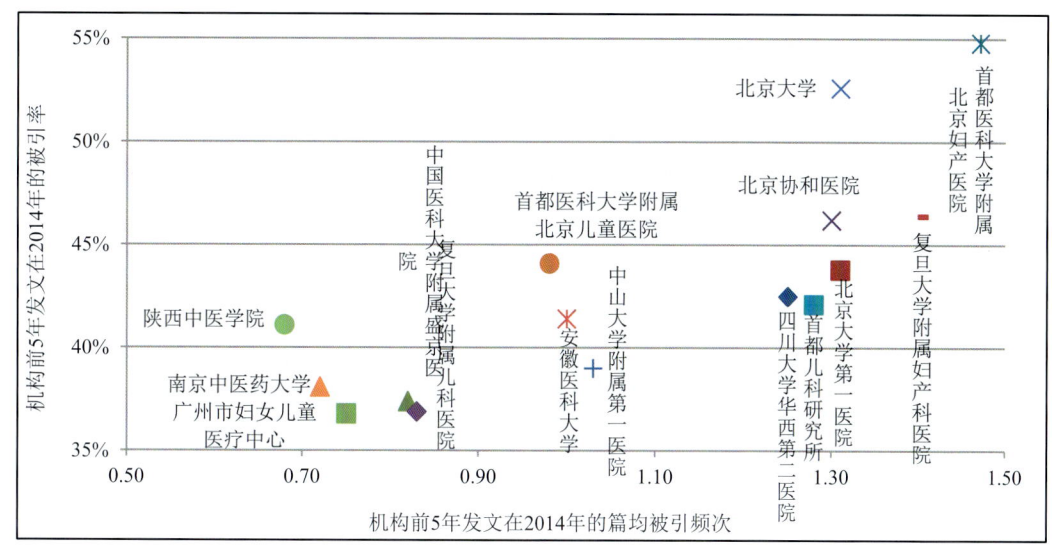

图 13-10 妇产科学、儿科学学科高被引机构论文篇均被引及被引率对比

13.6.2 高被引机构科研合作关系

通过合著分析，获得妇产科学、儿科学学科高被引机构之间及其与其他机构之间的科研合作关联，如图 13-11 所示（合作 36 以下不显示）。分析得知，妇产科学、儿科学学科的机构合作链接比较紧密，表明学科内机构合作现象较为普遍；高被引机构基本主导了机构合作网络，显示出这些机构已经在学科内具有了一定的科研优势；中国医科大学和中国医科大学附属盛京医院、中山大学附属第一医院与中山大学附属第三医院、北京大学第一医院与首都儿科研究所等机构之间的链接较强，表明它们的学术合作较为频繁。

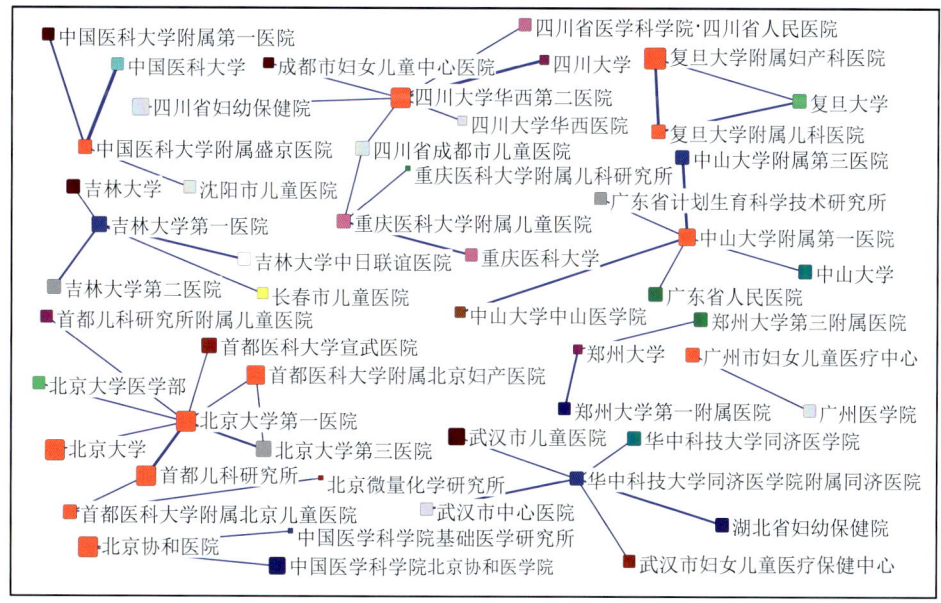

图 13-11 妇产科学、儿科学学科高被引机构科研合作关联

13.7 高被引图书、国外期刊及学术会议

2014 年，妇产科学、儿科学学科被引频次位居前 10 位的图书及国外期刊见表 13-7 和表 13-8。其中，被引次数较多的 3 种图书分别是乐杰的《妇产科学》、谢幸的《妇产科学》和曹泽毅的《中华妇产科学》；被引次数较多的 3 种国外期刊分别是《Fertility and Sterility》《American Journal of Obstetrics & Gynecology》和《Obstetrics & Gynecology》；被引次数较多的 3 场学术会议分别是"Seminars in Reproductive Medicine""PAS Annual Meeting"和"Proceedings from European Respiratory Society (ERS) Annual Congress"。

表 13-7 妇产科学、儿科学学科高被引图书 TOP 10

序号	责任者	图书名称	出版社	2014 年被引频次
1	乐杰	妇产科学	人民卫生出版社	2636
2	谢幸	妇产科学	人民卫生出版社	773
3	曹泽毅	中华妇产科学	人民卫生出版社	666
4	胡亚美	诸福棠实用儿科学	人民卫生出版社	585
5	丰有吉	妇产科学	人民卫生出版社	500
6	邵肖梅	实用新生儿学	人民卫生出版社	404
7	金汉珍	实用新生儿学	人民卫生出版社	318
8	沈晓明	儿科学	人民卫生出版社	261
9	胡亚美	实用儿科学	人民卫生出版社	230
10	杨锡强	儿科学	人民卫生出版社	141

表 13-8 妇产科学、儿科学学科高被引国外期刊 TOP 10

序号	期刊名称	2014 年被引频次
1	Fertility and Sterility	3116
2	American Journal of Obstetrics & Gynecology	2349
3	Obstetrics & Gynecology	2156
4	Human Reproduction	2081
5	Pediatrics	1720
6	New England Journal of Medicine	1370
7	Ultrasound in Obstetrics & Gynecology	1297
8	The Lancet	1260
9	European Journal of Obstetrics & Gynecology and Reproductive Biology	1047
10	Journal of Clinical Endocrinology and Metabolism	943

第14章 肿瘤学学科高被引分析

14.1 学科论文概况

2009—2013年，肿瘤学学科共有191348位来自21323所机构的论文第一作者在1667种期刊上发表了225051篇学术论文。其中，80%以上的论文产出自2247所机构、137985位作者，发表在289种期刊上。在前5年发表的这些论文中，有71677篇在2014年获得过引用，整体被引率为31.8%，总被引频次为123904次，篇均被引0.55次；其中，高被引论文有934篇，单篇论文最高被引频次为152次，累计被引9079次，篇均被引9.72次（表14-1）。另外，2014年肿瘤学学科共发表论文43851篇，其中有2431篇在当年获得过引用，总共被引3039次。

表14-1 肿瘤学学科论文分布情况

年份	论文篇数	2014年被引频次	2014年被引率（%）	2014年高被引论文			
				论文篇数	最高被引频次	总被引频次	篇均被引频次
2009	42730	15608	23.4	144	86	1147	7.97
2010	47069	24662	30.2	147	109	1630	11.09
2011	46094	28511	34.6	261	152	2452	9.39
2012	44862	29336	36.6	218	131	2310	10.60
2013	44296	25787	34.0	164	84	1540	9.39
合计	225051	123904	31.8	934	152	9079	9.72

从肿瘤学学科论文的地域分布来看，2014年被引频次较高的5个省、直辖市或自治区依次是广东、江苏、北京、上海和河南（图14-1）；5年论文产出量较多的5个省、直辖市或自治区依次是江苏、广东、北京、河南和山东（图14-2）。

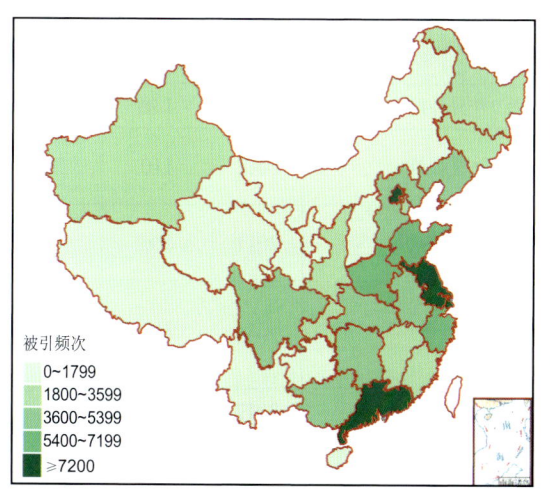

图14-1 2014年肿瘤学学科地区被引分布

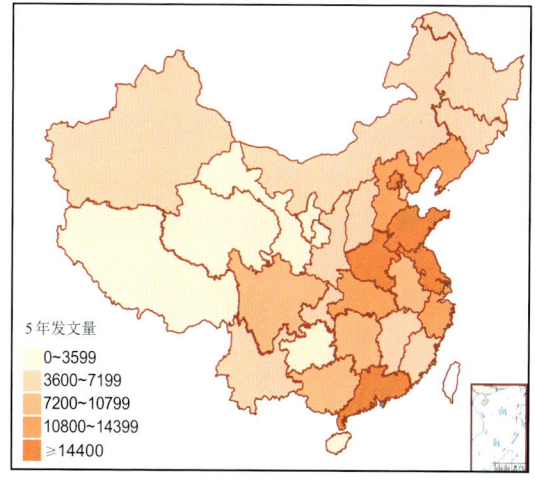

图14-2 肿瘤学学科5年论文产出地区分布

14.2 高被引论文分析

在肿瘤学学科，2014年被引频次位居前10位的论文（表14-2）平均被引频次为58.7次，是全部934篇高被引论文篇均被引频次的6.0倍。其中，被引频次最高的论文是郑荣寿于2012年发表的《中国肿瘤登记地区2008年恶性肿瘤发病和死亡分析》，随后2篇分别是陈万青于2013年发表的《中国2009年恶性肿瘤发病和死亡分析》和陈万青于2010年发表的《中国肺癌发病死亡的估计和流行趋势研究》。

从论文分布来看，刊载高被引论文数量居前的3种期刊分别是《中华肿瘤杂志》（33篇）、《临床肿瘤学杂志》（31篇）和《现代肿瘤医学》（27篇），而《中国肿瘤》刊载了高被引论文TOP 10中的5篇；发表高被引论文居前的3位学者分别是全国肿瘤防治研究办公室/国家癌症中心的陈万青（4篇）、上海市疾病预防控制中心的郑莹（4篇）和中国医学科学院肿瘤医院的赖少清（3篇）；产出高被引论文数量居前的3所机构分别是复旦大学附属肿瘤医院（16篇）、河北医科大学第四医院（13篇）和北京大学人民医院（12篇），而全国肿瘤防治研究办公室/国家癌症中心产出了高被引论文TOP 10中的4篇。

表14-2 肿瘤学学科高被引论文 TOP 10

序号	论文题名	第一作者	期刊名称	发表年份	被引频次 总频次	被引频次 2014年
1	中国肿瘤登记地区2008年恶性肿瘤发病和死亡分析	郑荣寿	中国肿瘤	2012	260	88
2	中国2009年恶性肿瘤发病和死亡分析	陈万青	中国肿瘤	2013	160	85
3	中国肺癌发病死亡的估计和流行趋势研究	陈万青	中国肺癌杂志	2010	196	70
4	2003—2007年中国胃癌发病与死亡情况分析	邹小农	肿瘤	2012	125	55
5	中国食管癌流行病学现状、诊疗现状及未来对策	赫捷	中国癌症杂志	2011	116	53
6	我国恶性肿瘤发病现状及趋势	吴菲	中国肿瘤	2012	138	50
6	2003—2007年中国结直肠癌发病与死亡分析	陈琼	中国肿瘤	2012	110	50
8	中国肿瘤登记地区2007年肿瘤发病和死亡分析	陈万青	中国肿瘤	2011	206	47
9	中国女性乳腺癌的发病和死亡现况——全国32个肿瘤登记点2003—2007年资料分析报告	黄哲宙	肿瘤	2012	121	46
10	甲状腺结节和分化型甲状腺癌诊治指南	高明	中国肿瘤临床	2012	92	43

14.3 研究主题关联分析

在肿瘤学学科，高被引论文累计被 2014 年发表的 1383 篇论文引用了 9079 次。通过分析施引文献关键词的词频及关键词之间的共现关系，获得 2014 年肿瘤学学科的热点主题和主题关联，如图 14-3 所示（共现 18 次以下不显示）。由图 14-3 可知："腹腔镜""乳腺癌""子宫肌瘤"等关键词的文档词频较高，是 2014 年学科的研究热点；"腹腔镜"与"子宫肌瘤""开腹手术"等概念之间的共现次数较多，表明它们之间的主题关联较为紧密；以"腹腔镜"和"乳腺癌"等概念为中心的研究主题簇初具规模。

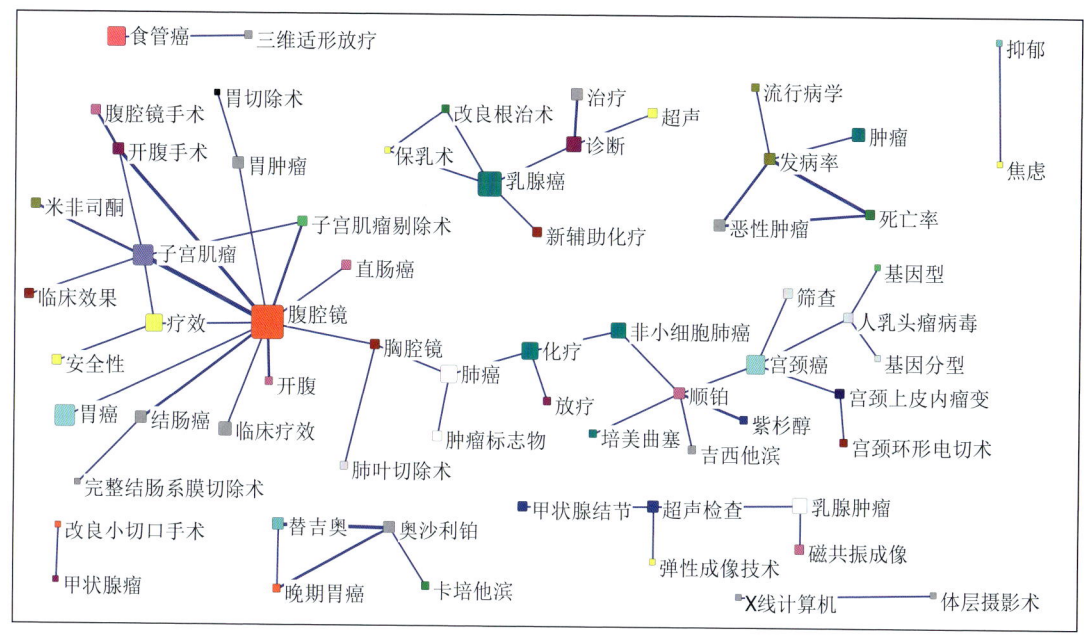

图 14-3 肿瘤学学科 2014 年热点主题关联

14.4 学科高影响力期刊分析

14.4.1 学科高影响力期刊 TOP 10

在肿瘤学学科，学科 5 年影响因子位居前 10 位的期刊见表 14-3，排在前 3 位的期刊分别是《中华肿瘤杂志》《中国医学影像学杂志》和《中华胃肠外科杂志》。在表 14-3 中，学科载文量占其总载文量比例最大的期刊是《中国癌症杂志》；前 5 年学科载文在 2014 年被引率最高的期刊是《中国医学影像学杂志》；期刊 5 年影响因子较高的前 3 种期刊分别是《中华肿瘤杂志》《中华胃肠外科杂志》和《中华消化外科杂志》；学科 5 年影响因子与期刊 5 年影响因子差异最大的期刊是《国际医学放射学杂志》。表 14-3 中期刊的学科 5 年影响因子和前 5 年学科载文的 2014 年被引率对比如图 14-4 所示，2009—2014 年期刊 5 年影响因子的变动情况如图 14-5 所示。

表 14-3 肿瘤学学科高影响力期刊基本指数

序号	期刊名称	前 5 年载文量			2014 年学科被引			5 年影响因子		h 指数（学科）
		学科（篇）	占比（%）	总量（篇）	频次	被引率（%）	高被引论文篇数	期刊（2014）	学科（2014）	
1	中华肿瘤杂志	1130	86.4	1308	1415	48.0	33	1.196	1.252	11
2	中国医学影像学杂志	454	32.1	1413	541	51.5	6	1.040	1.192	8
3	中华胃肠外科杂志	918	46.9	1957	1067	46.3	18	1.117	1.162	10
4	中国肿瘤	1229	88.7	1386	1365	36.9	26	1.027	1.111	13
5	介入放射学杂志	544	33.1	1644	595	47.2	8	1.095	1.094	8
6	中华消化外科杂志	442	37.2	1189	460	45.0	8	1.100	1.041	9
7	中国癌症杂志	1093	98.7	1107	1076	45.0	10	0.978	0.984	8
8	国际医学放射学杂志	108	20.9	516	106	44.4	2	0.702	0.981	5
9	世界胃肠病学杂志（英文版）	804	22.1	3645	777	48.4	7	0.702	0.966	9
10	中华放射学杂志	504	26.1	1935	475	37.5	15	1.078	0.942	11

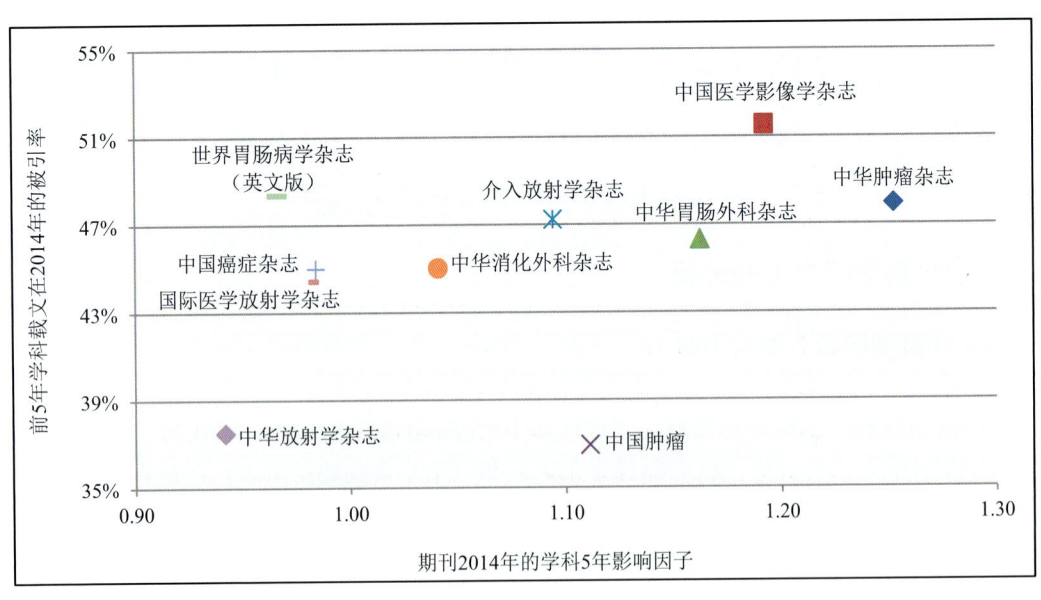

图 14-4 肿瘤学学科高影响力期刊对比

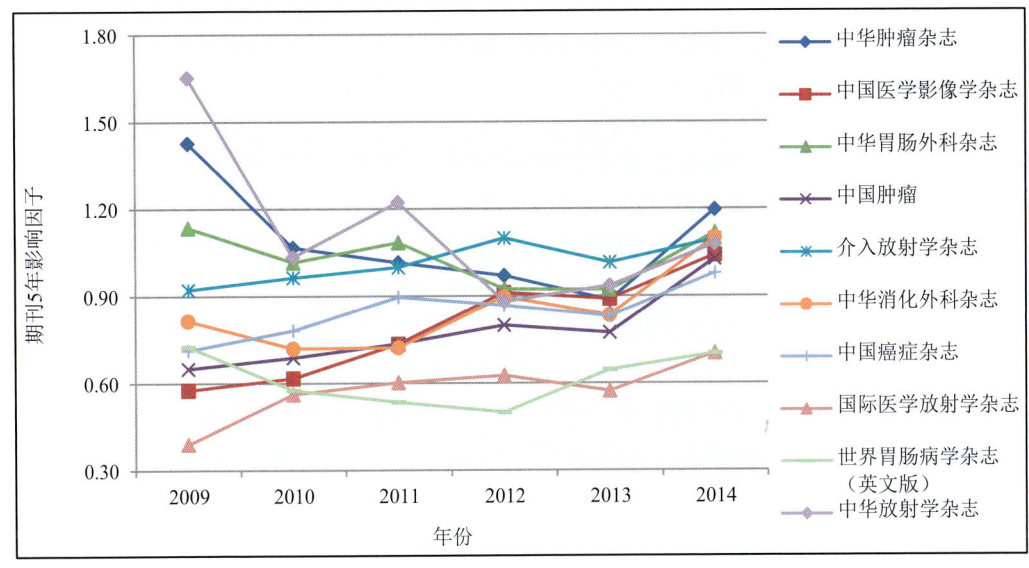

图 14-5 肿瘤学学科期刊 5 年影响因子变动

14.4.2 学科高影响力期刊载文主题关联

通过期刊共被引分析,获得肿瘤学学科高影响力期刊及与其他期刊之间的载文主题关联,如图 14-6 所示(共被引 55 次以下不显示)。结果显示,肿瘤学学科的高影响力期刊相互链接较为紧密,基本主导了该学科的期刊共被引网络,显示出该学科高影响力期刊可能共同刊载了许多相近的研究主题,热点研究主题分散在多种期刊上。《中华肿瘤杂志》的学科 5 年影响因子较高,显示出该刊在学科内学术影响力较大;《山东医药》与《现代肿瘤医学》《临床肿瘤学杂志》等期刊之间的链接较强,意味着它们之间可能有较多相同或相近的载文主题。

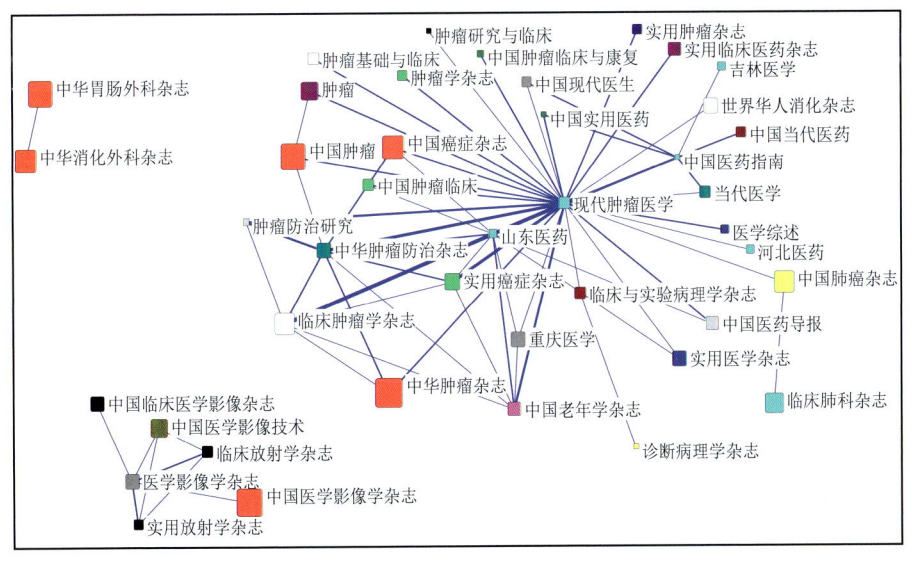

图 14-6 肿瘤学学科高影响力期刊载文主题关联

14.5 高被引作者分析

14.5.1 高被引作者TOP 20

2009—2013年，在191348位肿瘤学学科论文的第一作者中，在2014年学科被引频次位居前20位的学者的发文及被引情况见表14-4。其中，学科发文总被引频次较高的3位作者分别是全国肿瘤防治研究办公室/国家癌症中心的陈万青（259次）、全国肿瘤防治研究办公室/国家癌症中心的郑荣寿（88次）和上海市疾病预防控制中心的郑莹（79次）。高被引作者的5年学科发文数量从1篇到53篇不等，同时，作者学科发文的期刊分布也在1种到16种之间变化。在发文超过5篇的所有作者中，篇均被引较高的3位作者分别是全国肿瘤防治研究办公室/国家癌症中心的陈万青（篇均23.55次）、中国医学科学院肿瘤医院的韩苏军（篇均8.80次）和复旦大学附属中山医院的周平红（篇均6.50次）；前5年发表学科论文较多的3位作者分别是兰州军区兰州总医院的张百红（53篇）、南京市高淳人民医院的高福平（50篇）和北京军区总医院的郭智（35篇）。高被引作者的学科发文量和被引量对比如图14-7所示。

表14-4 肿瘤学学科高被引作者TOP 20

序号	姓名	作者单位	前5年发文			前5年学科发文在2014年的被引				h指数（学科）
			学科发文（篇）	期刊分布（种）	发文总量（篇）	总频次	被引率（%）	最高（次）	篇均（次）	
1	陈万青	全国肿瘤防治研究办公室/国家癌症中心	14	4	13	259	53.9	85	23.55	5
2	郑荣寿	全国肿瘤防治研究办公室/国家癌症中心	1	1	1	88	100.0	88	88.00	1
3	郑莹	上海市疾病预防控制中心	15	5	16	79	46.7	32	5.27	4
4	赫捷	中国医学科学院北京协和医学院肿瘤医院	3	2	4	57	100.0	53	19.00	2
4	余佩武	第三军医大学西南医院	24	14	34	57	54.2	15	2.38	5
6	黄哲宙	上海市疾病预防控制中心	3	1	3	55	100.0	46	18.33	3
6	邹小农	中国医学科学院肿瘤医院	1	1	1	55	100.0	55	55.00	1
8	张思维	全国肿瘤登记中心	4	1	4	51	100.0	29	12.75	2
8	吴菲	广州市疾病预防控制中心	2	1	2	51	100.0	50	25.50	2
10	陈琼	河南省肿瘤医院	1	1	1	50	100.0	50	50.00	1
11	韩苏军	中国医学科学院肿瘤医院	5	4	6	44	80.0	32	8.80	2
12	高明	中国抗癌协会头颈肿瘤专业委员会	1	1	1	43	100.0	43	43.00	1
13	樊嘉	复旦大学附属中山医院	17	15	22	41	70.6	10	2.41	5

序号	姓名	作者单位	前5年发文			前5年学科发文在2014年的被引				h指数（学科）
			学科发文（篇）	期刊分布（种）	发文总量（篇）	总频次	被引率（%）	最高（次）	篇均（次）	
14	郑民华	上海交通大学医学院附属瑞金医院	16	11	102	39	62.5	10	2.44	7
14	周平红	复旦大学附属中山医院	6	5	14	39	100.0	21	6.50	4
16	李鸣	北京大学临床肿瘤学院	2	1	2	37	100.0	28	18.50	2
17	杨柳青	中国人民解放军第81医院	3	1	3	35	100.0	16	11.67	3
18	许崇安	中国医科大学附属第四医院	17	7	19	34	70.6	7	2.00	4
18	张百红	兰州军区兰州总医院	53	16	56	34	43.4	4	0.64	2
20	李国新	南方医科大学南方医院	11	5	40	32	72.7	10	2.91	4

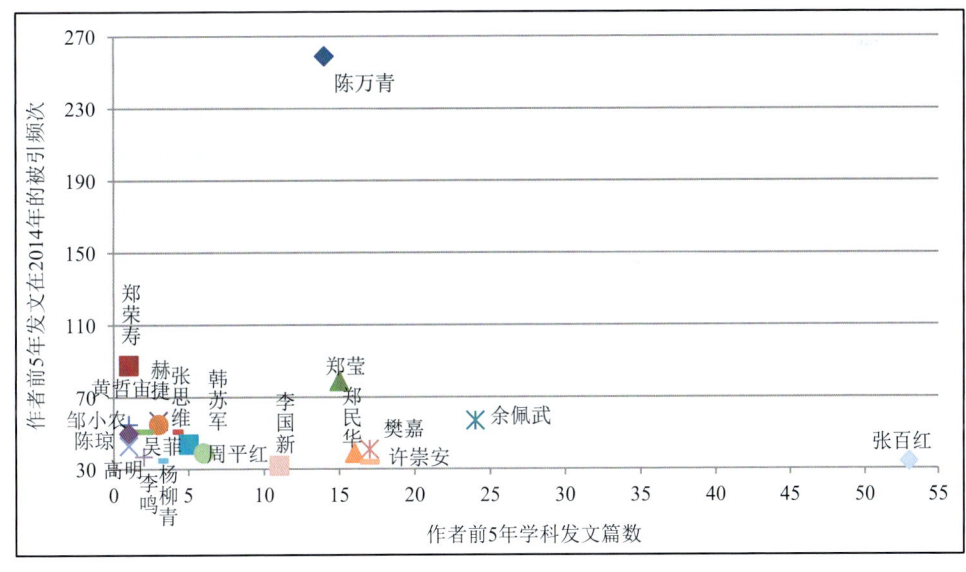

图 14-7　肿瘤学学科高被引作者学科发文及被引对比

14.5.2　高被引作者科研合作关系

通过作者合著分析，获得 2014 年肿瘤学学科高被引作者及与其他学者之间的科研论文合作关系（不考虑论文署名次序），如图 14-8 所示（合著 3 次以下不显示）。可以看出，肿瘤学学科的高被引作者的论文合作现象比较普遍。学者张百红、余佩武的发文量较多；樊嘉的论文合作网络最为突出，在该学科的研究人员中表现出一定的集聚效应；樊嘉和周俭、陈万青和张思维等学者之间的合作关系最为紧密，显示出他们可能分别属于同一支科研团队。

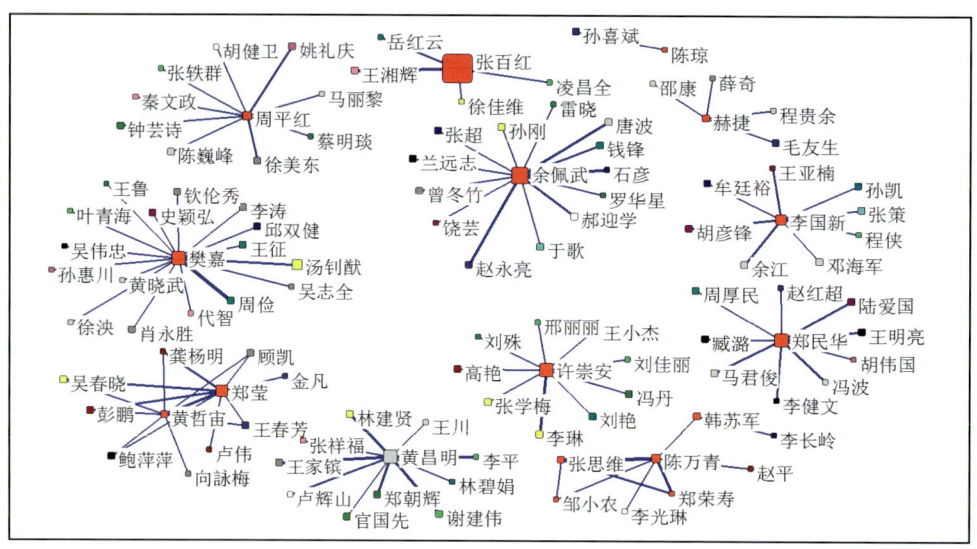

图 14-8　肿瘤学学科高被引作者科研论文合作关系

14.5.3　高被引作者发文主题关联

通过作者共被引分析，获得 2014 年肿瘤学学科高被引作者及与其他学者之间的发文主题关联（见图 14-9，共被引 3 次以下不显示）。如图 14-9 所示，肿瘤学学科的高被引作者基本主导了作者共被引网络，显示出该学科在热点主题上已经形成了优势较为明显的科研力量。学者陈万青和郑荣寿的节点较大，显示出他们的学术成果在学科内得到较多关注；陈万青与张思维、郑荣寿、吴菲等学者之间的链接较强，意味着他们之间可能有较为相近的研究主题；以陈万青、邹小农等学者为主要节点的共被引作者簇人数较多且网络规模较大，意味着这些学者的研究主题关联可能较为紧密。

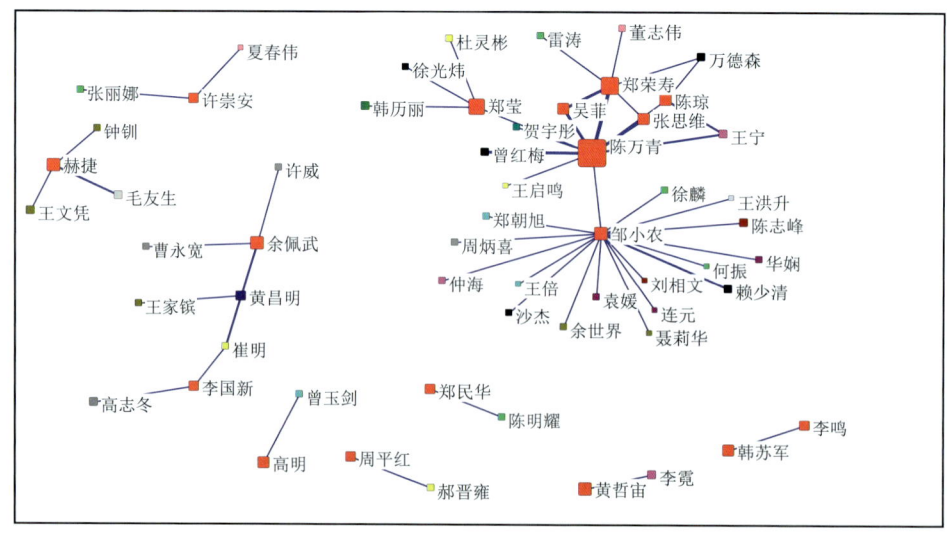

图 14-9　肿瘤学学科高被引作者发文主题关联

14.6 高被引机构分析

14.6.1 高被引机构

为便于比较,本书将肿瘤学学科的高被引机构分为医院和高等院校/科研院所两种类型。其中,被引频次 TOP 10 医院和被引频次 TOP 5 高等院校/科研院所的发文及被引情况分别见表 14-5 和表 14-6。其中,总被引频次较高的 3 所医院分别是中国人民解放军总医院、郑州大学第一附属医院和河北医科大学第四医院,天津医科大学、安徽医科大学和重庆医科大学是总被引频次较高的 3 所高等院校/科研院所;前 5 年学科发文在 2014 年的被引率最高的医院和高等院校/科研院所分别是中国医学科学院北京协和医学院肿瘤医院和中山大学,篇均被引最高的医院和高等院校/科研院所分别是中国医学科学院北京协和医学院肿瘤医院和中山大学。上述高被引机构的论文被引率和篇均被引频次对比如图 14-10 所示。

表 14-5 肿瘤学学科高被引医院 TOP 10

序号	第一作者单位	学科发文量(篇)		前 5 年学科发文在 2014 年的被引			
		前 5 年	2014 年	频次	被引率(%)	最高(次)	篇均(次)
1	中国人民解放军总医院	1686	290	1168	35.9	18	0.69
2	郑州大学第一附属医院	1936	316	947	29.1	11	0.49
3	河北医科大学第四医院	1288	209	844	33.9	15	0.66
4	天津医科大学肿瘤医院	1322	185	834	35.2	14	0.63
5	四川大学华西医院	1307	167	807	30.5	18	0.62
6	北京协和医院	1139	126	783	34.2	25	0.69
7	上海交通大学医学院附属瑞金医院	1139	158	720	32.4	11	0.63
8	南方医科大学南方医院	1085	118	716	36.2	11	0.66
9	中国医学科学院北京协和医学院肿瘤医院	669	164	687	42.8	53	1.03
10	复旦大学附属中山医院	819	114	662	38.1	21	0.81

表 14-6 肿瘤学学科高被引高等院校/科研院所 TOP 5

序号	第一作者单位	学科发文量(篇)		前 5 年学科发文在 2014 年的被引			
		前 5 年	2014 年	频次	被引率(%)	最高(次)	篇均(次)
1	天津医科大学	375	59	232	32.0	7	0.62
2	安徽医科大学	291	48	207	36.4	16	0.71
2	重庆医科大学	530	68	207	25.1	15	0.39
4	广西医科大学	478	57	205	30.5	6	0.43
5	中山大学	270	30	204	37.8	19	0.76

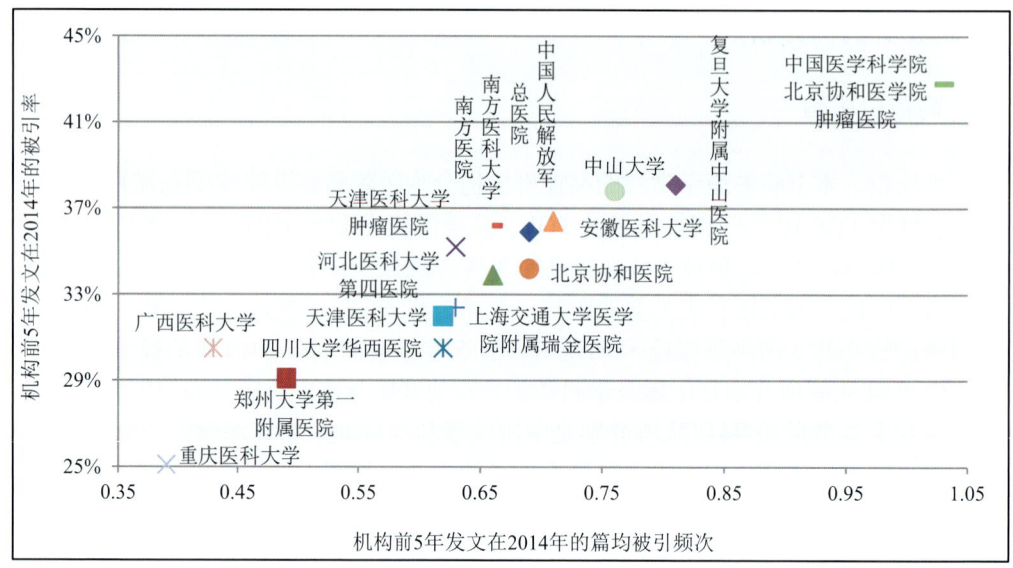

图 14-10　肿瘤学学科高被引机构论文篇均被引及被引率对比

14.6.2 高被引机构科研合作关系

通过合著分析，获得肿瘤学学科高被引机构之间及其与其他机构之间的科研合作关联，如图 14-11 所示（共被引 103 次以下不显示）。分析得知，肿瘤学学科的机构合作链接比较紧密，表明学科内机构合作现象较为普遍；高被引机构基本主导了机构合作网络，显示出这些机构已经在学科内具有了一定的科研优势；郑州大学第一附属医院与郑州大学等机构之间的链接较强，表明它们的学术合作较为频繁。

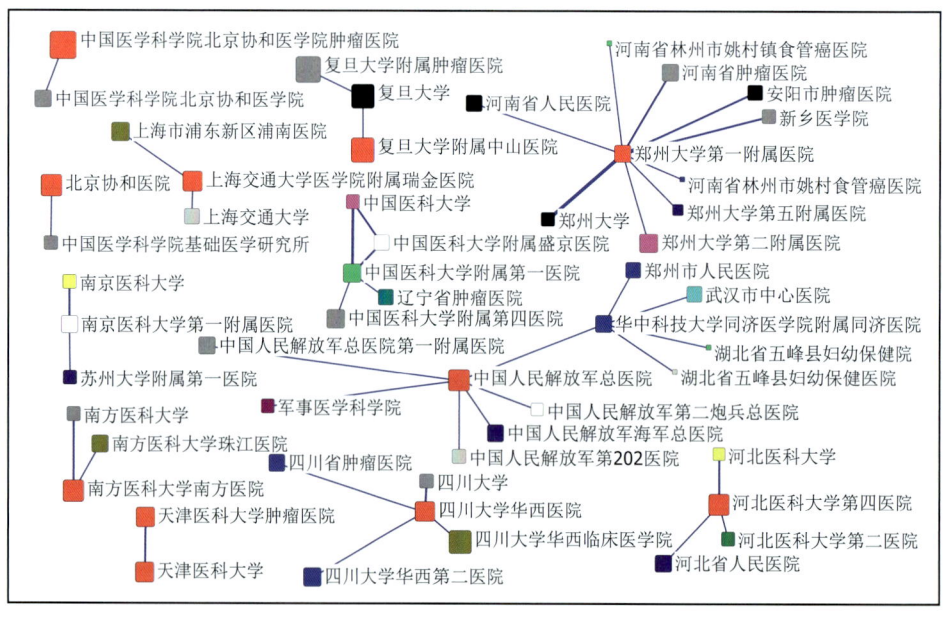

图 14-11　肿瘤学学科高被引机构科研合作关联

14.7 高被引图书、国外期刊及学术会议

2014 年,肿瘤学学科被引频次位居前 10 位的图书及国外期刊见表 14-7 和表 14-8。其中,被引次数较多的 3 种图书分别是殷蔚伯的《肿瘤放射治疗学》、孙燕的《临床肿瘤内科手册》和张之南的《血液病诊断及疗效标准》;被引次数较多的 3 种国外期刊分别是《Journal of Clinical Oncology》《Cancer Research》和《Cancer》;被引次数较多的 3 场学术会议分别是"ASH Annual Meeting Abstracts""Education Program For the 19th Congress of the European Hematology Association"和"ASCO Annual Meeting"。

表 14-7 肿瘤学学科高被引图书 TOP 10

序号	责任者	图书名称	出版社	2014 年被引频次
1	殷蔚伯	肿瘤放射治疗学	中国协和医科大学出版社	299
2	孙燕	临床肿瘤内科手册	人民卫生出版社	285
3	张之南	血液病诊断及疗效标准	科学出版社	229
4	周际昌	实用肿瘤内科学	人民卫生出版社	172
5	孙燕	内科肿瘤学	人民卫生出版社	104
6	汤钊猷	现代肿瘤学	上海医科大学出版社	77
7	陈灏珠	实用内科学	人民卫生出版社	67
8	谢幸	妇产科学	人民卫生出版社	66
9	汤钊猷	现代肿瘤学	复旦大学出版社	65
10	赵辨	中国临床皮肤病学	江苏科学技术出版社	64

表 14-8 肿瘤学学科高被引国外期刊 TOP 10

序号	期刊名称	2014 年被引频次
1	Journal of Clinical Oncology	8674
2	Cancer Research	7551
3	Cancer	5373
4	Clinical Cancer Research	4862
5	PLoS One	4215
6	Blood	4000
7	New England Journal of Medicine	3992
8	Oncogene	3404
9	International Journal of Cancer	3403
10	International Journal of Radiation Oncology·Biology·Physics	3344

第 15 章　神经病学与精神病学学科高被引分析

15.1　学科论文概况

2009—2013 年，神经病学与精神病学学科共有 96574 位来自 17690 所机构的论文第一作者在 1475 种期刊上发表了 111393 篇学术论文。其中，80%以上的论文产出自 3522 所机构、69897 位作者，发表在 205 种期刊上。在前 5 年发表的这些论文中，有 38881 篇在 2014 年获得过引用，整体被引率为 34.9%，总被引频次为 70064 次，篇均被引 0.63 次；其中，高被引论文有 514 篇，单篇论文最高被引频次为 85 次，累计被引 4895 次，篇均被引 9.52 次（表 15-1）。另外，2014 年神经病学与精神病学学科共发表论文 22800 篇，其中有 1474 篇在当年获得过引用，总共被引 1893 次。

表 15-1　神经病学与精神病学学科论文分布情况

年份	论文篇数	2014 年被引频次	2014 年被引率（%）	2014 年高被引论文			
				论文篇数	最高被引频次	总被引频次	篇均被引频次
2009	20009	9035	27.0	58	42	587	10.12
2010	23042	13888	33.5	106	70	1030	9.72
2011	22654	16321	38.6	107	71	1109	10.36
2012	22625	16367	38.8	137	85	1243	9.07
2013	23063	14453	35.7	106	72	926	8.74
合计	111393	70064	34.9	514	85	4895	9.52

从神经病学与精神病学学科论文的地域分布来看，2014 年被引频次较高的 5 个省、直辖市或自治区依次是广东、河南、北京、江苏和山东（图 15-1）；5 年论文产出量较多的 5 个省、直辖市或自治区依次是河南、广东、江苏、北京和山东（图 15-2）。

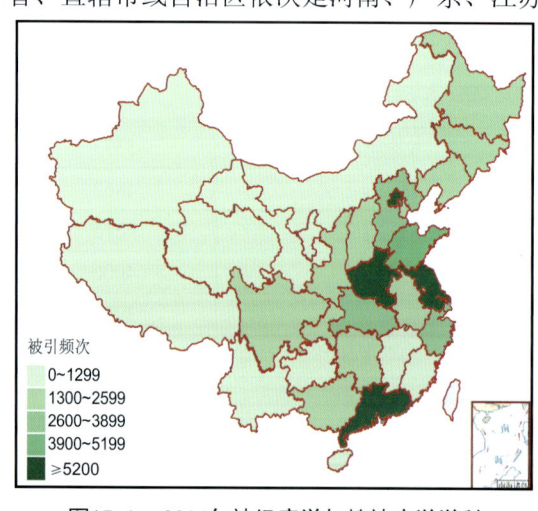

图15-1　2014年神经病学与精神病学学科地区被引分布

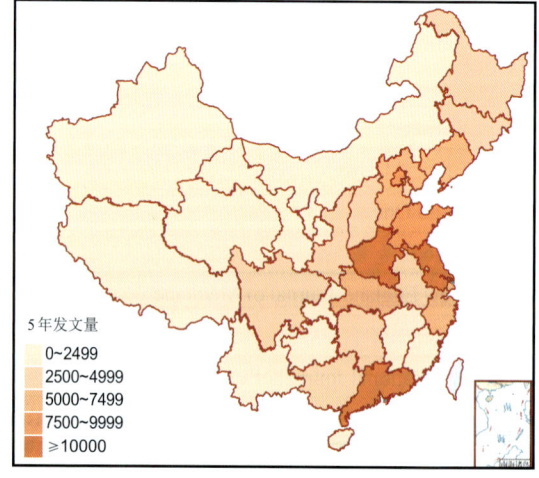

图15-2　神经病学与精神病学学科5年论文产出地区分布

15.2 高被引论文分析

在神经病学与精神病学学科，2014 年被引频次位居前 10 位的论文（表 15-2）平均被引频次为 31.2 次，是全部 514 篇高被引论文篇均被引频次的 3.3 倍。其中，被引频次最高的论文是李慧于 2010 年发表的《脑卒中患者早期康复护理干预措施的研究进展》，随后 2 篇分别是秦娟于 2009 年发表的《良肢位摆放在脑卒中偏瘫患者早期康复护理中的应用进展》和段泉泉于 2012 年发表的《焦虑及抑郁自评量表的临床效度》。

从论文分布来看，刊载高被引论文数量居前的 3 种期刊分别是《中国心理卫生杂志》（27 篇）、《中国实用神经疾病杂志》（24 篇）和《中国全科医学》（23 篇），而《中华护理杂志》刊载了高被引论文 TOP 10 中的 3 篇；发表高被引论文居前的 3 位学者分别是中山大学附属第三医院的吴小立（2 篇）、嘉峪关市第二人民医院的陈涛（2 篇）和山东大学附属省立医院的刘莹莹（2 篇）；产出高被引论文数量居前的 3 所机构分别是上海交通大学医学院附属上海市精神卫生中心（8 篇）、北京大学（8 篇）和南京医科大学附属脑科医院（7 篇）。

表 15-2　神经病学与精神病学学科高被引论文 TOP 10

序号	论文题名	第一作者	期刊名称	发表年份	被引频次 总频次	被引频次 2014 年
1	脑卒中患者早期康复护理干预措施的研究进展	李慧	中华护理杂志	2010	137	40
2	良肢位摆放在脑卒中偏瘫患者早期康复护理中的应用进展	秦娟	中华护理杂志	2009	109	38
3	焦虑及抑郁自评量表的临床效度	段泉泉	中国心理卫生杂志	2012	115	35
4	临床护理路径在脑出血患者护理中的应用	王金兰	中国实用护理杂志	2010	96	33
5	氨磺必利与利培酮治疗首发精神分裂症疗效和安全性对照研究	刘林晶	中国神经精神疾病杂志	2012	94	32
6	延续护理对脑卒中患者出院后独立生活能力和出院护理满意度的影响	钱春荣	第三军医大学学报	2011	72	31
7	流调中心抑郁量表全国城市常模的建立	章婕	中国心理卫生杂志	2010	108	30
8	高血压脑出血病理生理机制研究进展	邓平	中华脑血管病杂志（电子版）	2010	72	26
9	临床护理路径在精神分裂症患者标准化管理中的应用	蒋菊芳	中华护理杂志	2011	67	25
10	手机依赖综合征	师建国	临床精神医学杂志	2009	61	22

15.3 研究主题关联分析

在神经病学与精神病学学科,高被引论文累计被 2014 年发表的 4568 篇论文引用了 4895 次。通过分析施引文献关键词的词频及关键词之间的共现关系,获得 2014 年神经病学与精神病学学科的热点主题和主题关联,如图 15-3 所示(共现 16 次以下不显示)。由图 15-3 可知:"脑卒中""精神分裂症"与"脑梗死"等关键词的文档词频较高,是 2014 年学科的研究热点;"高血压"与"脑出血""精神分裂症"与"利培酮"之间的共现次数较多,表明它们之间的主题关联较为紧密。

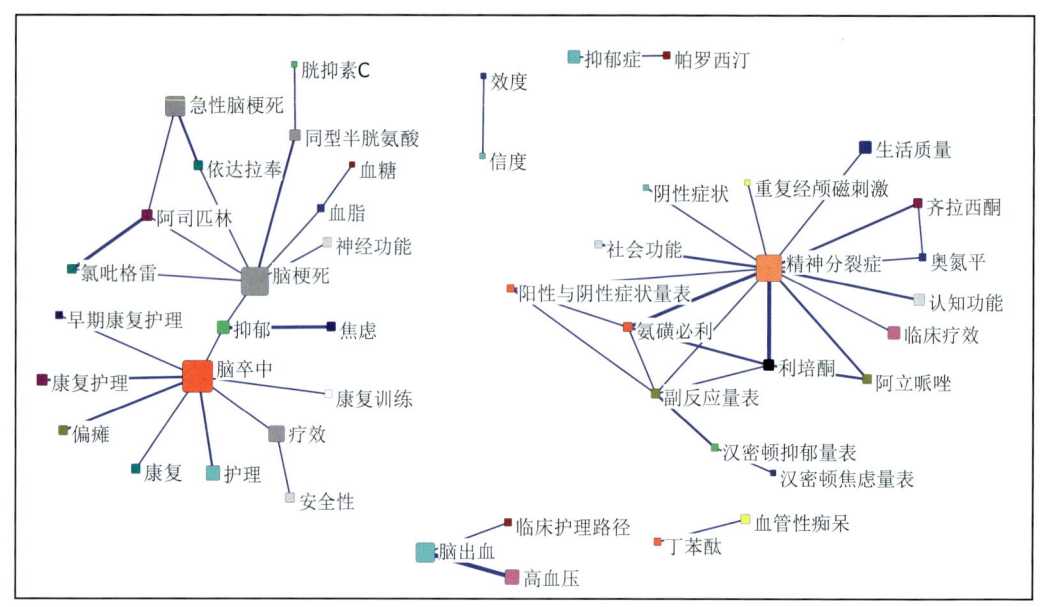

图 15-3 神经病学与精神病学学科 2014 年热点主题关联

15.4 学科高影响力期刊分析

15.4.1 学科高影响力期刊 TOP 10

在神经病学与精神病学学科,学科 5 年影响因子位居前 10 位的期刊见表 15-3,排在前 3 位的期刊分别是《中国心理卫生杂志》《中华物理医学与康复杂志》和《精神医学杂志》。在表 15-3 中,学科载文量占其总载文量比例最大的期刊是《精神医学杂志》;前 5 年学科载文在 2014 年被引率最高的期刊是《中国心理卫生杂志》;期刊 5 年影响因子较高的前 3 种期刊分别是《中国心理卫生杂志》《精神医学杂志》和《中华物理医学与康复杂志》;学科 5 年影响因子与期刊 5 年影响因子差异最大的期刊是《临床心身疾病杂志》。表 15-3 中期刊的学科 5 年影响因子和前 5 年学科载文的 2014 年被引率对比如图 15-4 所示,2009—2014 年期刊 5 年影响因子的变动情况如图 15-5 所示。

表 15-3　神经病学与精神病学学科高影响力期刊基本指数

序号	期刊名称	前 5 年载文量			2014 年学科被引			5 年影响因子		h 指数（学科）
		学科（篇）	占比（%）	总量（篇）	频次	被引率（%）	高被引论文篇数	期刊(2014)	学科(2014)	
1	中国心理卫生杂志	601	50.3	1195	956	55.9	27	1.451	1.591	11
2	中华物理医学与康复杂志	404	22.9	1766	449	50.0	7	0.937	1.111	8
3	精神医学杂志	748	73.1	1024	776	48.1	7	0.961	1.037	7
4	中华行为医学与脑科学杂志	787	33.6	2344	747	47.5	8	0.822	0.949	8
5	中国神经精神疾病杂志	944	72.5	1303	887	44.1	13	0.884	0.940	8
6	中国临床神经外科杂志	691	37.5	1843	649	45.7	6	0.835	0.939	9
7	中华神经医学杂志	1031	51.7	1994	941	43.1	15	0.781	0.913	8
8	中国康复理论与实践	1016	43.5	2337	927	45.3	8	0.894	0.912	10
9	中华神经外科杂志	403	16.6	2431	360	38.7	4	0.730	0.893	9
10	临床心身疾病杂志	1143	49.8	2296	981	39.4	22	0.557	0.858	8

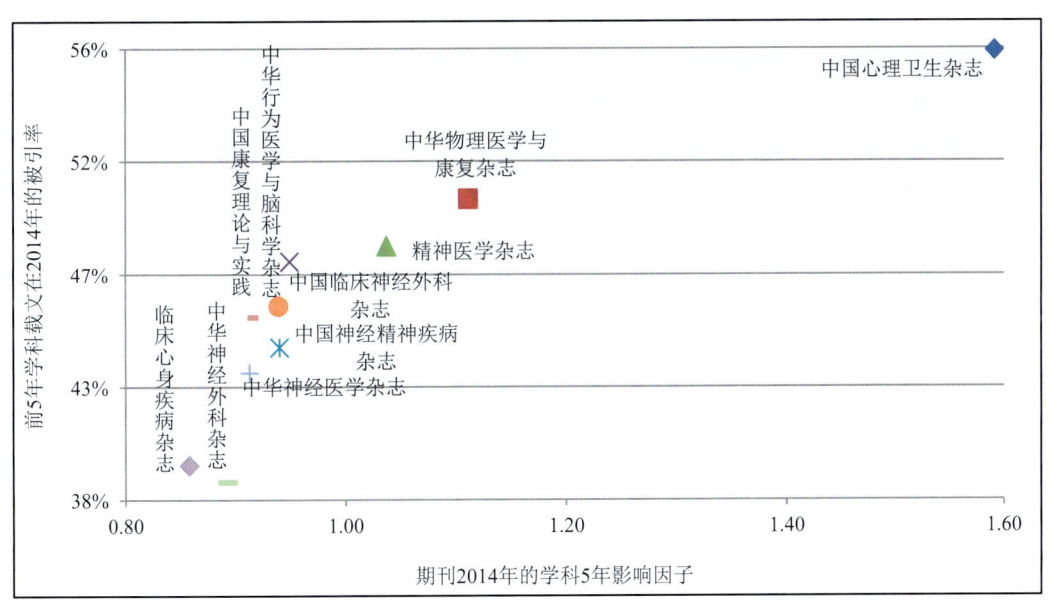

图 15-4　神经病学与精神病学学科高影响力期刊对比

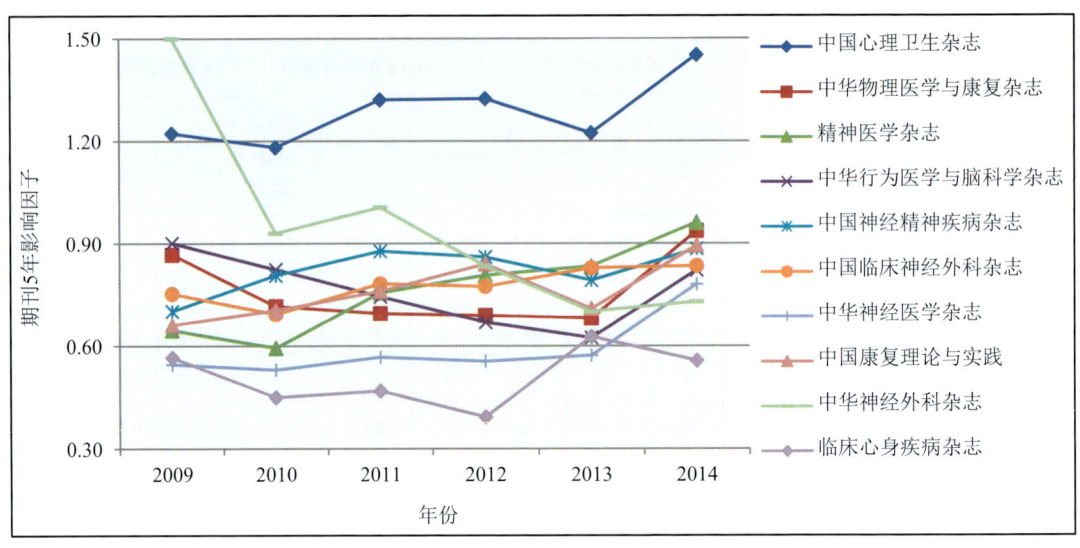

图 15-5　神经病学与精神病学学科期刊 5 年影响因子变动

15.4.2　学科高影响力期刊载文主题关联

通过期刊共被引分析，获得神经病学与精神病学学科高影响力期刊及与其他期刊之间的载文主题关联，如图 15-6 所示（共被引 58 次以下不显示）。结果显示，神经病学与精神病学学科的高影响力期刊相互链接较为松散，尚未形成学科的期刊共被引网络，热点研究主题集中在部分期刊上。《中国实用神经疾病杂志》与《中国老年学杂志》《中国医药指南》等期刊之间的链接较强，意味着它们之间可能有较多相同或相近的载文主题。

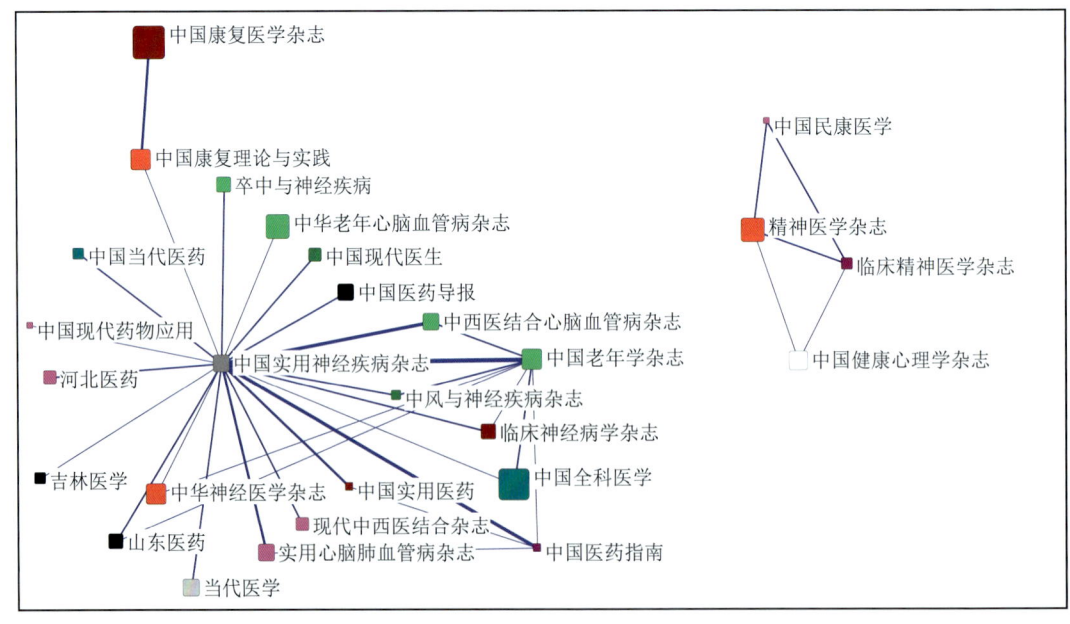

图 15-6　神经病学与精神病学学科高影响力期刊载文主题关联

15.5 高被引作者分析

15.5.1 高被引作者 TOP 20

2009—2013 年，在 96574 位神经病学与精神病学学科论文的第一作者中，在 2014 年学科被引频次位居前 20 位的学者的发文及被引情况见表 15-4。其中，学科发文总被引频次较高的 3 位作者分别是北京大学的司天梅（47 次）、中国医学科学院北京协和医学院的李慧（40次）和南京中医药大学的秦娟（38 次）。高被引作者的 5 年学科发文数量从 1 篇到 22 篇不等，同时，作者学科发文的期刊分布也在 1 种到 9 种之间变化。在发文超过 5 篇的所有作者中，篇均被引较高的 3 位作者分别是北京大学的司天梅（篇均 5.88 次）、四川大学华西医院的游潮（篇均 4.80 次）和重庆市中山医院的蔡敏（篇均 4.00 次）；前 5 年发表学科论文较多的 3 位作者分别是南京医科大学附属脑科医院的喻东山（65 篇）、南京医科大学附属脑科医院的汪春运（43 篇）和山东省临沂市精神卫生中心的孙振晓（38 篇）。高被引作者的学科发文量和被引量对比如图 15-7 所示。

表 15-4 神经病学与精神病学学科高被引作者 TOP 20

序号	姓名	作者单位	前 5 年发文			前 5 年学科发文在 2014 年的被引				h 指数（学科）
			学科发文（篇）	期刊分布（种）	发文总量（篇）	总频次	被引率（%）	最高（次）	篇均（次）	
1	司天梅	北京大学	8	3	19	47	75.0	20	5.88	4
2	李慧	中国医学科学院北京协和医学院	1	1	2	40	100.0	40	40.00	1
3	秦娟	南京中医药大学	1	1	2	38	100.0	38	38.00	2
4	钱春荣	中国人民解放军第三军医大学	4	3	9	36	100.0	31	9.00	3
4	段泉泉	北京大学	2	1	2	36	100.0	35	18.00	1
6	王金兰	肇庆市第一人民医院	1	1	6	33	100.0	33	33.00	1
7	贾建平	首都医科大学宣武医院	15	7	25	32	73.3	6	2.13	4
7	刘林晶	温州康宁医院	3	3	5	32	33.3	32	10.67	1
9	章婕	中国科学院心理研究所	1	1	1	30	100.0	30	30.00	1
9	史惟	复旦大学附属儿科医院	8	3	9	30	100.0	12	3.75	3
11	朱青峰	中国人民解放军第 264 医院	22	4	62	29	68.2	5	1.32	3
12	甄君	中山大学附属第五医院	16	9	28	27	50.0	9	1.69	3
13	吴娟	重庆市第三人民医院	3	2	3	26	100.0	15	8.67	2
13	邓平	江西省人民医院	1	1	1	26	100.0	26	26.00	1

序号	姓名	作者单位	前5年发文			前5年学科发文在2014年的被引				h指数（学科）
			学科发文（篇）	期刊分布（种）	发文总量（篇）	总频次	被引率（%）	最高（次）	篇均（次）	
15	蒋菊芳	南京医科大学附属无锡精神卫生中心	4	2	12	25	25.0	25	6.25	3
15	陈涛	嘉峪关市第二人民医院	3	2	9	25	66.7	13	8.33	3
17	李强	武汉市第五医院	9	8	11	24	77.8	8	2.67	3
17	游潮	四川大学华西医院	5	3	7	24	80.0	16	4.80	3
19	罗国刚	西安交通大学第一附属医院	7	4	9	22	71.4	13	3.14	2
19	师建国	西安市精神卫生中心	3	3	11	22	33.3	22	7.33	1
19	王大力	华北煤炭医学院附属医院	12	8	13	22	50.0	5	1.83	4

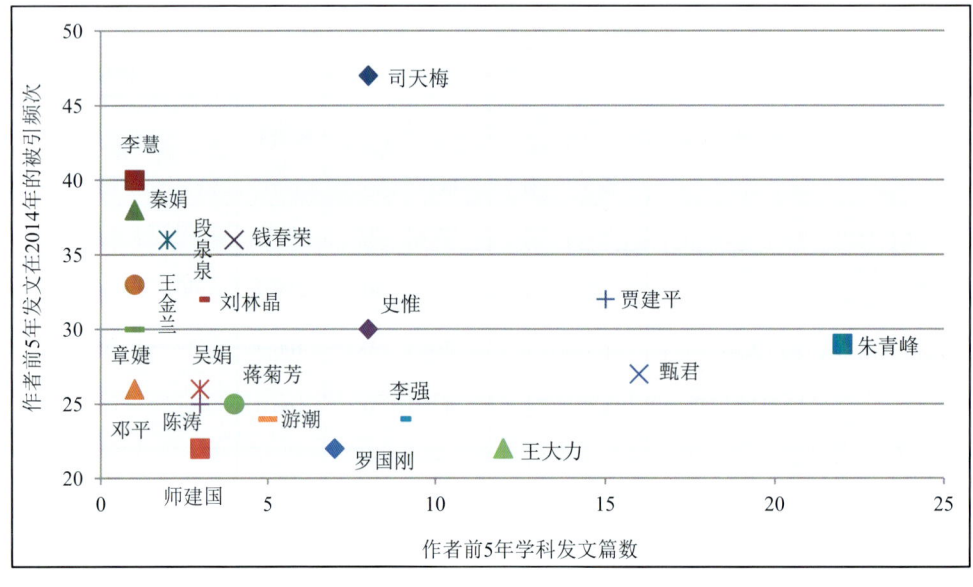

图15-7　神经病学与精神病学学科高被引作者学科发文及被引对比

15.5.2　高被引作者科研合作关系

通过作者合著分析，获得2014年神经病学与精神病学学科高被引作者及与其他学者之间的科研论文合作关系（不考虑论文署名次序），如图15-8所示（合著6次以下不显示）。可以看出，神经病学与精神病学学科的高被引作者的论文合作现象比较普遍。学者朱青峰、甄君和贾建平的发文量较多；贾建平的论文合作网络最为突出，在该学科的研究人员中表现出一定的集聚效应；朱青峰和王国芳、王大力和张江等学者之间的合作关系最为紧密，显示出他们可能分别属于同一支科研团队。

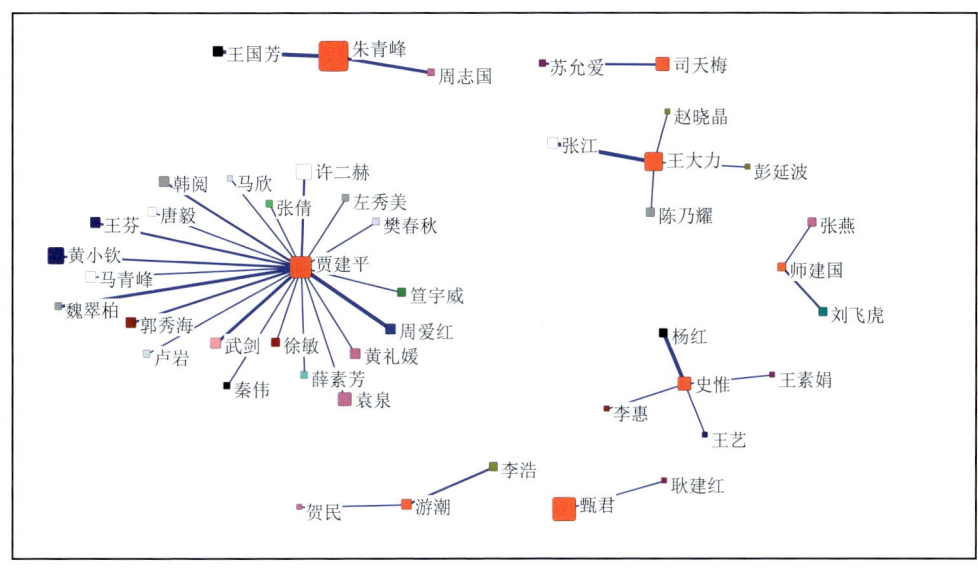

图 15-8　神经病学与精神病学学科高被引作者科研论文合作关系

15.5.3　高被引作者发文主题关联

通过作者共被引分析，获得 2014 年神经病学与精神病学学科高被引作者及与其他学者之间的发文主题关联（见图 15-9，共被引 3 次以下不显示）。如图 15-9 所示，神经病学与精神病学学科的高被引作者基本主导了作者共被引网络，显示出该学科在热点主题上已经形成了优势较为明显的科研力量。学者司天梅和李慧的节点较大，显示出她们的学术成果在学科内得到较多关注；刘林晶与宋桂清、吴娟与侯德仁等学者之间的链接较强，意味着他们之间可能分别有较为相近的研究主题；以吴娟、刘林晶等学者为主要节点的共被引作者簇人数较多且网络规模较大，意味着这些学者的研究主题关联可能较为紧密。

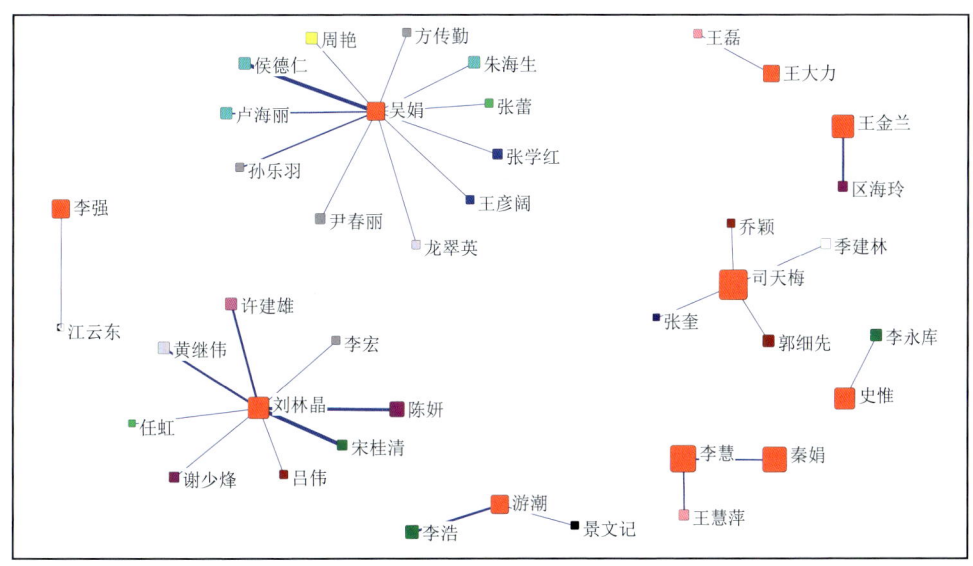

图 15-9　神经病学与精神病学学科高被引作者发文主题关联

15.6 高被引机构分析

15.6.1 高被引机构

为便于比较,本书将神经病学与精神病学学科的高被引机构分为医院和高等院校/科研院所两种类型。其中,被引频次 TOP 10 医院和被引频次 TOP 5 高等院校/科研院所的发文及被引情况分别见表 15-5 和表 15-6。其中,总被引频次较高的 3 所医院分别是首都医科大学宣武医院、上海交通大学医学院附属上海市精神卫生中心和南京医科大学附属脑科医院,北京大学、首都医科大学和天津中医药大学是总被引频次较高的 3 所高等院校/科研院所;前 5 年学科发文在 2014 年的被引率最高的医院和高等院校/科研院所分别是首都医科大学宣武医院和北京大学,篇均被引最高的医院和高等院校/科研院所分别是四川大学华西医院和北京大学。上述高被引机构的论文被引率和篇均被引频次对比如图 15-10 所示。

表 15-5　神经病学与精神病学学科高被引医院 TOP 10

序号	第一作者单位	学科发文量（篇）		前 5 年学科发文在 2014 年的被引			
		前 5 年	2014 年	频次	被引率(%)	最高（次）	篇均（次）
1	首都医科大学宣武医院	928	99	603	35.7	8	0.65
2	上海交通大学医学院附属上海市精神卫生中心	581	72	413	31.5	20	0.71
3	南京医科大学附属脑科医院	559	65	341	31.5	17	0.61
4	复旦大学附属华山医院	449	57	321	35.4	12	0.71
5	首都医科大学附属北京天坛医院	497	48	304	35.2	8	0.61
6	四川大学华西医院	402	50	301	33.3	16	0.75
7	重庆医科大学附属第一医院	430	54	275	33.5	10	0.64
8	吉林大学第一医院	595	74	257	25.9	6	0.43
9	郑州大学第一附属医院	409	85	255	34.5	10	0.62
10	中国人民解放军总医院	437	65	238	29.7	7	0.54

表 15-6　神经病学与精神病学学科高被引高等院校/科研院所 TOP 5

序号	第一作者单位	学科发文量（篇）		前 5 年学科发文在 2014 年的被引			
		前 5 年	2014 年	频次	被引率(%)	最高(次)	篇均（次）
1	北京大学	304	29	394	48.7	35	1.30
2	首都医科大学	235	26	183	40.0	7	0.78
3	天津中医药大学	316	64	166	29.7	9	0.53
4	南京中医药大学	177	35	130	29.9	38	0.73
5	天津医科大学	148	32	123	35.1	17	0.83

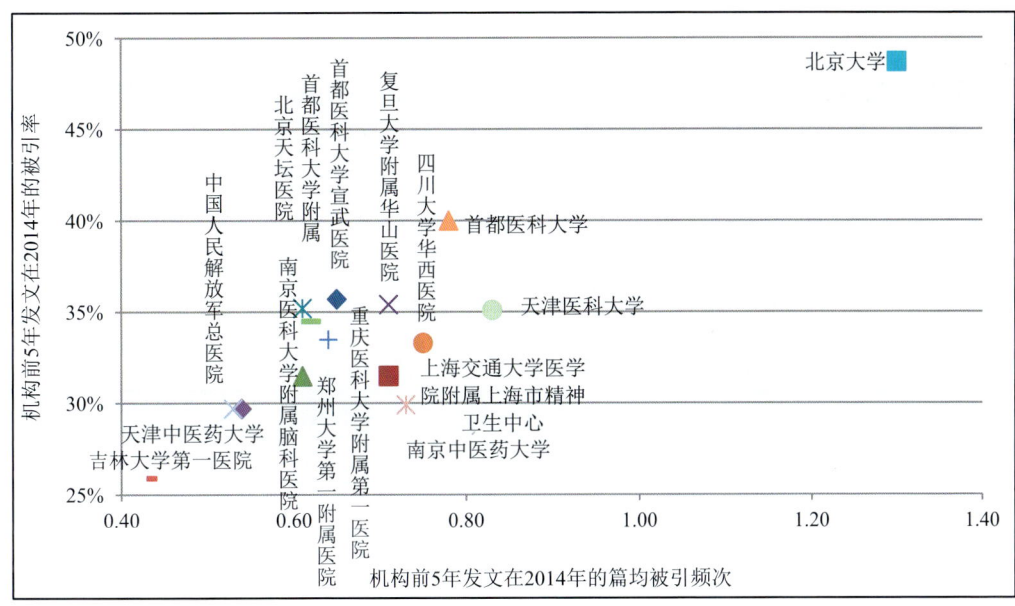

图 15-10　神经病学与精神病学学科高被引机构论文篇均被引及被引率对比

15.6.2　高被引机构科研合作关系

通过合著分析，获得神经病学与精神病学学科高被引机构之间及其与其他机构之间的科研合作关联，如图 15-11 所示（合作 52 次以下不显示）。分析得知，神经病学与精神病学学科的机构合作链接比较紧密，表明学科内机构合作现象较为普遍；高被引机构基本主导了机构合作网络，显示出这些机构已经在学科内具有了一定的科研优势；首都医科大学附属北京天坛医院与首都医科大学、北京大学与北京回龙观医院等机构之间的链接较强，表明它们的学术合作较为频繁。

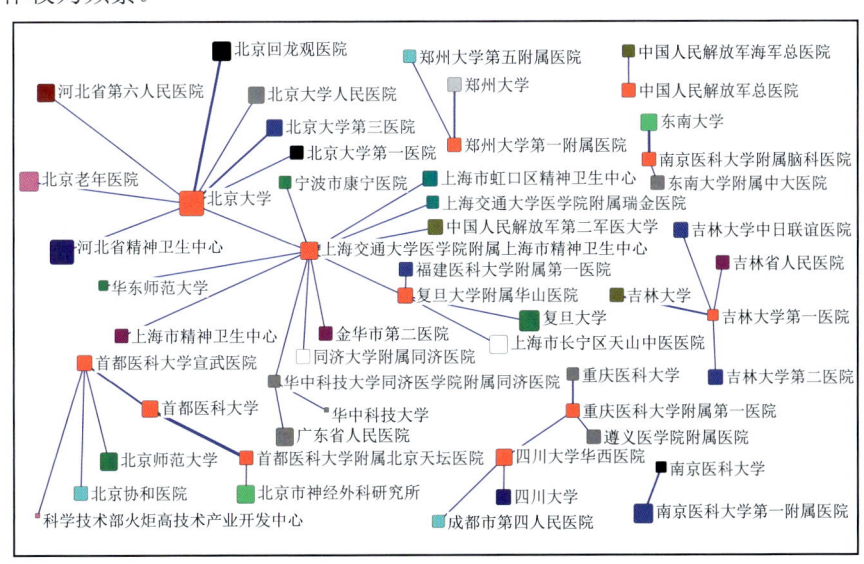

图 15-11　神经病学与精神病学学科高被引机构科研合作关联

15.7 高被引图书、国外期刊及学术会议

2014 年,神经病学与精神病学学科被引频次位居前 10 位的图书及国外期刊见表 15-7 和表 15-8。其中,被引次数较多的 3 种图书分别是沈渔邨的《精神病学》、贾建平的《神经病学》和王维治的《神经病学》;被引次数较多的 3 种国外期刊分别是《Stroke》《Neurology》和《The Lancet》;被引次数较多的 3 场学术会议分别是"Conference Proceedings-IEEE Engineering in Medicine and Biology Society""首届全国颅内血肿微创清除术临床应用研讨会"和"The 165th Annual Meeting of the American Psychiatric Association"。

表 15-7 神经病学与精神病学学科高被引图书 TOP 10

序号	责任者	图书名称	出版社	2014 年被引频次
1	沈渔邨	精神病学	人民卫生出版社	326
2	贾建平	神经病学	人民卫生出版社	272
3	王维治	神经病学	人民卫生出版社	256
4	张明园	精神科评定量表手册	湖南科学技术出版社	246
5	吴江	神经病学	人民卫生出版社	206
6	中华医学会精神科分会	中国精神障碍分类与诊断标准	山东科学技术出版社	180
7	王忠诚	神经外科学	湖北科学技术出版社	90
8	郝伟	精神病学	人民卫生出版社	79
9	张作记	行为医学量表手册	中华医学电子音像出版社	76
10	汪向东	心理卫生评定量表手册	中国心理卫生杂志社	75

表 15-8 神经病学与精神病学学科高被引国外期刊 TOP 10

序号	期刊名称	2014 年被引频次
1	Stroke	7120
2	Neurology	3578
3	The Lancet	1320
4	New England Journal of Medicine	1274
5	Journal of Neuroscience	1106
6	The Lancet Neurology	1104
7	PLoS One	1091
8	Neurosurgery	1055
9	American Journal of Neuroradiology	1039
10	Brain Research	1030

第 16 章 皮肤病学与性病学学科高被引分析

16.1 学科论文概况

2009—2013 年，皮肤病学与性病学学科共有 24427 位来自 8818 所机构的论文第一作者在 1007 种期刊上发表了 29336 篇学术论文。其中，80%以上的论文产出自 3085 所机构、17611 位作者，发表在 161 种期刊上。在前 5 年发表的这些论文中，有 8403 篇在 2014 年获得过引用，整体被引率为 28.6%，总被引频次为 13717 次，篇均被引 0.47 次；其中，高被引论文有 109 篇，单篇论文最高被引频次为 18 次，累计被引 873 次，篇均被引 8.01 次（表 16-1）。另外，2014 年皮肤病学与性病学学科共发表论文 5305 篇，其中有 307 篇在当年获得过引用，总共被引 383 次。

表 16-1 皮肤病学与性病学学科论文分布情况

年份	论文篇数	2014 年被引频次	2014 年被引率（%）	2014 年高被引论文			
				论文篇数	最高被引频次	总被引频次	篇均被引频次
2009	5525	1909	22.9	13	10	99	7.62
2010	6180	2813	28.0	19	12	184	9.68
2011	5761	3079	31.7	34	18	248	7.29
2012	6135	3235	31.0	25	18	217	8.68
2013	5735	2681	29.3	18	7	125	6.94
合计	29336	13717	28.6	109	18	873	8.01

从皮肤病学与性病学学科论文的地域分布来看，2014 年被引频次较高的 5 个省、直辖市或自治区依次是广东、江苏、北京、浙江和四川（图 16-1）；5 年论文产出量较多的 5 个省、直辖市或自治区依次是广东、江苏、北京、山东和四川（图 16-2）。

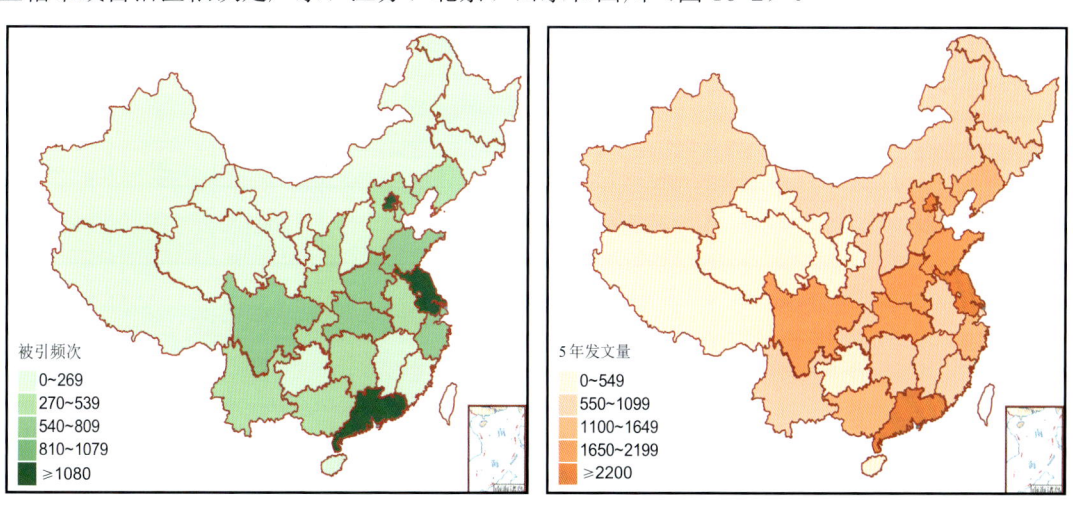

图 16-1 2014 年皮肤病学与性病学学科地区被引分布　　图 16-2 皮肤病学与性病学学科 5 年论文产出地区分布

16.2 高被引论文分析

在皮肤病学与性病学学科，2014 年被引频次位居前 10 位的论文（表 16-2）平均被引频次为 14.1 次，是全部 109 篇高被引论文篇均被引频次的 1.8 倍。其中，被引频次最高的论文是丁晓岚于 2010 年发表的《中国六省市银屑病流行病学调查》，随后 2 篇分别是徐洪莲于 2011 年发表的《回肠造口粪水性皮炎的原因分析及对策》和林志淼于 2010 年发表的《带状疱疹及后遗神经痛》。

从论文分布来看，刊载高被引论文数量居前的 3 种期刊分别是《中国皮肤性病学杂志》（27 篇）、《中国美容医学》（7 篇）和《疾病监测》（7 篇），而《疾病监测》和《中国皮肤性病学杂志》分别刊载了高被引论文 TOP 10 中的 2 篇；发表高被引论文较多的学者分别是北京协和医院的李军（2 篇）；产出高被引论文数量居前的 3 所机构分别是北京协和医院（4 篇）、上海交通大学医学院附属瑞金医院（2 篇）和中国中医科学院广安门医院（2 篇）。

表 16-2 皮肤病学与性病学学科高被引论文 TOP 10

序号	论文题名	第一作者	期刊名称	发表年份	被引频次 总频次	被引频次 2014 年
1	中国六省市银屑病流行病学调查	丁晓岚	中国皮肤性病学杂志	2010	61	19
2	回肠造口粪水性皮炎的原因分析及对策	徐洪莲	中华护理杂志	2011	42	18
2	带状疱疹及后遗神经痛	林志淼	临床皮肤科杂志	2010	71	18
4	梅毒流行病学和诊疗现状分析	程娟	传染病信息	2012	34	14
5	尖锐湿疣复发危险因素分析	赵敏	中国皮肤性病学杂志	2010	33	13
6	超脉冲二氧化碳点阵激光治疗痤疮瘢痕的临床观察	罗瑶佳	中国美容医学	2011	28	12
6	我国梅毒防治面临的挑战及对策	薛大奇	中国性科学	2012	46	12
6	2010—2011 年浙江省手足口病流行特征分析	缪梓萍	疾病监测	2012	33	12
6	带状疱疹后遗神经痛的治疗进展	龚寅	上海医学	2010	20	12
10	1998—2007 年中国梅毒流行病学特征分析	张伟东	疾病监测	2009	35	11

16.3 研究主题关联分析

在皮肤病学与性病学学科，高被引论文累计被 2014 年发表的 872 篇论文引用了 873 次。通过分析施引文献关键词的词频及关键词之间的共现关系，获得 2014 年皮肤病学与性病学学科的热点主题和主题关联，如图 16-3 所示（共现 4 次以下不显示）。由图 16-3 可知："梅毒""带状疱疹""银屑病"等关键词的文档词频较高,是 2014 年学科的研究热点;以"梅毒"与"流行病学""流行特征"等概念之间的共现次数较多,表明它们之间主题关联比较紧密,而以它们为核心的多个概念相互关联,构成了高被引论文中最为突出的研究主题簇。分别以"带状疱疹""尖锐湿疣""手足口病"等概念为中心的研究主题簇也初具规模。

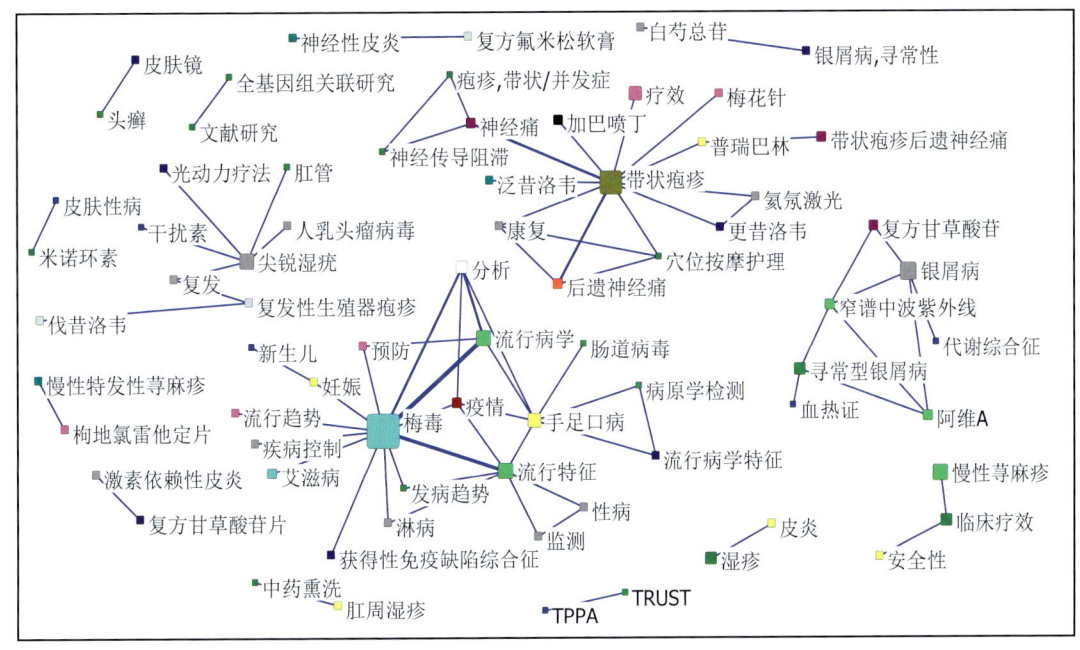

图 16-3　皮肤病学与性病学学科 2014 年热点主题关联

16.4　学科高影响力期刊分析

16.4.1　学科高影响力期刊 TOP 10

在皮肤病学与性病学学科,学科 5 年影响因子位居前 10 位的期刊见表 16-3,排在前 3 位的期刊分别是《中国皮肤性病学杂志》《皮肤性病诊疗学杂志》和《中国中西医结合皮肤性病学杂志》。在表 16-3 中,学科载文量占其总载文量比例最大的期刊是《中国中西医结合皮肤性病学杂志》;前 5 年学科载文在 2014 年被引率最高的期刊是《中国皮肤性病学杂志》;期刊 5 年影响因子较高的前 3 种期刊分别是《中国皮肤性病学杂志》《皮肤性病诊疗学杂志》和《中国中西医结合皮肤性病学杂志》;学科 5 年影响因子与期刊 5 年影响因子差异最大的期刊是《中国皮肤性病学杂志》。表 16-3 中期刊的学科 5 年影响因子和前 5 年学科载文的 2014 年被引率对比如图 16-4 所示,2009—2014 年期刊 5 年影响因子的变动情况如图 16-5 所示。

表 16-3　皮肤病学与性病学学科高影响力期刊基本指数

序号	期刊名称	前 5 年载文量			2014 年学科被引			5 年影响因子		h 指数 (学科)
		学科 (篇)	占比 (%)	总量 (篇)	频次	被引率 (%)	高被引论文篇数	期刊 (2014)	学科 (2014)	
1	中国皮肤性病学杂志	1831	59.9	3056	1482	36.5	27	0.664	0.809	9
2	皮肤性病诊疗学杂志	714	74.8	955	418	34.3	2	0.531	0.585	5
3	中国中西医结合皮肤性病学杂志	961	78.3	1227	544	35.3	3	0.509	0.566	5
4	中国真菌学杂志	213	35.0	609	112	33.3	1	0.489	0.526	5
5	中医外治杂志	218	13.5	1619	105	31.7	0	0.423	0.482	5
6	中华皮肤科杂志	907	42.0	2160	396	26.7	6	0.403	0.437	6
7	皮肤病与性病	605	47.6	1271	246	24.5	4	0.355	0.407	5
8	实用皮肤病学杂志	529	62.2	850	191	23.6	1	0.331	0.361	4
9	临床皮肤科杂志	1512	63.5	2380	456	17.8	3	0.268	0.302	5
10	国际皮肤性病学杂志	393	46.3	848	89	17.3	1	0.213	0.226	4

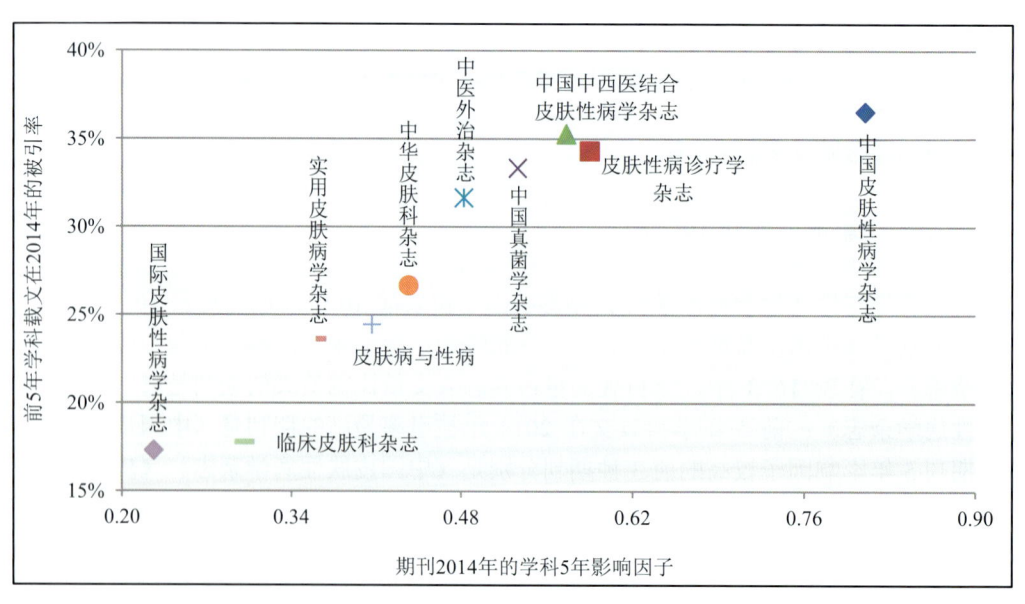

图 16-4　皮肤病学与性病学学科高影响力期刊对比

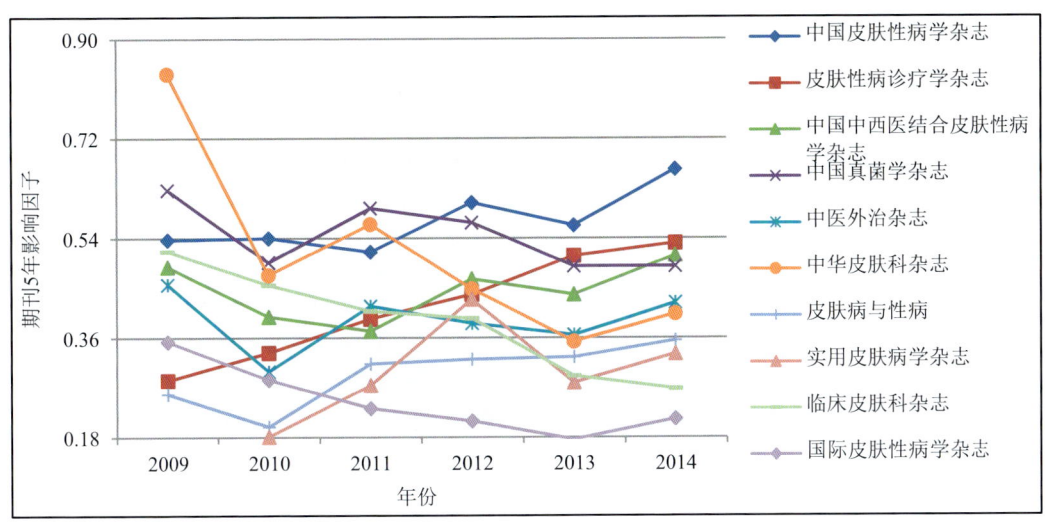

图 16-5　皮肤病学与性病学学科期刊 5 年影响因子变动

16.4.2　学科高影响力期刊载文主题关联

通过期刊共被引分析,获得皮肤病学与性病学学科高影响力期刊及与其他期刊之间的载文主题关联,如图 16-6 所示(共被引 11 次以下不显示)。结果显示,皮肤病学与性病学学科的高影响力期刊相互链接较为紧密,基本主导了该学科的期刊共被引网络,显示出该学科高影响力期刊可能共同刊载了许多相近的研究主题,热点研究主题分散在多种期刊上。《中国皮肤性病学杂志》的学科 5 年影响因子较高,显示出该刊在学科内学术影响力较大;《中国皮肤性病学杂志》与《中国中西医结合皮肤性病学杂志》《临床皮肤科杂志》等期刊之间的链接较强,意味着它们之间可能有较多相同或相近的载文主题。

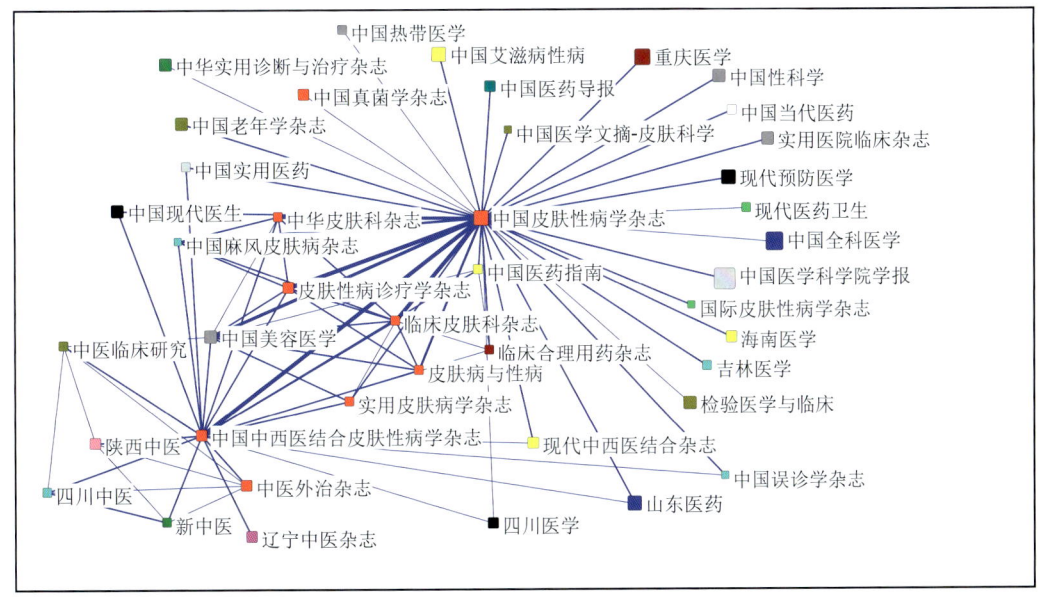

图 16-6　皮肤病学与性病学学科高影响力期刊载文主题关联

16.5 高被引作者分析

16.5.1 高被引作者TOP 20

2009—2013年，在24427位皮肤病学与性病学学科论文的第一作者中，在2014年学科被引频次位居前20位的学者的发文及被引情况见表16-4。其中，学科发文总被引频次较高的3位作者分别是北京协和医院的李军（28次）、第三军医大学西南医院的郝飞（22次）和北京大学人民医院的丁晓岚（21次）。高被引作者的5年学科发文数量从1篇到12篇不等，同时，作者学科发文的期刊分布也在1种到8种之间变化。在发文超过5篇的所有作者中，篇均被引较高的3位作者分别是北京协和医院的李军（篇均3.50次）、广州市皮肤病防治所的叶兴东（篇均2.80次）和南京大学医学院附属鼓楼医院的李志瑜（篇均2.40次）；前5年发表学科论文较多的3位作者分别是辽宁省沈阳皇姑协和中医门诊部的周宝宽（29篇）、北京医院的常建民（28篇）和衡水市第二人民医院的李俊峰（26篇）。高被引作者的学科发文量和被引量对比如图16-7所示。

表16-4 皮肤病学与性病学学科高被引作者TOP 20

序号	姓名	作者单位	前5年发文			前5年学科发文在2014年的被引				h指数（学科）
			学科发文（篇）	期刊分布（种）	发文总量（篇）	总频次	被引率（%）	最高（次）	篇均（次）	
1	李军	北京协和医院	8	5	8	28	62.5	10	3.50	4
2	郝飞	第三军医大学西南医院	12	5	21	22	75.0	7	1.83	3
3	丁晓岚	北京大学人民医院	3	2	6	21	66.7	19	7.00	2
4	林志淼	北京大学第一医院	9	2	11	20	33.3	18	2.22	1
4	王家双	广州市红十字会医院	4	1	7	20	100.0	9	5.00	3
6	王景权	浙江省皮肤病防治研究所	8	6	16	19	75.0	7	2.38	3
7	徐洪莲	第二军医大学附属长海医院	1	1	5	18	100.0	18	18.00	2
8	熊心猜	川北医学院附属医院	8	6	8	17	62.5	7	2.12	3
9	程娟	中国人民解放军第三〇二医院	3	2	3	15	66.7	14	5.00	1
10	王忠永	滨州医学院附属医院	9	7	19	14	77.8	4	1.56	2
10	谢海莉	广西皮肤病防治研究所	8	5	12	14	62.5	6	1.75	2
10	薛大奇	北京大学医学部	3	1	6	14	66.7	12	4.67	2
10	叶兴东	广州市皮肤病防治所	5	2	10	14	40.0	11	2.80	2
14	章星琪	中山大学附属第一医院	10	6	13	13	60.0	6	1.30	2
14	赵敏	武汉市皮肤病防治研究所	2	2	4	13	50.0	13	6.50	2

序号	姓名	作者单位	前5年发文			前5年学科发文在2014年的被引				h指数(学科)
			学科发文(篇)	期刊分布(种)	发文总量(篇)	总频次	被引率(%)	最高(次)	篇均(次)	
14	吴波	成都市第二人民医院	12	8	18	13	33.3	6	1.08	3
14	樊昕	北京军区总医院	7	4	17	13	85.7	7	1.86	2
14	常晓	首都医科大学宣武医院	3	2	3	13	100.0	6	4.33	2
19	龚寅	上海交通大学附属第一人民医院	1	1	2	12	100.0	12	12.00	1
19	李志瑜	南京大学医学院附属鼓楼医院	5	3	5	12	80.0	4	2.40	2

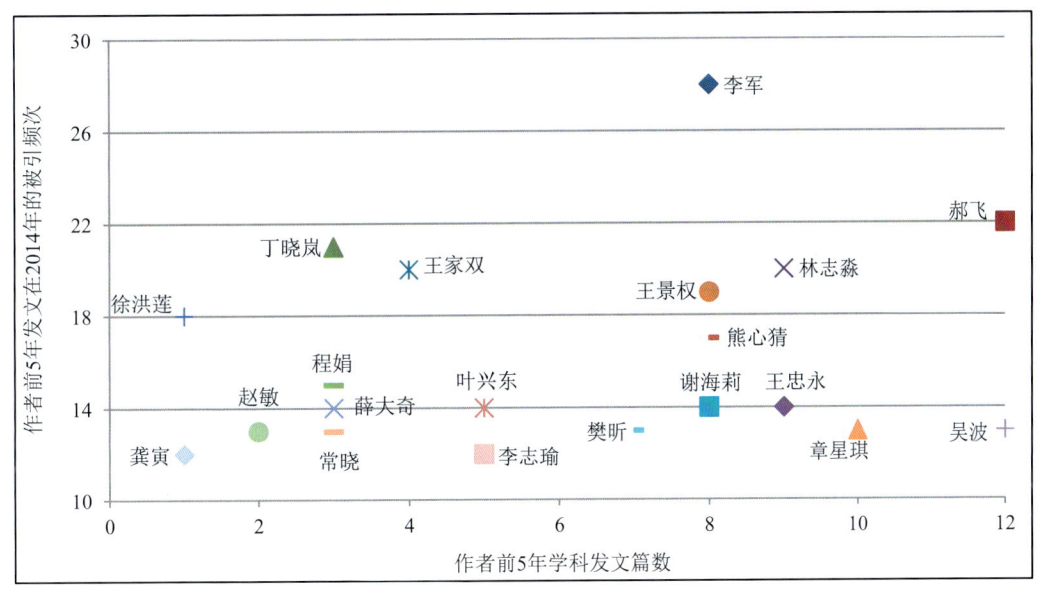

图16-7　皮肤病学与性病学学科高被引作者学科发文及被引对比

16.5.2 高被引作者科研合作关系

通过作者合著分析，获得2014年皮肤病学与性病学高被引作者及与其他学者之间的科研论文合作关系（不考虑论文署名次序），如图16-8所示（合著5次以下不显示）。可以看出，皮肤病学与性病学的高被引作者的论文合作现象比较普遍。学者郝飞、吴波和章星琪的发文量较多；郝飞的论文合作网络最为突出，在该学科的研究人员中表现出一定的集聚效应；郝飞和杨希川、钟华、阎衡等学者之间的合作关系最为紧密，显示出他们可能属于同一支科研团队。

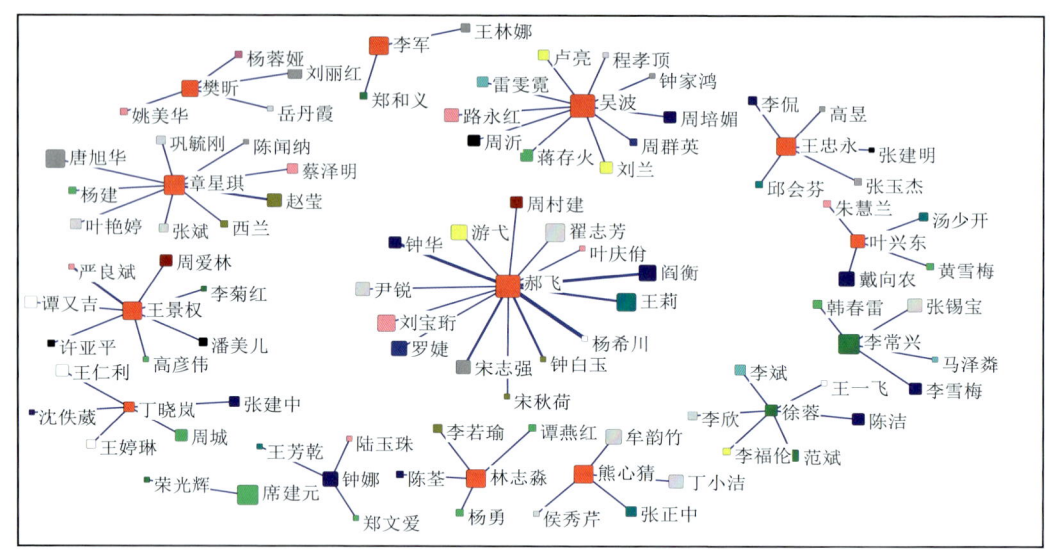

图 16-8 皮肤病学与性病学高被引作者科研论文合作关系

16.5.3 高被引作者发文主题关联

通过作者共被引分析，获得 2014 年皮肤病学与性病学高被引作者及与其他学者之间的发文主题关联（见图 16-9，共被引 2 次以下不显示）。如图 16-9 所示，皮肤病学与性病学的高被引作者基本主导了作者共被引网络，显示出该学科在热点主题上已经形成了优势较为明显的科研力量。学者李军和郝飞的节点较大，显示出他们的学术成果在学科内得到较多关注；王景权与王玉英等学者之间的链接较强，意味着他们之间可能有较为相近的研究主题；以李军、熊心猜等学者为主要节点的共被引作者簇人数较多且网络规模较大，意味着这些学者的研究主题关联可能较为紧密。

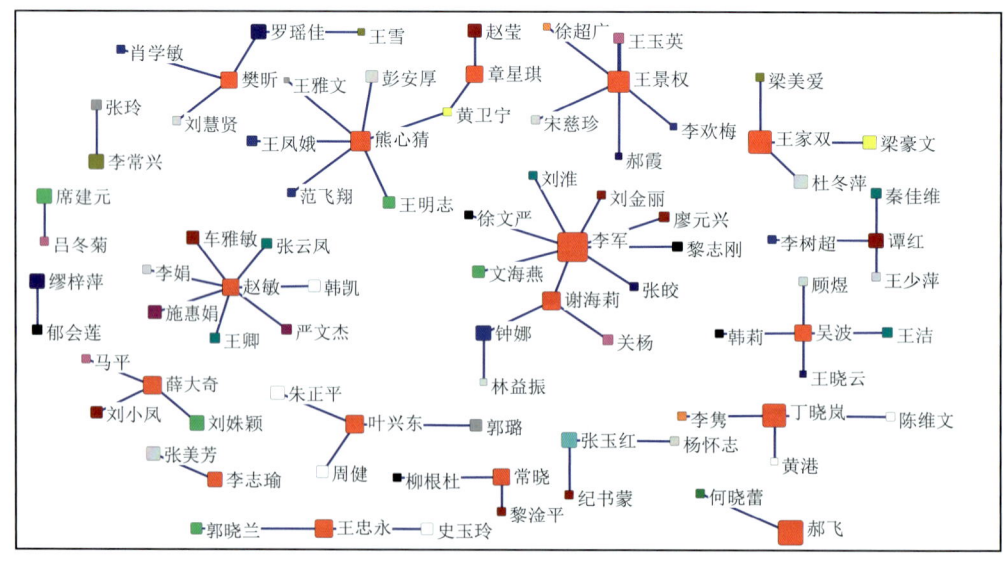

图 16-9 皮肤病学与性病学高被引作者发文主题关联

16.6 高被引机构分析

16.6.1 高被引机构

为便于比较,本书将皮肤病学与性病学的高被引机构分为医院和高等院校/科研院所两种类型。其中,被引频次 TOP 10 医院和被引频次 TOP 5 高等院校/科研院所的发文及被引情况分别见表 16-5 和表 16-6。其中,总被引频次较高的 3 所医院分别是北京大学第一医院、北京协和医院和上海市皮肤病医院,成都中医药大学、中国医学科学院皮肤病研究所和中国医学科学院北京协和医学院皮肤病研究所是总被引频次较高的 3 所高等院校/科研院所;前 5 年学科发文在 2014 年的被引率最高的医院和高等院校/科研院所分别是中山大学附属第一医院和天津医科大学,篇均被引最高的医院和高等院校/科研院所分别是天津医科大学总医院和天津医科大学。上述高被引机构的论文被引率和篇均被引频次对比如图 16-10 所示。

表 16-5 皮肤病学与性病学高被引医院 TOP 10

序号	第一作者单位	学科发文量(篇)		前 5 年学科发文在 2014 年的被引			
		前 5 年	2014 年	频次	被引率(%)	最高(次)	篇均(次)
1	北京大学第一医院	142	20	90	31.7	18	0.63
2	北京协和医院	193	31	84	18.1	10	0.44
3	上海市皮肤病医院	127	14	75	29.9	6	0.59
4	四川大学华西医院	182	19	71	23.6	7	0.39
5	成都市第二人民医院	153	26	69	26.1	6	0.45
6	中山大学附属第一医院	106	18	65	34.9	6	0.61
7	北京军区总医院	127	12	61	29.9	7	0.48
8	安徽医科大学第一附属医院	97	12	59	32.0	9	0.61
9	天津医科大学总医院	76	9	58	30.3	11	0.76
9	北京大学人民医院	85	5	58	22.4	19	0.68

表 16-6 皮肤病学与性病学高被引高等院校/科研院所 TOP 5

序号	第一作者单位	学科发文量(篇)		前 5 年学科发文在 2014 年的被引			
		前 5 年	2014 年	频次	被引率(%)	最高(次)	篇均(次)
1	成都中医药大学	129	31	47	25.6	4	0.36
2	中国医学科学院皮肤病研究所	87	6	46	28.7	5	0.53
3	中国医学科学院北京协和医学院皮肤病研究所	130	37	43	20.8	9	0.33
4	浙江省皮肤病防治研究所	62	4	41	30.6	7	0.66
5	天津医科大学	51	8	35	39.2	4	0.69

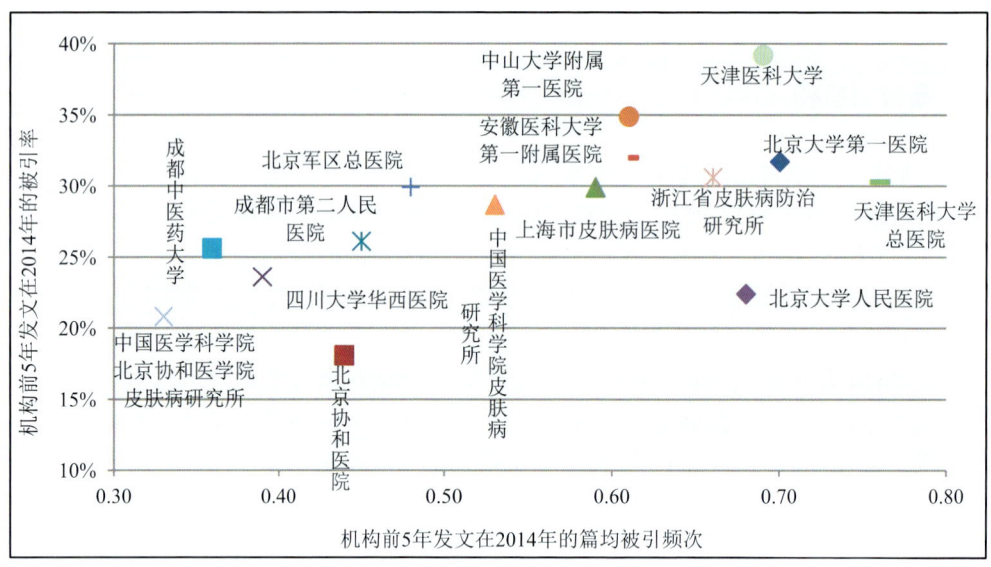

图 16-10　皮肤病学与性病学高被引机构论文篇均被引及被引率对比

16.6.2　高被引机构科研合作关系

通过合著分析，获得皮肤病学与性病学高被引机构之间及其与其他机构之间的科研合作关联，如图 16-11 所示（合作 20 次以下不显示）。分析得知，皮肤病学与性病学的机构合作链接比较紧密，表明学科内机构合作现象较为普遍；高被引机构基本主导了机构合作网络，显示出这些机构已经在学科内具有了一定的科研优势；安徽医科大学第一附属医院和山东省皮肤病性病防治研究所等机构之间的链接较强，表明它们的学术合作较为频繁。

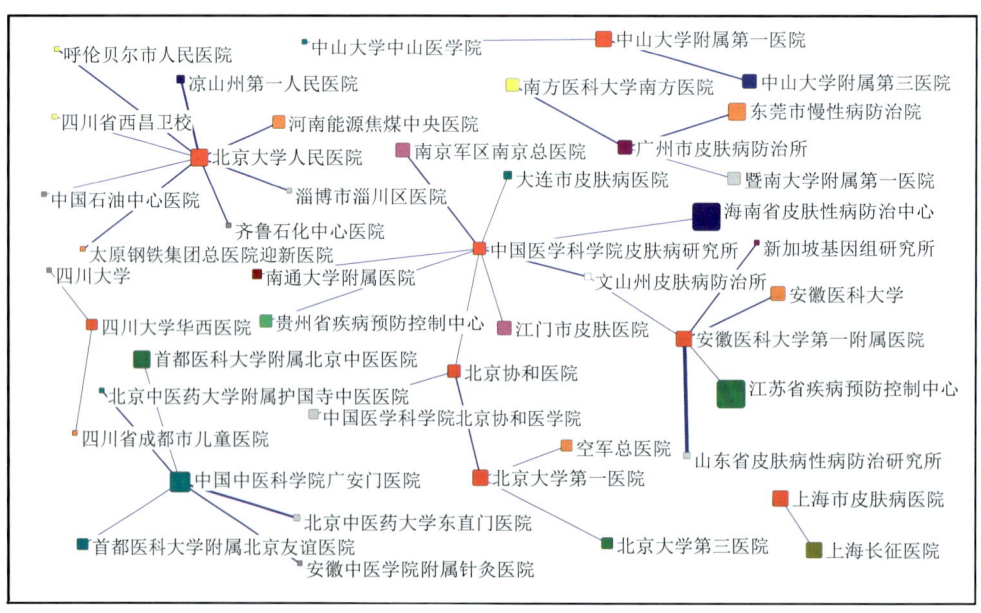

图 16-11　皮肤病学与性病学高被引机构科研合作关联

16.7 高被引图书、国外期刊及学术会议

2014年,皮肤病学与性病学被引频次位居前10位的图书及国外期刊见表16-7和表16-8。其中,被引次数较多的3种图书分别是赵辨的《临床皮肤病学》《中国临床皮肤病学》和张学军的《皮肤性病学》;被引次数较多的3种国外期刊分别是《British Journal of Dermatology》《Journal of the American Academy of Dermatology》和《Journal of Investigative Dermatology》;被引次数较多的3场学术会议分别是"18th World Congress of Dermatology""Proceedings of the 3rd World Congress on Adhesion and Related Phenomena (WCARP-Ⅲ)"和"Mayo Clinic Proceedings"。

表16-7 皮肤病学与性病学高被引图书 TOP 10

序号	责任者	图书名称	出版社	2014年被引频次
1	赵辨	临床皮肤病学	江苏科学技术出版社	531
2	赵辨	中国临床皮肤病学	江苏科学技术出版社	442
3	张学军	皮肤性病学	人民卫生出版社	245
4	国家中医药管理局	中医病证诊断疗效标准	南京大学出版社	46
5	王侠生	杨国亮皮肤病学	上海科学技术文献出版社	42
6	杨国亮	现代皮肤病学	上海医科大学出版社	39
7	靳培英	皮肤病药物治疗学	人民卫生出版社	29
8	郑筱萸	中药新药临床研究指导原则	中国医药科技出版社	23
8	吴志华	皮肤性病学	广东科技出版社	23
10	吴志华	现代皮肤性病学	广东人民出版社	20

表16-8 皮肤病学与性病学高被引国外期刊 TOP 10

序号	期刊名称	2014年被引频次
1	British Journal of Dermatology	625
2	Journal of the American Academy of Dermatology	478
3	Journal of Investigative Dermatology	391
4	Journal of the European Academy of Dermatology and Venereology	267
4	Archives of Dermatology	267
6	International Journal of Dermatology	250
7	Journal of Allergy and Clinical Immunology	170
8	Dermatology	162
9	Journal of Dermatology	157
10	Journal of Immunology	153

第 17 章　眼科学学科高被引分析

17.1　学科论文概况

2009—2013 年，眼科学学科共有 27405 位来自 8078 所机构的论文第一作者在 1024 种期刊上发表了 37519 篇学术论文。其中，80%以上的论文产出自 2355 所机构、18630 位作者，发表在 134 种期刊上。在前 5 年发表的这些论文中，有 10510 篇在 2014 年获得过引用，整体被引率为 28.0%，总被引频次为 16745 次，篇均被引 0.45 次；其中，高被引论文有 177 篇，单篇论文最高被引频次为 21 次，累计被引 1185 次，篇均被引 6.69 次（表 17-1）。另外，2014 年眼科学学科共发表论文 6797 篇，其中有 385 篇在当年获得过引用，总共被引 477 次。

表 17-1　眼科学学科论文分布情况

年份	论文篇数	2014 年被引频次	2014 年被引率（%）	2014 年高被引论文			
				论文篇数	最高被引频次	总被引频次	篇均被引频次
2009	7370	2365	21.5	27	15	167	6.19
2010	8182	3594	26.7	33	21	250	7.58
2011	7427	3762	31.0	38	17	268	7.05
2012	7067	3533	31.5	29	16	204	7.03
2013	7473	3491	29.5	50	19	296	5.92
合计	37519	16745	28.0	177	21	1185	6.69

从眼科学学科论文的地域分布来看，2014 年被引频次较高的 5 个省、直辖市或自治区依次是北京、广东、河南、江苏和山东（图 17-1）；5 年论文产出量较多的 5 个省、直辖市或自治区依次是广东、河南、北京、山东和江苏（图 17-2）。

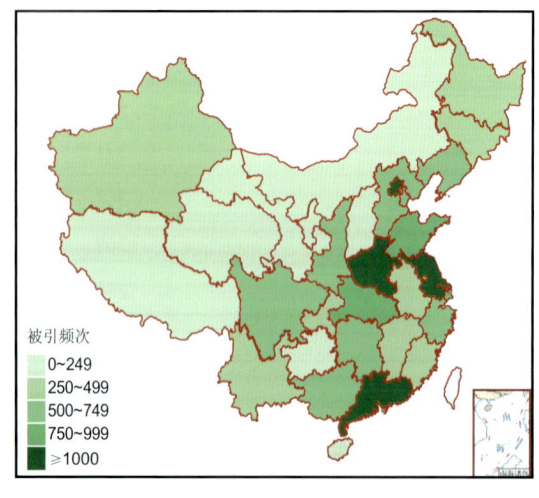
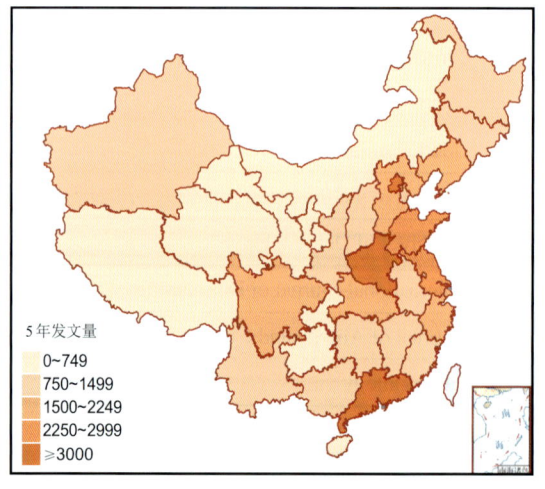

图 17-1　2014 年眼科学学科地区被引分布　　图 17-2　眼科学学科 5 年论文产出地区分布

17.2 高被引论文分析

在眼科学学科，2014年被引频次位居前10位的论文（表17-2）平均被引频次为12.4次，是全部177篇高被引论文篇均被引频次的1.9倍。其中，被引频次最高的论文是郑志于2012年发表的《糖尿病视网膜病变临床防治：进展、挑战与展望》，随后2篇分别是谢红莉于2010年发表的《我国青少年近视现患率及相关因素分析》和李景翠于2011年发表的《翼状胬肉发病机制及治疗研究新进展》。

从论文分布来看，刊载高被引论文数量居前的3种期刊分别是《中华眼科杂志》（21篇）、《国际眼科杂志》（19篇）和《中华眼底病杂志》（13篇），而《中华眼科杂志》刊载了高被引论文TOP 10中的3篇；发表高被引论文较多的学者分别是浙江大学医学院附属第二医院的姚克（3篇）和北京大学第三医院的马志中（2篇）；产出高被引论文数量居前的3所机构分别是首都医科大学附属北京同仁医院（4篇）、浙江大学医学院附属第二医院（3篇）和北京大学第三医院（3篇），而浙江大学医学院附属第二医院产出了高被引论文TOP 10中的2篇。

表17-2 眼科学学科高被引论文 TOP 10

序号	论文题名	第一作者	期刊名称	发表年份	被引频次 总频次	被引频次 2014年
1	糖尿病视网膜病变临床防治：进展、挑战与展望	郑志	中华眼底病杂志	2012	43	15
2	我国青少年近视现患率及相关因素分析	谢红莉	中华医学杂志	2010	48	14
2	翼状胬肉发病机制及治疗研究新进展	李景翠	眼科新进展	2011	29	14
4	超声乳化手术治疗原发性闭角型青光眼合并白内障的多中心试验	宋旭东	医学研究杂志	2010	41	13
4	飞秒激光角膜微小切口基质透镜取出术矫正近视及近视散光的早期临床研究	王雁	中华眼科杂志	2013	17	13
4	同轴1.8mm微切口超声乳化白内障手术临床效果评价	姚克	中华眼科杂志	2011	44	13
7	北京市中小学生近视状况及其影响因素分析	宋惠平	中国学校卫生	2010	31	12
8	新生儿泪囊炎与剖宫产关系及泪道探通时机探讨	辛会萍	眼科新进展	2010	30	10
8	青光眼白内障联合手术需重视的若干问题	姚克	中华眼科杂志	2013	18	10
8	频域光相干断层扫描：眼底影像检查技术的新时代	黎晓新	中华眼底病杂志	2009	36	10

17.3 研究主题关联分析

在眼科学学科，高被引论文累计被 2014 年发表的 811 篇论文引用了 1185 次。通过分析施引文献关键词的词频及关键词之间的共现关系，获得 2014 年眼科学学科的热点主题和主题关联，如图 17-3 所示（共现 6 次以下不显示）。由图 17-3 可知："白内障""青光眼""小梁切除术"等关键词的文档词频较高，是 2014 年学科的研究热点；以"白内障""青光眼""小梁切除术"等关键词为主要节点的多个概念相互关联，构成了学科内最为突出的研究主题簇。

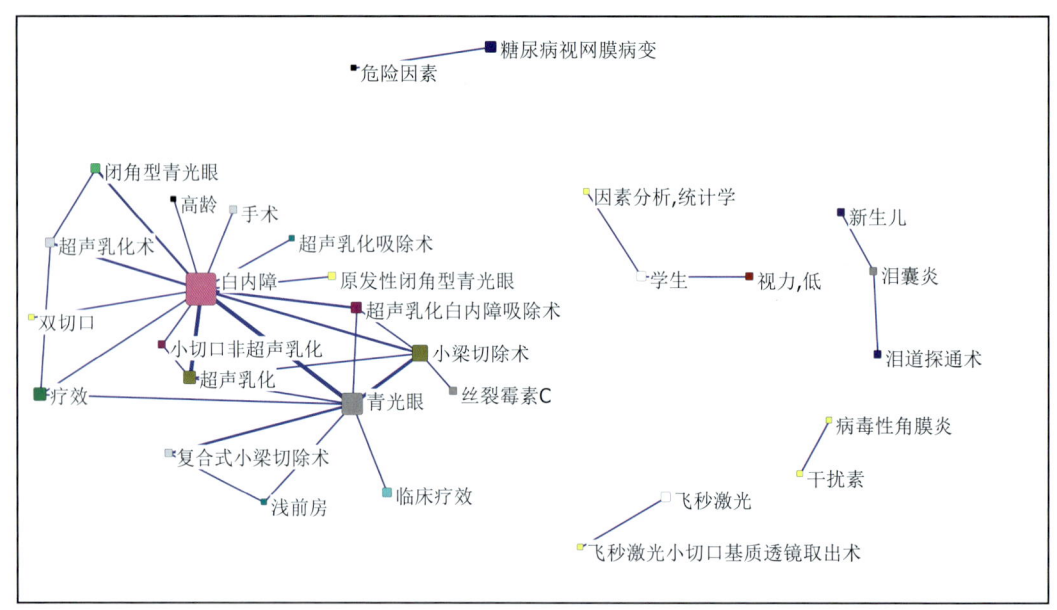

图 17-3　眼科学学科 2014 年热点主题关联

17.4 学科高影响力期刊分析

17.4.1 学科高影响力期刊 TOP 10

在眼科学学科，学科 5 年影响因子位居前 10 位的期刊见表 17-3，排在前 3 位的期刊分别是《中华眼科杂志》《中国斜视与小儿眼科杂志》和《眼科新进展》。在表 17-3 中，学科载文量占其总载文量比例最大的期刊是《中华眼底病杂志》；前 5 年学科载文在 2014 年被引率最高的期刊是《中国斜视与小儿眼科杂志》；期刊 5 年影响因子较高的前 3 种期刊分别是《中华眼科杂志》《眼科新进展》和《国际眼科杂志》；学科 5 年影响因子与期刊 5 年影响因子差异最大的期刊是《中国斜视与小儿眼科杂志》。表 17-3 中期刊的学科 5 年影响因子和前 5 年学科载文的 2014 年被引率对比如图 17-4 所示，2009—2014 年期刊 5 年影响因子的变动情况如图 17-5 所示。

表 17-3　眼科学学科高影响力期刊基本指数

序号	期刊名称	前5年载文量			2014年学科被引			5年影响因子		h指数（学科）
		学科（篇）	占比（%）	总量（篇）	频次	被引率（%）	高被引论文篇数	期刊（2014）	学科（2014）	
1	中华眼科杂志	1264	81.5	1551	910	34.3	21	0.752	0.720	9
2	中国斜视与小儿眼科杂志	306	82.0	373	185	36.3	3	0.571	0.605	5
3	眼科新进展	1807	90.2	2004	1069	32.9	11	0.592	0.592	7
4	国际眼科杂志	4141	83.0	4991	2374	34.1	19	0.575	0.573	7
5	中华眼底病杂志	1028	94.0	1094	564	31.5	13	0.532	0.549	6
6	临床眼科杂志	1000	75.5	1325	505	30.9	2	0.486	0.505	5
7	眼科	647	83.5	775	324	27.2	5	0.515	0.501	6
8	中国中医眼科杂志	727	76.5	950	338	28.5	1	0.445	0.465	5
9	中国实用眼科杂志	2209	82.3	2683	959	26.3	8	0.437	0.434	6
10	中华实验眼科杂志	1513	86.9	1742	601	26.6	1	0.392	0.397	5

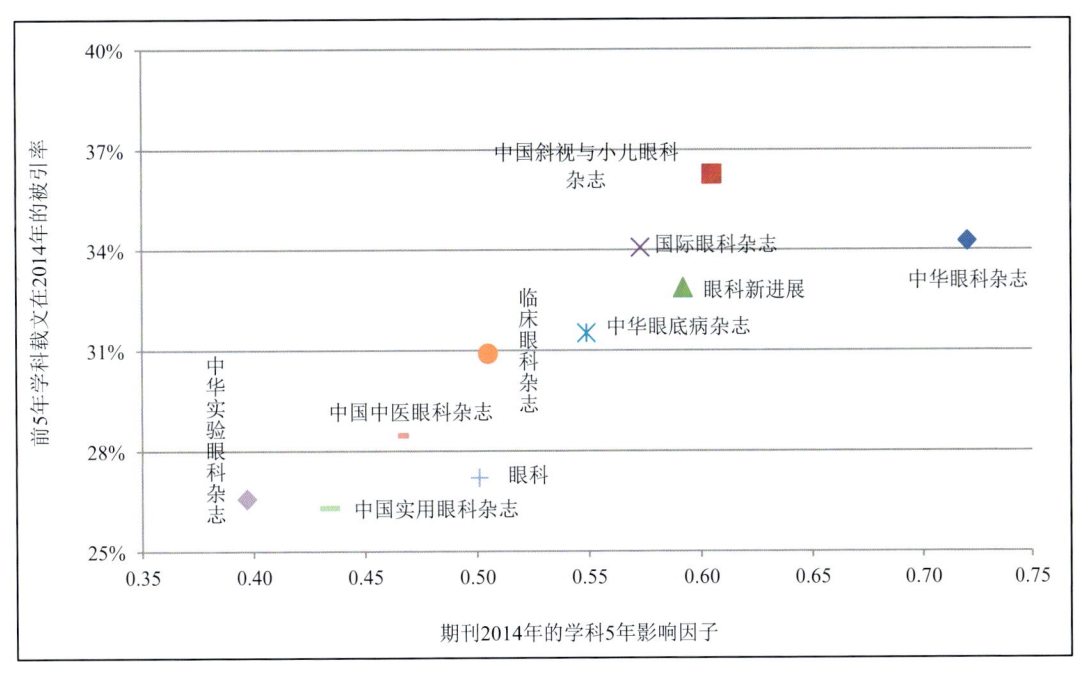

图 17-4　眼科学学科高影响力期刊对比

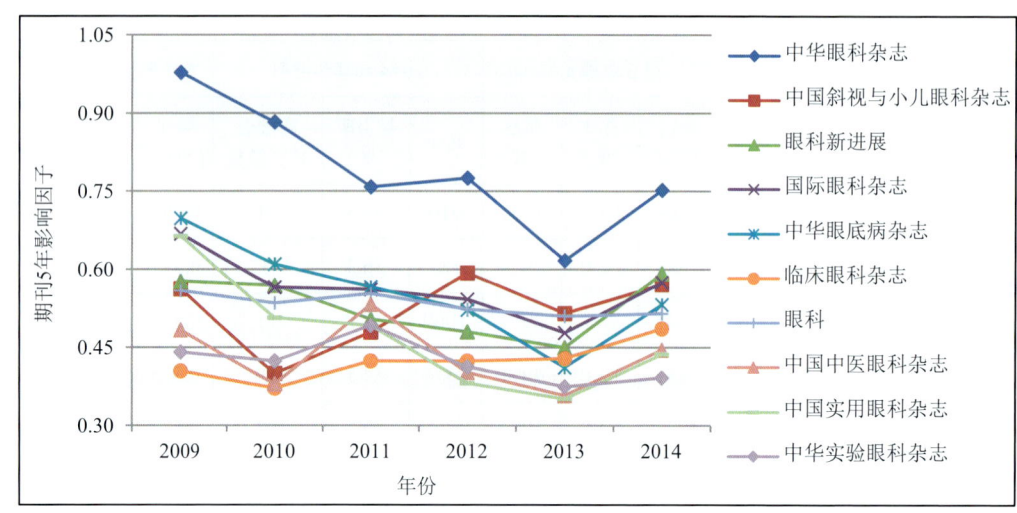

图 17-5　眼科学学科期刊 5 年影响因子变动

17.4.2　学科高影响力期刊载文主题关联

通过期刊共被引分析，获得眼科学学科高影响力期刊及与其他期刊之间的载文主题关联，如图 17-6 所示（共被引 17 次以下不显示）。结果显示，眼科学学科的高影响力期刊相互链接较为紧密，基本主导了该学科的期刊共被引网络，显示出该学科高影响力期刊可能共同刊载了许多相近的研究主题，热点研究主题分散在多种期刊上。《中华眼科杂志》的学科 5 年影响因子较高，显示出该刊在学科内学术影响力较大；《国际眼科杂志》与《眼科新进展》《临床眼科杂志》等期刊之间的链接较强，意味着它们之间可能有较多相同或相近的载文主题。

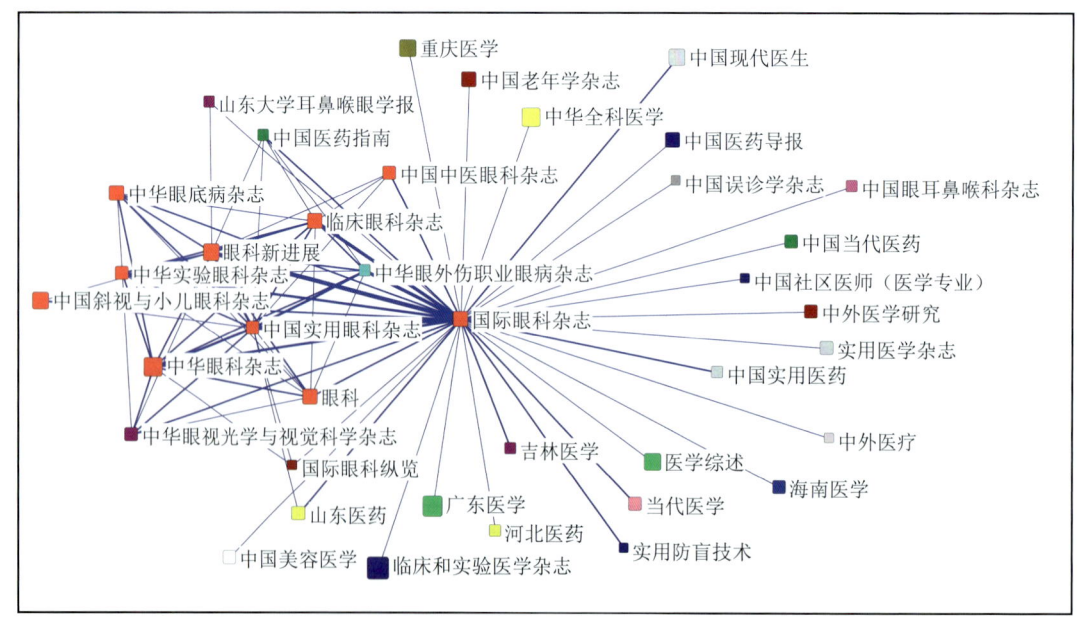

图 17-6　眼科学学科高影响力期刊载文主题关联

17.5 高被引作者分析

17.5.1 高被引作者 TOP 20

2009—2013 年，在 27405 位眼科学学科论文的第一作者中，在 2014 年学科被引频次位居前 20 位的学者的发文及被引情况见表 17-4。其中，学科发文总被引频次较高的 3 位作者分别是浙江大学医学院附属第二医院的姚克（33 次）、北京协和医院的赵家良（23 次）和西安市第四医院的王润生（21 次）。高被引作者的 5 年学科发文数量从 1 篇到 22 篇不等，同时，作者学科发文的期刊分布也在 1 种到 9 种之间变化。在发文超过 5 篇的所有作者中，篇均被引较高的 3 位作者分别是浙江大学医学院附属第二医院的姚克（篇均 6.60 次）、第四军医大学西京医院的惠延年（篇均 3.20 次）和北京大学人民医院的黎晓新（篇均 3.00 次）；前 5 年发表学科论文较多的 3 位作者分别是陕西省人民医院的石一宁（22 篇）、沧州市中心医院的孙则红（22 篇）和青岛大学医学院附属烟台毓璜顶医院的高磊（18 篇）。高被引作者的学科发文量和被引量对比如图 17-7 所示。

表 17-4 眼科学学科高被引作者 TOP 20

序号	姓名	作者单位	前 5 年发文			前 5 年学科发文在 2014 年的被引				h 指数（学科）
			学科发文（篇）	期刊分布（种）	发文总量（篇）	总频次	被引率（%）	最高（次）	篇均（次）	
1	姚克	浙江大学医学院附属第二医院	5	2	5	33	80.0	13	6.60	3
2	赵家良	北京协和医院	11	3	18	23	72.7	8	2.09	3
3	王润生	西安市第四医院	12	6	14	21	75.0	7	1.75	3
3	黎晓新	北京大学人民医院	7	3	11	21	85.7	10	3.00	3
5	宋旭东	首都医科大学附属北京同仁医院	8	4	8	20	50.0	13	2.50	3
6	邵毅	南昌大学第一附属医院	11	5	20	17	54.6	4	1.55	3
7	洪晶	北京大学第三医院	9	5	10	16	77.8	4	1.78	3
7	惠延年	第四军医大学西京医院	5	4	5	16	100.0	6	3.20	3
7	王晓贞	首都医科大学附属北京同仁医院	4	3	5	16	100.0	6	4.00	3
7	王雨生	第四军医大学西京医院	12	7	14	16	33.3	9	1.33	2
7	谢红莉	温州医学院	1	1	4	16	100.0	14	16.00	2
12	郑志	上海交通大学附属第一人民医院	1	1	2	15	100.0	15	15.00	2
12	石一宁	陕西省人民医院	22	9	26	15	27.3	4	0.68	3

序号	姓名	作者单位	前5年发文			前5年学科发文在2014年的被引				h指数（学科）
			学科发文（篇）	期刊分布（种）	发文总量（篇）	总频次	被引率（%）	最高（次）	篇均（次）	
12	李景翠	哈尔滨医科大学附属第二医院	2	1	2	15	100.0	14	7.50	1
12	刘杏	中山大学中山眼科中心	8	4	10	15	62.5	6	1.88	3
12	马志中	北京大学第三医院	3	2	3	15	100.0	7	5.00	2
17	沈玺	上海交通大学医学院附属瑞金医院	9	5	12	14	33.3	6	1.56	3
17	李莹	北京协和医院	11	8	18	14	45.5	8	1.27	3
17	方秋云	广州医学院附属第二医院	8	6	8	14	62.5	4	1.75	3
20	王雁	天津市眼科医院	3	3	3	13	33.3	13	4.33	1

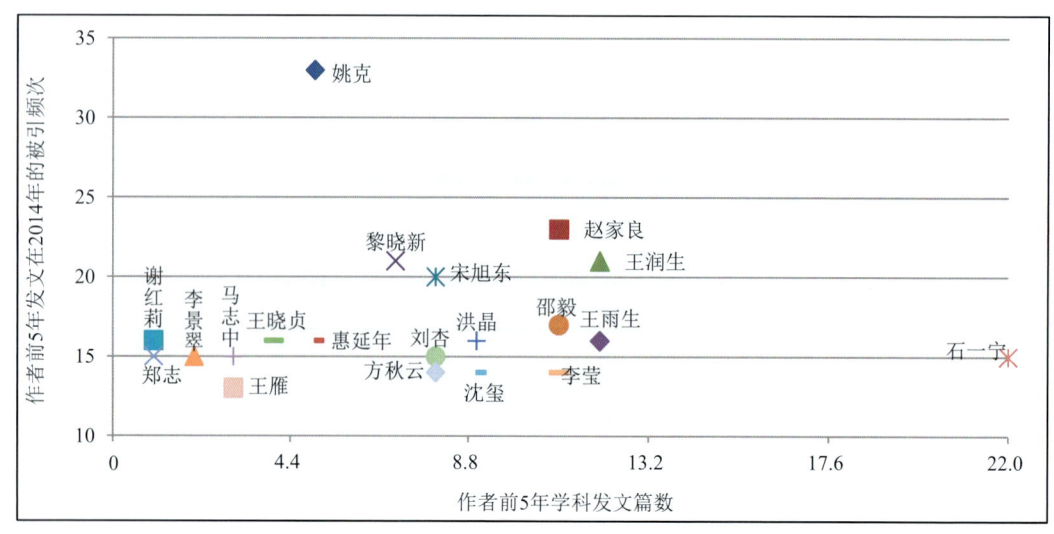

图 17-7　眼科学学科高被引作者学科发文及被引对比

17.5.2　高被引作者科研合作关系

通过作者合著分析，获得2014年眼科学学科高被引作者及与其他学者之间的科研论文合作关系（不考虑论文署名次序），如图17-8所示（合著6次以下不显示）。可以看出，眼科学学科的高被引作者的论文合作现象比较普遍。学者石一宁、邵毅、王雨生和王润生的发文量较多；王雨生的论文合作网络最为突出，在该学科的研究人员中表现出一定的集聚效应；刘杏和李媚、钟毅敏等学者之间的合作关系最为紧密，显示出他们可能属于同一支科研团队。

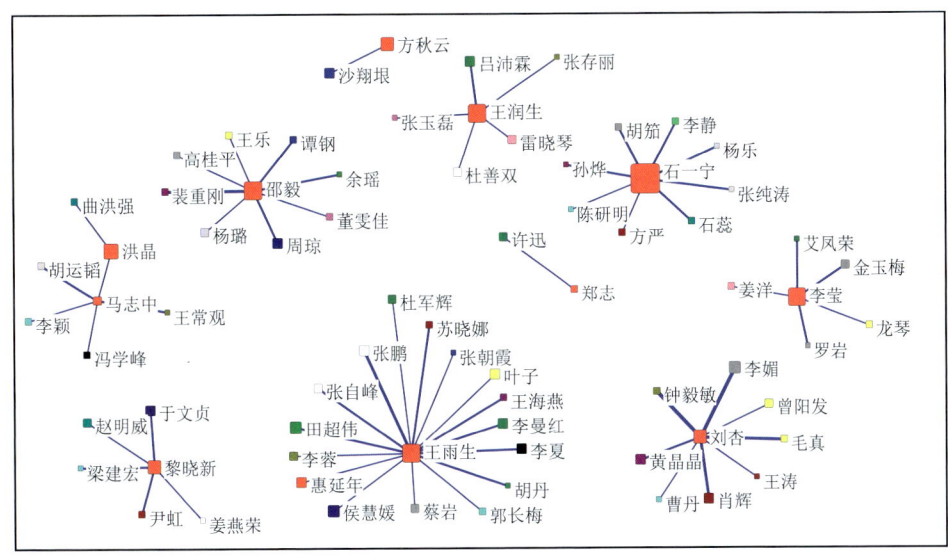

图 17-8　眼科学学科高被引作者科研论文合作关系

17.5.3　高被引作者发文主题关联

通过作者共被引分析，获得 2014 年眼科学学科高被引作者及与其他学者之间的发文主题关联（见图 17-9，共被引 2 次以下不显示）。如图 17-9 所示，眼科学学科的高被引作者基本主导了作者共被引网络，显示出该学科在热点主题上已经形成了优势较为明显的科研力量。学者姚克和黎晓新的节点较大，显示出他们的学术成果在学科内得到较多关注；王润生与王敏、姚克与崔巍等学者之间的链接较强，意味着他们之间可能分别有较为相近的研究主题；以宋旭东、姚克等学者为主要节点的共被引作者簇人数较多且网络规模较大，意味着这些学者的研究主题关联可能较为紧密。

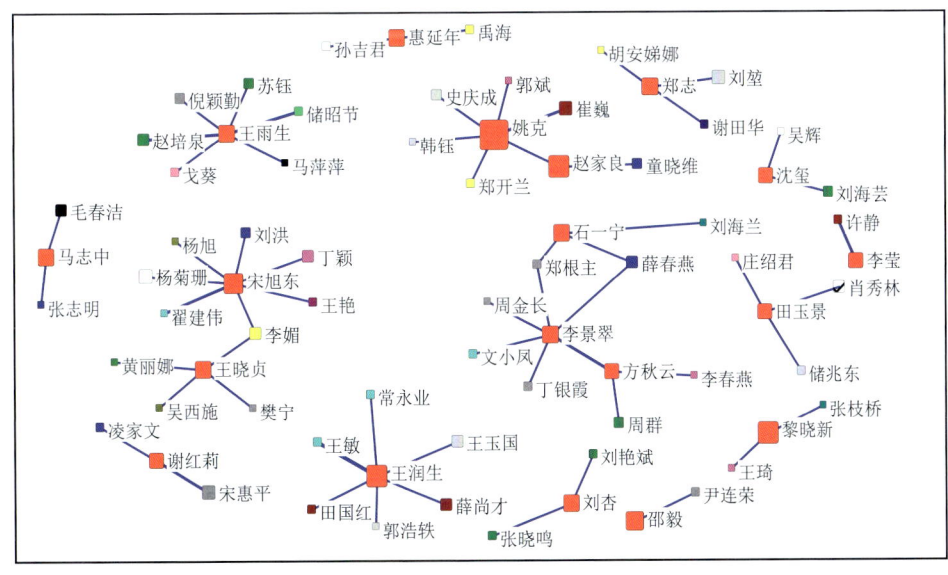

图 17-9　眼科学学科高被引作者发文主题关联

17.6 高被引机构分析

17.6.1 高被引机构

为便于比较，本书将眼科学学科的高被引机构分为医院和高等院校/科研院所两种类型。其中，被引频次 TOP 10 医院和被引频次 TOP 5 高等院校/科研院所的发文及被引情况分别见表 17-5 和表 17-6。其中，总被引频次较高的 3 所医院分别是首都医科大学附属北京同仁医院、中山大学中山眼科中心和北京协和医院，天津医科大学、山东省眼科研究所和中山大学是总被引频次较高的 3 所高等院校/科研院所；前 5 年学科发文在 2014 年的被引率最高的医院和高等院校/科研院所分别是第四军医大学西京医院和天津医科大学，篇均被引最高的医院和高等院校/科研院所分别是第四军医大学西京医院和天津医科大学。上述高被引机构的论文被引率和篇均被引频次对比如图 17-10 所示。

表 17-5 眼科学学科高被引医院 TOP 10

序号	第一作者单位	学科发文量（篇）		前 5 年学科发文在 2014 年的被引			
		前 5 年	2014 年	频次	被引率(%)	最高（次）	篇均（次）
1	首都医科大学附属北京同仁医院	832	151	334	23.6	13	0.40
2	中山大学中山眼科中心	391	45	219	32.2	7	0.56
3	北京协和医院	220	35	145	33.6	8	0.66
4	复旦大学附属眼耳鼻喉科医院	295	49	134	28.8	7	0.45
5	天津市眼科医院	197	35	108	33.5	13	0.55
6	上海交通大学附属第一人民医院	161	22	104	30.4	15	0.65
6	北京大学第三医院	153	23	104	35.3	7	0.68
8	郑州大学第一附属医院	293	51	103	23.9	4	0.35
9	第四军医大学西京医院	130	15	99	35.4	9	0.76
10	武汉大学人民医院	205	35	87	24.4	5	0.42

表 17-6 眼科学学科高被引高等院校/科研院所 TOP 5

序号	第一作者单位	学科发文量（篇）		前 5 年学科发文在 2014 年的被引			
		前 5 年	2014 年	频次	被引率(%)	最高（次）	篇均（次）
1	天津医科大学	205	4	125	37.6	6	0.61
2	山东省眼科研究所	106	3	56	28.3	6	0.53
3	中山大学	79	17	47	32.9	9	0.59
4	天津医科大学眼科临床学院	76	11	39	27.6	6	0.51
5	河南省眼科研究所	82	1	35	24.4	5	0.43

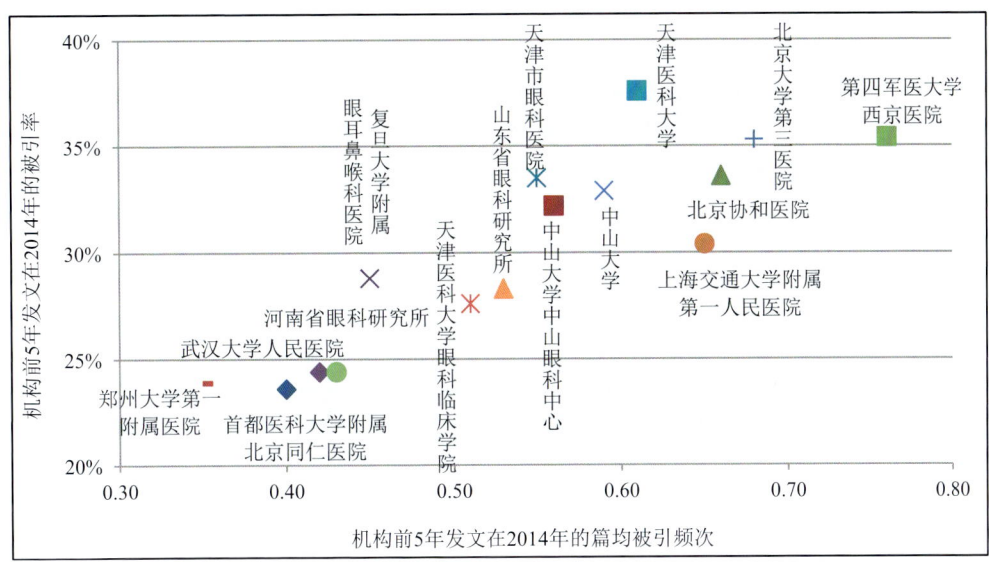

图 17-10　眼科学学科高被引机构论文篇均被引及被引率对比

17.6.2　高被引机构科研合作关系

通过合著分析，获得眼科学学科高被引机构之间及其与其他机构之间的科研合作关联，如图 17-11 所示（合作 27 次以下不显示）。分析得知，眼科学学科的机构合作链接比较紧密，表明学科内机构合作现象较为普遍；高被引机构基本主导了机构合作网络，显示出这些机构已经在学科内具有了一定的科研优势；首都医科大学附属北京同仁医院与邯郸市眼科医院、中国科学院光电技术研究所等机构之间的链接较强，表明它们的学术合作较为频繁。

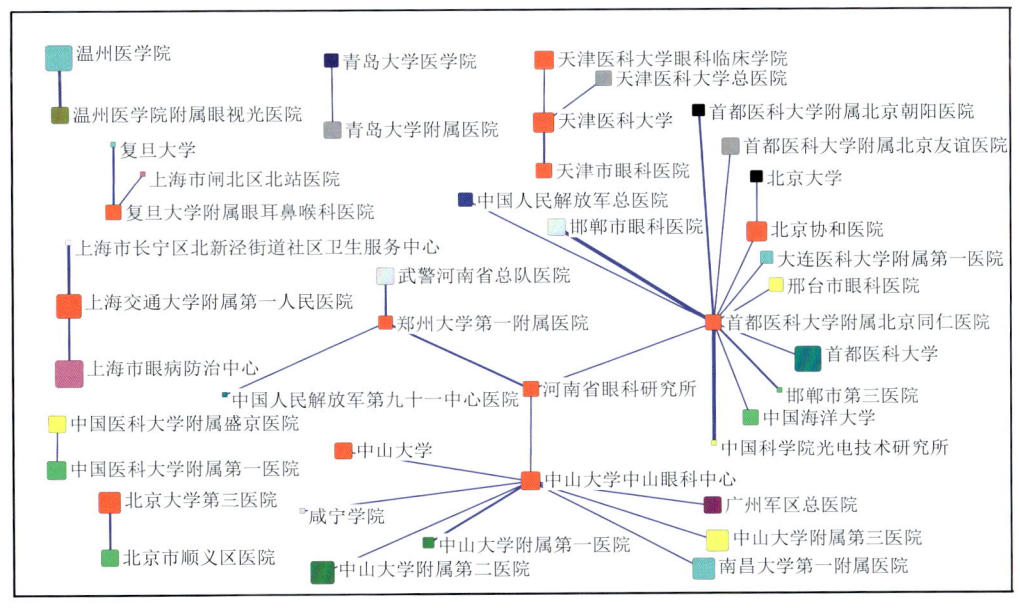

图 17-11　眼科学学科高被引机构科研合作关联

17.7 高被引图书、国外期刊及学术会议

2014 年，眼科学学科被引频次位居前 10 位的图书及国外期刊见表 17-7 和表 17-8。其中，被引次数较多的 3 种图书分别是葛坚的《眼科学》、李凤鸣的《眼科全书》和刘家琦的《实用眼科学》；被引次数较多的 3 种国外期刊分别是《Investigative Ophthalmology & Visual Science》《Ophthalmology》和《American Journal of Ophthalmology》；被引次数较多的 3 场学术会议分别是"ARVO Meeting Abstracts""Proc 14th International Thyroid Congress"和"AIOC 2009 Proceedings"。

表 17-7 眼科学学科高被引图书 TOP 10

序号	责任者	图书名称	出版社	2014 年被引频次
1	葛坚	眼科学	人民卫生出版社	162
2	李凤鸣	眼科全书	人民卫生出版社	145
3	刘家琦	实用眼科学	人民卫生出版社	144
4	李凤鸣	中华眼科学	人民卫生出版社	139
4	赵堪兴	眼科学	人民卫生出版社	139
6	张承芬	眼底病学	人民卫生出版社	62
7	惠延年	眼科学	人民卫生出版社	61
8	刘祖国	眼表疾病学	人民卫生出版社	57
8	李绍珍	眼科手术学	人民卫生出版社	57
10	李美玉	青光眼学	人民卫生出版社	44

表 17-8 眼科学学科高被引国外期刊 TOP 10

序号	期刊名称	2014 年被引频次
1	Investigative Ophthalmology & Visual Science	2871
2	Ophthalmology	2711
3	American Journal of Ophthalmology	2078
4	Journal of Cataract & Refractive Surgery	1501
5	British Journal of Ophthalmology	1429
6	Archives of Ophthalmology	1333
7	Retina	827
8	Cornea	775
9	Journal of Refractive Surgery	677
10	Eye	625

第 18 章　耳鼻喉科学学科高被引分析

18.1　学科论文概况

2009—2013 年，耳鼻喉科学学科共有 21316 位来自 7124 所机构的论文第一作者在 950 种期刊上发表了 25770 篇学术论文。其中，80%以上的论文产出自 2512 所机构、15189 位作者，发表在 168 种期刊上。在前 5 年发表的这些论文中，有 8145 篇在 2014 年获得过引用，整体被引率为 31.6%，总被引频次为 13725 次，篇均被引 0.53 次；其中，高被引论文有 108 篇，单篇论文最高被引频次为 13 次，累计被引 874 次，篇均被引 8.09 次（表 18-1）。另外，2014 年耳鼻喉科学学科共发表论文 5126 篇，其中有 248 篇在当年获得过引用，总共被引 320 次。

表 18-1　耳鼻喉科学学科论文分布情况

年份	论文篇数	2014年被引频次	2014年被引率（%）	2014年高被引论文			
				论文篇数	最高被引频次	总被引频次	篇均被引频次
2009	4593	1774	24.6	20	11	148	7.40
2010	5300	2786	30.8	16	11	166	10.38
2011	5375	3282	35.2	23	13	192	8.35
2012	5311	3123	34.6	23	12	190	8.26
2013	5191	2760	31.8	26	12	178	6.85
合计	25770	13725	31.6	108	13	874	8.09

从耳鼻喉科学学科论文的地域分布来看，2014 年被引频次较高的 5 个省、直辖市或自治区依次是广东、北京、江苏、河南和湖北（图 18-1）；5 年论文产出量较多的 5 个省、直辖市或自治区依次是广东、北京、河南、江苏和山东（图 18-2）。

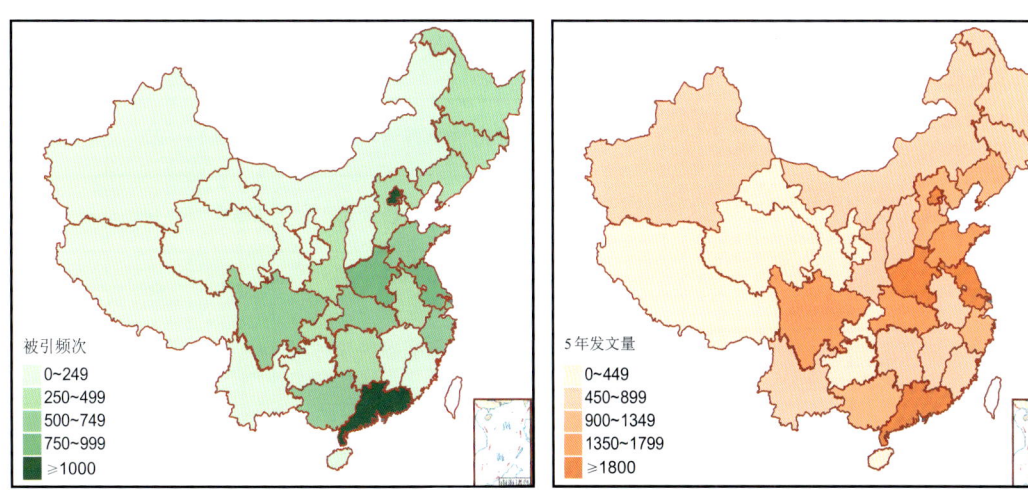

图 18-1　2014 年耳鼻喉科学学科地区被引分布　　图 18-2　耳鼻喉科学学科 5 年论文产出地区分布

18.2 高被引论文分析

在耳鼻喉科学学科，2014年被引频次位居前10位的论文（表18-2）平均被引频次为13.9次，是全部108篇高被引论文篇均被引频次的1.7倍。其中，被引频次最高的论文是张晓彤于2010年发表的《耳廓假性囊肿病理及治疗问题探讨》和陈伟南于2010年发表的《耳内镜下鼓膜置管联合腺样体切除术治疗儿童分泌性中耳炎》，随后2篇是齐鹤立于2012年发表的《老年耳鼻喉手术患者术后急性感染现况及手术后疼痛的疗效》和王朝永于2010年发表的《鼻内镜手术治疗慢性鼻窦炎鼻息肉573例疗效分析》。

从论文分布来看，刊载高被引论文数量居前的3种期刊分别是《中华耳鼻咽喉头颈外科杂志》（15篇）、《临床耳鼻咽喉头颈外科杂志》（14篇）和《听力学及言语疾病杂志》（5篇），而《中华耳鼻咽喉头颈外科杂志》刊载了高被引论文TOP 10中的3篇；发表高被引论文较多的学者是广西中医药大学第一附属医院的桂雄斌（2篇）；产出高被引论文数量居前的3所机构分别是中国人民解放军总医院（3篇）、南京医科大学第一附属医院（2篇）和广西中医药大学第一附属医院（2篇）。

表18-2 耳鼻喉科学学科高被引论文 TOP 10

序号	论文题名	第一作者	期刊名称	发表年份	被引频次 总频次	2014年
1	耳廓假性囊肿病理及治疗问题探讨	张晓彤	中华耳鼻咽喉头颈外科杂志	2010	45	17
1	耳内镜下鼓膜置管联合腺样体切除术治疗儿童分泌性中耳炎	陈伟南	中华耳科学杂志	2010	36	17
3	老年耳鼻喉手术患者术后急性感染现况及手术后疼痛的疗效	齐鹤立	中国老年学杂志	2012	26	15
3	鼻内镜手术治疗慢性鼻窦炎鼻息肉573例疗效分析	王朝永	重庆医学	2010	37	15
5	低温等离子刀辅助内镜下儿童扁桃体和腺样体切除术临床效果分析	祝小莉	临床耳鼻咽喉头颈外科杂志	2011	30	14
6	中国内地新生儿听力筛查情况的回顾性分析	韩冰	听力学及言语疾病杂志	2012	27	13
7	利巴韦林气雾剂治疗疱疹性咽峡炎疗效观察	王华芳	中国当代儿科杂志	2009	44	12
7	变应性鼻炎诊疗现状调查	张罗	中华耳鼻咽喉头颈外科杂志	2010	46	12
7	纳米碳在鉴别甲状腺周围淋巴结和甲状旁腺中的作用	王晓雷	中华耳鼻咽喉头颈外科杂志	2009	26	12
7	鼻息肉摘除术及鼻息肉摘除并鼻内筛窦切除术治疗鼻息肉的比较研究	李卫平	中国医药导刊	2012	16	12

18.3 研究主题关联分析

在耳鼻喉科学学科，高被引论文累计被 2014 年发表的 685 篇论文引用了 874 次。通过分析施引文献关键词的词频及关键词之间的共现关系，获得 2014 年耳鼻喉科学学科的热点主题和主题关联，如图 18-3 所示（共现 5 次以下不显示）。由图 18-3 可知："鼻内镜""鼻息肉""疗效"等关键词的文档词频较高，是 2014 年学科的研究热点；以"鼻内镜""鼻息肉""慢性鼻窦炎"等关键词为主要节点的多个概念相互关联，构成了学科内最为突出的研究主题簇。

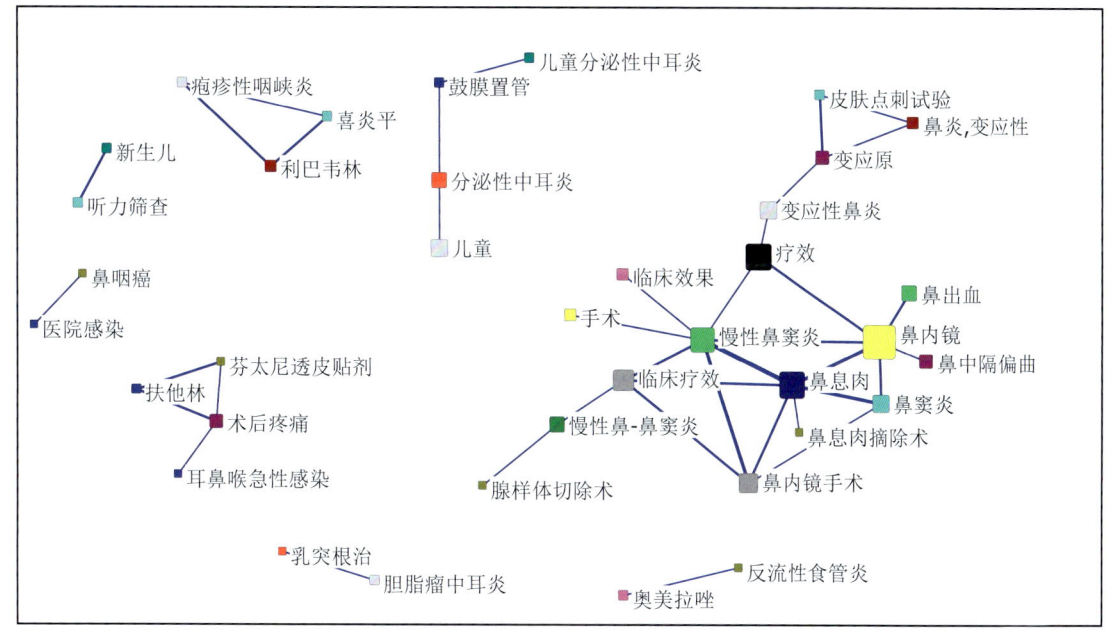

图 18-3 耳鼻喉科学学科 2014 年热点主题关联

18.4 学科高影响力期刊分析

18.4.1 学科高影响力期刊 TOP 10

在耳鼻喉科学学科，学科 5 年影响因子位居前 10 位的期刊见表 18-3，排在前 3 位的期刊分别是《中华耳鼻咽喉头颈外科杂志》《中华耳科学杂志》和《临床耳鼻咽喉头颈外科杂志》。在表 18-3 中，学科载文量占其总载文量比例最大的期刊是《听力学及言语疾病杂志》；前 5 年学科载文在 2014 年被引率最高的期刊是《中华耳鼻咽喉头颈外科杂志》；期刊 5 年影响因子较高的前 3 种期刊分别是《中华耳鼻咽喉头颈外科杂志》《中华耳科学杂志》和《听力学及言语疾病杂志》；学科 5 年影响因子与期刊 5 年影响因子差异最大的期刊是《中华耳科学杂志》。表 18-3 中期刊的学科 5 年影响因子和前 5 年学科载文的 2014 年被引率对比如图 18-4 所示，2009—2014 年期刊 5 年影响因子的变动情况如图 18-5 所示。

表 18-3 耳鼻喉科学学科高影响力期刊基本指数

序号	期刊名称	前5年载文量			2014年学科被引			5年影响因子		h指数(学科)
		学科(篇)	占比(%)	总量(篇)	频次	被引率(%)	高被引论文篇数	期刊(2014)	学科(2014)	
1	中华耳鼻咽喉头颈外科杂志	680	41.2	1652	775	47.2	15	1.028	1.140	10
2	中华耳科学杂志	479	62.9	761	361	36.7	5	0.629	0.754	6
3	临床耳鼻咽喉头颈外科杂志	1652	58.3	2834	1174	34.7	14	0.602	0.711	7
4	中国耳鼻咽喉颅底外科杂志	645	65.2	989	446	37.8	3	0.604	0.691	6
5	听力学及言语疾病杂志	1033	88.5	1167	641	35.0	5	0.610	0.621	6
6	中国耳鼻咽喉头颈外科	679	46.5	1461	361	32.1	1	0.451	0.532	5
7	中国眼耳鼻喉科杂志	346	34.4	1006	148	26.3	0	0.396	0.428	5
8	山东大学耳鼻喉眼学报	575	52.8	1090	217	24.5	0	0.364	0.377	4
9	中国中西医结合耳鼻咽喉科杂志	372	46.6	799	107	21.8	0	0.323	0.288	3
10	国际耳鼻咽喉头颈外科杂志	277	48.4	572	50	15.2	0	0.150	0.181	2

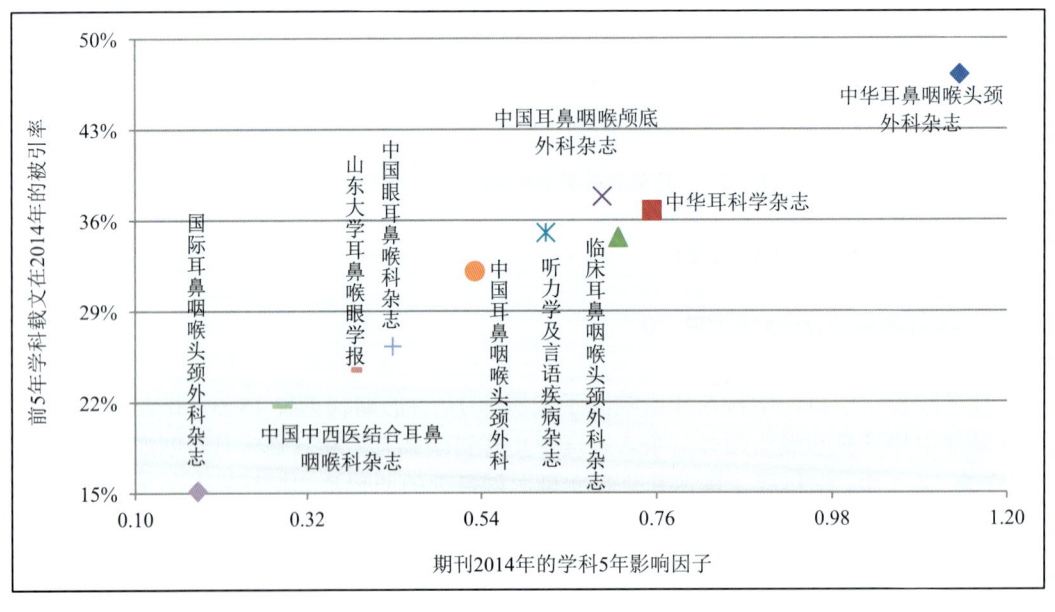

图 18-4 耳鼻喉科学学科高影响力期刊对比

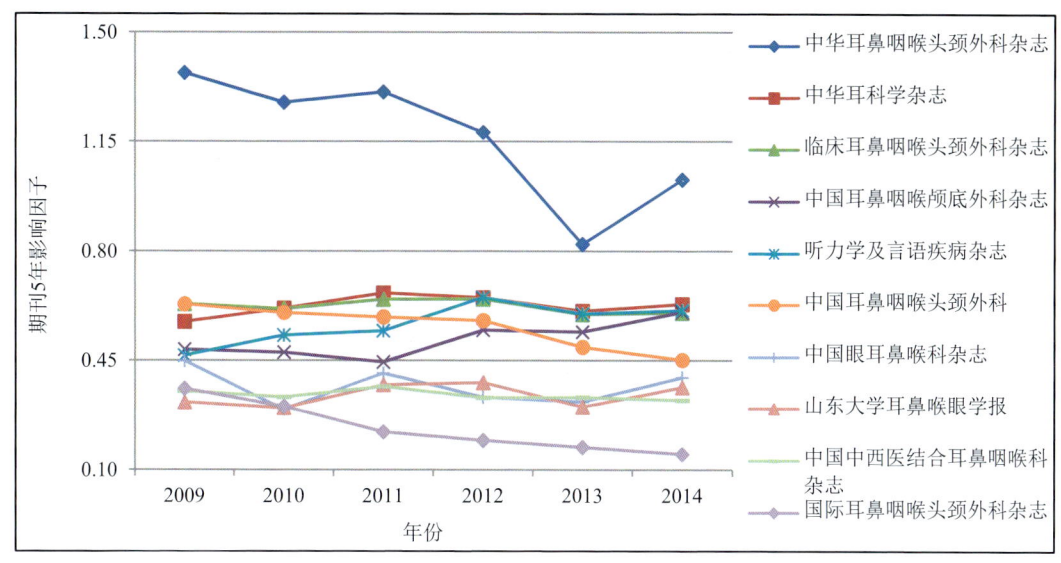

图 18-5 耳鼻喉科学学科期刊 5 年影响因子变动

18.4.2 学科高影响力期刊载文主题关联

通过期刊共被引分析，获得耳鼻喉科学学科高影响力期刊及与其他期刊之间的载文主题关联，如图 18-6 所示（共被引 10 次以下不显示）。结果显示，耳鼻喉科学学科的高影响力期刊相互链接较为紧密，基本主导了该学科的期刊共被引网络，显示出该学科高影响力期刊可能共同刊载了许多相近的研究主题，热点研究主题分散在多种期刊上。《中华耳鼻咽喉头颈外科杂志》的学科 5 年影响因子较高，显示出该刊在学科内学术影响力较大；《临床耳鼻咽喉头颈外科杂志》与《中华耳鼻咽喉头颈外科杂志》《听力学及言语疾病杂志》等期刊之间的链接较强，意味着它们之间可能有较多相同或相近的载文主题。

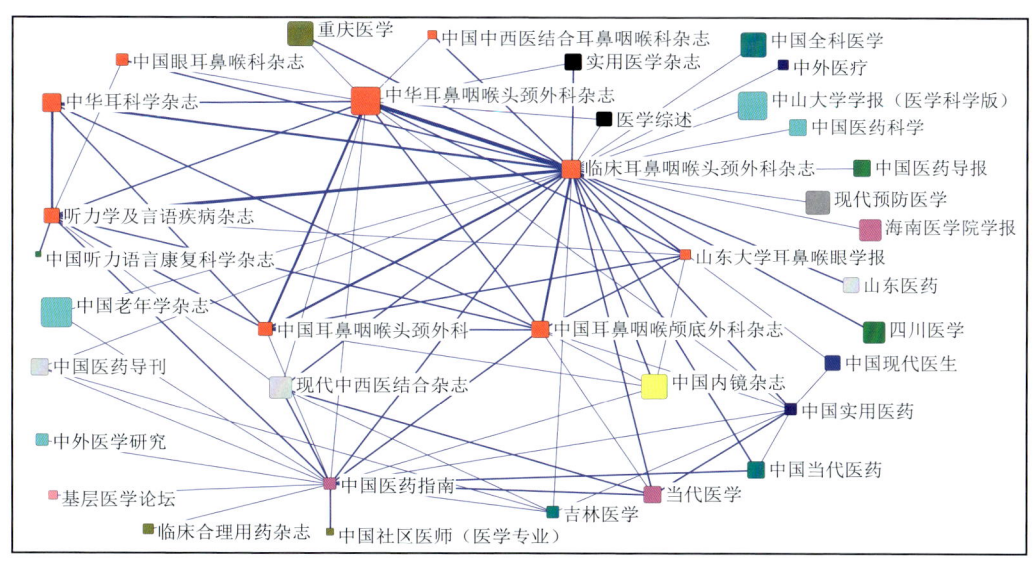

图 18-6 耳鼻喉科学学科高影响力期刊载文主题关联

18.5 高被引作者分析

18.5.1 高被引作者TOP 20

2009—2013年，在21316位耳鼻喉科学学科论文的第一作者中，在2014年学科被引频次位居前20位的学者的发文及被引情况见表18-4。其中，学科发文总被引频次较高的3位作者分别是首都医科大学附属北京同仁医院的张罗（57次）、大连市中心医院的张庆丰（26次）、西安交通大学第二附属医院的张晓彤（24次）。高被引作者的5年学科发文数量从1篇到28篇不等，同时，作者学科发文的期刊分布也在1种到13种之间变化。在发文超过5篇的所有作者中，篇均被引较高的3位作者分别是大连市中心医院的张庆丰（篇均2.89次）、南京医科大学第一附属医院的程雷（篇均2.86次）和上海交通大学附属第六人民医院的张维天（篇均2.40次）；前5年发表学科论文较多的3位作者分别是义乌市中心医院的楼正才（28篇）、复旦大学附属眼耳鼻喉科医院的王正敏（23篇）和中国人民解放军总医院的邹艺辉（16篇）。高被引作者的学科发文量和被引量对比如图18-7所示。

表18-4 耳鼻喉科学学科高被引作者TOP 20

序号	姓名	作者单位	前5年发文			前5年学科发文在2014年的被引				h指数（学科）
			学科发文（篇）	期刊分布（种）	发文总量（篇）	总频次	被引率（%）	最高（次）	篇均（次）	
1	张罗	首都医科大学附属北京同仁医院	18	7	31	57	51.6	12	3.17	3
2	张庆丰	大连市中心医院	9	2	26	26	88.9	6	2.89	5
3	张晓彤	西安交通大学第二附属医院	4	3	4	24	75.0	17	6.00	2
4	黄丽辉	首都医科大学附属北京同仁医院	10	3	18	23	80.0	6	2.30	3
5	韩德民	首都医科大学附属北京同仁医院	11	4	26	21	63.6	10	1.91	3
5	张庆泉	青岛大学医学院附属烟台毓璜顶医院	14	4	34	21	57.1	5	1.50	3
7	陈伟南	东莞市太平人民医院	4	4	5	20	50.0	17	5.00	2
7	程雷	南京医科大学第一附属医院	7	4	20	20	57.1	8	2.86	4
9	邹艺辉	中国人民解放军总医院	16	3	16	19	37.5	5	1.19	3
10	周兵	首都医科大学附属北京同仁医院	9	4	18	17	77.8	4	1.89	3
10	桂雄斌	广西中医药大学第一附属医院	2	2	5	17	100.0	9	8.50	2

序号	姓名	作者单位	前5年发文			前5年学科发文在2014年的被引				h指数（学科）
			学科发文（篇）	期刊分布（种）	发文总量（篇）	总频次	被引率（%）	最高（次）	篇均（次）	
12	冯晓华	广州军区总医院	7	4	8	16	85.7	6	2.29	3
13	潘宏光	深圳市儿童医院	4	2	5	15	75.0	8	3.75	2
13	齐鹤立	通化市卫生学校	1	1	2	15	100.0	15	15.00	1
13	王朝永	重庆市涪陵中心医院	3	3	4	15	33.3	15	5.00	1
13	叶放蕾	郑州大学第一附属医院	8	3	12	15	62.5	6	1.88	2
13	余力生	北京大学人民医院	12	7	14	15	50.0	4	1.25	3
13	刘洋	北京中日友好医院	3	3	7	15	100.0	8	5.00	3
13	楼正才	义乌市中心医院	28	13	40	15	35.7	3	0.54	2
13	祝小莉	北京协和医院	2	2	4	15	100.0	14	7.50	2

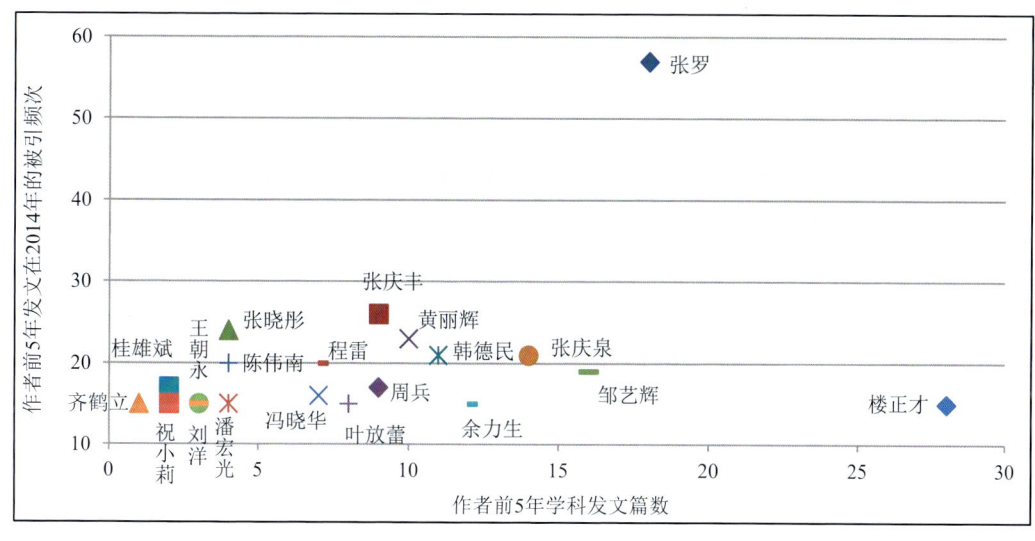

图 18-7　耳鼻喉科学学科高被引作者学科发文及被引对比

18.5.2　高被引作者科研合作关系

通过作者合著分析，获得 2014 年耳鼻喉科学学科高被引作者及与其他学者之间的科研论文合作关系（不考虑论文署名次序），如图 18-8 所示（合著 5 次以下不显示）。可以看出，耳鼻喉科学学科的高被引作者的论文合作现象比较普遍。学者楼正才、邹艺辉和张庆泉的发文量较多；张罗的论文合作网络最为突出，在该学科的研究人员中表现出一定的集聚效应；张罗和韩德民等学者之间的合作关系最为紧密，显示出他们可能属于同一支科研团队。

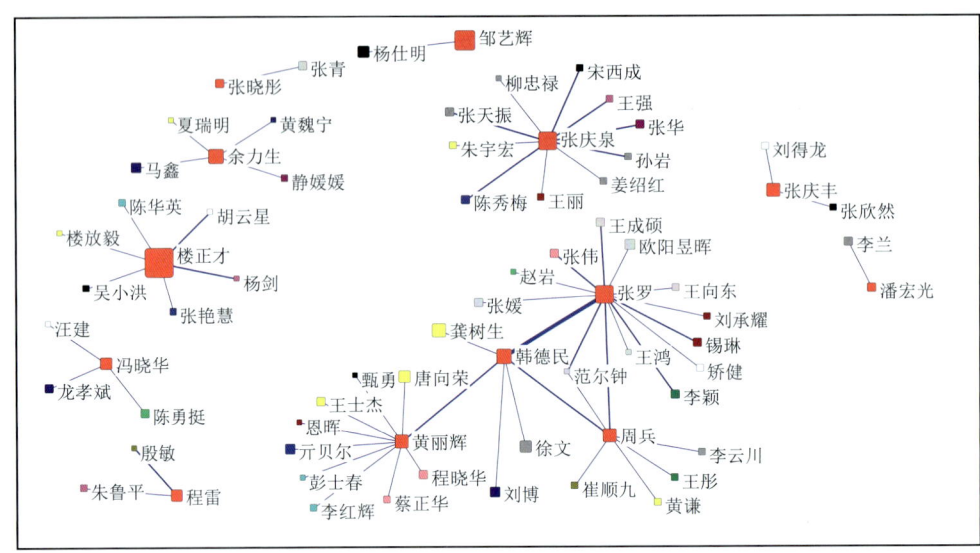

图 18-8　耳鼻喉科学学科高被引作者科研论文合作关系

18.5.3　高被引作者发文主题关联

通过作者共被引分析，获得 2014 年耳鼻喉科学学科高被引作者及与其他学者之间的发文主题关联（见图 18-9，共被引 2 次以下不显示）。如图 18-9 所示，耳鼻喉科学学科的高被引作者基本主导了作者共被引网络，显示出该学科在热点主题上已经形成了优势较为明显的科研力量。学者张罗的节点较大，显示其学术成果在学科内得到较多关注；桂雄斌与齐鹤立、叶放蕾与周焕等学者之间的链接较强，意味着他们之间可能分别有较为相近的研究主题；以张罗、黄丽辉、陈伟南等学者为主要节点的共被引作者簇人数较多且网络规模较大，意味着这些学者的研究主题关联可能较为紧密。

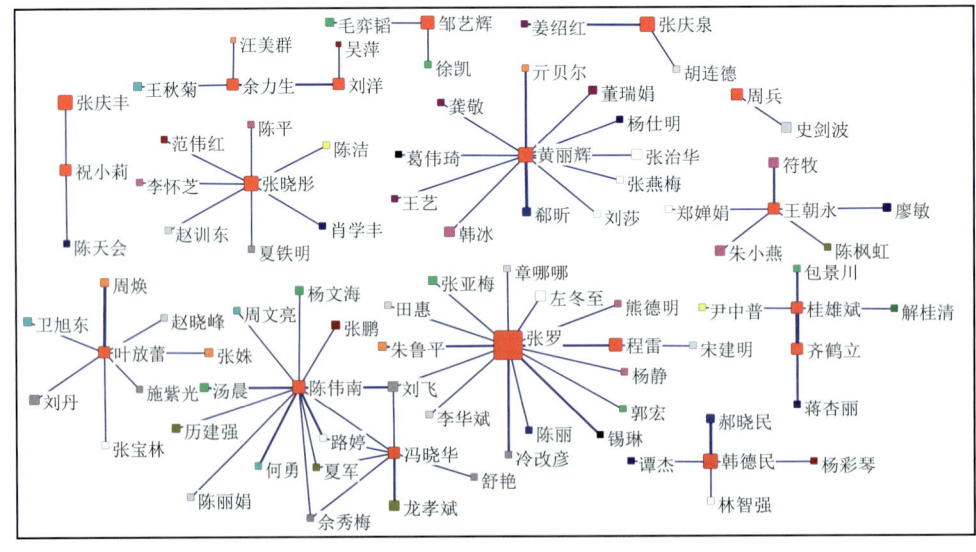

图 18-9　耳鼻喉科学学科高被引作者发文主题关联

18.6 高被引机构分析

18.6.1 高被引机构

为便于比较,本书将耳鼻喉科学学科的高被引机构分为医院和高等院校/科研院所两种类型。其中,被引频次 TOP 10 医院和被引频次 TOP 5 高等院校/科研院所的发文及被引情况分别见表 18-5 和表 18-6。其中,总被引频次较高的 3 所医院分别是首都医科大学附属北京同仁医院、中国人民解放军总医院和南京医科大学第一附属医院,北京市耳鼻咽喉科研究所、中国聋儿康复研究中心和南京中医药大学是总被引频次较高的 3 所高等院校/科研院所;前 5 年学科发文在 2014 年的被引率最高的医院和高等院校/科研院所分别是武汉大学人民医院和北京市耳鼻咽喉科研究所,篇均被引最高的医院和高等院校/科研院所分别是南京医科大学第一附属医院和北京市耳鼻咽喉科研究所。上述高被引机构的论文被引率和篇均被引频次对比如图 18-10 所示。

表 18-5 耳鼻喉科学学科高被引医院 TOP 10

序号	第一作者单位	学科发文量（篇）		前 5 年学科发文在 2014 年的被引			
		前 5 年	2014 年	频次	被引率(%)	最高（次）	篇均（次）
1	首都医科大学附属北京同仁医院	450	47	334	38.0	10	0.74
2	中国人民解放军总医院	331	59	198	30.2	13	0.60
3	南京医科大学第一附属医院	99	11	101	38.4	8	1.02
4	武汉大学人民医院	124	19	85	40.3	5	0.69
5	复旦大学附属眼耳鼻喉科医院	198	22	77	25.8	5	0.39
6	郑州大学第一附属医院	146	27	72	25.3	10	0.49
7	中国人民解放军海军总医院	102	20	63	31.4	8	0.62
7	上海交通大学医学院附属新华医院	86	16	63	38.4	8	0.73
9	北京协和医院	91	7	62	33.0	14	0.68
9	中国医科大学附属第一医院	94	14	62	37.2	8	0.66

表 18-6 耳鼻喉科学学科高被引高等院校/科研院所 TOP 5

序号	第一作者单位	学科发文量（篇）		前 5 年学科发文在 2014 年的被引			
		前 5 年	2014 年	频次	被引率(%)	最高（次）	篇均（次）
1	北京市耳鼻咽喉科研究所	29	2	40	48.3	12	1.38
2	中国聋儿康复研究中心	81	32	22	17.3	3	0.27
3	南京中医药大学	46	3	19	30.4	3	0.41
4	南方医科大学	28	4	18	39.3	3	0.64
4	宁夏医科大学	38	8	18	42.1	2	0.47

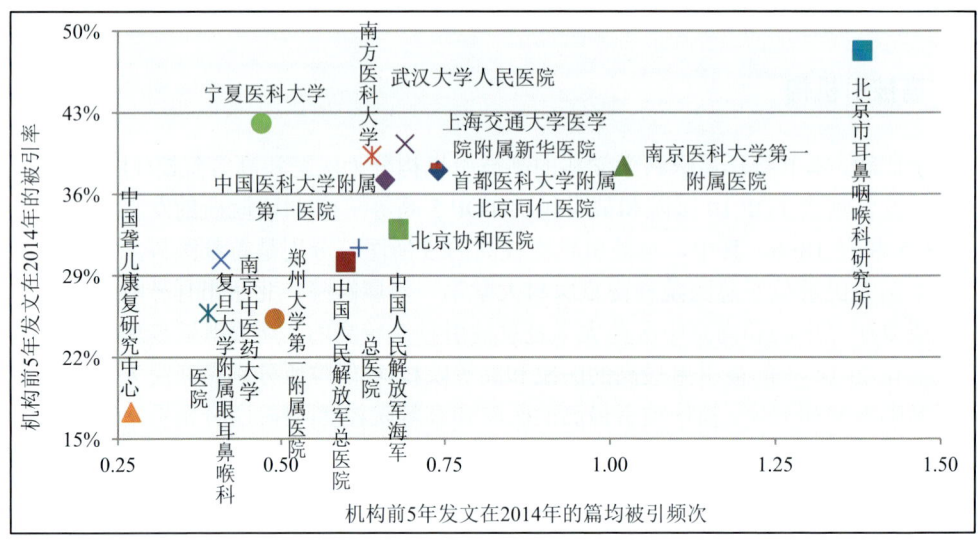

图 18-10　耳鼻喉科学学科高被引机构论文篇均被引及被引率对比

18.6.2　高被引机构科研合作关系

通过合著分析，获得耳鼻喉科学学科高被引机构之间及其与其他机构之间的科研合作关联，如图 18-11 所示（合作 23 次以下不显示）。分析得知，耳鼻喉科学学科的机构合作链接比较紧密，表明学科内机构合作现象较为普遍；高被引机构基本主导了机构合作网络，显示出这些机构已经在学科内具有了一定的科研优势；首都医科大学附属北京同仁医院和北京市耳鼻咽喉科研究所、中国人民解放军总医院与兰州大学第二医院等机构之间的链接较强，表明它们的学术合作较为频繁。

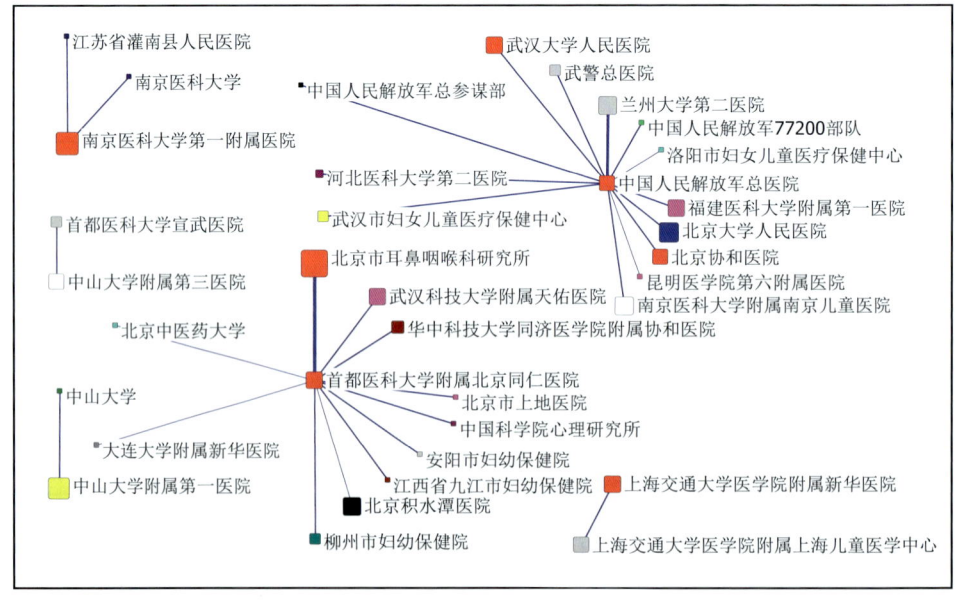

图 18-11　耳鼻喉科学学科高被引机构科研合作关联

18.7 高被引图书、国外期刊及学术会议

2014 年，耳鼻喉科学学科被引频次位居前 10 位的图书及国外期刊见表 18-7 和表 18-8。其中，被引次数较多的 3 种图书分别是黄选兆的《实用耳鼻咽喉科学》《实用耳鼻咽喉头颈外科学》和孔维佳的《耳鼻咽喉头颈外科学》；被引次数较多的 3 种国外期刊分别是《Laryngoscope》《Otolaryngology-Head and Neck Surgery》和《Acta Oto-Laryngologica》；被引次数较多的 3 场学术会议分别是"Proceedings of the International Society for Magnetic Resonance in Medicine""Presented at the Congress for Ear Reconstruction"和"Advances in epileptology: XIIth Epilepsy International Symposium"。

表 18-7　耳鼻喉科学学科高被引图书 TOP 10

序号	责任者	图书名称	出版社	2014 年被引频次
1	黄选兆	实用耳鼻咽喉科学	人民卫生出版社	154
2	黄选兆	实用耳鼻咽喉头颈外科学	人民卫生出版社	135
3	孔维佳	耳鼻咽喉头颈外科学	人民卫生出版社	57
4	田勇泉	耳鼻咽喉头颈外科学	人民卫生出版社	56
5	韩德民	鼻内镜外科学	人民卫生出版社	27
6	韩德民	鼻内窥镜外科学	人民卫生出版社	26
7	孔维佳	耳鼻咽喉科学	人民卫生出版社	18
8	王士贞	中医耳鼻咽喉科学	中国中医药出版社	17
8	田勇泉	耳鼻咽喉科学	人民卫生出版社	17
10	李源	实用鼻内镜外科学技术及应用	人民卫生出版社	16

表 18-8　耳鼻喉科学学科高被引国外期刊 TOP 10

序号	期刊名称	2014 年被引频次
1	Laryngoscope	900
2	Otolaryngology-Head and Neck Surgery	636
3	Acta Oto-Laryngologica	368
4	Otology & Neurotology	339
5	International Journal of Pediatric Otorhinolaryngology	318
6	Hearing Research	313
7	Annals of Otology, Rhinology & Laryngology	307
8	European Archives of Oto-Rhino-Laryngology	295
9	Journal of Allergy and Clinical Immunology	283
10	Archives of Otolaryngology-Head and Neck Surgery	273

第 19 章 口腔医学学科高被引分析

19.1 学科论文概况

2009—2013 年，口腔医学学科共有 34383 位来自 9553 所机构的论文第一作者在 1086 种期刊上发表了 43614 篇学术论文。其中，80%以上的论文产出自 2723 所机构、24043 位作者，发表在 140 种期刊上。在前 5 年发表的这些论文中，有 13492 篇在 2014 年获得过引用，整体被引率为 30.9%，总被引频次为 22551 次，篇均被引 0.52 次；其中，高被引论文有 175 篇，单篇论文最高被引频次为 26 次，累计被引 1379 次，篇均被引 7.88 次（表 19-1）。另外，2014 年口腔医学学科共发表论文 8684 篇，其中有 484 篇在当年获得过引用，总共被引 576 次。

表 19-1 口腔医学学科论文分布情况

年份	论文篇数	2014 年被引频次	2014 年被引率（%）	2014 年高被引论文			
				论文篇数	最高被引频次	总被引频次	篇均被引频次
2009	7831	3012	25.0	27	17	191	7.07
2010	8520	4532	31.2	33	26	303	9.18
2011	9100	5627	35.0	40	19	340	8.50
2012	8902	4985	33.4	42	23	306	7.29
2013	9261	4395	29.4	33	19	239	7.24
合计	43614	22551	30.9	175	26	1379	7.88

从口腔医学学科论文的地域分布来看，2014 年被引频次较高的 5 个省、直辖市或自治区依次是广东、北京、江苏、山东和上海（图 19-1）；5 年论文产出量较多的 5 个省、直辖市或自治区依次是广东、江苏、北京、山东和河南（图 19-2）。

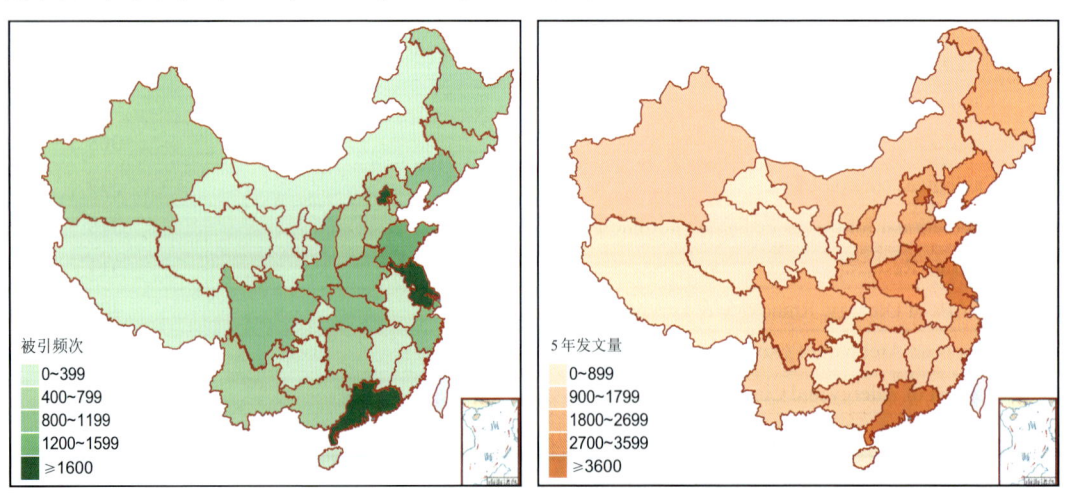

图 19-1 2014 年口腔医学学科地区被引分布　　图 19-2 口腔医学学科 5 年论文产出地区分布

19.2 高被引论文分析

在口腔医学学科，2014 年被引频次位居前 10 位的论文（表 19-2）平均被引频次为 14.6 次，是全部 175 篇高被引论文篇均被引频次的 1.9 倍。其中，被引频次最高的论文是胡开进于 2011 年发表的《微创拔牙理念及技术操作》，随后 2 篇分别是马洪学于 2013 年发表的《玻璃纤维桩核与铸造金属桩核修复残根残冠及无桩修复牙体的临床效果评价》和张志霞于 2012 年发表的《微创拔牙术在下颌阻生智齿拔除中的应用》。

从论文分布来看，刊载高被引论文数量居前的 3 种期刊分别是《华西口腔医学杂志》（13 篇）、《中国实用口腔科杂志》（12 篇）和《实用口腔医学杂志》（12 篇），而《国际口腔医学杂志》和《华西口腔医学杂志》分别刊载了高被引论文 TOP 10 中的 2 篇；发表高被引论文居前的 3 位学者分别是第四军医大学口腔医学院的胡开进（2 篇）、武汉市东西湖区人民医院的梅银娥（2 篇）和徐州市云龙区人民医院的王爱云（2 篇）；产出高被引论文数量居前的 3 所机构分别是北京大学口腔医学院（9 篇）、第四军医大学口腔医院（6 篇）和上海交通大学医学院附属第九人民医院（5 篇），而第四军医大学口腔医院产出了高被引论文 TOP 10 中的 2 篇。

表 19-2　口腔医学学科高被引论文 TOP 10

序号	论文题名	第一作者	期刊名称	发表年份	被引频次 总频次	被引频次 2014 年
1	微创拔牙理念及技术操作	胡开进	国际口腔医学杂志	2011	39	19
2	玻璃纤维桩核与铸造金属桩核修复残根残冠及无桩修复牙体的临床效果评价	马洪学	华西口腔医学杂志	2013	35	17
3	微创拔牙术在下颌阻生智齿拔除中的应用	张志霞	实用口腔医学杂志	2012	28	16
4	微创拔牙技术	胡开进	现代口腔医学杂志	2010	42	14
4	比较一次法与多次法根管治疗术治疗慢性牙髓炎、根尖周炎疗效的系统评价	孙玉亮	牙体牙髓牙周病学杂志	2011	29	14
4	复发性口腔溃疡发病机制与治疗的临床研究	晁春娥	中国当代医药	2010	50	14
4	双黄连口服液与雷尼替丁治疗口腔溃疡临床观察	王爱云	当代医学	2011	22	14
4	牙科氧化锆全瓷材料	李伟	中国实用口腔科杂志	2010	33	14
9	牙隐裂的临床研究	陈宇	国际口腔医学杂志	2009	40	12
9	感染根管一次性根管治疗的疗效观察	肖丹	华西口腔医学杂志	2010	36	12

19.3 研究主题关联分析

在口腔医学学科，高被引论文累计被 2014 年发表的 1382 篇论文引用了 1379 次。通过分析施引文献关键词的词频及关键词之间的共现关系，获得 2014 年口腔医学学科的热点主题和主题关联，如图 19-3 所示（共现 6 次以下不显示）。由图 19-3 可知："口腔修复""临床疗效""牙周炎"等关键词的文档词频较高，是 2014 年学科的研究热点；"口腔正畸"和"微型种植体支抗"、"口腔修复"和"种植义齿"等概念之间的共现次数较多，分别表明它们之间主题关联较为紧密。另外，以"口腔修复""口腔溃疡""口腔正畸"等概念为中心的研究主题簇也初具规模。

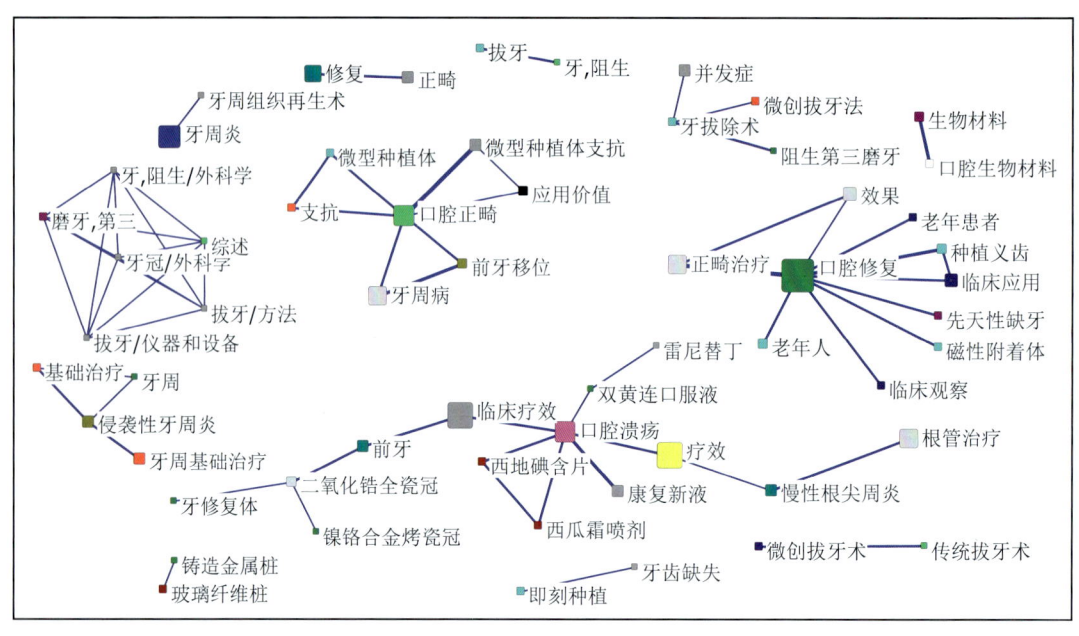

图 19-3 口腔医学学科 2014 年热点主题关联

19.4 学科高影响力期刊分析

19.4.1 学科高影响力期刊 TOP 10

在口腔医学学科，学科 5 年影响因子位居前 10 位的期刊见表 19-3，排在前 3 位的期刊分别是《华西口腔医学杂志》《口腔颌面外科杂志》和《实用口腔医学杂志》。在表 19-3 中，学科载文量占其总载文量比例最大的期刊是《中国实用口腔科杂志》；前 5 年学科载文在 2014 年被引率最高的期刊是《华西口腔医学杂志》；期刊 5 年影响因子较高的前 3 种期刊分别是《华西口腔医学杂志》《实用口腔医学杂志》和《中华老年口腔医学杂志》；学科 5 年影响因子与期刊 5 年影响因子差异最大的期刊是《口腔颌面外科杂志》。表 19-3 中期刊的学科 5 年影响因子和前 5 年学科载文的 2014 年被引率对比如图 19-4 所示，2009—2014 年期刊 5 年影响因子的变动情况如图 19-5 所示。

表 19-3　口腔医学学科高影响力期刊基本指数

序号	期刊名称	前 5 年载文量			2014 年学科被引			5 年影响因子		h 指数 (学科)
		学科（篇）	占比（%）	总量（篇）	频次	被引率（%）	高被引论文篇数	期刊(2014)	学科(2014)	
1	华西口腔医学杂志	705	70.7	997	722	48.5	13	0.882	1.024	7
2	口腔颌面外科杂志	416	59.2	703	343	38.2	8	0.653	0.825	7
3	实用口腔医学杂志	991	72.3	1370	812	43.2	12	0.766	0.819	7
4	中华老年口腔医学杂志	569	94.7	601	440	41.0	8	0.754	0.773	6
5	中国实用口腔科杂志	1423	99.7	1427	1072	38.6	12	0.752	0.753	6
6	中华口腔正畸学杂志	268	83.5	321	175	29.9	4	0.620	0.653	5
7	中华口腔医学杂志	974	79.1	1231	631	35.3	8	0.653	0.648	6
8	口腔医学	1448	82.6	1754	873	35.4	7	0.563	0.603	6
9	口腔颌面修复学杂志	591	99.5	594	356	34.7	4	0.604	0.602	5
10	口腔医学研究	1718	82.1	2092	1008	34.5	11	0.549	0.587	6

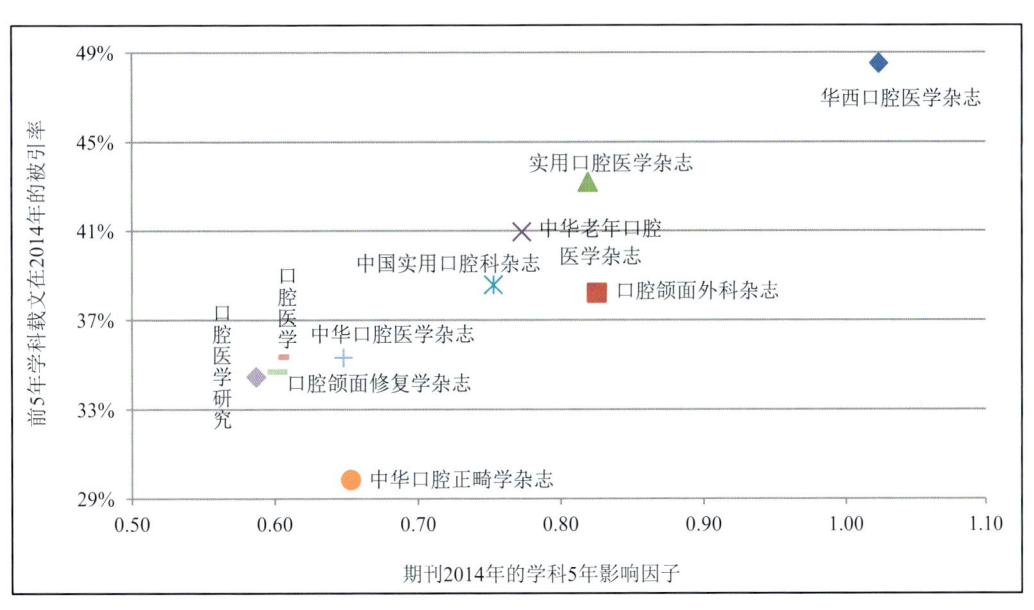

图 19-4　口腔医学学科高影响力期刊对比

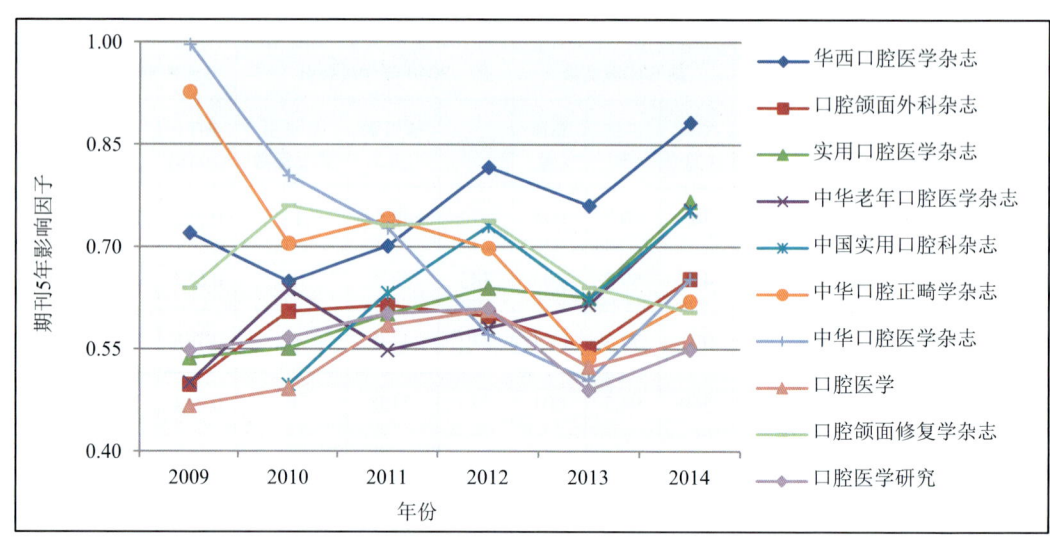

图 19-5　口腔医学学科期刊 5 年影响因子变动

19.4.2　学科高影响力期刊载文主题关联

通过期刊共被引分析，获得口腔医学学科高影响力期刊及与其他期刊之间的载文主题关联，如图 19-6 所示（共被引 17 次以下不显示）。结果显示，口腔医学学科的高影响力期刊相互链接较为紧密，基本主导了该学科的期刊共被引网络，显示出该学科高影响力期刊可能共同刊载了许多相近的研究主题，热点研究主题分散在多种期刊上。《华西口腔医学杂志》的学科 5 年影响因子较高，显示出该刊在学科内学术影响力较大；《实用口腔医学杂志》与《口腔医学研究》、《口腔医学》与《中国实用口腔科杂志》等期刊之间的链接较强，意味着它们之间可能分别有较多相同或相近的载文主题。

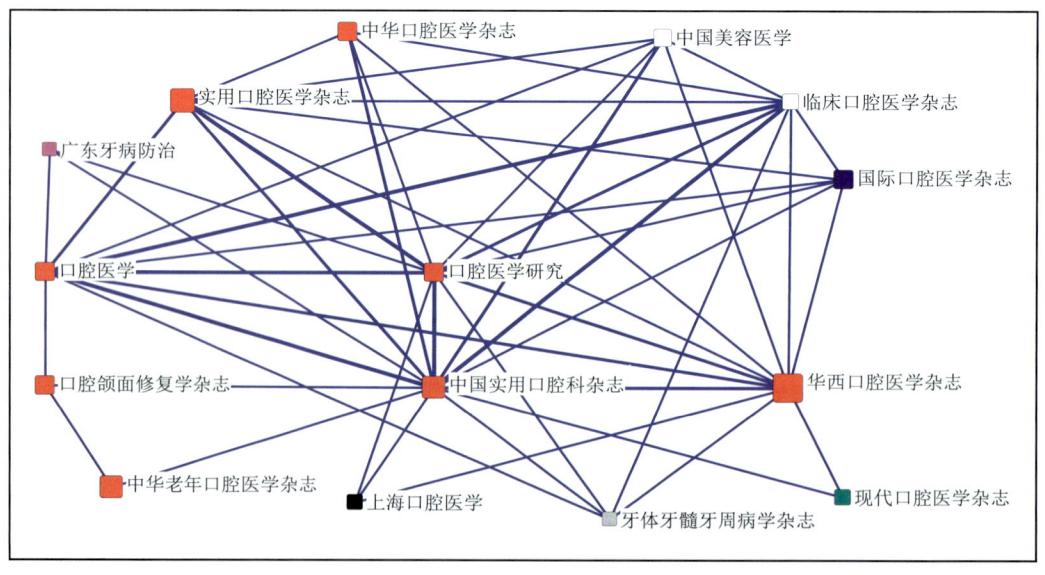

图 19-6　口腔医学学科高影响力期刊载文主题关联

19.5 高被引作者分析

19.5.1 高被引作者 TOP 20

2009—2013 年，在 34383 位口腔医学学科论文的第一作者中，在 2014 年学科被引频次位居前 20 位的学者的发文及被引情况见表 19-4。其中，学科发文总被引频次较高的作者分别是第四军医大学口腔医院的胡开进（44 次）、第四军医大学口腔医院的周宏志（22 次）、北京大学人民医院的郭惠杰（21 次）、聊城市人民医院的马洪学（21 次）和徐州市云龙区人民医院的王爱云（21 次）。高被引作者的 5 年学科发文数量从 1 篇到 16 篇不等，同时，作者学科发文的期刊分布也在 1 种到 6 种之间变化。在发文超过 5 篇的所有作者中，篇均被引较高的 3 位作者分别是第四军医大学口腔医院的胡开进（篇均 6.00 次）、新疆医科大学第一附属医院的孙玉亮（篇均 4.00 次）和北京大学人民医院的郭惠杰（篇均 3.00 次）；前 5 年发表学科论文较多的 3 位作者分别是中国人民解放军总医院的刘洪臣（16 篇）、四川大学华西口腔医院的石冰（11 篇）和北京煤炭总医院的王旭（11 篇）。高被引作者的学科发文量和被引量对比如图 19-7 所示。

表 19-4 口腔医学学科高被引作者 TOP 20

序号	姓名	作者单位	前 5 年发文			前 5 年学科发文在 2014 年的被引				h 指数（学科）
			学科发文（篇）	期刊分布（种）	发文总量（篇）	总频次	被引率（%）	最高（次）	篇均（次）	
1	胡开进	第四军医大学口腔医院	7	4	7	44	57.1	19	6.00	2
2	周宏志	第四军医大学口腔医院	4	4	4	22	75.0	10	5.50	3
3	郭惠杰	北京大学人民医院	7	3	8	21	85.7	7	3.00	3
3	马洪学	聊城市人民医院	4	4	4	21	50.0	17	5.25	2
3	王爱云	徐州市云龙区人民医院	2	2	2	21	100.0	14	10.50	2
6	孙玉亮	新疆医科大学第一附属医院	5	5	6	20	60.0	14	4.00	2
7	靳爱萍	深圳市宝安区人民医院	4	3	4	17	75.0	11	4.25	2
7	唐弘夫	珠海市妇幼保健院	3	2	4	17	100.0	10	5.67	2
7	邹红	重庆三峡中心医院	4	4	4	17	100.0	7	4.25	3
10	张志霞	武警陕西总队医院	2	2	4	16	50.0	16	8.00	3
10	刘峰	北京大学口腔医学院	10	5	12	16	80.0	7	1.60	2
12	袁梅寿	广东省东莞市中堂医院	3	3	3	15	66.7	10	5.00	2
12	石冰	四川大学华西口腔医院	11	6	11	15	45.5	9	1.36	2
12	束为	南京医科大学	6	4	9	15	66.7	11	2.50	2
15	王旭	北京煤炭总医院	11	4	15	14	27.3	7	1.27	3

序号	姓名	作者单位	前5年发文			前5年学科发文在2014年的被引				h指数（学科）
			学科发文（篇）	期刊分布（种）	发文总量（篇）	总频次	被引率（%）	最高（次）	篇均（次）	
15	刘洪臣	中国人民解放军总医院	16	4	19	14	50.0	3	0.88	2
15	李伟	四川大学华西口腔医学院	2	2	2	14	50.0	14	7.00	1
15	胡德渝	四川大学	2	2	2	14	100.0	9	7.00	2
15	晁春娥	天津中医药大学第一附属医院	1	1	3	14	100.0	14	14.00	1
20	黎钢	柳州市人民医院	5	5	6	13	40.0	12	2.60	1

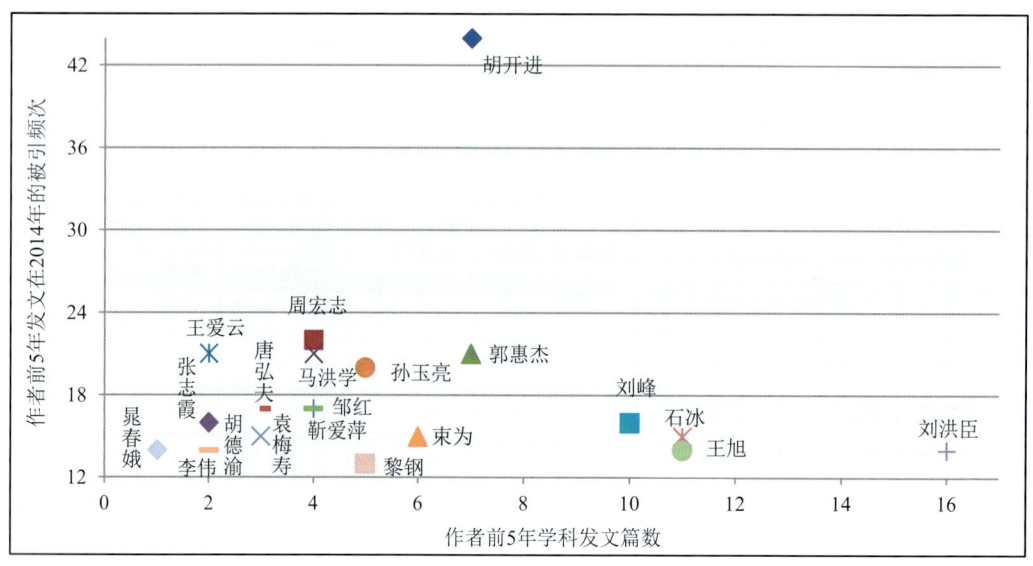

图 19-7　口腔医学学科高被引作者学科发文及被引对比

19.5.2　高被引作者科研合作关系

通过作者合著分析，获得 2014 年口腔医学学科高被引作者及与其他学者之间的科研论文合作关系（不考虑论文署名次序），如图 19-8 所示（合著 5 次以下不显示）。可以看出，口腔医学学科的高被引作者的论文合作现象并不普遍。学者刘洪臣、石冰和王旭的发文量较多；刘洪臣的论文合作网络最为突出，在该学科的研究人员中表现出一定的集聚效应；刘洪臣和王东胜、鄂玲玲等学者之间的合作关系最为紧密，显示出他们可能属于同一支科研团队。

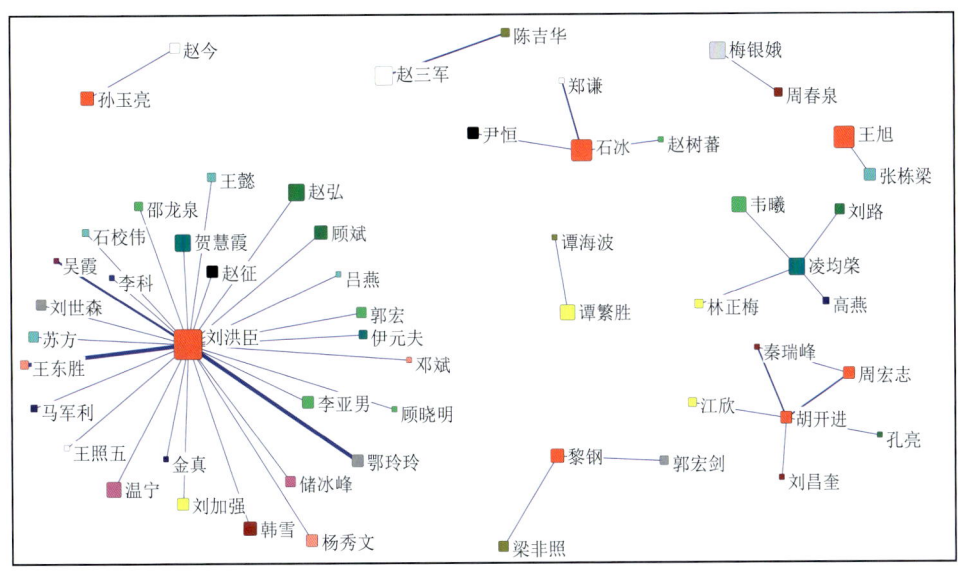

图 19-8　口腔医学学科高被引作者科研论文合作关系

19.5.3　高被引作者发文主题关联

通过作者共被引分析，获得 2014 年口腔医学学科高被引作者及与其他学者之间的发文主题关联（见图 19-9，共被引 3 次以下不显示）。如图 19-9 所示，口腔医学学科的高被引作者基本主导了作者共被引网络，显示出该学科在热点主题上已经形成了优势较为明显的科研力量。学者胡开进和周宏志的节点较大，显示出他们的学术成果在学科内得到较多关注；胡开进与周宏志、秦瑞峰等学者之间的链接较强，意味着他们之间可能有较为相近的研究主题；以胡开进为主要节点的共被引作者簇初具规模，意味着这些学者的研究主题关联可能较为紧密。

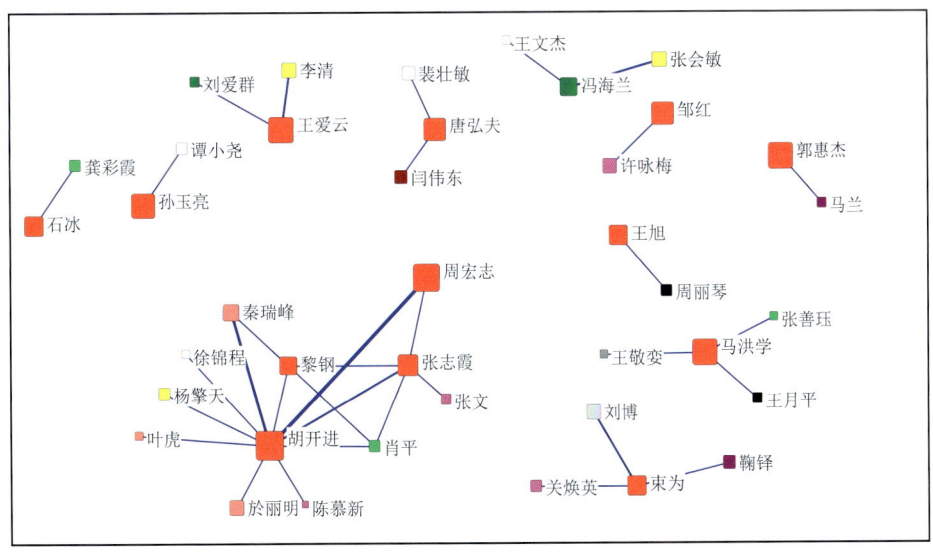

图 19-9　口腔医学学科高被引作者发文主题关联

19.6 高被引机构分析

19.6.1 高被引机构

为便于比较，本书将口腔医学学科的高被引机构分为医院和高等院校/科研院所两种类型。其中，被引频次 TOP 10 医院和被引频次 TOP 5 高等院校/科研院所的发文及被引情况分别见表 19-5 和表 19-6。其中，总被引频次较高的 3 所医院分别是上海交通大学医学院附属第九人民医院、第四军医大学口腔医院和中山大学光华口腔医学院附属口腔医院，北京大学口腔医学院、第四军医大学口腔医院和中国医科大学口腔医学院是总被引频次较高的 3 所高等院校/科研院所；前 5 年学科发文在 2014 年的被引率最高的医院和高等院校/科研院所分别是南京大学医学院附属口腔医院和北京大学口腔医学院，篇均被引最高的医院和高等院校/科研院所分别是南京大学医学院附属口腔医院和北京大学口腔医学院。上述高被引机构的论文被引率和篇均被引频次对比如图 19-10 所示。

表 19-5 口腔医学学科高被引医院 TOP 10

序号	第一作者单位	学科发文量（篇）		前 5 年学科发文在 2014 年的被引			
		前 5 年	2014 年	频次	被引率(%)	最高（次）	篇均（次）
1	上海交通大学医学院附属第九人民医院	891	84	467	29.4	8	0.52
2	第四军医大学口腔医院	507	59	299	29.6	19	0.59
3	中山大学光华口腔医学院附属口腔医院	437	68	217	27.5	12	0.50
4	四川大学华西口腔医院	349	65	204	33.0	9	0.58
5	中国人民解放军总医院	345	47	201	33.3	7	0.58
6	新疆医科大学第一附属医院	212	38	129	31.1	14	0.61
7	南京大学医学院附属口腔医院	170	36	125	39.4	7	0.74
8	重庆医科大学附属口腔医院	240	32	114	31.2	6	0.48
9	大连市口腔医院	220	44	103	25.9	6	0.47
10	天津医科大学口腔医院	168	26	100	32.1	7	0.60

表 19-6 口腔医学学科高被引高等院校/科研院所 TOP 5

序号	第一作者单位	学科发文量（篇）		前 5 年学科发文在 2014 年的被引			
		前 5 年	2014 年	频次	被引率(%)	最高（次）	篇均（次）
1	北京大学口腔医学院	589	34	628	54.2	6	1.07
2	第四军医大学口腔医学院	462	62	257	32.0	14	0.56
3	中国医科大学口腔医学院	323	51	196	35.9	6	0.61
4	南京医科大学	386	50	167	25.4	11	0.43
5	四川大学	254	11	159	35.4	9	0.63

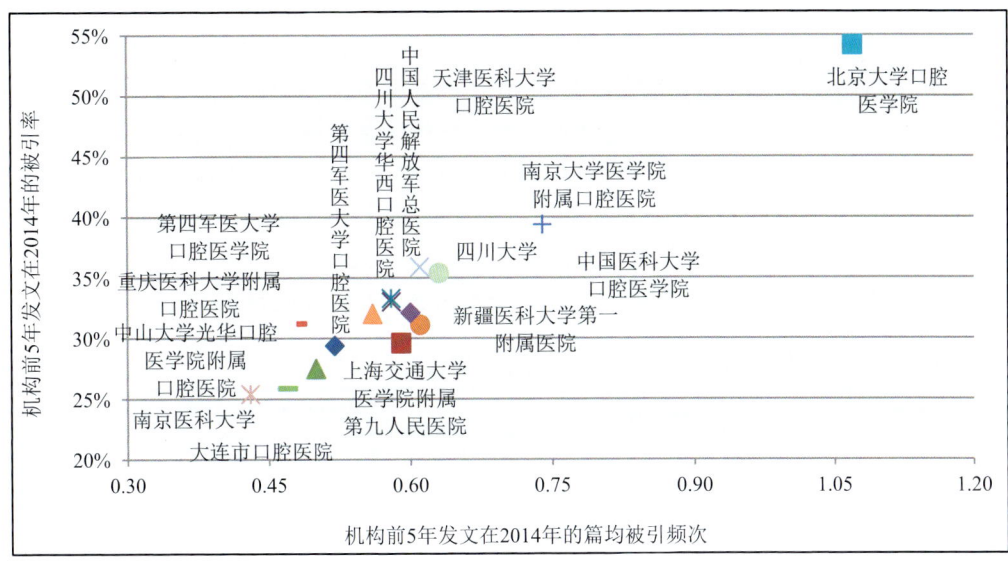

图 19-10　口腔医学学科高被引机构论文篇均被引及被引率对比

19.6.2　高被引机构科研合作关系

通过合著分析，获得口腔医学学科高被引机构之间及其与其他机构之间的科研合作关联，如图 19-11 所示（合作 36 次以下不显示）。分析得知，口腔医学学科的机构合作链接比较紧密，表明学科内机构合作现象较为普遍；高被引机构基本主导了机构合作网络，显示出这些机构已经在学科内具有了一定的科研优势；上海交通大学医学院附属第九人民医院和上海交通大学、四川大学与四川大学华西口腔医院等机构之间的链接较强，表明它们的学术合作较为频繁。

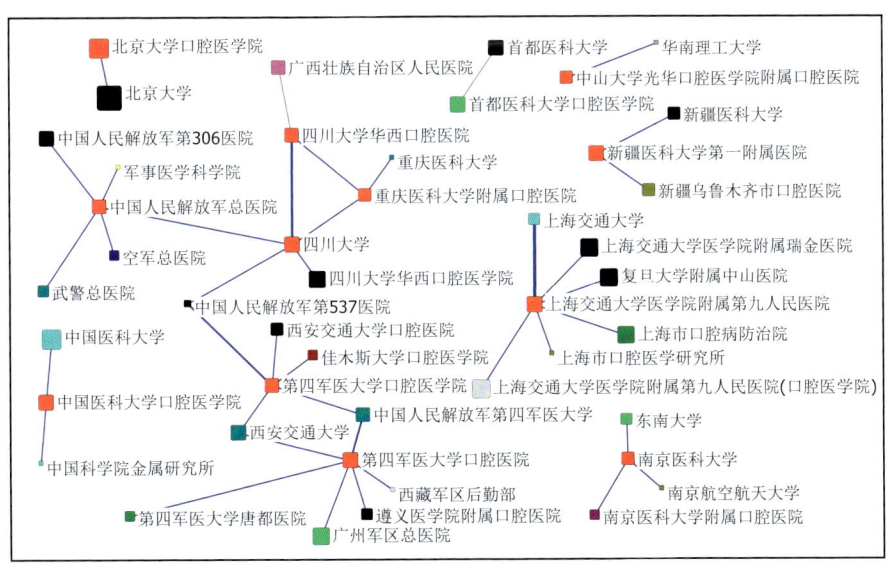

图 19-11　口腔医学学科高被引机构科研合作关联

19.7 高被引图书、国外期刊及学术会议

2014 年,口腔医学学科被引频次位居前 10 位的图书及国外期刊见表 19-7 和表 19-8。其中,被引次数较多的 3 种图书分别是樊明文的《牙体牙髓病学》、邱蔚六的《口腔颌面外科学》和孟焕新的《牙周病学》;被引次数较多的 3 种国外期刊分别是《Journal of Endodontics》《American Journal of Orthodontics and Dentofacial Orthopedics》和《Journal of Periodontology》;被引次数较多的 3 场学术会议分别是"Congress on Laser Science""The Bristol Meeting of the British Medical Association"和"Poster Presentation on the 86th General Session of the IADR"。

表 19-7 口腔医学学科高被引图书 TOP 10

序号	责任者	图书名称	出版社	2014 年被引频次
1	樊明文	牙体牙髓病学	人民卫生出版社	263
2	邱蔚六	口腔颌面外科学	人民卫生出版社	172
3	孟焕新	牙周病学	人民卫生出版社	118
3	傅民魁	口腔正畸学	人民卫生出版社	118
5	赵铱民	口腔修复学	人民卫生出版社	69
6	皮昕	口腔解剖生理学	人民卫生出版社	63
7	曹采方	牙周病学	人民卫生出版社	61
8	陈谦明	口腔黏膜病学	人民卫生出版社	59
9	卞金有	预防口腔医学	人民卫生出版社	54
10	马轩祥	口腔修复学	人民卫生出版社	47

表 19-8 口腔医学学科高被引国外期刊 TOP 10

序号	期刊名称	2014 年被引频次
1	Journal of Endodontics	1768
2	American Journal of Orthodontics and Dentofacial Orthopedics	1676
3	Journal of Periodontology	1031
4	Journal of Prosthetic Dentistry	944
5	Oral Surgery, Oral Medicine, Oral Pathology, Oral Radiology & Endodontics	927
5	Journal of Dental Research	927
7	The Angle Orthodontist	875
8	Clinical Oral Implants Research	839
8	Journal of Clinical Periodontology	839
10	International Endodontic Journal	812

第 20 章 特种医学学科高被引分析

20.1 学科论文概况

2009—2013 年，特种医学学科共有 29823 位来自 8793 所机构的论文第一作者在 1415 种期刊上发表了 29684 篇学术论文。其中，80%以上的论文产出自 3013 所机构、22806 位作者，发表在 215 种期刊上。在前 5 年发表的这些论文中，有 8912 篇在 2014 年获得过引用，整体被引率为 30.0%，总被引频次为 15005 次，篇均被引 0.51 次；其中，高被引论文有 107 篇，单篇论文最高被引频次为 21 次，累计被引 908 次，篇均被引 8.49 次（表 20-1）。另外，2014 年特种医学学科共发表论文 5865 篇，其中有 372 篇在当年获得过引用，总共被引 449 次。

表 20-1 特种医学学科论文分布情况

年份	论文篇数	2014 年被引频次	2014 年被引率（%）	2014 年高被引论文			
				论文篇数	最高被引频次	总被引频次	篇均被引频次
2009	4409	1630	24.0	14	8	98	7.00
2010	4346	2185	30.7	15	9	126	8.40
2011	6788	3808	32.2	24	21	239	9.96
2012	7557	4419	33.0	32	21	280	8.75
2013	6584	2963	28.0	22	9	165	7.50
合计	29684	15005	30.0	107	21	908	8.49

从特种医学学科论文的地域分布来看，2014 年被引频次较高的 5 个省、直辖市或自治区依次是北京、江苏、广东、上海和山东（图 20-1）；5 年论文产出量较多的 5 个省、直辖市或自治区依次是北京、江苏、广东、山东和上海（图 20-2）。

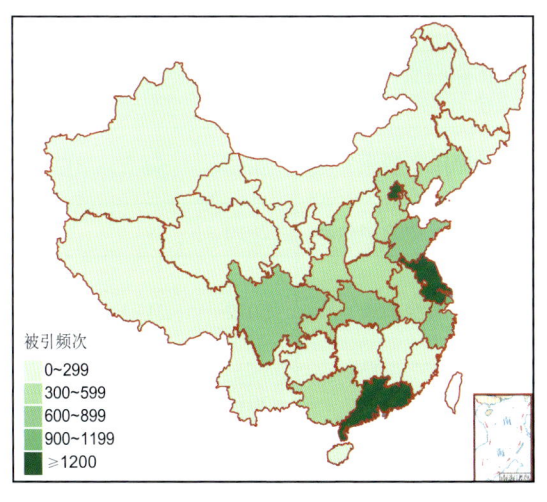

图 20-1　2014 年特种医学学科地区被引分布

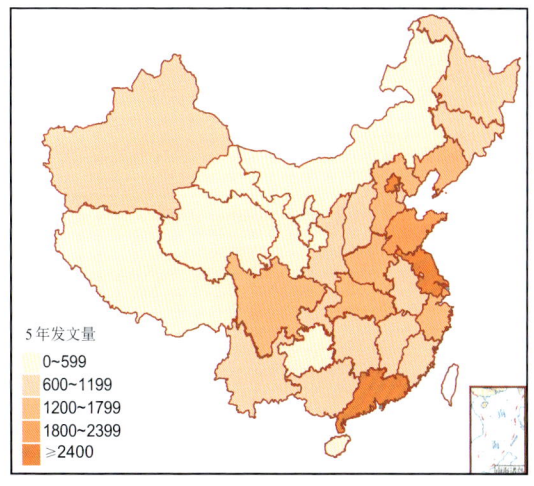

图 20-2　特种医学学科 5 年论文产出地区分布

20.2 高被引论文分析

在特种医学学科，2014 年被引频次位居前 10 位的论文（表 20-2）平均被引频次为 14 次，是全部 107 篇高被引论文篇均被引频次的 1.6 倍。其中，被引频次最高的论文是张保翠于 2013 年发表的《静脉注射碘对比剂对不同人群肾功能的影响》，随后分别是张雁灵于 2011 年发表的《实施数字化卫勤工程引领我军卫勤战略转型》、林晓丹于 2011 年发表的《调强或三维适形放疗联合 TP 方案化疗治疗局部中晚期食管癌的临床研究》和黄振国于 2011 年发表的《早期强直性脊柱炎骶髂关节病变的 X 线、CT 和 MRI 对比研究》。

从论文分布来看，刊载高被引论文数量居前的 3 种期刊分别是《中国医学影像技术》（16 篇）、《放射学实践》（12 篇）和《中华放射学杂志》（8 篇），而《解放军医学杂志》和《中华放射学杂志》分别刊载了高被引论文 TOP 10 中的 2 篇；发表高被引论文较多的学者分别是中国人民解放军第 150 医院的黄昌林（2 篇）；产出高被引论文数量居前的 3 所机构分别是安徽医科大学第一附属医院（4 篇）、山东省医学影像学研究所（3 篇）和上海交通大学医学院附属瑞金医院（3 篇）。

表 20-2 特种医学学科高被引论文 TOP 10

序号	论文题名	第一作者	期刊名称	发表年份	被引频次 总频次	2014 年
1	静脉注射碘对比剂对不同人群肾功能的影响	张保翠	中华放射学杂志	2013	26	18
2	实施数字化卫勤工程引领我军卫勤战略转型	张雁灵	人民军医	2011	110	17
3	调强或三维适形放疗联合 TP 方案化疗治疗局部中晚期食管癌的临床研究	林晓丹	南方医科大学学报	2011	27	15
3	早期强直性脊柱炎骶髂关节病变的 X 线、CT 和 MRI 对比研究	黄振国	中华放射学杂志	2011	30	15
5	单孔电视胸腔镜手术临床应用的现状与进展	车国卫	中国胸心血管外科临床杂志	2012	25	14
6	2009、2010 年全军军事训练伤流行病学抽样调查	黄昌林	解放军医学杂志	2012	54	13
7	军队传染病流行趋势分析与防治对策	孙海龙	解放军预防医学杂志	2010	29	12
7	高原移居人群返回平原后高原脱适应症的诊断标准：多中心、随机对照研究	周其全	解放军医学杂志	2012	21	12
7	CT 灌注成像对孤立性肺结节的定性诊断价值	夏春华	放射学实践	2011	24	12
7	CT 能谱成像的基本原理及临床应用	任庆国	国际医学放射学杂志	2011	26	12

20.3 研究主题关联分析

在特种医学学科，高被引论文累计被 2014 年发表的 1111 篇论文引用了 908 次。通过分析施引文献关键词的词频及关键词之间的共现关系，获得 2014 年特种医学学科的热点主题和主题关联，如图 20-3 所示（共现 5 次以下不显示）。由图 20-3 可知："体层摄影术，X 线计算机""辐射剂量"等关键词的文档词频较高，是 2014 年学科的研究热点；以"体层摄影术，X 线计算机"和"辐射剂量"等关键词为主要节点的多个概念相互关联，构成了学科内最为突出的研究主题簇。

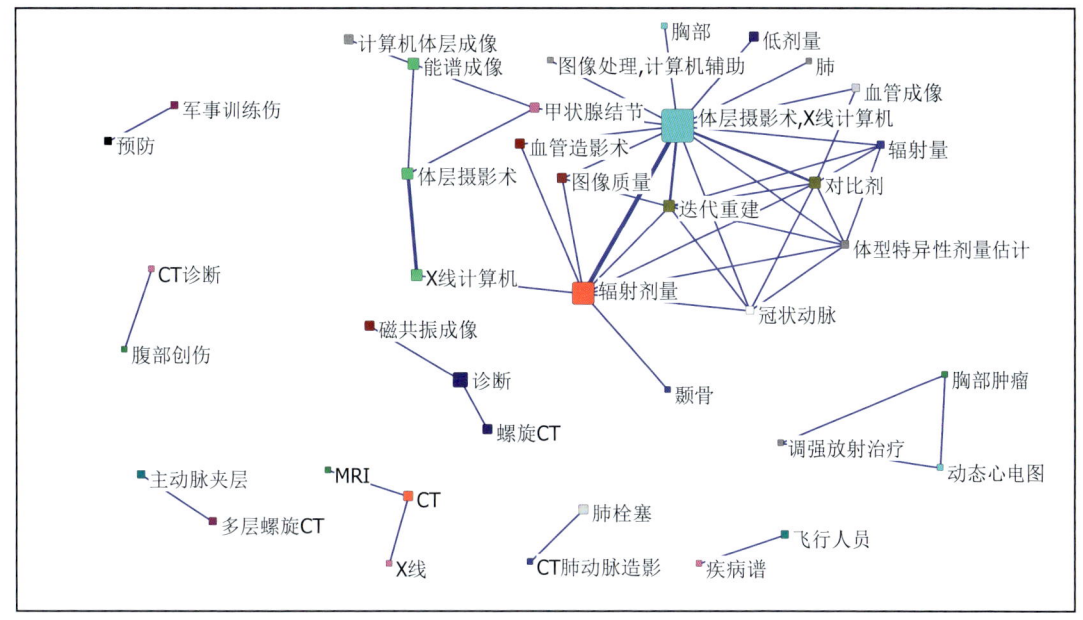

图 20-3　特种医学学科 2014 年热点主题关联

20.4 学科高影响力期刊分析

20.4.1 学科高影响力期刊 TOP 10

在特种医学学科，学科 5 年影响因子位居前 10 位的期刊见表 20-3，排在前 3 位的期刊分别是《中国 CT 和 MRI 杂志》《中国医学计算机成像杂志》和《放射学实践》。在表 20-3 中，学科载文量占其总载文量比例最大的期刊是《中国运动医学杂志》；前 5 年学科载文在 2014 年被引率最高的期刊是《中国 CT 和 MRI 杂志》；期刊 5 年影响因子较高的前 3 种期刊分别是《中国 CT 和 MRI 杂志》《中国医学计算机成像杂志》和《放射学实践》；学科 5 年影响因子与期刊 5 年影响因子差异最大的期刊是《中国 CT 和 MRI 杂志》。表 20-3 中期刊的学科 5 年影响因子和前 5 年学科载文的 2014 年被引率对比如图 20-4 所示，2009—2014 年期刊 5 年影响因子的变动情况如图 20-5 所示。

表 20-3　特种医学学科高影响力期刊基本指数

序号	期刊名称	前 5 年载文量			2014 年学科被引			5 年影响因子		h 指数 (学科)
		学科（篇）	占比（%）	总量（篇）	频次	被引率（%）	高被引论文篇数	期刊 (2014)	学科 (2014)	
1	中国 CT 和 MRI 杂志	201	16.0	1253	244	54.2	5	0.895	1.214	7
2	中国医学计算机成像杂志	243	32.4	750	241	48.2	4	0.848	0.992	6
3	放射学实践	1047	40.5	2588	728	35.2	12	0.702	0.695	8
4	实用医学影像杂志	375	38.3	979	238	38.9	0	0.536	0.635	5
5	东南国防医药	210	13.5	1558	127	37.1	0	0.542	0.605	5
6	中国运动医学杂志	610	50.3	1214	362	35.9	0	0.595	0.593	5
7	中国医学物理学杂志	126	11.4	1106	73	38.1	1	0.551	0.579	7
8	中国介入影像与治疗学	254	20.4	1247	144	33.1	2	0.609	0.567	6
9	人民军医	825	17.2	4797	421	27.8	5	0.384	0.510	7
10	中华放射医学与防护杂志	363	28.0	1297	168	28.1	1	0.399	0.463	5

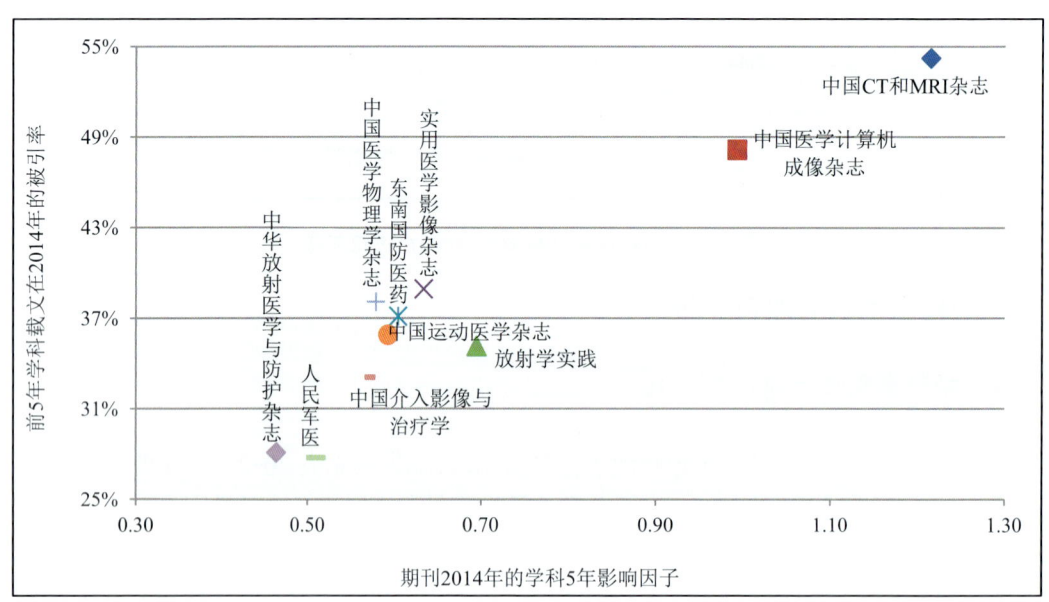

图 20-4　特种医学学科高影响力期刊对比

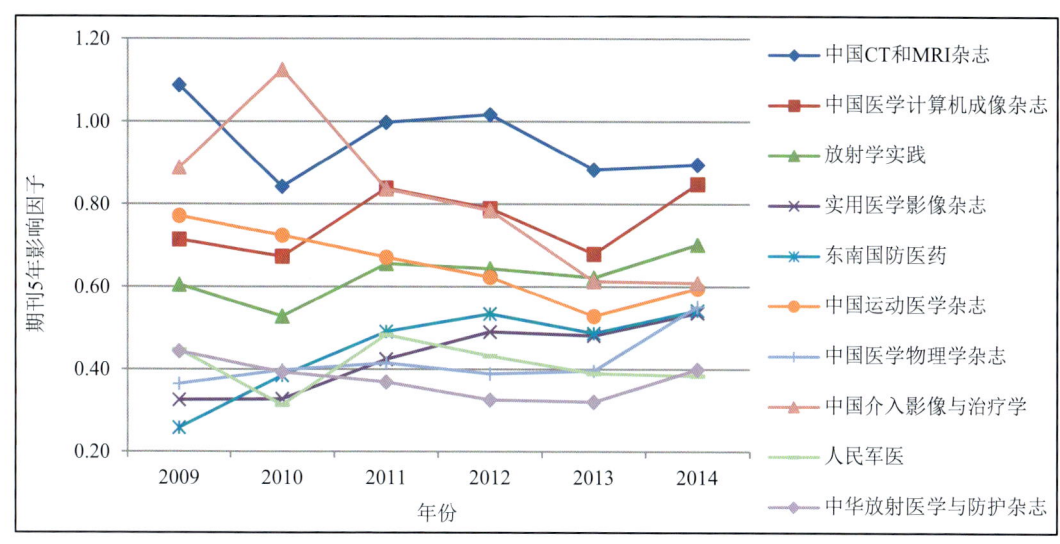

图 20-5　特种医学学科期刊 5 年影响因子变动

20.4.2　学科高影响力期刊载文主题关联

通过期刊共被引分析，获得特种医学学科高影响力期刊及与其他期刊之间的载文主题关联，如图 20-6 所示（共被引 8 次以下不显示）。结果显示，特种医学学科的高影响力期刊相互链接较为紧密，部分主导了该学科的期刊共被引网络，显示出该学科高影响力期刊可能共同刊载了部分相近的研究主题，热点研究主题分散在多种期刊上。《中国 CT 和 MRI 杂志》的学科 5 年影响因子较高，显示出该刊在学科内学术影响力较大；《放射学实践》与《中国医学影像技术》《中华放射学杂志》等期刊之间的链接较强，意味着它们之间可能有较多相同或相近的载文主题。

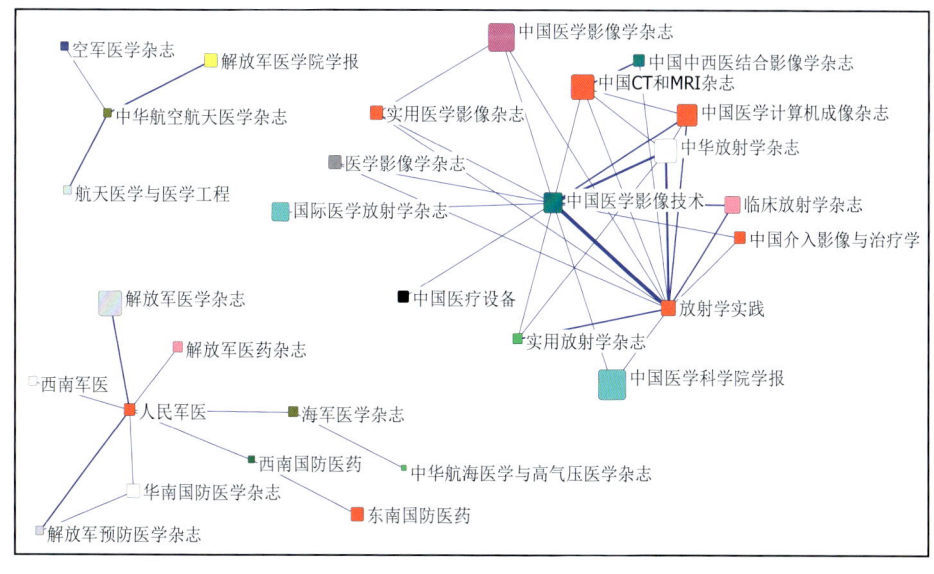

图 20-6　特种医学学科高影响力期刊载文主题关联

20.5 高被引作者分析

20.5.1 高被引作者 TOP 20

2009—2013 年，在 29823 位特种医学学科论文的第一作者中，在 2014 年学科被引频次位居前 20 位的学者的发文及被引情况见表 20-4。其中，学科发文总被引频次较高的 3 位作者分别是空军总医院的徐先荣（28 次）、中国人民解放军第一五〇中心医院的黄昌林（20 次）和北京大学第一医院的张保翠（18 次）。高被引作者的 5 年学科发文数量从 1 篇到 26 篇不等，同时，作者学科发文的期刊分布也在 1 种到 4 种之间变化。在发文超过 5 篇的所有作者中，篇均被引较高的 3 位作者分别是中国人民解放军海军总医院的钱阳明（篇均 2.40 次）、中国人民解放军海军总医院的王海威（篇均 2.20 次）和安徽医科大学第一附属医院的李小虎（篇均 1.83 次）；前 5 年发表学科论文较多的 3 位作者分别是中国人民解放军第 252 医院的田锦林（26 篇）、中国人民解放军海军医学研究所的陈伯华（22 篇）和空军总医院的徐先荣（16 篇）。高被引作者的学科发文量和被引量对比如图 20-7 所示。

表 20-4 特种医学学科高被引作者 TOP 20

序号	姓名	作者单位	前 5 年发文			前 5 年学科发文在 2014 年的被引				h 指数（学科）
			学科发文（篇）	期刊分布（种）	发文总量（篇）	总频次	被引率（%）	最高（次）	篇均（次）	
1	徐先荣	空军总医院	16	3	25	28	68.8	4	1.75	3
2	黄昌林	中国人民解放军第一五〇中心医院	4	1	8	20	75.0	13	5.00	2
3	张保翠	北京大学第一医院	3	2	3	18	33.3	18	6.00	1
4	罗显荣	中国人民解放军第四五八医院	11	4	102	17	63.6	4	1.55	4
5	黄振国	北京中日友好医院	1	1	9	15	100.0	15	15.00	3
5	刘红巾	空军总医院	11	3	14	15	36.4	11	1.36	2
7	车国卫	四川大学华西医院	1	1	8	14	100.0	14	14.00	4
8	林晓珠	上海交通大学医学院附属瑞金医院	2	2	7	13	100.0	10	6.50	3
8	孙海龙	中国人民解放军疾病预防控制所	3	1	5	13	66.7	12	4.33	1
8	周其全	中国人民解放军第三军医大学	2	2	9	13	100.0	12	6.50	1
11	张晓鹏	北京大学临床肿瘤学院（北京肿瘤医院）	1	1	1	12	100.0	12	12.00	1
11	王真真	中国人民解放军第四五八医院	7	4	25	12	71.4	6	1.71	3

序号	姓名	作者单位	前5年发文			前5年学科发文在2014年的被引				h指数(学科)
			学科发文（篇）	期刊分布（种）	发文总量（篇）	总频次	被引率（%）	最高（次）	篇均（次）	
11	夏春华	安徽医科大学第三附属医院 合肥市第一人民医院	1	1	1	12	100.0	12	12.00	1
11	韩志江	杭州市第一人民医院	1	1	10	12	100.0	12	12.00	3
11	钱阳明	中国人民解放军海军总医院	5	3	14	12	40.0	9	2.40	3
11	任庆国	复旦大学附属华东医院	1	1	1	12	100.0	12	12.00	1
11	施斌斌	中国人民解放军第四五四医院	3	2	3	12	100.0	6	4.00	2
18	孙军	南京医科大学第一附属医院	4	1	5	11	100.0	6	2.75	2
18	田锦林	中国人民解放军第二五二医院	26	4	60	11	23.1	4	0.42	3
18	王海威	中国人民解放军海军总医院	5	2	6	11	60.0	7	2.20	2

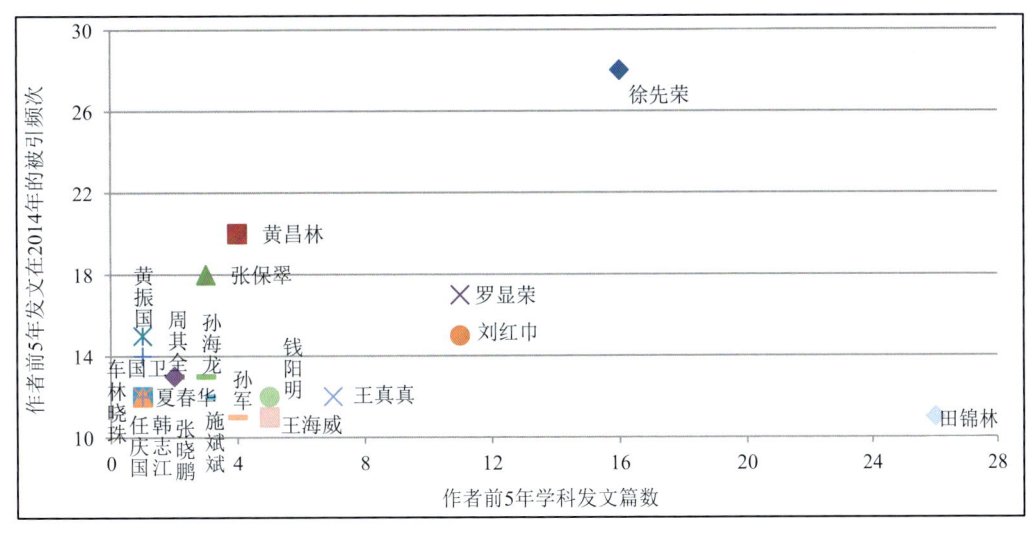

图20-7 特种医学学科高被引作者学科发文及被引对比

20.5.2 高被引作者科研合作关系

通过作者合著分析，获得2014年特种医学学科高被引作者及与其他学者之间的科研论文合作关系（不考虑论文署名次序），如图20-8所示（合著4次以下不显示）。可以看出，特种医学学科的高被引作者的论文合作现象比较普遍。学者田锦林、徐先荣和罗显荣的发文量较多；徐先荣的论文合作网络最为突出，在该学科的研究人员中表现出一定的集聚效应；徐先荣和刘红巾、熊巍等学者之间的合作关系最为紧密，显示出他们可能属于同一支科研团队。

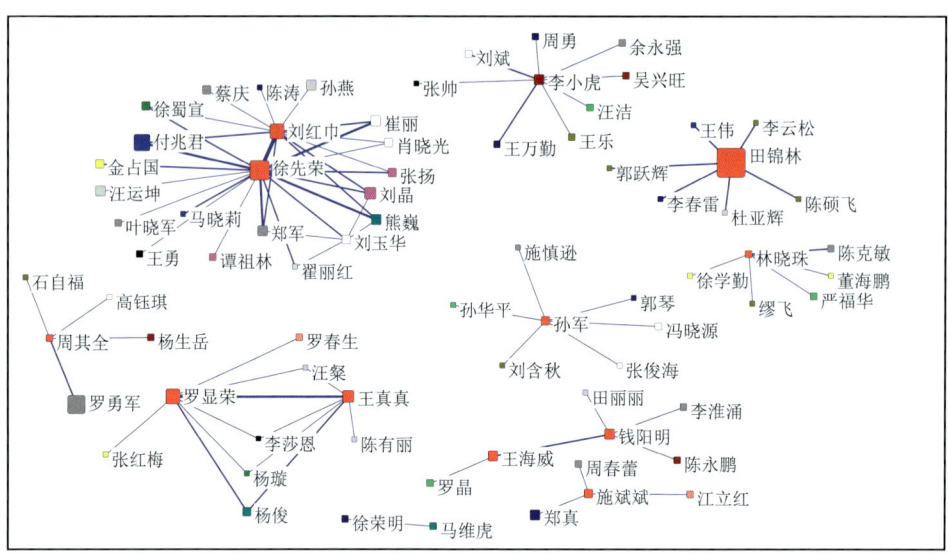

图 20-8　特种医学学科高被引作者科研论文合作关系

20.5.3　高被引作者发文主题关联

通过作者共被引分析，获得 2014 年特种医学学科高被引作者及与其他学者之间的发文主题关联（见图 20-9，共被引 2 次以下不显示）。如图 20-9 所示，特种医学学科的高被引作者基本主导了作者共被引网络，显示出该学科在热点主题上已经形成了优势较为明显的科研力量。学者徐先荣和黄昌林的节点较大，显示出他们的学术成果在学科内得到较多关注；张雁灵与刘运成、张保翠与张晓东等学者之间的链接较强，意味着他们之间可能分别有较为相近的研究主题。以岳徐先荣、张晓鹏等学者为主要节点的共被引作者簇人数初具规模，意味着这些学者的研究主题关联可能较为紧密。

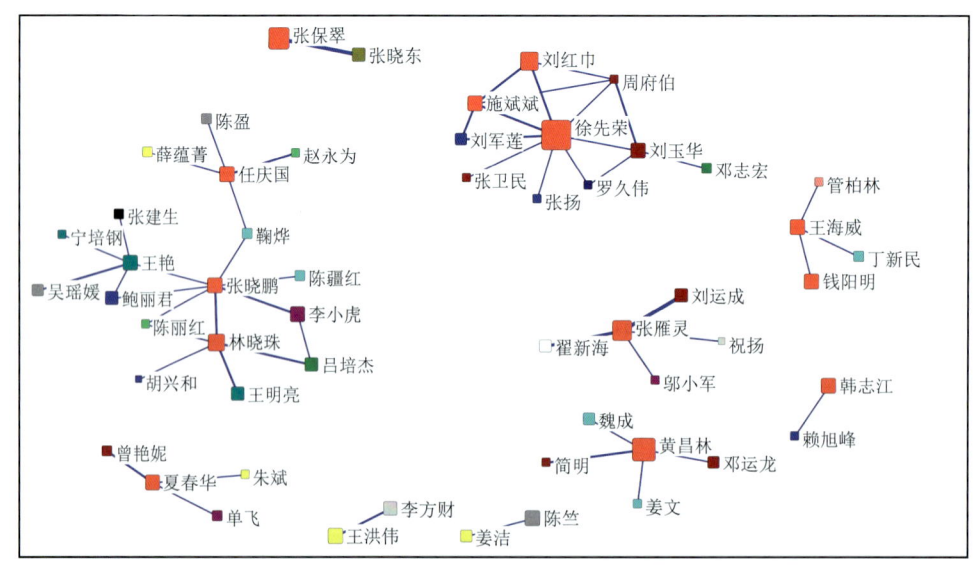

图 20-9　特种医学学科高被引作者发文主题关联

20.6 高被引机构分析

20.6.1 高被引机构

为便于比较,本书将特种医学学科的高被引机构分为医院和高等院校/科研院所两种类型。其中,被引频次 TOP 10 医院和被引频次 TOP 5 高等院校/科研院所的发文及被引情况分别见表 20-5 和表 20-6。其中,总被引频次较高的 3 所医院分别是中国人民解放军总医院、空军总医院和中国人民解放军海军总医院,中国人民解放军第三军医大学、中国人民解放军第四军医大学和空军航空医学研究所是总被引频次较高的 3 所高等院校/科研院所;前 5 年学科发文在 2014 年的被引率最高的医院和高等院校/科研院所分别是上海交通大学医学院附属瑞金医院和空军航空医学研究所,篇均被引最高的医院和高等院校/科研院所分别是第二军医大学长征医院和军事医学科学院放射与辐射医学研究所。上述高被引机构的论文被引率和篇均被引频次对比如图 20-10 所示。

表 20-5 特种医学学科高被引医院 TOP 10

序号	第一作者单位	学科发文量（篇）		前 5 年学科发文在 2014 年的被引			
		前 5 年	2014 年	频次	被引率(%)	最高（次）	篇均（次）
1	中国人民解放军总医院	272	46	177	31.2	10	0.65
2	空军总医院	308	61	174	31.2	11	0.56
3	中国人民解放军海军总医院	280	51	137	25.7	9	0.49
4	北京大学第一医院	107	20	113	43.0	18	1.06
5	上海交通大学医学院附属瑞金医院	81	14	96	48.1	10	1.19
6	南京军区南京总医院	152	15	93	34.2	6	0.61
7	四川大学华西医院	144	15	86	31.2	14	0.60
8	南京医科大学第一附属医院	127	20	78	32.3	7	0.61
9	第二军医大学长征医院	55	9	70	45.5	10	1.27
10	安徽医科大学第一附属医院	57	10	68	38.6	9	1.19

表 20-6 特种医学学科高被引高等院校/科研院所 TOP 5

序号	第一作者单位	学科发文量（篇）		前 5 年学科发文在 2014 年的被引			
		前 5 年	2014 年	频次	被引率(%)	最高(次)	篇均（次）
1	中国人民解放军第三军医大学	134	15	89	38.8	12	0.66
2	中国人民解放军第四军医大学	169	25	88	33.7	4	0.52
3	空军航空医学研究所	108	6	71	43.5	5	0.66
4	中国人民解放军第二军医大学	115	2	48	28.7	4	0.42
5	军事医学科学院放射与辐射医学研究所	58	4	43	39.7	4	0.74

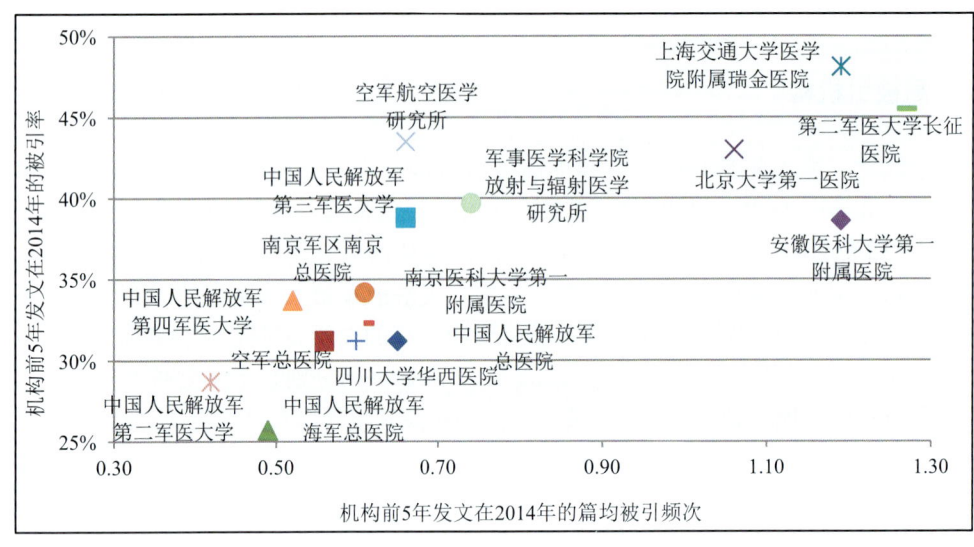

图 20-10　特种医学学科高被引机构论文篇均被引及被引率对比

20.6.2　高被引机构科研合作关系

通过合著分析，获得特种医学学科高被引机构之间及其与其他机构之间的科研合作关联，如图 20-11 所示（合作 26 次以下不显示）。分析得知，特种医学学科的机构合作链接比较紧密，表明学科内机构合作现象较为普遍；高被引机构尚未形成较为明显的合作网络；中国人民解放军第 306 医院与中国航天员科研训练中心、空军总医院与中国人民解放军空军航空医学研究所等机构之间的链接较强，表明它们的学术合作较为频繁。

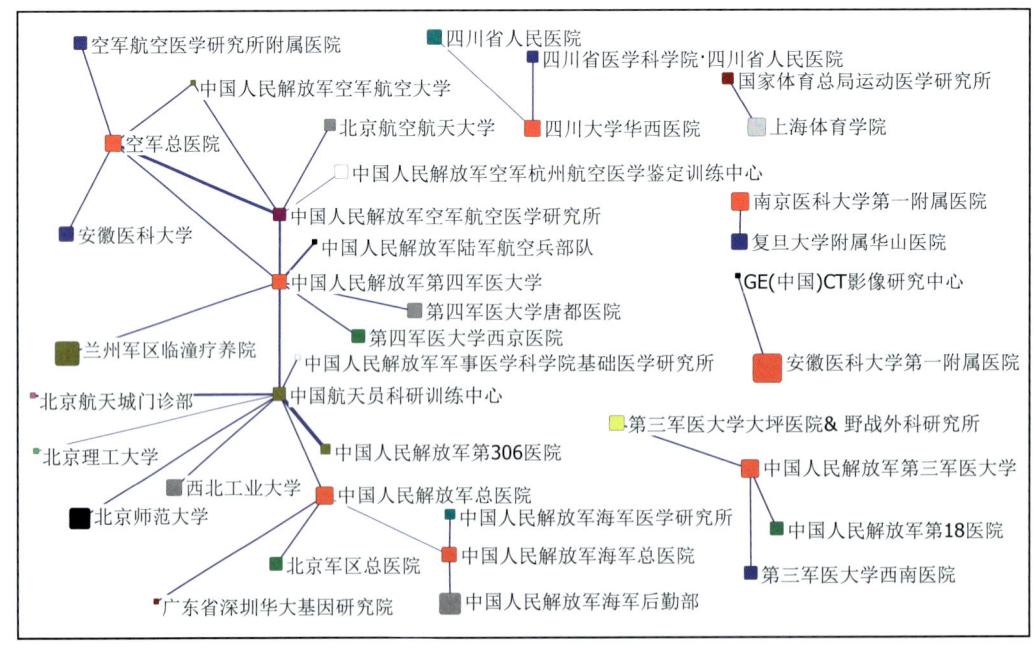

图 20-11　特种医学学科高被引机构科研合作关联

20.7 高被引图书、国外期刊及学术会议

2014 年，特种医学学科被引频次位居前 10 位的图书及国外期刊见表 20-7 和表 20-8。其中，被引次数较多的 3 种图书分别是白人驹的《医学影像诊断学》、殷蔚伯的《肿瘤放射治疗学》和胡逸民的《肿瘤放射物理学》；被引次数较多的 3 种国外期刊分别是《Radiology》《American Journal of Roentgenology》和《European Radiology》；被引次数较多的 3 场学术会议分别是"40th International Commitee of Military Medicine World Congress on Military Medicine""40th International Conference on Environmental Systems"和"41st International Conference on Environmental Systems"。

表 20-7 特种医学学科高被引图书 TOP 10

序号	责任者	图书名称	出版社	2014 年被引频次
1	白人驹	医学影像诊断学	人民卫生出版社	22
2	殷蔚伯	肿瘤放射治疗学	中国协和医科大学出版社	21
3	胡逸民	肿瘤放射物理学	原子能出版社	15
4	吴在德	外科学	人民卫生出版社	13
4	李松年	现代全身 CT 诊断学	中国医药科技出版社	13
6	曹丹庆	全身 CT 诊断学	人民军医出版社	11
6	陆再英	内科学	人民卫生出版社	11
8	乐杰	妇产科学	人民卫生出版社	10
8	李果珍	临床 CT 诊断学	中国科学技术出版社	10
8	郭启勇	实用放射学	人民卫生出版社	10

表 20-8 特种医学学科高被引国外期刊 TOP 10

序号	期刊名称	2014 年被引频次
1	Radiology	1071
2	American Journal of Roentgenology	707
3	European Radiology	475
4	Aviation, Space, and Environmental Medicine	402
5	European Journal of Radiology	355
6	Circulation	320
7	New England Journal of Medicine	265
8	Spine	259
9	International Journal of Radiation Oncology • Biology • Physics	235
10	American Journal of Neuroradiology	201

第 21 章 药学学科高被引分析

21.1 学科论文概况

2009—2013 年，药学学科共有 167650 位来自 28746 所机构的论文第一作者在 2241 种期刊上发表了 190268 篇学术论文。其中，80%以上的论文产出自 5221 所机构、123846 位作者，发表在 193 种期刊上。在前 5 年发表的这些论文中，有 60429 篇在 2014 年获得过引用，整体被引率为 31.8%，总被引频次为 105394 次，篇均被引 0.55 次；其中，高被引论文有 822 篇，单篇论文最高被引频次为 130 次，累计被引 8109 次，篇均被引 9.86 次（表 21-1）。另外，2014 年药学学科共发表论文 32598 篇，其中有 1856 篇在当年获得过引用，总共被引 2310 次。

表 21-1 药学学科论文分布情况

年份	论文篇数	2014 年被引频次	2014 年被引率（%）	2014 年高被引论文			
				论文篇数	最高被引频次	总被引频次	篇均被引频次
2009	39381	16354	25.6	116	75	1167	10.06
2010	43827	25480	32.5	180	130	2117	11.76
2011	34544	22691	35.9	150	102	1683	11.22
2012	34970	21253	34.5	162	106	1553	9.59
2013	37546	19616	31.1	214	107	1589	7.43
合计	190268	105394	31.8	822	130	8109	9.86

从药学学科论文的地域分布来看，2014 年被引频次较高的 5 个省、直辖市或自治区依次是北京、浙江、广东、江苏和河南（图 21-1）；5 年论文产出量较多的 5 个省、直辖市或自治区依次是江苏、广东、浙江、北京和山东（图 21-2）。

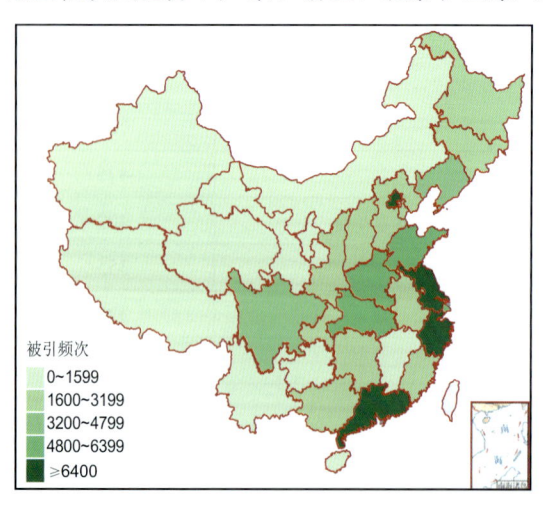

图 21-1 2014 年药学学科地区被引分布

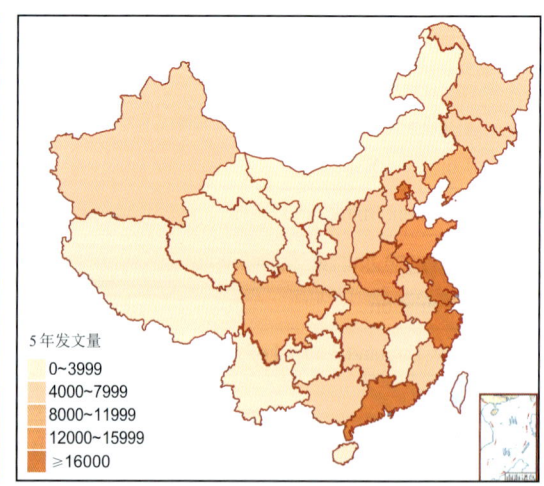

图 21-2 药学学科 5 年论文产出地区分布

21.2 高被引论文分析

在药学学科，2014 年被引频次位居前 10 位的论文（表 21-2）平均被引频次为 48.7 次，是全部 822 篇高被引论文篇均被引频次的 4.9 倍。其中，被引频次最高的论文是岳修勤于 2010 年发表的《地佐辛与芬太尼应用于术后静脉镇痛的临床效果比较》，随后 2 篇分别是肖永红于 2012 年发表的《Mohnarin 2011 年度全国细菌耐药监测》和易利丹于 2011 年发表的《新型镇静镇痛药——右美托咪定》。

从论文分布来看，刊载高被引论文数量居前的 3 种期刊分别是《中国药业》（37 篇）、《中国药房》（32 篇）和《当代医学》（28 篇），而《中华医院感染学杂志》和《中国医药工业杂志》刊载了高被引论文 TOP 10 中的 2 篇；发表高被引论文居前的 3 位学者分别是新疆医科大学的张彦丽（3 篇）、上海美优制药有限公司的张明发（2 篇）和丽水市人民医院的章玲宾（2 篇）；产出高被引论文数量居前的 3 所机构分别是北京大学第一医院（12 篇）、浙江大学附属第一医院（8 篇）和中国人民解放军总医院（7 篇），而浙江大学附属第一医院产出了高被引论文 TOP 10 中的 3 篇。

表 21-2 药学学科高被引论文 TOP 10

序号	论文题名	第一作者	期刊名称	发表年份	被引频次 总频次	被引频次 2014 年
1	地佐辛与芬太尼应用于术后静脉镇痛的临床效果比较	岳修勤	中国疼痛医学杂志	2010	531	131
2	Mohnarin 2011 年度全国细菌耐药监测	肖永红	中华医院感染学杂志	2012	203	77
3	新型镇静镇痛药——右美托咪定	易利丹	中国新药与临床杂志	2011	114	46
4	溶出曲线相似性的评价方法	谢沐风	中国医药工业杂志	2009	149	44
5	呼吸机相关性肺炎初始抗菌药物选择与预后的相关性研究	费晓云	中华医院感染学杂志	2011	88	43
6	品管圈管理在医疗机构中的应用价值	王临润	医药导报	2012	66	31
7	盐酸右美托咪定的临床药理及应用	梁飞	现代医院	2010	79	29
7	茯苓药理作用研究进展	梁学清	河南科技大学学报（医学版）	2012	46	29
7	品管圈在医院药剂科质量管理持续改善中的应用	王临润	中国药房	2010	76	29
10	采用多条溶出曲线评价口服固体制剂的内在质量	张启明	中国医药工业杂志	2009	101	28

21.3 研究主题关联分析

在药学学科，高被引论文累计被 2014 年发表的 7679 篇论文引用了 8109 次。通过分析施引文献关键词的词频及关键词之间的共现关系，获得 2014 年药学学科的热点主题和主题关联，如图 21-3 所示（共现 21 次以下不显示）。由图 21-3 可知："右美托咪定""疗效""抗菌药物"等关键词的文档词频较高，是 2014 年学科的研究热点；以"奥美拉唑""地佐辛""抗菌药物"等关键词为主要节点的多个概念相互关联，构成了学科内最为突出的研究主题簇。

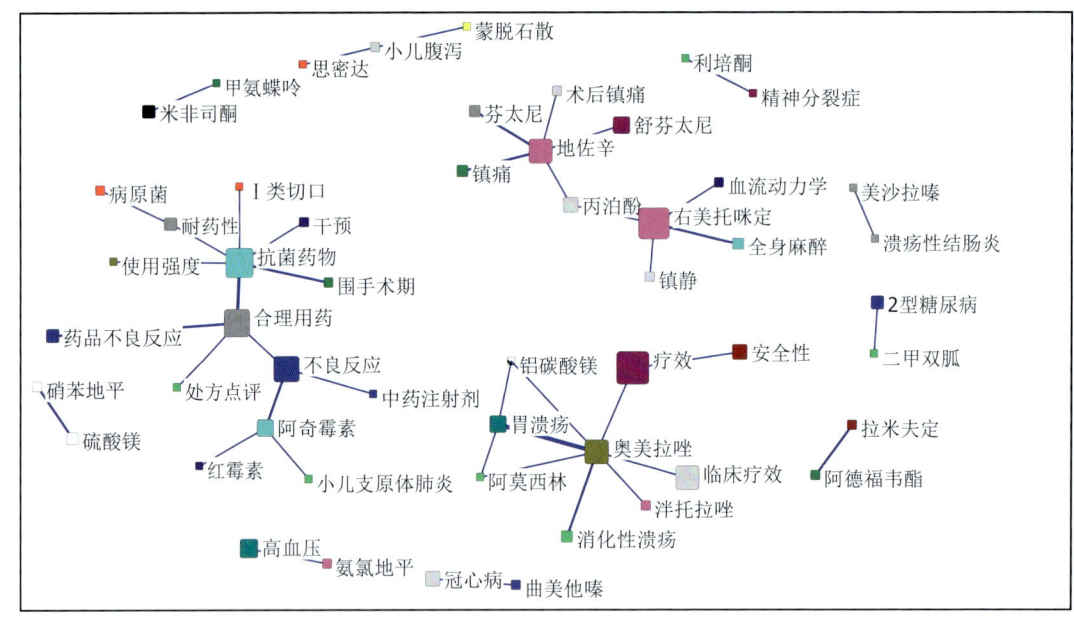

图 21-3 药学学科 2014 年热点主题关联

21.4 学科高影响力期刊分析

21.4.1 学科高影响力期刊 TOP 10

在药学学科，学科 5 年影响因子位居前 10 位的期刊见表 21-3，排在前 3 位的期刊分别是《临床麻醉学杂志》《中国生化药物杂志》和《实用肝脏病杂志》。在表 21-3 中，学科载文量占其总载文量比例最大的期刊是《中国药物应用与监测》；前 5 年学科载文在 2014 年被引率最高的期刊是《实用肝脏病杂志》；期刊 5 年影响因子较高的前 3 种期刊分别是《临床麻醉学杂志》《实用药物与临床》和《实用肝脏病杂志》；学科 5 年影响因子与期刊 5 年影响因子差异最大的期刊是《中国生化药物杂志》。表 21-3 中期刊的学科 5 年影响因子和前 5 年学科载文的 2014 年被引率对比如图 21-4 所示，2009—2014 年期刊 5 年影响因子的变动情况如图 21-5 所示。

表 21-3　药学学科高影响力期刊基本指数

序号	期刊名称	前 5 年载文量			2014 年学科被引			5 年影响因子		h 指数 (学科)
		学科 (篇)	占比 (%)	总量 (篇)	频次	被引率 (%)	高被引论文篇数	期刊 (2014)	学科 (2014)	
1	临床麻醉学杂志	541	19.9	2714	787	49.9	21	1.324	1.455	14
2	中国生化药物杂志	436	36.1	1209	449	42.9	11	0.648	1.030	8
3	实用肝脏病杂志	123	11.0	1114	113	52.0	0	0.967	0.919	7
4	实用药物与临床	952	47.8	1991	840	43.0	8	1.024	0.882	9
5	中华哮喘杂志（电子版）	51	10.9	466	44	39.2	1	0.770	0.863	6
6	中国临床药理学杂志	1081	68.3	1583	927	36.4	21	0.912	0.858	10
7	上海医学	190	10.4	1834	158	40.0	3	0.667	0.832	9
8	药学学报	1336	86.7	1541	1087	41.5	10	0.831	0.814	8
9	安徽医药	1079	22.9	4721	837	41.2	11	0.916	0.776	10
10	中国药物应用与监测	710	91.9	773	533	38.2	5	0.797	0.751	7

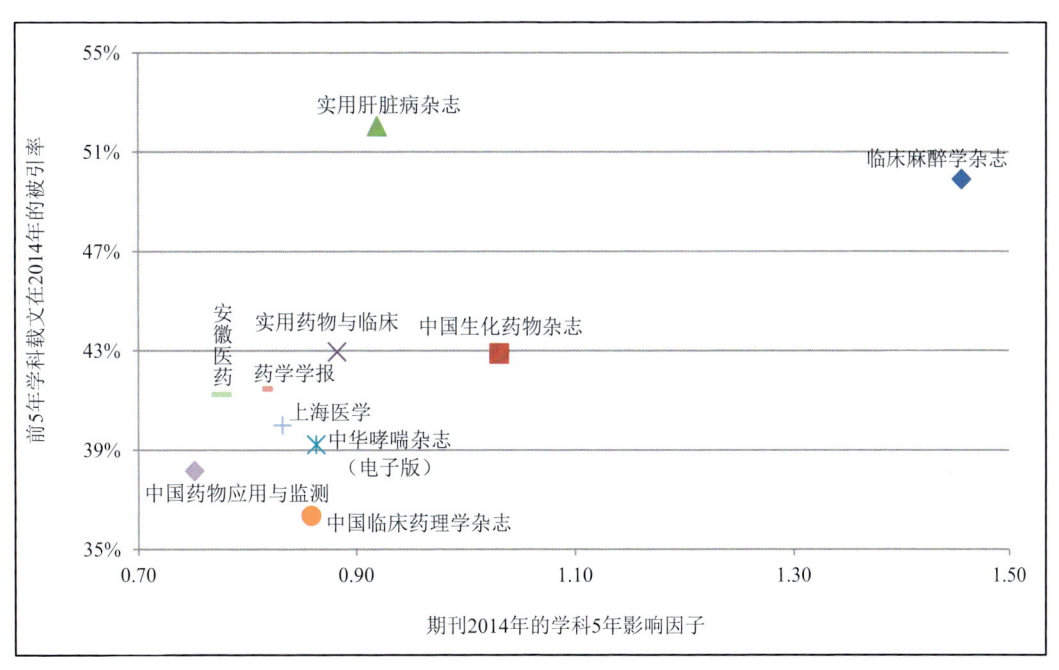

图 21-4　药学学科高影响力期刊对比

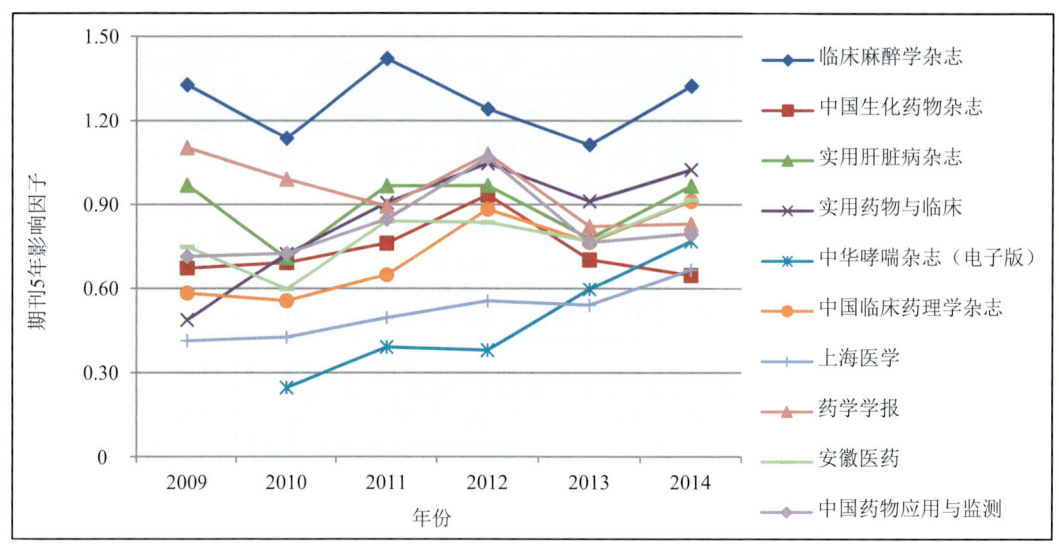

图 21-5　药学学科期刊 5 年影响因子变动

21.4.2　学科高影响力期刊载文主题关联

通过期刊共被引分析，获得药学学科高影响力期刊及与其他期刊之间的载文主题关联，如图 21-6 所示（共被引 54 次以下不显示）。结果显示，药学学科的高影响力期刊相互链接较为松散，尚未形成该学科的期刊共被引网络，热点研究主题分散在多种期刊上。《中国药房》与《中国医院药学杂志》《中国药业》等期刊之间的链接较强，意味着它们之间可能有较多相同或相近的载文主题。

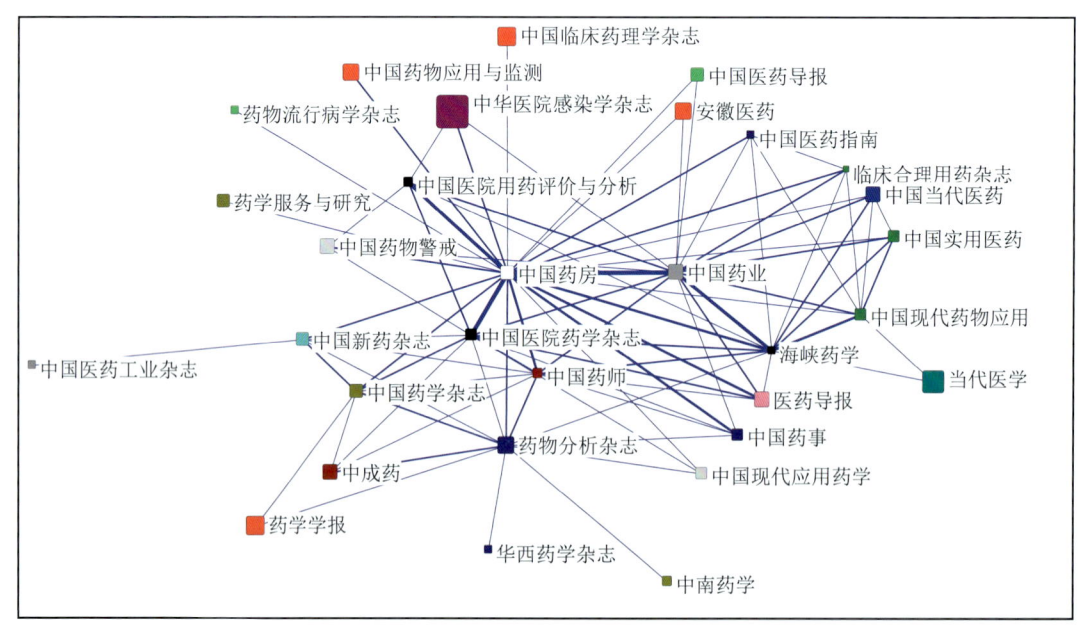

图 21-6　药学学科高影响力期刊载文主题关联

21.5 高被引作者分析

21.5.1 高被引作者 TOP 20

2009—2013 年，在 167650 位药学学科论文的第一作者中，在 2014 年学科被引频次位居前 20 位的学者的发文及被引情况见表 21-4。其中，学科发文总被引频次较高的 3 位作者分别是新乡医学院第一附属医院的岳修勤（131 次）、浙江大学附属第一医院的肖永红（109 次）和浙江大学附属第一医院的王临润（63 次）。高被引作者的 5 年学科发文数量从 1 篇到 44 篇不等，同时，作者学科发文的期刊分布也在 1 种到 18 种之间变化。在发文超过 5 篇的所有作者中，篇均被引较高的 3 位作者分别是浙江大学附属第一医院的肖永红（篇均 8.38 次）、上海市食品药品检验所的谢沐风（篇均 7.14 次）和复旦大学附属华山医院的付文焕（篇均 4.60 次）；前 5 年发表学科论文较多的 3 位作者分别是中国人民解放军第 98 医院的孔飞飞（44 篇）、沈阳药科大学的刘茜（29 篇）和中国药科大学的丁锦希（29 篇）。高被引作者的学科发文量和被引量对比如图 21-7 所示。

表 21-4 药学学科高被引作者 TOP 20

序号	姓名	作者单位	前 5 年发文			前 5 年学科发文在 2014 年的被引				h 指数（学科）
			学科发文（篇）	期刊分布（种）	发文总量（篇）	总频次	被引率（%）	最高（次）	篇均（次）	
1	岳修勤	新乡医学院第一附属医院	1	1	1	131	100.0	131	131.00	1
2	肖永红	浙江大学附属第一医院	13	11	50	109	76.9	77	8.38	4
3	王临润	浙江大学附属第一医院	3	3	3	63	100.0	31	21.00	3
4	谢沐风	上海市食品药品检验所	7	3	11	50	85.7	44	7.14	2
5	易利丹	中南大学湘雅二医院	2	2	2	49	100.0	46	24.50	2
6	李耘	北京大学第一医院	14	4	17	47	42.9	25	3.36	4
7	费晓云	复旦大学附属中山医院	1	1	1	43	100.0	43	43.00	1
8	张彦丽	新疆医科大学	3	3	5	35	100.0	13	11.67	5
9	胡宪文	安徽医科大学第二附属医院	2	2	7	33	100.0	28	16.50	2
10	孙国祥	沈阳药科大学	10	6	258	32	80.0	14	3.20	6
11	李健和	中南大学湘雅二医院	19	8	23	31	36.8	19	1.63	3
12	梁飞	广东医学院	1	1	1	29	100.0	29	29.00	1
12	梁学清	河南科技大学医学院	1	1	2	29	100.0	29	29.00	2
12	张明发	上海美优制药有限公司	19	5	102	29	68.4	7	1.53	6

序号	姓名	作者单位	前5年发文 学科发文（篇）	前5年发文 期刊分布（种）	前5年发文 发文总量（篇）	前5年学科发文在2014年的被引 总频次	前5年学科发文在2014年的被引 被引率（%）	前5年学科发文在2014年的被引 最高（次）	前5年学科发文在2014年的被引 篇均（次）	h指数（学科）
12	张启明	中国药品生物制品检定所	3	2	3	29	66.7	28	9.67	1
16	柳汝明	四川大学华西医院	4	3	6	28	75.0	21	7.00	3
17	孔飞飞	中国人民解放军第98医院	44	18	69	27	25.0	5	0.61	4
17	崔向丽	首都医科大学附属北京天坛医院	16	8	25	27	43.8	16	1.69	3
17	杜德才	安徽省立医院	2	2	2	27	50.0	27	13.50	1
17	薛红	重庆公安消防总队医院	4	2	6	27	50.0	16	6.75	2
17	徐露	安徽医科大学第一附属医院	1	1	2	27	100.0	27	27.00	1

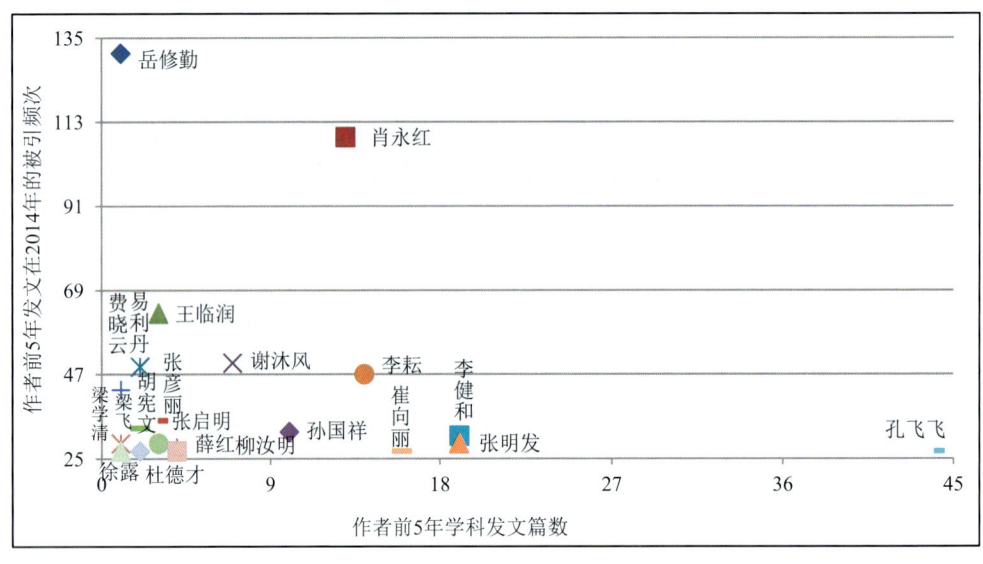

图 21-7 药学学科高被引作者学科发文及被引对比

21.5.2 高被引作者科研合作关系

通过作者合著分析，获得2014年药学学科高被引作者及与其他学者之间的科研论文合作关系（不考虑论文署名次序），如图21-8所示（合著4次以下不显示）。可以看出，药学学科的高被引作者的论文合作现象比较普遍。学者孔飞飞、李健和和张明发的发文量较多；李健和论文合作网络最为突出，在该学科的研究人员中表现出一定的集聚效应；易利丹和李健和、孔飞飞和郭良君等学者之间的合作关系最为紧密，显示出他们可能分别属于同一支科研团队。

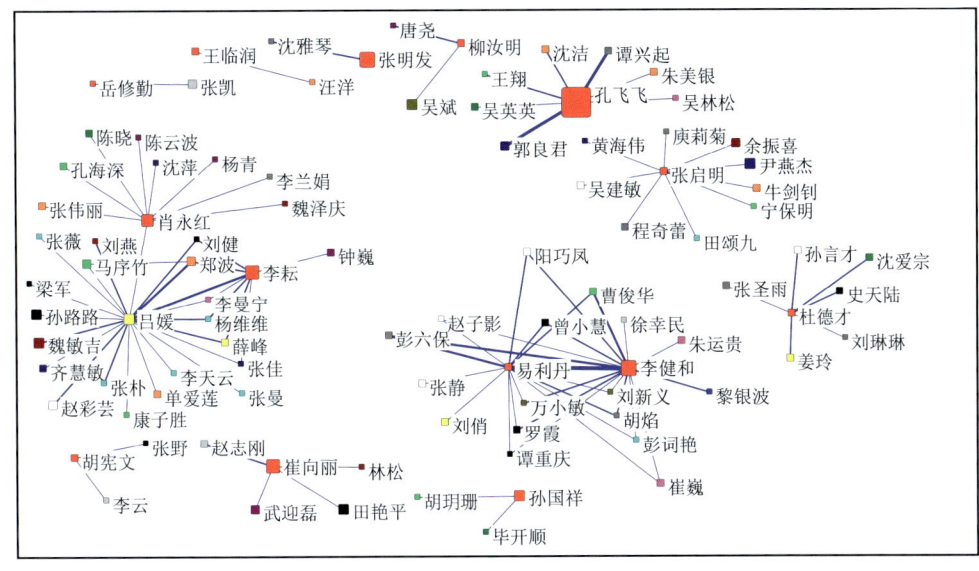

图 21-8　药学学科高被引作者科研论文合作关系

21.5.3　高被引作者发文主题关联

通过作者共被引分析,获得 2014 年药学学科高被引作者及与其他学者之间的发文主题关联(见图 21-9,共被引 3 次以下不显示)。如图 21-9 所示,药学学科的高被引作者基本主导了作者共被引网络,显示出该学科在热点主题上初步形成了优势较为明显的科研力量。学者岳修勤和肖永红的节点较大,显示出他们的学术成果在学科内得到较多关注;谢沐风与张启明、岳修勤与李丽等学者之间的链接较强,意味着他们之间可能分别有较为相近的研究主题;以岳修勤、王临润、易利丹等学者为主要节点的共被引作者簇人数初具规模,意味着这些学者的研究主题关联可能较为紧密。

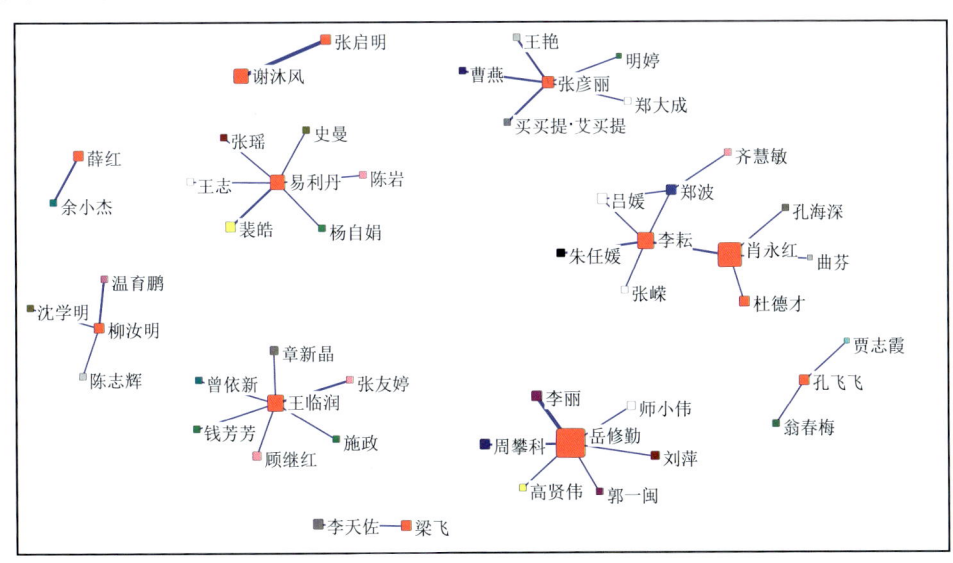

图 21-9　药学学科高被引作者发文主题关联

21.6 高被引机构分析

21.6.1 高被引机构

为便于比较，本书将药学学科的高被引机构分为医院和高等院校/科研院所两种类型。其中，被引频次 TOP 10 医院和被引频次 TOP 5 高等院校/科研院所的发文及被引情况分别见表 21-5 和表 21-6。其中，总被引频次较高的 3 所医院分别是中国人民解放军总医院、北京大学第一医院和四川大学华西医院，中国药科大学、沈阳药科大学和南京中医药大学是总被引频次较高的 3 所高等院校/科研院所；前 5 年学科发文在 2014 年的被引率最高的医院和高等院校/科研院所分别是安徽医科大学第一附属医院和南京中医药大学，篇均被引最高的医院和高等院校/科研院所分别是浙江大学附属第一医院和南京中医药大学。上述高被引机构的论文被引率和篇均被引频次对比如图 21-10 所示。

表 21-5　药学学科高被引医院 TOP 10

序号	第一作者单位	学科发文量（篇）		前 5 年学科发文在 2014 年的被引			
		前 5 年	2014 年	频次	被引率(%)	最高（次）	篇均（次）
1	中国人民解放军总医院	969	127	736	37.7	17	0.76
2	北京大学第一医院	416	64	431	38.9	25	1.04
3	四川大学华西医院	536	71	361	33.8	21	0.67
4	中国医科大学附属盛京医院	459	59	340	38.8	11	0.74
5	华中科技大学同济医学院附属同济医院	561	62	327	33.2	8	0.58
6	中南大学湘雅二医院	424	38	322	35.4	46	0.76
7	北京协和医院	417	55	314	32.9	19	0.75
8	浙江大学附属第一医院	202	25	313	35.6	77	1.55
9	安徽医科大学第一附属医院	289	29	292	42.6	27	1.01
10	北京大学第三医院	292	33	290	40.1	10	0.99

表 21-6　药学学科高被引高等院校/科研院所 TOP 5

序号	第一作者单位	学科发文量（篇）		前 5 年学科发文在 2014 年的被引			
		前 5 年	2014 年	频次	被引率(%)	最高（次）	篇均（次）
1	中国药科大学	2494	368	1334	30.8	12	0.53
2	沈阳药科大学	1951	250	1025	33.3	14	0.53
3	南京中医药大学	598	101	445	37.5	10	0.74
4	中国食品药品检定研究院	673	227	368	26.4	9	0.55
5	广东药学院	663	102	365	30.5	13	0.55

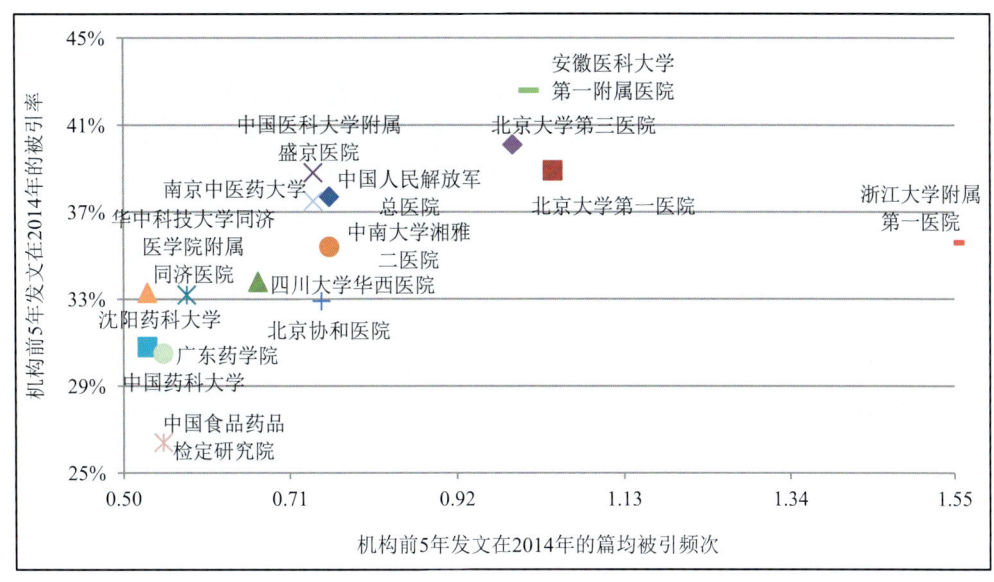

图 21-10　药学学科高被引机构论文篇均被引及被引率对比

21.6.2　高被引机构科研合作关系

通过合著分析，获得药学学科高被引机构之间及其与其他机构之间的科研合作关联，如图 21-11 所示（合作 63 次以下不显示）。分析得知，药学学科的机构合作链接比较紧密，表明学科内机构合作现象较为普遍；高被引机构尚未形成较为明显的合作网络；四川大学华西医院与四川大学、中国药科大学与江苏省食品药品检验所等机构之间的链接较强，表明它们的学术合作较为频繁。

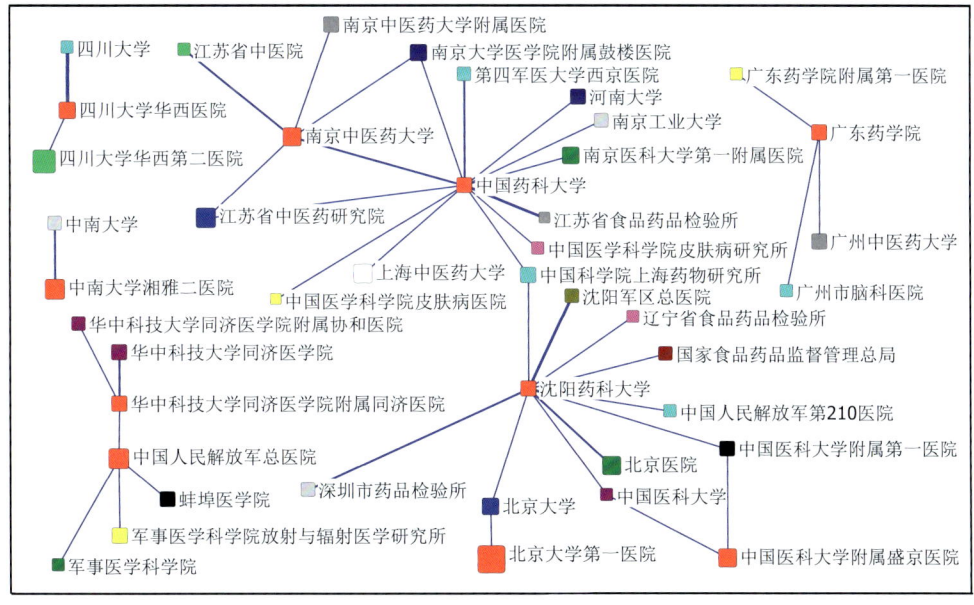

图 21-11　药学学科高被引机构科研合作关联

21.7 高被引图书、国外期刊及学术会议

2014年,药学学科被引频次位居前10位的图书及国外期刊见表21-7和表21-8。其中,被引次数较多的3种图书分别是陈新谦的《新编药物学》、乐杰的《妇产科学》和陆再英的《内科学》;被引次数较多的3种国外期刊分别是《New England Journal of Medicine》《International Journal of Pharmaceutics》和《Journal of Biological Chemistry》;被引次数较多的3场学术会议分别是"ASH Annual Meeting Abstracts""2013 ASCO Annual Meeting"和"ASA Annual Refresher Course Lectures"。

表21-7 药学学科高被引图书 TOP 10

序号	责任者	图书名称	出版社	2014年被引频次
1	陈新谦	新编药物学	人民卫生出版社	733
2	乐杰	妇产科学	人民卫生出版社	145
3	陆再英	内科学	人民卫生出版社	105
4	陈灏珠	实用内科学	人民卫生出版社	98
5	庄心良	现代麻醉学	人民卫生出版社	87
6	杨宝峰	药理学	人民卫生出版社	86
7	徐叔云	药理实验方法学	人民卫生出版社	70
8	叶任高	内科学	人民卫生出版社	68
9	卫生部合理用药专家委员会	中国医师药师临床用药指南	重庆出版社	57
10	胡亚美	诸福棠实用儿科学	人民卫生出版社	50

表21-8 药学学科高被引国外期刊 TOP 10

序号	期刊名称	2014年被引频次
1	New England Journal of Medicine	1657
2	International Journal of Pharmaceutics	1225
3	Journal of Biological Chemistry	1222
4	Antimicrobial Agents and Chemotherapy	1204
5	Journal of Medicinal Chemistry	1058
6	PLoS One	1046
7	Bioorganic & Medicinal Chemistry Letters	1027
8	Proceedings of the National Academy of Sciences of the United States of America	969
9	The Lancet	933
10	Nature	926

第 22 章 农业科学与工程学科高被引分析

22.1 学科论文概况

2009—2013 年,农业科学与工程学科共有 110658 位来自 38954 所机构的论文第一作者在 2690 种期刊上发表了 116458 篇学术论文。其中,80% 以上的论文产出自 24047 所机构、85943 位作者,发表在 190 种期刊上。在前 5 年发表的这些论文中,有 30129 篇在 2014 年获得过引用,整体被引率为 25.9%,总被引频次为 57414 次,篇均被引 0.49 次;其中,高被引论文有 377 篇,单篇论文最高被引频次为 63 次,累计被引 4264 次,篇均被引 11.31 次(表 22-1)。另外,2014 年农业科学与工程学科共发表论文 32934 篇,其中有 1255 篇在当年获得过引用,总共被引 1539 次。

表 22-1 农业科学与工程学科论文分布情况

年份	论文篇数	2014 年被引频次	2014 年被引率(%)	2014 年高被引论文			
				论文篇数	最高被引频次	总被引频次	篇均被引频次
2009	16650	10146	30.3	63	47	783	12.43
2010	18070	11929	31.7	73	55	969	13.27
2011	24240	12610	26.2	80	54	933	11.66
2012	29249	13062	23.9	98	63	1030	10.51
2013	28249	9667	21.3	63	35	549	8.71
合计	116458	57414	25.9	377	63	4264	11.31

从农业科学与工程学科论文的地域分布来看,2014 年被引频次较高的 5 个省、直辖市或自治区依次是北京、江苏、陕西、黑龙江和河南(图 22-1);5 年论文产出量较多的 5 个省、直辖市或自治区依次是黑龙江、江苏、北京、陕西和河南(图 22-2)。

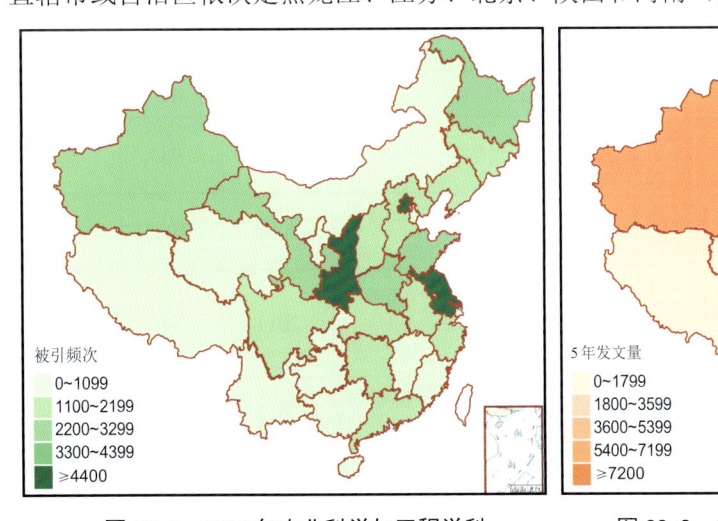

图 22-1 2014 年农业科学与工程学科地区被引分布

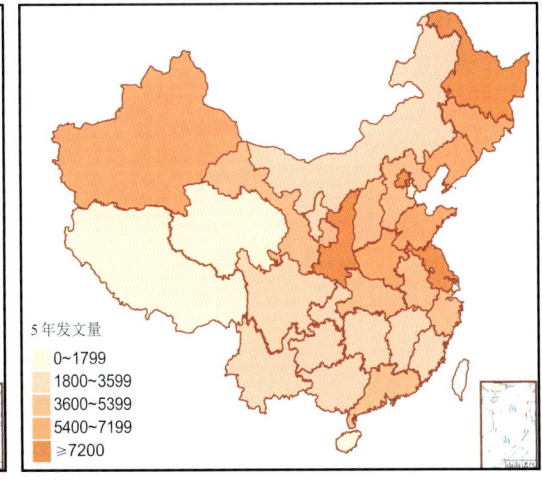

图 22-2 农业科学与工程学科 5 年论文产出地区分布

22.2 高被引论文分析

在农业科学与工程学科，2014 年被引频次位居前 10 位的论文（表 22-2）平均被引频次为 27.6 次，是全部 377 篇高被引论文篇均被引频次的 2.4 倍。其中，被引频次最高的论文是何绪生于 2011 年发表的《生物炭对土壤肥料的作用及未来研究》，随后 3 篇分别是朱兆良于 2013 年发表的《保障我国粮食安全的肥料问题》、袁金华于 2011 年发表的《生物质炭的性质及其对土壤环境功能影响的研究进展》和张阿凤于 2009 年发表的《生物黑炭及其增汇减排与改良土壤意义》。

从论文分布来看，刊载高被引论文数量居前的 3 种期刊分别是《农业工程学报》（57篇）、《应用生态学报》（26 篇）和《生态学报》（20 篇），而《中国农学通报》和《应用生态学报》刊载了高被引论文 TOP 10 中的 2 篇；发表高被引论文居前的 3 位学者分别是中国科学院南京土壤研究所的袁金华（3 篇）、扬州大学的张洪程（3 篇）和浙江理工大学的俞高红（3 篇）；产出高被引论文数量居前的 3 所机构分别是中国农业大学（29篇）、西北农林科技大学（24 篇）和中国农业科学院农业资源与农业区划研究所（14 篇），而中国科学院南京土壤研究所和中国农业大学分别产出了高被引论文 TOP 10 中的 2 篇。

表 22-2　农业科学与工程学科高被引论文 TOP 10

序号	论文题名	第一作者	期刊名称	发表年份	被引频次 总频次	被引频次 2014 年
1	生物炭对土壤肥料的作用及未来研究	何绪生	中国农学通报	2011	80	35
2	保障我国粮食安全的肥料问题	朱兆良	植物营养与肥料学报	2013	55	33
3	生物质炭的性质及其对土壤环境功能影响的研究进展	袁金华	生态环境学报	2011	70	29
3	生物黑炭及其增汇减排与改良土壤意义	张阿凤	农业环境科学学报	2009	98	29
5	物联网与智慧农业	李道亮	农业工程	2012	49	27
6	基于标准化降水指数的中国南方季节性干旱近 58a 演变特征	黄晚华	农业工程学报	2010	98	26
7	土壤生物质炭环境行为与环境效应	刘玉学	应用生态学报	2009	101	25
8	施用生物炭对华北平原农田土壤容重、阳离子交换量和颗粒有机质含量的影响	陈红霞	应用生态学报	2011	54	24
8	生物质炭对红壤性质和黑麦草生长的影响	黄超	浙江大学学报（农业与生命科学版）	2011	60	24
8	土壤重金属污染评价方法进展	范拴喜	中国农学通报	2010	80	24

22.3 研究主题关联分析

在农业科学与工程学科，高被引论文累计被 2014 年发表的 2997 篇论文引用了 4264 次。通过分析施引文献关键词的词频及关键词之间的共现关系，获得 2014 年农业科学与工程学科的热点主题和主题关联，如图 22-3 所示（共现 9 次以下不显示）。由图 22-3 可知："产量""生物炭""水稻"等关键词的文档词频较高，是 2014 年学科的研究热点；以"产量""生物炭"等关键词为主要节点的多个概念相互关联，构成了学科内最为突出的研究主题簇。

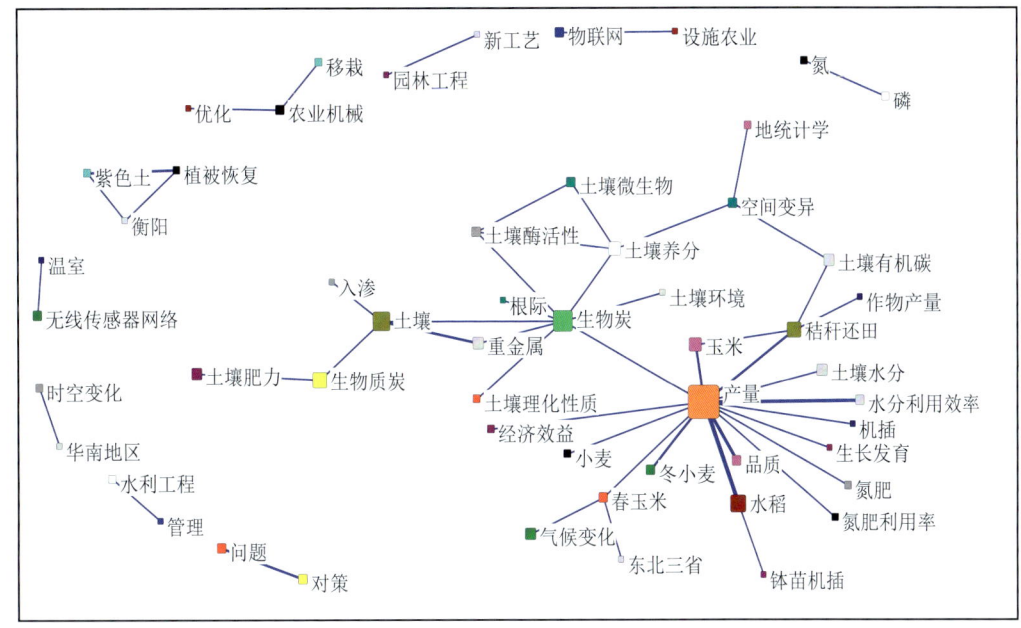

图 22-3 农业科学与工程学科 2014 年热点主题关联

22.4 学科高影响力期刊分析

22.4.1 学科高影响力期刊 TOP 10

在农业科学与工程学科，学科 5 年影响因子位居前 10 位的期刊见表 22-3，排在前 3 位的期刊分别是《农业工程学报》《植物营养与肥料学报》和《中国生态农业学报》。在表 22-3 中，学科载文量占其总载文量比例最大的期刊是《中国土壤与肥料》；前 5 年学科载文在 2014 年被引率最高的期刊是《农业工程学报》；期刊 5 年影响因子较高的前 3 种期刊分别是《农业工程学报》《植物营养与肥料学报》和《土壤学报》；学科 5 年影响因子与期刊 5 年影响因子差异最大的期刊是《浙江大学学报（农业与生命科学版）》。表 22-3 中期刊的学科 5 年影响因子和前 5 年学科载文的 2014 年被引率对比如图 22-4 所示，2009—2014 年期刊 5 年影响因子的变动情况如图 22-5 所示。

表 22-3　农业科学与工程学科高影响力期刊基本指数

序号	期刊名称	前5年载文量			2014年学科被引			5年影响因子		h指数(学科)
		学科(篇)	占比(%)	总量(篇)	频次	被引率(%)	高被引论文篇数	期刊(2014)	学科(2014)	
1	农业工程学报	2194	41.5	5292	4376	62.8	57	1.874	1.995	18
2	植物营养与肥料学报	480	39.7	1210	915	55.2	16	1.798	1.906	12
3	中国生态农业学报	570	40.8	1397	891	60.7	8	1.422	1.563	10
4	中国农业气象	443	67.3	658	684	58.7	5	1.386	1.544	8
5	土壤学报	664	68.2	974	978	54.2	14	1.460	1.473	10
6	农业机械学报	1081	29.8	3627	1480	56.4	12	1.184	1.369	10
7	水土保持学报	1308	65.7	1991	1483	51.0	4	1.129	1.134	9
8	中国土壤与肥料	587	82.4	712	653	48.0	5	1.034	1.112	8
9	浙江大学学报（农业与生命科学版）	66	11.3	582	73	47.0	1	0.806	1.106	5
10	中国农学通报	2685	22.7	11832	2739	48.8	17	0.786	1.020	12

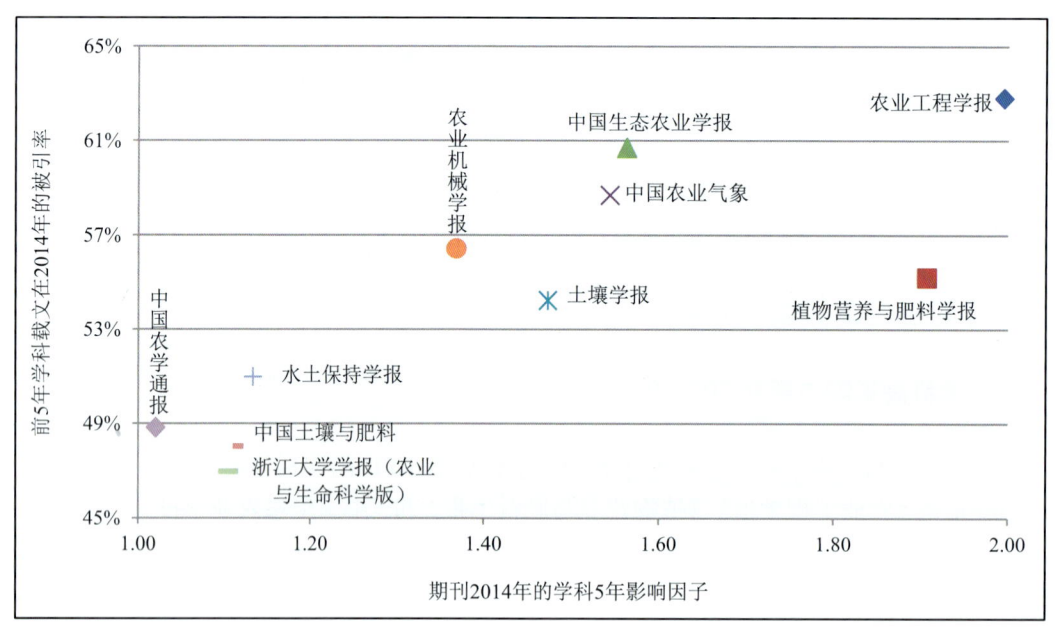

图 22-4　农业科学与工程学科高影响力期刊对比

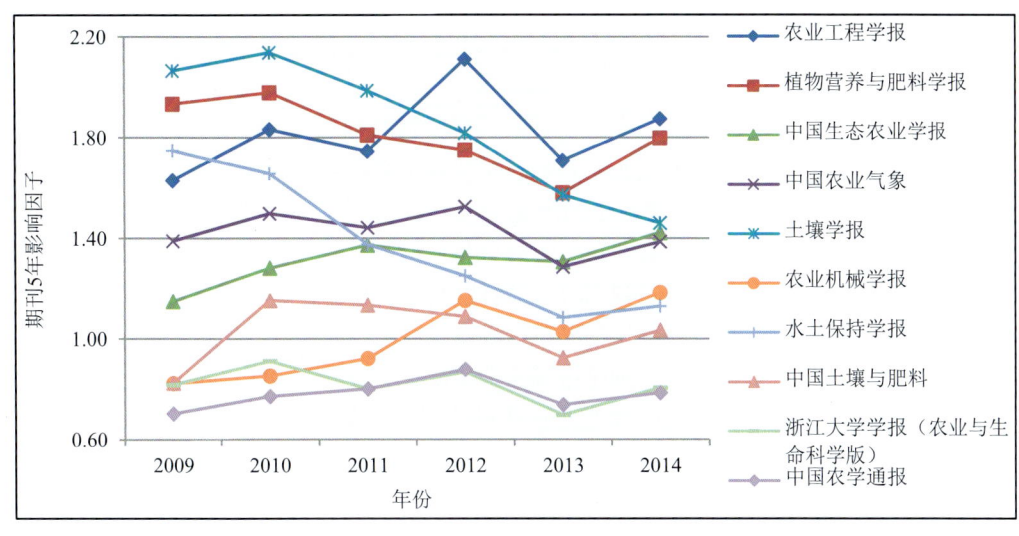

图 22-5　农业科学与工程学科期刊 5 年影响因子变动

22.4.2　学科高影响力期刊载文主题关联

通过期刊共被引分析，获得农业科学与工程学科高影响力期刊及与其他期刊之间的载文主题关联，如图 22-6 所示（共被引 42 次以下不显示）。结果显示，农业科学与工程学科的高影响力期刊相互链接较为紧密，基本主导了该学科的期刊共被引网络，显示出该学科高影响力期刊可能共同刊载了许多相近的研究主题，热点研究主题分散在多种期刊上。《农业工程学报》的学科 5 年影响因子较高，显示出该刊在学科内学术影响力较大；《农业工程学报》与《农业机械学报》《农机化研究》等期刊之间的链接较强，意味着它们之间可能有较多相同或相近的载文主题。

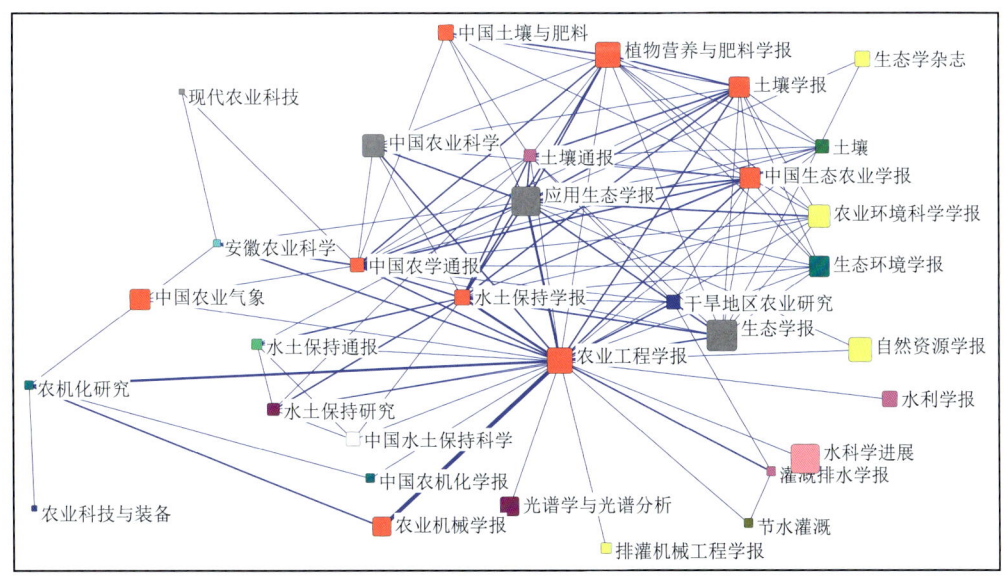

图 22-6　农业科学与工程学科高影响力期刊载文主题关联

22.5 高被引作者分析

22.5.1 高被引作者 TOP 20

2009—2013 年，在 110658 位农业科学与工程学科论文的第一作者中，在 2014 年学科被引频次位居前 20 位的学者的发文及被引情况见表 22-4。其中，学科发文总被引频次较高的 3 位作者分别是中国科学院南京土壤研究所的袁金华（62 次）、西北农林科技大学的何绪生（57 次）和浙江理工大学的俞高红（42 次）。高被引作者的 5 年学科发文数量从 1 篇到 19 篇不等，同时，作者学科发文的期刊分布也在 1 种到 12 种之间变化。在发文超过 5 篇的所有作者中，篇均被引较高的 3 位作者分别是中国农业大学的谢光辉（篇均 7.40 次）、中国气象科学研究院的赵俊芳（篇均 7.40 次）和西北农林科技大学的李卓（篇均 7.00 次）；前 5 年发表学科论文较多的 3 位作者分别是江西省吉水县农机局的刘开顺（63 篇）、陕西省岐山县农机技术推广站的王发明（41 篇）和洛阳拖拉机研究所有限公司的吴清分（32 篇）。高被引作者的学科发文量和被引量对比如图 22-7 所示。

表 22-4 农业科学与工程学科高被引作者 TOP 20

序号	姓名	作者单位	前 5 年发文			前 5 年学科发文在 2014 年的被引				h 指数 (学科)
			学科发文（篇）	期刊分布（种）	发文总量（篇）	总频次	被引率（%）	最高（次）	篇均（次）	
1	袁金华	中国科学院南京土壤研究所	3	3	3	62	100.0	29	20.67	3
2	何绪生	西北农林科技大学	2	2	4	57	100.0	35	28.50	2
3	俞高红	浙江理工大学	8	3	10	42	87.5	11	5.25	4
4	张洪程	扬州大学	6	5	32	41	50.0	15	6.83	8
5	卢艳丽	中国农业科学院农业资源与农业区划研究所	4	3	6	40	100.0	21	10.00	4
6	黄晚华	中国农业大学	2	1	2	39	100.0	26	19.50	2
7	廖庆喜	华中农业大学	9	2	11	38	77.8	10	4.22	5
7	郑子成	四川农业大学	15	7	16	38	66.7	7	2.53	4
9	赵俊芳	中国气象科学研究院	5	4	12	37	100.0	12	7.40	5
9	谢光辉	中国农业大学	5	2	8	37	80.0	14	7.40	5
11	陈建能	浙江理工大学	8	2	10	36	100.0	9	4.50	4
12	李卓	西北农林科技大学	5	5	5	35	100.0	17	7.00	3
12	施卫东	江苏大学	13	2	86	35	69.2	9	2.69	6

序号	姓名	作者单位	前5年发文			前5年学科发文在2014年的被引				h指数(学科)
			学科发文(篇)	期刊分布(种)	发文总量(篇)	总频次	被引率(%)	最高(次)	篇均(次)	
14	朱兆良	中国科学院南京土壤研究所	1	1	2	33	100.0	33	33.00	2
15	姚荣江	中国科学院南京土壤研究所	14	9	16	31	85.7	4	2.21	3
15	雍太文	四川农业大学	6	4	26	31	100.0	9	5.17	5
15	侯贤清	西北农林科技大学	7	4	9	31	71.4	8	4.43	4
15	侯新村	北京市农林科学院	10	7	11	31	70.0	9	3.10	4
19	李道亮	中国农业大学	3	3	11	30	66.7	27	10.00	2
19	刘任涛	宁夏大学	19	12	26	30	47.4	7	1.58	3

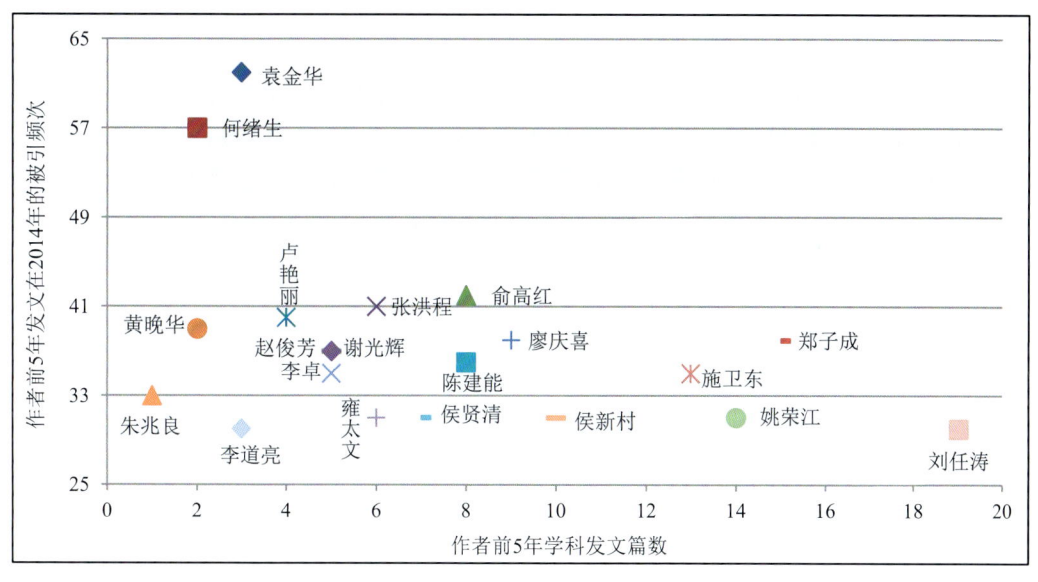

图 22-7　农业科学与工程学科高被引作者学科发文及被引对比

22.5.2　高被引作者科研合作关系

通过作者合著分析，获得2014年农业科学与工程学科高被引作者及与其他学者之间的科研论文合作关系（不考虑论文署名次序），如图22-8所示（合著4次以下不显示）。可以看出，农业科学与工程学科的高被引作者的论文合作现象比较普遍。学者刘任涛、郑子成和姚荣江的发文量较多；姚荣江的论文合作网络最为突出，在该学科的研究人员中表现出一定的集聚效应；姚荣江和杨劲松、郑子成和李廷轩等学者之间的合作关系最为紧密，显示出他们可能分别属于同一支科研团队。

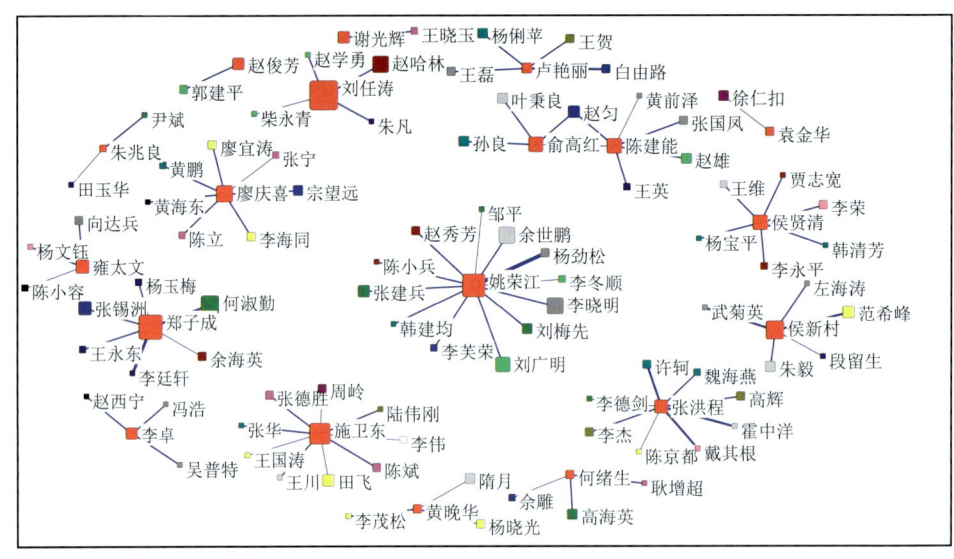

图 22-8　农业科学与工程学科高被引作者科研论文合作关系

22.5.3　高被引作者发文主题关联

通过作者共被引分析，获得 2014 年农业科学与工程学科高被引作者及与其他学者之间的发文主题关联（见图 22-9，共被引 4 次以下不显示）。如图 22-9 所示，农业科学与工程学科的高被引作者基本主导了作者共被引网络，显示出该学科在热点主题上已经形成了优势较为明显的科研力量。学者袁金华和何绪生的节点较大，显示出他们的学术成果在学科内得到较多关注；何绪生与袁金华、陈红霞等学者之间的链接较强，意味着他们之间可能有较为相近的研究主题；以袁金华、何绪生等学者为主要节点的共被引作者簇初具规模，意味着这些学者的研究主题关联可能较为紧密。

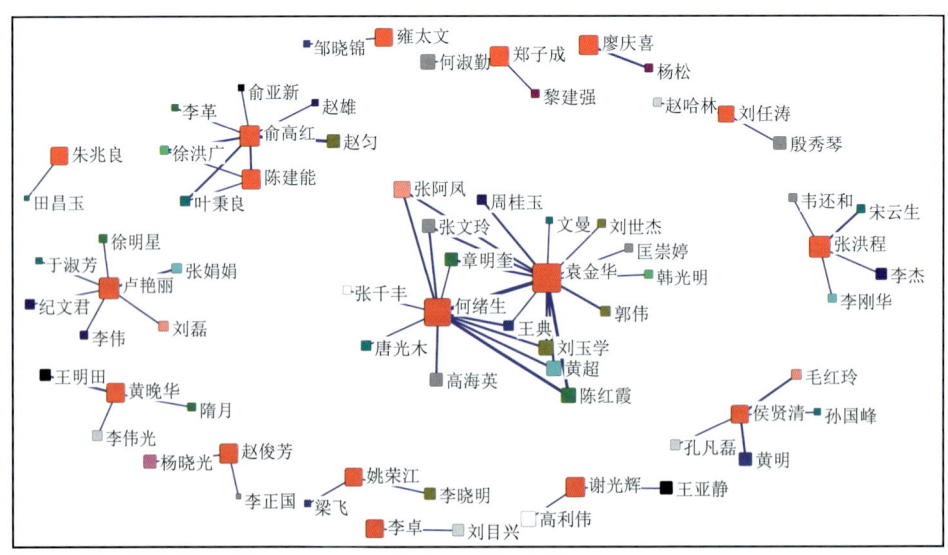

图 22-9　农业科学与工程学科高被引作者发文主题关联

22.6 高被引机构分析

22.6.1 高被引机构

为便于比较，本书将农业科学与工程学科的高被引机构分为高等院校和科研院所两种类型。其中，被引频次 TOP 10 高等院校和被引频次 TOP 5 科研院所的发文及被引情况分别见表 22-5 和表 22-6。其中，总被引频次较高的 3 所高等院校分别是西北农林科技大学、中国农业大学和南京农业大学，中国科学院南京土壤研究所、中国农业科学院农业资源与农业区划研究所和中国科学院地理科学与资源研究所是总被引频次较高的 3 所科研院所；前 5 年学科发文在 2014 年的被引率最高的高等院校和科研院所分别是中国农业大学和中国农业科学院农业资源与农业区划研究所，篇均被引最高的高等院校和科研院所分别是中国农业大学和中国农业科学院农业资源与农业区划研究所。上述高被引机构的论文被引率和篇均被引频次对比如图 22-10 所示。

表 22-5 农业科学与工程学科高被引高等院校 TOP 10

序号	第一作者单位	学科发文量（篇）		前 5 年学科发文在 2014 年的被引			
		前 5 年	2014 年	频次	被引率(%)	最高（次）	篇均（次）
1	西北农林科技大学	2461	361	2837	46.6	35	1.15
2	中国农业大学	1541	250	1925	47.0	27	1.25
3	南京农业大学	1005	152	1127	46.8	29	1.12
4	甘肃农业大学	763	130	734	44.2	11	0.96
5	华南农业大学	718	153	727	40.4	15	1.01
6	北京林业大学	722	110	702	42.8	14	0.97
7	沈阳农业大学	923	131	684	38.1	24	0.74
8	华中农业大学	608	105	674	42.8	21	1.11
9	山东农业大学	635	100	656	44.1	18	1.03
10	湖南农业大学	813	159	644	38.5	17	0.79

表 22-6 农业科学与工程学科高被引科研院所 TOP 5

序号	第一作者单位	学科发文量（篇）		前 5 年学科发文在 2014 年的被引			
		前 5 年	2014 年	频次	被引率(%)	最高（次）	篇均（次）
1	中国科学院南京土壤研究所	604	73	918	56.0	33	1.52
2	中国农业科学院农业资源与农业区划研究所	343	48	686	62.7	21	2.00
3	中国科学院地理科学与资源研究所	330	43	398	51.8	14	1.21
4	中国科学院东北地理与农业生态研究所	232	17	328	56.5	11	1.41
5	中国科学院水利部水土保持研究所	225	26	293	52.9	11	1.30

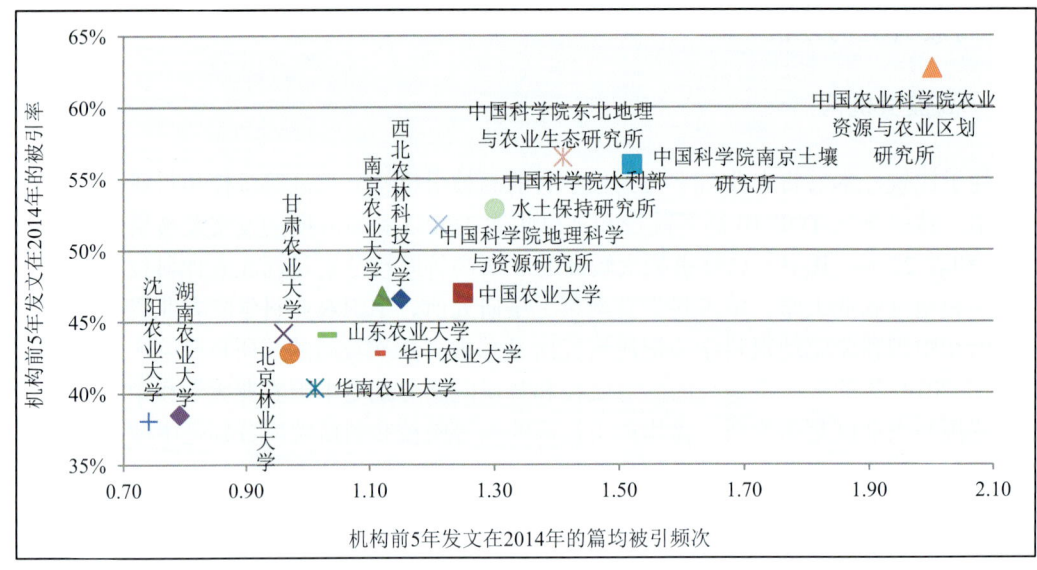

图 22-10　农业科学与工程学科高被引机构论文篇均被引及被引率对比

22.6.2　高被引机构科研合作关系

通过合著分析，获得农业科学与工程学科高被引机构之间及其与其他机构之间的科研合作关联，如图 22-11 所示（合作 69 次以下不显示）。分析得知，农业科学与工程学科的机构合作链接比较紧密，表明学科内机构合作现象较为普遍；高被引机构基本主导了机构合作网络，显示出这些机构已经在学科内具有了一定的科研优势；中国科学院水利部水土保持研究所和西北农林科技大学等机构之间的链接较强，表明它们的学术合作较为频繁。

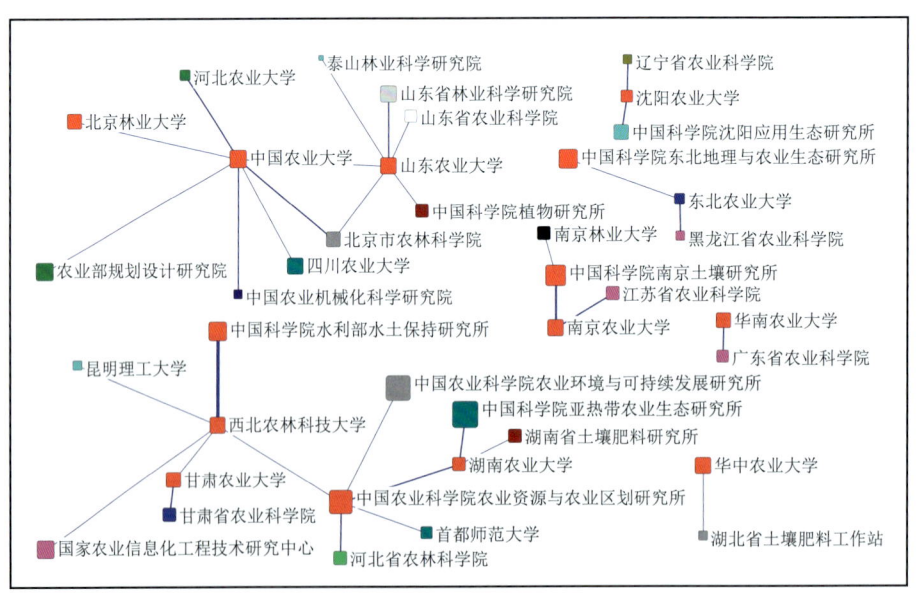

图 22-11　基础医学学科高被引机构科研合作关联

22.7 高被引图书、国外期刊及学术会议

2014年,农业科学与工程学科被引频次位居前10位的图书及国外期刊见表22-7和表22-8。其中,被引次数较多的3种图书分别是鲍士旦的《土壤农化分析》、鲁如坤的《土壤农业化学分析方法》和黄昌勇的《土壤学》;被引次数较多的3种国外期刊分别是《Soil Biology & Biochemistry》《Soil Science Society of America Journal》和《Plant and Soil》;被引次数较多的3场学术会议分别是"ASABE Annual International Meeting""Proceedings of the Australian Society of Sugar Cane Technologists"和"2012 International Congress on Environmental Modeling and Software Managing Resources of a Limited Planet"。

表22-7 农业科学与工程学科高被引图书 TOP 10

序号	责任者	图书名称	出版社	2014年被引频次
1	鲍士旦	土壤农化分析	中国农业出版社	517
2	鲁如坤	土壤农业化学分析方法	中国农业科技出版社	350
3	黄昌勇	土壤学	中国农业出版社	104
4	中国科学院南京土壤研究所	土壤理化分析	上海科学技术出版社	92
5	关松荫	土壤酶及其研究法	中国农业出版社	77
6	李合生	植物生理生化实验原理和技术	高等教育出版社	64
7	魏凤英	现代气候统计诊断与预测技术	气象出版社	57
8	雷志栋	土壤水动力学	清华大学出版社	54
9	王遵亲	中国盐渍土	科学出版社	50
10	中国农业机械化科学研究院	农业机械设计手册	中国农业科技出版社	41

表22-8 农业科学与工程学科高被引国外期刊 TOP 10

序号	期刊名称	2014年被引频次
1	Soil Biology & Biochemistry	1833
2	Soil Science Society of America Journal	1609
3	Plant and Soil	1267
4	Geoderma	970
5	Soil & Tillage Research	894
6	Plant Physiology	850
7	Agricultural Water Management	769
8	Science	726
9	Bioresource Technology	718
10	Nature	717

第 23 章 植物保护学科高被引分析

23.1 学科论文概况

2009—2013 年,植物保护学科共有 50322 位来自 20886 所机构的论文第一作者在 1510 种期刊上发表了 59107 篇学术论文。其中,80%以上的论文产出自 10740 所机构、38009 位作者,发表在 142 种期刊上。在前 5 年发表的这些论文中,有 13644 篇在 2014 年获得过引用,整体被引率为 23.1%,总被引频次为 21753 次,篇均被引 0.37 次;其中,高被引论文有 180 篇,单篇论文最高被引频次为 24 次,累计被引 1392 次,篇均被引 7.73 次(表 23-1)。另外,2014 年植物保护学科共发表论文 11147 篇,其中有 621 篇在当年获得过引用,总共被引 746 次。

表 23-1 植物保护学科论文分布情况

年份	论文篇数	2014 年被引频次	2014 年被引率(%)	2014 年高被引论文			
				论文篇数	最高被引频次	总被引频次	篇均被引频次
2009	10912	3670	21.1	36	23	298	8.28
2010	11471	4272	23.2	31	24	288	9.29
2011	13207	5268	24.5	32	20	262	8.19
2012	13036	4835	22.9	35	22	272	7.77
2013	10481	3708	23.5	46	23	272	5.91
合计	59107	21753	23.1	180	24	1392	7.73

从植物保护学科论文的地域分布来看,2014 年被引频次较高的 5 个省、直辖市或自治区依次是北京、江苏、山东、河南和广东(图 23-1);5 年论文产出量较多的 5 个省、直辖市或自治区依次是江苏、黑龙江、河南、山东和河北(图 23-2)。

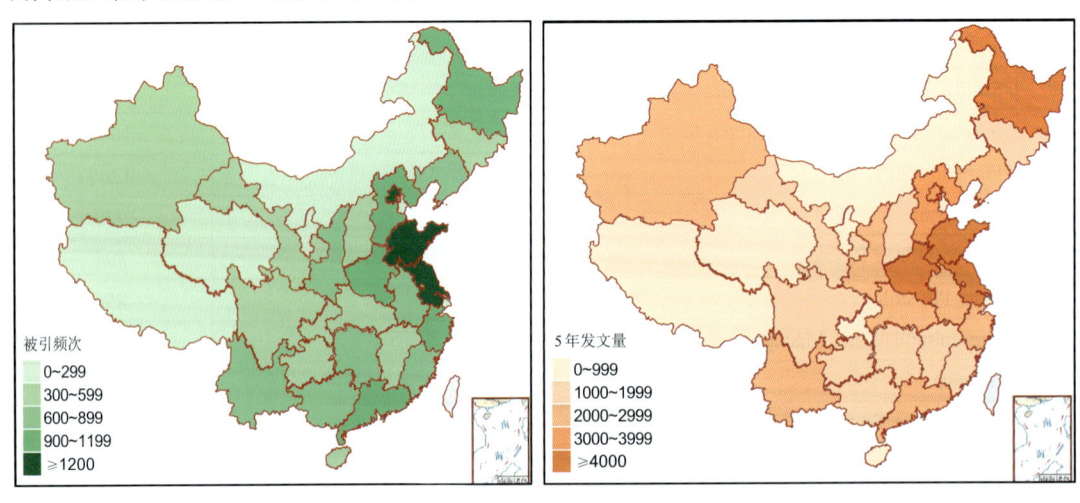

图 23-1 2014 年植物保护学科地区被引分布   图 23-2 植物保护学科 5 年论文产出地区分布

23.2 高被引论文分析

在植物保护学科,2014 年被引频次位居前 10 位的论文(表 23-2)平均被引频次为 16.4 次,是全部 180 篇高被引论文篇均被引频次的 2.1 倍。其中,被引频次最高的论文是周国辉于 2010 年发表的《水稻新病害南方水稻黑条矮缩病发生特点及危害趋势分析》,随后 2 篇分别是曹克强于 2009 年发表的《中国苹果树腐烂病发生和防治情况调查》和刘万才于 2010 年发表的《南方水稻黑条矮缩病发生现状及防控对策》。

从论文分布来看,刊载高被引论文数量居前的 3 种期刊分别是《植物保护》(24 篇)、《中国植保导刊》(15 篇)和《中国农业科学》(9 篇),而《植物保护》和《中国农业科学》分别刊载了高被引论文 TOP 10 中的 3 篇;发表高被引论文居前的 3 位学者分别是河北省农林科学院的李立涛(2 篇)、南京农业大学的强胜(2 篇)和扬州大学的左示敏(2 篇);产出高被引论文数量居前的 3 所机构分别是中国农业大学(11 篇)、全国农业技术推广服务中心(11 篇)和中国农业科学院植物保护研究所(8 篇),而中国农业科学院植物保护研究所和全国农业技术推广服务中心分别产出了高被引论文 TOP 10 中的 2 篇。

表 23-2 植物保护学科高被引论文 TOP 10

序号	论文题名	第一作者	期刊名称	发表年份	被引频次 总频次	被引频次 2014 年
1	水稻新病害南方水稻黑条矮缩病发生特点及危害趋势分析	周国辉	植物保护	2010	101	23
2	中国苹果树腐烂病发生和防治情况调查	曹克强	植物保护	2009	65	18
2	南方水稻黑条矮缩病发生现状及防控对策	刘万才	中国植保导刊	2010	69	18
4	杂草抗药性研究进展	张朝贤	中国农业科学	2009	60	17
4	气候变暖对中国农作物病虫害的影响	霍治国	中国农业科学	2012	28	17
6	水稻稻瘟病抗性基因的分子定位及克隆研究进展	杨勤忠	中国农业科学	2009	51	15
6	水稻南方黑条矮缩病发生规律及防控对策初探	郭荣	中国植保导刊	2010	60	15
8	2012 年三代黏虫大发生原因初步分析	张云慧	植物保护	2012	22	14
8	梨小食心虫研究进展	陈梅香	北方园艺	2009	44	14
10	小菜蛾抗性治理及可持续防控技术研究与示范——公益性行业(农业)科研专项"小菜蛾可持续防控技术研究与示范"进展	冯夏	应用昆虫学报	2011	29	13

23.3 研究主题关联分析

在植物保护学科，高被引论文累计被 2014 年发表的 1208 篇论文引用了 1392 次。通过分析施引文献关键词的词频及关键词之间的共现关系，获得 2014 年植物保护学科的热点主题和主题关联，如图 23-3 所示（共现 6 次以下不显示）。由图 23-3 可知："二点委夜蛾""水稻"等关键词的文档词频较高，是 2014 年植物保护学科的热点研究主题；"亚细胞定位"与"理化性质""二级结构"之间共现次数最多，显示出它们之间主题关联较为紧密。

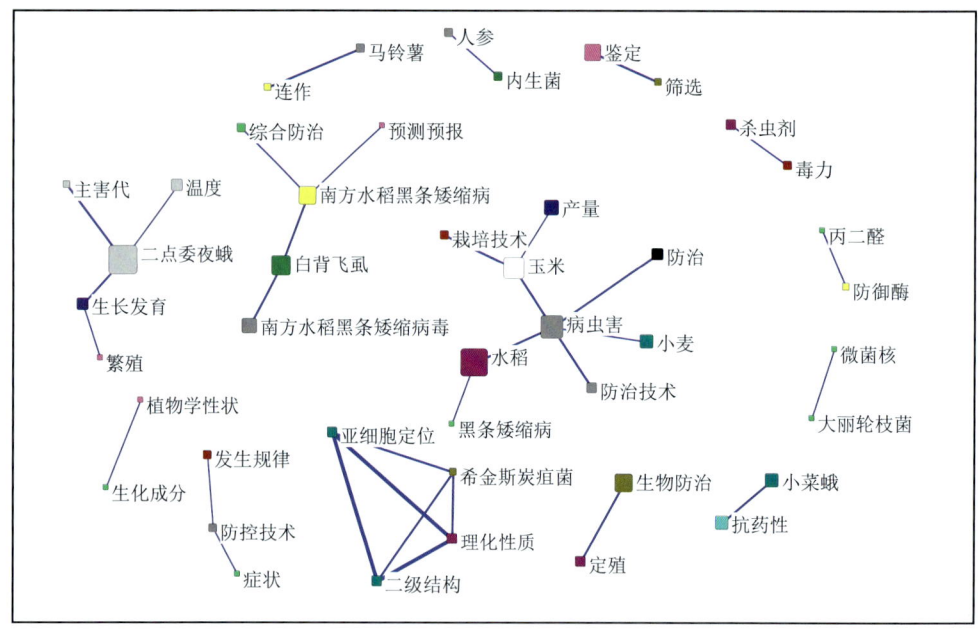

图 23-3　植物保护学科 2014 年热点主题关联

23.4 学科高影响力期刊分析

23.4.1 学科高影响力期刊 TOP 10

在植物保护学科，学科 5 年影响因子位居前 10 位的期刊见表 23-3，排在前 3 位的期刊分别是《农药学学报》《生物安全学报》和《植物保护》。在表 23-3 中，学科载文量占其总载文量比例最大的期刊是《中国植保导刊》；前 5 年学科载文在 2014 年被引率最高的期刊是《农药学学报》；期刊 5 年影响因子较高的前 3 种期刊分别是《植物保护》《植物保护学报》和《农药学学报》；学科 5 年影响因子与期刊 5 年影响因子差异最大的期刊是《生物安全学报》。表 23-3 中期刊的学科 5 年影响因子和前 5 年学科载文的 2014 年被引率对比如图 23-4 所示，2009—2014 年期刊 5 年影响因子的变动情况如图 23-5 所示。

表 23-3 植物保护学科高影响力期刊基本指数

序号	期刊名称	前5年载文量			2014年学科被引			5年影响因子		h指数（学科）
		学科（篇）	占比（%）	总量（篇）	频次	被引率（%）	高被引论文篇数	期刊（2014）	学科（2014）	
1	农药学学报	240	38.4	625	237	47.5	5	0.826	0.988	6
2	生物安全学报	87	43.5	200	80	47.1	1	0.655	0.920	4
3	植物保护	1298	86.8	1496	1160	41.5	24	0.862	0.894	9
4	植物保护学报	587	85.7	685	500	42.3	9	0.855	0.852	6
5	应用昆虫学报	419	30.1	1391	354	42.7	7	0.664	0.845	7
6	中国生物防治学报	523	89.6	584	401	38.6	6	0.735	0.767	6
7	华中农业大学学报	151	16.6	908	113	44.4	0	0.687	0.748	5
8	植物病理学报	506	87.2	580	366	39.5	6	0.745	0.723	6
9	中国蔬菜	335	12.9	2590	178	27.8	3	0.414	0.531	7
9	中国植保导刊	1230	90.2	1363	653	28.3	15	0.542	0.531	7

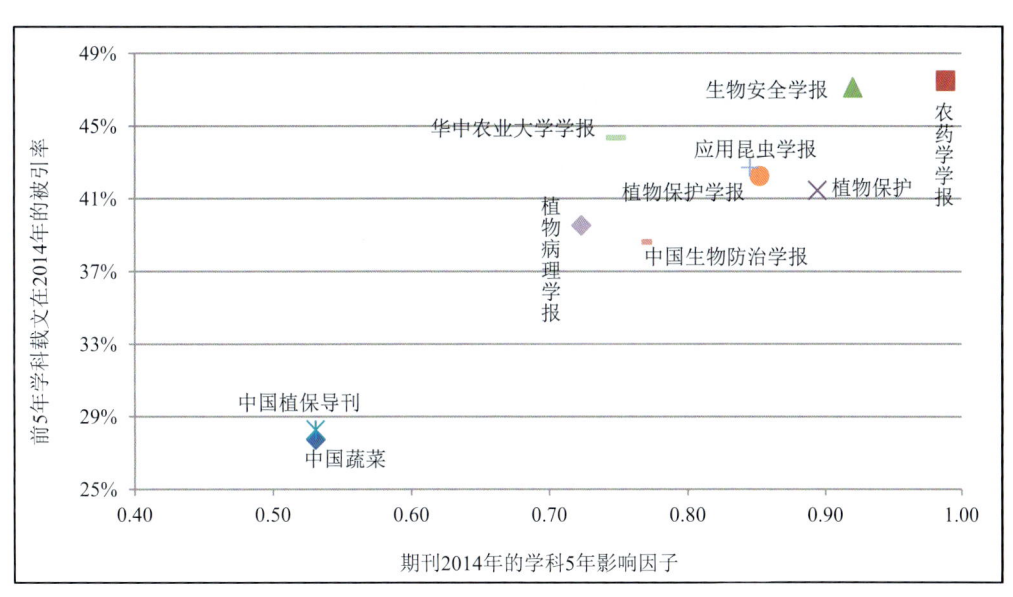

图 23-4 植物保护学科高影响力期刊对比

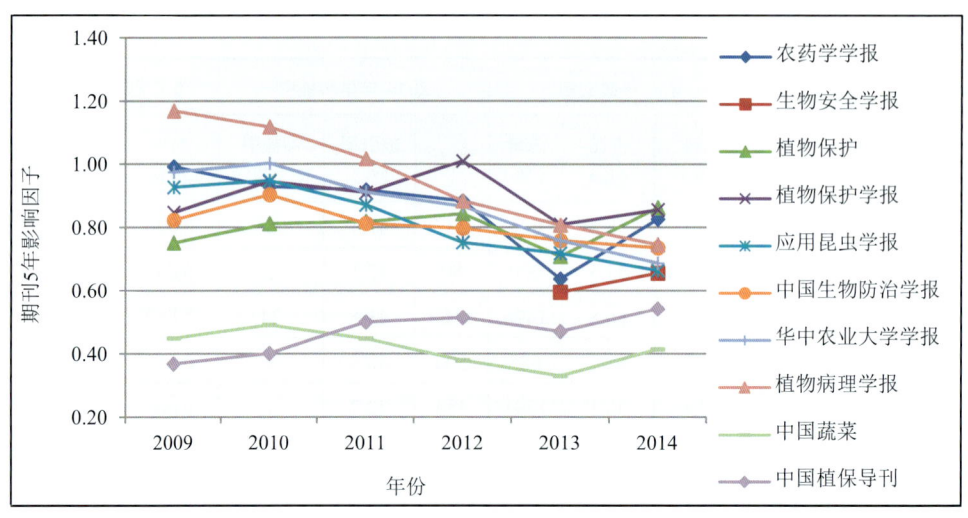

图 23-5　植物保护学科期刊 5 年影响因子变动

23.4.2　学科高影响力期刊载文主题关联

通过期刊共被引分析，获得植物保护学科高影响力期刊及与其他期刊之间的载文主题关联，如图 23-6 所示（共被引 18 次以下不显示）。结果显示，植物保护学科的高影响力期刊相互链接较为紧密，基本主导了该学科的期刊共被引网络，显示出该学科高影响力期刊可能共同刊载了许多相近的研究主题，热点研究主题分散在多种期刊上。《农药学学报》的学科 5 年影响因子较高，显示出该刊在学科内学术影响力较大；《植物保护》与《中国植保导刊》之间的链接较强，意味着它们之间可能有较多相同或相近的载文主题。

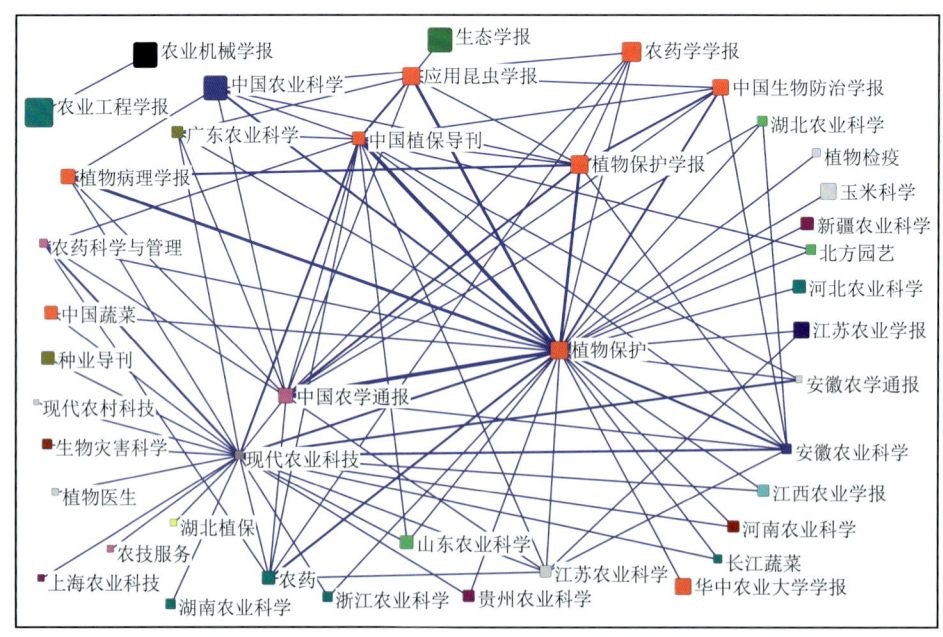

图 23-6　植物保护学科高影响力期刊载文主题关联

23.5 高被引作者分析

23.5.1 高被引作者 TOP 20

2009—2013 年，在 50322 位植物保护学科论文的第一作者中，在 2014 年学科被引频次位居前 20 位的学者的发文及被引情况见表 23-4。其中，学科发文总被引频次较高的 3 位作者分别是河北省农林科学院的马继芳（40 次）、全国农业技术推广服务中心的刘万才（34 次）和全国农业技术推广服务中心的郭荣（25 次）。高被引作者的 5 年学科发文数量从 1 篇到 28 篇不等，同时，作者学科发文的期刊分布也在 1 种到 7 种之间变化。在发文超过 5 篇的所有作者中，篇均被引较高的 3 位作者分别是全国农业技术推广服务中心的郭荣（篇均 5.00 次）、河北省农林科学院的李立涛（篇均 4.80 次）和中国农业科学院植物保护研究所的张云慧（篇均 3.40 次）；前 5 年发表学科论文较多的 3 位作者分别是湖南省沅江市农村工作办公室的曹涤环（41 篇）、沅江市农业局的李翠英（36 篇）和湖北省十堰农校的陈茂春（31 篇）。高被引作者的学科发文量和被引量对比如图 23-7 所示。

表 23-4 植物保护学科高被引作者 TOP 20

序号	姓名	作者单位	前 5 年发文			前 5 年学科发文在 2014 年的被引				h 指数（学科）
			学科发文（篇）	期刊分布（种）	发文总量（篇）	总频次	被引率（%）	最高（次）	篇均（次）	
1	马继芳	河北省农林科学院	13	4	14	40	61.5	11	3.08	4
2	刘万才	全国农业技术推广服务中心	15	1	15	34	40.0	18	2.27	3
3	郭荣	全国农业技术推广服务中心	5	4	5	25	80.0	15	5.00	2
4	李立涛	河北省农林科学院	5	2	6	24	100.0	8	4.80	4
5	周国辉	华南农业大学	1	1	1	23	100.0	23	23.00	1
5	曾娟	全国农业技术推广服务中心	11	5	13	23	72.7	9	2.09	3
5	郭文超	新疆农业科学院	7	2	7	23	85.7	9	3.29	3
8	霍治国	中国气象科学研究院	2	1	3	22	100.0	17	11.00	3
9	翟保平	南京农业大学	3	2	3	21	100.0	10	7.00	3
9	马小艳	中国农业科学院棉花研究所	16	5	18	21	31.3	10	1.31	3
11	雒珺瑜	中国农业科学院棉花研究所	28	7	31	20	39.3	3	0.71	3
11	张朝贤	中国农业科学院植物保护研究所	2	2	2	20	100.0	17	10.00	2
13	张荣胜	江苏省农业科学院	10	6	11	19	60.0	6	1.90	3

序号	姓名	作者单位	前5年发文			前5年学科发文在2014年的被引				h指数(学科)
			学科发文(篇)	期刊分布(种)	发文总量(篇)	总频次	被引率(%)	最高(次)	篇均(次)	
13	曹克强	河北农业大学	2	2	3	19	100.0	18	9.50	1
13	强胜	南京农业大学	2	2	7	19	100.0	10	9.50	3
13	夏敬源	全国农业技术推广服务中心	7	3	19	19	71.4	8	2.71	4
13	江幸福	中国农业科学院植物保护研究所	12	3	14	19	58.3	5	1.58	3
18	袁虹霞	河南农业大学	6	4	7	18	83.3	5	3.00	3
18	衷敬峰	江西省万安县植保植检站	10	7	11	18	60.0	5	1.80	3
20	张云慧	中国农业科学院植物保护研究所	5	2	6	17	60.0	14	3.40	2

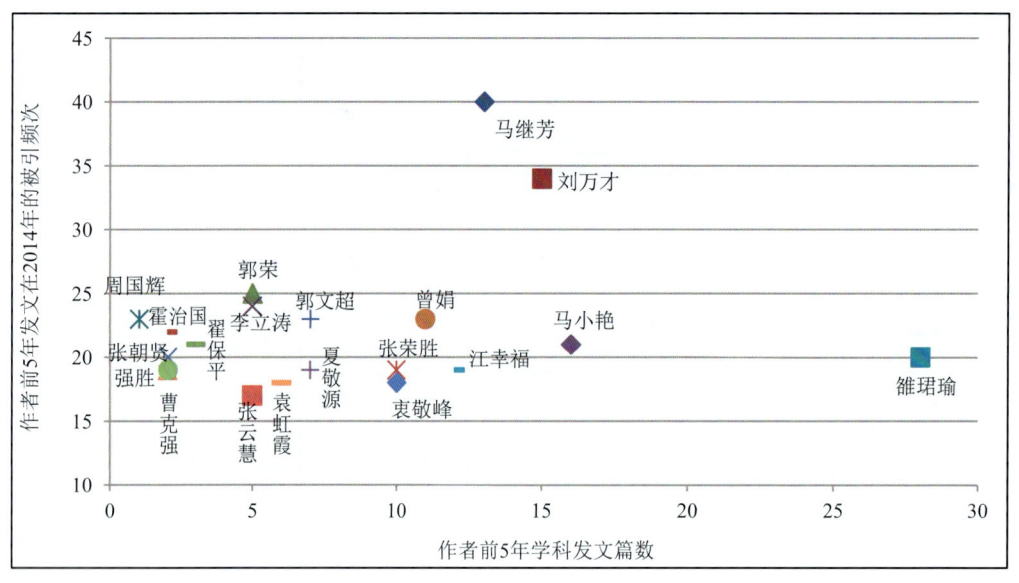

图 23-7　植物保护学科高被引作者学科发文及被引对比

23.5.2 高被引作者科研合作关系

通过作者合著分析，获得 2014 年植物保护学科高被引作者及与其他学者之间的科研论文合作关系（不考虑论文署名次序），如图 23-8 所示（合著 9 次以下不显示）。可以看出，植物保护学科的高被引作者的论文合作现象比较普遍。学者雒珺瑜的发文量较多；马小艳的论文合作网络最为突出，在该学科的研究人员中表现出一定的集聚效应；雒珺瑜和崔金杰之间的合作关系最为紧密，显示出他们可能属于同一支科研团队。

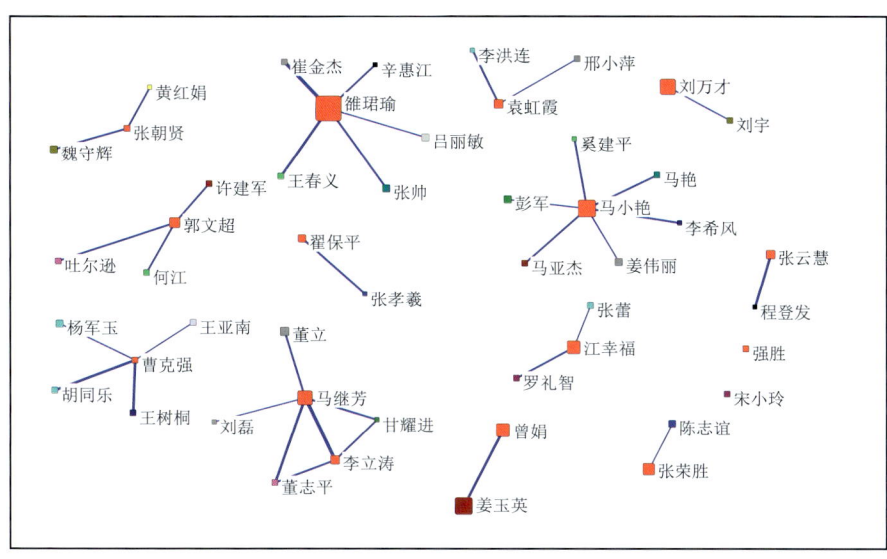

图 23-8　植物保护学科高被引作者科研论文合作关系

23.5.3　高被引作者发文主题关联

通过作者共被引分析，获得 2014 年植物保护学科高被引作者及与其他学者之间的发文主题关联（见图 23-9，共被引 4 次以下不显示）。如图 23-9 所示，植物保护学科的高被引作者基本主导了作者共被引网络，显示出该学科在热点主题上已经形成了优势较为明显的科研力量。学者马继芳和刘万才的节点较大，显示出他们的学术成果在学科内得到较多关注；刘万才与周国辉等学者之间的链接较强，意味着他们之间可能有较为相近的研究主题；以马继芳、李立涛等学者为主要节点的共被引作者簇人数较多且网络规模较大，意味着这些学者的研究主题关联可能较为紧密。

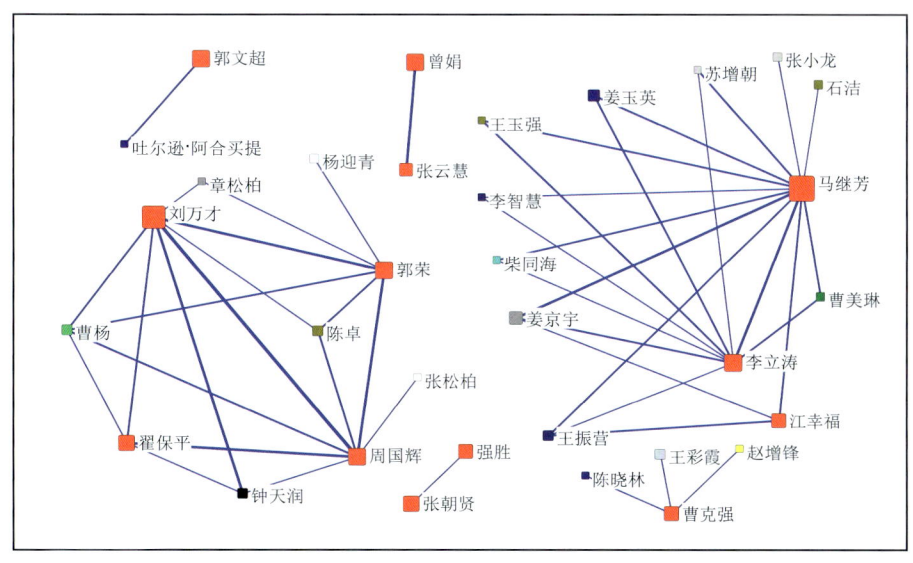

图 23-9　植物保护学科高被引作者发文主题关联

23.6 高被引机构分析

23.6.1 高被引机构

为便于比较，本书将植物保护学科的高被引机构分为高等院校和科研院所两种类型。其中，被引频次 TOP 10 高等院校和被引频次 TOP 5 科研院所的发文及被引情况分别见表 23-5 和表 23-6。其中，总被引频次较高的 3 所高等院校分别是南京农业大学、中国农业大学和华南农业大学，中国农业科学院植物保护研究所、河北省农林科学院和江苏省农业科学院是总被引频次较高的 3 所科研院所；前 5 年学科发文在 2014 年的被引率最高的高等院校和科研院所分别是南京农业大学和中国农业科学院植物保护研究所，篇均被引最高的高等院校和科研院所分别是南京农业大学和中国农业科学院植物保护研究所。上述高被引机构的论文被引率和篇均被引频次对比如图 23-10 所示。

表 23-5　植物保护学科高被引高等院校 TOP 10

序号	第一作者单位	学科发文量（篇）		前 5 年学科发文在 2014 年的被引			
		前 5 年	2014 年	频次	被引率(%)	最高（次）	篇均（次）
1	南京农业大学	494	75	449	45.1	11	0.91
2	中国农业大学	511	60	419	42.3	10	0.82
3	华南农业大学	500	56	388	39.6	23	0.78
4	西北农林科技大学	632	92	372	33.2	8	0.59
5	沈阳农业大学	569	77	344	36.4	8	0.60
6	河北农业大学	453	82	293	34.4	18	0.65
7	湖南农业大学	470	72	257	31.7	11	0.55
8	山东农业大学	373	57	256	35.4	7	0.69
9	云南农业大学	385	65	221	33.5	6	0.57
10	贵州大学	395	53	211	34.9	4	0.53

表 23-6　植物保护学科高被引科研院所 TOP 5

序号	第一作者单位	学科发文量（篇）		前 5 年学科发文在 2014 年的被引			
		前 5 年	2014 年	频次	被引率(%)	最高（次）	篇均（次）
1	中国农业科学院植物保护研究所	457	78	505	48.8	17	1.11
2	河北省农林科学院	242	28	244	47.1	11	1.01
3	江苏省农业科学院	311	49	235	36.7	8	0.76
4	福建省农业科学院	240	22	174	36.7	10	0.72
5	广东省农业科学院	231	42	150	37.2	13	0.65

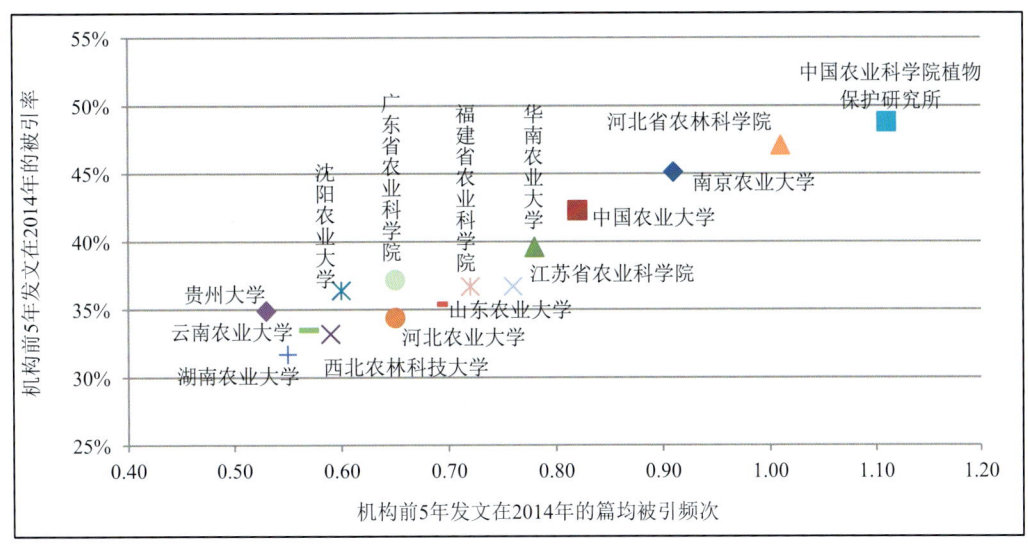

图 23-10 植物保护学科高被引机构论文篇均被引及被引率对比

23.6.2 高被引机构科研合作关系

通过合著分析，获得植物保护学科高被引机构之间及其与其他机构之间的科研合作关联，如图 23-11 所示（合作 52 次以下不显示）。分析得知，植物保护学科的机构合作链接较为紧密，表明学科内机构合作现象较为普遍；高被引机构基本主导了机构合作网络，显示出这些机构已经在学科内具有了一定的科研优势；南京农业大学与江苏省农业科学院、华南农业大学与广东省农业科学院等机构之间的链接较强，表明它们的学术合作较为频繁。

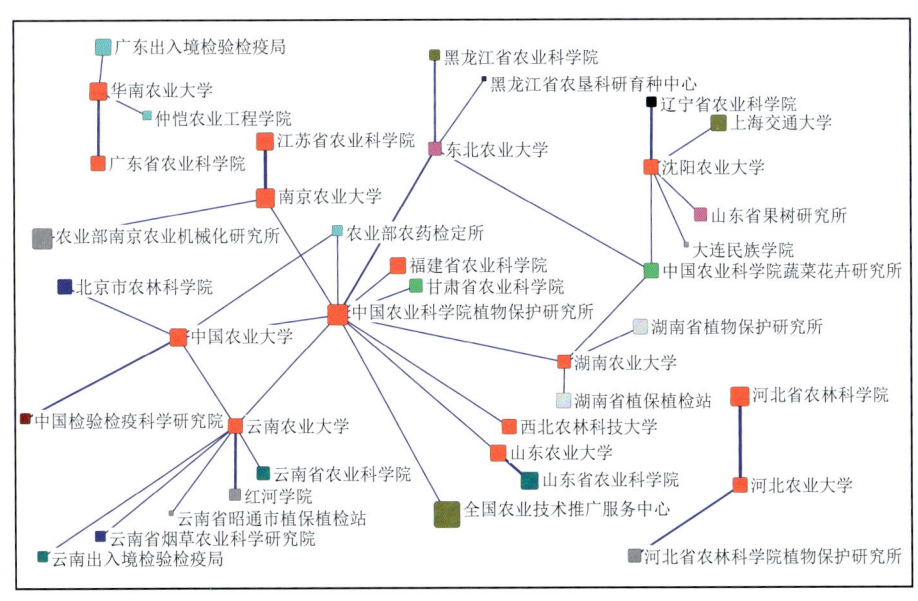

图 23-11 植物保护学科高被引机构科研合作关联

23.7 高被引图书、国外期刊及学术会议

2014 年,植物保护学科被引频次位居前 10 位的图书及国外期刊见表 23-7 和表 23-8。其中,被引次数较多的 3 种图书分别是方中达的《植病研究方法》、唐启义的《实用统计分析及其 DPS 数据处理系统》和魏景超的《真菌鉴定手册》;被引次数较多的 3 种国外期刊分别是《Phytopathology》《Plant Disease》和《Journal of Economic Entomology》;被引次数较多的 3 场学术会议分别是 "Book of Abstracts:6th International Symposium on Recent Advances in Food Analysis" "Proceedings of the Fifth International Conference on Urban Pests" 和 "Proceedings of the Eleventh Vertebrate Pest Conference"。

表 23-7　植物保护学科高被引图书 TOP 10

序号	责任者	图书名称	出版社	2014 年被引频次
1	方中达	植病研究方法	中国农业出版社	197
2	唐启义	实用统计分析及其 DPS 数据处理系统	科学出版社	59
3	魏景超	真菌鉴定手册	上海科学技术出版社	52
4	东秀珠	常见细菌系统鉴定手册	科学出版社	47
5	慕立义	植物化学保护研究方法	中国农业出版社	36
6	李合生	植物生理生化实验原理和技术	高等教育出版社	33
7	李扬汉	中国杂草志	中国农业出版社	27
8	强胜	杂草学	中国农业出版社	26
9	刘维志	植物病原线虫学	中国农业出版社	25
10	陆家云	植物病原真菌学	中国农业出版社	23

表 23-8　植物保护学科高被引国外期刊 TOP 10

序号	期刊名称	2014 年被引频次
1	Phytopathology	765
2	Plant Disease	755
3	Journal of Economic Entomology	482
4	Proceedings of the National Academy of Sciences of the United States of America	443
5	Crop Protection	415
6	Applied and Environmental Microbiology	409
7	Science	356
8	Plant Physiology	342
9	Nature	335
10	Biological Control	327

第 24 章 农作物学科高被引分析

24.1 学科论文概况

2009—2013 年，农作物学科共有 89656 位来自 29586 所机构的论文第一作者在 1886 种期刊上发表了 110620 篇学术论文。其中，80%以上的论文产出自 10747 所机构、66674 位作者，发表在 142 种期刊上。在前 5 年发表的这些论文中，有 28694 篇在 2014 年获得过引用，整体被引率为 25.9%，总被引频次为 50479 次，篇均被引 0.46 次；其中，高被引论文有 326 篇，单篇论文最高被引频次为 53 次，累计被引 3283 次，篇均被引 10.07 次（表 24-1）。另外，2014 年农作物学科共发表论文 21298 篇，其中有 1055 篇在当年获得过引用，总共被引 1216 次。

表 24-1 农作物学科论文分布情况

年份	论文篇数	2014 年被引频次	2014 年被引率（%）	2014 年高被引论文			
				论文篇数	最高被引频次	总被引频次	篇均被引频次
2009	19204	9029	25.9	63	48	685	10.87
2010	20862	10936	28.2	61	51	763	12.51
2011	24342	11547	26.1	70	53	747	10.67
2012	25650	11057	25.1	78	45	694	8.90
2013	20562	7910	24.5	54	28	394	7.30
合计	110620	50479	25.9	326	53	3283	10.07

从农作物学科论文的地域分布来看，2014 年被引频次较高的 5 个省、直辖市或自治区依次是河南、江苏、北京、山东和黑龙江（图 24-1）；5 年论文产出量较多的 5 个省、直辖市或自治区依次是黑龙江、河南、江苏、山东和贵州（图 24-2）。

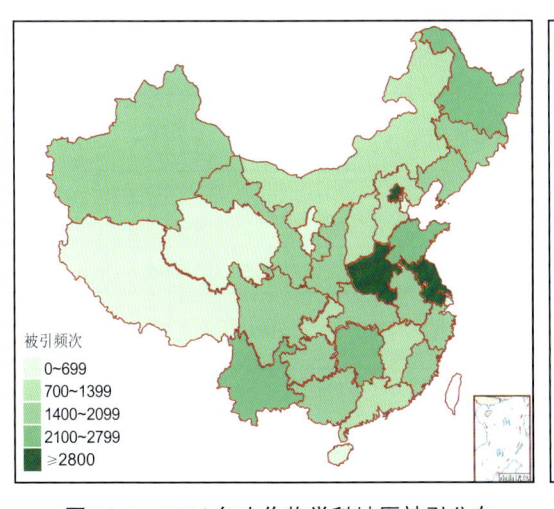

图 24-1 2014 年农作物学科地区被引分布

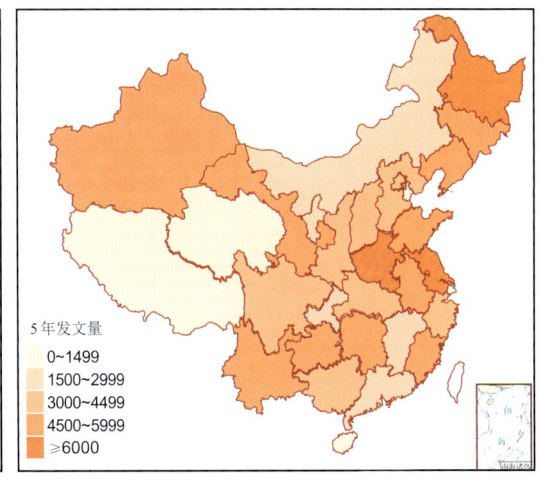

图 24-2 农作物学科 5 年论文产出地区分布

24.2 高被引论文分析

在农作物学科，2014年被引频次位居前10位的论文（表24-2）平均被引频次为24.3次，是全部326篇高被引论文篇均被引频次的2.4倍。其中，被引频次最高的论文是杨晓光于2010年发表的《全球气候变暖对中国种植制度可能影响Ⅰ.气候变暖对中国种植制度北界和粮食产量可能影响的分析》，随后2篇分别是谢已书于2010年发表的《密集烤房不同装烟方式的烘烤效果》和朱德峰于2009年发表的《水稻机插秧发展与粮食安全》。

从论文分布来看，刊载高被引论文数量居前的3种期刊分别是《作物学报》（64篇）、《中国农业科学》（52篇）和《植物营养与肥料学报》（23篇），而《中国农业科学》刊载了高被引论文 TOP 10 中的3篇；发表高被引论文居前的3位学者分别是扬州大学的张洪程（6篇）、扬州大学的李杰（5篇）和湖南农业大学的邓小华（4篇）；产出高被引论文数量居前的3所机构分别是扬州大学（34篇）、河南农业大学（19篇）和山东农业大学（19篇），而中国水稻研究所产出了高被引论文 TOP 10 中的2篇。

表24-2 农作物学科高被引论文 TOP 10

序号	论文题名	第一作者	期刊名称	发表年份	被引频次 总频次	2014年
1	全球气候变暖对中国种植制度可能影响Ⅰ.气候变暖对中国种植制度北界和粮食产量可能影响的分析	杨晓光	中国农业科学	2010	113	29
2	密集烤房不同装烟方式的烘烤效果	谢已书	中国烟草科学	2010	90	27
2	水稻机插秧发展与粮食安全	朱德峰	中国稻米	2009	74	27
4	20世纪90年代以来我国甘蔗产业和科技的新发展	李杨瑞	西南农业学报	2009	74	26
5	中国甘薯产业及产业技术的发展与展望	马代夫	江苏农业学报	2012	46	24
6	全球水稻生产现状与制约因素分析	朱德峰	中国农业科学	2010	70	23
6	紫色甘薯营养成分和药用价值研究进展	温桃勇	安徽农业科学	2009	68	23
6	中国小麦育种进展与展望	何中虎	作物学报	2011	66	23
9	我国油菜产业发展的历史回顾与展望	王汉中	中国油料作物学报	2010	80	21
10	粳型超级稻产量构成因素协同规律及超高产特征的研究	吴桂成	中国农业科学	2010	53	20

24.3 研究主题关联分析

在农作物学科，高被引论文累计被 2014 年发表的 3036 篇论文引用了 3283 次。通过分析施引文献关键词的词频及关键词之间的共现关系，获得 2014 年农作物学科的热点主题和主题关联，如图 24-3 所示（共现 16 次以下不显示）。由图 24-3 可知："产量""玉米"等关键词的文档词频较高，是 2014 年学科的研究热点；以"产量"与"玉米""水稻"等概念之间的共现次数较多，表明它们之间主题关联较为紧密。

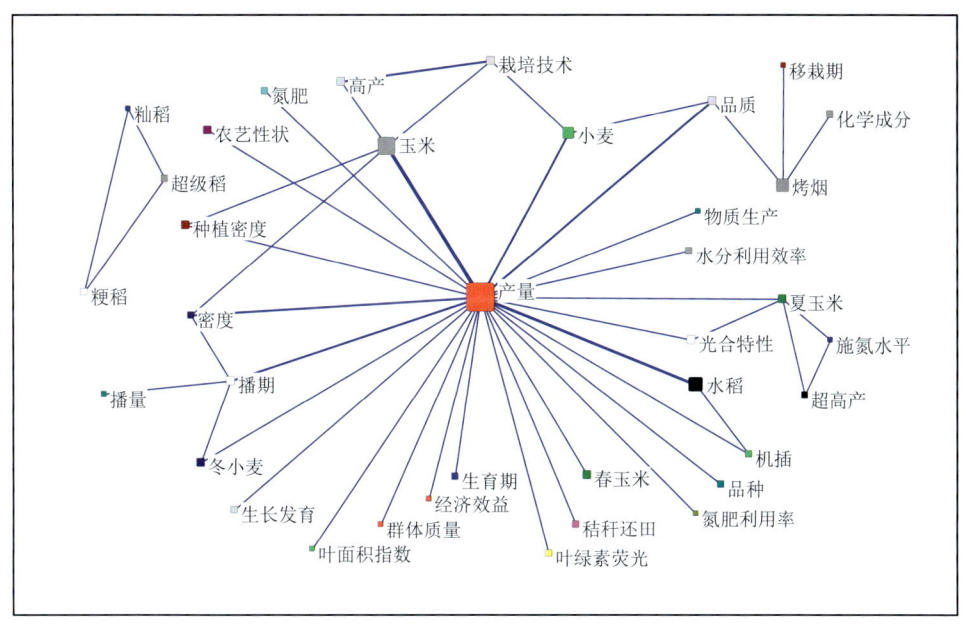

图 24-3　农作物学科 2014 年热点主题关联

24.4 学科高影响力期刊分析

24.4.1 学科高影响力期刊 TOP 10

在农作物学科，学科 5 年影响因子位居前 10 位的期刊见表 24-3，排在前 3 位的期刊分别是《中国农业科学》《草业学报》和《作物学报》。在表 24-3 中，学科载文量占其总载文量比例最大的期刊是《玉米科学》；前 5 年学科载文在 2014 年被引率最高的期刊是《草业学报》；期刊 5 年影响因子较高的前 3 种期刊分别是《草业学报》《作物学报》和《中国农业科学》；学科 5 年影响因子与期刊 5 年影响因子差异最大的期刊是《中国农业科学》。表 24-3 中期刊的学科 5 年影响因子和前 5 年学科载文的 2014 年被引率对比如图 24-4 所示，2009—2014 年期刊 5 年影响因子的变动情况如图 24-5 所示。

表 24-3　农作物学科高影响力期刊基本指数

序号	期刊名称	前5年载文量			2014年学科被引			5年影响因子		h指数（学科）
		学科（篇）	占比（%）	总量（篇）	频次	被引率（%）	高被引论文篇数	期刊(2014)	学科(2014)	
1	中国农业科学	896	28.4	3158	1717	62.6	52	1.517	1.916	14
2	草业学报	339	24.5	1382	637	64.3	20	1.914	1.879	12
3	作物学报	1160	74.7	1554	2108	59.9	64	1.624	1.817	12
4	植物遗传资源学报	409	40.7	1005	484	52.6	5	1.038	1.183	7
5	中国烟草科学	598	75.5	792	686	49.8	8	1.236	1.147	8
6	中国农业科技导报	176	19.3	914	191	44.3	7	0.765	1.085	8
7	干旱地区农业研究	352	21.1	1670	350	44.3	2	0.929	0.994	8
8	玉米科学	1032	87.5	1180	990	41.9	21	0.935	0.959	10
9	核农学报	537	37.3	1438	512	52.0	2	0.848	0.953	6
10	中国油料作物学报	439	65.0	675	414	43.5	5	0.884	0.943	6

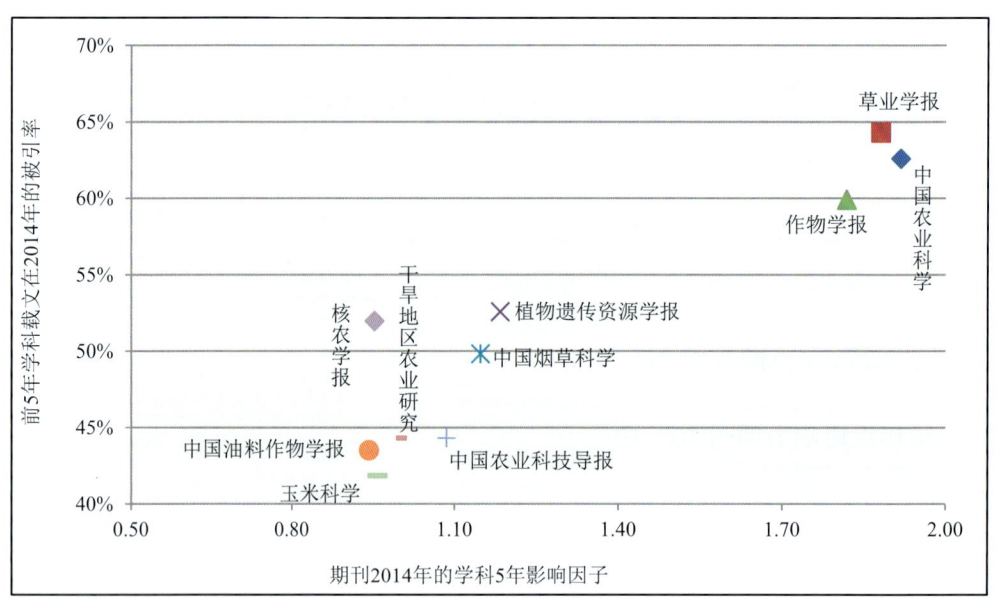

图 24-4　农作物学科高影响力期刊对比

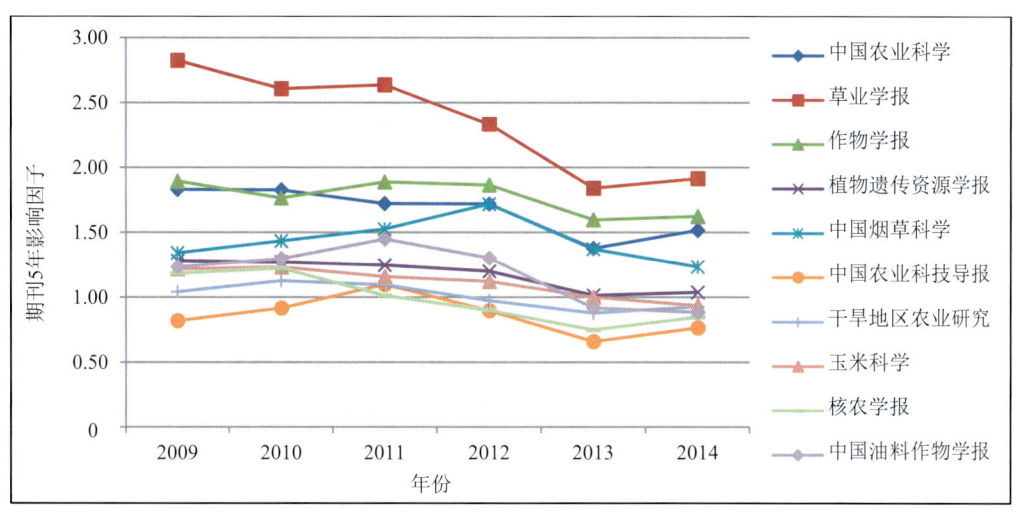

图 24-5　农作物学科期刊 5 年影响因子变动

24.4.2　学科高影响力期刊载文主题关联

通过期刊共被引分析，获得农作物学科高影响力期刊及与其他期刊之间的载文主题关联，如图 24-6 所示（共被引 45 次以下不显示）。结果显示，农作物学科的高影响力期刊相互链接较为紧密，基本主导了该学科的期刊共被引网络，显示出该学科高影响力期刊可能共同刊载了许多相近的研究主题，热点研究主题分散在多种期刊上。《中国农业科学》的学科 5 年影响因子较高，显示出该刊在学科内学术影响力较大；《作物学报》与《中国农业科学》等期刊之间的链接较强，意味着它们之间可能有较多相同或相近的载文主题。

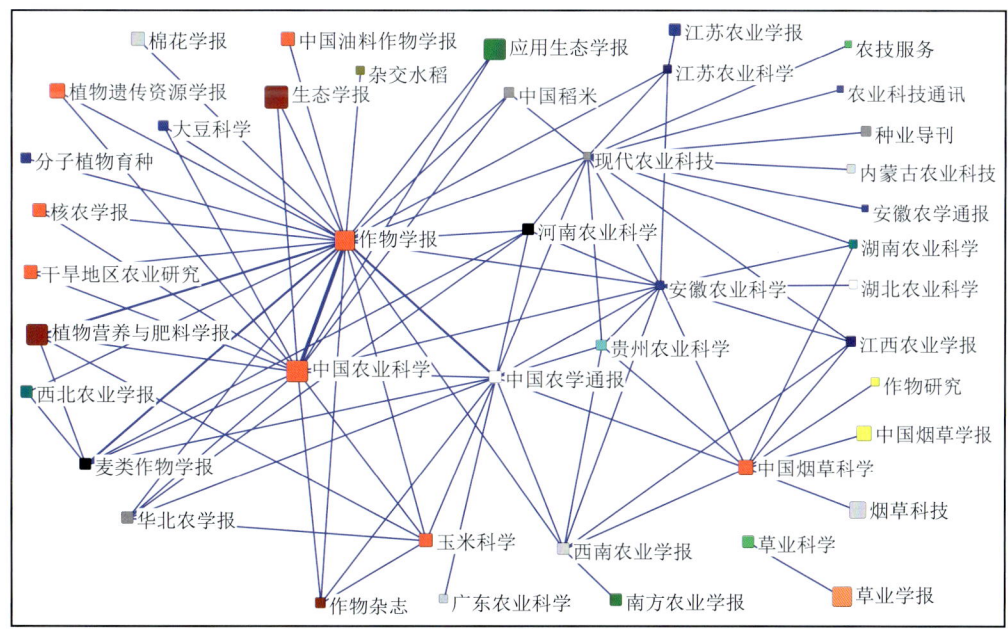

图 24-6　农作物学科高影响力期刊载文主题关联

24.5 高被引作者分析

24.5.1 高被引作者 TOP 20

2009—2013 年,在 89656 位农作物学科论文的第一作者中,在 2014 年学科被引频次位居前 20 位的学者的发文及被引情况见表 24-4。其中,学科发文总被引频次较高的 3 位作者分别是扬州大学的张洪程(79 次)、中国水稻研究所的朱德峰(67 次)和湖南农业大学的邓小华(54 次)。高被引作者的 5 年学科发文数量从 1 篇到 18 篇不等,同时,作者学科发文的期刊分布也在 1 种到 11 种之间变化。在发文超过 5 篇的所有作者中,篇均被引较高的 3 位作者分别是扬州大学的李杰(篇均 10.00 次)、扬州大学的张洪程(篇均 9.88 次)和中国水稻研究所的朱德峰(篇均 7.44 次);前 5 年发表学科论文较多的 3 位作者分别是台州科技职业学院的刘伟明(32 篇)、湖北省竹山县农业局的熊飞(27 篇)和吉林省农业科学院的方向前(27 篇)。高被引作者的学科发文量和被引量对比如图 24-7 所示。

表 24-4 农作物学科高被引作者 TOP 20

序号	姓名	作者单位	前 5 年发文			前 5 年学科发文在 2014 年的被引				h 指数(学科)
			学科发文(篇)	期刊分布(种)	发文总量(篇)	总频次	被引率(%)	最高(次)	篇均(次)	
1	张洪程	扬州大学	8	4	32	79	87.5	17	9.88	8
2	朱德峰	中国水稻研究所	9	4	10	67	55.6	27	7.44	4
3	邓小华	湖南农业大学	10	7	38	54	80.0	18	5.40	7
4	李杰	扬州大学	5	2	8	50	100.0	14	10.00	7
4	赵广才	中国农业科学院作物科学研究所	15	4	19	50	86.7	10	3.33	5
6	谢已书	贵州省烟草科学研究所	7	4	9	48	71.4	27	6.86	4
7	龚金龙	扬州大学	12	9	17	47	58.3	11	3.92	5
8	张仁和	西北农林科技大学	7	5	8	45	85.7	19	6.43	3
9	詹军	河南农业大学	13	11	14	35	92.3	6	2.69	4
9	徐富贤	四川省农业科学院	18	9	23	35	66.7	16	1.94	2
9	王宜伦	河南农业大学	14	11	30	35	71.4	9	2.50	5
12	何中虎	中国农业科学院作物科学研究所	4	4	6	34	50.0	23	8.50	2
13	史宏志	河南农业大学	13	9	16	33	53.9	9	2.54	4
13	于建军	河南农业大学	17	8	19	33	70.6	7	1.94	4
15	姚义	扬州大学	4	3	4	32	100.0	13	8.00	3
15	吴桂成	扬州大学	4	3	4	32	50.0	20	8.00	2

序号	姓名	作者单位	前5年发文			前5年学科发文在2014年的被引				h指数(学科)
			学科发文(篇)	期刊分布(种)	发文总量(篇)	总频次	被引率(%)	最高(次)	篇均(次)	
17	杨晓光	中国农业大学	1	1	4	29	100.0	29	29.00	3
18	王伟妮	华中农业大学	6	3	9	28	100.0	8	4.67	5
18	余素芹	广州大学	11	1	24	28	100.0	5	2.55	3
18	陈国平	北京市农林科学院	2	2	2	28	100.0	17	14.00	2

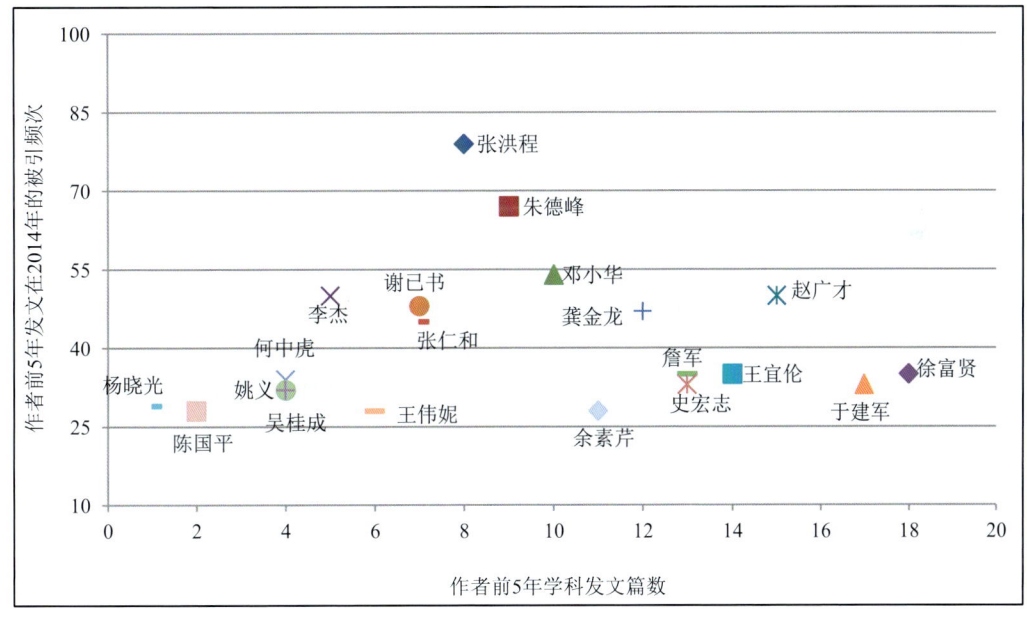

图 24-7　农作物学科高被引作者学科发文及被引对比

24.5.2　高被引作者科研合作关系

通过作者合著分析，获得2014年农作物学科高被引作者及与其他学者之间的科研论文合作关系（不考虑论文署名次序），如图24-8所示（合著10次以下不显示）。可以看出，农作物学科的高被引作者的论文合作现象比较普遍。学者徐富贤和于建军的发文量较多；张洪程的论文合作网络最为突出，在该学科的研究人员中表现出一定的集聚效应；张洪程和戴其根、霍中洋、许轲等学者之间的合作关系最为紧密，显示出他们可能属于同一支科研团队。

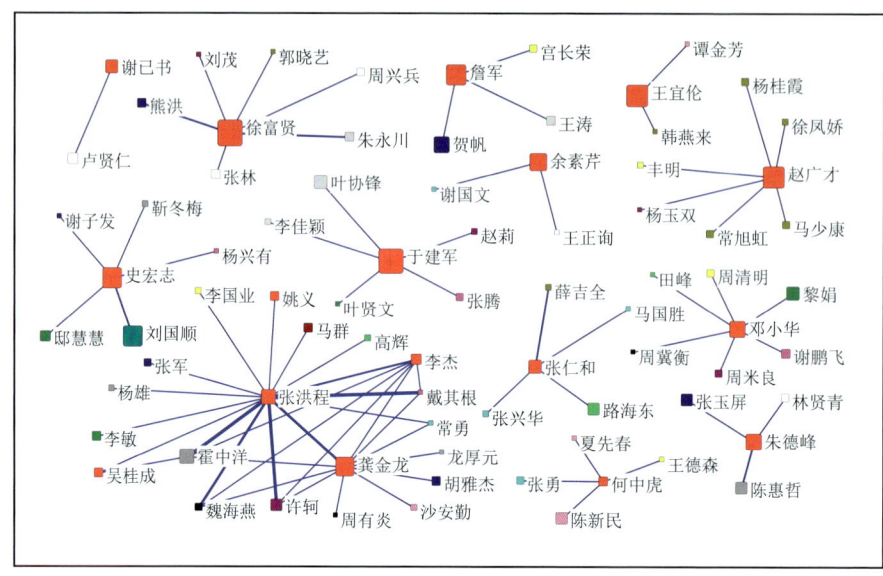

图 24-8　农作物学科高被引作者科研论文合作关系

24.5.3　高被引作者发文主题关联

通过作者共被引分析，获得 2014 年农作物学科高被引作者及与其他学者之间的发文主题关联（见图 24-9，共被引 4 次以下不显示）。如图 24-9 所示，农作物学科的高被引作者基本主导了作者共被引网络，显示出该学科在热点主题上已经形成了优势较为明显的科研力量。学者张洪程和朱德峰的节点较大，显示出他们的学术成果在学科内得到较多关注；张洪程与李杰、吴桂成、龚金龙等学者之间的链接较强，意味着他们之间可能有较为相近的研究主题；以张洪程、朱德峰等学者为主要节点的共被引作者簇人数较多且网络规模较大，意味着这些学者的研究主题关联可能较为紧密。

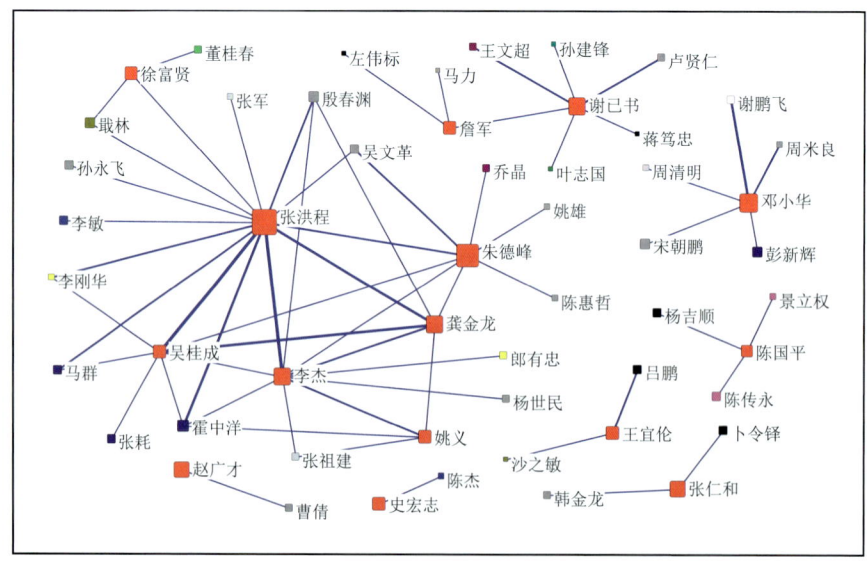

图 24-9　农作物学科高被引作者发文主题关联

24.6 高被引机构分析

24.6.1 高被引机构

为便于比较,本书将农作物学科的高被引机构分为高等院校和科研院所两种类型。其中,被引频次 TOP 10 高等院校和被引频次 TOP 5 科研院所的发文及被引情况分别见表 24-5 和表 24-6。其中,总被引频次较高的 3 所高等院校分别是河南农业大学、西北农林科技大学和湖南农业大学,山西省农业科学院、云南省农业科学院和江苏省农业科学院是总被引频次较高的 3 所科研院所;前 5 年学科发文在 2014 年的被引率最高的高等院校和科研院所分别是四川农业大学和云南省农业科学院,篇均被引最高的高等院校和科研院所分别是扬州大学和云南省农业科学院。上述高被引机构的论文被引率和篇均被引频次对比如图 24-10 所示。

表 24-5 农作物学科高被引高等院校 TOP 10

序号	第一作者单位	学科发文量(篇)		前 5 年学科发文在 2014 年的被引			
		前 5 年	2014 年	频次	被引率(%)	最高(次)	篇均(次)
1	河南农业大学	1482	194	1457	43.3	17	0.98
2	西北农林科技大学	1276	187	1151	42.3	19	0.90
3	湖南农业大学	1504	268	1029	35.2	18	0.68
4	扬州大学	612	102	853	45.8	20	1.39
5	南京农业大学	876	109	820	43.5	15	0.94
6	沈阳农业大学	927	103	800	42.4	12	0.86
7	山东农业大学	610	78	769	48.4	20	1.26
8	中国农业大学	654	75	716	44.6	29	1.09
9	四川农业大学	613	66	641	48.6	15	1.05
10	东北农业大学	1027	163	638	34.6	16	0.62

表 24-6 农作物学科高被引科研院所 TOP 5

序号	第一作者单位	学科发文量(篇)		前 5 年学科发文在 2014 年的被引			
		前 5 年	2014 年	频次	被引率(%)	最高(次)	篇均(次)
1	山西省农业科学院	703	88	514	45.0	8	0.73
2	云南省农业科学院	531	64	506	51.2	8	0.95
3	江苏省农业科学院	614	84	454	40.7	10	0.74
4	黑龙江省农业科学院	990	126	419	26.0	9	0.42
5	吉林省农业科学院	621	77	358	31.4	9	0.58

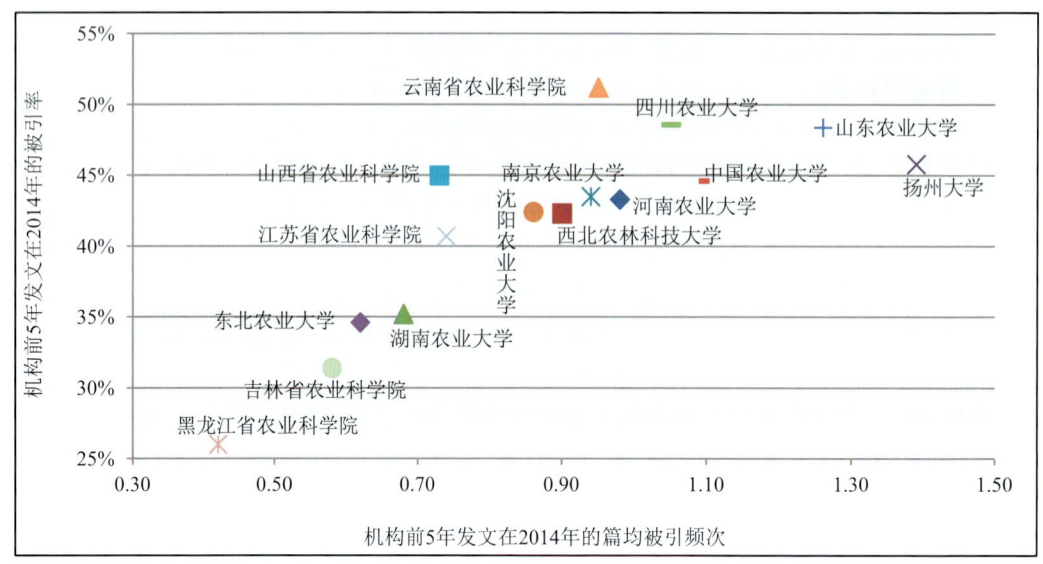

图 24-10　农作物学科高被引机构论文篇均被引及被引率对比

24.6.2　高被引机构科研合作关系

通过合著分析，获得农作物学科高被引机构之间及其与其他机构之间的科研合作关联，如图 24-11 所示（合作 126 次以下不显示）。分析得知，农作物学科的机构合作链接较为紧密，表明学科内机构合作现象较为普遍；高被引机构基本主导了机构合作网络，显示出这些机构已经在学科内具有了一定的科研优势；东北农业大学与黑龙江省农业科学院、南京农业大学与江苏省农业科学院等机构之间的链接较强，表明它们的学术合作较为频繁。

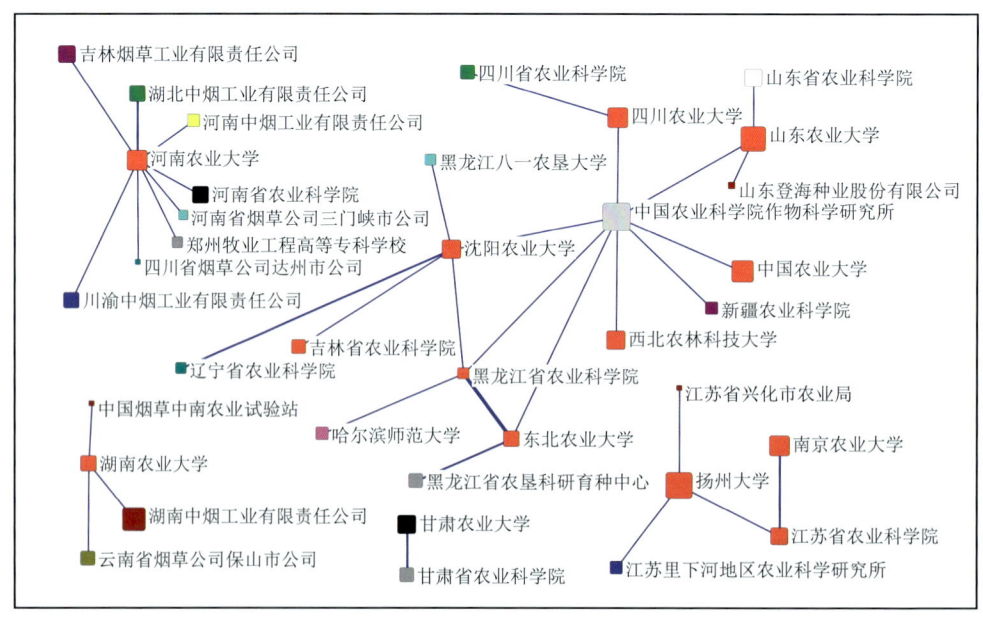

图 24-11　农作物学科高被引机构科研合作关联

24.7 高被引图书、国外期刊及学术会议

2014 年,农作物学科被引频次位居前 10 位的图书及国外期刊见表 24-7 和表 24-8。其中,被引次数较多的 3 种图书分别是鲍士旦的《土壤农化分析》、李合生的《植物生理生化实验原理和技术》和刘国顺的《烟草栽培学》;被引次数较多的 3 种国外期刊分别是《Plant Physiology》《Theoretical and Applied Genetics》和《Crop Science》;被引次数较多的 3 场学术会议分别是"The Proceeding of the 10th International Symposium on Buckwheat""International Rice Blast Conference"和"47th Annual Maize Genetic Conference"。

表 24-7 农作物学科高被引图书 TOP 10

序号	责任者	图书名称	出版社	2014 年被引频次
1	鲍士旦	土壤农化分析	中国农业出版社	192
2	李合生	植物生理生化实验原理和技术	高等教育出版社	140
3	刘国顺	烟草栽培学	中国农业出版社	137
4	张志良	植物生理学实验指导	高等教育出版社	118
4	王瑞新	烟草化学	中国农业出版社	118
6	鲁如坤	土壤农业化学分析方法	中国农业科技出版社	93
7	邹琦	植物生理学实验指导	中国农业出版社	80
8	凌启鸿	作物群体质量	上海科学技术出版社	69
9	史宏志	烟草香味学	中国农业出版社	55
10	中国农业科学院烟草研究所	中国烟草栽培学	上海科学技术出版社	53

表 24-8 农作物学科高被引国外期刊 TOP 10

序号	期刊名称	2014 年被引频次
1	Plant Physiology	1846
2	Theoretical and Applied Genetics	1842
3	Crop Science	1241
4	Proceedings of the National Academy of Sciences of the United States of America	912
5	The Plant Cell	908
6	Field Crops Research	869
7	The Plant Journal	784
8	Journal of Experimental Botany	773
9	Plant and Soil	654
10	Euphytica	614

第 25 章 园艺学科高被引分析

25.1 学科论文概况

2009—2013 年，园艺学科共有 90281 位来自 33408 所机构的论文第一作者在 2048 种期刊上发表了 115321 篇学术论文。其中，80%以上的论文产出自 19779 所机构、67414 位作者，发表在 135 种期刊上。在前 5 年发表的这些论文中，有 23055 篇在 2014 年获得过引用，整体被引率为 20.0%，总被引频次为 37056 次，篇均被引 0.32 次；其中，高被引论文有 335 篇，单篇论文最高被引频次为 42 次，累计被引 2642 次，篇均被引 7.89 次（表 25-1）。另外，2014 年园艺学科共发表论文 23271 篇，其中有 828 篇在当年获得过引用，总共被引 939 次。

表 25-1 园艺学科论文分布情况

年份	论文篇数	2014 年被引频次	2014 年被引率（%）	2014 年高被引论文			
				论文篇数	最高被引频次	总被引频次	篇均被引频次
2009	20065	6545	20.2	69	40	528	7.65
2010	20916	8016	23.0	54	40	573	10.61
2011	25593	8288	19.9	52	32	470	9.04
2012	27429	8235	18.5	79	42	588	7.44
2013	21318	5972	19.0	81	40	483	5.96
合计	115321	37056	20.0	335	42	2642	7.89

从园艺学科论文的地域分布来看，2014 年被引频次较高的 5 个省、直辖市或自治区依次是江苏、北京、山东、陕西和浙江（图 25-1）；5 年论文产出量较多的 5 个省、直辖市或自治区依次是山东、江苏、河北、河南和辽宁（图 25-2）。

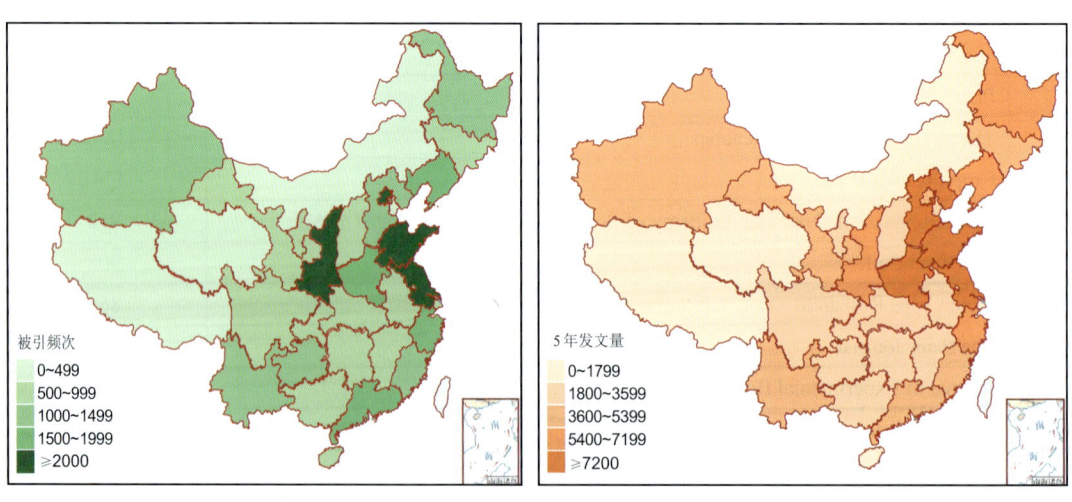

图 25-1　2014 年园艺学科地区被引分布　　图 25-2　园艺学科 5 年论文产出地区分布

25.2 高被引论文分析

在园艺学科，2014 年被引频次位居前 10 位的论文（表 25-2）平均被引频次为 23.6 次，是全部 335 篇高被引论文篇均被引频次的 3.0 倍。其中，被引频次最高的论文是戴玉成于 2010 年发表的《中国食用菌名录》，随后 2 篇分别是郭文川于 2010 年发表的《基于无线传感器网络的温室环境信息监测系统》和卫智涛于 2010 年发表的《食用菌菌渣利用研究现状》。

从论文分布来看，刊载高被引论文数量居前的 3 种期刊分别是《园艺学报》（38 篇）、《中国农业科学》（32 篇）和《果树学报》（24 篇），《中国农业科学》和《中国食用菌》分别刊载了高被引论文 TOP 10 中的 2 篇；发表高被引论文居前的 3 位学者分别是北京市农林科学院的张强（4 篇）、中国林业科学研究院林业研究所的马庆华（3 篇）和扬州大学的倪纪恒（2 篇）；产出高被引论文数量居前的 3 所机构分别是西北农林科技大学（32 篇）、南京农业大学（16 篇）和山东农业大学（14 篇），而山东农业大学产出了高被引论文 TOP 10 中的 2 篇。

表 25-2　园艺学科高被引论文 TOP 10

序号	论文题名	第一作者	期刊名称	发表年份	被引频次 总频次	被引频次 2014 年
1	中国食用菌名录	戴玉成	菌物学报	2010	299	72
2	基于无线传感器网络的温室环境信息监测系统	郭文川	农业机械学报	2010	81	29
3	食用菌菌渣利用研究现状	卫智涛	中国食用菌	2010	61	23
4	当今世界苹果产业发展趋势及我国苹果产业优质高效发展意见	陈学森	果树学报	2010	65	19
5	菌糠的高效利用研究进展	赵晓丽	中国食用菌	2012	24	16
5	大蒜连作对其根际土壤微生物和酶活性的影响	刘素慧	中国农业科学	2010	53	16
5	我国设施园艺概况及发展趋势	郭世荣	中国蔬菜	2012	41	16
8	质构仪穿刺试验检测冬枣质地品质方法的建立	马庆华	中国农业科学	2011	38	15
8	我国设施农业发展现状及发展思路	李中华	中国农机化	2012	40	15
8	国内外火龙果研究进展及产业发展现状	邓仁菊	贵州农业科学	2011	43	15

25.3 研究主题关联分析

在园艺学科，高被引论文累计被 2014 年发表的 3284 篇论文引用了 2642 次。通过分析施引文献关键词的词频及关键词之间的共现关系，获得 2014 年园艺学科的热点主题和主题关联，如图 25-3 所示（共现 7 次以下不显示）。由图 25-3 可知："品质""产量"等关键词的文档词频较高，是 2014 年学科的研究热点；"产量"与"品质"等概念之间的共现次数较多，表明它们之间主题关联较为紧密，并且以它们为中心的研究主题簇也初具规模。

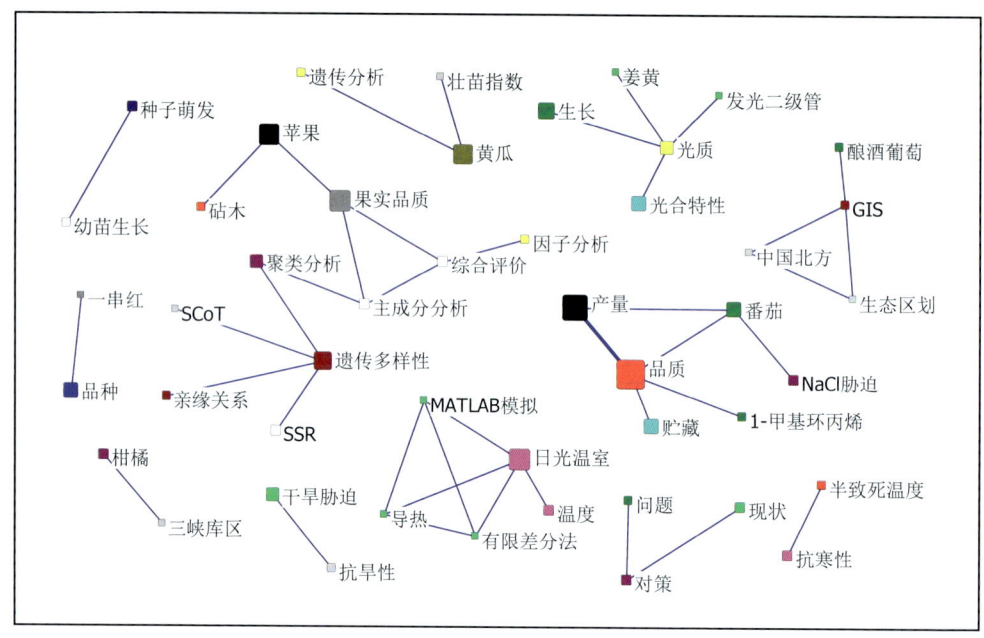

图 25-3 园艺学科 2014 年热点主题关联

25.4 学科高影响力期刊分析

25.4.1 学科高影响力期刊 TOP 10

在园艺学科，学科 5 年影响因子位居前 10 位的期刊见表 25-3，排在前 3 位的期刊分别是《南京农业大学学报》《果树学报》和《园艺学报》。在表 25-3 中，学科载文量占其总载文量比例最大的期刊是《果树学报》；前 5 年学科载文在 2014 年被引率最高的期刊是《南京农业大学学报》；期刊 5 年影响因子较高的前 3 种期刊分别是《经济林研究》《果树学报》和《园艺学报》；学科 5 年影响因子与期刊 5 年影响因子差异最大的期刊是《南京农业大学学报》。表 25-3 中期刊的学科 5 年影响因子和前 5 年学科载文的 2014 年被引率对比如图 25-4 所示，2009—2014 年期刊 5 年影响因子的变动情况如图 25-5 所示。

表 25-3 园艺学科高影响力期刊基本指数

序号	期刊名称	前 5 年载文量			2014 年学科被引			5 年影响因子		h 指数 (学科)
		学科（篇）	占比（%）	总量（篇）	频次	被引率（%）	高被引论文篇数	期刊(2014)	学科(2014)	
1	南京农业大学学报	167	19.4	863	190	51.5	4	0.871	1.138	6
2	果树学报	1200	98.4	1219	1143	46.4	24	0.938	0.952	7
3	园艺学报	2111	95.5	2210	1952	45.8	38	0.915	0.925	8
4	经济林研究	541	70.6	766	491	42.7	10	0.980	0.908	8
5	甘肃农业大学学报	138	12.2	1129	114	46.4	2	0.609	0.826	5
6	江苏农业学报	316	19.1	1653	255	42.4	3	0.756	0.807	7
7	西北农林科技大学学报（自然科学版）	319	12.1	2636	257	40.8	1	0.604	0.806	6
8	保鲜与加工	249	48.7	511	200	41.0	3	0.751	0.803	6
9	新疆农业大学学报	88	13.7	644	63	37.5	0	0.550	0.716	5
10	食用菌学报	298	65.2	457	170	35.9	0	0.604	0.570	5

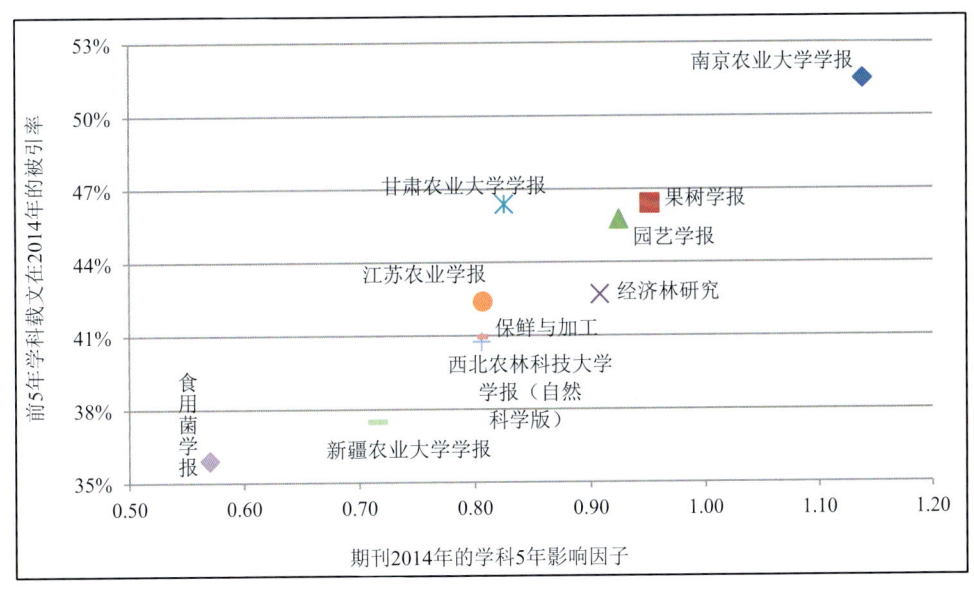

图 25-4 园艺学科高影响力期刊对比

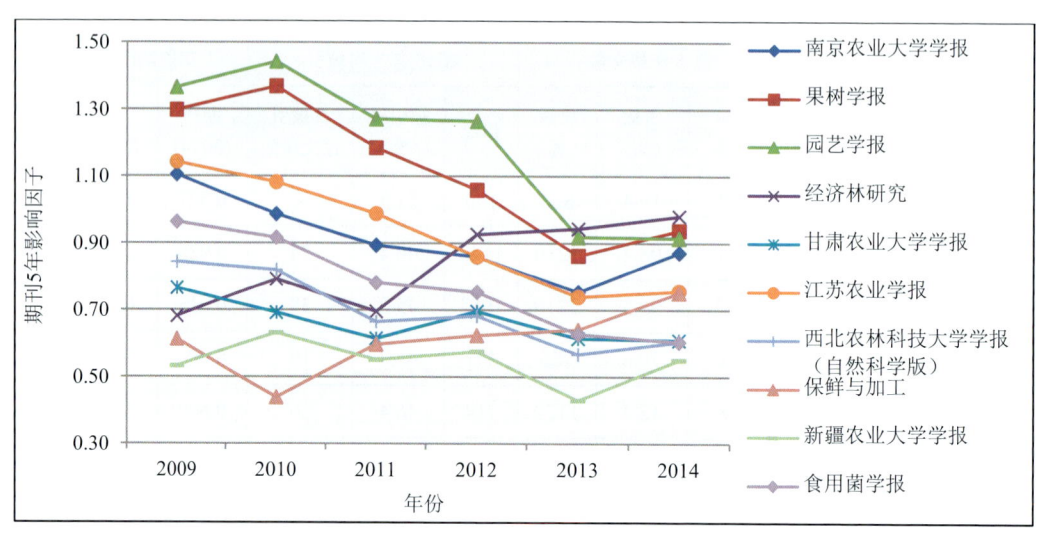

图 25-5　园艺学科期刊 5 年影响因子变动

25.4.2　学科高影响力期刊载文主题关联

通过期刊共被引分析，获得园艺学科高影响力期刊及与其他期刊之间的载文主题关联，如图 25-6 所示（合作 33 次以下不显示）。结果显示，园艺学科的高影响力期刊相互链接较为紧密，基本主导了该学科的期刊共被引网络，显示出该学科高影响力期刊可能共同刊载了许多相近的研究主题，热点研究主题分散在多种期刊上。《园艺学报》与《果树学报》《中国农业科学》等期刊之间的链接较强，意味着它们之间可能有较多相同或相近的载文主题。

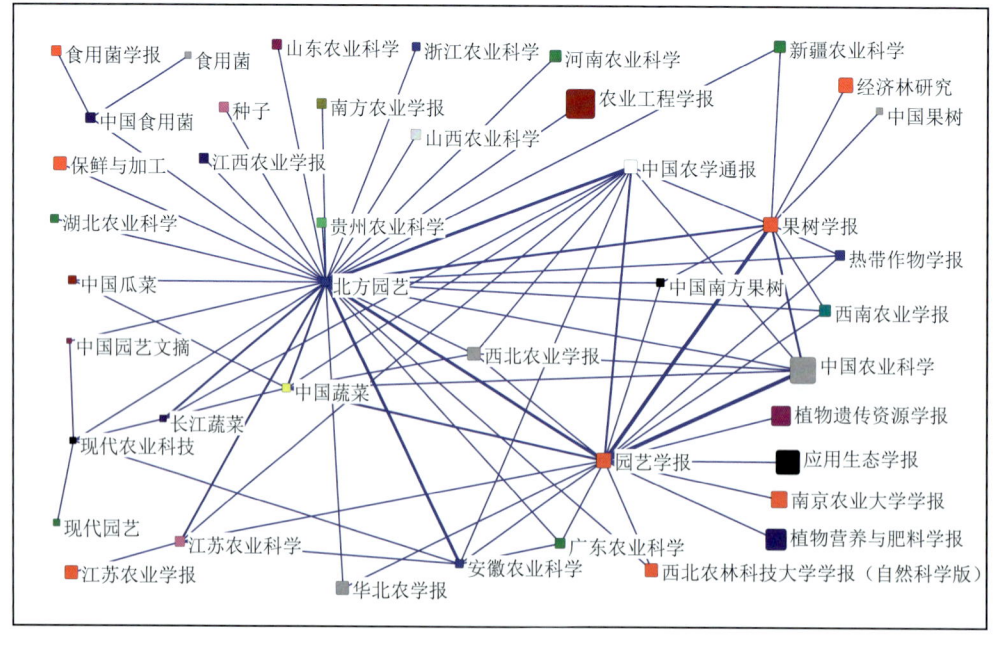

图 25-6　园艺学科高影响力期刊载文主题关联

25.5 高被引作者分析

25.5.1 高被引作者 TOP 20

2009—2013 年，在 90281 位园艺学科论文的第一作者中，在 2014 年学科被引频次位居前 20 位的学者的发文及被引情况见表 25-4。其中，学科发文总被引频次较高的 3 位作者分别是北京林业大学的戴玉成（85 次）、新疆农业大学的柴仲平（47 次）和中国林业科学研究院林业研究所的马庆华（43 次）。高被引作者的 5 年学科发文数量从 1 篇到 42 篇不等，同时，作者学科发文的期刊分布也在 1 种到 18 种之间变化。在发文超过 5 篇的所有作者中，篇均被引较高的 3 位作者分别是北京市农林科学院的张强（篇均 4.50 次）、新疆农业科学院的梁智（篇均 3.80 次）和中国林业科学研究院林业研究所的马庆华（篇均 3.58 次）；前 5 年发表学科论文较多的 3 位作者分别是甘肃省静宁县林业局的王田利（148 篇）、湖南省益阳市赫山区蔬菜局的王迪轩（86 篇）和湖南省益阳市赫山区蔬菜局的何永梅（71 篇）。高被引作者的学科发文量和被引量对比如图 25-7 所示。

表 25-4 园艺学科高被引作者 TOP 20

序号	姓名	作者单位	前 5 年发文			前 5 年学科发文在 2014 年的被引				h 指数（学科）
			学科发文（篇）	期刊分布（种）	发文总量（篇）	总频次	被引率（%）	最高（次）	篇均（次）	
1	戴玉成	北京林业大学	2	1	9	85	100.0	72	42.50	4
2	柴仲平	新疆农业大学	42	18	54	47	54.8	10	1.12	3
3	马庆华	中国林业科学研究院林业研究所	12	7	14	43	75.0	15	3.58	3
4	张强	北京市农林科学院	8	3	9	36	87.5	8	4.50	4
5	郭文川	西北农林科技大学	1	1	23	29	100.0	29	29.00	4
6	王志华	中国农业科学院果树研究所	20	12	23	28	55.0	6	1.40	3
7	王海波	中国农业科学院果树研究所	30	9	38	27	36.7	5	0.90	4
7	李华	西北农林科技大学	9	6	27	27	66.7	9	3.00	3
7	周宝利	沈阳农业大学	23	9	33	27	69.6	6	1.17	3
10	陈学森	山东农业大学	12	7	17	24	33.3	19	2.00	3
10	郭世荣	南京农业大学	2	2	2	24	100.0	16	12.00	2
12	卫智涛	中南林业科技大学	1	1	1	23	100.0	23	23.00	1
13	吴雪霞	上海市农业科学院	16	9	22	22	56.3	7	1.38	3
13	张福平	韩山师范学院	18	8	33	22	66.7	6	1.22	3
13	齐红岩	沈阳农业大学	17	12	20	22	70.6	3	1.29	3

序号	姓名	作者单位	前5年发文			前5年学科发文在2014年的被引				h指数(学科)
			学科发文(篇)	期刊分布(种)	发文总量(篇)	总频次	被引率(%)	最高(次)	篇均(次)	
13	王彬	贵州省果树科学研究所	12	5	13	22	66.7	8	1.83	3
13	张志刚	中国农业科学院蔬菜花卉研究所	11	10	12	22	54.6	12	2.00	2
13	李天来	沈阳农业大学	19	8	26	22	63.2	4	1.16	3
13	刘会超	河南科技学院	28	16	42	22	46.4	3	0.79	3
13	陈虎	广西大学	10	8	12	22	90.0	6	2.20	3

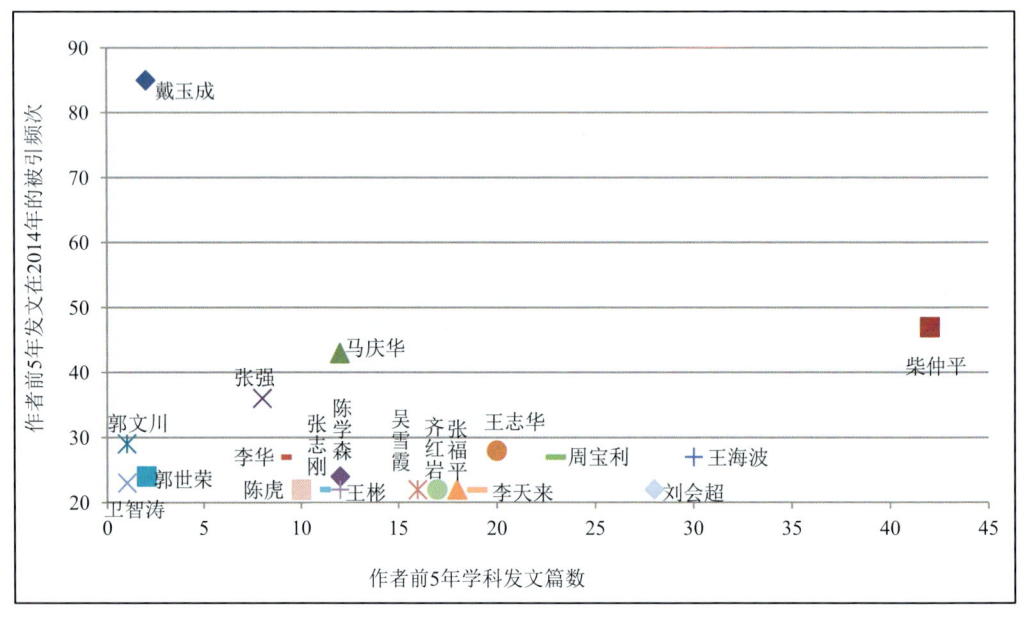

图 25-7 园艺学科高被引作者学科发文及被引对比

25.5.2 高被引作者科研合作关系

通过作者合著分析，获得 2014 年园艺学科高被引作者及与其他学者之间的科研论文合作关系（不考虑论文署名次序），如图 25-8 所示（合著 9 次以下不显示）。可以看出，园艺学科的高被引作者的论文合作现象比较普遍。学者柴仲平、王海波的发文量较多；陈学森的论文合作网络最为突出，在该学科的研究人员中表现出一定的集聚效应；刘会超和贾文庆两位学者之间的合作关系最为紧密，显示出他们可能属于同一支科研团队。

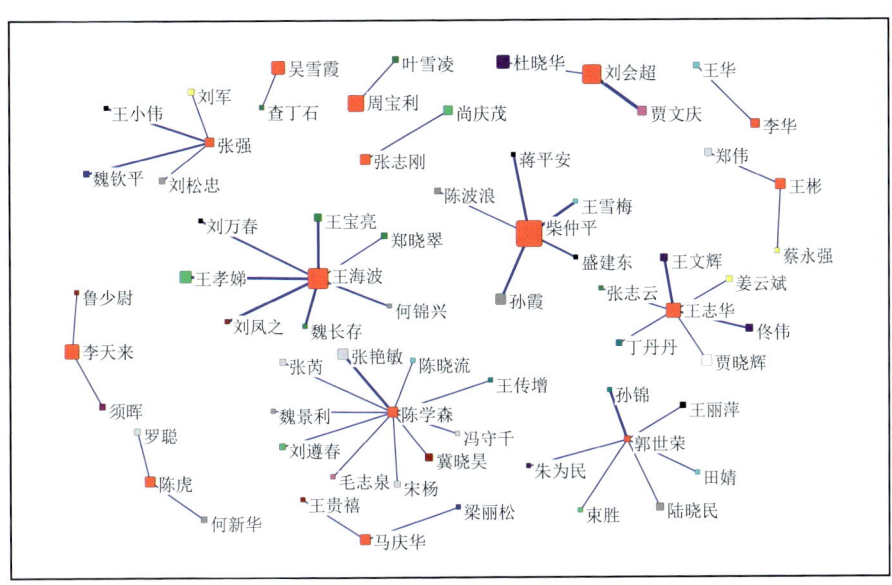

图 25-8　园艺学科高被引作者科研论文合作关系

25.5.3　高被引作者发文主题关联

通过作者共被引分析，获得 2014 年园艺学科高被引作者及与其他学者之间的发文主题关联（见图 25-9，共被引 2 次以下不显示）。如图 25-9 所示，园艺学科的高被引作者基本主导了作者共被引网络，显示出该学科在热点主题上已经形成了优势较为明显的科研力量。学者戴玉成和马庆华的节点较大，显示出他们的学术成果在学科内得到较多关注；柴仲平与陈波浪、李华与王华等学者之间的链接较强，意味着他们之间可能分别有较为相近的研究主题。

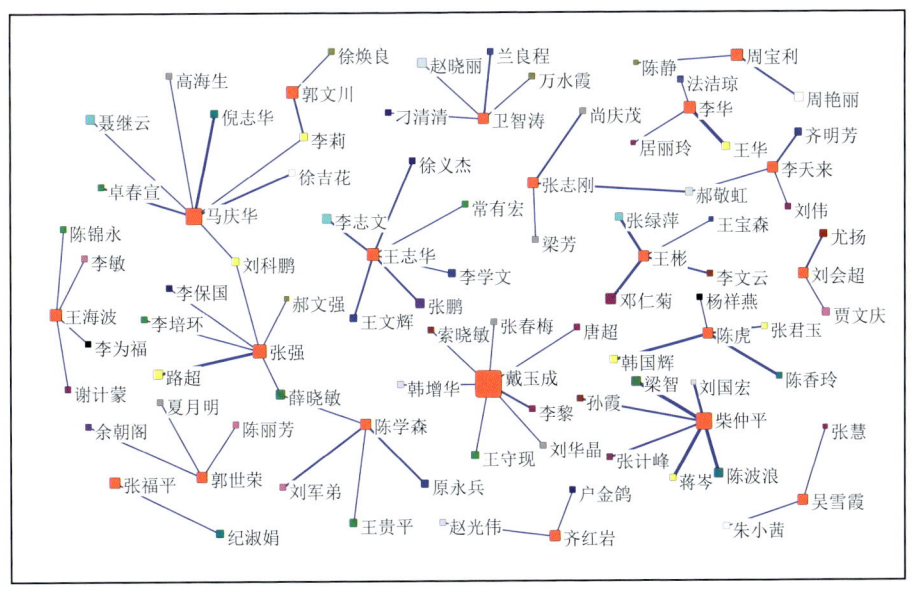

图 25-9　园艺学科高被引作者发文主题关联

25.6 高被引机构分析

25.6.1 高被引机构

为便于比较，本书将园艺学科的高被引机构分为高等院校和科研院所两种类型。其中，被引频次 TOP 10 高等院校和被引频次 TOP 5 科研院所的发文及被引情况分别见表 25-5 和表 25-6。其中，总被引频次较高的 3 所高等院校分别是西北农林科技大学、南京农业大学和山东农业大学，江苏省农业科学院、福建省农业科学院和中国农业科学院蔬菜花卉研究所是总被引频次较高的 3 所科研院所；前 5 年学科发文在 2014 年的被引率最高的高等院校和科研院所分别是南京农业大学和中国农业科学院蔬菜花卉研究所，篇均被引最高的高等院校和科研院所分别是南京农业大学和中国农业科学院蔬菜花卉研究所。上述高被引机构的论文被引率和篇均被引频次对比如图 25-10 所示。

表 25-5 园艺学科高被引高等院校 TOP 10

序号	第一作者单位	学科发文量（篇）		前 5 年学科发文在 2014 年的被引			
		前 5 年	2014 年	频次	被引率(%)	最高（次）	篇均（次）
1	西北农林科技大学	1541	185	1370	42.8	29	0.89
2	南京农业大学	1055	142	1008	46.6	16	0.96
3	山东农业大学	850	123	745	41.1	19	0.88
4	沈阳农业大学	963	76	687	38.7	11	0.71
5	中国农业大学	665	91	571	42.6	12	0.86
6	北京林业大学	702	87	560	38.5	72	0.80
7	河北农业大学	714	128	434	35.0	8	0.61
8	西南大学	575	84	416	38.4	8	0.72
9	新疆农业大学	608	152	382	35.2	10	0.63
10	华南农业大学	494	83	343	37.4	8	0.69

表 25-6 园艺学科高被引科研院所 TOP 5

序号	第一作者单位	学科发文量（篇）		前 5 年学科发文在 2014 年的被引			
		前 5 年	2014 年	频次	被引率(%)	最高（次）	篇均（次）
1	江苏省农业科学院	621	103	379	35.3	7	0.61
2	福建省农业科学院	616	86	289	29.9	6	0.47
3	中国农业科学院蔬菜花卉研究所	334	56	282	41.9	12	0.84
4	山西省农业科学院	473	88	269	33.4	8	0.57
5	北京市农林科学院	513	59	258	26.7	8	0.50

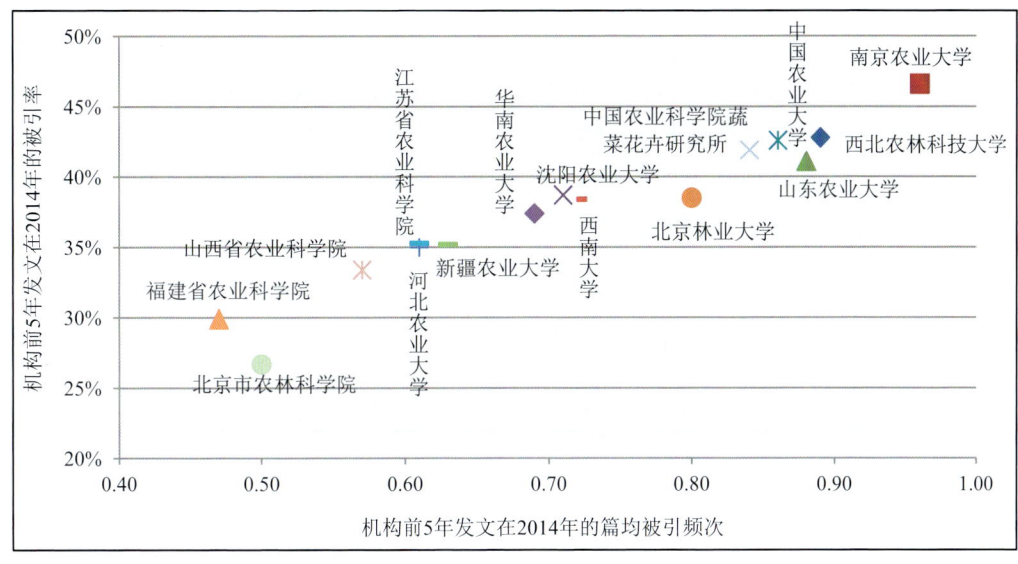

图 25-10　园艺学科高被引机构论文篇均被引及被引率对比

25.6.2　高被引机构科研合作关系

通过合著分析，获得园艺学科高被引机构之间及其与其他机构之间的科研合作关联，如图 25-11 所示（合作 78 次以下不显示）。分析得知，园艺学科的机构合作链接较为紧密，表明学科内机构合作现象较为普遍；高被引机构基本主导了机构合作网络，显示出这些机构已经在学科内具有了一定的科研优势；南京农业大学与江苏省农业科学院、上海市农业科学院等机构之间的链接较强，表明它们的学术合作较为频繁。

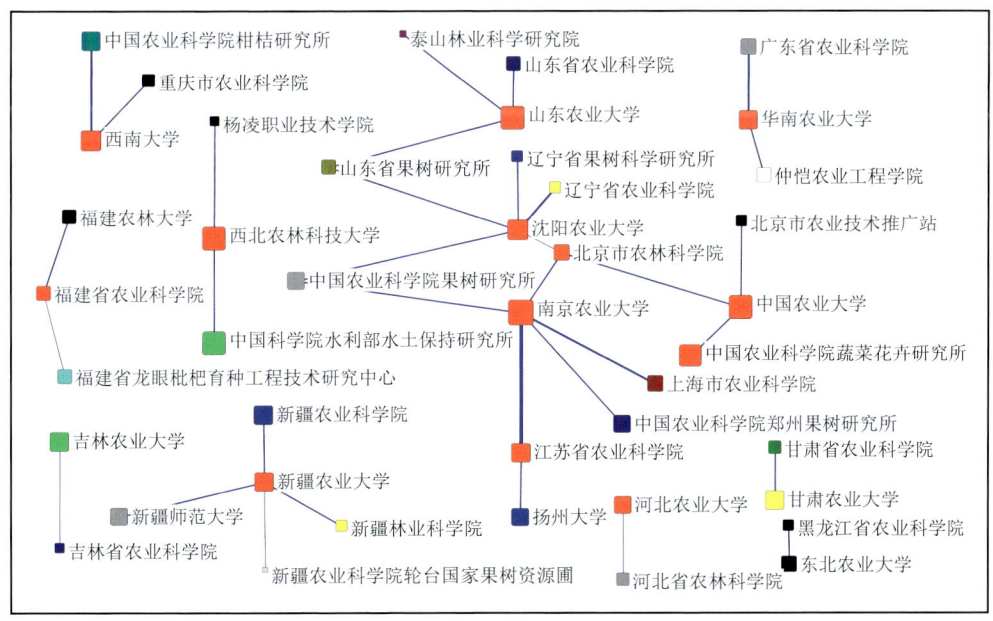

图 25-11　园艺学科高被引机构科研合作关联

25.7 高被引图书、国外期刊及学术会议

2014年,园艺学科被引频次位居前10位的图书及国外期刊见表25-7和表25-8。其中,被引次数较多的3种图书分别是李合生的《植物生理生化实验原理和技术》、鲍士旦的《土壤农化分析》和张志良的《植物生理学实验指导》;被引次数较多的3种国外期刊分别是《Plant Physiology》《Theoretical and Applied Genetics》和《Scientia Horticulturae》;被引次数较多的3场学术会议分别是"Proceedings of the 10th International Organization of Citrus Virologists""Proceedings of the 11th Conference of the International Organization of Citrus Virologists"和"Proc Brighton Crop Protect Conf‐Pests and Diseases"。

表25-7 园艺学科高被引图书 TOP 10

序号	责任者	图书名称	出版社	2014年被引频次
1	李合生	植物生理生化实验原理和技术	高等教育出版社	274
2	鲍士旦	土壤农化分析	中国农业出版社	159
3	张志良	植物生理学实验指导	高等教育出版社	97
4	邹琦	植物生理学实验指导	中国农业出版社	73
4	陈有民	园林树木学	中国林业出版社	73
6	曹建康	果蔬采后生理生化实验指导	中国轻工业出版社	72
7	王学奎	植物生理生化实验原理和技术	高等教育出版社	70
8	高俊凤	植物生理学实验指导	高等教育出版社	64
9	潘瑞炽	植物生理学	高等教育出版社	63
10	赵世杰	植物生理学实验指导	中国农业科技出版社	53

表25-8 园艺学科高被引国外期刊 TOP 10

序号	期刊名称	2014年被引频次
1	Plant Physiology	1270
2	Theoretical and Applied Genetics	732
3	Scientia Horticulturae	714
4	The Plant Cell	592
5	Postharvest Biology and Technology	577
6	Journal of Experimental Botany	566
6	The Plant Journal	566
8	Horticultural Science	530
9	Food Chemistry	522
10	Journal of Agricultural and Food Chemistry	506

第 26 章 林业学科高被引分析

26.1 学科论文概况

2009—2013 年，林业学科共有 69766 位来自 22599 所机构的论文第一作者在 1899 种期刊上发表了 78404 篇学术论文。其中，80%以上的论文产出自 12849 所机构、52890 位作者，发表在 141 种期刊上。在前 5 年发表的这些论文中，有 19619 篇在 2014 年获得过引用，整体被引率为 25.0%，总被引频次为 35282 次，篇均被引 0.45 次；其中，高被引论文有 254 篇，单篇论文最高被引频次为 40 次，累计被引 2547 次，篇均被引 10.03 次（表 26-1）。另外，2014 年林业学科共发表论文 17398 篇，其中有 961 篇在当年获得过引用，总共被引 1182 次。

表 26-1 林业学科论文分布情况

年份	论文篇数	2014 年被引频次	2014 年被引率（%）	2014 年高被引论文			
				论文篇数	最高被引频次	总被引频次	篇均被引频次
2009	11414	5463	26.7	40	28	438	10.95
2010	13175	7124	29.0	46	38	524	11.39
2011	17513	7992	24.8	45	29	541	12.02
2012	19709	8379	23.3	76	40	654	8.61
2013	16593	6324	23.0	47	27	390	8.30
合计	78404	35282	25.0	254	40	2547	10.03

从林业学科论文的地域分布来看，2014 年被引频次较高的 5 个省、直辖市或自治区依次是北京、黑龙江、浙江、江苏和湖南（图 26-1）；5 年论文产出量较多的 5 个省、直辖市或自治区依次是黑龙江、北京、浙江、江苏和福建（图 26-2）。

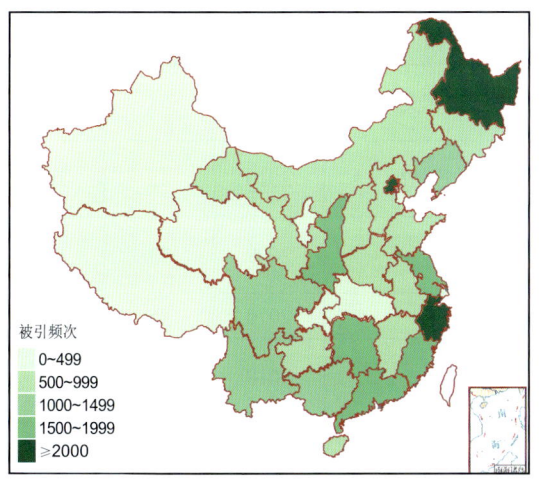

图 26-1 2014 年林业学科地区被引分布

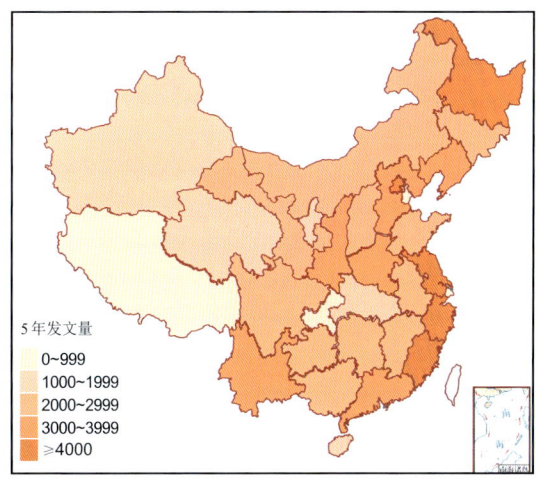

图 26-2 林业学科 5 年论文产出地区分布

26.2 高被引论文分析

在林业学科,2014 年被引频次位居前 10 位的论文(表 26-2)平均被引频次为 21 次,是全部 254 篇高被引论文篇均被引频次的 2.1 倍。其中,被引频次最高的论文是张洪鹏于 2011 年发表的《园林施工管理工作中存在的问题分析》,随后 2 篇分别是陈丹于 2009 年发表的《城市园林绿化存在的问题及发展对策》和李海奎于 2011 年发表的《基于森林清查资料的中国森林植被碳储量》。

从论文分布来看,刊载高被引论文数量居前的 3 种期刊分别是《生态学报》(37 篇)、《林业科学》(18 篇)和《应用生态学报》(13 篇),而《生态学报》刊载了高被引论文 TOP 10 中的 4 篇;发表高被引论文居前的 3 位学者分别是中国林业科学研究院森林生态环境与保护研究所的程瑞梅(3 篇)、西北农林科技大学的康冰(3 篇)和中南林业科技大学的李铁柱(2 篇);产出高被引论文数量居前的 3 所机构分别是北京林业大学(17 篇)、东北林业大学(13 篇)和中南林业科技大学(11 篇),而黑龙江省汤旺河林业局二龙山林场产出了高被引论文 TOP 10 中的 1 篇。

表 26-2 林业学科高被引论文 TOP 10

序号	论文题名	第一作者	期刊名称	发表年份	被引频次	
					总频次	2014 年
1	园林施工管理工作中存在的问题分析	张洪鹏	黑龙江科技信息	2011	55	26
2	城市园林绿化存在的问题及发展对策	陈丹	河北农业科学	2009	82	24
3	基于森林清查资料的中国森林植被碳储量	李海奎	林业科学	2011	62	23
4	基于 MODIS/NDVI 的陕北地区植被动态监测与评价	宋富强	生态学报	2011	50	21
5	城市绿地的生态环境效应研究进展	苏泳娴	生态学报	2011	37	20
5	园林工程施工管理中存在的问题及探讨	陈捷	中国园艺文摘	2011	53	20
5	我国林业的发展及现阶段发展的对策	佟建民	改革与开放	2010	35	20
8	森林生物量的估算方法及其研究进展	罗云建	林业科学	2009	73	19
8	不同林龄长白落叶松人工林碳储量	马炜	生态学报	2010	45	19
10	云南普洱季风常绿阔叶林演替系列植物和土壤 C、N、P 化学计量特征	刘万德	生态学报	2010	45	18

26.3 研究主题关联分析

在林业学科，高被引论文累计被 2014 年发表的 1967 篇论文引用了 2547 次。通过分析施引文献关键词的词频及关键词之间的共现关系，获得 2014 年林业学科的热点主题和主题关联，如图 26-3 所示（共现 7 次以下不显示）。由图 26-3 可知："生物量""园林绿化""措施"等关键词的文档词频较高，是 2014 年学科的研究热点；以"园林绿化""问题""对策"等关键词为主要节点的多个概念相互关联，构成了学科内最为突出的研究主题簇。

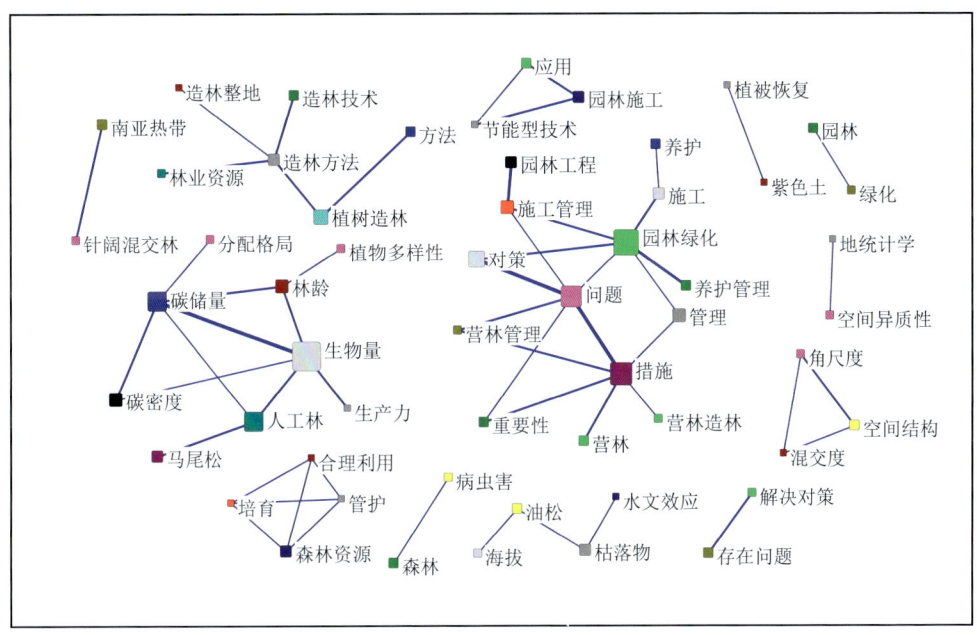

图 26-3　林业学科 2014 年热点主题关联

26.4 学科高影响力期刊分析

26.4.1 学科高影响力期刊 TOP 10

在林业学科，学科 5 年影响因子位居前 10 位的期刊见表 26-3，排在前 3 位的期刊分别是《森林工程》《林业科学》和《中南林业科技大学学报》。在表 26-3 中，学科载文量占其总载文量比例最大的期刊是《林业科学研究》；前 5 年学科载文在 2014 年被引率最高的期刊是《林业科学》；期刊 5 年影响因子较高的前 3 种期刊分别是《林业科学》《森林工程》和《中南林业科技大学学报》；学科 5 年影响因子与期刊 5 年影响因子差异最大的期刊是《森林工程》。表 26-3 中期刊的学科 5 年影响因子和前 5 年学科载文的 2014 年被引率对比如图 26-4 所示，2009—2014 年期刊 5 年影响因子的变动情况如图 26-5 所示。

表 26-3　林业学科高影响力期刊基本指数

序号	期刊名称	前 5 年载文量			2014 年学科被引			5 年影响因子		h 指数(学科)
		学科(篇)	占比(%)	总量(篇)	频次	被引率(%)	高被引论文篇数	期刊(2014)	学科(2014)	
1	森林工程	768	67.8	1132	951	44.7	13	1.053	1.238	9
2	林业科学	1688	83.2	2030	1932	49.0	18	1.107	1.145	10
3	中南林业科技大学学报	1567	71.8	2182	1744	48.9	10	1.011	1.113	9
4	世界林业研究	304	53.4	569	290	45.1	2	0.793	0.954	5
5	林业科学研究	745	88.9	838	709	46.3	4	0.980	0.952	7
6	北京林业大学学报	735	72.8	1010	699	44.5	5	0.921	0.951	7
7	西北林学院学报	1336	71.5	1869	1192	45.0	3	0.895	0.892	7
8	南京林业大学学报（自然科学版）	757	59.8	1266	627	41.9	3	0.747	0.828	7
9	浙江农林大学学报	684	74.3	921	540	41.5	2	0.772	0.789	7
10	植物研究	165	20.4	808	129	44.9	0	0.631	0.782	5

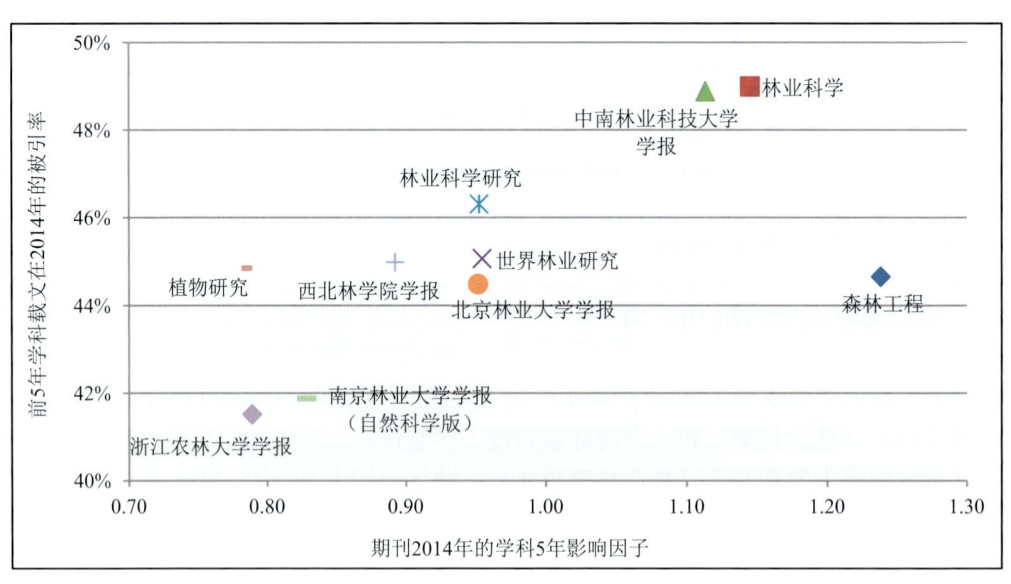

图 26-4　林业学科高影响力期刊对比

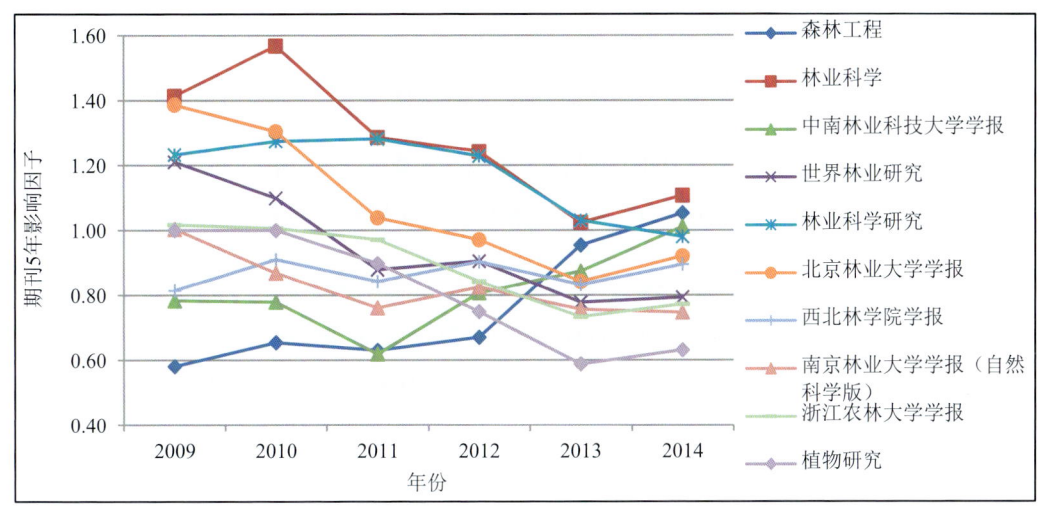

图 26-5　林业学科期刊 5 年影响因子变动

26.4.2　学科高影响力期刊载文主题关联

通过期刊共被引分析，获得林业学科高影响力期刊及与其他期刊之间的载文主题关联，如图 26-6 所示（共被引 30 次以下不显示）。结果显示，林业学科的高影响力期刊相互链接较为紧密，基本主导了该学科的期刊共被引网络，显示出该学科高影响力期刊可能共同刊载了许多相近的研究主题，热点研究主题分散在多种期刊上。《林业科学》与《生态学报》《中南林业科技大学学报》等期刊之间的链接较强，意味着它们之间可能有较多相同或相近的载文主题。

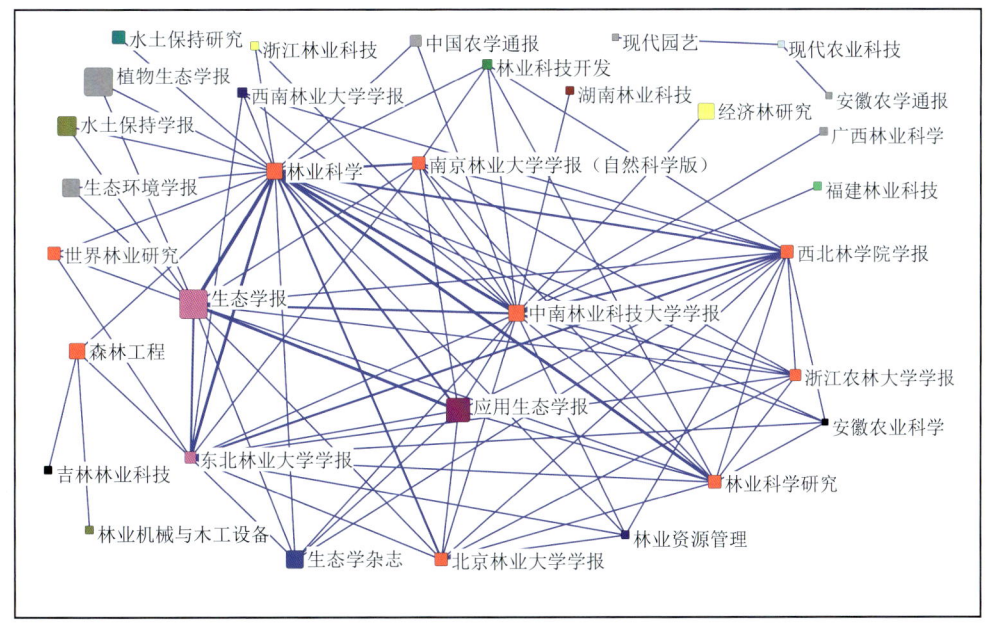

图 26-6　林业学科高影响力期刊载文主题关联

26.5 高被引作者分析

26.5.1 高被引作者 TOP 20

2009—2013 年，在 69766 位林业学科论文的第一作者中，在 2014 年学科被引频次位居前 20 位的学者的发文及被引情况见表 26-4。其中，学科发文总被引频次较高的 3 位作者分别是东北林业大学的胡海清（40 次）、中国林业科学研究院资源信息研究所的曾伟生（40 次）和西北农林科技大学的康冰（35 次）。高被引作者的 5 年学科发文数量从 1 篇到 24 篇不等，同时，作者学科发文的期刊分布也在 1 种到 21 种之间变化。在发文超过 5 篇的所有作者中，篇均被引较高的 3 位作者分别是西北农林科技大学的康冰（篇均 7.00 次）、中国林业科学研究院资源信息研究所的李海奎（篇均 6.40 次）和浙江农林大学的汤孟平（篇均 5.17 次）；前 5 年发表学科论文较多的 3 位作者分别是西南林业大学的李世友（24 篇）、中国林业科学研究院林业研究所的段爱国（24 篇）和广西大学的黄承标（24 篇）。高被引作者的学科发文量和被引量对比如图 26-7 所示。

表 26-4 林业学科高被引作者 TOP 20

序号	姓名	作者单位	前 5 年发文			前 5 年学科发文在 2014 年的被引				h 指数（学科）
			学科发文（篇）	期刊分布（种）	发文总量（篇）	总频次	被引率（%）	最高（次）	篇均（次）	
1	胡海清	东北林业大学	13	8	16	40	76.9	8	3.08	5
1	曾伟生	中国林业科学研究院资源信息研究所	14	6	14	40	71.4	10	2.86	3
3	康冰	西北农林科技大学	5	3	6	35	100.0	13	7.00	4
4	王兵	中国林业科学研究院森林生态环境与保护研究所	14	10	16	34	57.1	15	2.43	4
5	李海奎	中国林业科学研究院资源信息研究所	5	3	6	32	80.0	23	6.40	3
5	黄承标	广西大学	24	21	29	32	62.5	5	1.33	3
7	汤孟平	浙江农林大学	6	1	7	31	83.3	15	5.17	3
8	程瑞梅	中国林业科学研究院森林生态环境与保护研究所	4	3	5	30	75.0	11	7.50	3
9	张洪鹏	黑龙江省亚布力林业局	1	1	3	26	100.0	26	26.00	1
9	王祖华	南京林业大学	6	6	7	26	100.0	12	4.33	3
11	谭晓风	中南林业科技大学	8	5	13	25	62.5	8	3.12	3
12	宋富强	北京师范大学	3	3	3	24	66.7	21	8.00	2
12	陈丹	杨凌职业技术学院	1	1	4	24	100.0	24	24.00	1
14	陈隆升	湖南省林业科学院	8	6	9	23	100.0	9	2.88	3

序号	姓名	作者单位	前5年发文			前5年学科发文在2014年的被引				h指数(学科)
			学科发文（篇）	期刊分布（种）	发文总量（篇）	总频次	被引率（%）	最高（次）	篇均（次）	
14	陈波	河北农业大学	3	2	3	23	100.0	10	7.67	3
14	彭邵锋	湖南省林业科学院	13	5	17	23	53.9	8	1.77	3
14	杨升	中国林业科学研究院林业研究所	5	5	5	23	60.0	17	4.60	3
18	周新年	福建农林大学	13	7	20	22	69.2	5	1.69	3
18	罗云建	中国科学院生态环境研究中心	2	2	2	22	100.0	19	11.00	2
20	王瑞	湖南省林业科学院	16	10	20	21	68.8	5	1.31	3

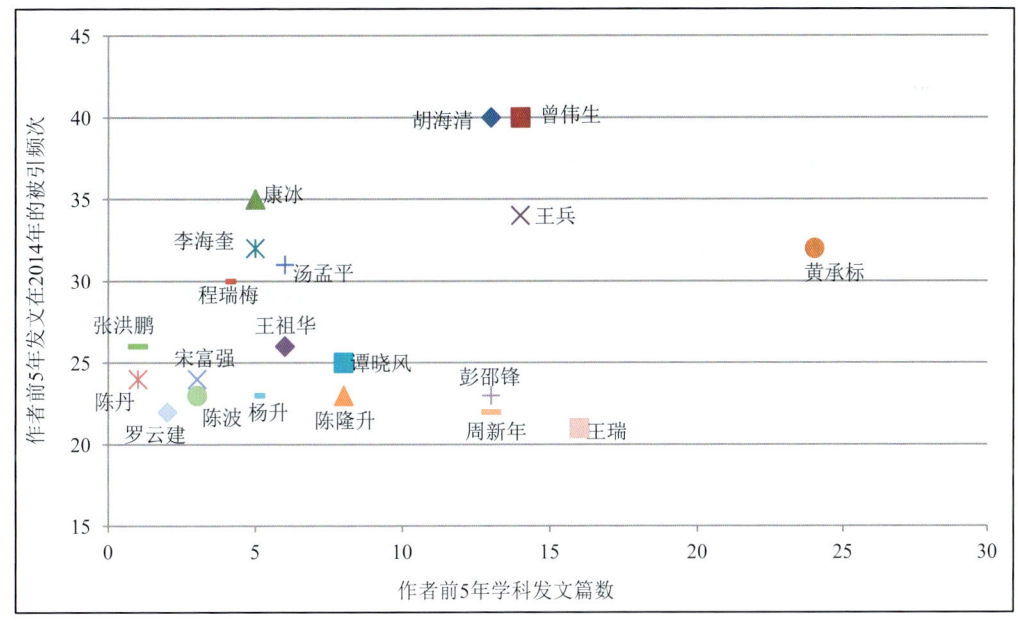

图 26-7　林业学科高被引作者学科发文及被引对比

26.5.2　高被引作者科研合作关系

通过作者合著分析，获得 2014 年林业学科高被引作者及与其他学者之间的科研论文合作关系（不考虑论文署名次序），如图 26-8 所示（合著 5 次以下不显示）。可以看出，林业学科的高被引作者的论文合作现象比较普遍。学者黄承标的发文量较多；谭晓风和彭邵锋的论文合作网络最为突出，在该学科的研究人员中表现出一定的集聚效应；陈隆升和彭邵锋、王瑞等学者之间的合作关系最为紧密，显示出他们可能属于同一支科研团队。

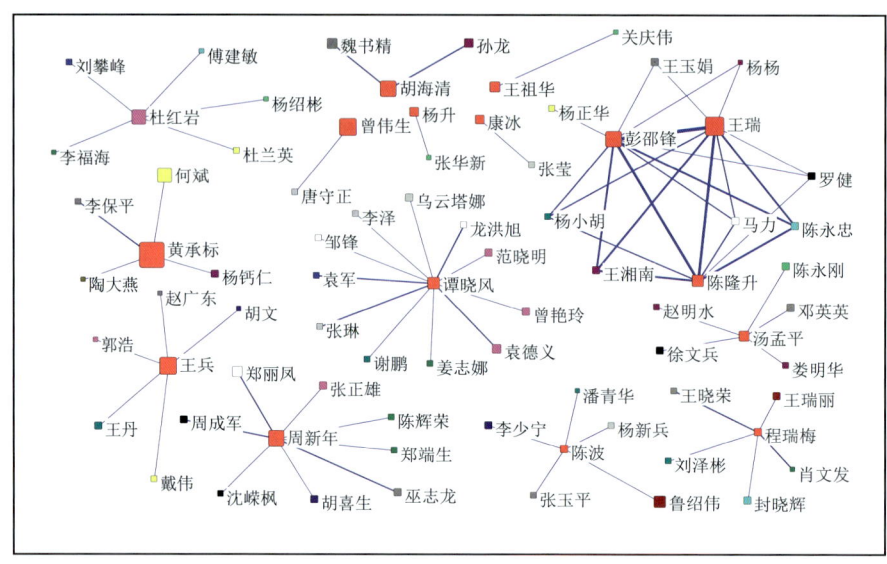

图 26-8　林业学科高被引作者科研论文合作关系

26.5.3　高被引作者发文主题关联

通过作者共被引分析，获得 2014 年林业学科高被引作者及与其他学者之间的发文主题关联（见图 26-9，共被引 3 次以下不显示）。如图 26-9 所示，林业学科的高被引作者基本主导了作者共被引网络，显示出该学科在热点主题上已经形成了优势较为明显的科研力量。陈波与田超两位学者之间的链接较强，意味着他们之间可能有较为相近的研究主题；以曾伟生、李海奎等学者为主要节点的共被引作者簇人数较多且网络规模较大，意味着他们的研究主题关联可能较为紧密。

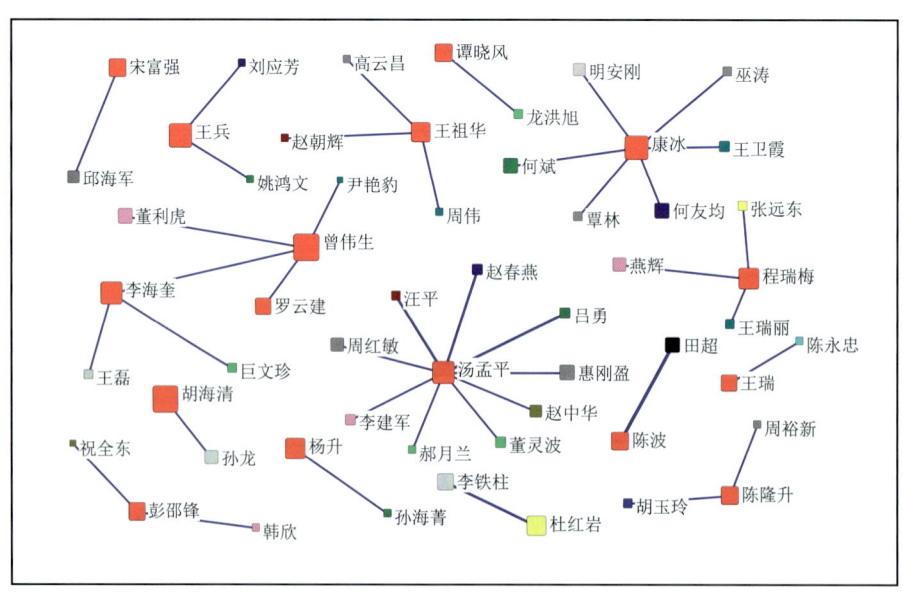

图 26-9　林业学科高被引作者发文主题关联

26.6 高被引机构分析

26.6.1 高被引机构

为便于比较，本书将林业学科的高被引机构分为高等院校和科研院所两种类型。其中，被引频次 TOP 10 高等院校和被引频次 TOP 5 科研院所的发文及被引情况分别见表 26-5 和表 26-6。其中，总被引频次较高的 3 所高等院校分别是北京林业大学、东北林业大学和中南林业科技大学，中国林业科学研究院森林生态环境与保护研究所、中国林业科学研究院林业研究所和中国林业科学研究院亚热带林业研究所是总被引频次较高的 3 所科研院所；前 5 年学科发文在 2014 年的被引率最高的高等院校和科研院所分别是四川农业大学和中国科学院沈阳应用生态研究所，篇均被引最高的高等院校和科研院所分别是四川农业大学和中国林业科学研究院森林生态环境与保护研究所。上述高被引机构的论文被引率和篇均被引频次对比如图 26-10 所示。

表 26-5　林业学科高被引高等院校 TOP 10

序号	第一作者单位	学科发文量（篇）		前 5 年学科发文在 2014 年的被引			
		前 5 年	2014 年	频次	被引率(%)	最高(次)	篇均(次)
1	北京林业大学	2447	397	1966	39.3	19	0.80
2	东北林业大学	2107	534	1670	35.8	14	0.79
3	中南林业科技大学	1284	207	1241	44.2	11	0.97
4	南京林业大学	1545	252	1085	37.0	12	0.70
5	西北农林科技大学	1009	165	888	41.5	13	0.88
6	浙江农林大学	865	137	659	38.4	15	0.76
7	西南林业大学	971	185	444	28.5	13	0.46
8	四川农业大学	343	59	371	44.9	13	1.08
9	福建农林大学	562	120	365	34.9	12	0.65
10	广西大学	391	66	331	40.2	9	0.85

表 26-6　林业学科高被引科研院所 TOP 5

序号	第一作者单位	学科发文量（篇）		前 5 年学科发文在 2014 年的被引			
		前 5 年	2014 年	频次	被引率(%)	最高(次)	篇均(次)
1	中国林业科学研究院森林生态环境与保护研究所	287	45	422	50.2	15	1.47
2	中国林业科学研究院林业研究所	438	65	419	42.0	17	0.96
3	中国林业科学研究院亚热带林业研究所	366	43	396	48.6	14	1.08
4	湖南省林业科学院	250	43	248	45.2	9	0.99
5	中国科学院沈阳应用生态研究所	160	19	234	55.6	12	1.46

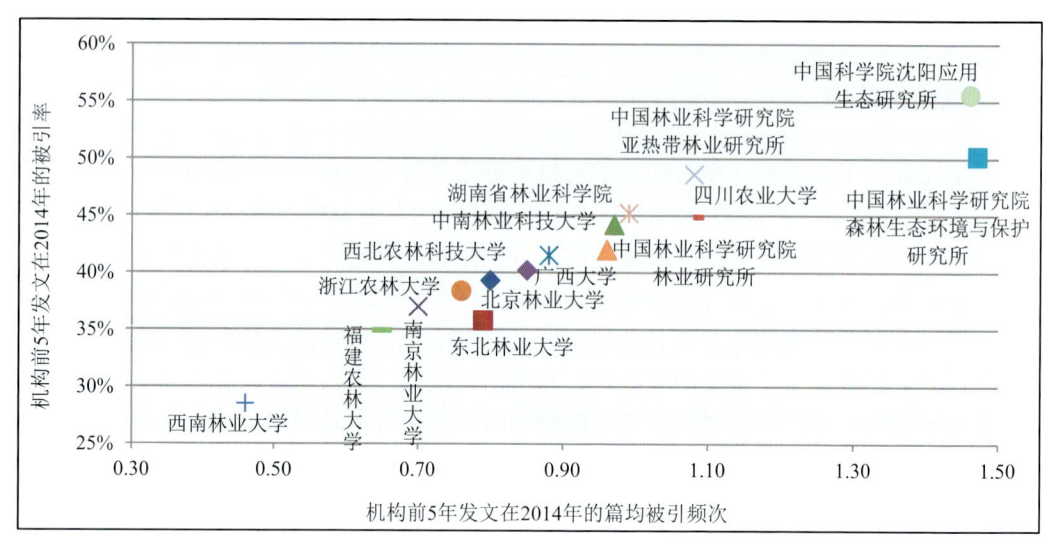

图 26-10　林业学科高被引机构论文篇均被引及被引率对比

26.6.2　高被引机构科研合作关系

通过合著分析，获得林业学科高被引机构之间及其与其他机构之间的科研合作关联，如图 26-11 所示（合作 79 次以下不显示）。分析得知，林业学科的机构合作链接较为紧密，表明学科内机构合作现象较为普遍；高被引机构基本主导了机构合作网络，显示出这些机构已经在学科内具有了一定的科研优势；河北农业大学和河北省木兰围场国有林场管理局、中南林业科技大学和湖南省林业科学院机构之间的链接较强，表明它们的学术合作较为频繁。

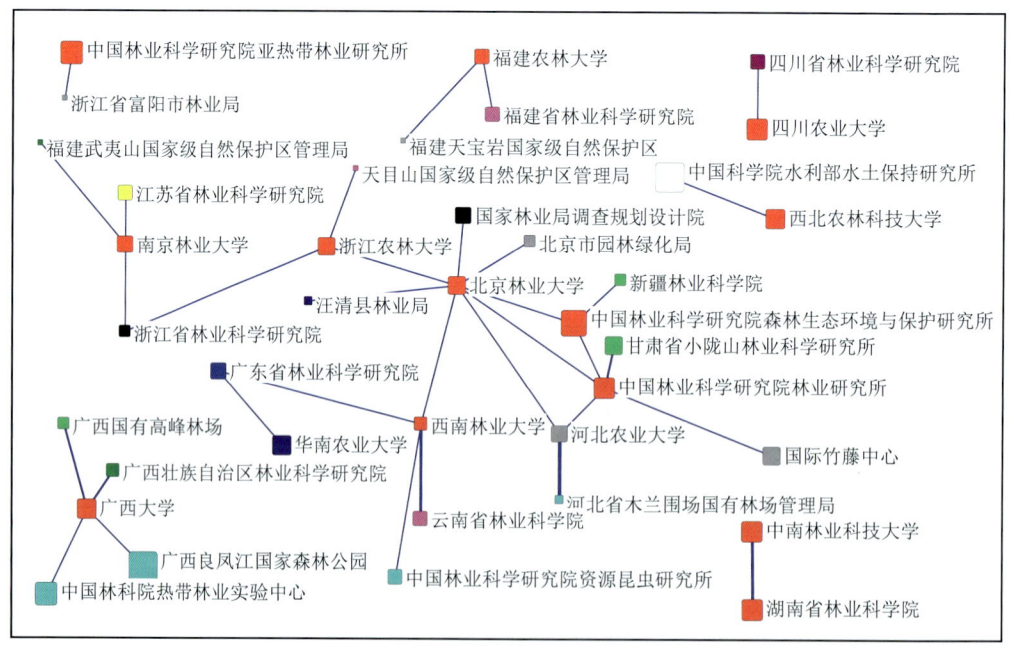

图 26-11　林业学科高被引机构科研合作关联

26.7 高被引图书、国外期刊及学术会议

2014 年,林业学科被引频次位居前 10 位的图书及国外期刊见表 26-7 和表 26-8。其中,被引次数较多的 3 种图书分别是孟宪宇的《测树学》、鲍士旦的《土壤农化分析》和陈有民的《园林树木学》;被引次数较多的 3 种国外期刊分别是《Forest Ecology and Management》《Science》和《Soil Biology & Biochemistry》;被引次数较多的 3 场学术会议分别是"International Natural Rubber Conference""IEEE International Geoscience and Remote Sensing Symposium"和"China Satellite Navigation Conference(CSNC)2013 Proceedings"。

表 26-7 林业学科高被引图书 TOP 10

序号	责任者	图书名称	出版社	2014 年被引频次
1	孟宪宇	测树学	中国林业出版社	97
2	鲍士旦	土壤农化分析	中国农业出版社	82
3	陈有民	园林树木学	中国林业出版社	79
4	李合生	植物生理生化实验原理和技术	高等教育出版社	71
5	庄瑞林	中国油茶	中国林业出版社	65
6	鲁如坤	土壤农业化学分析方法	中国农业科技出版社	61
7	潘瑞炽	植物生理学	高等教育出版社	56
8	郑万钧	中国树木志	中国林业出版社	43
9	萧刚柔	中国森林昆虫	中国林业出版社	42
10	沈国舫	森林培育学	中国林业出版社	41

表 26-8 林业学科高被引国外期刊 TOP 10

序号	期刊名称	2014 年被引频次
1	Forest Ecology and Management	1574
2	Science	656
3	Soil Biology & Biochemistry	640
4	Canadian Journal of Forest Research	552
5	Ecology	544
6	Nature	535
7	Plant and Soil	513
8	Plant Physiology	486
9	Remote Sensing of Environment	435
10	Global Change Biology	360

第 27 章　畜牧、动物医学学科高被引分析

27.1　学科论文概况

2009—2013 年，畜牧、动物医学学科共有 130561 位来自 42946 所机构的论文第一作者在 2272 种期刊上发表了 199617 篇学术论文。其中，80% 以上的论文产出自 21335 所机构、95077 位作者，发表在 103 种期刊上。在前 5 年发表的这些论文中，有 28354 篇在 2014 年获得过引用，整体被引率为 14.2%，总被引频次为 43459 次，篇均被引 0.22 次；其中，高被引论文有 396 篇，单篇论文最高被引频次为 59 次，累计被引 3089 次，篇均被引 7.80 次（表 27-1）。另外，2014 年畜牧、动物医学学科共发表论文 41843 篇，其中有 1147 篇在当年获得过引用，总共被引 1392 次。

表 27-1　畜牧、动物医学学科论文分布情况

年份	论文篇数	2014 年被引频次	2014 年被引率（%）	2014 年高被引论文			
				论文篇数	最高被引频次	总被引频次	篇均被引频次
2009	33433	7033	13.9	64	43	537	8.39
2010	36236	8681	15.6	74	40	607	8.20
2011	45250	10070	14.2	99	59	780	7.88
2012	50626	9926	12.7	94	47	656	6.98
2013	34072	7749	15.2	65	39	509	7.83
合计	199617	43459	14.2	396	59	3089	7.80

从畜牧、动物医学学科论文的地域分布来看，2014 年被引频次较高的 5 个省、直辖市或自治区依次是北京、江苏、山东、黑龙江和甘肃（图 27-1）；5 年论文产出量较多的 5 个省、直辖市或自治区依次是黑龙江、江苏、山东、河南和吉林（图 27-2）。

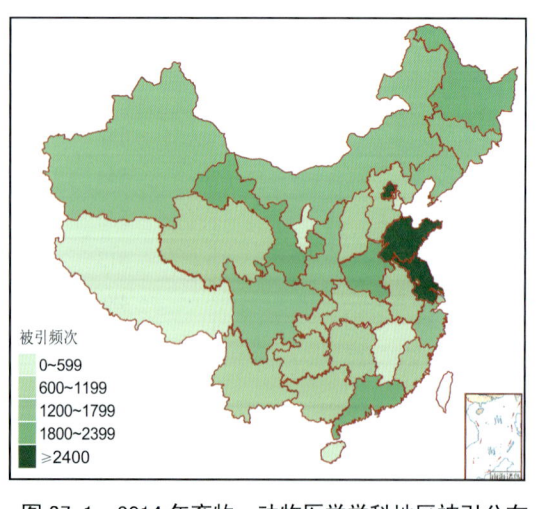
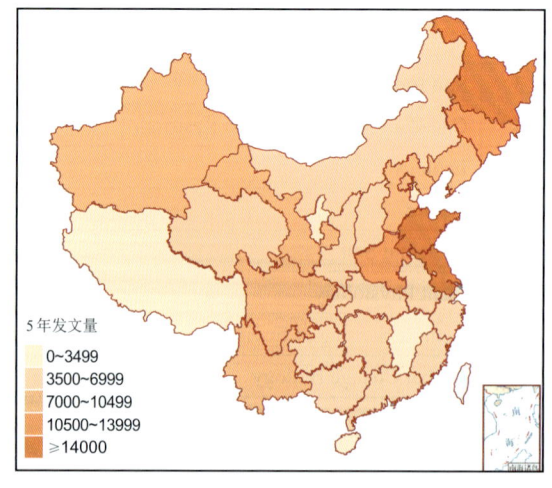

图 27-1　2014 年畜牧、动物医学学科地区被引分布　　图 27-2　畜牧、动物医学学科 5 年论文产出地区分布

27.2 高被引论文分析

在畜牧、动物医学学科，2014 年被引频次位居前 10 位的论文（表 27-2）平均被引频次为 21.2 次，是全部 396 篇高被引论文篇均被引频次的 2.7 倍。其中，被引频次最高的论文是毕于运于 2009 年发表的《中国秸秆资源数量估算》，随后 3 篇分别是曹贞贞于 2010 年发表的《鸭出血性卵巢炎的初步研究》、万春和于 2010 年发表的《一种引起种（蛋）鸭产蛋骤降新病毒的分离与初步鉴定》和滕巧泱于 2010 年发表的《一种新的黄病毒导致蛋鸭产蛋下降及死亡》。

从论文分布来看，刊载高被引论文数量居前的 3 种期刊分别是《草业学报》（51 篇）、《动物营养学报》（42 篇）和《中国畜牧兽医》（21 篇），而《农业工程学报》刊载了高被引论文 TOP 10 中的 2 篇；发表高被引论文居前的 3 位学者分别是南京农业大学的原现军（3 篇）、兰州大学的刘兴元（3 篇）和江西省农业科学院的张吉鹍（3 篇）；产出高被引论文数量居前的 3 所机构分别是西北农林科技大学（13 篇）、甘肃农业大学（13 篇）和南京农业大学（13 篇），而中国农业大学产出了高被引论文 TOP 10 中的 2 篇。

表 27-2 畜牧、动物医学学科高被引论文 TOP 10

序号	论文题名	第一作者	期刊名称	发表年份	被引频次 总频次	被引频次 2014 年
1	中国秸秆资源数量估算	毕于运	农业工程学报	2009	134	45
2	鸭出血性卵巢炎的初步研究	曹贞贞	中国兽医杂志	2010	107	22
3	一种引起种（蛋）鸭产蛋骤降新病毒的分离与初步鉴定	万春和	福建农业学报	2010	79	21
3	一种新的黄病毒导致蛋鸭产蛋下降及死亡	滕巧泱	中国动物传染病学报	2010	89	21
5	草地对全球气候变化的响应及其碳汇潜势研究	任继周	草业学报	2011	64	19
6	抗菌肽的抗菌作用及其机制	黎观红	动物营养学报	2011	42	18
6	冬季发酵床养殖模式对猪舍环境及猪生产性能的影响	盛清凯	家畜生态学报	2009	65	18
8	畜禽养殖业产污系数和排污系数计算方法	董红敏	农业工程学报	2011	38	16
8	不同添加剂对紫花苜蓿青贮发酵品质的影响	王莹	中国草地学报	2010	33	16
8	探析畜牧养殖的动物疾病病因及控防对策	刘安全	黑龙江科技信息	2013	26	16

27.3 研究主题关联分析

在畜牧、动物医学学科，高被引论文累计被 2014 年发表的 2296 篇论文引用了 3089 次。通过分析施引文献关键词的词频及关键词之间的共现关系，获得 2014 年畜牧、动物医学学科的热点主题和主题关联，如图 27-3 所示（共现 10 次以下不显示）。由图 27-3 可知："生长性能""生产性能"等关键词的文档词频较高，是 2014 年学科的研究热点；以"发酵品质""添加剂""青贮""混合青贮"等关键词为主要节点的多个概念相互关联，构成了学科内最为突出的研究主题簇。

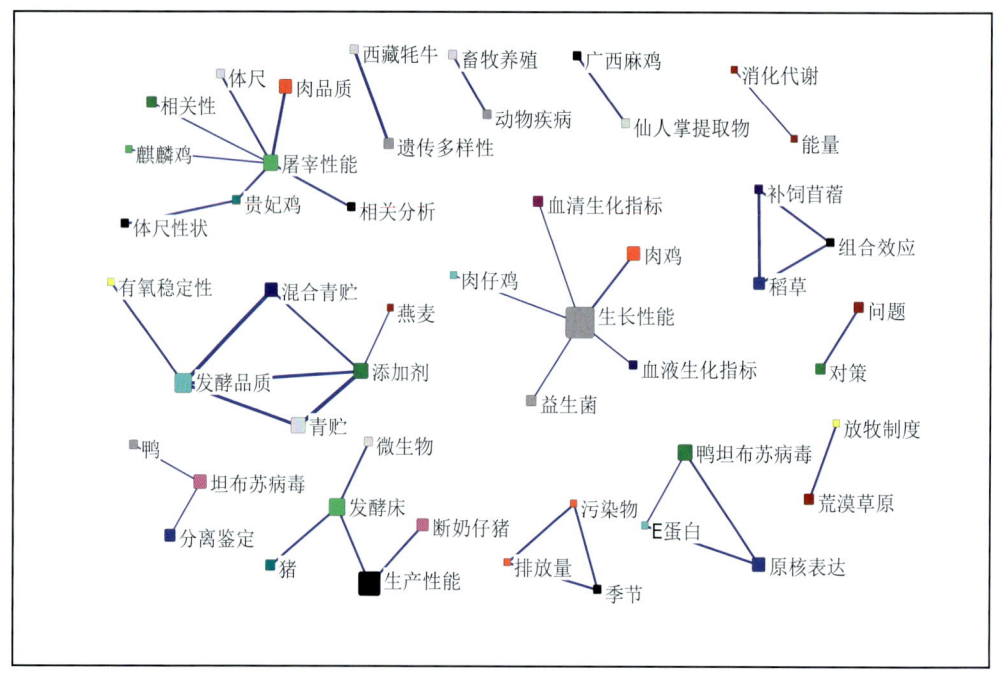

图 27-3　畜牧、动物医学学科 2014 年热点主题关联

27.4　学科高影响力期刊分析

27.4.1　学科高影响力期刊 TOP 10

在畜牧、动物医学学科，学科 5 年影响因子位居前 10 位的期刊见表 27-3，排在前 3 位的期刊分别是《中国草地学报》《草地学报》和《动物营养学报》。在表 27-3 中，学科载文量占其总载文量比例最大的期刊是《畜牧兽医学报》；前 5 年学科载文在 2014 年被引率最高的期刊是《中国草地学报》；期刊 5 年影响因子较高的前 3 种期刊分别是《动物营养学报》《中国草地学报》和《草地学报》；学科 5 年影响因子与期刊 5 年影响因子差异最大的期刊是《草地学报》。表 27-3 中期刊的学科 5 年影响因子和前 5 年学科载文的 2014 年被引率对比如图 27-4 所示，2009—2014 年期刊 5 年影响因子的变动情况如图 27-5 所示。

表 27-3　畜牧、动物医学学科高影响力期刊基本指数

序号	期刊名称	前5年载文量			2014年学科被引			5年影响因子		h指数（学科）
		学科（篇）	占比（%）	总量（篇）	频次	被引率（%）	高被引论文篇数	期刊(2014)	学科(2014)	
1	中国草地学报	233	30.7	760	265	51.1	6	1.049	1.137	8
2	草地学报	208	19.1	1087	232	49.0	2	0.934	1.115	8
3	动物营养学报	1642	86.4	1901	1708	46.4	42	1.056	1.040	9
4	草业科学	807	37.3	2165	599	40.3	6	0.749	0.742	8
5	福建农林大学学报（自然科学版）	88	11.3	781	57	33.0	2	0.585	0.648	5
6	农业生物技术学报	314	28.2	1112	201	39.8	0	0.551	0.640	5
7	微生物与感染	33	11.5	286	21	24.2	1	0.486	0.636	5
8	草原与草坪	157	22.0	715	95	36.3	1	0.547	0.605	5
9	中国畜牧兽医	3124	72.6	4305	1866	33.6	21	0.557	0.597	7
10	畜牧兽医学报	1596	94.6	1688	947	34.3	13	0.588	0.593	7

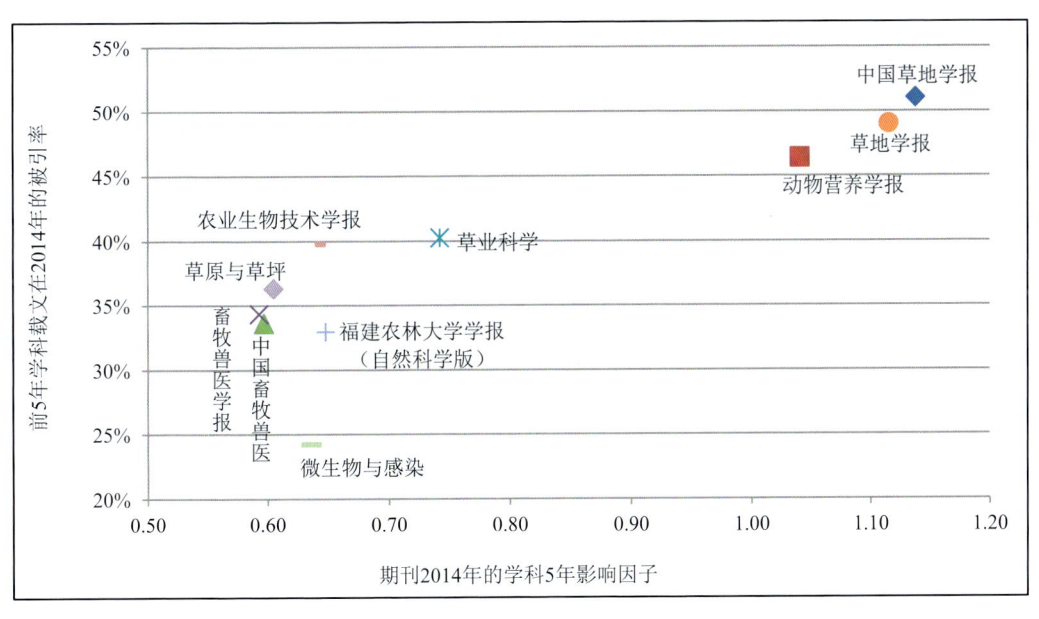

图 27-4　畜牧、动物医学学科高影响力期刊对比

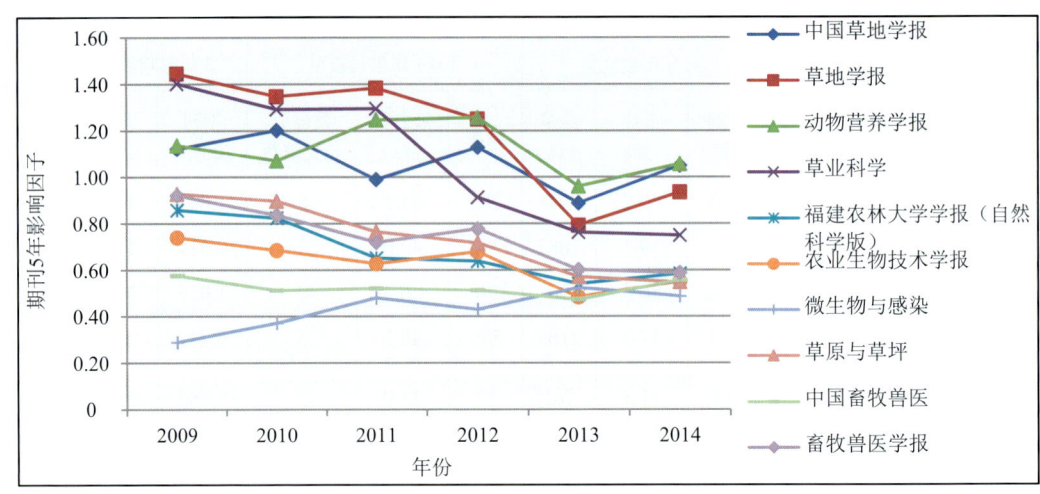

图 27-5　畜牧、动物医学学科期刊 5 年影响因子变动

27.4.2　学科高影响力期刊载文主题关联

通过期刊共被引分析，获得畜牧、动物医学学科高影响力期刊及与其他期刊之间的载文主题关联，如图 27-6 所示（共被引 45 次以下不显示）。结果显示，畜牧、动物医学学科的高影响力期刊相互链接较为紧密，基本主导了该学科的期刊共被引网络，显示出该学科高影响力期刊可能共同刊载了许多相近的研究主题，热点研究主题分散在多种期刊上。《中国草地学报》的学科 5 年影响因子较高，显示出该刊在学科内学术影响力较大；《动物营养学报》与《饲料工业》《中国畜牧杂志》等期刊之间的链接较强，意味着它们之间可能有较多相同或相近的载文主题。

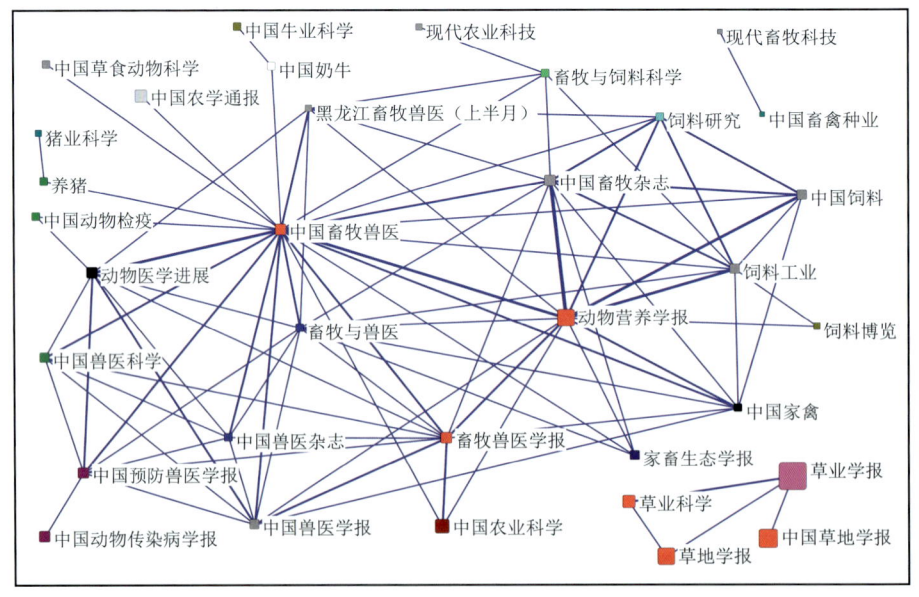

图 27-6　畜牧、动物医学学科高影响力期刊载文主题关联

27.5 高被引作者分析

27.5.1 高被引作者 TOP 20

2009—2013年，在130561位畜牧、动物医学学科论文的第一作者中，在2014年学科被引频次位居前20位的学者的发文及被引情况见表27-4。其中，学科发文总被引频次较高的3位作者分别是福建省农业科学院的万春和（48次）、中国农业科学院农业资源与农业区划研究所的毕于运（45次）和江西省农业科学院的张吉鹍（43次）。高被引作者的5年学科发文数量从1篇到64篇不等，同时，作者学科发文的期刊分布也在1种到17种之间变化。在发文超过5篇的所有作者中，篇均被引较高的3位作者分别是南京农业大学的原现军（篇均7.00次）、山东省农业科学院的王诚（篇均3.83次）和兰州大学的刘兴元（篇均3.75次）；前5年发表学科论文较多的3位作者分别是山东省无棣县畜牧兽医局的王秀（155篇）、河北省邢台市兽医院的邢兰君（137篇）和国家统计局盐城调查队的虞华（118篇）。高被引作者的学科发文量和被引量对比如图27-7所示。

表27-4 畜牧、动物医学学科高被引作者 TOP 20

序号	姓名	作者单位	前5年发文			前5年学科发文在2014年的被引				h指数（学科）
			学科发文（篇）	期刊分布（种）	发文总量（篇）	总频次	被引率（%）	最高（次）	篇均（次）	
1	万春和	福建省农业科学院	16	7	22	48	62.5	21	3.00	4
2	毕于运	中国农业科学院农业资源与农业区划研究所	1	1	3	45	100.0	45	45.00	4
3	张吉鹍	江西省农业科学院	64	15	66	43	18.8	11	0.67	3
4	郭建凤	山东省农业科学院	63	11	64	37	30.2	6	0.59	3
5	原现军	南京农业大学	5	2	5	35	100.0	12	7.00	3
6	盛清凯	山东省农业科学院	17	9	21	33	47.1	18	1.94	3
7	王帅	塔里木大学	25	17	36	32	60.0	10	1.28	3
7	韩益飞	江苏省如东县蚕桑指导站	27	5	27	32	48.2	5	1.19	4
9	任继周	兰州大学	9	4	21	31	77.8	19	3.44	4
10	刘兴元	兰州大学	8	5	14	30	62.5	13	3.75	4
11	李万军	辽宁医学院	22	7	25	27	54.6	10	1.23	3
12	傅光华	福建省农业科学院	12	10	15	26	50.0	9	2.17	4
12	黎观红	江西农业大学	8	8	11	26	62.5	18	3.25	3
12	陈向武	青岛东方动物卫生法学研究咨询中心	43	2	43	26	27.9	4	0.60	3
15	王诚	山东省农业科学院	6	5	6	23	50.0	14	3.83	2

序号	姓名	作者单位	前5年发文			前5年学科发文在2014年的被引				h指数（学科）
			学科发文（篇）	期刊分布（种）	发文总量（篇）	总频次	被引率（%）	最高（次）	篇均（次）	
16	杨久仙	北京农业职业学院	15	9	17	22	33.3	12	1.47	2
16	章世元	扬州大学	12	10	15	22	50.0	9	1.83	2
16	曹贞贞	中国农业大学	1	1	1	22	100.0	22	22.00	1
19	程志斌	云南农业大学	35	12	37	21	45.7	3	0.60	2
19	李建琴	浙江大学	15	3	18	21	73.3	4	1.40	3

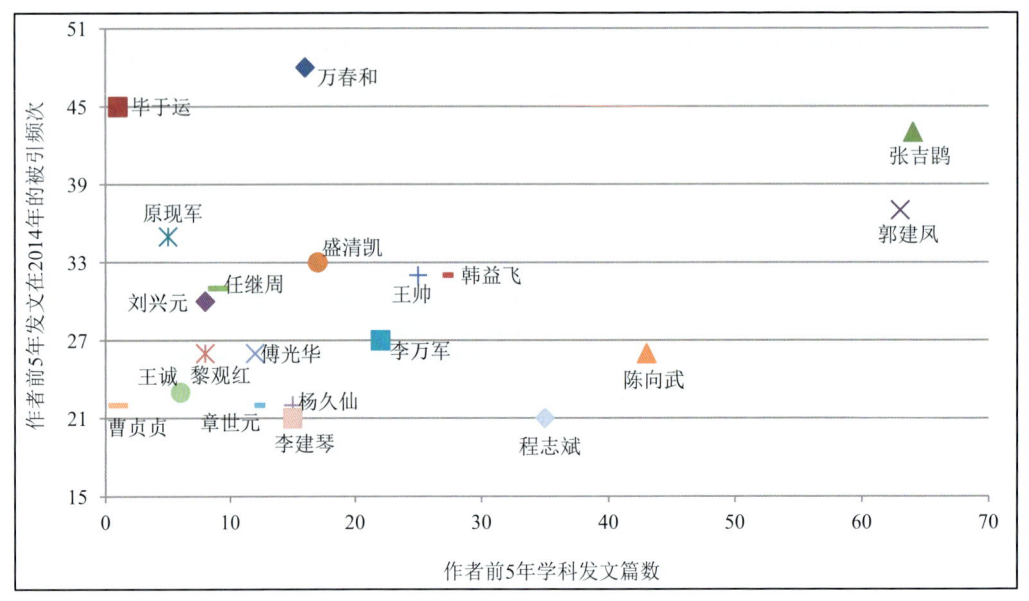

图27-7 畜牧、动物医学学科高被引作者学科发文及被引对比

27.5.2 高被引作者科研合作关系

通过作者合著分析，获得2014年畜牧、动物医学学科高被引作者及与其他学者之间的科研论文合作关系（不考虑论文署名次序），如图27-8所示（合著8次以下不显示）。可以看出，畜牧、动物医学学科的高被引作者的论文合作现象比较普遍。学者郭建凤、张吉鹍的发文量较多；学者郭建凤、傅光华的论文合作网络最为突出，在该学科的研究人员中表现出一定的集聚效应；傅光华和万春和等学者之间的合作关系最为紧密，显示出他们可能属于同一支科研团队。

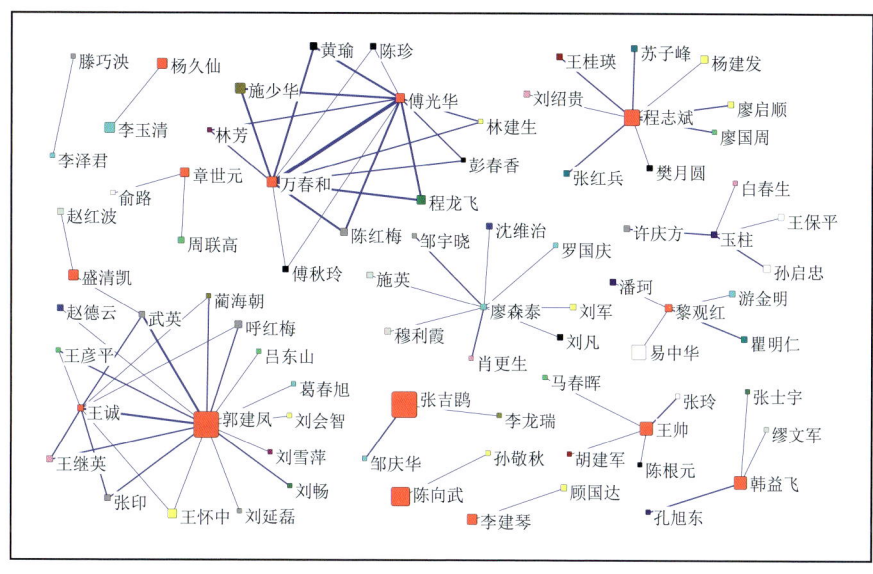

图 27-8　畜牧、动物医学学科高被引作者科研论文合作关系

27.5.3　高被引作者发文主题关联

通过作者共被引分析，获得 2014 年畜牧、动物医学学科高被引作者及与其他学者之间的发文主题关联（见图 27-9，共被引 4 次以下不显示）。如图 27-9 所示，畜牧、动物医学学科的高被引作者基本主导了作者共被引网络，显示出该学科在热点主题上已经形成了优势较为明显的科研力量。学者万春和的节点较大，显示出其学术成果在学科内得到较多关注；万春和与曹贞贞、傅光华等学者之间的链接较强，意味着他们之间可能有较为相近的研究主题；以万春和、曹贞贞和傅光华等学者为主要节点的共被引作者簇人数较多且网络规模较大，意味着这些学者的研究主题关联可能较为紧密。

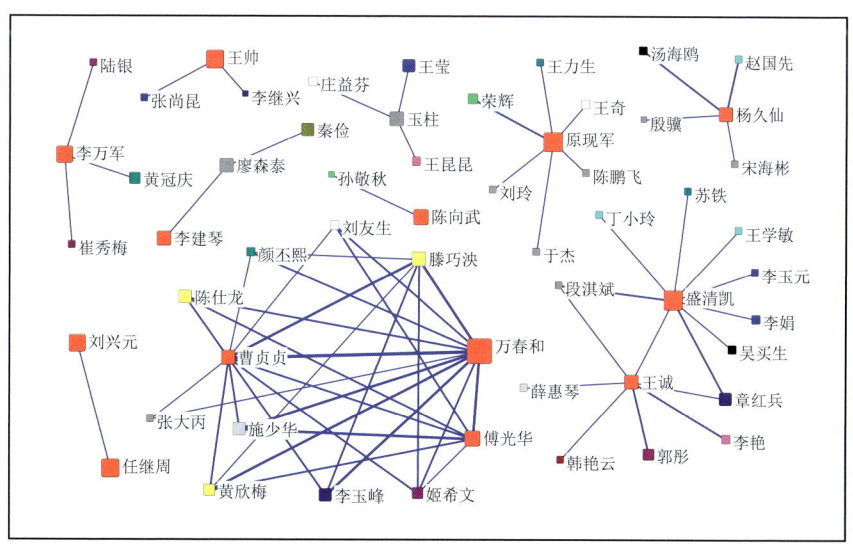

图 27-9　畜牧、动物医学学科高被引作者发文主题关联

27.6 高被引机构分析

27.6.1 高被引机构

为便于比较，本书将畜牧、动物医学学科的高被引机构分为高等院校和科研院所两种类型。其中，被引频次 TOP 10 高等院校和被引频次 TOP 5 科研院所的发文及被引情况分别见表 27-5 和表 27-6。其中，总被引频次较高的 3 所高等院校分别是东北农业大学、中国农业大学和四川农业大学，中国农业科学院北京畜牧兽医研究所、福建省农业科学院和江苏省农业科学院是总被引频次较高的 3 所科研院所；前 5 年学科发文在 2014 年的被引率最高的高等院校和科研院所分别是四川农业大学和江苏省农业科学院，篇均被引最高的高等院校和科研院所分别是甘肃农业大学和福建省农业科学院。上述高被引机构的论文被引率和篇均被引频次对比如图 27-10 所示。

表 27-5 畜牧、动物医学学科高被引高等院校 TOP 10

序号	第一作者单位	学科发文量（篇）		前 5 年学科发文在 2014 年的被引			
		前 5 年	2014 年	频次	被引率(%)	最高(次)	篇均（次）
1	东北农业大学	2079	265	910	26.9	10	0.44
2	中国农业大学	1809	242	908	28.1	22	0.50
3	四川农业大学	1492	208	801	30.3	16	0.54
4	扬州大学	1846	302	787	27.7	9	0.43
5	南京农业大学	1402	230	751	29.5	12	0.54
6	西北农林科技大学	1666	224	739	26.8	11	0.44
7	甘肃农业大学	1133	217	632	29.8	13	0.56
8	华南农业大学	1651	202	585	22.7	9	0.35
9	内蒙古农业大学	1384	203	546	26.0	7	0.39
10	山东农业大学	1089	181	528	28.8	7	0.48

表 27-6 畜牧、动物医学学科高被引科研院所 TOP 5

序号	第一作者单位	学科发文量（篇）		前 5 年学科发文在 2014 年的被引			
		前 5 年	2014 年	频次	被引率(%)	最高(次)	篇均（次）
1	中国农业科学院北京畜牧兽医研究所	772	102	417	30.4	8	0.54
2	福建省农业科学院	517	74	361	32.3	21	0.70
3	江苏省农业科学院	525	78	314	34.9	14	0.60
4	中国农业科学院哈尔滨兽医研究所	644	90	271	25.9	10	0.42
5	山东省农业科学院	610	83	245	20.3	18	0.40

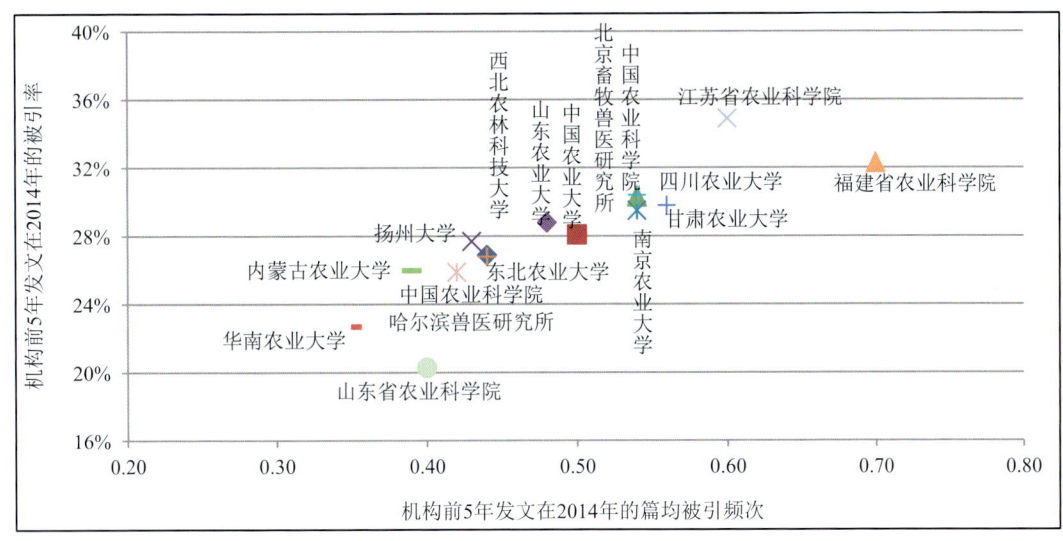

图 27-10　畜牧、动物医学学科高被引机构论文篇均被引及被引率对比

27.6.2　高被引机构科研合作关系

通过合著分析，获得畜牧、动物医学学科高被引机构之间及其与其他机构之间的科研合作关联，如图 27-11 所示（合作 151 次以下不显示）。分析得知，畜牧、动物医学学科的机构合作链接较为紧密，表明学科内机构合作现象较为普遍；高被引机构尚未形成机构合作网络；甘肃农业大学与中国农业科学院兰州畜牧与兽药研究所、内蒙古农牧业科学院与内蒙古农业大学、东北农业大学与中国农业科学院哈尔滨兽医研究所等机构之间的链接较强，表明它们的学术合作较为频繁。

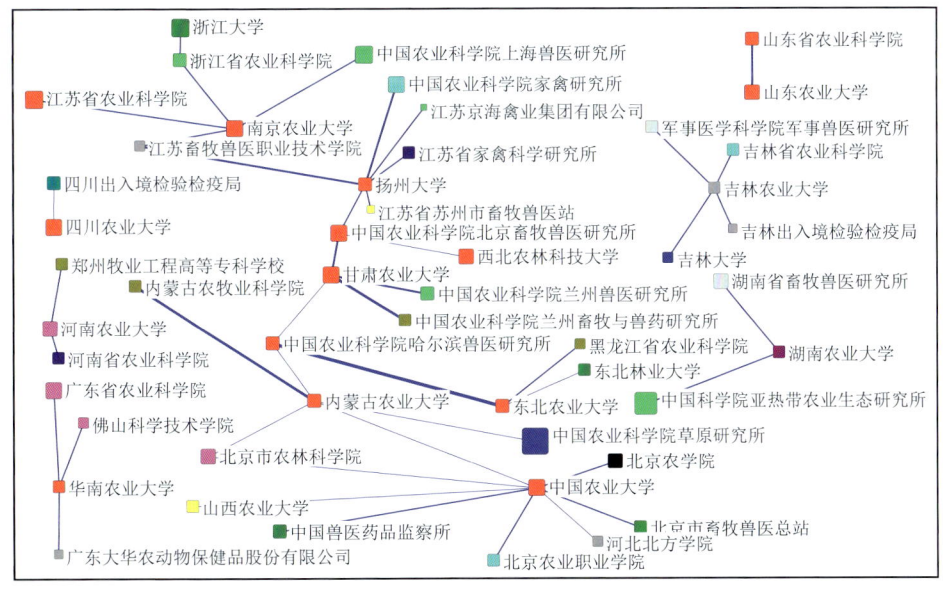

图 27-11　畜牧、动物医学学科高被引机构科研合作关联

27.7 高被引图书、国外期刊及学术会议

2014年，畜牧、动物医学学科被引频次位居前10位的图书及国外期刊见表27-7和表27-8。其中，被引次数较多的3种图书分别是殷震的《动物病毒学》、陆承平的《兽医微生物学》和蔡宝祥的《家畜传染病学》；被引次数较多的3种国外期刊分别是《Journal of Animal Science》《Journal of Dairy Science》和《Poultry Science》；被引次数较多的3场学术会议分别是"Proceedings of 9th World Rabbit Congress""Proceedings of the Xth International Scientific Congress in Fur Animal Production"和"Proceedings of 13e Journées de la Recherche Cunicole"。

表27-7 畜牧、动物医学学科高被引图书 TOP 10

序号	责任者	图书名称	出版社	2014年被引频次
1	殷震	动物病毒学	科学出版社	216
2	陆承平	兽医微生物学	中国农业出版社	146
3	蔡宝祥	家畜传染病学	中国农业出版社	124
4	张丽英	饲料分析及饲料质量检测技术	中国农业大学出版社	122
5	陈溥言	兽医传染病学	中国农业出版社	92
6	杨凤	动物营养学	中国农业出版社	80
7	冯仰廉	反刍动物营养学	北科学出版社	68
8	姚火春	兽医微生物学实验指导	中国农业出版社	59
9	杨胜	饲料分析及饲料质量检测技术	北京农业大学出版社	51
10	杨宁	家禽生产学	中国农业出版社	49

表27-8 畜牧、动物医学学科高被引国外期刊 TOP 10

序号	期刊名称	2014年被引频次
1	Journal of Animal Science	2427
2	Journal of Dairy Science	2371
3	Poultry Science	1618
4	Journal of Virology	1599
5	Veterinary Microbiology	1319
6	Proceedings of the National Academy of Sciences of the United States of America	1212
7	Nature	1161
8	PLoS One	1083
9	Science	944
10	Journal of Biological Chemistry	908

第 28 章 水产、渔业学科高被引分析

28.1 学科论文概况

2009—2013 年，水产、渔业学科共有 25572 位来自 9350 所机构的论文第一作者在 1468 种期刊上发表了 35760 篇学术论文。其中，80%以上的论文产出自 6563 所机构、19294 位作者，发表在 97 种期刊上。在前 5 年发表的这些论文中，有 7343 篇在 2014 年获得过引用，整体被引率为 20.5%，总被引频次为 12753 次，篇均被引 0.36 次；其中，高被引论文有 91 篇，单篇论文最高被引频次为 15 次，累计被引 750 次，篇均被引 8.24 次（表 28-1）。另外，2014 年水产、渔业学科共发表论文 7598 篇，其中有 238 篇在当年获得过引用，总共被引 268 次。

表 28-1 水产、渔业学科论文分布情况

年份	论文篇数	2014 年被引频次	2014 年被引率（%）	2014 年高被引论文			
				论文篇数	最高被引频次	总被引频次	篇均被引频次
2009	6198	2232	20.0	18	9	144	8.00
2010	5988	2801	25.1	15	7	143	9.53
2011	7744	2945	21.7	26	15	222	8.54
2012	8854	2840	18.6	18	12	149	8.28
2013	6976	1935	18.2	14	6	92	6.57
合计	35760	12753	20.5	91	15	750	8.24

从水产、渔业学科论文的地域分布来看，2014 年被引频次较高的 5 个省、直辖市或自治区依次是上海、广东、山东、江苏和浙江（图 28-1）；5 年论文产出量较多的 5 个省、直辖市或自治区依次是江苏、山东、广东、上海和浙江（图 28-2）。

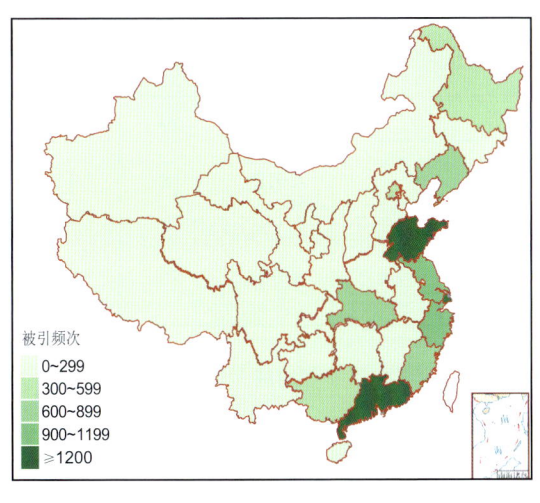
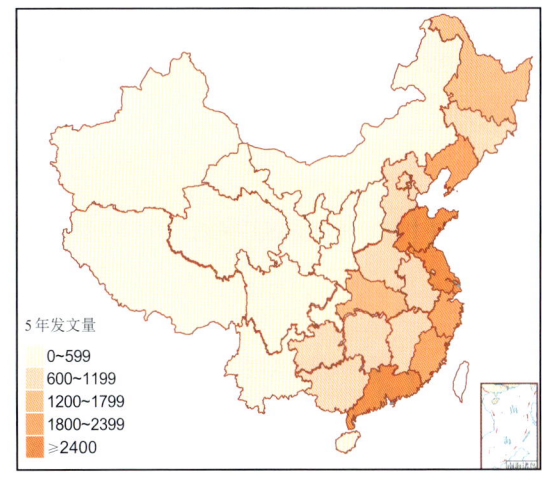

图 28-1 2014 年水产、渔业学科地区被引分布　　图 28-2 水产、渔业学科 5 年论文产出地区分布

28.2 高被引论文分析

在水产、渔业学科，2014 年被引频次位居前 10 位的论文（表 28-2）平均被引频次为 12.9 次，是全部 91 篇高被引论文篇均被引频次的 1.6 倍。其中，被引频次最高的论文是卢迈新于 2010 年发表的《广东与海南养殖罗非鱼无乳链球菌的分离、鉴定与特性分析》，随后 2 篇分别是孙大江于 2011 年发表的《中国的鲟鱼养殖》和陈雪忠于 2009 年发表的《南极磷虾资源利用现状与中国的开发策略分析》。

从论文分布来看，刊载高被引论文数量居前的 3 种期刊分别是《水产学报》（8 篇）、《中国水产科学》（8 篇）和《水生生物学报》（8 篇），而《动物营养学报》刊载了高被引论文 TOP 10 中的 2 篇；发表高被引论文居前的 3 位学者分别是上海海洋大学的佟懿（2 篇）、中国水产科学研究院珠江水产研究所的卢迈新（2 篇）和西北农林科技大学的吉红（2 篇）；产出高被引论文数量居前的 3 所机构分别是上海海洋大学（11 篇）、中国水产科学研究院南海水产研究所（4 篇）和中国水产科学研究院珠江水产研究所（4 篇），而中国水产科学研究院珠江水产研究所产出了高被引论文 TOP 10 中的 3 篇。

表 28-2 水产、渔业学科高被引论文 TOP 10

序号	论文题名	第一作者	期刊名称	发表年份	被引频次 总频次	被引频次 2014 年
1	广东与海南养殖罗非鱼无乳链球菌的分离、鉴定与特性分析	卢迈新	微生物学通报	2010	46	19
2	中国的鲟鱼养殖	孙大江	水产学杂志	2011	30	16
3	南极磷虾资源利用现状与中国的开发策略分析	陈雪忠	中国水产科学	2009	89	15
4	野生拟目乌贼不同组织营养成分分析及评价	蒋霞敏	动物营养学报	2012	17	12
4	基于无线传感网络的规模化水产养殖智能监控系统	史兵	农业工程学报	2011	29	12
6	罗非鱼链球菌病研究进展	卢迈新	南方水产	2010	30	11
6	水产动物重要经济性状的分子基础及其遗传改良	桂建芳	科学通报	2012	18	11
6	饲料中添加枯草芽孢杆菌对草鱼生长性能、免疫和抗氧化功能的影响	沈文英	动物营养学报	2011	29	11
6	低盐度胁迫对银鲳幼鱼肝脏抗氧化酶、鳃和肾脏 ATP 酶活力的影响	尹飞	应用生态学报	2011	26	11
6	广东省罗非鱼主养区无乳链球菌的分离、鉴定与致病性	柯剑	广东海洋大学学报	2010	28	11

28.3 研究主题关联分析

在水产、渔业学科，高被引论文累计被 2014 年发表的 648 篇论文引用了 750 次。通过分析施引文献关键词的词频及关键词之间的共现关系，获得 2014 年水产、渔业学科的热点主题和主题关联，如图 28-3 所示（共现 4 次以下不显示）。由图 28-3 可知："生长""无乳链球菌""罗非鱼"等关键词的文档词频较高，是 2014 年学科的研究热点；以"无乳链球菌""罗非鱼""药敏试验"等关键词为主要节点的多个概念相互关联，构成了学科内最为突出的研究主题簇。

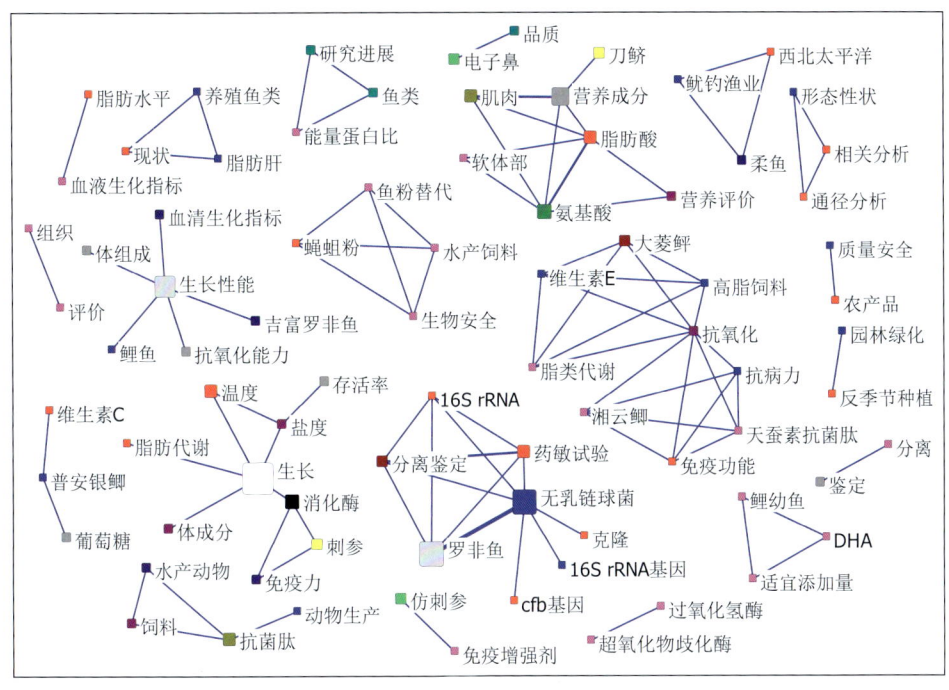

图 28-3 水产、渔业学科 2014 年热点主题关联

28.4 学科高影响力期刊分析

28.4.1 学科高影响力期刊 TOP 10

在水产、渔业学科，学科 5 年影响因子位居前 10 位的期刊见表 28-3，排在前 3 位的期刊分别是《水生生物学报》《中国水产科学》和《水产学报》。在表 28-3 中，学科载文量占其总载文量比例最大的期刊是《中国水产科学》；前 5 年学科载文在 2014 年被引率最高的期刊是《水生生物学报》；期刊 5 年影响因子较高的前 3 种期刊分别是《中国水产科学》《南方水产科学》和《水产学报》；学科 5 年影响因子与期刊 5 年影响因子差异最大的期刊是《广东海洋大学学报》。表 28-3 中期刊的学科 5 年影响因子和前 5 年学科载文的 2014 年被引率对比如图 28-4 所示，2009—2014 年期刊 5 年影响因子的变动情况如图 28-5 所示。

表 28-3　水产、渔业学科高影响力期刊基本指数

序号	期刊名称	前5年载文量			2014年学科被引			5年影响因子		h指数(学科)
		学科(篇)	占比(%)	总量(篇)	频次	被引率(%)	高被引论文篇数	期刊(2014)	学科(2014)	
1	水生生物学报	263	26.1	1006	327	52.1	8	0.913	1.243	7
2	中国水产科学	695	80.2	867	742	46.2	8	1.016	1.068	7
3	水产学报	557	42.4	1315	580	47.2	8	0.978	1.041	7
4	南方水产科学	310	62.3	498	322	47.7	3	0.982	1.039	6
5	渔业科学进展	467	67.3	694	424	46.7	2	0.872	0.908	6
6	上海海洋大学学报	624	72.8	857	532	43.8	6	0.772	0.853	6
7	大连海洋大学学报	426	62.8	678	354	46.2	1	0.740	0.831	5
8	广东海洋大学学报	185	27.0	685	145	39.5	2	0.441	0.784	4
9	水产科学	725	72.7	997	540	40.0	4	0.705	0.745	6
10	海洋科学	279	19.7	1419	174	38.7	0	0.534	0.624	5

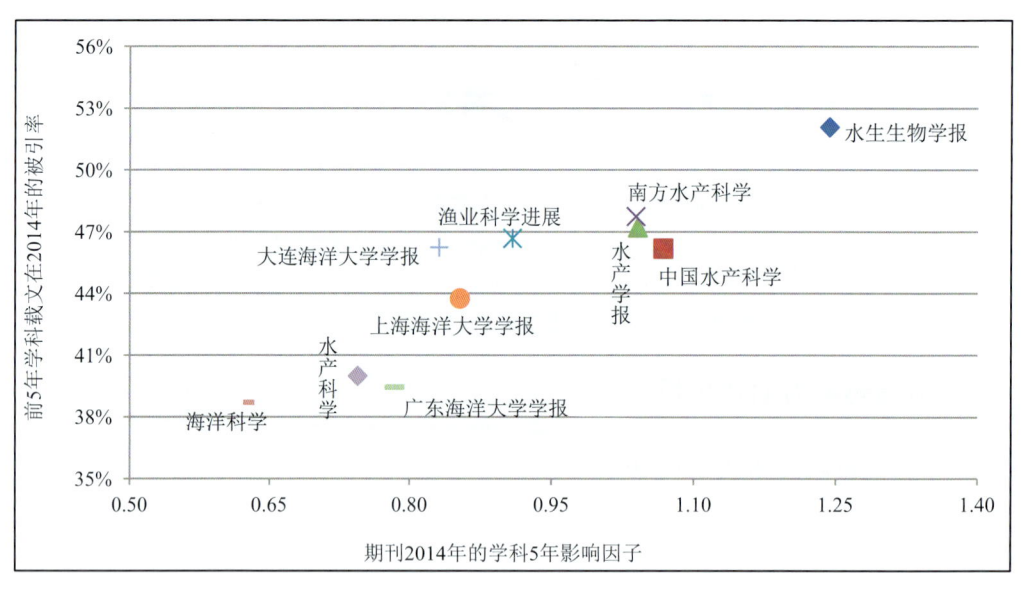

图 28-4　水产、渔业学科高影响力期刊对比

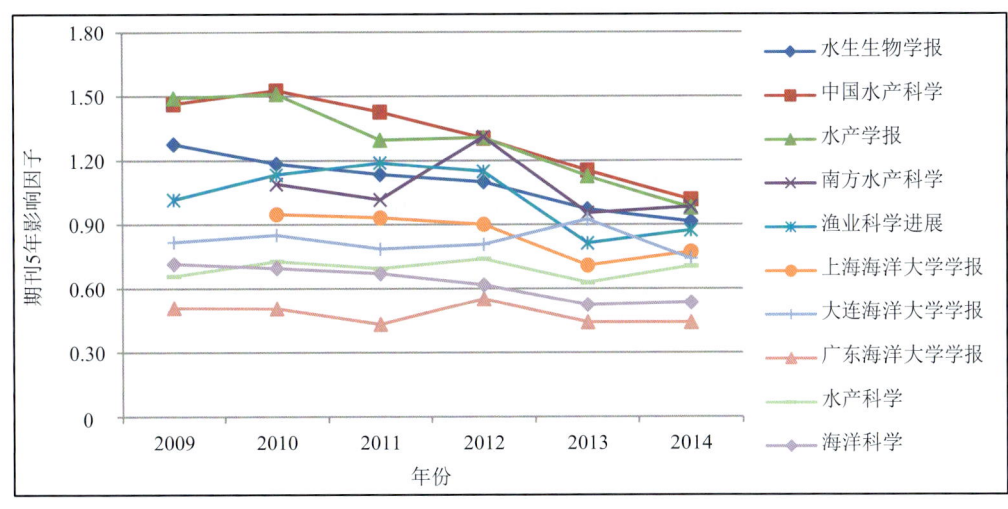

图 28-5　水产、渔业学科期刊 5 年影响因子变动

28.4.2　学科高影响力期刊载文主题关联

通过期刊共被引分析，获得水产、渔业学科高影响力期刊及与其他期刊之间的载文主题关联，如图 28-6 所示（共被引 20 次以下不显示）。结果显示，水产、渔业学科的高影响力期刊相互链接较为紧密，基本主导了该学科的期刊共被引网络，显示出该学科高影响力期刊可能共同刊载了许多相近的研究主题，热点研究主题分散在多种期刊上。《水生生物学报》的学科 5 年影响因子较高，显示出其学术影响力较大；《水产学报》与《中国水产科学》之间的链接较强，意味着它们之间可能有较多相同或相近的载文主题。

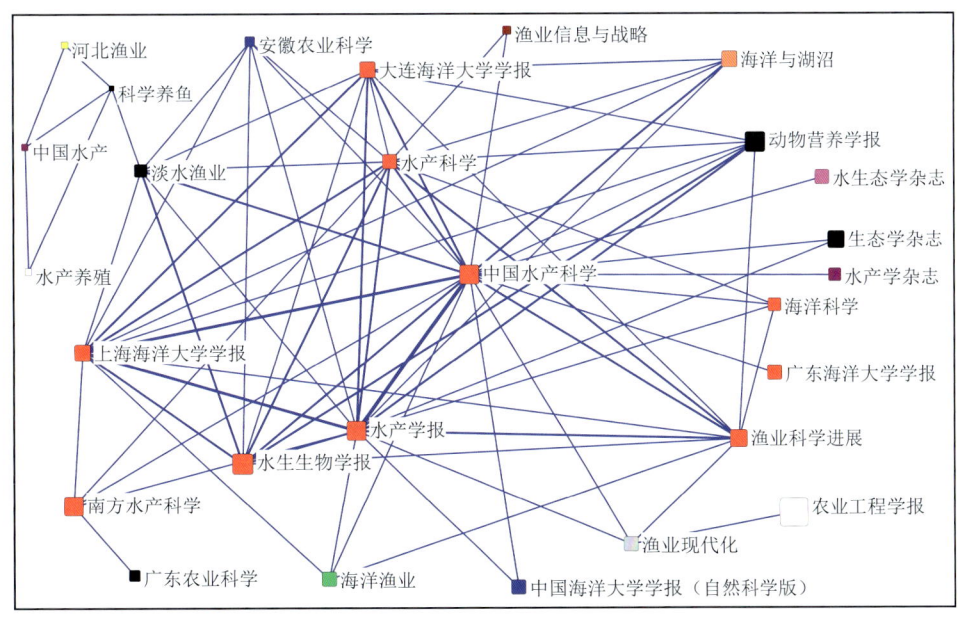

图 28-6　水产、渔业学科高影响力期刊载文主题关联

28.5 高被引作者分析

28.5.1 高被引作者TOP 20

2009—2013年,在25572位水产、渔业学科论文的第一作者中,在2014年学科被引频次位居前20位的学者的发文及被引情况见表28-4。其中,学科发文总被引频次较高的3位作者分别是西北农林科技大学的吉红(30次)、中国水产科学研究院珠江水产研究所的卢迈新(30次)和广西大学的黄钧(26次)。高被引作者的5年学科发文数量从3篇到21篇不等,同时,作者学科发文的期刊分布也在1种到11种之间变化。在发文超过5篇的所有作者中,篇均被引较高的3位作者分别是广东省农业科学院的曹俊明(篇均3.20次)、中国水产科学研究院黄海水产研究所的雷霁霖(篇均3.00次)和辽宁省淡水水产科学研究院的骆小年(篇均2.50次);前5年发表学科论文较多的3位作者分别是《海洋与渔业》杂志社的陈石娟(76篇)、英山县水产局的王文彬(68篇)和《海洋与渔业》杂志社的吕华当(65篇)。高被引作者的学科发文量和被引量对比如图28-7所示。

表28-4 水产、渔业学科高被引作者TOP 20

序号	姓名	作者单位	前5年发文			前5年学科发文在2014年的被引				h指数(学科)
			学科发文(篇)	期刊分布(种)	发文总量(篇)	总频次	被引率(%)	最高(次)	篇均(次)	
1	吉红	西北农林科技大学	15	11	24	30	53.3	7	2.00	4
1	卢迈新	中国水产科学研究院珠江水产研究所	3	3	2	30	66.7	19	10.00	2
3	黄钧	广西大学	15	5	15	26	60.0	5	1.73	3
4	陈新军	上海海洋大学	14	6	19	24	64.3	7	1.71	3
5	佟懿	上海海洋大学	4	3	5	23	100.0	8	5.75	4
6	孙大江	中国水产科学研究院黑龙江水产研究所	3	1	3	20	66.7	16	6.67	2
6	骆小年	辽宁省淡水水产科学研究院	8	3	8	20	75.0	5	2.50	3
8	栗志民	广东海洋大学	14	11	18	19	64.3	5	1.36	2
8	陈雪忠	中国水产科学研究院东海水产研究所	3	2	4	19	100.0	15	6.33	2
10	黄洪贵	福建省淡水水产研究所	12	9	15	18	75.0	4	1.50	2
10	蓝蔚青	上海海洋大学	10	7	33	18	80.0	4	1.80	3
10	区又君	中国水产科学研究院南海水产研究所	21	11	44	18	33.3	5	0.86	4
10	庄平	中国水产科学研究院东海水产研究所	10	8	16	18	60.0	7	1.80	3

序号	姓名	作者单位	前5年发文			前5年学科发文在2014年的被引				h指数(学科)
			学科发文(篇)	期刊分布(种)	发文总量(篇)	总频次	被引率(%)	最高(次)	篇均(次)	
14	王吉桥	大连海洋大学	16	3	16	17	62.5	5	1.06	2
14	宋理平	山东省淡水水产研究所	8	4	13	17	50.0	10	2.12	3
14	孙翰昌	重庆文理学院	12	6	23	17	50.0	5	1.42	3
17	张琴	广西海洋研究所	7	4	9	16	57.1	6	2.29	3
17	宓国强	浙江省淡水水产研究所	8	5	9	16	62.5	7	2.00	3
17	强俊	南京农业大学	4	3	4	16	100.0	6	4.00	3
17	吕振波	山东省海洋水产研究所	4	4	5	16	100.0	7	4.00	3
17	曹俊明	广东省农业科学院	5	4	5	16	100.0	8	3.20	2

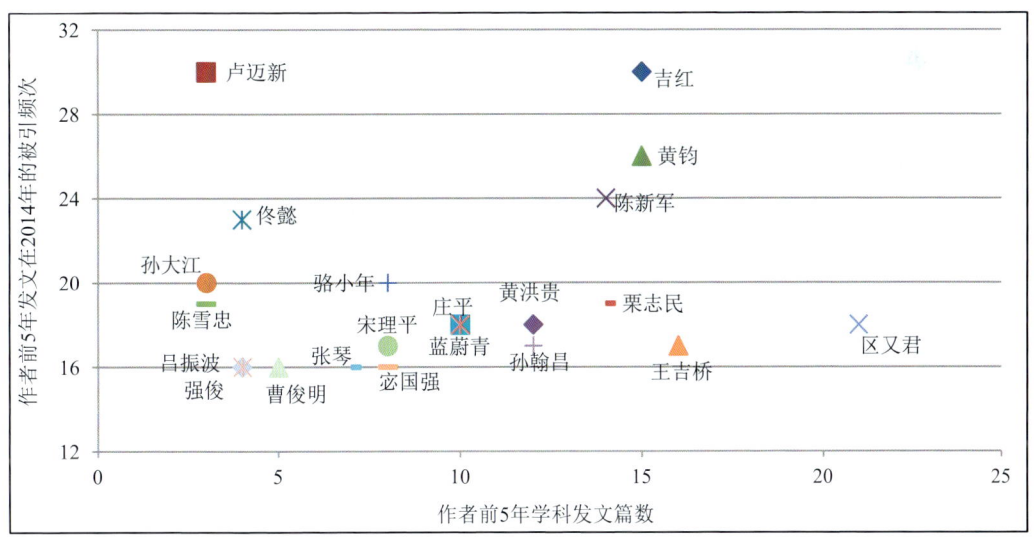

图 28-7　水产、渔业学科高被引作者学科发文及被引对比

28.5.2　高被引作者科研合作关系

通过作者合著分析，获得 2014 年水产、渔业学科高被引作者及与其他学者之间的科研论文合作关系（不考虑论文署名次序），如图 28-8 所示（合著 8 次以下不显示）。可以看出，水产、渔业学科的高被引作者的论文合作现象比较普遍。学者区又君的发文量最多；陈新军、曹俊明的论文合作网络最为突出，在该学科的研究人员中表现出一定的集聚效应；庄平和章龙珍、陈新军和刘必林之间的合作关系最为紧密，显示出他们可能分别属于同一支科研团队。

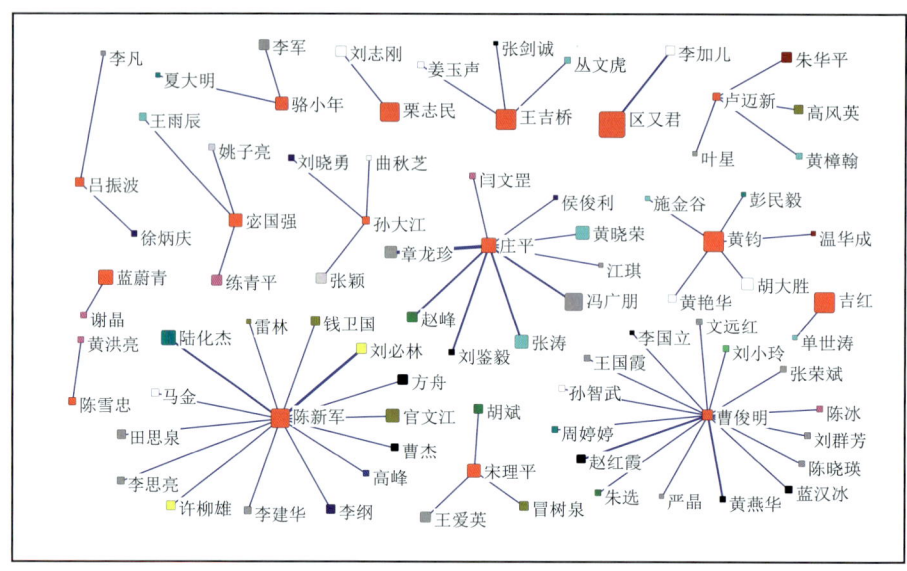

图 28-8　水产、渔业学科高被引作者科研论文合作关系

28.5.3　高被引作者发文主题关联

通过作者共被引分析，获得 2014 年水产、渔业学科高被引作者及与其他学者之间的发文主题关联（见图 28-9，共被引 3 次以下不显示）。如图 28-9 所示，水产、渔业学科的高被引作者基本主导了作者共被引网络，显示出该学科在热点主题上已经形成了优势较为明显的科研力量。学者卢迈新和吉红的节点较大，显示出他们的学术成果在学科内得到较多关注；陈新军与曹杰、张琴与许明珠等学者之间的链接较强，意味着他们之间可能分别有较为相近的研究主题。

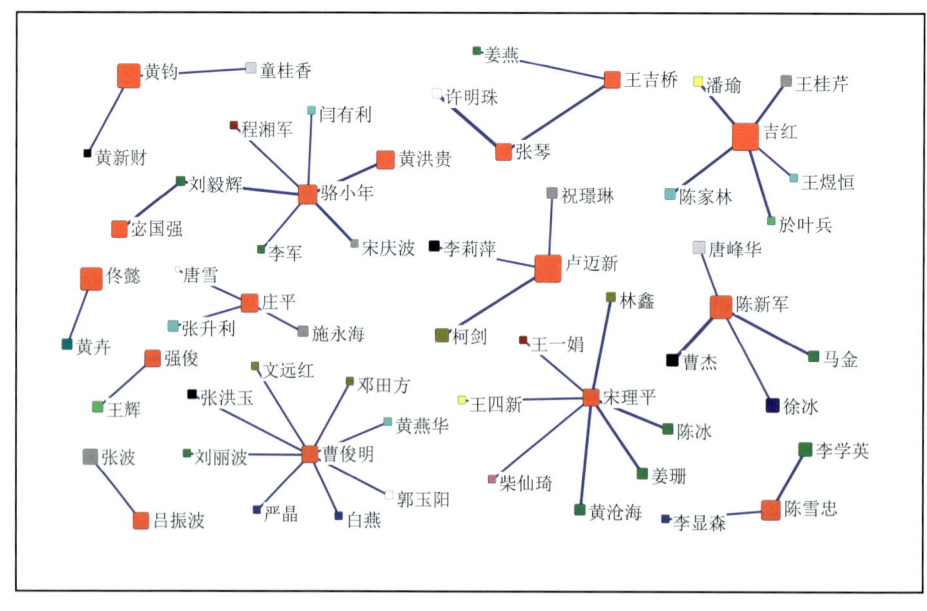

图 28-9　水产、渔业学科高被引作者发文主题关联

28.6 高被引机构分析

28.6.1 高被引机构

为便于比较,本书将水产、渔业学科的高被引机构分为高等院校和科研院所两种类型。其中,被引频次 TOP 10 高等院校和被引频次 TOP 5 科研院所的发文及被引情况分别见表 28-5 和表 28-6。其中,总被引频次较高的 3 所高等院校分别是上海海洋大学、中国海洋大学和广东海洋大学,中国水产科学研究院东海水产研究所、中国水产科学研究院黄海水产研究所和中国水产科学研究院南海水产研究所是总被引频次较高的 3 所科研院所;前 5 年学科发文在 2014 年的被引率最高的高等院校和科研院所分别是南京农业大学和中国水产科学研究院东海水产研究所,篇均被引最高的高等院校和科研院所分别是南京农业大学和中国水产科学研究院东海水产研究所。上述高被引机构的论文被引率和篇均被引频次对比如图 28-10 所示。

表 28-5 水产、渔业学科高被引高等院校 TOP 10

序号	第一作者单位	学科发文量（篇）		前 5 年学科发文在 2014 年的被引			
		前 5 年	2014 年	频次	被引率(%)	最高(次)	篇均(次)
1	上海海洋大学	1485	279	1108	39.2	9	0.75
2	中国海洋大学	790	146	460	29.4	10	0.58
3	广东海洋大学	580	113	341	33.4	6	0.59
4	大连海洋大学	515	106	298	36.3	5	0.58
5	华中农业大学	340	65	229	33.2	8	0.67
6	宁波大学	300	62	188	34.7	6	0.63
7	浙江海洋学院	359	59	181	29.5	6	0.50
8	南京农业大学	138	20	158	48.6	9	1.14
9	西南大学	210	21	156	32.9	10	0.74
10	集美大学	281	39	143	32.0	7	0.51

表 28-6 水产、渔业学科高被引科研院所 TOP 5

序号	第一作者单位	学科发文量（篇）		前 5 年学科发文在 2014 年的被引			
		前 5 年	2014 年	频次	被引率(%)	最高(次)	篇均(次)
1	中国水产科学研究院东海水产研究所	493	78	458	43.4	15	0.93
2	中国水产科学研究院黄海水产研究所	485	86	403	43.3	7	0.83
3	中国水产科学研究院南海水产研究所	438	77	357	38.8	8	0.82
4	中国水产科学研究院黑龙江水产研究所	336	48	254	42.3	16	0.76
5	中国水产科学研究院珠江水产研究所	310	57	241	36.1	19	0.78

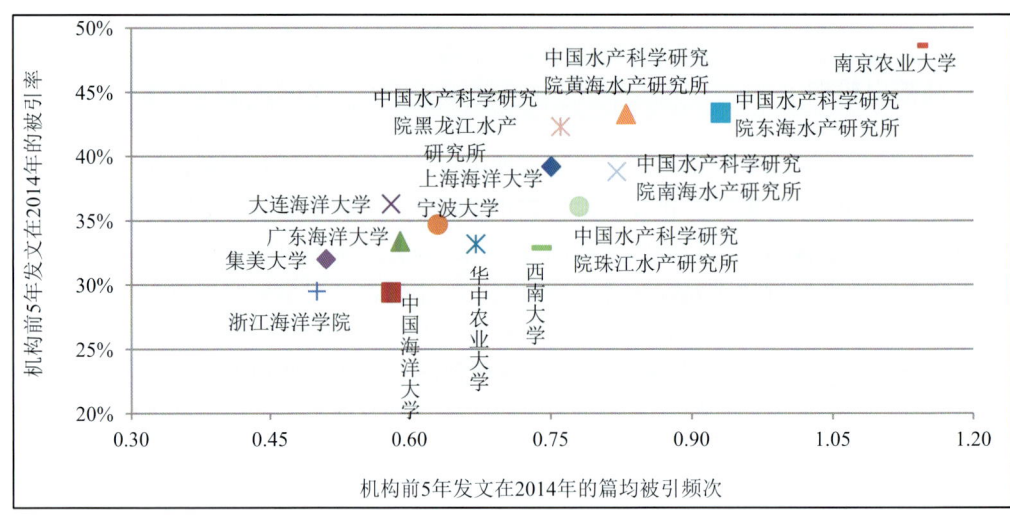

图 28-10 水产、渔业学科高被引机构论文篇均被引及被引率对比

28.6.2 高被引机构科研合作关系

通过合著分析，获得水产、渔业学科高被引机构之间及其与其他机构之间的科研合作关联，如图 28-11 所示（合作 62 次以下不显示）。分析得知，水产、渔业学科的机构合作链接较为紧密，表明学科内机构合作现象较为普遍；高被引机构基本主导了机构合作网络，显示出这些机构已经在学科内具有了一定的科研优势；中国海洋大学与中国水产科学研究院黄海水产研究所、华中农业大学与中国水产科学研究院长江水产研究所等机构之间的链接较强，表明它们的学术合作较为频繁。

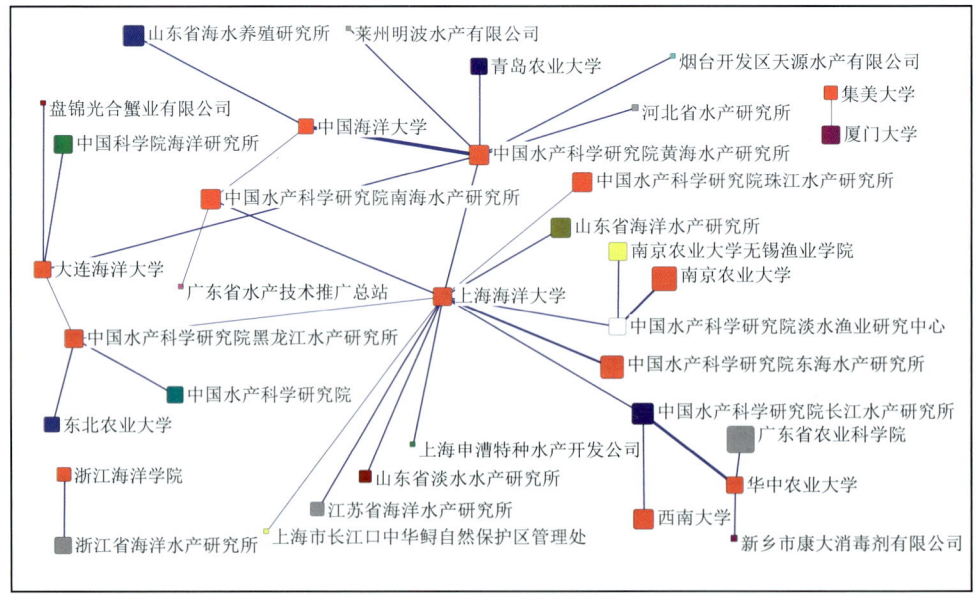

图 28-11 水产、渔业学科高被引机构科研合作关联

28.7 高被引图书、国外期刊及学术会议

2014 年，水产、渔业学科被引频次位居前 10 位的图书及国外期刊见表 28-7 和表 28-8。其中，被引次数较多的 3 种图书分别是殷名称的《鱼类生态学》、东秀珠的《常见细菌系统鉴定手册》和詹秉义的《渔业资源评估》；被引次数较多的 3 种国外期刊分别是《Aquaculture》《Fish and Shellfish Immunology》和《Aquaculture Research》；被引次数较多的 3 场学术会议分别是"Proceedings of the SEAFDEC Seminar on Fishery Resources in the South China Sea, Area Ⅳ: Vietnam""FAO Nutrition Meeting Report Series"和"ICLARM Conference Proceedings"。

表 28-7 水产、渔业学科高被引图书 TOP 10

序号	责任者	图书名称	出版社	2014 年被引频次
1	殷名称	鱼类生态学	中国农业出版社	47
2	东秀珠	常见细菌系统鉴定手册	科学出版社	28
3	詹秉义	渔业资源评估	中国农业出版社	27
3	丁瑞华	四川鱼类志	四川科学技术出版社	27
5	李爱杰	水产动物营养与饲料学	中国农业出版社	24
6	农业部渔业局	中国渔业统计年鉴	中国农业出版社	22
7	楼允东	鱼类育种学	中国农业出版社	21
8	周永欣	水生生物毒性试验方法	中国农业出版社	20
9	林浩然	鱼类生理学	广东高等教育出版社	19
10	王武	鱼类增养殖学	中国农业出版社	17

表 28-8 水产、渔业学科高被引国外期刊 TOP 10

序号	期刊名称	2014 年被引频次
1	Aquaculture	3316
2	Fish and Shellfish Immunology	691
3	Aquaculture Research	439
4	Journal of Fish Biology	324
5	Aquaculture Nutrition	322
6	Fisheries Research	290
7	Journal of Experimental Marine Biology and Ecology	283
8	Journal of Fish Diseases	259
9	Nature	258
10	General and Comparative Endocrinology	245

第 29 章　一般工业技术学科高被引分析

29.1　学科论文概况

2009—2013 年,一般工业技术学科共有 65998 位来自 18190 所机构的论文第一作者在 3221 种期刊上发表了 66237 篇学术论文。其中,80%以上的论文产出自 8473 所机构、52776 位作者,发表在 406 种期刊上。在前 5 年发表的这些论文中,有 13268 篇在 2014 年获得过引用,整体被引率为 20.0%,总被引频次为 20611 次,篇均被引 0.31 次;其中,高被引论文有 177 篇,单篇论文最高被引频次为 28 次,累计被引 1349 次,篇均被引 7.62 次(表 29-1)。另外,2014 年一般工业技术学科共发表论文 16585 篇,其中有 510 篇在当年获得过引用,总共被引 602 次。

表 29-1　一般工业技术学科论文分布情况

年份	论文篇数	2014 年被引频次	2014 年被引率(%)	2014 年高被引论文			
				论文篇数	最高被引频次	总被引频次	篇均被引频次
2009	10533	3480	21.4	30	15	215	7.17
2010	11022	3907	22.9	29	19	226	7.79
2011	15846	4853	18.9	35	26	332	9.49
2012	16067	4827	19.1	43	28	336	7.81
2013	12769	3544	19.0	40	19	240	6.00
合计	66237	20611	20.0	177	28	1349	7.62

从一般工业技术学科论文的地域分布来看,2014 年被引频次较高的 5 个省、直辖市或自治区依次是北京、江苏、陕西、上海和广东(图 29-1);5 年论文产出量较多的 5 个省、直辖市或自治区依次是北京、江苏、陕西、广东和上海(图 29-2)。

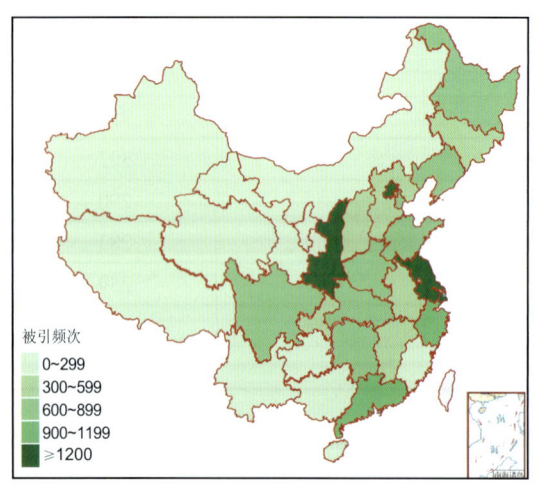
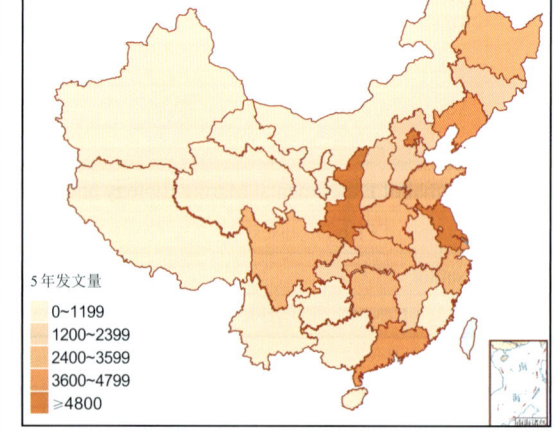

图 29-1　2014 年一般工业技术学科地区被引分布　　图 29-2　一般工业技术学科 5 年论文产出地区分布

29.2 高被引论文分析

在一般工业技术学科，2014 年被引频次位居前 10 位的论文（表 29-2）平均被引频次为 13.5 次，是全部 177 篇高被引论文篇均被引频次的 1.8 倍。其中，被引频次最高的论文是周英于 2011 年发表的《落实卓越工程师教育培养计划 大力培养工程科技创新人才》，随后 2 篇分别是马利红于 2012 年发表的《数字全息显微定量相位成像的实验研究》和陈启元于 2012 年发表的《对实施"卓越工程师教育培养计划"工作中几个问题的认识》。

从论文分布来看，刊载高被引论文数量居前的 3 种期刊分别是《包装工程》（17 篇）、《现代商贸工业》（7 篇）和《复合材料学报》（7 篇），而《中国大学教学》刊载了高被引论文 TOP 10 中的 3 篇；发表高被引论文居前的 3 位学者分别是浙江大学的卢富德（6 篇）、北京航天飞行控制中心的陈怀艳（2 篇）和浙江大学宁波理工学院的高德（2 篇）；产出高被引论文数量居前的 3 所机构分别是浙江大学（10 篇）、清华大学（6 篇）和华南理工大学（5 篇）。

表 29-2 一般工业技术学科高被引论文 TOP 10

序号	论文题名	第一作者	期刊名称	发表年份	被引频次 总频次	被引频次 2014 年
1	落实卓越工程师教育培养计划 大力培养工程科技创新人才	周英	中国大学教学	2011	49	17
2	数字全息显微定量相位成像的实验研究	马利红	中国激光	2012	24	16
3	对实施"卓越工程师教育培养计划"工作中几个问题的认识	陈启元	中国大学教学	2012	19	15
4	如何加强房屋建筑施工安全管理	熊志力	企业家天地（下旬刊）	2009	22	14
5	构建开放式实践教学体系培养工程应用型人才的探索与实践	张洪田	中国大学教学	2011	40	13
5	基于蒙特卡罗法的测量不确定度评定	陈怀艳	电子测量与仪器学报	2011	37	13
5	石墨烯的制备与表征	马文石	高校化学工程学报	2010	37	13
5	试论提高计量检定工作质量的有效措施	陈艳	价值工程	2010	25	13
9	岩土工程勘察常见问题及解决措施研究	段辉云	科技创新导报	2010	24	12
9	关于电梯维护保养的存在问题及解决方法	孙运飞	硅谷	2011	19	12
9	基准圆光栅偏心检测及测角误差补偿	艾晨光	光学精密工程	2012	21	12
9	主成分分析法与核主成分分析法在机械噪声数据降维中的应用比较	梁胜杰	中国机械工程	2011	22	12

29.3 研究主题关联分析

在一般工业技术学科,高被引论文累计被 2014 年发表的 1242 篇论文引用了 1349 次。通过分析施引文献关键词的词频及关键词之间的共现关系,获得 2014 年一般工业技术学科的热点主题和主题关联,如图 29-3 所示(共现 4 次以下不显示)。由图 29-3 可知:"应用""复合材料"等关键词的文档词频较高,是 2014 年学科的研究热点;以"复合材料""石墨烯""环氧树脂"等关键词为主要节点的多个概念相互关联,构成了学科内最为突出的研究主题簇。

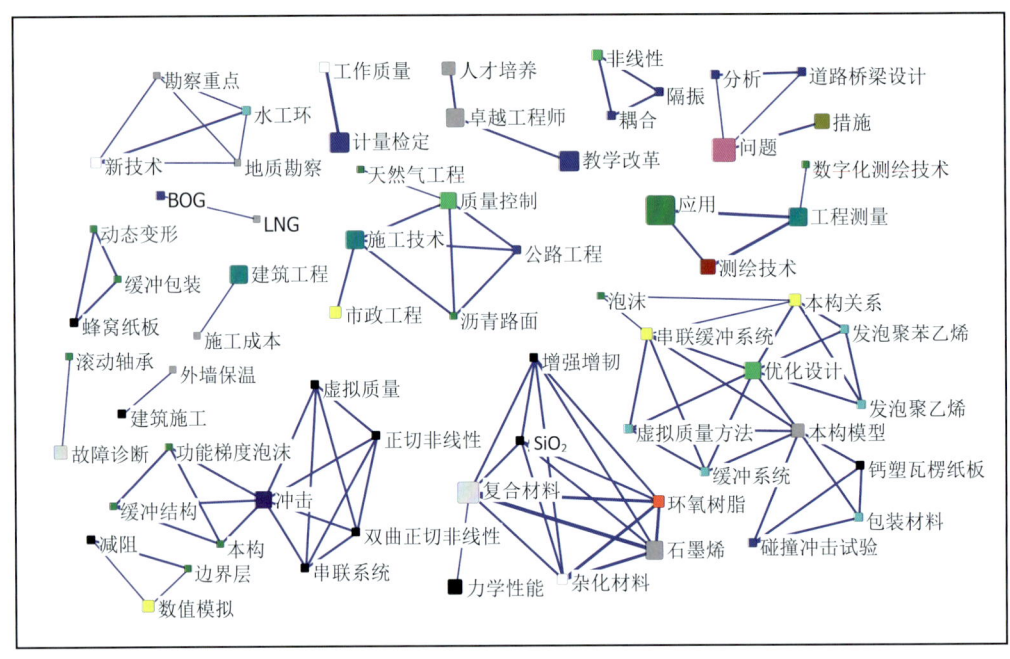

图 29-3 一般工业技术学科 2014 年热点主题关联

29.4 学科高影响力期刊分析

29.4.1 学科高影响力期刊 TOP 10

在一般工业技术学科,学科 5 年影响因子位居前 10 位的期刊见表 29-3,排在前 3 位的期刊分别是《玻璃钢/复合材料》《复合材料学报》和《制冷学报》。在表 29-3 中,学科载文量占其总载文量比例最大的期刊是《复合材料学报》;前 5 年学科载文在 2014 年被引率最高的期刊是《复合材料学报》;期刊 5 年影响因子较高的前 3 种期刊分别是《玻璃钢/复合材料》《复合材料学报》和《制冷学报》;学科 5 年影响因子与期刊 5 年影响因子差异最大的期刊是《包装学报》。表 29-3 中期刊的学科 5 年影响因子和前 5 年学科载文的 2014 年被引率对比如图 29-4 所示,2009—2014 年期刊 5 年影响因子的变动情况如图 29-5 所示。

表 29-3 一般工业技术学科高影响力期刊基本指数

序号	期刊名称	前5年载文量			2014年学科被引			5年影响因子		h指数（学科）
		学科（篇）	占比（%）	总量（篇）	频次	被引率（%）	高被引论文篇数	期刊(2014)	学科(2014)	
1	玻璃钢/复合材料	682	80.1	851	444	36.2	1	0.729	0.651	6
2	复合材料学报	1127	86.2	1307	699	37.1	7	0.633	0.620	6
3	制冷学报	312	57.3	545	193	34.3	4	0.589	0.619	5
4	无机材料学报	325	22.4	1450	192	33.9	1	0.509	0.591	5
5	真空科学与技术学报	250	21.2	1177	142	35.6	1	0.483	0.568	5
6	包装工程	3350	63.7	5263	1863	33.2	17	0.539	0.556	7
7	包装学报	214	46.4	461	113	28.0	1	0.419	0.528	4
8	功能材料	1051	22.2	4728	436	26.5	2	0.397	0.415	6
9	材料科学与工程学报	308	25.2	1221	119	28.3	0	0.384	0.386	4
10	噪声与振动控制	535	30.4	1758	199	25.1	1	0.423	0.372	6

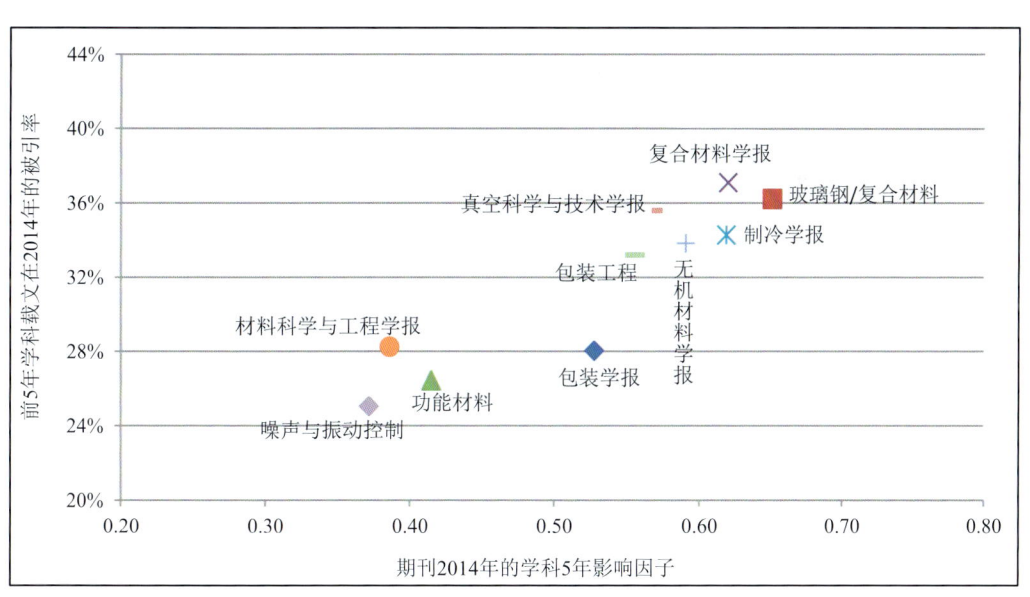

图 29-4 一般工业技术学科高影响力期刊对比

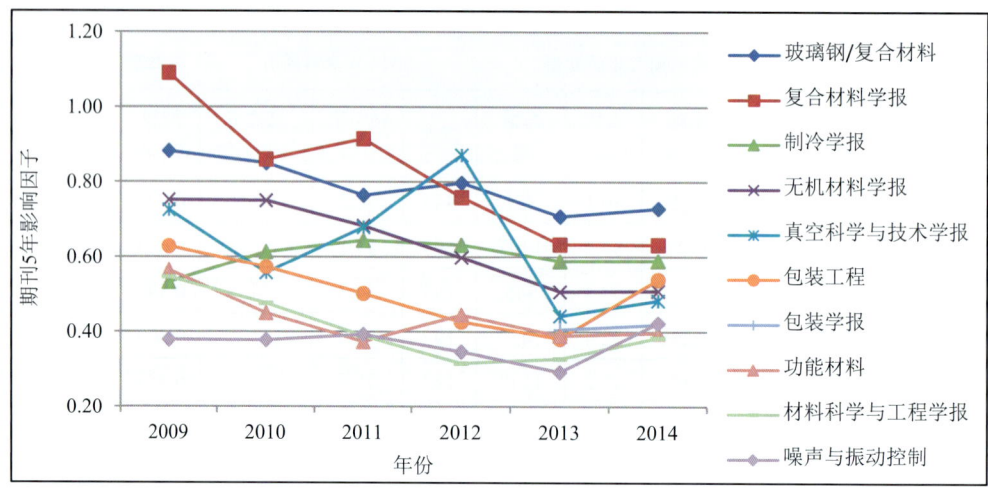

图 29-5　一般工业技术学科期刊 5 年影响因子变动

29.4.2　学科高影响力期刊载文主题关联

通过期刊共被引分析，获得一般工业技术学科高影响力期刊及与其他期刊之间的载文主题关联，如图 29-6 所示（共被引 6 次以下不显示）。结果显示，一般工业技术学科的高影响力期刊相互链接较为紧密，基本主导了该学科的期刊共被引网络，显示出该学科高影响力期刊可能共同刊载了许多相近的研究主题，热点研究主题分散在多种期刊上。《包装工程》与《包装学报》、《玻璃钢/复合材料》与《复合材料学报》等期刊之间的链接较强，意味着它们之间可能分别有较多相同或相近的载文主题。

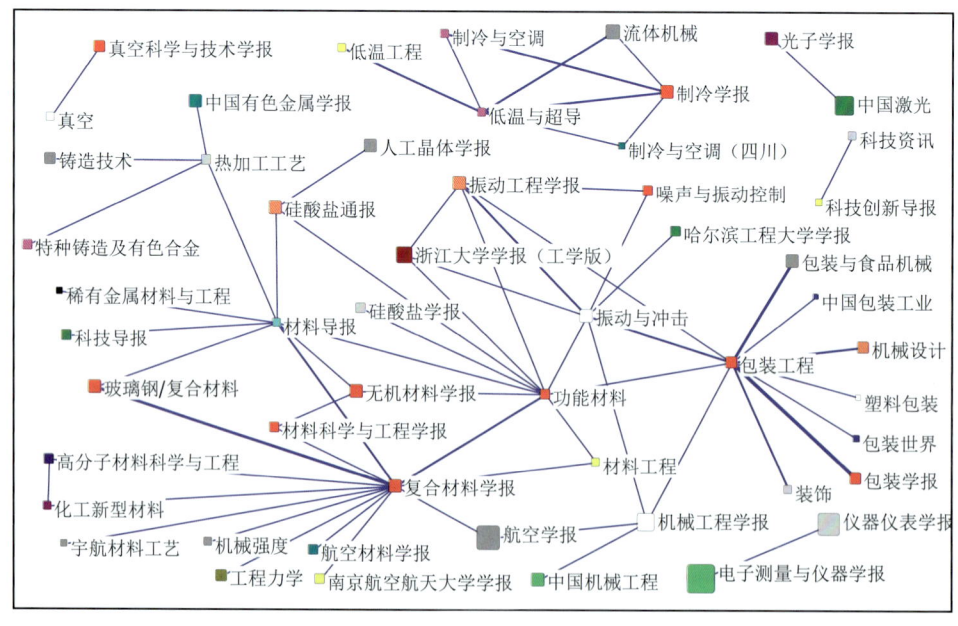

图 29-6　一般工业技术学科高影响力期刊载文主题关联

29.5 高被引作者分析

29.5.1 高被引作者 TOP 20

2009—2013 年，在 65998 位一般工业技术学科论文的第一作者中，在 2014 年学科被引频次位居前 20 位的学者的发文及被引情况见表 29-4。其中，学科发文总被引频次较高的 3 位作者分别是浙江大学的卢富德（52 次）、重庆工商大学的戴宏民（26 次）和北京林业大学的李晓刚（21 次）。高被引作者的 5 年学科发文数量从 1 篇到 20 篇不等，同时，作者学科发文的期刊分布也在 1 种到 7 种之间变化。在发文超过 5 篇的所有作者中，篇均被引较高的 3 位作者分别是浙江大学的卢富德（篇均 7.43 次）、浙江大学的陈雪刚（篇均 3.20 次）和北京工业大学的石照耀（篇均 2.80 次）；前 5 年发表学科论文较多的 3 位作者分别是国家质量监督检验检疫总局的李慎安（27 篇）、陕西科技大学的丁毅（21 篇）和沈阳建筑大学的马广韬（20 篇）。高被引作者的学科发文量和被引量对比如图 29-7 所示。

表 29-4 一般工业技术学科高被引作者 TOP 20

序号	姓名	作者单位	前 5 年发文			前 5 年学科发文在 2014 年的被引				h 指数（学科）
			学科发文（篇）	期刊分布（种）	发文总量（篇）	总频次	被引率（%）	最高（次）	篇均（次）	
1	卢富德	浙江大学	7	5	7	52	100.0	10	7.43	6
2	戴宏民	重庆工商大学	20	3	25	26	50.0	6	1.30	3
3	李晓刚	北京林业大学	12	3	15	21	50.0	12	1.75	2
4	马利红	浙江师范大学	3	2	4	20	66.7	16	6.67	2
4	马文石	华南理工大学	4	4	9	20	75.0	13	5.00	3
6	高德	浙江大学宁波理工学院	9	6	10	19	44.4	8	2.11	3
6	陈怀艳	北京航天飞行控制中心	2	1	3	19	100.0	13	9.50	2
8	谷云庆	哈尔滨工程大学	4	4	4	17	100.0	8	4.25	3
8	周英	河南理工大学	1	1	1	17	100.0	17	17.00	1
10	铁生年	青海大学	7	4	20	16	71.4	6	2.29	3
10	熊志力	湖南师范大学	2	1	4	16	100.0	14	8.00	2
10	李世国	江南大学	6	2	7	16	83.3	6	2.67	3
10	刘乘	陕西科技大学	15	5	17	16	46.7	5	1.07	3
10	陈雪刚	浙江大学	5	3	5	16	60.0	12	3.20	2
15	陈启元	中南大学	1	1	4	15	100.0	15	15.00	2
16	石照耀	北京工业大学	5	4	19	14	80.0	7	2.80	4
16	梁国龙	哈尔滨工程大学	18	7	30	14	27.8	2	0.78	2
16	陈安军	江南大学	6	4	8	14	83.3	4	2.33	3

序号	姓名	作者单位	前5年发文			前5年学科发文在2014年的被引				h指数(学科)
			学科发文（篇）	期刊分布（种）	发文总量（篇）	总频次	被引率（%）	最高（次）	篇均（次）	
19	徐锋	南京林业大学	6	4	8	13	50.0	5	2.17	3
19	杨德森	哈尔滨工程大学	13	5	24	13	46.2	4	1.00	2

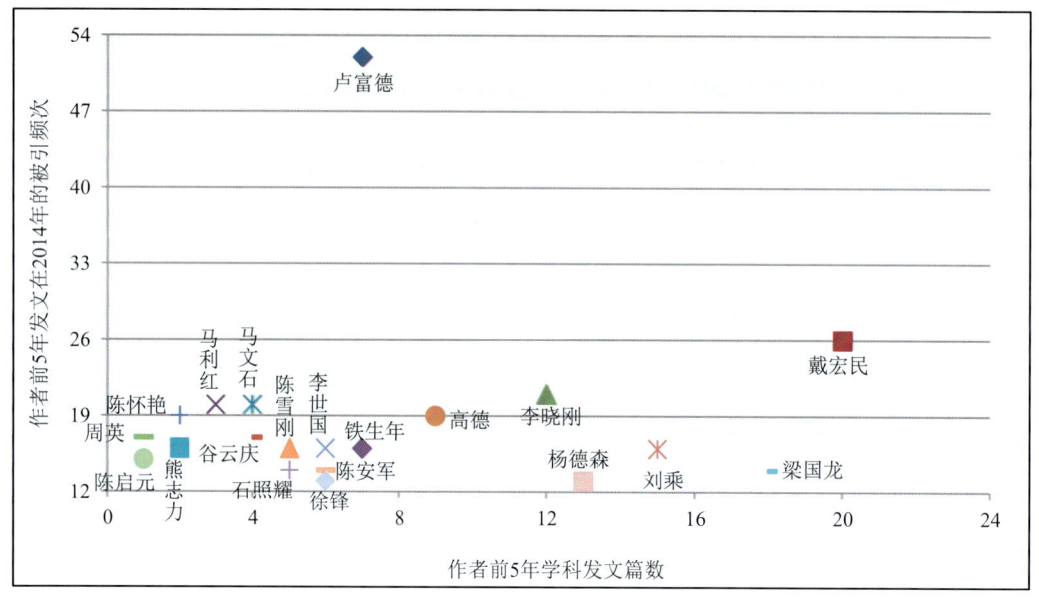

图 29-7　一般工业技术学科高被引作者学科发文及被引对比

29.5.2　高被引作者科研合作关系

通过作者合著分析，获得 2014 年一般工业技术学科高被引作者及与其他学者之间的科研论文合作关系（不考虑论文署名次序），如图 29-8 所示（合著 3 次以下不显示）。可以看出，一般工业技术学科的高被引作者的论文合作现象比较普遍。学者戴宏民和梁国龙的发文量较多，其中学者梁国龙的论文合作网络较为突出，在该学科的研究人员中表现出一定的集聚效应；杨德森和时胜国、高德和卢富德等学者之间的合作关系最为紧密，显示出他们可能分别属于同一支科研团队。

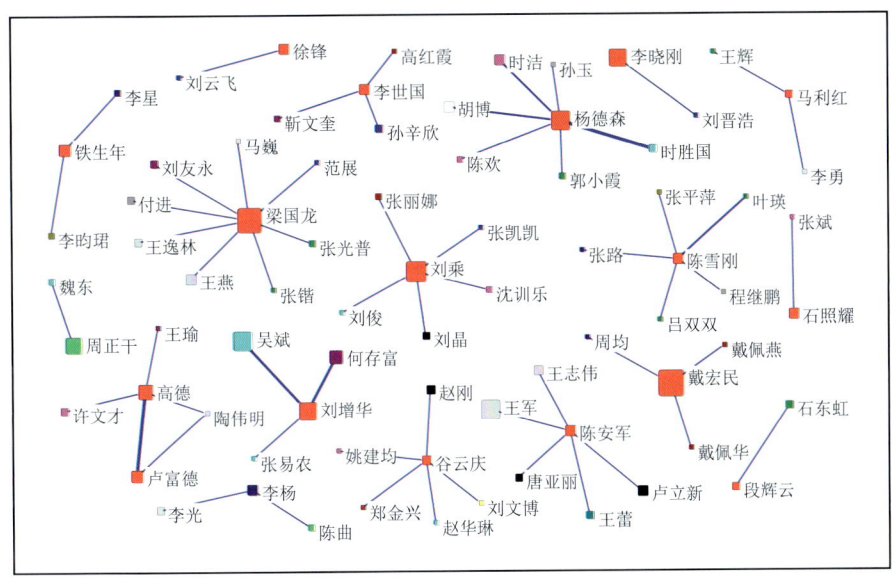

图 29-8　一般工业技术学科高被引作者科研论文合作关系

29.5.3　高被引作者发文主题关联

通过作者共被引分析，获得 2014 年一般工业技术学科高被引作者及与其他学者之间的发文主题关联（见图 29-9，共被引 2 次以下不显示）。如图 29-9 所示，一般工业技术学科的高被引作者基本主导了作者共被引网络，显示出该学科在热点主题上已经形成了优势较为明显的科研力量。学者卢富德的节点较大，显示出其学术成果在学科内得到较多关注；高德与卢富德两位学者之间的链接较强，意味着他们之间可能有较为相近的研究主题。

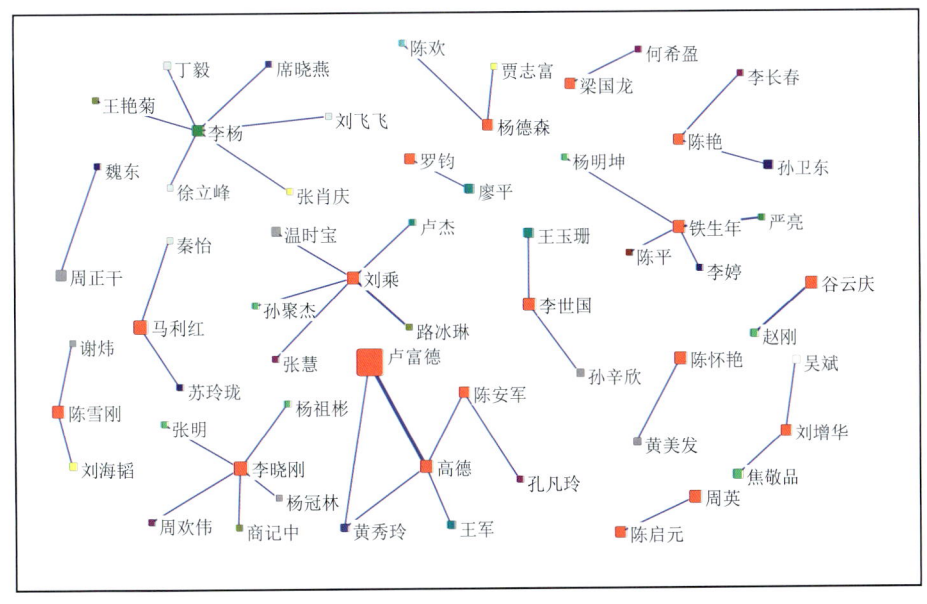

图 29-9　一般工业技术学科高被引作者发文主题关联

29.6 高被引机构分析

29.6.1 高被引机构

为便于比较，本书将一般工业技术学科的高被引机构分为高等院校和科研院所两种类型。其中，被引频次 TOP 10 高等院校和被引频次 TOP 5 科研院所的发文及被引情况分别见表 29-5 和表 29-6。其中，总被引频次较高的 3 所高等院校分别是西北工业大学、北京航空航天大学和江南大学，中国计量科学研究院、北京航空材料研究院和中国科学院声学研究所是总被引频次较高的 3 所科研院所；前 5 年学科发文在 2014 年的被引率最高的高等院校和科研院所分别是江南大学和中国科学院兰州化学物理研究所，篇均被引最高的高等院校和科研院所分别是江南大学和中国科学院兰州化学物理研究所。上述高被引机构的论文被引率和篇均被引频次对比如图 29-10 所示。

表 29-5　一般工业技术学科高被引高等院校 TOP 10

序号	第一作者单位	学科发文量（篇）		前 5 年学科发文在 2014 年的被引			
		前 5 年	2014 年	频次	被引率(%)	最高（次）	篇均（次）
1	西北工业大学	1322	193	445	23.8	6	0.34
2	北京航空航天大学	733	110	388	31.9	9	0.53
3	江南大学	586	85	347	34.3	9	0.59
4	南京航空航天大学	629	102	319	28.9	6	0.51
5	浙江大学	497	78	272	25.8	12	0.55
6	华南理工大学	463	46	266	30.5	13	0.57
7	上海交通大学	643	86	246	25.5	6	0.38
8	中南大学	602	56	237	24.9	15	0.39
9	哈尔滨工业大学	513	53	228	28.3	7	0.44
10	上海理工大学	533	107	219	25.0	11	0.41

表 29-6　一般工业技术学科高被引科研院所 TOP 5

序号	第一作者单位	学科发文量（篇）		前 5 年学科发文在 2014 年的被引			
		前 5 年	2014 年	频次	被引率(%)	最高（次）	篇均（次）
1	中国计量科学研究院	485	77	88	14.2	4	0.18
2	北京航空材料研究院	144	15	66	27.8	8	0.46
3	中国科学院声学研究所	169	26	62	20.7	6	0.37
4	合肥通用机械研究院	110	15	48	26.4	6	0.44
5	中国科学院兰州化学物理研究所	84	5	46	33.3	3	0.55

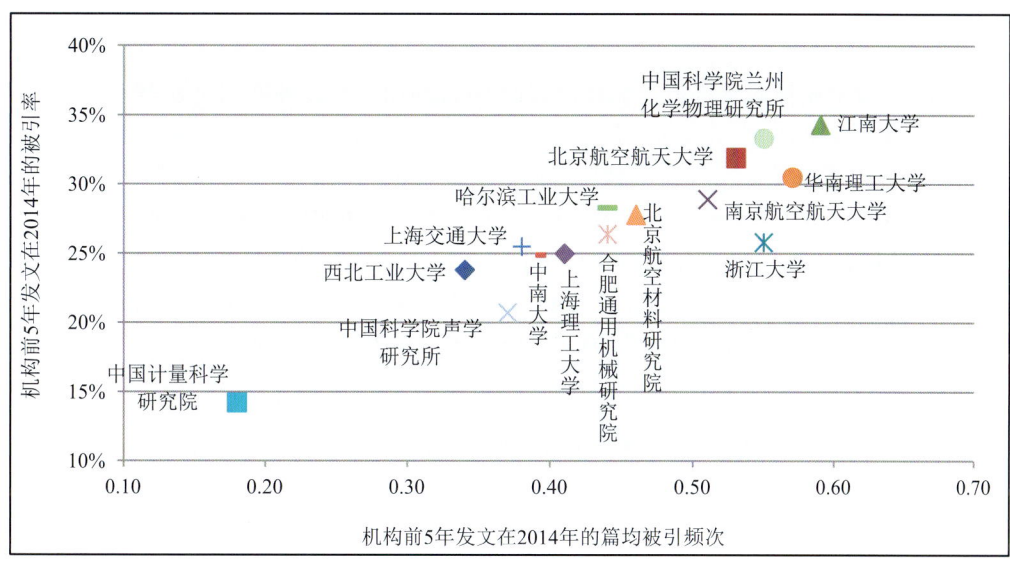

图 29-10　一般工业技术学科高被引机构论文篇均被引及被引率对比

29.6.2　高被引机构科研合作关系

通过合著分析,获得一般工业技术学科高被引机构之间及其与其他机构之间的科研合作关联,如图 29-11 所示(合作 25 次以下不显示)。分析得知,一般工业技术学科的机构合作链接比较紧密,表明学科内机构合作现象较为普遍;高被引机构基本主导了机构合作网络,显示出这些机构已经在学科内具有了一定的科研优势;北京航空航天大学和上海飞机制造有限公司、北京航空材料研究院等机构之间的链接较强,表明它们的学术合作较为频繁。

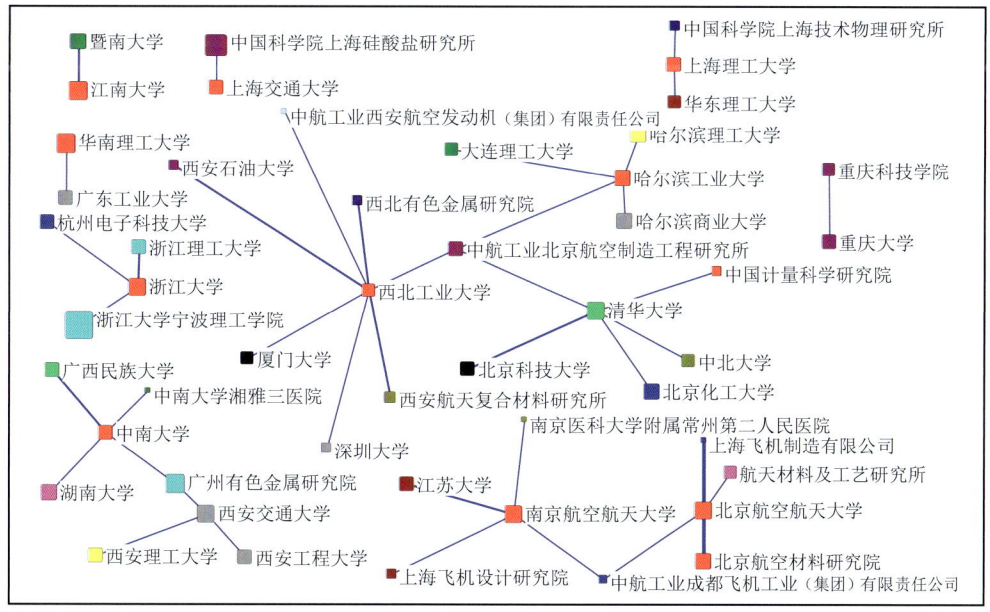

图 29-11　一般工业技术学科高被引机构科研合作关联

29.7 高被引图书、国外期刊及学术会议

2014年,一般工业技术学科被引频次位居前10位的图书及国外期刊见表29-7和表29-8。其中,被引次数较多的3种图书分别是丁玉兰的《人机工程学》、杨世铭的《传热学》和王受之的《世界现代设计史》;被引次数较多的3种国外期刊分别是《Applied Physics Letters》《Materials Science and Engineering A – Structural Materials Properties Microstructure and Processing》和《Journal of Alloys and Compounds》;被引次数较多的3场学术会议分别是"IEEE International Conference on Robotics and Automation""Proceedings of the Engineering Design Conference 1998 on Design Reuse"和"International Refrigeration and Air Conditioning Conference"。

表29-7 一般工业技术学科高被引图书 TOP 10

序号	责任者	图书名称	出版社	2014年被引频次
1	丁玉兰	人机工程学	北京理工大学出版社	34
2	杨世铭	传热学	高等教育出版社	28
3	王受之	世界现代设计史	中国青年出版社	27
4	达道安	真空设计手册	国防工业出版社	26
5	成大先	机械设计手册	化学工业出版社	22
5	彭国勋	物流运输包装设计	印刷工业出版社	22
7	原研哉	设计中的设计	山东人民出版社	17
7	沈观林	复合材料力学	清华大学出版社	17
9	吴业正	制冷原理及设备	西安交通大学出版社	16
10	李乐山	工业设计心理学	高等教育出版社	14

表29-8 一般工业技术学科高被引国外期刊 TOP 10

序号	期刊名称	2014年被引频次
1	Applied Physics Letters	1077
2	Materials Science and Engineering A – Structural Materials Properties Microstructure and Processing	934
3	Journal of Alloys and Compounds	834
4	Carbon	775
5	Science	699
6	Journal of the American Chemical Society	681
7	Journal of Applied Physics	647
8	Advanced Materials	612
9	Acta Materialia	605
10	Composites Science and Technology	595

第 30 章　矿业工程学科高被引分析

30.1　学科论文概况

2009—2013 年，矿业工程学科共有 93104 位来自 22586 所机构的论文第一作者在 2016 种期刊上发表了 101731 篇学术论文。其中，80%以上的论文产出自 4957 所机构、69331 位作者，发表在 106 种期刊上。在前 5 年发表的这些论文中，有 25953 篇在 2014 年获得过引用，整体被引率为 25.5%，总被引频次为 47149 次，篇均被引 0.46 次；其中，高被引论文有 295 篇，单篇论文最高被引频次为 49 次，累计被引 3615 次，篇均被引 12.25 次（表 30-1）。另外，2014 年矿业工程学科共发表论文 26118 篇，其中有 1128 篇在当年获得过引用，总共被引 1386 次。

表 30-1　矿业工程学科论文分布情况

年份	论文篇数	2014 年被引频次	2014 年被引率（%）	2014 年高被引论文			
				论文篇数	最高被引频次	总被引频次	篇均被引频次
2009	15846	7687	25.7	43	35	666	15.49
2010	17876	9828	28.2	58	43	830	14.31
2011	21544	10778	26.5	56	43	766	13.68
2012	24140	10288	24.0	75	49	785	10.47
2013	22325	8568	23.9	63	36	568	9.02
合计	101731	47149	25.5	295	49	3615	12.25

从矿业工程学科论文的地域分布来看，2014 年被引频次较高的 5 个省、直辖市或自治区依次是北京、江苏、山西、河南和安徽（图 30-1）；5 年论文产出量较多的 5 个省、直辖市或自治区依次是山西、河南、江苏、山东和安徽（图 30-2）。

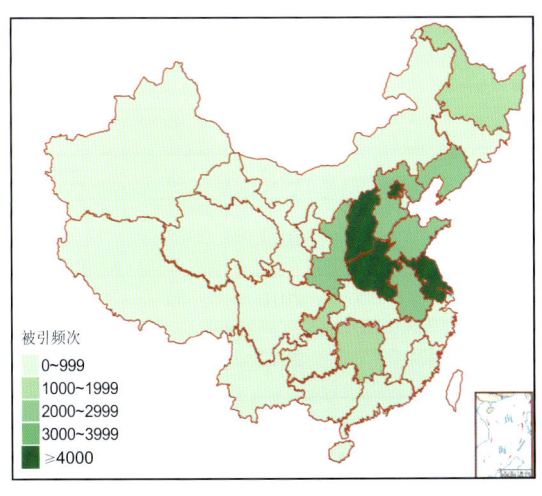

图 30-1　2014 年矿业工程学科地区被引分布

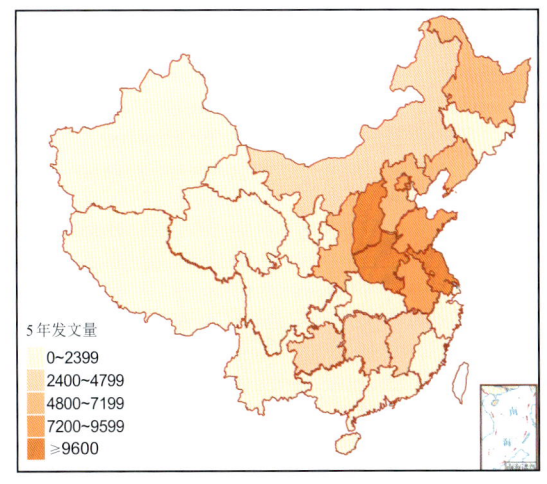

图 30-2　矿业工程学科 5 年论文产出地区分布

30.2 高被引论文分析

在矿业工程学科，2014年被引频次位居前10位的论文（表30-2）平均被引频次为33.5次，是全部295篇高被引论文篇均被引频次的2.74倍。其中，被引频次最高的论文是程远平于2009年发表的《中国煤矿瓦斯抽采技术的发展》，随后2篇分别是康红普于2010年发表的《煤矿巷道锚杆支护应用实例分析》和康红普于2009年发表的《全断面高预应力强力锚索支护技术及其在动压巷道中的应用》。

从论文分布来看，刊载高被引论文数量居前的3种期刊分别是《煤炭学报》（80篇）、《煤炭科学技术》（37篇）和《岩石力学与工程学报》（30篇），而《煤炭学报》刊载了高被引论文TOP 10中的7篇；发表高被引论文居前的3位学者分别是中国矿业大学（北京）的孙继平（12篇）、煤矿瓦斯治理国家工程研究中心的袁亮（6篇）和煤炭科学研究总院开采设计研究分院的康红普（6篇）；产出高被引论文数量居前的3所机构分别是中国矿业大学（67篇）、中国矿业大学（北京）（33篇）和北京科技大学（9篇），而中国矿业大学产出了高被引论文TOP 10中的4篇。

表30-2　矿业工程学科高被引论文TOP 10

序号	论文题名	第一作者	期刊名称	发表年份	被引频次 总频次	被引频次 2014年
1	中国煤矿瓦斯抽采技术的发展	程远平	采矿与安全工程学报	2009	188	65
2	煤矿巷道锚杆支护应用实例分析	康红普	岩石力学与工程学报	2010	161	45
3	全断面高预应力强力锚索支护技术及其在动压巷道中的应用	康红普	煤炭学报	2009	124	38
4	综合机械化固体充填采煤方法与技术研究	缪协兴	煤炭学报	2010	117	32
5	卸压开采抽采瓦斯理论及煤与瓦斯共采技术体系	袁亮	煤炭学报	2009	111	30
6	中国煤炭资源绿色开采研究现状与展望	缪协兴	采矿与安全工程学报	2009	174	29
7	煤矿巷道支护技术的研究与应用	康红普	煤炭学报	2010	75	28
8	煤矿物联网特点与关键技术研究	孙继平	煤炭学报	2011	89	27
9	煤矿井下避难硐室与救生舱关键技术研究	孙继平	煤炭学报	2011	65	25
9	煤炭的科学开采	钱鸣高	煤炭学报	2010	87	25
9	我国煤矿充填开采技术及其发展趋势	胡炳南	煤炭科学技术	2012	44	25

30.3 研究主题关联分析

在矿业工程学科，高被引论文累计被 2014 年发表的 2737 篇论文引用了 3615 次。通过分析施引文献关键词的词频及关键词之间的共现关系，获得 2014 年矿业工程学科的热点主题和主题关联，如图 30-3 所示（共现 7 次以下不显示）。由图 30-3 可知："数值模拟""煤矿""瓦斯抽采"等关键词的文档词频较高，是 2014 年学科的研究热点；"生产异常""异常分析""异常管理系统""异常诊断"等概念之间的共现次数较多，表明它们之间主题关联较为紧密。

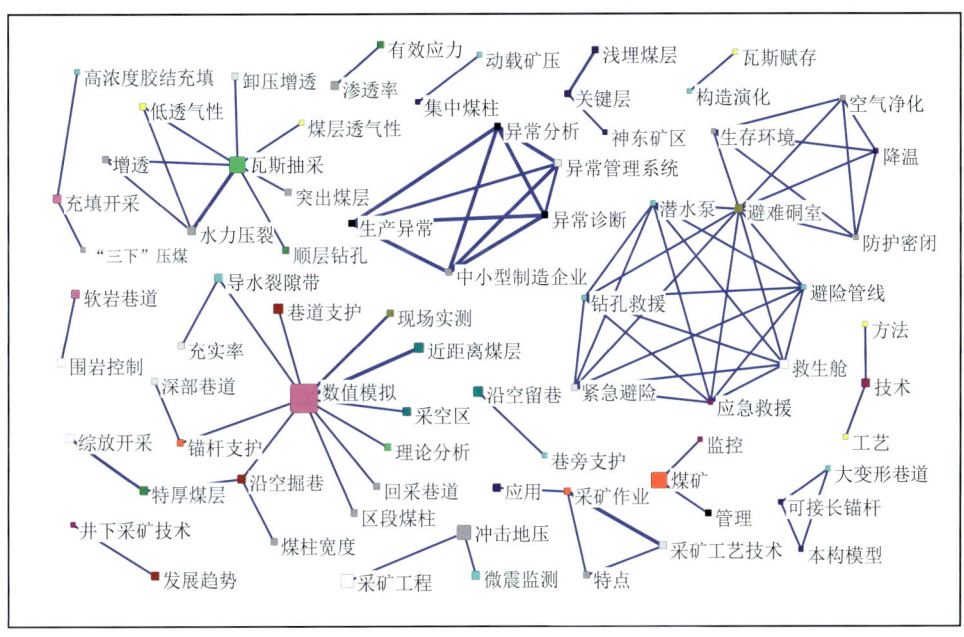

图 30-3　矿业工程学科 2014 年热点主题关联

30.4　学科高影响力期刊分析

30.4.1　学科高影响力期刊 TOP 10

在矿业工程学科，学科 5 年影响因子位居前 10 位的期刊见表 30-3，排在前 3 位的期刊分别是《煤炭学报》《中国矿业大学学报》和《采矿与安全工程学报》。在表 30-3 中，学科载文量占其总载文量比例最大的期刊是《采矿与安全工程学报》；前 5 年学科载文在 2014 年被引率最高的期刊是《中国矿业大学学报》和《采矿与安全工程学报》；期刊 5 年影响因子较高的前 3 种期刊分别是《煤炭学报》《采矿与安全工程学报》和《中国矿业大学学报》；学科 5 年影响因子与期刊 5 年影响因子差异最大的期刊是《中国矿业大学学报》。表 30-3 中期刊的学科 5 年影响因子和前 5 年学科载文的 2014 年被引率对比如图 30-4 所示，2009—2014 年期刊 5 年影响因子的变动情况如图 30-5 所示。

表 30-3　矿业工程学科高影响力期刊基本指数

序号	期刊名称	前 5 年载文量			2014 年学科被引			5 年影响因子		h 指数（学科）
		学科（篇）	占比（%）	总量（篇）	频次	被引率（%）	高被引论文篇数	期刊（2014）	学科（2014）	
1	煤炭学报	1563	60.8	2569	3376	58.5	80	1.858	2.160	17
2	中国矿业大学学报	347	34.1	1017	668	59.9	12	1.305	1.925	9
3	采矿与安全工程学报	743	90.8	818	1400	59.9	15	1.795	1.884	9
4	煤炭科学技术	1980	80.7	2455	2680	50.9	37	1.268	1.354	13
5	煤田地质与勘探	104	14.2	733	111	45.2	1	0.832	1.067	6
6	西安科技大学学报	363	40.0	908	357	47.7	1	0.785	0.983	7
7	湖南科技大学学报（自然科学版）	90	14.2	636	88	46.7	0	0.432	0.978	5
8	辽宁工程技术大学学报（自然科学版）	411	20.3	2021	368	42.8	0	0.671	0.895	8
9	爆破	329	42.7	770	269	36.8	0	0.619	0.818	6
10	工程爆破	197	34.0	579	157	37.1	3	0.542	0.797	5

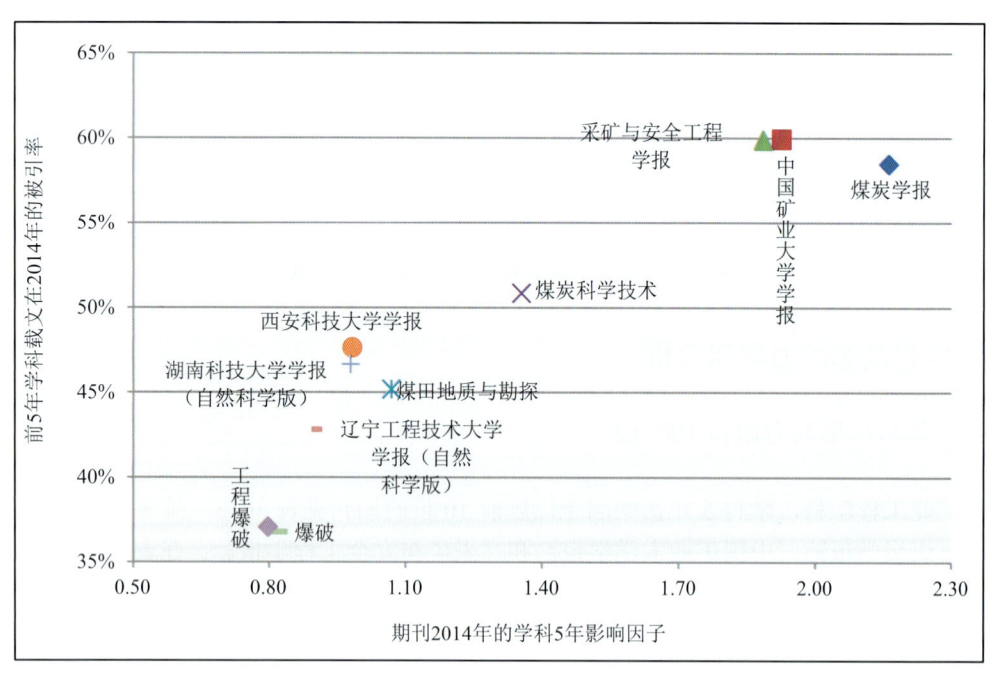

图 30-4　矿业工程学科高影响力期刊对比

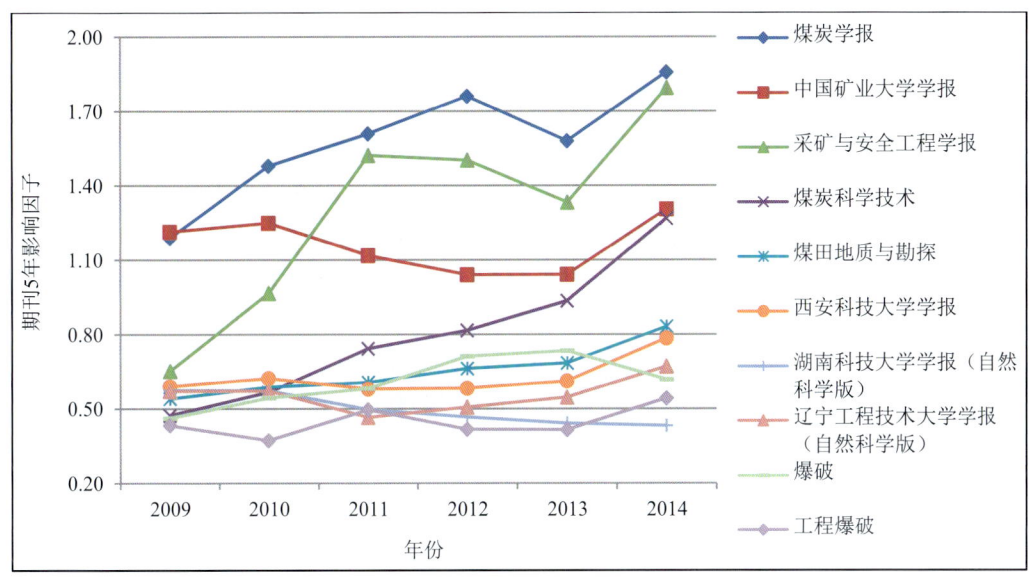

图 30-5 矿业工程学科期刊 5 年影响因子变动

30.4.2 学科高影响力期刊载文主题关联

通过期刊共被引分析，获得矿业工程学科高影响力期刊及与其他期刊之间的载文主题关联，如图 30-6 所示（共被引 45 次以下不显示）。结果显示，矿业工程学科的高影响力期刊相互链接较为紧密，基本主导了该学科的期刊共被引网络，显示出该学科高影响力期刊可能共同刊载了许多相近的研究主题，热点研究主题分散在多种期刊上。《煤炭学报》的学科 5 年影响因子较高，显示出该刊在学科内学术影响力较大；《煤炭学报》与《煤炭科学技术》《采矿与安全工程学报》等期刊之间的链接较强，意味着它们之间可能有较多相同或相近的载文主题。

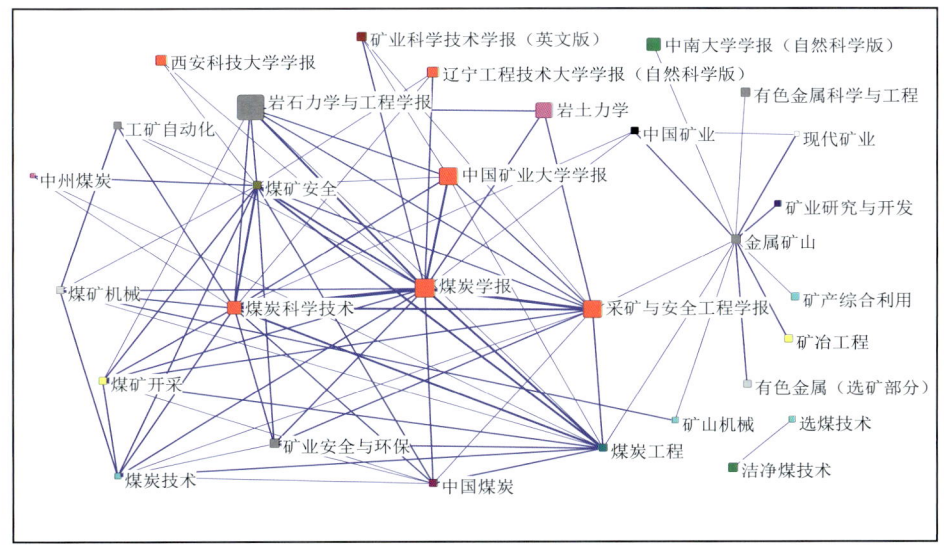

图 30-6 矿业工程学科高影响力期刊载文主题关联

30.5 高被引作者分析

30.5.1 高被引作者 TOP 20

2009—2013 年,在 93104 位矿业工程学科论文的第一作者中,在 2014 年学科被引频次位居前 20 位的学者的发文及被引情况见表 30-4。其中,学科发文总被引频次较高的 3 位作者分别是中国矿业大学(北京)的孙继平(263 次)、煤炭科学研究总院开采设计研究分院的康红普(212 次)和中国矿业大学的缪协兴(111 次)。高被引作者的 5 年学科发文数量从 5 篇到 70 篇不等,同时,作者学科发文的期刊分布也在 1 种到 15 种之间变化。在发文超过 5 篇的所有作者中,篇均被引较高的 3 位作者分别是中国矿业大学的程远平(篇均 14.60 次)、煤矿瓦斯治理国家工程研究中心的袁亮(篇均 14.00 次)和中国矿业大学的缪协兴(篇均 12.33 次);前 5 年发表学科论文较多的 3 位作者分别是中国矿业大学(北京)的孙继平(70 篇)、辽宁工程技术大学的李晓豁(67 篇)和内蒙古科技大学的张飞(55 篇)。高被引作者的学科发文量和被引量对比如图 30-7 所示。

表 30-4 矿业工程学科高被引作者 TOP 20

序号	姓名	作者单位	前 5 年发文			前 5 年学科发文在 2014 年的被引				h 指数(学科)
			学科发文(篇)	期刊分布(种)	发文总量(篇)	总频次	被引率(%)	最高(次)	篇均(次)	
1	孙继平	中国矿业大学(北京)	70	9	69	263	62.9	27	3.76	10
2	康红普	煤炭科学研究总院开采设计研究分院	14	5	14	212	100.0	45	15.14	8
3	缪协兴	中国矿业大学	9	4	10	111	88.9	32	12.33	6
4	袁亮	煤矿瓦斯治理国家工程研究中心	7	4	7	98	100.0	30	14.00	6
5	尹光志	重庆大学	22	6	32	80	86.4	11	3.64	6
6	程远平	中国矿业大学	5	4	5	73	60.0	65	14.60	2
7	许家林	中国矿业大学	8	5	8	67	75.0	16	8.38	5
8	刘泉声	中国科学院武汉岩土力学研究所	13	4	24	61	76.9	11	4.69	6
8	彭康	中南大学	7	4	9	61	71.4	20	8.71	4
10	林柏泉	中国矿业大学	10	4	11	60	80.0	17	6.00	6
11	鞠金峰	中国矿业大学	11	5	11	54	81.8	10	4.91	5
12	武强	中国矿业大学(北京)	15	5	23	52	80.0	13	3.47	5
12	方新秋	中国矿业大学	9	4	10	52	66.7	17	5.78	5
14	程卫民	山东科技大学	15	7	20	49	73.3	10	3.27	4
15	姜福兴	北京科技大学	15	4	15	46	60.0	13	3.07	4

序号	姓名	作者单位	前5年发文			前5年学科发文在2014年的被引				h指数（学科）
			学科发文（篇）	期刊分布（种）	发文总量（篇）	总频次	被引率（%）	最高（次）	篇均（次）	
16	赵丽娟	辽宁工程技术大学	38	15	67	46	31.6	13	1.21	4
17	张吉雄	中国矿业大学	7	3	8	45	85.7	13	6.43	5
18	邱廷省	江西理工大学	18	6	23	44	83.3	6	2.44	4
19	谢和平	四川大学	5	1	29	43	80.0	18	8.60	6
19	王金华	中国煤炭科工集团有限公司	9	3	15	43	55.6	14	4.78	4

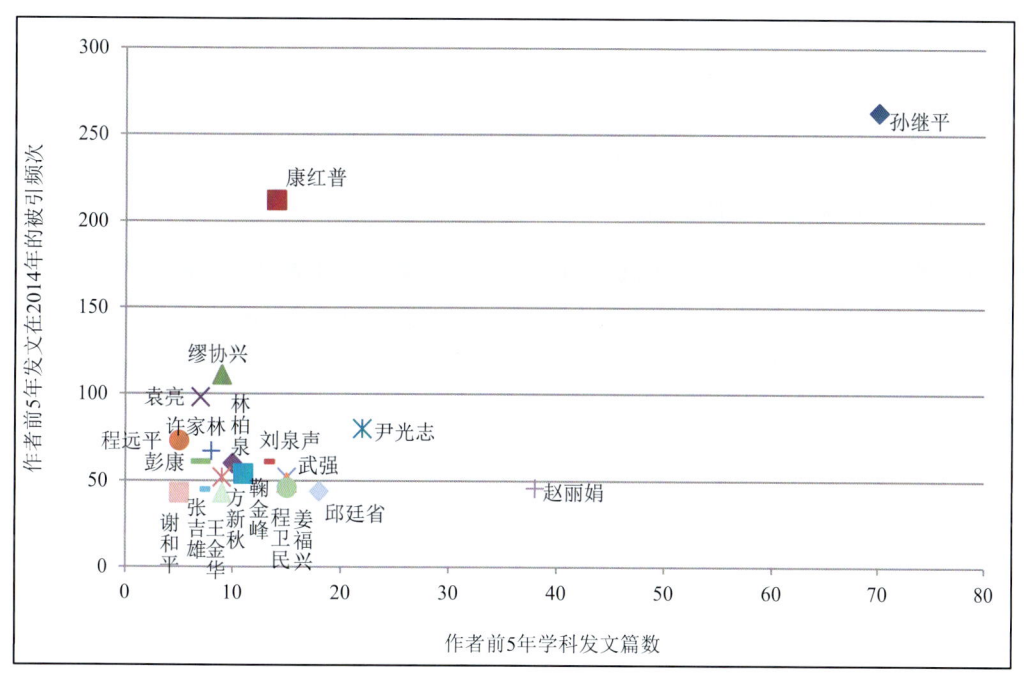

图 30-7　矿业工程学科高被引作者学科发文及被引对比

30.5.2　高被引作者科研合作关系

通过作者合著分析，获得2014年矿业工程学科高被引作者及与其他学者之间的科研论文合作关系（不考虑论文署名次序），如图30-8所示（合著5次以下不显示）。可以看出，矿业工程学科的高被引作者的论文合作现象比较普遍。学者孙继平的发文量较多；林柏泉、程远平的论文合作网络最为突出，在该学科的研究人员中表现出一定的集聚效应；程卫民和周刚、林柏泉和翟成等学者之间的合作关系最为紧密，显示出他们可能分别属于同一支科研团队。

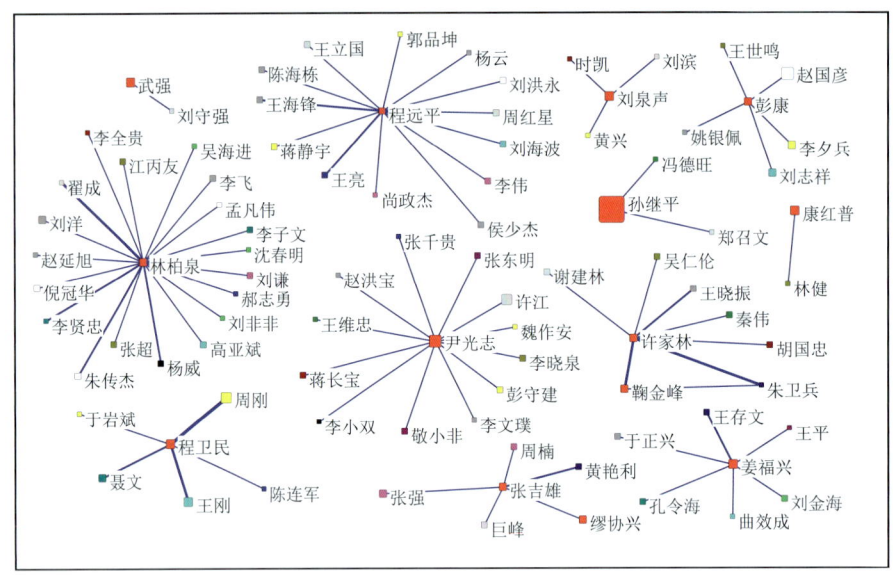

图 30-8　矿业工程学科高被引作者科研论文合作关系

30.5.3　高被引作者发文主题关联

通过作者共被引分析，获得 2014 年矿业工程学科高被引作者及与其他学者之间的发文主题关联（见图 30-9，共被引 4 次以下不显示）。如图 30-9 所示，矿业工程学科的高被引作者基本主导了作者共被引网络，显示出该学科在热点主题上已经形成了优势较为明显的科研力量。学者孙继平的节点较大，显示出其学术成果在学科内得到较多关注；以缪协兴、张吉雄等学者为主要节点的共被引作者簇人数较多且网络规模较大，意味着它们的研究主题关联可能较为紧密。

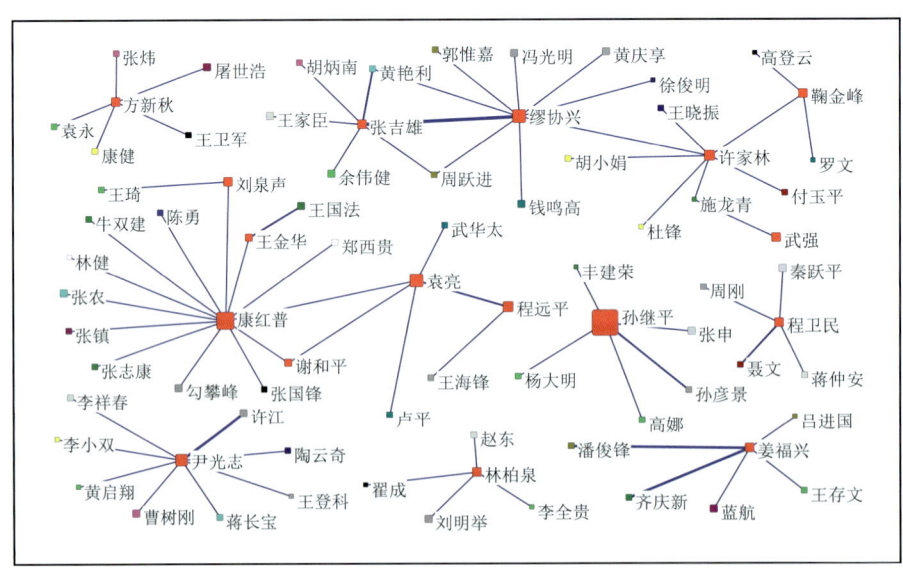

图 30-9　矿业工程学科高被引作者发文主题关联

30.6 高被引机构分析

30.6.1 高被引机构

为便于比较,本书将矿业工程学科的高被引机构分为高等院校和科研院所两种类型。其中,被引频次 TOP 10 高等院校和被引频次 TOP 5 科研院所的发文及被引情况分别见表 30-5 和表 30-6。其中,总被引频次较高的 3 所高等院校分别是中国矿业大学、中国矿业大学(北京)和河南理工大学,煤炭科学研究总院开采设计研究分院、北京矿冶研究总院和煤炭科学研究总院唐山研究院是总被引频次较高的 3 所科研院所;前 5 年学科发文在 2014 年的被引率最高的高等院校和科研院所分别是中南大学和煤炭科学研究总院开采设计研究分院,篇均被引最高的高等院校和科研院所分别是北京科技大学和煤炭科学研究总院开采设计研究分院。上述高被引机构的论文被引率和篇均被引频次对比如图 30-10 所示。

表 30-5 矿业工程学科高被引高等院校 TOP 10

序号	第一作者单位	学科发文量(篇)		前 5 年学科发文在 2014 年的被引			
		前 5 年	2014 年	频次	被引率(%)	最高(次)	篇均(次)
1	中国矿业大学	5827	614	5339	39.5	65	0.92
2	中国矿业大学(北京)	2359	564	2072	34.8	27	0.88
3	河南理工大学	1856	417	1175	30.9	15	0.63
4	北京科技大学	1197	265	1168	39.4	14	0.98
5	中南大学	1176	153	1136	44.2	20	0.97
6	安徽理工大学	1834	492	961	27.2	16	0.52
7	西安科技大学	1232	277	828	35.0	17	0.67
8	太原理工大学	1618	542	800	24.8	19	0.49
9	山东科技大学	1051	249	754	32.1	12	0.72
10	辽宁工程技术大学	1049	170	644	29.8	13	0.61

表 30-6 矿业工程学科高被引科研院所 TOP 5

序号	第一作者单位	学科发文量(篇)		前 5 年学科发文在 2014 年的被引			
		前 5 年	2014 年	频次	被引率(%)	最高(次)	篇均(次)
1	煤炭科学研究总院开采设计研究分院	122	14	368	66.4	38	3.02
2	北京矿冶研究总院	668	140	334	30.5	10	0.50
3	煤炭科学研究总院唐山研究院	195	3	136	40.0	7	0.70
4	中国科学院武汉岩土力学研究所	62	7	123	51.6	11	1.98
5	煤炭科学研究总院沈阳研究院	240	4	121	32.1	5	0.50

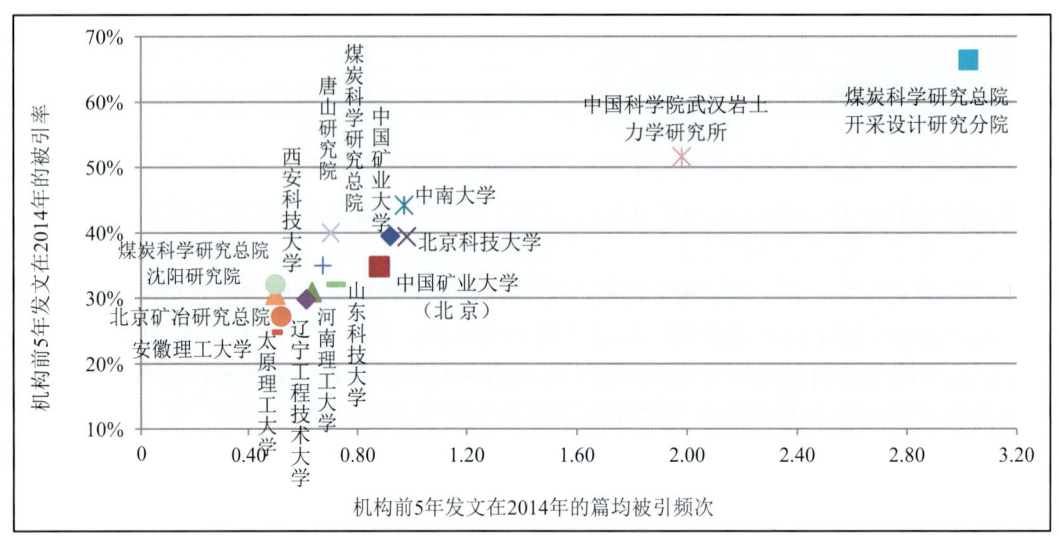

图 30-10　矿业工程学科高被引机构论文篇均被引及被引率对比

30.6.2　高被引机构科研合作关系

通过合著分析，获得矿业工程学科高被引机构之间及其与其他机构之间的科研合作关联，如图 30-11 所示（合作 45 次以下不显示）。分析得知，矿业工程学科的机构合作链接较为紧密，表明学科内机构合作现象较为普遍；高被引机构基本主导了机构合作网络，显示出这些机构已经在学科内具有了一定的科研优势；安徽理工大学和淮南矿业（集团）有限责任公司、中国矿业大学和中国矿业大学（北京）等机构之间的链接较强，表明它们的学术合作较为频繁。

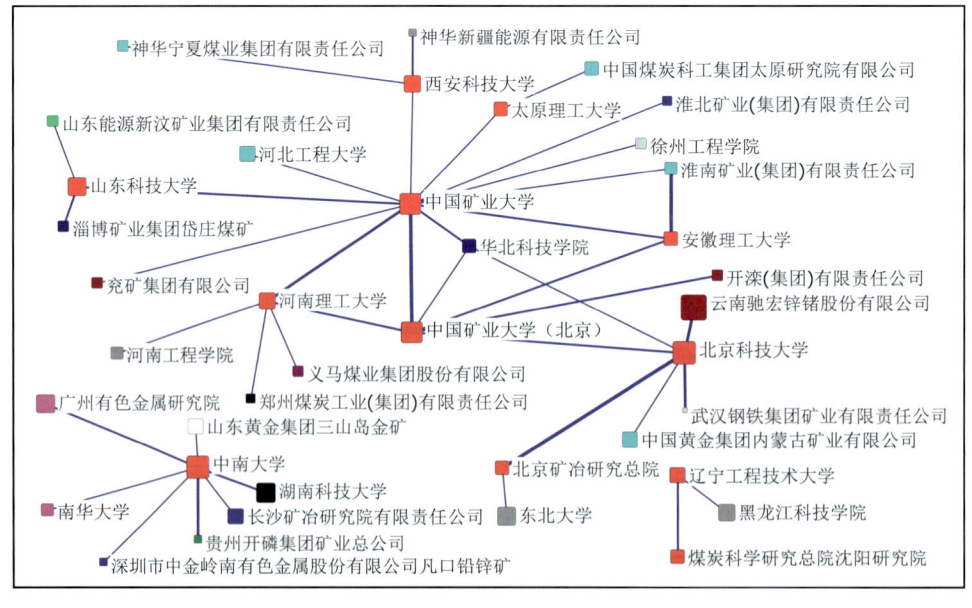

图 30-11　矿业工程学科高被引机构科研合作关联

30.7 高被引图书、国外期刊及学术会议

2014 年，矿业工程学科被引频次位居前 10 位的图书及国外期刊见表 30-7 和表 30-8。其中，被引次数较多的 3 种图书分别是钱鸣高的《矿山压力与岩层控制》、俞启香的《矿井瓦斯防治》和张国枢的《通风安全学》；被引次数较多的 3 种国外期刊分别是《Minerals Engineering》《International Journal of Rock Mechanics and Mining Sciences》和《International Journal of Mineral Processing》；被引次数较多的 3 场学术会议分别是"Proceedings of the 13th International Seminar on Paste and Thickened Tailings""Proceedings of the International Symposium on Stability of Rock Slopes in Open Pit Mining and Civil Engineering"和"Proceedings of 26th International Conference on Ground Control in Mining"。

表 30-7 矿业工程学科高被引图书 TOP 10

序号	责任者	图书名称	出版社	2014年被引频次
1	钱鸣高	矿山压力与岩层控制	中国矿业大学出版社	501
2	俞启香	矿井瓦斯防治	中国矿业大学出版社	173
3	张国枢	通风安全学	中国矿业大学出版社	158
4	徐永圻	煤矿开采学	中国矿业大学出版社	148
5	谢广元	选矿学	中国矿业大学出版社	143
6	国家安全生产监督管理局	煤矿安全规程	煤炭工业出版社	141
7	于不凡	煤矿瓦斯灾害防治及利用技术手册	煤炭工业出版社	120
8	康红普	煤巷锚杆支护理论与成套技术	煤炭工业出版社	110
9	陈炎光	中国煤矿巷道围岩控制	中国矿业大学出版社	106
10	张荣立	采矿工程设计手册	煤炭工业出版社	104

表 30-8 矿业工程学科高被引国外期刊 TOP 10

序号	期刊名称	2014年被引频次
1	Minerals Engineering	477
2	International Journal of Rock Mechanics and Mining Sciences	353
3	International Journal of Mineral Processing	270
4	Mining Science and Technology	265
5	International Journal of Coal Geology	240
6	International Journal of Rock Mechanics and Mining Science & Geomechanics Abstracts	220
7	Fuel	180
8	Hydrometallurgy	173
9	Tunnelling and Underground Space Technology	110
10	Journal of Hazardous Materials	92

第 31 章 石油、天然气工业学科高被引分析

31.1 学科论文概况

2009—2013 年，石油、天然气工业学科共有 89163 位来自 16131 所机构的论文第一作者在 1848 种期刊上发表了 92253 篇学术论文。其中，80%以上的论文产出自 1956 所机构、67247 位作者，发表在 112 种期刊上。在前 5 年发表的这些论文中，有 25730 篇在 2014 年获得过引用，整体被引率为 27.9%，总被引频次为 49510 次，篇均被引 0.54 次；其中，高被引论文有 313 篇，单篇论文最高被引频次为 51 次，累计被引 4276 次，篇均被引 13.66 次（表 31-1）。另外，2014 年石油、天然气工业学科共发表论文 28537 篇，其中有 986 篇在当年获得过引用，总共被引 1303 次。

表 31-1 石油、天然气工业学科论文分布情况

年份	论文篇数	2014 年被引频次	2014 年被引率（%）	2014 年高被引论文			
				论文篇数	最高被引频次	总被引频次	篇均被引频次
2009	12864	8009	32.3	45	40	618	13.73
2010	15844	9440	31.5	57	44	772	13.54
2011	18452	10830	29.8	63	43	881	13.98
2012	21791	11913	26.5	69	50	1193	17.29
2013	23302	9318	22.8	79	51	812	10.28
合计	92253	49510	27.9	313	51	4276	13.66

从石油、天然气工业学科论文的地域分布来看，2014 年被引频次较高的 5 个省、直辖市或自治区依次是北京、山东、四川、陕西和黑龙江（图 31-1）；5 年论文产出量较多的 5 个省、直辖市或自治区依次是北京、山东、黑龙江、陕西和四川（图 31-2）。

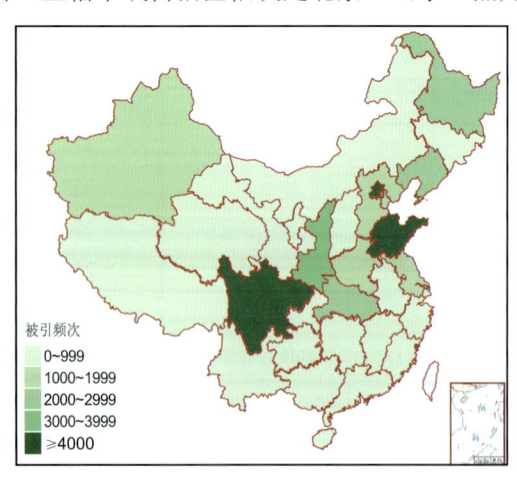

图 31-1 2014 年石油、天然气工业学科地区被引分布

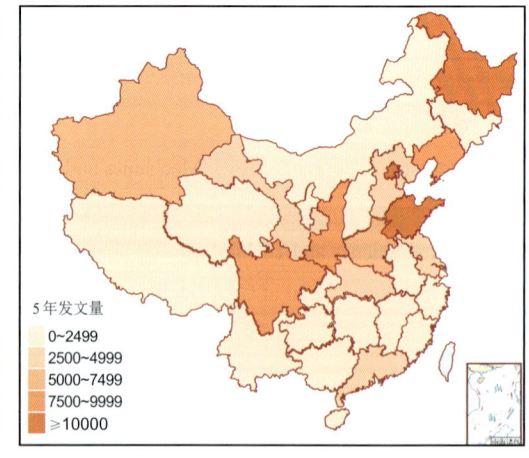

图 31-2 石油、天然气工业学科 5 年论文产出地区分布

31.2 高被引论文分析

在石油、天然气工业学科，2014 年被引频次位居前 10 位的论文（表 31-2）平均被引频次为 48.2 次，是全部 313 篇高被引论文篇均被引频次的 3.5 倍。其中，被引频次最高的论文是邹才能于 2012 年发表的《常规与非常规油气聚集类型、特征、机理及展望——以中国致密油和致密气为例》，随后 2 篇分别是贾承造于 2012 年发表的《中国致密油评价标准、主要类型、基本特征及资源前景》和贾承造于 2012 年发表的《中国非常规油气资源与勘探开发前景》。

从论文分布来看，刊载高被引论文数量居前的 3 种期刊分别是《石油学报》（48 篇）、《石油勘探与开发》（45 篇）和《天然气工业》（20 篇），而《石油学报》刊载了高被引论文 TOP 10 中的 3 篇；发表高被引论文居前的 3 位学者分别是中国石油勘探开发研究院的邹才能（7 篇）、中国石油天然气集团公司的贾承造（3 篇）和中国石油大学（北京）的朱筱敏（3 篇）；产出高被引论文数量居前的 3 所机构分别是中国石油勘探开发研究院（42 篇）、中国石油大学（北京）（33 篇）和西南石油大学（13 篇），而中国石油勘探开发研究院产出了高被引论文 TOP 10 中的 5 篇。

表 31-2　石油、天然气工业学科高被引论文 TOP 10

序号	论文题名	第一作者	期刊名称	发表年份	被引频次 总频次	被引频次 2014 年
1	常规与非常规油气聚集类型、特征、机理及展望——以中国致密油和致密气为例	邹才能	石油学报	2012	195	81
2	中国致密油评价标准、主要类型、基本特征及资源前景	贾承造	石油学报	2012	168	78
3	中国非常规油气资源与勘探开发前景	贾承造	石油勘探与开发	2012	165	65
4	用于提高低-特低渗透油气藏改造效果的缝网压裂技术	雷群	石油学报	2009	90	40
5	页岩气形成条件及成藏影响因素研究	王祥	天然气地球科学	2010	120	39
5	美国致密油开发现状及启示	林森虎	岩性油气藏	2011	127	39
7	纳米油气与源储共生型油气聚集	邹才能	石油勘探与开发	2012	93	38
8	增产改造理念的重大变革——体积改造技术概论	吴奇	天然气工业	2011	70	35
9	页岩气储层的基本特征及其评价	蒋裕强	天然气工业	2010	162	34
10	中国上扬子区下古生界页岩气形成条件及特征	董大忠	石油与天然气地质	2010	112	33

31.3 研究主题关联分析

在石油、天然气工业学科，高被引论文累计被 2014 年发表的 2473 篇论文引用了 4276 次。通过分析施引文献关键词的词频及关键词之间的共现关系，获得 2014 年石油、天然气工业学科的热点主题和主题关联，如图 31-3 所示（共现 14 次以下不显示）。由图 31-3 可知："页岩气""致密油""水平井"等关键词的文档词频较高，是 2014 年学科的研究热点；"页岩气"与"水平井"之间的共现次数较多，表明它们之间主题关联较为紧密；其中，以"页岩气""水平井"等关键词为主要节点的多个概念相互关联，构成了学科内最为突出的研究主题簇。

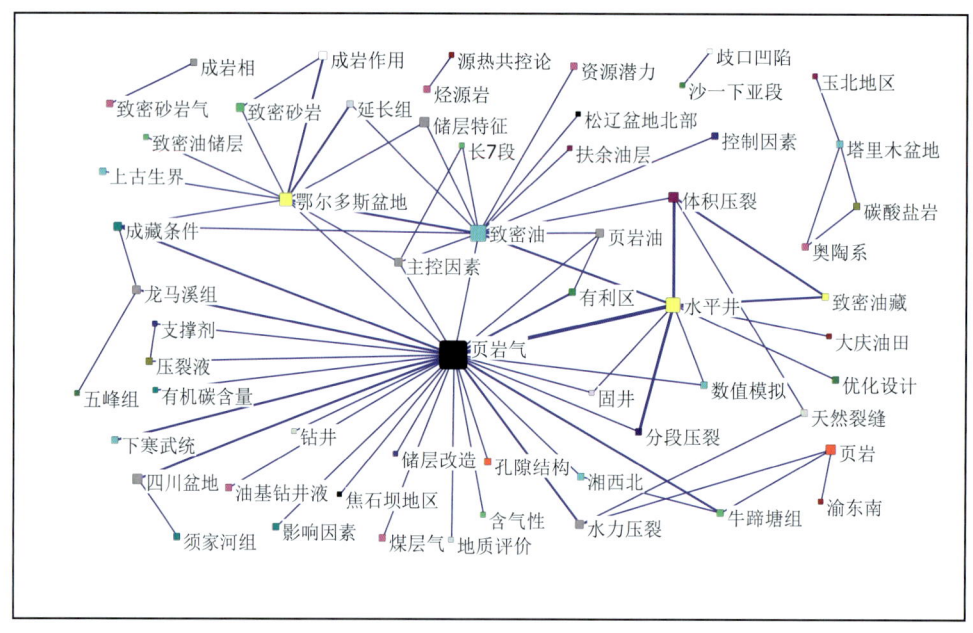

图 31-3 石油、天然气工业学科 2014 年热点主题关联

31.4 学科高影响力期刊分析

31.4.1 学科高影响力期刊 TOP 10

在石油、天然气工业学科，学科 5 年影响因子位居前 10 位的期刊见表 31-3，排在前 3 位的期刊分别是《石油勘探与开发》《石油学报》和《石油与天然气地质》。在表 31-3 中，学科载文量占其总载文量比例最大的期刊是《石油实验地质》；前 5 年学科载文在 2014 年被引率最高的期刊是《石油学报》；期刊 5 年影响因子较高的前 3 种期刊分别是《石油勘探与开发》《石油学报》和《石油与天然气地质》；学科 5 年影响因子与期刊 5 年影响因子差异最大的期刊是《成都理工大学学报（自然科学版）》。表 31-3 中期刊的学科 5 年影响因子和前 5 年学科载文的 2014 年被引率对比如图 31-4 所示，2009—2014 年期刊 5 年影响因子的变动情况如图 31-5 所示。

表 31-3　石油、天然气工业学科高影响力期刊基本指数

序号	期刊名称	前 5 年载文量			2014 年学科被引			5 年影响因子		h 指数(学科)
		学科（篇）	占比（%）	总量（篇）	频次	被引率（%）	高被引论文篇数	期刊(2014)	学科(2014)	
1	石油勘探与开发	596	93.4	638	1695	64.9	45	2.909	2.844	15
2	石油学报	1002	94.6	1059	2626	65.6	48	2.666	2.621	18
3	石油与天然气地质	690	97.4	706	1273	61.3	20	1.840	1.845	11
4	中国石油勘探	311	69.7	446	486	55.6	4	1.493	1.563	8
5	石油实验地质	707	99.0	714	1007	56.2	5	1.433	1.424	8
6	油气地质与采收率	1006	95.0	1059	1426	58.6	9	1.398	1.417	9
7	天然气工业	1233	61.1	2017	1713	51.4	20	1.551	1.389	17
8	天然气地球科学	1067	98.7	1081	1468	51.1	19	1.364	1.376	11
9	岩性油气藏	606	74.2	817	783	53.3	6	1.157	1.292	8
10	成都理工大学学报（自然科学版）	263	44.1	597	315	46.0	3	0.916	1.198	7

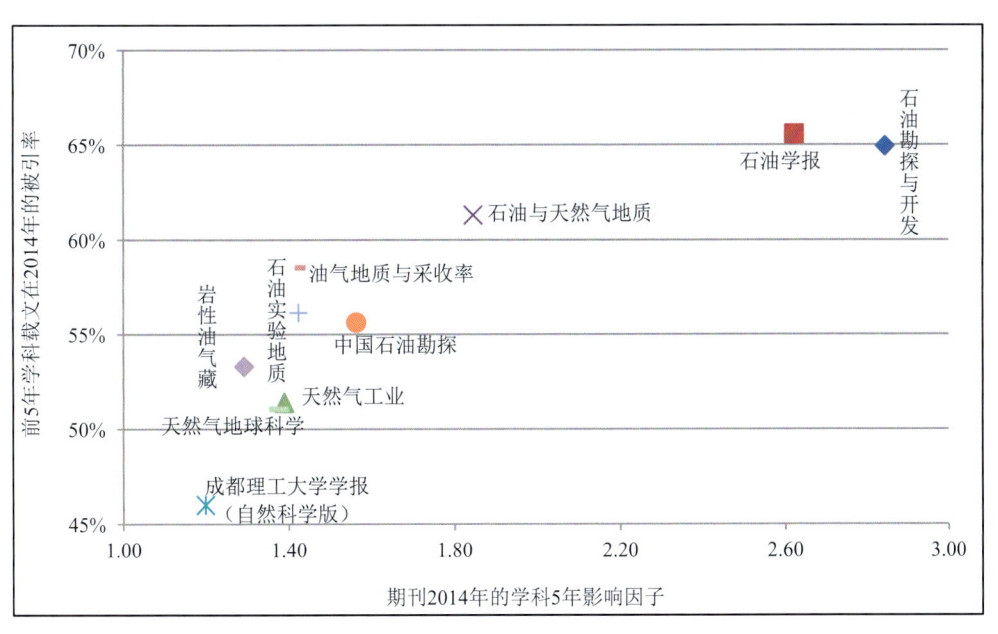

图 31-4　石油、天然气工业学科高影响力期刊对比

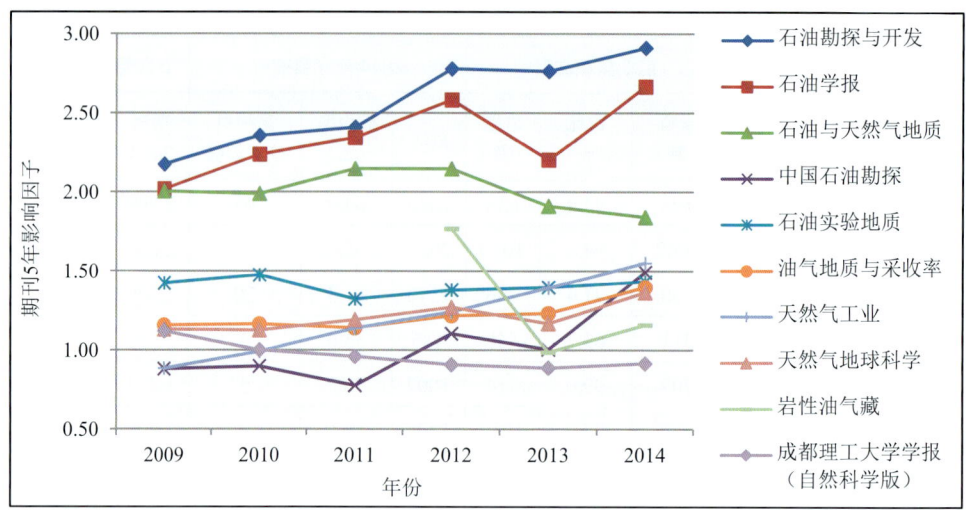

图 31-5　石油、天然气工业学科期刊 5 年影响因子变动

31.4.2　学科高影响力期刊载文主题关联

通过期刊共被引分析，获得石油、天然气工业学科高影响力期刊及与其他期刊之间的载文主题关联，如图 31-6 所示（共被引 76 次以下不显示）。结果显示，石油、天然气工业学科的高影响力期刊相互链接较为紧密，基本主导了该学科的期刊共被引网络，显示出该学科高影响力期刊可能共同刊载了许多相近的研究主题，热点研究主题分散在多种期刊上。《石油勘探与开发》和《石油学报》的学科 5 年影响因子较高，显示出它们在学科内学术影响力较大；《石油学报》与《石油勘探与开发》《天然气地球科学》等期刊之间的链接较强，意味着它们之间可能有较多相同或相近的载文主题。

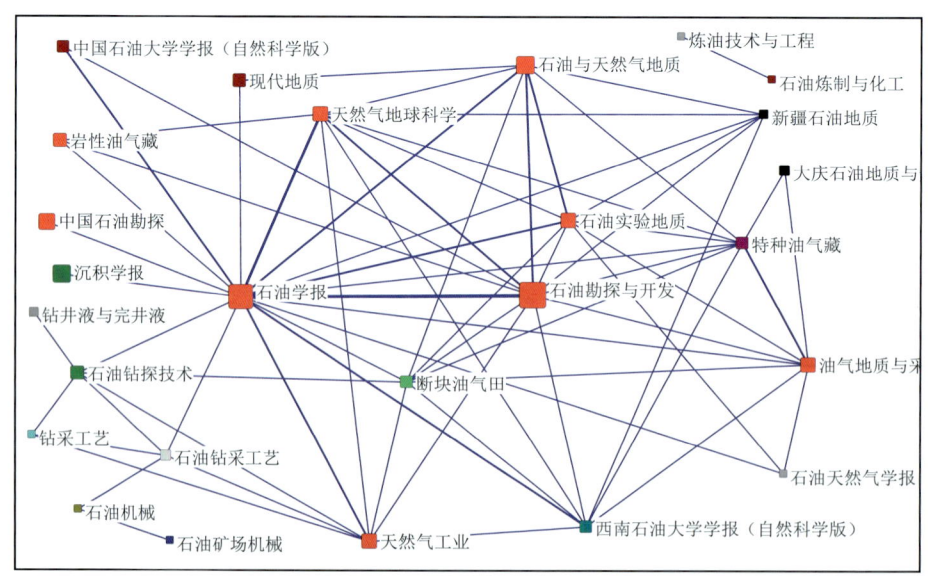

图 31-6　石油、天然气工业学科高影响力期刊载文主题关联

31.5 高被引作者分析

31.5.1 高被引作者 TOP 20

2009—2013 年,在 89163 位石油、天然气工业学科论文的第一作者中,在 2014 年学科被引频次位居前 20 位的学者的发文及被引情况见表 31-4。其中,学科发文总被引频次较高的 3 位作者分别是中国石油勘探开发研究院的邹才能(228 次)、中国石油天然气集团公司的贾承造(152 次)和中国石油长庆油田公司的杨华(92 次)。高被引作者的 5 年学科发文数量从 2 篇到 38 篇不等,同时,作者学科发文的期刊分布也在 2 种到 14 种之间变化。在发文超过 5 篇的所有作者中,篇均被引较高的 3 位作者分别是中国石油勘探开发研究院的邹才能(篇均 19 次)、西安石油大学的赵靖舟(篇均 10 次)和中国石油大学(北京)的王祥(篇均 9.2 次);前 5 年发表学科论文较多的 3 位作者分别是西南石油大学的熊健(44 篇)、中国石油勘探开发研究院的陈元千(38 篇)和西南石油大学的祝效华(34 篇)。高被引作者的学科发文量和被引量对比如图 31-7 所示。

表 31-4 石油、天然气工业学科高被引作者 TOP 20

序号	姓名	作者单位	前 5 年发文			前 5 年学科发文在 2014 年的被引				h 指数(学科)
			学科发文(篇)	期刊分布(种)	发文总量(篇)	总频次	被引率(%)	最高(次)	篇均(次)	
1	邹才能	中国石油勘探开发研究院	12	4	9	228	75.0	81	19.00	11
2	贾承造	中国石油天然气集团公司	4	2	4	152	75.0	78	38.00	3
3	杨华	中国石油长庆油田公司	17	10	12	92	76.5	27	5.41	7
4	张功成	中海油研究总院	16	6	16	76	75.0	19	4.75	6
5	王中华	中原油田钻井工程技术研究院	18	9	27	66	77.8	24	3.67	5
5	吴奇	中国石油勘探与生产分公司	3	3	3	66	66.7	35	22.00	2
7	李建忠	中国石油勘探开发研究院	4	4	5	65	100.0	20	16.25	4
8	董大忠	中国石油勘探开发研究院	3	3	6	61	100.0	33	20.33	4
9	赵靖舟	西安石油大学	6	4	6	60	100.0	26	10.00	5
10	陈尚斌	中国矿业大学	3	2	6	59	100.0	31	19.67	4
11	聂海宽	中国石化石油勘探开发研究院	6	5	11	54	100.0	18	9.00	6
12	陈元千	中国石油勘探开发研究院	38	7	40	51	50.0	10	1.34	4
13	赵文智	中国石油勘探与生产公司	3	2	3	50	100.0	22	16.67	5
14	胡文瑞	中国石油天然气集团公司	9	7	28	48	66.7	13	5.33	5
15	王祥	中国石油大学(北京)	5	4	6	46	80.0	39	9.20	2

序号	姓名	作者单位	前5年发文			前5年学科发文在2014年的被引				h指数(学科)
			学科发文（篇）	期刊分布（种）	发文总量（篇）	总频次	被引率(%)	最高（次）	篇均（次）	
16	雷群	中国石油勘探开发研究院	2	2	4	44	100.0	40	22.00	3
17	付广	东北石油大学	28	14	37	43	57.1	8	1.54	4
18	李武广	中国石油大学（北京）	16	12	16	42	56.3	14	2.62	4
19	赵金洲	西南石油大学	11	8	13	41	45.5	18	3.73	3
19	蒋裕强	西南石油大学	6	6	14	41	83.3	34	6.83	3

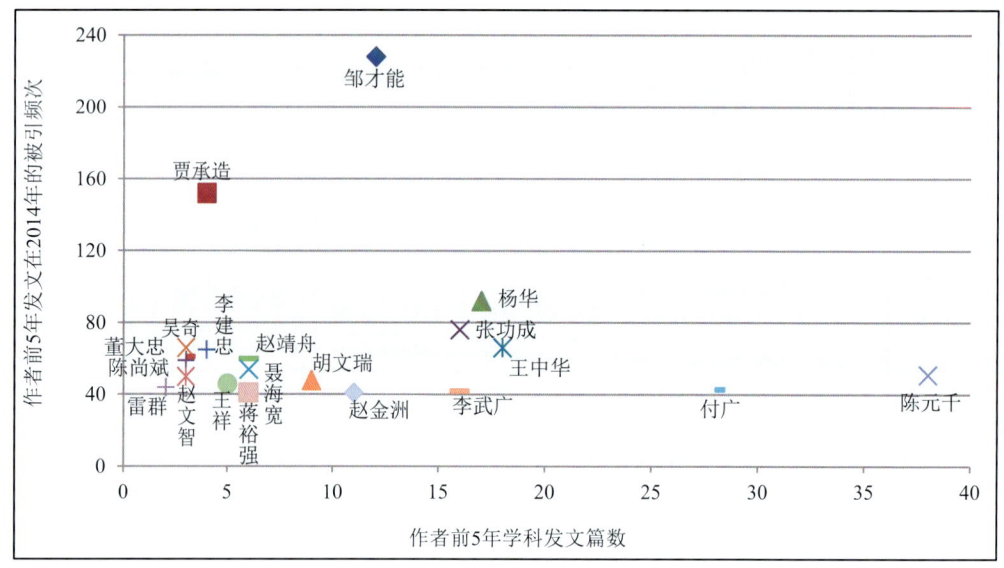

图31-7　石油、天然气工业学科高被引作者学科发文及被引对比

31.5.2　高被引作者科研合作关系

通过作者合著分析，获得2014年石油、天然气工业学科高被引作者及与其他学者之间的科研论文合作关系（不考虑论文署名次序），如图31-8所示（合著4次以下不显示）。可以看出，石油、天然气工业学科的高被引作者的论文合作现象比较普遍。学者陈元千的发文量较多；邹才能的论文合作网络最为突出，在该学科的研究人员中表现出一定的集聚效应；李武广和杨胜来、邹才能和陶士振等学者之间的合作关系最为紧密，显示出他们可能分别属于同一支科研团队。

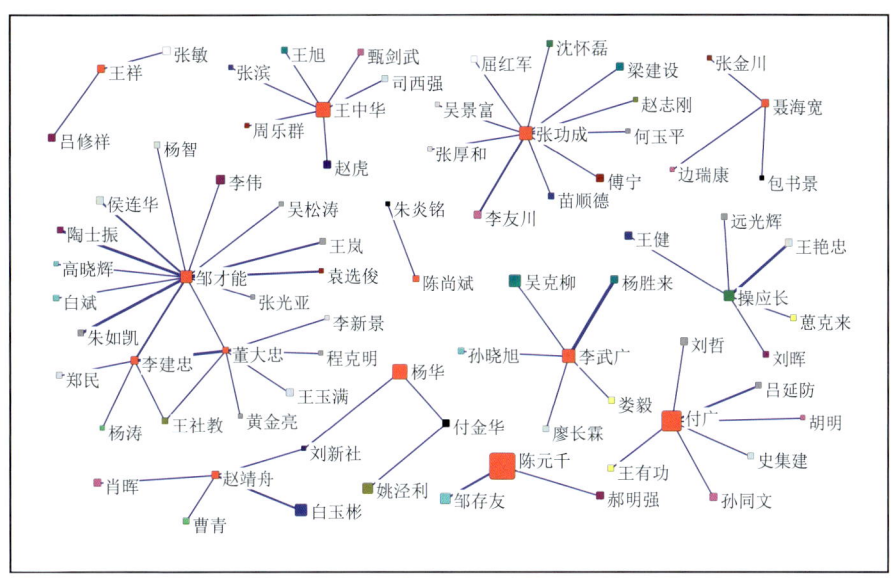

图 31-8 石油、天然气工业学科高被引作者科研论文合作关系

31.5.3 高被引作者发文主题关联

通过作者共被引分析，获得 2014 年石油、天然气工业学科高被引作者及与其他学者之间的发文主题关联（见图 31-9，共被引 6 次以下不显示）。如图 31-9 所示，石油、天然气工业学科的高被引作者基本主导了作者共被引网络，显示出该学科在热点主题上已经形成了优势较为明显的科研力量。学者邹才能的节点较大，显示出其学术成果在学科内得到较多关注；邹才能与贾承造两位学者之间的链接较强，意味着他们之间可能有较为相近的研究主题。

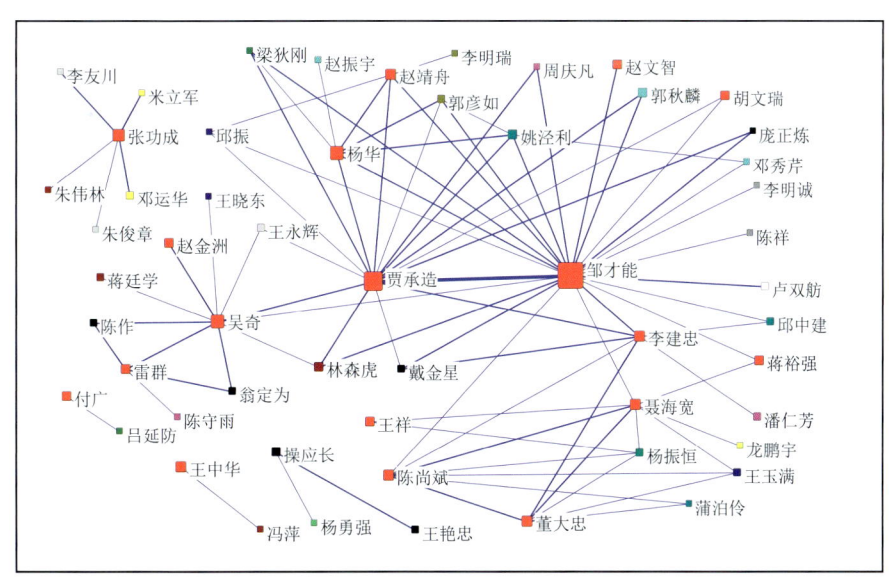

图 31-9 石油、天然气工业学科高被引作者发文主题关联

31.6 高被引机构分析

31.6.1 高被引机构

为便于比较，本书将石油、天然气工业学科的高被引机构分为高等院校和科研院所两种类型。其中，被引频次 TOP 10 高等院校和被引频次 TOP 5 科研院所的发文及被引情况分别见表 31-5 和表 31-6。其中，总被引频次较高的 3 所高等院校分别是中国石油大学（北京）、西南石油大学和中国石油大学（华东），中国石油勘探开发研究院、中国石化石油勘探开发研究院和中海油研究总院是总被引频次较高的 3 所科研院所；前 5 年学科发文在 2014 年的被引率最高的高等院校和科研院所分别是中国地质大学（武汉）和中国石油勘探开发研究院，篇均被引最高的高等院校和科研院所分别是中国地质大学（武汉）和中国石油勘探开发研究院。上述高被引机构的论文被引率和篇均被引频次对比如图 31-10 所示。

表 31-5 石油、天然气工业学科高被引高等院校 TOP 10

序号	第一作者单位	学科发文量（篇）		前 5 年学科发文在 2014 年的被引			
		前 5 年	2014 年	频次	被引率(%)	最高（次）	篇均（次）
1	中国石油大学（北京）	4410	754	4332	45.5	39	0.98
2	西南石油大学	4334	728	2760	32.8	34	0.64
3	中国石油大学（华东）	3068	578	2114	34.1	21	0.69
4	中国地质大学（北京）	1162	157	1141	40.2	22	0.98
5	成都理工大学	1344	231	1116	37.4	14	0.83
6	长江大学	2506	596	1100	24.7	15	0.44
7	西安石油大学	2244	594	883	20.3	26	0.39
8	东北石油大学	1484	306	798	30.1	23	0.54
9	中国地质大学（武汉）	553	59	574	46.8	10	1.04
10	西北大学	563	112	541	41.6	14	0.96

表 31-6 石油、天然气工业学科高被引科研院所 TOP 5

序号	第一作者单位	学科发文量（篇）		前 5 年学科发文在 2014 年的被引			
		前 5 年	2014 年	频次	被引率(%)	最高（次）	篇均（次）
1	中国石油勘探开发研究院	1573	226	2412	47.7	81	1.53
2	中国石化石油勘探开发研究院	625	115	747	45.0	21	1.20
3	中海油研究总院	576	134	453	34.4	19	0.79
4	中国石化石油工程技术研究院	308	79	370	38.6	28	1.20
5	胜利油田地质科学研究院	550	151	335	28.2	11	0.61

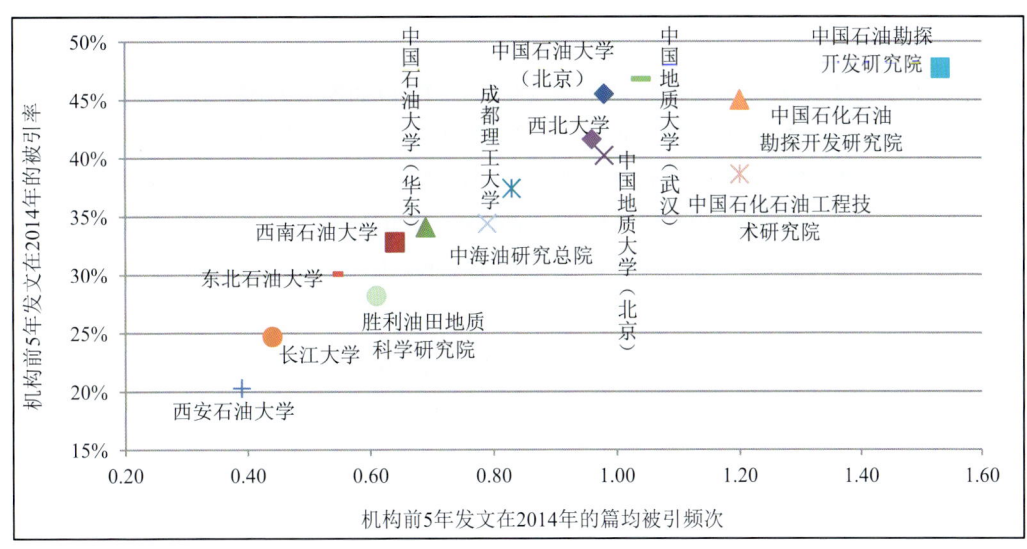

图 31-10　石油、天然气工业学科高被引机构论文篇均被引及被引率对比

31.6.2　高被引机构科研合作关系

通过合著分析，获得石油、天然气工业学科高被引机构之间及其与其他机构之间的科研合作关联，如图 31-11 所示（合作 181 次以下不显示）。分析得知，石油、天然气工业学科的机构合作链接较为紧密，表明学科内机构合作现象较为普遍；高被引机构基本主导了机构合作网络，显示出这些机构已经在学科内具有了一定的科研优势；西南石油大学和中国石油塔里木油田分公司、中国石油大学（北京）与中国石油勘探开发研究院等机构之间的链接较强，表明它们的学术合作较为频繁。

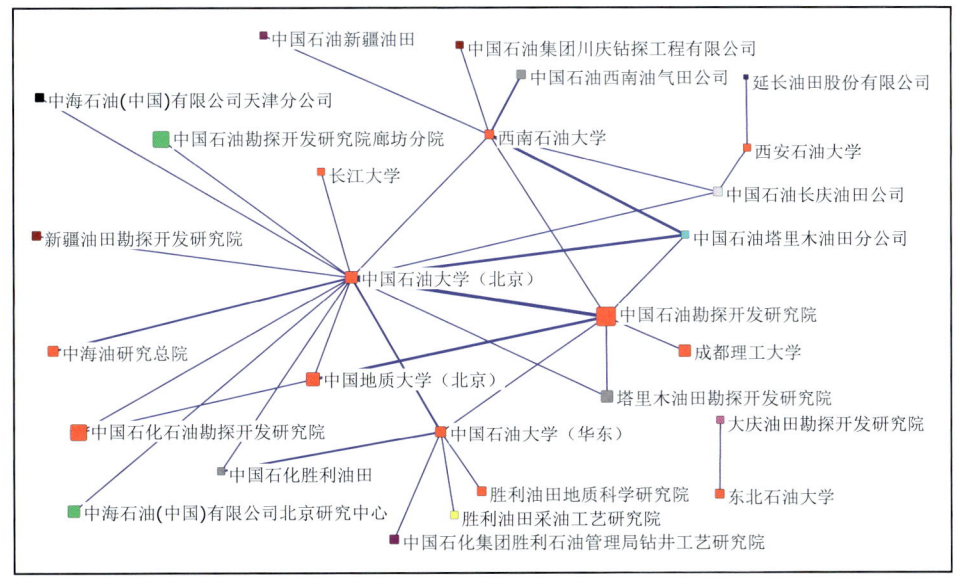

图 31-11　石油、天然气工业学科高被引机构科研合作关联

31.7 高被引图书、国外期刊及学术会议

2014年，石油、天然气工业学科被引频次位居前10位的图书及国外期刊见表31-7和表31-8。其中，被引次数较多的3种图书分别是邹才能的《非常规油气地质》、王鸿勋的《采油工艺原理》和万仁溥的《采油工程手册》；被引次数较多的3种国外期刊分别是《AAPG Bulletin》《Organic Geochemistry》和《Marine and Petroleum Geology》；被引次数较多的3场学术会议分别是"SPE Annual Technical Conference and Exhibition""Offshore Technology Conference"和"NPRA Annual Meeting"。

表31-7　石油、天然气工业学科高被引图书 TOP 10

序号	责任者	图书名称	出版社	2014年被引频次
1	邹才能	非常规油气地质	地质出版社	75
2	王鸿勋	采油工艺原理	石油工业出版社	70
3	万仁溥	采油工程手册	石油工业出版社	64
3	张琪	采油工程原理与设计	石油大学出版社	64
5	李道品	低渗透砂岩油田开发	石油工业出版社	59
6	杨俊杰	鄂尔多斯盆地构造演化与油气分布规律	石油工业出版社	58
7	何自新	鄂尔多斯盆地演化与油气	石油工业出版社	57
8	鄢捷年	钻井液工艺学	石油大学出版社	56
8	李士伦	天然气工程	石油工业出版社	56
10	李传亮	油藏工程原理	石油工业出版社	48

表31-8　石油、天然气工业学科高被引国外期刊 TOP 10

序号	期刊名称	2014年被引频次
1	AAPG Bulletin	1839
2	Organic Geochemistry	422
3	Marine and Petroleum Geology	398
4	Energy & Fuels	380
5	Journal of Petroleum Technology	379
6	Fuel	348
7	Industrial & Engineering Chemistry Research	329
8	Journal of Petroleum Science and Engineering	321
9	Geochimica et Cosmochimica Acta	295
10	Geophysics	262

第 32 章 冶金工业学科高被引分析

32.1 学科论文概况

2009—2013 年,冶金工业学科共有 30251 位来自 8044 所机构的论文第一作者在 1441 种期刊上发表了 31953 篇学术论文。其中,80% 以上的论文产出自 2095 所机构、22891 位作者,发表在 146 种期刊上。在前 5 年发表的这些论文中,有 6097 篇在 2014 年获得过引用,整体被引率为 19.1%,总被引频次为 9112 次,篇均被引 0.29 次;其中,高被引论文有 80 篇,单篇论文最高被引频次为 10 次,累计被引 500 次,篇均被引 6.25 次(表 32-1)。另外,2014 年冶金工业学科共发表论文 7175 篇,其中有 207 篇在当年获得过引用,总共被引 240 次。

表 32-1 冶金工业学科论文分布情况

年份	论文篇数	2014年被引频次	2014年被引率（%）	2014年高被引论文			
				论文篇数	最高被引频次	总被引频次	篇均被引频次
2009	6180	1582	17.1	20	8	111	5.55
2010	7059	1880	18.1	13	5	89	6.85
2011	5933	1938	21.5	14	5	91	6.50
2012	6242	2071	21.0	15	7	106	7.07
2013	6539	1641	17.9	18	10	103	5.72
合计	31953	9112	19.1	80	10	500	6.25

从冶金工业学科论文的地域分布来看,2014 年被引频次较高的 5 个省、直辖市或自治区依次是北京、湖南、辽宁、云南和湖北(图 32-1);5 年论文产出量较多的 5 个省、直辖市或自治区依次是北京、辽宁、河北、山东和湖南(图 32-2)。

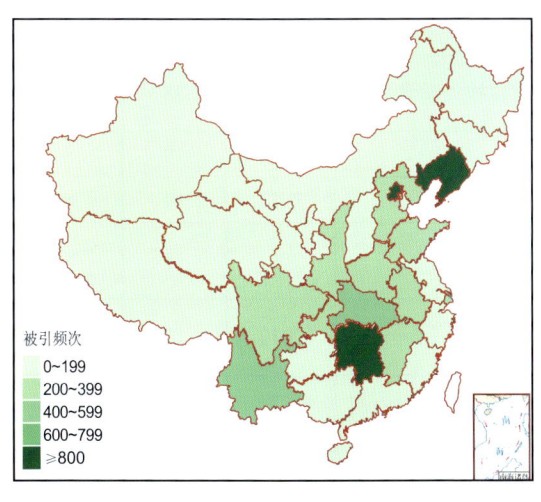

图 32-1 2014 年冶金工业学科地区被引分布

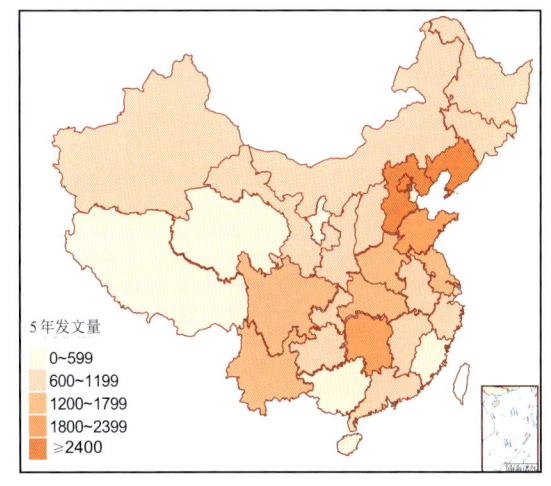

图 32-2 冶金工业学科 5 年论文产出地区分布

32.2 高被引论文分析

在冶金工业学科，2014 年被引频次位居前 10 位的论文（表 32-2）平均被引频次为 9.2 次，是全部 80 篇高被引论文篇均被引频次的 1.47 倍。其中，被引频次最高的论文是张斌于 2012 年发表的《国内外高钢级管线钢的发展及应用》，随后 2 篇分别是朱新锋于 2010 年发表的《以废铅酸电池铅膏制备超细氧化铅粉末》和何东升于 2009 年发表的《含钒石煤的氧化焙烧机理》。

从论文分布来看，刊载高被引论文数量居前的 3 种期刊分别是《有色金属（冶炼部分）》（18 篇）、《北京科技大学学报》（12 篇）和《中国有色金属学报》（7 篇），而《中国有色金属学报》刊载了高被引论文 TOP 10 中的 2 篇；发表高被引论文居前的 3 位学者分别是东北大学的金创石（2 篇）、北京科技大学的邓小旋（2 篇）和南昌大学的雷纯鹏（1 篇）；产出高被引论文数量居前的 3 所机构分别是北京科技大学（18 篇）、中南大学（17 篇）和东北大学（7 篇），而北京科技大学产出了高被引论文 TOP 10 中的 2 篇。

表 32-2 冶金工业学科高被引论文 TOP 10

序号	论文题名	第一作者	期刊名称	发表年份	被引频次 总频次	被引频次 2014 年
1	国内外高钢级管线钢的发展及应用	张斌	石油工程建设	2012	19	12
2	以废铅酸电池铅膏制备超细氧化铅粉末	朱新锋	中国有色金属学报	2010	26	11
3	含钒石煤的氧化焙烧机理	何东升	中国有色金属学报	2009	37	10
3	从 Pd/C 废料中回收钯及制备试剂 PdCl2 的新工艺	贺小塘	贵金属	2012	11	10
5	烧结过程余热资源分级回收与梯级利用研究	蔡九菊	钢铁	2011	20	9
5	基于铁矿粉高温特性互补的烧结优化配矿	吴胜利	北京科技大学学报	2010	23	9
7	如何建立高效低成本洁净钢平台	刘浏	钢铁	2010	19	8
7	钒渣钙化焙烧试验研究	曹鹏	钢铁钒钛	2012	14	8
7	钢渣熔态提铁后的二次渣制备微晶玻璃的实验研究	郭文波	硅酸盐通报	2011	15	8
7	我国石煤提钒的技术开发及努力方向	宁顺明	矿冶工程	2012	17	8
7	某石煤矿浓酸熟化两段逆流浸出钒的研究	邢学永	有色金属（冶炼部分）	2013	10	8

32.3 研究主题关联分析

在冶金工业学科，高被引论文累计被 2014 年发表的 607 篇论文引用了 500 次。通过分析施引文献关键词的词频及关键词之间的共现关系，获得 2014 年冶金工业学科的热点主题和主题关联，如图 32-3 所示（共现 4 次以下不显示）。由图 32-3 可知："石煤""钒""焙烧"等关键词的文档词频较高，是 2014 年学科的研究热点；以"石煤""钒""焙烧""酸浸"等关键词为主要节点的多个概念相互关联，构成了学科内最为突出的研究主题簇。

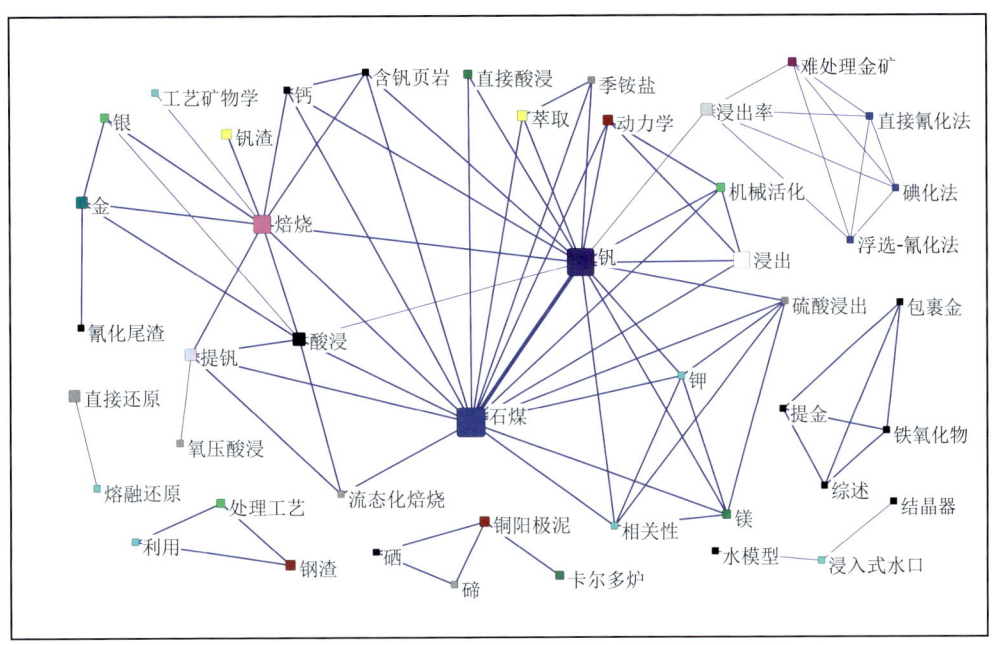

图 32-3 冶金工业学科 2014 年热点主题关联

32.4 学科高影响力期刊分析

32.4.1 学科高影响力期刊 TOP 10

在冶金工业学科，学科 5 年影响因子位居前 10 位的期刊见表 32-3，排在前 3 位的期刊分别是《贵金属》《有色金属（冶炼部分）》和《工程科学学报》。在表 32-3 中，学科载文量占其总载文量比例最大的期刊是《钢铁钒钛》；前 5 年学科载文在 2014 年被引率最高的期刊是《有色金属（冶炼部分）》；期刊 5 年影响因子较高的前 3 种期刊分别是《有色金属（冶炼部分）》《钢铁》和《工程科学学报》；学科 5 年影响因子与期刊 5 年影响因子差异最大的期刊是《贵金属》。表 32-3 中期刊的学科 5 年影响因子和前 5 年学科载文的 2014 年被引率对比如图 32-4 所示，2009—2014 年期刊 5 年影响因子的变动情况如图 32-5 所示。

表 32-3　冶金工业学科高影响力期刊基本指数

序号	期刊名称	前 5 年载文量			2014 年学科被引			5 年影响因子		h 指数（学科）
		学科（篇）	占比（%）	总量（篇）	频次	被引率（%）	高被引论文篇数	期刊(2014)	学科(2014)	
1	贵金属	104	19.6	530	77	34.6	1	0.494	0.740	4
2	有色金属（冶炼部分）	681	72.4	941	493	37.0	18	0.652	0.724	6
3	工程科学学报	322	20.5	1571	220	32.3	12	0.596	0.683	8
4	钢铁	802	55.3	1450	461	33.3	5	0.606	0.575	6
5	湿法冶金	395	67.9	582	217	35.2	2	0.565	0.549	4
6	中国锰业	112	28.1	399	49	26.8	1	0.333	0.438	4
7	钢铁研究学报	390	41.6	938	163	27.2	1	0.473	0.418	5
8	粉末冶金材料科学与工程	198	25.4	781	81	26.3	1	0.411	0.409	5
9	钢铁钒钛	446	76.0	587	179	22.2	4	0.411	0.401	4
10	有色金属科学与工程	197	32.1	614	77	23.4	1	0.513	0.391	5

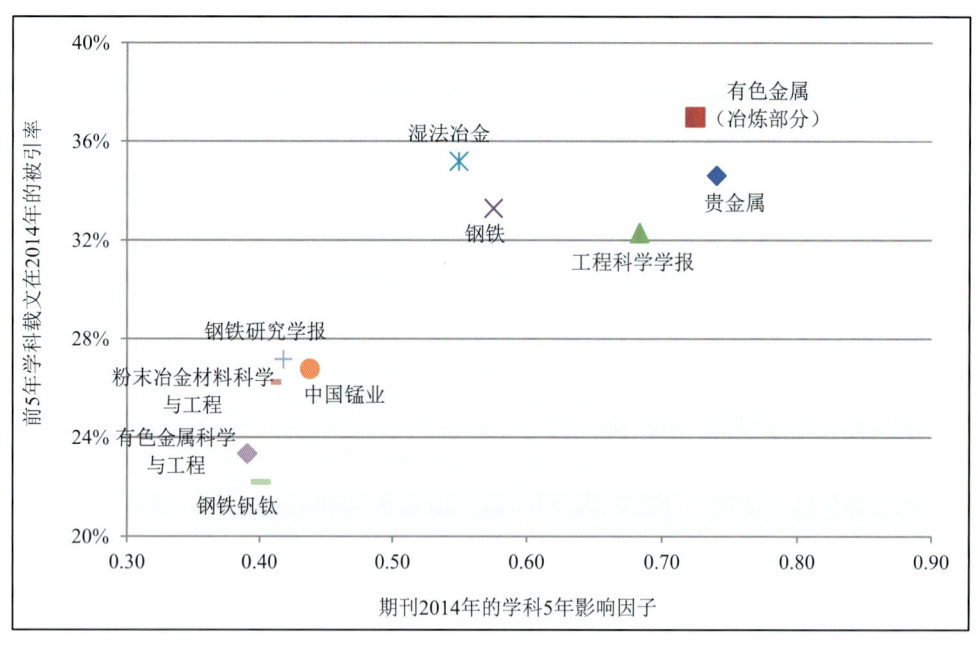

图 32-4　冶金工业学科高影响力期刊对比

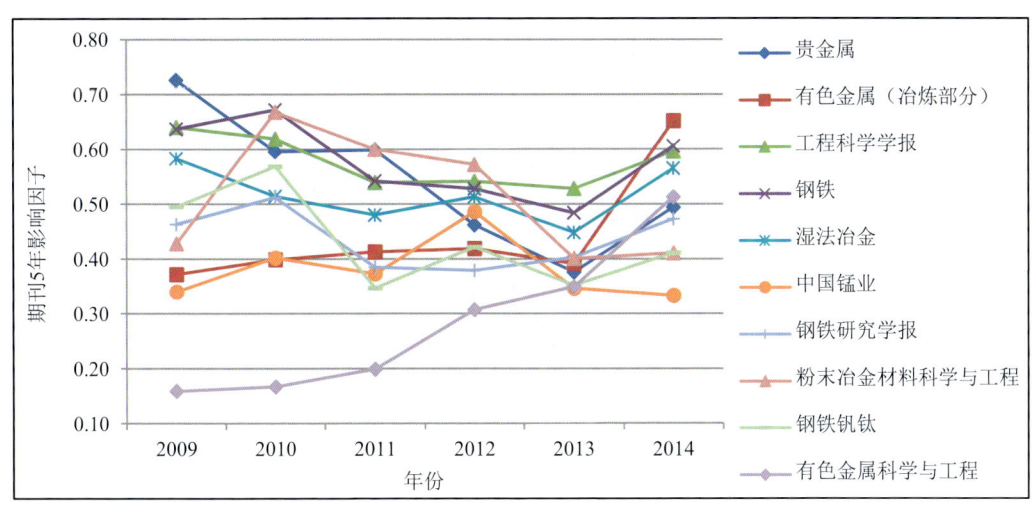

图 32-5　冶金工业学科期刊 5 年影响因子变动

32.4.2　学科高影响力期刊载文主题关联

通过期刊共被引分析，获得冶金工业学科高影响力期刊及与其他期刊之间的载文主题关联，如图 32-6 所示（共被引 9 次以下不显示）。结果显示，冶金工业学科的高影响力期刊相互链接较为紧密，基本主导了该学科的期刊共被引网络，显示出该学科高影响力期刊可能共同刊载了许多相近的研究主题，热点研究主题分散在多种期刊上。《有色金属（冶炼部分）》的学科 5 年影响因子较高，显示出该刊在学科内学术影响力较大；《工程科学学报》与《钢铁》、《有色金属（冶炼部分）》与《中国有色冶金》等期刊之间的链接较强，意味着它们之间可能分别有较多相同或相近的载文主题。

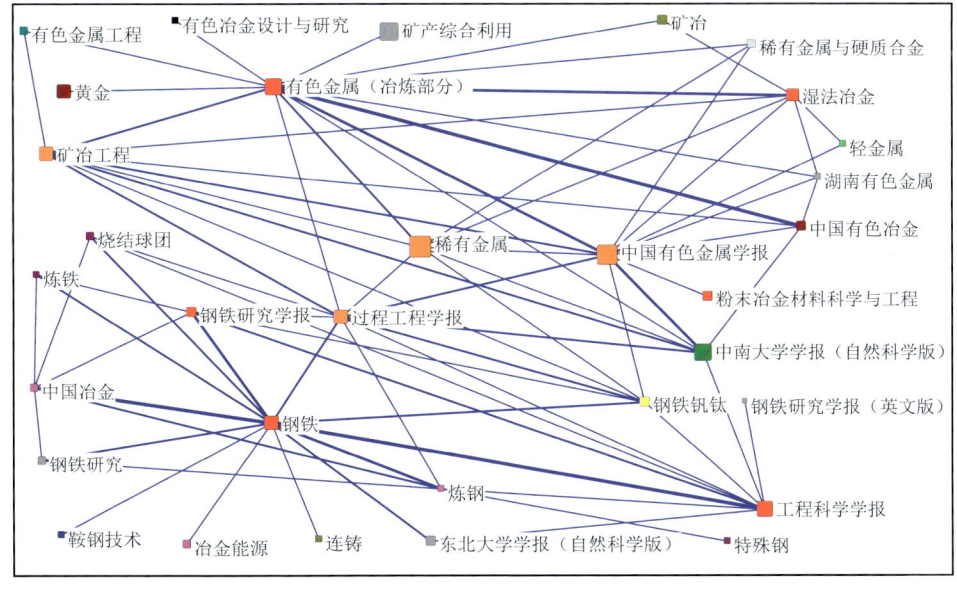

图 32-6　冶金工业学科高影响力期刊载文主题关联

32.5 高被引作者分析

32.5.1 高被引作者 TOP 20

2009—2013 年，在 30251 位冶金工业学科论文的第一作者中，在 2014 年学科被引频次位居前 20 位的学者的发文及被引情况见表 32-4。其中，学科发文总被引频次较高的 3 位作者分别是北京科技大学的吴胜利（25 次）、钢铁研究总院的殷瑞钰（20 次）和中南大学的郭学益（20 次）。高被引作者的 5 年学科发文数量从 1 篇到 27 篇不等，同时，作者学科发文的期刊分布也在 1 种到 16 种之间变化。在发文超过 5 篇的所有作者中，篇均被引较高的 3 位作者分别是东北大学的金创石（篇均 3.00 次）、中南大学的李卫锋（篇均 2.33 次）和北京科技大学的吴胜利（篇均 2.27 次）；前 5 年发表学科论文较多的 3 位作者分别是北京科技大学的张建良（27 篇）、武汉科技大学的彭其春（24 篇）和鞍钢股份有限公司的潘秀兰（21 篇）。高被引作者的学科发文量和被引量对比如图 32-7 所示。

表 32-4 冶金工业学科高被引作者 TOP 20

序号	姓名	作者单位	前 5 年发文			前 5 年学科发文在 2014 年的被引				h 指数（学科）
			学科发文（篇）	期刊分布（种）	发文总量（篇）	总频次	被引率（%）	最高（次）	篇均（次）	
1	吴胜利	北京科技大学	11	3	11	25	81.8	9	2.27	3
2	殷瑞钰	钢铁研究总院	16	5	23	20	56.3	5	1.25	3
2	郭学益	中南大学	14	9	28	20	50.0	5	1.43	4
4	张建良	北京科技大学	27	16	33	19	48.2	3	0.70	2
5	金创石	东北大学	6	5	6	18	83.3	5	3.00	3
6	胡俊鸽	鞍钢股份有限公司	20	9	17	17	55.0	3	0.85	2
7	朱德庆	中南大学	16	7	23	15	37.5	6	0.94	2
8	朱军	西安建筑科技大学	14	6	20	14	57.1	5	1.00	2
8	李卫锋	中南大学	6	5	6	14	83.3	6	2.33	3
8	毕学工	武汉科技大学	14	7	16	14	42.9	5	1.00	2
11	曹耀华	中国地质科学院郑州矿产综合利用研究所	10	3	11	13	70.0	3	1.30	2
11	万林生	江西理工大学	11	3	13	13	36.4	5	1.18	2
13	李小斌	中南大学	13	3	18	12	46.2	4	0.92	2
13	李光辉	中南大学	4	3	7	12	100.0	5	3.00	2
13	张玉柱	河北联合大学	9	8	17	12	66.7	7	1.33	1
13	郑雅杰	中南大学	16	5	24	12	37.5	4	0.75	3
13	周渝生	宝山钢铁股份有限公司	3	2	5	12	100.0	6	4.00	3

序号	姓名	作者单位	前5年发文			前5年学科发文在2014年的被引				h指数(学科)
			学科发文（篇）	期刊分布（种）	发文总量（篇）	总频次	被引率（%）	最高（次）	篇均（次）	
13	董辉	东北大学	10	6	16	12	60.0	4	1.20	3
13	张斌	中国石油管道科技研究中心	1	1	1	12	100.0	12	12.00	1
20	朱新锋	华中科技大学	1	1	2	11	100.0	11	11.00	1
20	李亮	昆明理工大学	4	2	8	11	100.0	6	2.75	2
20	彭其春	武汉科技大学	24	7	32	11	33.3	2	0.46	2

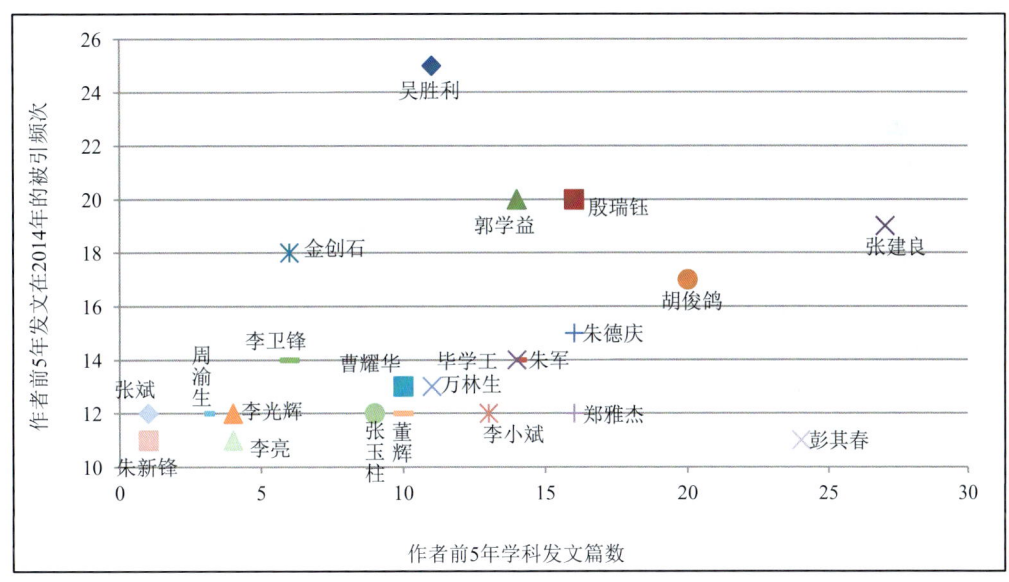

图 32-7　冶金工业学科高被引作者学科发文及被引对比

32.5.2　高被引作者科研合作关系

通过作者合著分析，获得 2014 年冶金工业学科高被引作者及与其他学者之间的科研论文合作关系（不考虑论文署名次序），如图 32-8 所示（合著 5 次以下不显示）。可以看出，冶金工业学科的高被引作者的论文合作现象比较普遍。学者张建良的发文量较多，论文合作者也较多，显示出其在该学科的研究人员中表现出一定的集聚效应；张建良和左海滨、国宏伟等学者之间的合作关系最为紧密，显示出他们可能属于同一支科研团队。

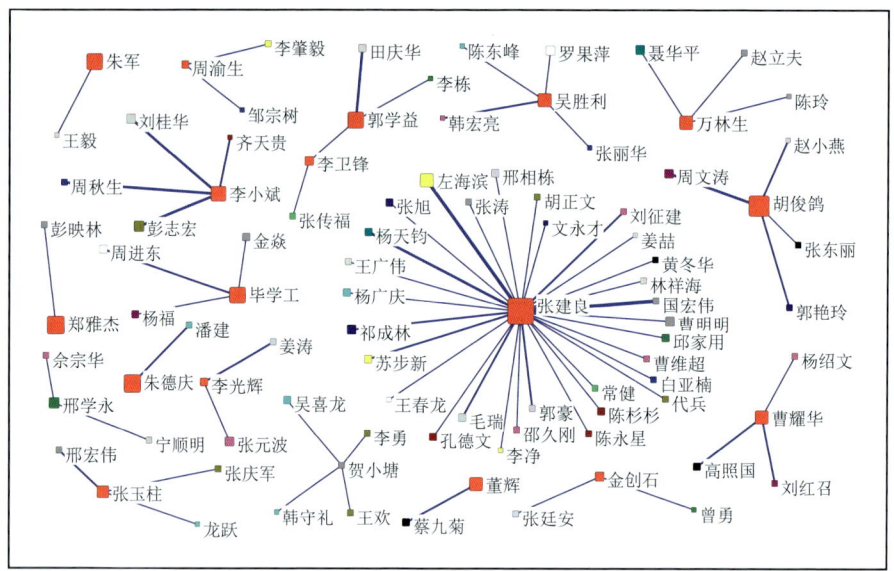

图 32-8　冶金工业学科高被引作者科研论文合作关系

32.5.3　高被引作者发文主题关联

通过作者共被引分析，获得 2014 年冶金工业学科高被引作者及与其他学者之间的发文主题关联（见图 32-9，共被引 2 次以下不显示）。如图 32-9 所示，冶金工业学科的高被引作者基本主导了作者共被引网络，显示出该学科在热点主题上已经形成了优势较为明显的科研力量。学者吴胜利的节点较大，显示出其学术成果在学科内得到较多关注；董辉与蔡九菊、邢学永与赵杰等学者之间的链接较强，意味着他们之间可能分别有较为相近的研究主题；以金创石、邢学永为主要节点的共被引作者簇已经初具规模，意味着这些学者的研究主题关联可能较为紧密。

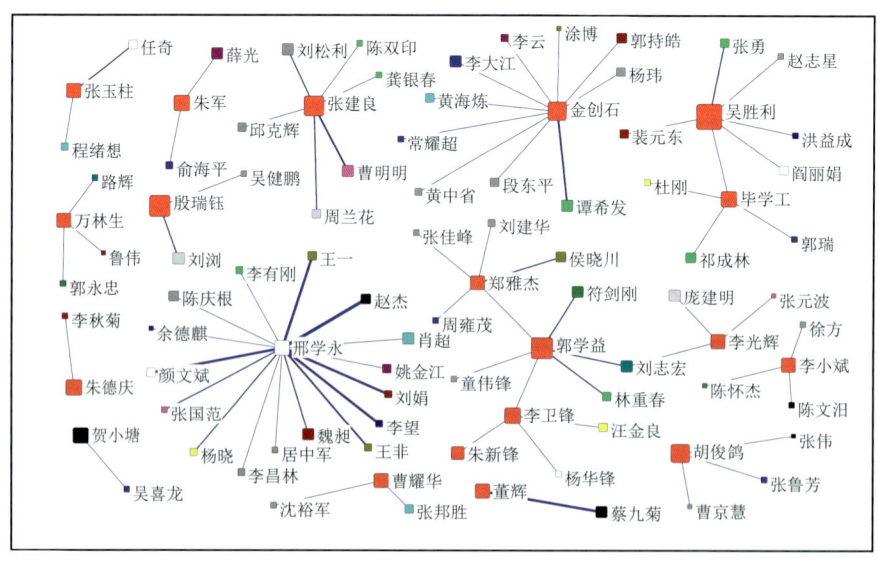

图 32-9　冶金工业学科高被引作者发文主题关联

32.6 高被引机构分析

32.6.1 高被引机构

为便于比较，本书将冶金工业学科的高被引机构分为高等院校和科研院所两种类型。其中，被引频次 TOP 10 高等院校和被引频次 TOP 5 科研院所的发文及被引情况分别见表 32-5 和表 32-6。其中，总被引频次较高的 3 所高等院校分别是北京科技大学、中南大学和东北大学，钢铁研究总院、北京矿冶研究总院和北京有色金属研究总院是总被引频次较高的 3 所科研院所；前 5 年学科发文在 2014 年的被引率最高的高等院校和科研院所分别是昆明理工大学和北京矿冶研究总院，篇均被引最高的高等院校和科研院所分别是中南大学和北京矿冶研究总院。上述高被引机构的论文被引率和篇均被引频次对比如图 32-10 所示。

表 32-5　冶金工业学科高被引高等院校 TOP 10

序号	第一作者单位	学科发文量（篇）		前 5 年学科发文在 2014 年的被引			
		前 5 年	2014 年	频次	被引率(%)	最高(次)	篇均(次)
1	北京科技大学	2074	424	921	26.5	9	0.44
2	中南大学	1134	192	703	34.2	10	0.62
3	东北大学	1086	180	444	25.3	9	0.41
4	昆明理工大学	559	102	296	34.3	6	0.53
5	武汉科技大学	389	77	185	28.0	7	0.48
6	江西理工大学	283	63	144	31.4	5	0.51
7	重庆大学	295	29	104	24.7	4	0.35
8	西安建筑科技大学	235	47	96	25.5	5	0.41
8	贵州大学	220	32	96	29.1	4	0.44
10	河北联合大学	377	106	89	17.8	7	0.24

表 32-6　冶金工业学科高被引科研院所 TOP 5

序号	第一作者单位	学科发文量（篇）		前 5 年学科发文在 2014 年的被引			
		前 5 年	2014 年	频次	被引率(%)	最高(次)	篇均(次)
1	钢铁研究总院	234	43	158	34.2	8	0.68
2	北京矿冶研究总院	166	37	115	37.3	5	0.69
3	北京有色金属研究总院	132	23	54	25.8	4	0.41
4	武汉钢铁（集团）公司研究院	189	47	46	16.9	3	0.24
5	首钢技术研究院	107	21	43	23.4	4	0.40

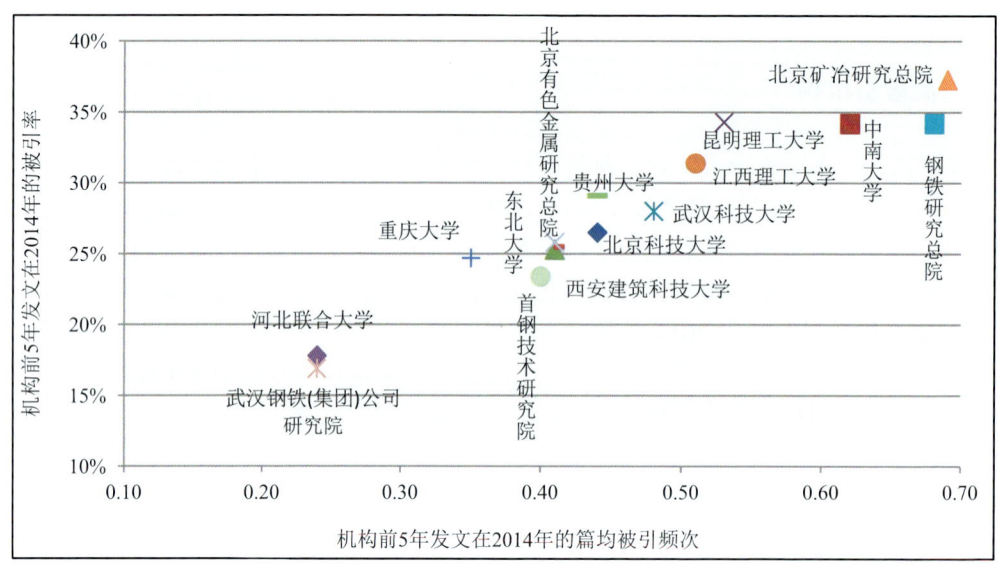

图 32-10　冶金工业学科高被引机构论文篇均被引及被引率对比

32.6.2　高被引机构科研合作关系

通过合著分析，获得冶金工业学科高被引机构之间及其与其他机构之间的科研合作关联，如图 32-11 所示（合作 47 次以下不显示）。分析得知，冶金工业学科的机构合作链接较为紧密，表明学科内机构合作现象较为普遍；高被引机构基本主导了机构合作网络，显示出这些机构已经在学科内具有了一定的科研优势；首钢技术研究院和北京科技大学、武汉科技大学和湖南华菱涟源钢铁有限公司机构之间的链接较强，表明它们的学术合作较为频繁。

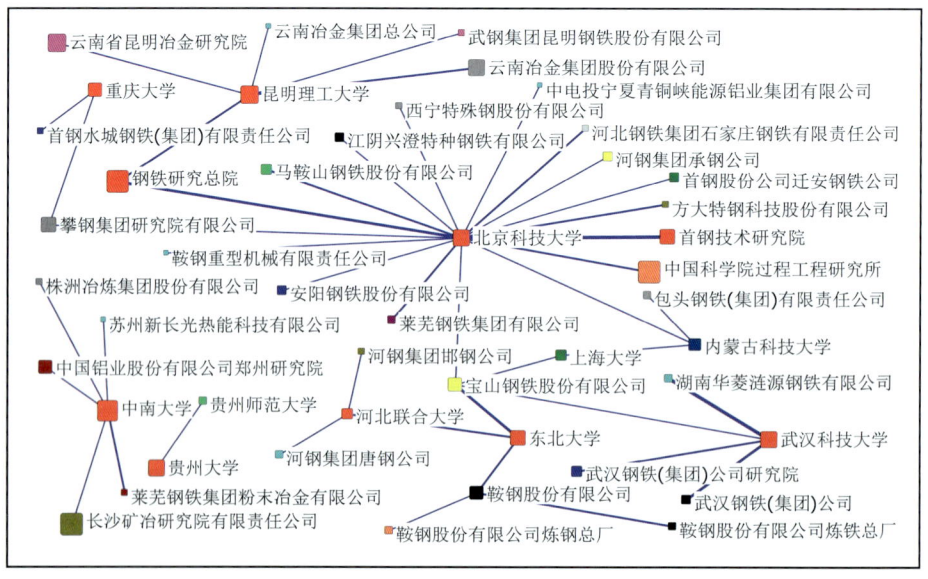

图 32-11　冶金工业学科高被引机构科研合作关联

32.7 高被引图书、国外期刊及学术会议

2014 年,冶金工业学科被引频次位居前 10 位的图书及国外期刊见表 32-7 和表 32-8。其中,被引次数较多的 3 种图书分别是黄希祜的《钢铁冶金原理》、周传典的《高炉炼铁生产技术手册》和邱竹贤的《预焙槽炼铝》;被引次数较多的 3 种国外期刊分别是《ISIJ International》《Materials Science and Engineering A－Structural Materials Properties Microstructure and Processing》和《Hydrometallurgy》;被引次数较多的 3 场学术会议分别是"Steelmaking Conference Proceedings""Electric Furnace Conference"和"Proc. Int. Ferroalloy Cong"。

表 32-7　冶金工业学科高被引图书 TOP 10

序号	责任者	图书名称	出版社	2014 年被引频次
1	黄希祜	钢铁冶金原理	冶金工业出版社	75
2	周传典	高炉炼铁生产技术手册	冶金工业出版社	73
3	邱竹贤	预焙槽炼铝	冶金工业出版社	35
3	成大先	机械设计手册	化学工业出版社	35
5	朱祖泽	现代铜冶金学	科学出版社	33
6	蔡开科	连铸坯质量控制	冶金工业出版社	30
7	莫畏	钛冶金	冶金工业出版社	27
8	蔡开科	连续铸钢原理与工艺	冶金工业出版社	25
9	王筱留	钢铁冶金学(炼铁部分)	冶金工业出版社	23
9	黄培云	粉末冶金原理	冶金工业出版社	23
9	刘业翔	现代铝电解	冶金工业出版社	23

表 32-8　冶金工业学科高被引国外期刊 TOP 10

序号	期刊名称	2014 年被引频次
1	ISIJ International	1168
2	Materials Science and Engineering A－Structural Materials Properties Microstructure and Processing	730
3	Hydrometallurgy	635
4	Acta Materialia	417
5	Journal of Materials Processing Technology	321
6	Metallurgical and Materials Transactions B: Process Metallurgy and Materials Processing Science	308
7	Minerals Engineering	288
8	Journal of Alloys and Compounds	284
9	Metallurgical and Materials Transactions A: Physical Metallurgy and Materials Science	273
10	Ironmaking & Steelmaking	272

第 33 章　金属学与金属工艺学科高被引分析

33.1　学科论文概况

2009—2013 年,金属学与金属工艺学科共有 99925 位来自 21709 所机构的论文第一作者在 2589 种期刊上发表了 123876 篇学术论文。其中,80%以上的论文产出自 3608 所机构、72171 位作者,发表在 205 种期刊上。在前 5 年发表的这些论文中,有 27027 篇在 2014 年获得过引用,整体被引率为 21.8%,总被引频次为 40753 次,篇均被引 0.33 次;其中,高被引论文有 339 篇,单篇论文最高被引频次为 46 次,累计被引 2403 次,篇均被引 7.09 次(表 33-1)。另外,2014 年金属学与金属工艺学科共发表论文 25634 篇,其中有 732 篇在当年获得过引用,总共被引 898 次。

表 33-1　金属学与金属工艺学科论文分布情况

年份	论文篇数	2014 年被引频次	2014 年被引率（%）	2014 年高被引论文			
				论文篇数	最高被引频次	总被引频次	篇均被引频次
2009	22112	6983	21.2	57	26	417	7.32
2010	23790	8458	23.3	64	31	485	7.58
2011	26089	8940	22.6	63	32	443	7.03
2012	27196	9432	22.6	78	38	554	7.10
2013	24689	6940	19.3	77	46	504	6.55
合计	123876	40753	21.8	339	46	2403	7.09

从金属学与金属工艺学科论文的地域分布来看,2014 年被引频次较高的 5 个省、直辖市或自治区依次是北京、辽宁、江苏、陕西和湖南(图 33-1);5 年论文产出量较多的 5 个省、直辖市或自治区依次是北京、江苏、辽宁、陕西和山东(图 33-2)。

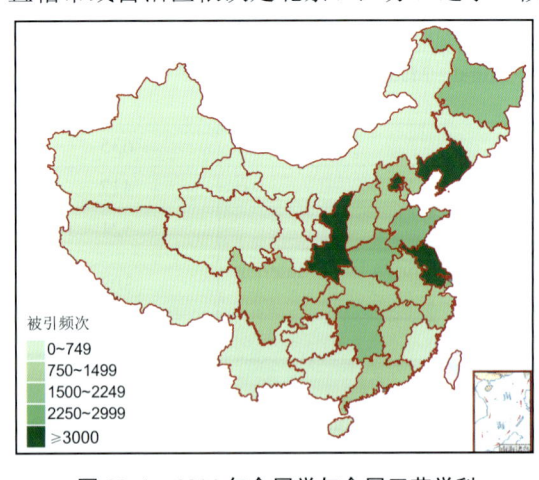

图 33-1　2014 年金属学与金属工艺学科地区被引分布

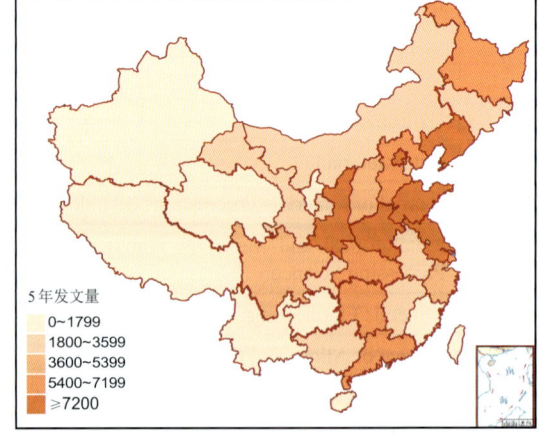

图 33-2　金属学与金属工艺学科 5 年论文产出地区分布

33.2 高被引论文分析

在金属学与金属工艺学科，2014 年被引频次位居前 10 位的论文（表 33-2）平均被引频次为 16 次，是全部 339 篇高被引论文篇均被引频次的 2.3 倍。其中，被引频次最高的论文是刘兵于 2010 年发表的《大飞机用铝合金的研究现状及展望》，随后 2 篇分别是刘振宇于 2009 年发表的《板带热连轧中氧化铁皮的控制技术》和姜爱华于 2012 年发表的《焊接工艺对 304 不锈钢焊接接头耐晶间腐蚀性能的影响》。

从论文分布来看，刊载高被引论文数量居前的 3 种期刊分别是《机械工程学报》（28 篇）、《铸造技术》（24 篇）和《热加工工艺》（22 篇），而《轧钢》刊载了高被引论文 TOP 10 中的 2 篇；发表高被引论文居前的 3 位学者分别是广西大学的高英俊（3 篇）、柳州职业技术学院的向小汉（3 篇）和上海交通大学的丁文江（3 篇）；产出高被引论文数量居前的 3 所机构分别是北京科技大学（14 篇）、东北大学（12 篇）和重庆大学（11 篇），而东北大学产出了高被引论文 TOP 10 中的 3 篇。

表 33-2 金属学与金属工艺学科高被引论文 TOP 10

序号	论文题名	第一作者	期刊名称	发表年份	被引频次 总频次	被引频次 2014 年
1	大飞机用铝合金的研究现状及展望	刘兵	中国有色金属学报	2010	86	35
2	板带热连轧中氧化铁皮的控制技术	刘振宇	轧钢	2009	41	17
3	焊接工艺对 304 不锈钢焊接接头耐晶间腐蚀性能的影响	姜爱华	铸造技术	2012	17	16
4	新一代控制轧制和控制冷却技术与创新的热轧过程	王国栋	东北大学学报（自然科学版）	2009	57	15
5	热喷涂技术与热喷涂材料的发展现状	张燕	装备环境工程	2013	16	13
5	新一代 TMCP 技术的发展	王国栋	轧钢	2012	30	13
5	钢结构焊接中的常见问题探讨	孙生玉	中国新技术新产品	2009	55	13
5	重型制造装备国内外研究与发展	高峰	机械工程学报	2010	42	13
5	增材制造（3D 打印）技术发展	卢秉恒	机械制造与自动化	2013	29	13
10	机械制造中数控技术应用探究	王渤	价值工程	2012	19	12

33.3 研究主题关联分析

在金属学与金属工艺学科，高被引论文累计被 2014 年发表的 1884 篇论文引用了 2403 次。通过分析施引文献关键词的词频及关键词之间的共现关系，获得 2014 年金属学与金属工艺学科的热点主题和主题关联，如图 33-3 所示（共现 5 次以下不显示）。由图 33-3 可知："力学性能""显微组织"等关键词的文档词频较高，是 2014 年学科的研究热点，同时，两者之间共现次数较多，表明它们之间关联较为紧密；以"力学性能""镁合金"等关键词为主要节点的多个概念相互关联，构成了学科内最为突出的研究主题簇。

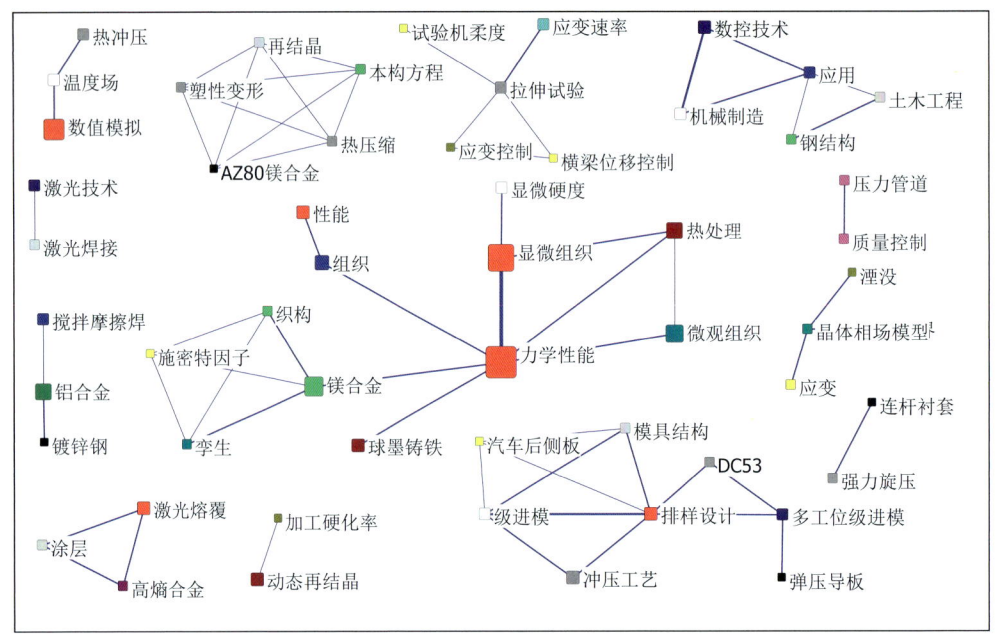

图 33-3　金属学与金属工艺学科 2014 年热点主题关联

33.4 学科高影响力期刊分析

33.4.1 学科高影响力期刊 TOP 10

在金属学与金属工艺学科，学科 5 年影响因子位居前 10 位的期刊见表 33-3，排在前 3 位的期刊分别是《中国材料进展》《装备环境工程》和《中国有色金属学报》。在表 33-3 中，学科载文量占其总载文量比例最大的期刊是《焊接学报》；前 5 年学科载文在 2014 年被引率最高的期刊是《中国有色金属学报》；期刊 5 年影响因子较高的前 3 种期刊分别是《中国有色金属学报》《金属学报》和《稀有金属》；学科 5 年影响因子与期刊 5 年影响因子差异最大的期刊是《中国材料进展》。表 33-3 中期刊的学科 5 年影响因子和前 5 年学科载文的 2014 年被引率对比如图 33-4 所示，2009—2014 年期刊 5 年影响因子的变动情况如图 33-5 所示。

表 33-3 金属学与金属工艺学科高影响力期刊基本指数

序号	期刊名称	前 5 年载文量			2014 年学科被引			5 年影响因子		h 指数 (学科)
		学科（篇）	占比（%）	总量（篇）	频次	被引率（%）	高被引论文篇数	期刊(2014)	学科(2014)	
1	中国材料进展	209	29.6	706	203	36.4	10	0.571	0.971	7
2	装备环境工程	236	23.0	1024	203	41.1	4	0.598	0.860	6
3	中国有色金属学报	1376	53.0	2597	1098	42.0	14	0.767	0.798	8
4	稀有金属	443	43.7	1014	337	40.6	5	0.691	0.761	6
5	金属学报	1066	79.7	1338	800	37.8	11	0.696	0.750	6
6	表面技术	704	62.8	1121	464	40.2	4	0.593	0.659	5
7	焊接学报	1853	91.9	2017	1114	36.6	5	0.592	0.601	6
8	航空材料学报	328	48.4	678	195	36.0	2	0.493	0.595	5
9	锻压技术	1416	88.0	1610	807	33.1	12	0.551	0.570	7
10	材料工程	726	44.8	1622	409	36.0	0	0.466	0.563	5

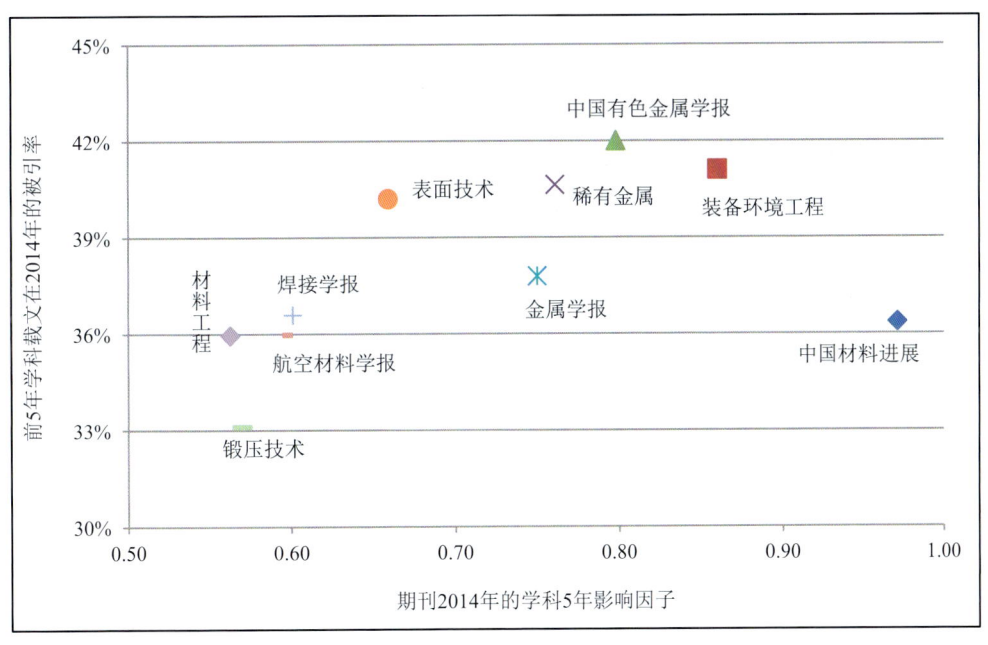

图 33-4 金属学与金属工艺学科高影响力期刊对比

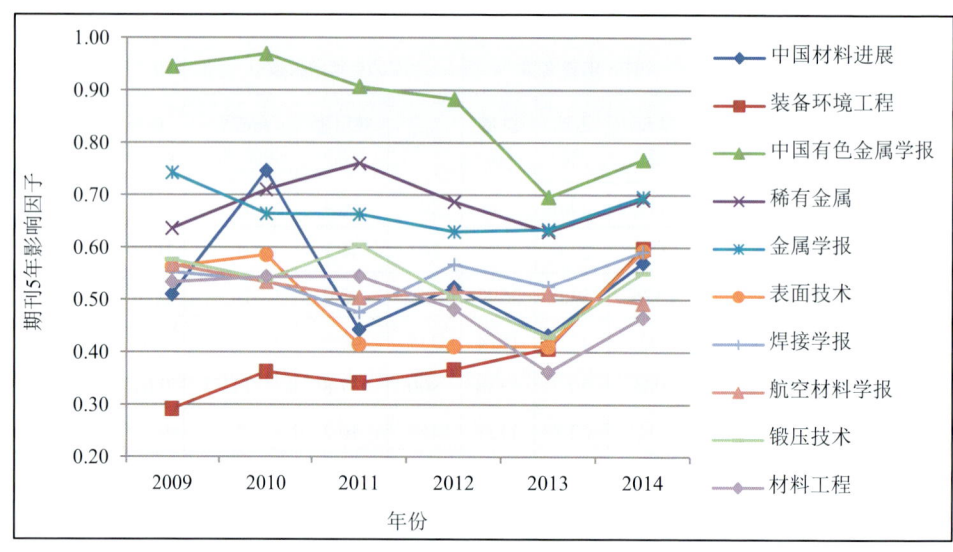

图 33-5　金属学与金属工艺学科期刊 5 年影响因子变动

33.4.2　学科高影响力期刊载文主题关联

通过期刊共被引分析，获得金属学与金属工艺学科高影响力期刊及与其他期刊之间的载文主题关联，如图 33-6 所示（共被引 37 次以下不显示）。结果显示，金属学与金属工艺学科的高影响力期刊相互链接较为紧密，基本主导了该学科的期刊共被引网络，显示出该学科高影响力期刊可能共同刊载了许多相近的研究主题，热点研究主题分散在多种期刊上。《装备环境工程》的学科 5 年影响因子较高，显示出该刊在学科内学术影响力较大；《热加工工艺》与《铸造技术》《金属热处理》《材料热处理学报》等期刊之间的链接较强，意味着它们之间可能有较多相同或相近的载文主题。

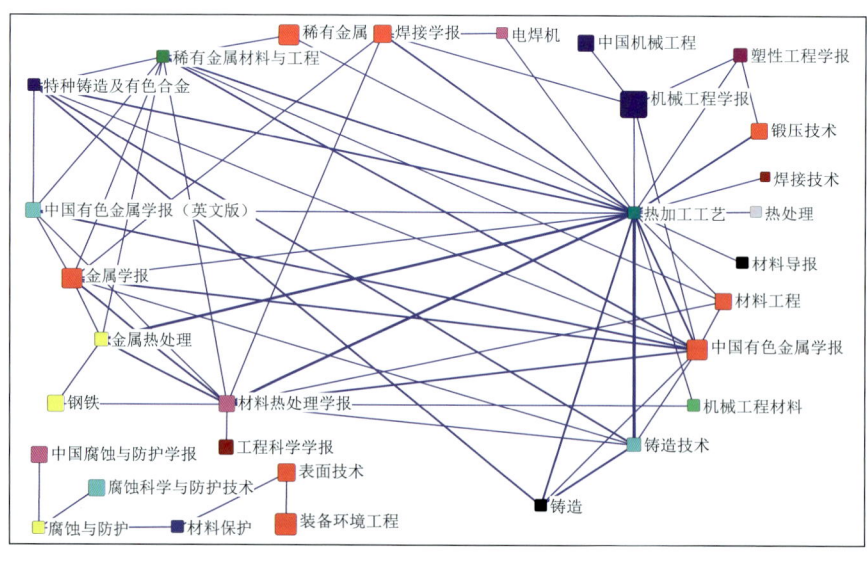

图 33-6　金属学与金属工艺学科高影响力期刊载文主题关联

33.5 高被引作者分析

33.5.1 高被引作者 TOP 20

2009—2013 年，在 99925 位金属学与金属工艺学科论文的第一作者中，在 2014 年学科被引频次位居前 20 位的学者的发文及被引情况见表 33-4。其中，学科发文总被引频次较高的 3 位作者分别是中南大学的李红英（47 次）、东北大学的王国栋（41 次）和中南大学的张新明（41 次）。高被引作者的 5 年学科发文数量从 5 篇到 51 篇不等，同时，作者学科发文的期刊分布也在 2 种到 16 种之间变化。在发文超过 5 篇的所有作者中，篇均被引较高的 3 位作者分别是中南大学的刘兵（篇均 7.2 次）、上海交通大学的丁文江（篇均 5.8 次）和中南大学的陈送义（篇均 4.20 次）；前 5 年发表学科论文较多的 3 位作者分别是河南理工大学的米国发（59 篇）、中国传统工艺研究会的谭德睿（57 篇）和辽宁工程技术大学的马壮（51 篇）。高被引作者的学科发文量和被引量对比如图 33-7 所示。

表 33-4 金属学与金属工艺学科高被引作者 TOP 20

序号	姓名	作者单位	前 5 年发文			前 5 年学科发文在 2014 年的被引				h 指数（学科）
			学科发文（篇）	期刊分布（种）	发文总量（篇）	总频次	被引率（%）	最高（次）	篇均（次）	
1	李红英	中南大学	31	7	34	47	64.5	6	1.52	3
2	王国栋	东北大学	13	7	17	41	61.5	15	3.15	3
2	张新明	中南大学	48	12	50	41	43.8	5	0.85	3
4	张丁非	重庆大学	39	13	42	40	53.9	12	1.03	2
5	刘兵	中南大学	5	2	5	36	40.0	35	7.20	1
6	向小汉	柳州职业技术学院	14	7	20	31	57.1	8	2.21	4
7	丁文江	上海交通大学	5	4	5	29	60.0	12	5.80	3
8	李旭东	中国人民解放军海军航空工程学院青岛分院	19	7	25	28	47.4	7	1.47	4
9	刘宗昌	内蒙古科技大学	47	9	48	24	36.2	3	0.51	2
9	马壮	辽宁工程技术大学	51	16	77	24	25.5	4	0.47	3
9	徐滨士	中国人民解放军装甲兵工程学院	11	9	24	24	54.6	12	2.18	5
9	陈先华	重庆大学	8	6	8	24	100.0	6	3.00	3
13	高英俊	广西大学	13	4	19	23	30.8	7	1.77	4
13	刘振宇	东北大学	6	5	6	23	50.0	17	3.83	2
15	计时鸣	浙江工业大学	23	9	49	22	47.8	7	0.96	3
15	任吉林	南昌航空大学	10	5	13	22	60.0	7	2.20	3

序号	姓名	作者单位	前5年发文			前5年学科发文在2014年的被引				h指数(学科)
			学科发文(篇)	期刊分布(种)	发文总量(篇)	总频次	被引率(%)	最高(次)	篇均(次)	
17	吴元徽	南京工业职业技术学院	28	10	29	21	35.7	5	0.75	3
17	刘敬福	辽宁工程技术大学	34	9	40	21	47.1	3	0.62	2
17	张敏	西安理工大学	42	11	45	21	35.7	2	0.50	2
17	邓朝晖	湖南大学	7	4	12	21	71.4	6	3.00	3
17	陈送义	中南大学	5	4	7	21	100.0	8	4.20	3

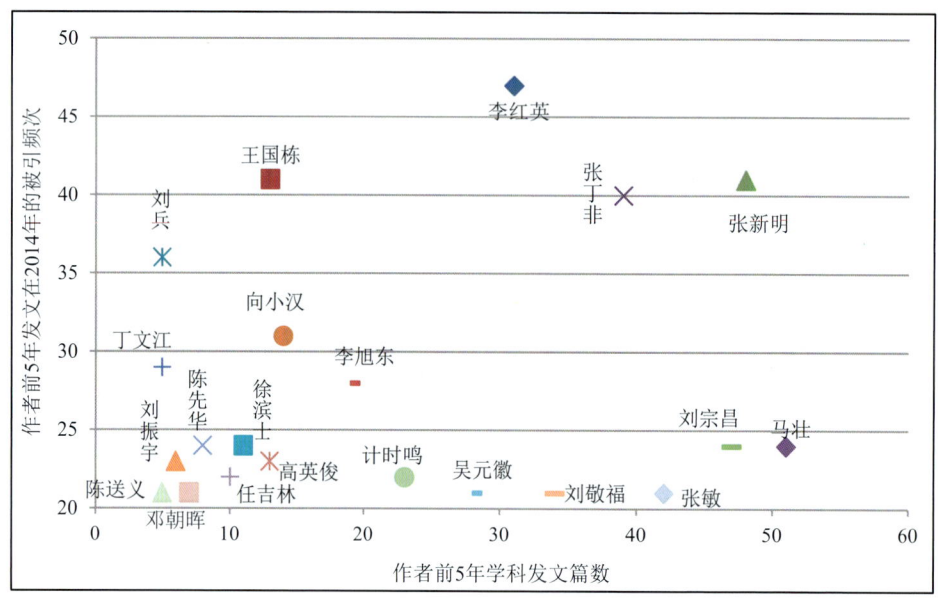

图 33-7　金属学与金属工艺学科高被引作者学科发文及被引对比

33.5.2　高被引作者科研合作关系

通过作者合著分析，获得2014年金属学与金属工艺学科高被引作者及与其他学者之间的科研论文合作关系（不考虑论文署名次序），如图 33-8 所示（合著10次以下不显示）。可以看出，金属学与金属工艺学科的高被引作者的论文合作现象比较普遍。学者刘宗昌、张新明和马壮的发文量较多；徐滨士的论文合作网络最为突出，在该学科的研究人员中表现出一定的集聚效应；王国栋和刘振宇等学者之间的合作关系最为紧密，显示出他们可能属于同一支科研团队。

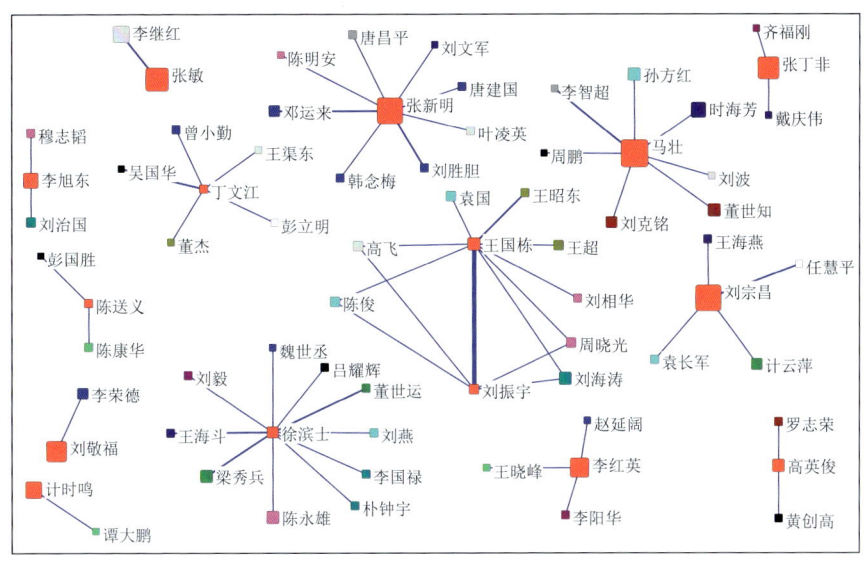

图 33-8　金属学与金属工艺学科高被引作者科研论文合作关系

33.5.3　高被引作者发文主题关联

通过作者共被引分析，获得 2014 年金属学与金属工艺学科高被引作者及与其他学者之间的发文主题关联（见图 33-9，共被引 2 次以下不显示）。如图 33-9 所示，金属学与金属工艺学科的高被引作者基本主导了作者共被引网络，显示出该学科在热点主题上已经形成了优势较为明显的科研力量。学者李红英和张丁非的节点较大，显示出他们的学术成果在学科内得到较多关注；向小汉与陈志超、刘振宇与孙彬等学者之间的链接较强，意味着他们之间可能分别有较为相近的研究主题；以向小汉等学者为主要节点的共被引作者簇人数较多且具有一定规模，意味着这些学者的研究主题关联可能较为紧密。

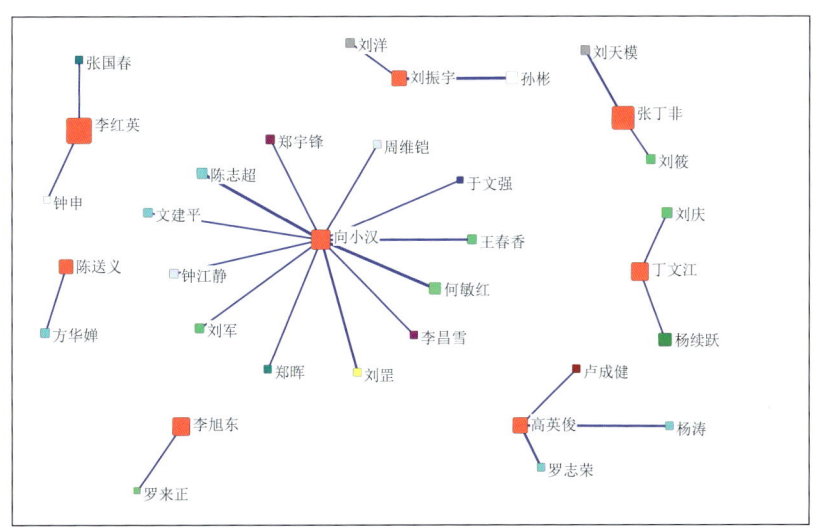

图 33-9　金属学与金属工艺学科高被引作者发文主题关联

33.6 高被引机构分析

33.6.1 高被引机构

为便于比较,本书将金属学与金属工艺学科的高被引机构分为高等院校和科研院所两种类型。其中,被引频次 TOP 10 高等院校和被引频次 TOP 5 科研院所的发文及被引情况分别见表 33-5 和表 33-6。其中,总被引频次较高的 3 所高等院校分别是北京科技大学、中南大学和东北大学,中国科学院金属研究所、北京航空材料研究院和北京有色金属研究总院是总被引频次较高的 3 所科研院所;前 5 年学科发文在 2014 年的被引率最高的高等院校和科研院所分别是中南大学和北京有色金属研究总院,篇均被引最高的高等院校和科研院所分别是中南大学和北京有色金属研究总院。上述高被引机构的论文被引率和篇均被引频次对比如图 33-10 所示。

表 33-5 金属学与金属工艺学科高被引高等院校 TOP 10

序号	第一作者单位	学科发文量(篇)		前 5 年学科发文在 2014 年的被引			
		前 5 年	2014 年	频次	被引率(%)	最高(次)	篇均(次)
1	北京科技大学	3153	487	1543	30.3	8	0.49
2	中南大学	1876	236	1125	34.2	35	0.60
3	东北大学	1917	219	946	29.0	17	0.49
4	西北工业大学	1664	226	745	26.9	9	0.45
5	哈尔滨工业大学	1413	130	637	28.5	9	0.45
6	重庆大学	1239	171	636	30.8	12	0.51
7	上海交通大学	1360	200	619	26.3	13	0.46
8	昆明理工大学	1039	186	543	33.3	6	0.52
9	南京航空航天大学	1234	183	512	27.1	11	0.41
10	兰州理工大学	1257	190	480	24.9	7	0.38

表 33-6 金属学与金属工艺学科高被引科研院所 TOP 5

序号	第一作者单位	学科发文量(篇)		前 5 年学科发文在 2014 年的被引			
		前 5 年	2014 年	频次	被引率(%)	最高(次)	篇均(次)
1	中国科学院金属研究所	645	95	354	30.4	10	0.55
2	北京航空材料研究院	539	98	310	32.8	7	0.58
3	北京有色金属研究总院	397	44	245	36.3	5	0.62
4	钢铁研究总院	336	69	168	28.6	11	0.50
5	西北有色金属研究院	305	50	161	29.5	10	0.53

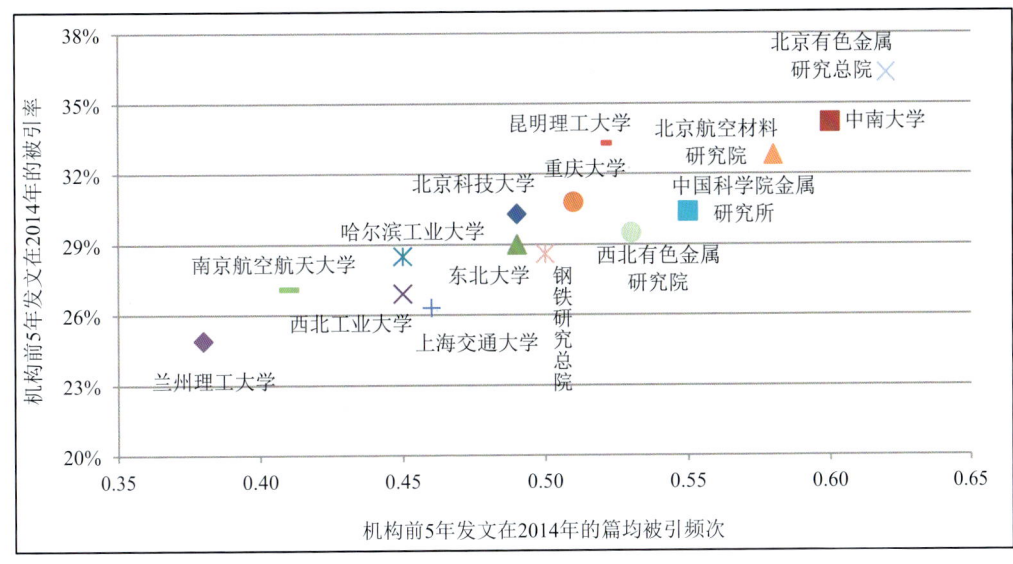

图 33-10　金属学与金属工艺学科高被引机构论文篇均被引及被引率对比

33.6.2　高被引机构科研合作关系

通过合著分析，获得金属学与金属工艺学科高被引机构之间及其与其他机构之间的科研合作关联，如图 33-11 所示（合作 70 次以下不显示）。分析得知，金属学与金属工艺学科的机构合作链接比较紧密，表明学科内机构合作现象非常普遍；高被引机构基本主导了机构合作网络，显示出这些机构已经在学科内具有了一定的科研优势；昆明理工大学和钢铁研究总院结构材料研究所、钢铁研究总院等机构之间的链接较强，表明它们的学术合作较为频繁。

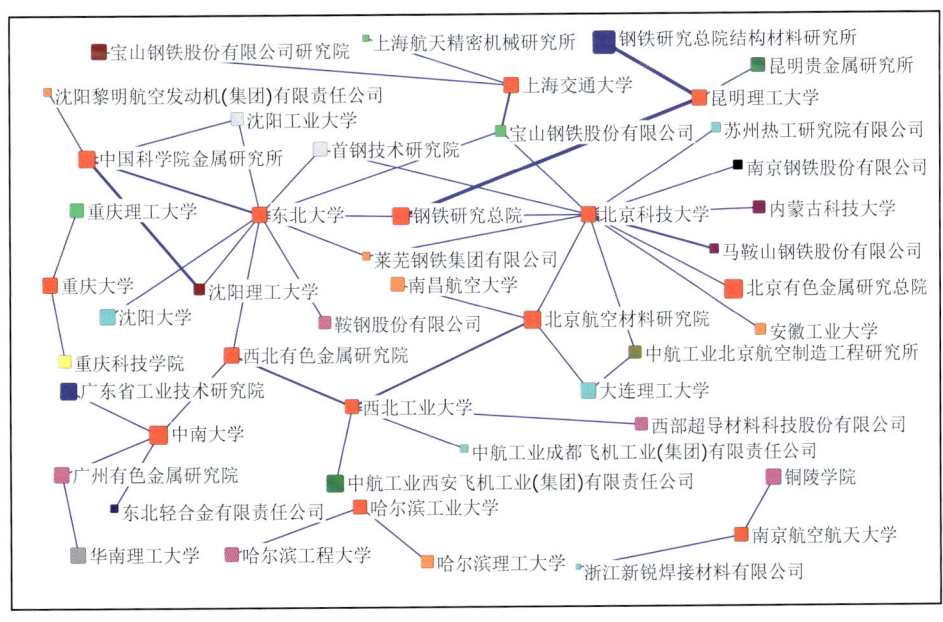

图 33-11　金属学与金属工艺学科高被引机构科研合作关联

33.7 高被引图书、国外期刊及学术会议

2014 年，金属学与金属工艺学科被引频次位居前 10 位的图书及国外期刊见表 33-7 和表 33-8。其中，被引次数较多的 3 种图书分别是崔忠圻的《金属学与热处理》、成大先的《机械设计手册》和陈祝年的《焊接工程师手册》；被引次数较多的 3 种国外期刊分别是《Materials Science and Engineering A-Structural Materials Properties Microstructure and Processing》《Journal of Materials Processing Technology》和《Acta Materialia》；被引次数较多的 3 场学术会议分别是 "SPIE" "Proceedings of International Conferce NACE Corrosion" 和 "Superalloys 2000"。

表 33-7 金属学与金属工艺学科高被引图书 TOP 10

序号	责任者	图书名称	出版社	2014 年被引频次
1	崔忠圻	金属学与热处理	机械工业出版社	125
2	成大先	机械设计手册	化学工业出版社	113
3	陈祝年	焊接工程师手册	机械工业出版社	72
4	曹楚南	腐蚀电化学原理	化学工业出版社	66
5	曹楚南	电化学阻抗谱导论	科学出版社	55
5	中国机械工程学会焊接学会	焊接手册	机械工业出版社	55
7	邹家祥	轧钢机械	冶金工业出版社	53
8	王孝培	冲压手册	机械工业出版社	51
9	雍岐龙	钢铁材料中的第二相	冶金工业出版社	45
10	钟群鹏	断口学	高等教育出版社	42

表 33-8 金属学与金属工艺学科高被引国外期刊 TOP 10

序号	期刊名称	2014 年被引频次
1	Materials Science and Engineering A-Structural Materials Properties Microstructure and Processing	4387
2	Journal of Materials Processing Technology	3009
3	Acta Materialia	2912
4	Surface and Coatings Technology	2291
5	Corrosion Science	2178
6	Scripta Materialia	1985
7	Journal of Alloys and Compounds	1883
8	Materials Science and Engineering	1524
9	Materials & Design	1448
10	Metallurgical and Materials Transactions A: Physical Metallurgy and Materials Science	1233

第 34 章　机械、仪表工业学科高被引分析

34.1　学科论文概况

2009—2013 年，机械、仪表工业学科共有 95379 位来自 25564 所机构的论文第一作者在 3097 种期刊上发表了 102269 篇学术论文。其中，80%以上的论文产出自 6861 所机构、72090 位作者，发表在 259 种期刊上。在前 5 年发表的这些论文中，有 22757 篇在 2014 年获得过引用，整体被引率为 22.3%，总被引频次为 36318 次，篇均被引 0.36 次；其中，高被引论文有 265 篇，单篇论文最高被引频次为 44 次，累计被引 2386 次，篇均被引 9 次（表 34-1）。另外，2014 年机械、仪表工业学科共发表论文 24898 篇，其中有 743 篇在当年获得过引用，总共被引 880 次。

表 34-1　机械、仪表工业学科论文分布情况

年份	论文篇数	2014 年被引频次	2014 年被引率（%）	2014 年高被引论文			
				论文篇数	最高被引频次	总被引频次	篇均被引频次
2009	15779	5330	21.8	51	33	403	7.90
2010	18772	6950	23.0	49	35	485	9.90
2011	22347	8513	23.3	54	44	569	10.54
2012	23695	8978	22.9	67	39	586	8.75
2013	21676	6547	20.1	44	30	343	7.80
合计	102269	36318	22.3	265	44	2386	9.00

从机械、仪表工业学科论文的地域分布来看，2014 年被引频次较高的 5 个省、直辖市或自治区依次是江苏、北京、陕西、浙江和辽宁（图 34-1）；5 年论文产出量较多的 5 个省、直辖市或自治区依次是江苏、北京、辽宁、陕西和山东（图 34-2）。

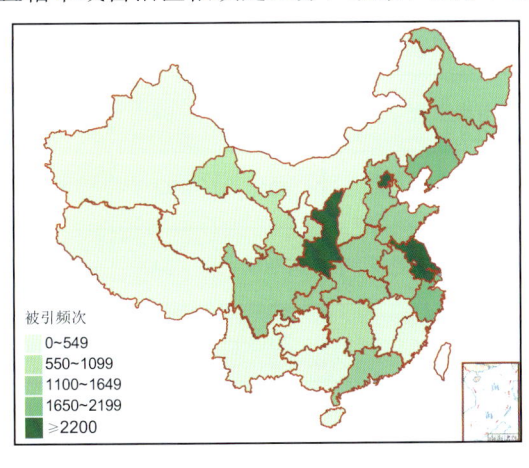

图 34-1　2014 年机械、仪表工业学科地区被引分布

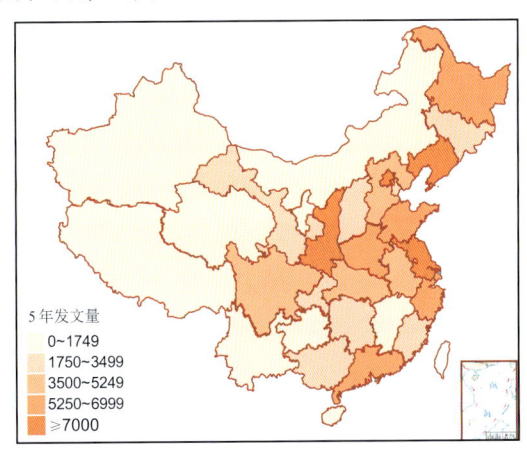

图 34-2　机械、仪表工业学科 5 年论文产出地区分布

34.2 高被引论文分析

在机械、仪表工业学科，2014 年被引频次位居前 10 位的论文（表 34-2）平均被引频次为 23 次，是全部 265 篇高被引论文篇均被引频次的 2.6 倍。其中，被引频次最高的论文是张宝坤于 2011 年发表的《机械设计制造及其自动化的发展方向》，随后 2 篇分别是张义民于 2010 年发表的《机械可靠性设计的内涵与递进》和陈雪峰于 2011 年发表的《风力发电机状态监测和故障诊断技术的研究与进展》。

从论文分布来看，刊载高被引论文数量居前的 3 种期刊分别是《机械工程学报》（39 篇）、《农业机械学报》（12 篇）和《压力容器》（11 篇），而《机械工程学报》和《科技传播》分别刊载了高被引论文 TOP 10 中的 2 篇；发表高被引论文居前的 3 位学者分别是集美大学的常勇（3 篇）、西安电子科技大学的张超（2 篇）和西安交通大学的雷亚国（2 篇）；产出高被引论文数量居前的 3 所机构分别是江苏大学（14 篇）、西安交通大学（13 篇）和中国科学院长春光学精密机械与物理研究所（8 篇）。

表 34-2 机械、仪表工业学科高被引论文 TOP 10

序号	论文题名	第一作者	期刊名称	发表年份	被引频次 总频次	被引频次 2014 年
1	机械设计制造及其自动化的发展方向	张宝坤	化工装备技术	2011	80	40
2	机械可靠性设计的内涵与递进	张义民	机械工程学报	2010	82	28
3	风力发电机状态监测和故障诊断技术的研究与进展	陈雪峰	机械工程学报	2011	60	24
4	基于模糊 PID 控制器的控制方法研究	王述彦	机械科学与技术	2011	71	23
4	浅谈机械设计加工中应注意的几个问题	王杰	科技信息	2011	49	23
6	机械自动化技术应用与发展前景	王英	科技传播	2010	59	21
7	基于集成经验模态分解和峭度准则的滚动轴承故障特征提取方法	胡爱军	中国电机工程学报	2012	38	19
8	我国机械设计制造及其自动化发展方向研究	刘超	河南科技	2013	44	18
9	车间生产异常事件实时管理系统研究	尹超	计算机集成制造系统	2009	24	17
9	机械设计制造及其自动化发展方向的研究	农应斌	科技传播	2013	31	17

34.3 研究主题关联分析

在机械、仪表工业学科，高被引论文累计被 2014 年发表的 1925 篇论文引用了 2386 次。通过分析施引文献关键词的词频及关键词之间的共现关系，获得 2014 年机械、仪表工业学科的热点主题和主题关联，如图 34-3 所示（共现 6 次以下不显示）。由图 34-3 可知："故障诊断""自动化""机械制造"等关键词的文档词频较高，是 2014 年学科的研究热点；"故障诊断""滚动轴承"等概念之间的共现次数较多，显示出它们之间主题关联较为紧密。以"自动化""机械制造""机械设计"等关键词为主要节点的多个概念相互关联，构成了学科内最为突出的研究主题簇。

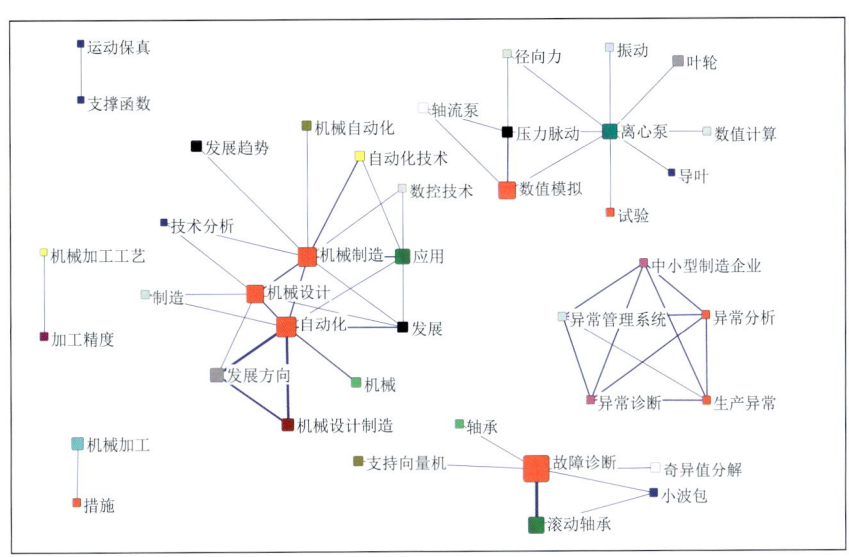

图 34-3　机械、仪表工业学科 2014 年热点主题关联

34.4 学科高影响力期刊分析

34.4.1 学科高影响力期刊 TOP 10

在机械、仪表工业学科，学科 5 年影响因子位居前 10 位的期刊见表 34-3，排在前 3 位的期刊分别是《机械工程学报》《振动工程学报》和《压力容器》。在表 34-3 中，学科载文量占其总载文量比例最大的期刊是《摩擦学学报》；前 5 年学科载文在 2014 年被引率最高的期刊是《机械工程学报》；期刊 5 年影响因子较高的前 3 种期刊分别是《机械工程学报》《压力容器》和《摩擦学学报》；学科 5 年影响因子与期刊 5 年影响因子差异最大的期刊是《振动工程学报》。表 34-3 中期刊的学科 5 年影响因子和前 5 年学科载文的 2014 年被引率对比如图 34-4 所示，2009—2014 年期刊 5 年影响因子的变动情况如图 34-5 所示。

表 34-3　机械、仪表工业学科高影响力期刊基本指数

序号	期刊名称	前5年载文量			2014年学科被引			5年影响因子		h指数（学科）
		学科（篇）	占比（%）	总量（篇）	频次	被引率（%）	高被引论文篇数	期刊(2014)	学科(2014)	
1	机械工程学报	1114	28.1	3967	1537	52.1	39	1.205	1.380	12
2	振动工程学报	126	18.4	686	130	39.7	2	0.662	1.032	6
3	压力容器	497	54.6	911	483	44.5	11	0.846	0.972	9
4	振动与冲击	750	17.1	4399	677	39.5	10	0.715	0.903	9
5	振动、测试与诊断	295	29.8	990	236	43.7	3	0.731	0.800	7
6	排灌机械工程学报	92	11.1	831	73	39.1	1	0.740	0.793	6
7	流体机械	791	58.5	1352	585	36.9	4	0.743	0.740	6
8	摩擦学学报	399	66.6	599	288	39.4	3	0.763	0.722	6
9	重庆大学学报	161	10.1	1587	94	33.5	0	0.499	0.584	6
10	中国医疗器械杂志	152	18.4	827	86	29.6	1	0.513	0.566	6

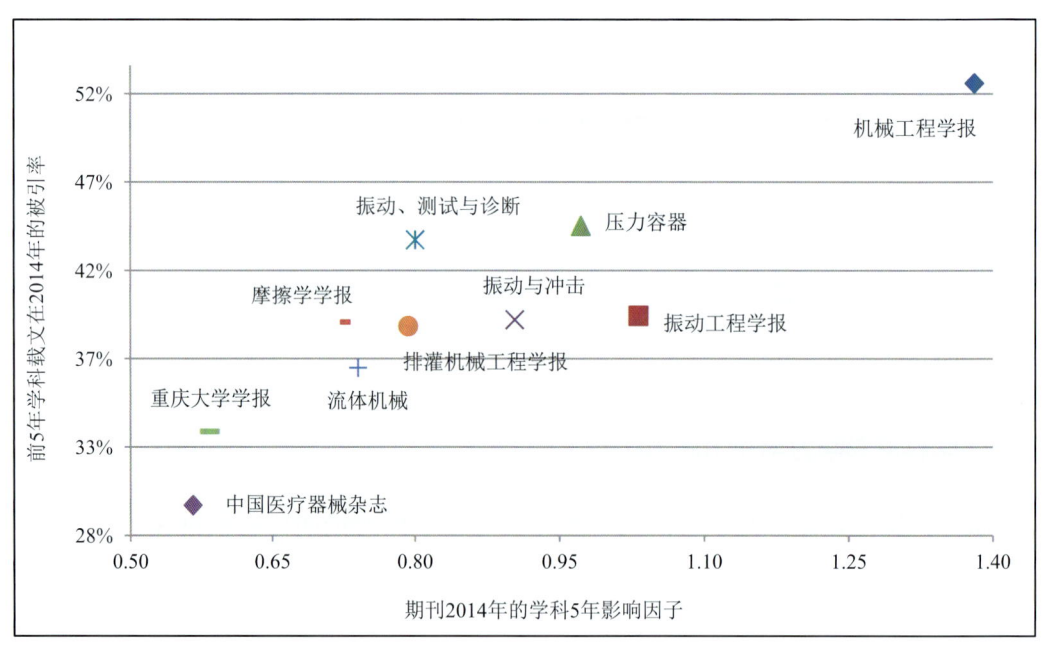

图 34-4　机械、仪表工业学科高影响力期刊对比

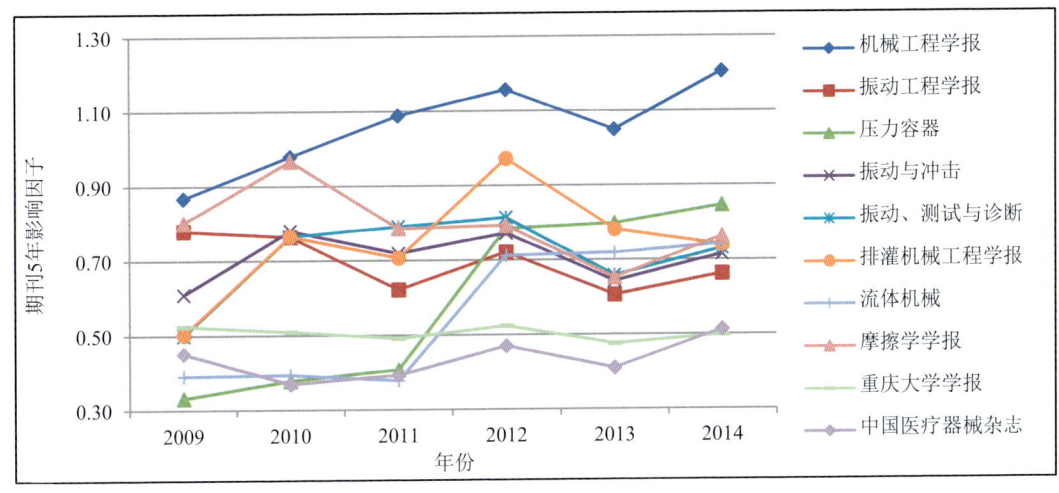

图 34-5 机械、仪表工业学科期刊 5 年影响因子变动

34.4.2 学科高影响力期刊载文主题关联

通过期刊共被引分析，获得机械、仪表工业学科高影响力期刊及与其他期刊之间的载文主题关联，如图 34-6 所示（共被引 23 次以下不显示）。结果显示，机械、仪表工业学科的高影响力期刊相互链接较为紧密，基本主导了该学科的期刊共被引网络，显示出该学科高影响力期刊可能共同刊载了许多相近的研究主题，热点研究主题分散在多种期刊上。《机械工程学报》《振动与冲击》和《压力容器》的学科 5 年影响因子较高，显示出它们在学科内学术影响力较大；《机械工程学报》与《中国机械工程》、《流体机械》与《压力容器》等期刊之间的链接较强，意味着它们之间可能分别有较多相同或相近的载文主题。

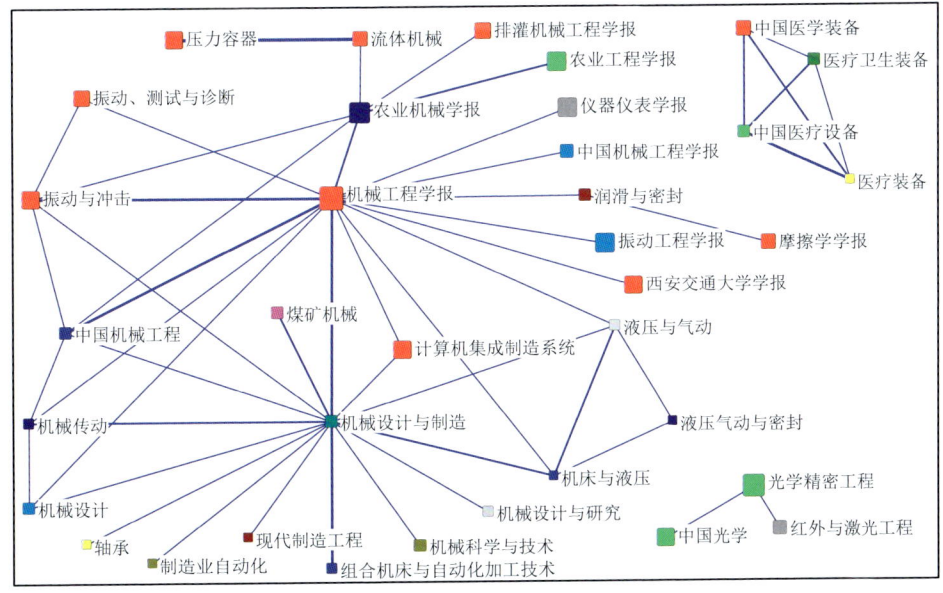

图 34-6 机械、仪表工业学科高影响力期刊载文主题关联

34.5 高被引作者分析

34.5.1 高被引作者TOP 20

2009—2013年，在95379位机械、仪表工业学科论文的第一作者中，在2014年学科被引频次位居前20位的学者的发文及被引情况见表34-4。其中，学科发文总被引频次较高的作者分别是江苏大学的施卫东（55次）和中南大学的唐进元（53次）。高被引作者的5年学科发文数量从2篇到40篇不等，同时，作者学科发文的期刊分布也在1种到13种之间变化。在发文超过5篇的所有作者中，篇均被引较高的3位作者分别是西安交通大学的雷亚国（篇均5.00次）、中国人民解放军装甲兵工程学院的徐滨士（篇均4.67次）和江苏大学的杨孙圣（篇均4.00次）；前5年发表学科论文较多的3位作者分别是中南大学的唐进元（40篇）、兰州理工大学的杨国来（36篇）和重庆大学的张根保（34篇）。高被引作者的学科发文量和被引量对比如图34-7所示。

表34-4 机械、仪表工业学科高被引作者TOP 20

序号	姓名	作者单位	前5年发文			前5年学科发文在2014年的被引				h指数（学科）
			学科发文（篇）	期刊分布（种）	发文总量（篇）	总频次	被引率（%）	最高（次）	篇均（次）	
1	施卫东	江苏大学	28	8	86	55	60.7	6	1.96	6
2	唐进元	中南大学	40	13	56	53	52.5	9	1.32	4
3	张宝坤	宁夏宝塔石化设计院	2	2	2	45	100.0	40	22.5	2
3	张德胜	江苏大学	23	9	27	45	43.5	13	1.96	4
5	张义民	东北大学	16	10	25	43	43.8	28	2.69	3
6	常勇	集美大学	18	7	18	42	44.4	10	2.33	5
7	张根保	重庆大学	34	11	72	41	55.9	4	1.21	4
8	尹超	重庆大学	14	4	14	39	42.9	17	2.79	4
8	冀宏	兰州理工大学	28	9	30	39	53.6	6	1.39	4
10	程军圣	湖南大学	15	7	52	37	53.3	15	2.47	5
11	杨孙圣	江苏大学	9	8	9	36	100.0	8	4.00	4
12	闻德生	燕山大学	22	12	23	33	45.5	8	1.50	4
13	刘小宁	武汉软件工程职业学院	21	12	48	32	71.4	6	1.52	3
14	刘厚林	江苏大学	24	10	28	31	66.7	4	1.29	3
15	雷亚国	西安交通大学	6	2	6	30	66.7	13	5.00	4
16	彭旭东	浙江工业大学	18	7	19	28	55.6	5	1.56	4
16	王洋	江苏大学	25	7	32	28	44.0	8	1.12	3

序号	姓名	作者单位	前5年发文			前5年学科发文在2014年的被引				h指数(学科)
			学科发文(篇)	期刊分布(种)	发文总量(篇)	总频次	被引率(%)	最高(次)	篇均(次)	
16	徐滨士	中国人民解放军装甲兵工程学院	6	3	24	28	50.0	12	4.67	5
19	孔繁余	江苏大学	27	13	33	27	55.6	4	1.00	3
20	陈青艳	武汉软件工程职业学院	10	4	3	26	70.0	6	2.60	3
20	陈雪峰	西安交通大学	2	1	2	26	100.0	24	13.00	2

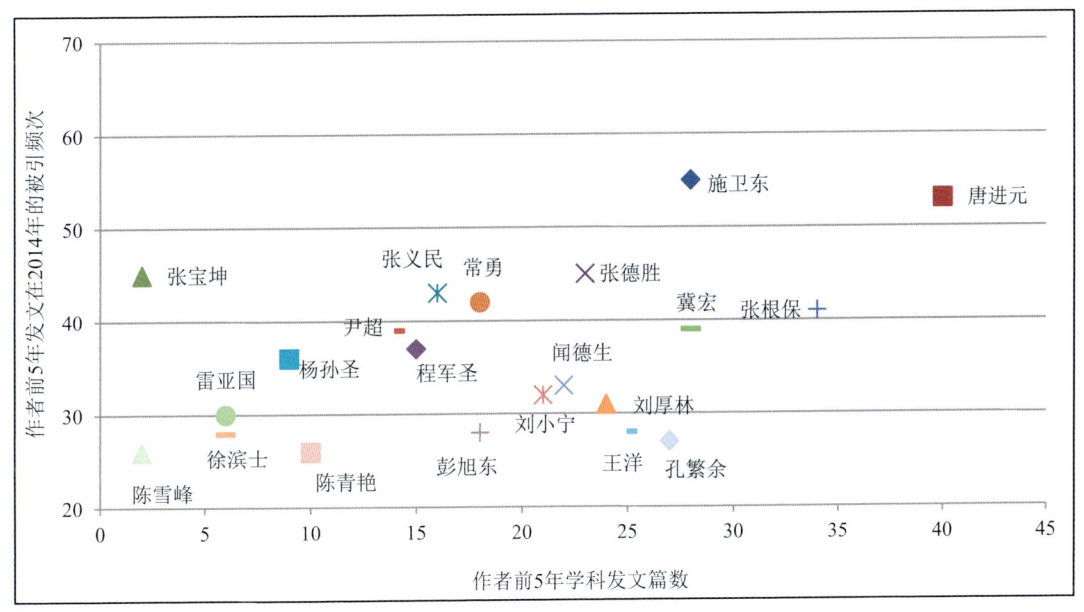

图 34-7　机械、仪表工业学科高被引作者学科发文及被引对比

34.5.2　高被引作者科研合作关系

通过作者合著分析，获得2014年机械、仪表工业学科高被引作者及与其他学者之间的科研论文合作关系（不考虑论文署名次序），如图34-8所示（合著6次以下不显示）。可以看出，机械、仪表工业学科的高被引作者的论文合作现象比较普遍。学者唐进元、张根宝和施卫东的发文量较多；学者施卫东、刘厚林的论文合作网络最为突出，在该学科的研究人员中表现出一定的集聚效应；张德胜和施卫东等学者之间的合作关系最为紧密，显示出他们可能属于同一支科研团队。

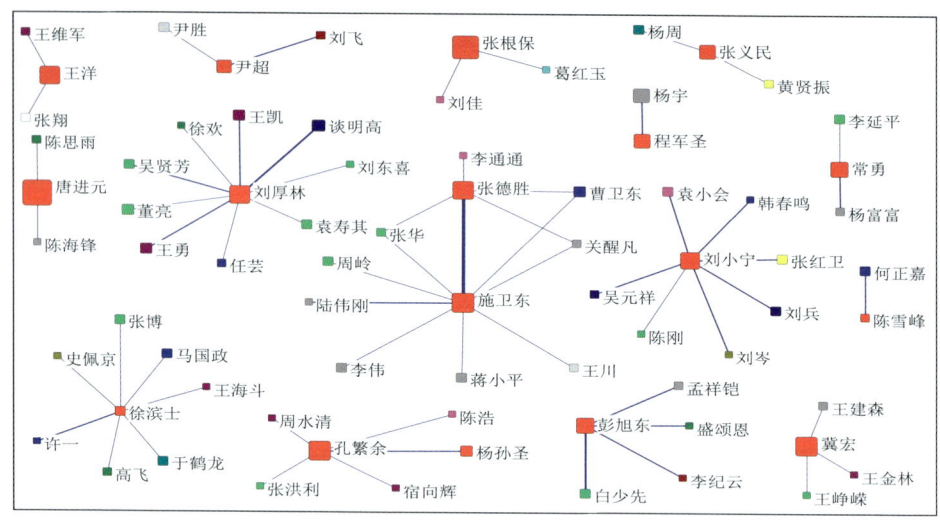

图 34-8 机械、仪表工业学科高被引作者科研论文合作关系

34.5.3 高被引作者发文主题关联

通过作者共被引分析,获得 2014 年机械、仪表工业学科高被引作者及与其他学者之间的发文主题关联(见图 34-9,共被引 4 次以下不显示)。如图 34-9 所示,机械、仪表工业学科的高被引作者基本主导了作者共被引网络,显示出该学科在热点主题上已经形成了优势较为明显的科研力量。学者施卫东和唐进元的节点较大,显示出他们的学术成果在学科内得到较多关注;杨孙圣与杨军虎、张宝坤与刘超等学者之间的链接较强,意味着他们之间可能分别有较为相近的研究主题;以施卫东、张宝坤等学者为主要节点的共被引作者簇人数较多且网络规模较大,意味着这些学者的研究主题关联可能较为紧密。

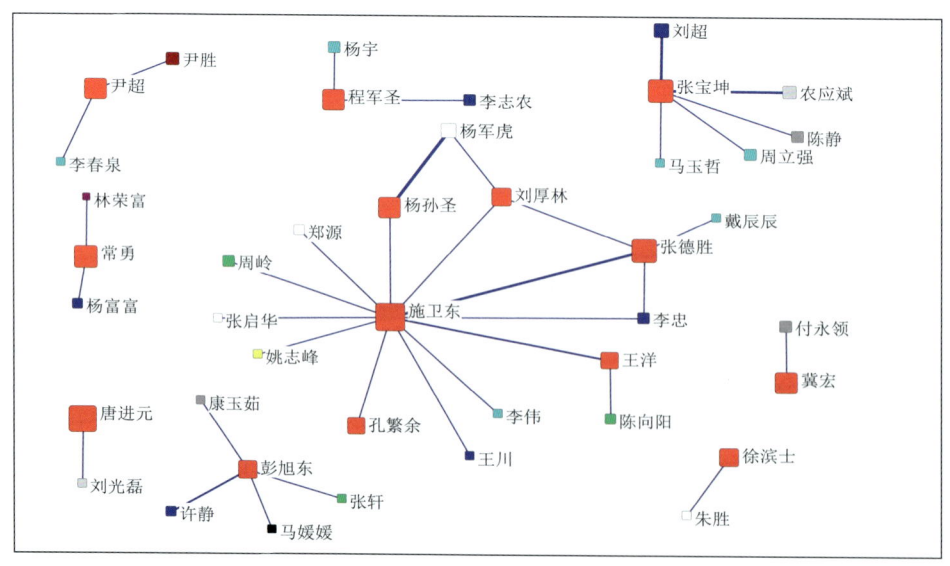

图 34-9 机械、仪表工业学科高被引作者发文主题关联

34.6 高被引机构分析

34.6.1 高被引机构

为便于比较,本书将机械、仪表工业学科的高被引机构分为高等院校和科研院所两种类型。其中,被引频次 TOP 10 高等院校和被引频次 TOP 5 科研院所的发文及被引情况分别见表 34-5 和表 34-6。其中,总被引频次较高的 3 所高等院校分别是江苏大学、重庆大学和浙江大学,中国科学院长春光学精密机械与物理研究所、合肥通用机械研究院和中国科学院西安光学精密机械研究所是总被引频次较高的 3 所科研院所;前 5 年学科发文在 2014 年的被引率最高的高等院校和科研院所分别是江苏大学和中国科学院西安光学精密机械研究所,篇均被引最高的高等院校和科研院所分别是西安交通大学和中国科学院长春光学精密机械与物理研究所。上述高被引机构的论文被引率和篇均被引频次对比如图 34-10 所示。

表 34-5 机械、仪表工业学科高被引高等院校 TOP 10

序号	第一作者单位	学科发文量（篇）		前 5 年学科发文在 2014 年的被引			
		前 5 年	2014 年	频次	被引率(%)	最高（次）	篇均（次）
1	江苏大学	1133	193	889	37.0	13	0.78
2	重庆大学	988	128	659	34.1	17	0.67
3	浙江大学	906	142	614	35.3	8	0.68
4	西北工业大学	1175	161	542	28.1	11	0.46
5	西安交通大学	615	132	500	35.1	24	0.81
6	合肥工业大学	888	167	423	27.5	9	0.48
7	上海交通大学	941	171	417	23.8	12	0.44
8	哈尔滨工业大学	723	86	364	30.4	15	0.50
9	南京航空航天大学	821	145	357	25.9	7	0.43
10	西南交通大学	759	133	349	27.8	11	0.46

表 34-6 机械、仪表工业学科高被引科研院所 TOP 5

序号	第一作者单位	学科发文量（篇）		前 5 年学科发文在 2014 年的被引			
		前 5 年	2014 年	频次	被引率(%)	最高（次）	篇均（次）
1	中国科学院长春光学精密机械与物理研究所	737	185	565	36.2	16	0.77
2	合肥通用机械研究院	180	59	106	33.3	7	0.59
3	中国科学院西安光学精密机械研究所	90	15	64	42.2	6	0.71
4	中国科学院光电技术研究所	78	13	50	33.3	6	0.64
5	中国科学院兰州化学物理研究所	80	20	45	31.2	5	0.56

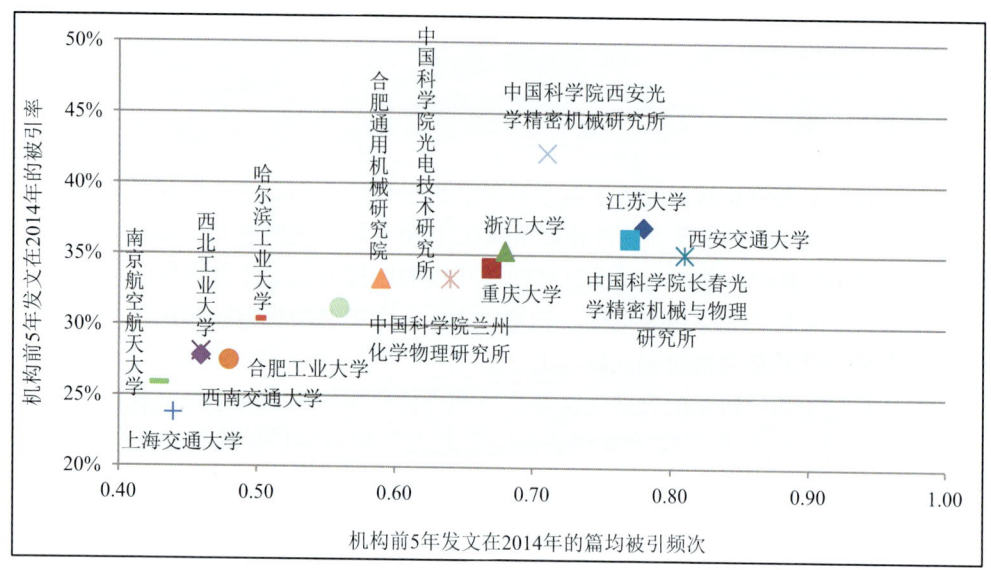

图 34-10　机械、仪表工业学科高被引机构论文篇均被引及被引率对比

34.6.2　高被引机构科研合作关系

通过合著分析，获得机械、仪表工业学科高被引机构之间及其与其他机构之间的科研合作关联，如图 34-11 所示（合作 24 次以下不显示）。分析得知，机械、仪表工业学科的机构合作链接比较紧密，表明学科内机构合作现象非常普遍；高被引机构基本主导了机构合作网络，显示出这些机构已经在学科内具有了一定的科研优势；西北工业大学与河南科技大学、长春理工大学与中国科学院长春光学精密机械与物理研究所等机构之间的链接较强，显示出它们的学术合作较为频繁。

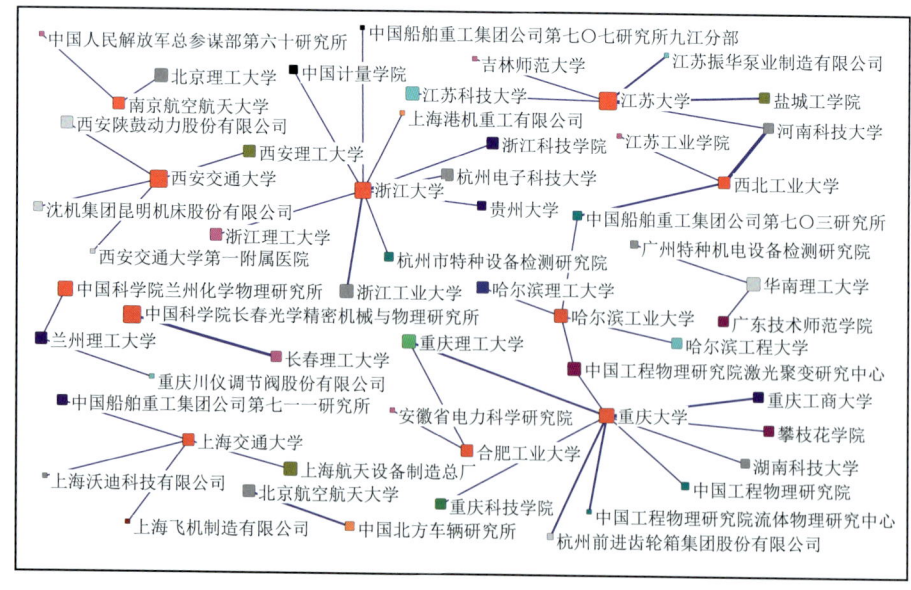

图 34-11　机械、仪表工业学科高被引机构科研合作关联

34.7 高被引图书、国外期刊及学术会议

2014年,机械、仪表工业学科被引频次位居前10位的图书及国外期刊见表34-7和表34-8。其中,被引次数较多的3种图书分别是成大先的《机械设计手册》、濮良贵的《机械设计》和雷天觉的《新编液压工程手册》;被引次数较多的3种国外期刊分别是《Mechanism and Machine Theory》《Wear》和《Journal of Sound and Vibration》;被引次数较多的3场学术会议分别是"SPIE""Proceedings of the International Conference on Gears（2013）"和"Proceedings of the International Conference on Gears（2010）"。

表34-7 机械、仪表工业学科高被引图书 TOP 10

序号	责任者	图书名称	出版社	2014年被引频次
1	成大先	机械设计手册	化学工业出版社	320
2	濮良贵	机械设计	高等教育出版社	149
3	雷天觉	新编液压工程手册	北京理工大学出版社	97
4	张质文	起重机设计手册	中国铁道出版社	90
5	刘鸿文	材料力学	高等教育出版社	85
6	温诗铸	摩擦学原理	清华大学出版社	74
7	孙桓	机械原理	高等教育出版社	68
8	徐灏	机械设计手册	机械工业出版社	62
9	闻邦椿	机械设计手册	机械工业出版社	58
10	路甬祥	液压气动技术手册	机械工业出版社	54

表34-8 机械、仪表工业学科高被引国外期刊 TOP 10

序号	期刊名称	2014年被引频次
1	Mechanism and Machine Theory	738
2	Wear	731
3	Journal of Sound and Vibration	674
4	International Journal of Machine Tools and Manufacture	642
5	Mechanical Systems and Signal Processing	582
6	Tribology International	545
7	Journal of Materials Processing Technology	465
8	International Journal of Advanced Manufacturing Technology	457
9	Journal of Tribology	431
10	Applied Optics	247

第 35 章　能源与动力工程学科高被引分析

35.1　学科论文概况

2009—2013 年,能源与动力工程学科共有 62799 位来自 18908 所机构的论文第一作者在 2671 种期刊上发表了 66842 篇学术论文。其中,80% 以上的论文产出自 6893 所机构、47993 位作者,发表在 306 种期刊上。在前 5 年发表的这些论文中,有 13621 篇在 2014 年获得过引用,整体被引率为 20.4%,总被引频次为 21850 次,篇均被引 0.33 次;其中,高被引论文有 171 篇,单篇论文最高被引频次为 29 次,累计被引 1471 次,篇均被引 8.60 次(表 35-1)。另外,2014 年能源与动力工程学科共发表论文 15711 篇,其中有 490 篇在当年获得过引用,总共被引 583 次。

表 35-1　能源与动力工程学科论文分布情况

年份	论文篇数	2014 年被引频次	2014 年被引率（%）	2014 年高被引论文			
				论文篇数	最高被引频次	总被引频次	篇均被引频次
2009	10045	3814	22.8	25	19	236	9.44
2010	11587	4387	22.8	44	22	365	8.30
2011	14970	4976	20.4	30	20	265	8.83
2012	15588	5054	20.2	44	29	395	8.98
2013	14652	3619	17.0	28	17	210	7.50
合计	66842	21850	20.4	171	29	1471	8.60

从能源与动力工程学科论文的地域分布来看,2014 年被引频次较高的 5 个省、直辖市或自治区依次是北京、上海、江苏、广东和陕西(图 35-1);5 年论文产出量较多的 5 个省、直辖市或自治区依次是北京、江苏、上海、黑龙江和广东(图 35-2)。

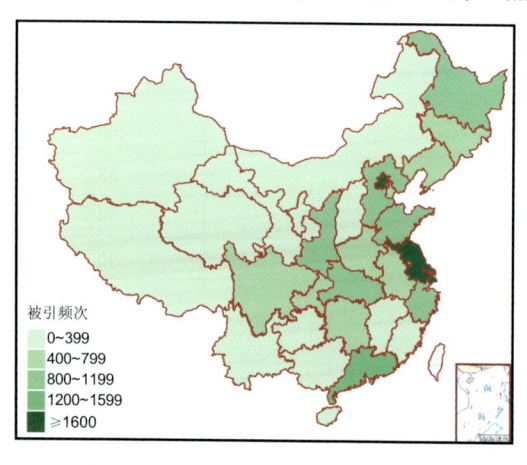

图 35-1　2014 年能源与动力工程学科地区被引分布

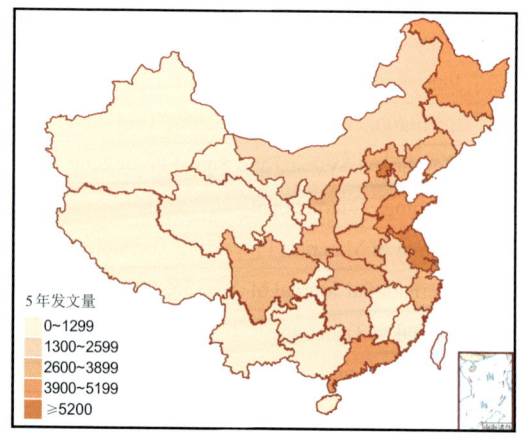

图 35-2　能源与动力工程学科 5 年论文产出地区分布

35.2 高被引论文分析

在能源与动力工程学科，2014 年被引频次位居前 10 位的论文（表 35-2）平均被引频次为 16.1 次，是全部 171 篇高被引论文篇均被引频次的 1.9 倍。其中，被引频次最高的论文是郑崇伟于 2012 年发表的《Wind energy and wave energy resources assessment in the East China Sea and South China Sea》和赵喜库于 2012 年发表的《综述工民建施工节能的现实意义及具体措施》，随后 2 篇分别是廖志凌于 2009 年发表的《独立光伏发电系统能量管理控制策略》和孙长生与 2009 年发表的《提高电厂热控系统可靠性技术研究》。

从论文分布来看，刊载高被引论文数量居前的 3 种期刊分别是《中国电机工程学报》（17 篇）、《太阳能学报》（9 篇）和《中国电力》（8 篇），而《中国电机工程学报》和《节能技术》分别刊载了高被引论文 TOP 10 中的 2 篇；发表高被引论文居前的 3 位学者分别是南京农业大学的孙玉文（3 篇）、西安热工研究院有限公司的杨忠灿（2 篇）和同济大学的楼狄明（2 篇）；产出高被引论文数量居前的 3 所机构分别是华北电力大学（13 篇）、清华大学（5 篇）和天津大学（5 篇），而清华大学产出了高被引论文 TOP 10 中的 2 篇。

表 35-2 能源与动力工程学科高被引论文 TOP 10

序号	论文题名	第一作者	期刊名称	发表年份	被引频次 总频次	被引频次 2014 年
1	Wind energy and wave energy resources assessment in the East China Sea and South China Sea	郑崇伟	中国科学：技术科学（英文版）	2012	74	18
1	综述工民建施工节能的现实意义及具体措施	赵喜库	中国新技术新产品	2012	41	18
3	独立光伏发电系统能量管理控制策略	廖志凌	中国电机工程学报	2009	73	17
3	提高电厂热控系统可靠性技术研究	孙长生	中国电力	2009	62	17
5	中国火力发电能耗状况及展望	杨勇平	中国电机工程学报	2013	22	16
5	新疆准东煤特性研究及其锅炉选型	杨忠灿	热力发电	2010	39	16
7	我国工业余热回收利用技术综述	连红奎	节能技术	2011	57	15
7	基于 MATLAB 的风力发电机组建模和仿真研究	陈虎	节能技术	2012	29	15
7	大容量先进飞轮储能电源技术发展状况	戴兴建	电工技术学报	2011	32	15
10	我国秸秆沼气工程发展现状与趋势	陈羚	可再生能源	2010	51	14

35.3 研究主题关联分析

在能源与动力工程学科，高被引论文累计被2014年发表的1226篇论文引用了1471次。通过分析施引文献关键词的词频及关键词之间的共现关系，获得2014年能源与动力工程学科的热点主题和主题关联，如图35-3所示（共现3次以下不显示）。由图35-3可知："数字模拟""锅炉"等关键词的文档词频较高，是2014年学科的研究热点；以"垂直轴风力机"与"气动性能"之间的共现次数较多，显示出它们之间主题较为紧密。以"垂直轴风力机""数值模拟"等关键词为主要节点的多个概念相互关联，构成了学科内最为突出的研究主题簇。

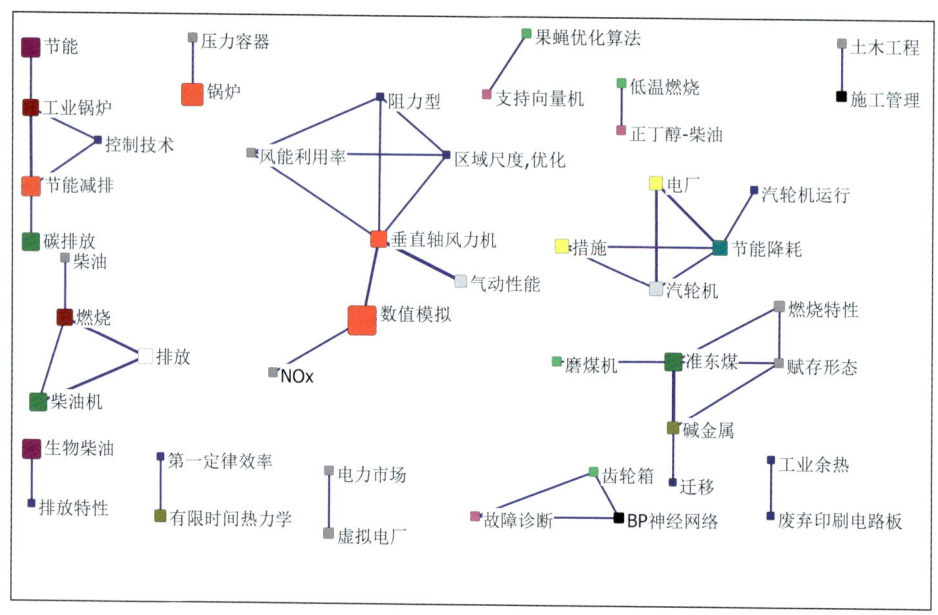

图35-3 能源与动力工程学科2014年热点主题关联

35.4 学科高影响力期刊分析

35.4.1 学科高影响力期刊TOP 10

在能源与动力工程学科，学科5年影响因子位居前10位的期刊见表35-3，排在前3位的期刊分别是《中国能源》《动力工程学报》和《内燃机工程》。在表35-3中，学科载文量占其总载文量比例最大的期刊是《内燃机工程》；前5年学科载文在2014年被引率最高的期刊是《内燃机工程》；期刊5年影响因子较高的前3种期刊分别是《动力工程学报》《内燃机工程》和《中国能源》；学科5年影响因子与期刊5年影响因子差异最大的期刊是《中国能源》。表35-3中期刊的学科5年影响因子和前5年学科载文的2014年被引率对比如图35-4所示，2009—2014年期刊5年影响因子的变动情况如图35-5所示。

表 35-3 能源与动力工程学科高影响力期刊基本指数

序号	期刊名称	前 5 年载文量			2014 年学科被引			5 年影响因子		h 指数（学科）
		学科（篇）	占比（%）	总量（篇）	频次	被引率（%）	高被引论文篇数	期刊（2014）	学科（2014）	
1	中国能源	70	10.4	674	55	28.6	2	0.684	0.786	6
2	动力工程学报	757	68.3	1109	581	38.0	5	0.749	0.768	7
3	内燃机工程	678	100.0	678	481	40.0	4	0.709	0.709	5
4	内燃机学报	539	99.6	541	357	37.1	1	0.660	0.662	5
5	太阳能学报	1173	56.0	2093	748	31.3	9	0.606	0.638	8
6	可再生能源	1203	74.0	1626	705	30.5	5	0.578	0.586	6
7	节能技术	401	47.5	844	218	27.2	3	0.530	0.544	5
8	燃烧科学与技术	364	65.7	554	187	30.0	1	0.525	0.514	5
9	热力发电	1200	58.1	2064	610	31.7	1	0.513	0.508	6
10	热能动力工程	584	72.1	810	265	29.1	1	0.446	0.454	5

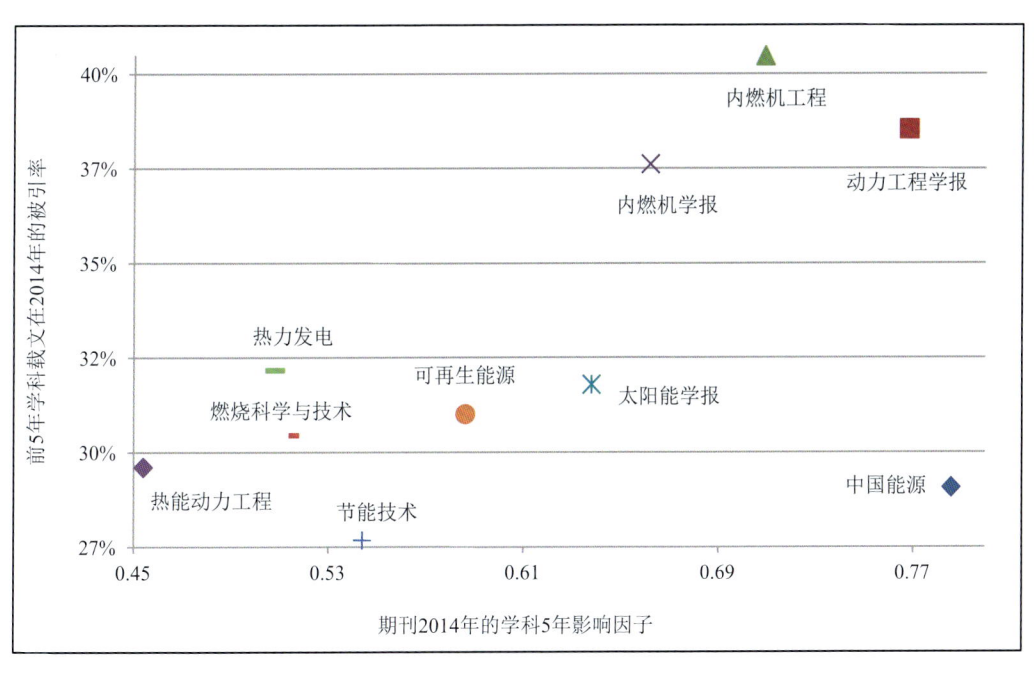

图 35-4 能源与动力工程学科高影响力期刊对比

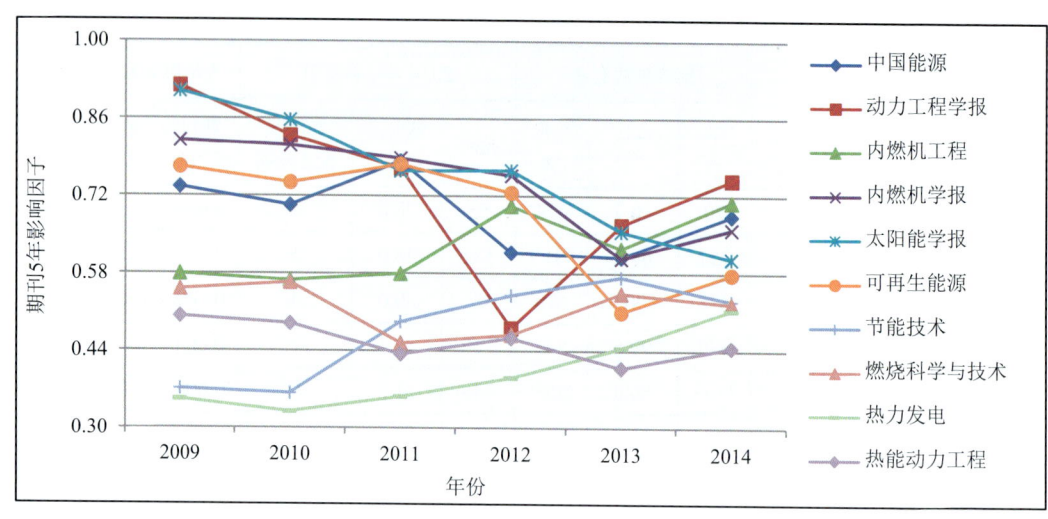

图 35-5　能源与动力工程学科期刊 5 年影响因子变动

35.4.2　学科高影响力期刊载文主题关联

通过期刊共被引分析，获得能源与动力工程学科高影响力期刊及与其他期刊之间的载文主题关联，如图 35-6 所示（共被引 13 次以下不显示）。结果显示，能源与动力工程学科的高影响力期刊相互链接较为紧密，基本主导了该学科的期刊共被引网络，显示出该学科高影响力期刊可能共同刊载了许多相近的研究主题，热点研究主题分散在多种期刊上。《动力工程学报》《内燃机工程》的学科 5 年影响因子较高，显示出它们在学科内学术影响力较大；《动力工程学报》与《中国电机工程学报》、《内燃机工程》与《内燃机学报》等期刊之间的链接较强，意味着它们之间可能分别有较多相同或相近的载文主题。

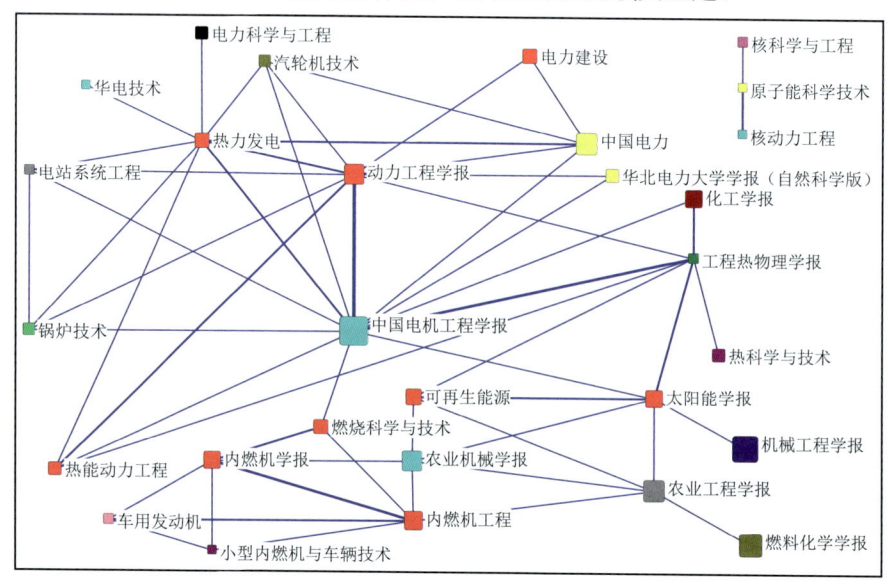

图 35-6　能源与动力工程学科高影响力期刊载文主题关联

35.5 高被引作者分析

35.5.1 高被引作者 TOP 20

2009—2013 年,在 62799 位能源与动力工程学科论文的第一作者中,在 2014 年学科被引频次位居前 20 位的学者的发文及被引情况见表 35-4。其中,学科发文总被引频次较高的作者分别是东北电力大学的徐志明（43 次）、华北电力大学的周兰欣（38 次）、华北电力大学的阎维平（35 次）和广东电网公司电力科学研究院的李德波（35 次）。高被引作者的 5 年学科发文数量从 2 篇到 42 篇不等,同时,作者学科发文的期刊分布也在 1 种到 14 种之间变化。在发文超过 5 篇的所有作者中,篇均被引较高的 3 位作者分别是华北电力大学的杨勇平（篇均 3.17 次）、华北电力大学的杨立军（篇均 2.56 次）和西安交通大学的赵钦新（篇均 2.50 次）；前 5 年发表学科论文较多的 3 位作者分别是东北电力大学的徐志明（42 篇）、华北电力大学保定校区的周兰欣（40 篇）和华北电力大学保定校区的闫顺林（39 篇）。高被引作者的学科发文量和被引量对比如图 35-7 所示。

表 35-4 能源与动力工程学科高被引作者 TOP 20

序号	姓名	作者单位	前 5 年发文			前 5 年学科发文在 2014 年的被引				h 指数（学科）
			学科发文（篇）	期刊分布（种）	发文总量（篇）	总频次	被引率（%）	最高（次）	篇均（次）	
1	徐志明	东北电力大学	42	14	49	43	45.2	6	1.02	4
2	周兰欣	华北电力大学	40	11	10	38	42.5	8	0.95	3
3	阎维平	华北电力大学	25	10	13	35	56.0	8	1.40	3
3	李德波	广东电网公司电力科学研究院	22	8	29	35	36.4	7	1.59	5
5	楼狄明	同济大学	29	9	44	29	27.6	5	1.00	3
6	姚春德	天津大学	30	10	42	28	50.0	5	0.93	3
7	杨忠灿	西安热工研究院有限公司	4	4	4	25	75.0	16	6.25	2
8	李岩	东北农业大学	12	6	31	24	75.0	7	2.00	3
8	韩中合	华北电力大学	34	13	46	24	32.4	6	0.71	3
10	杨立军	华北电力大学	9	3	41	23	88.9	6	2.56	3
11	闫顺林	华北电力大学	39	12	31	22	33.3	5	0.56	2
11	廖志凌	江苏大学	2	2	10	22	100.0	17	11.00	3
11	孙玉文	南京农业大学	4	4	4	22	75.0		5.50	3
11	戴兴建	清华大学	3	2	7	22	100.0	15	7.33	3
15	程启明	上海电力学院	15	10	48	21	60.0	5	1.40	4

序号	姓名	作者单位	前5年发文			前5年学科发文在2014年的被引				h指数（学科）
			学科发文（篇）	期刊分布（种）	发文总量（篇）	总频次	被引率（%）	最高（次）	篇均（次）	
16	王宪成	中国人民解放军装甲兵工程学院	23	9	44	20	39.1	9	0.87	2
16	贺广零	同济大学	10	7	15	20	80.0	4	2.00	3
16	赵钦新	西安交通大学	8	1	12	20	50.0	10	2.50	3
16	赵志丹	西安热工研究院有限公司	11	3	15	20	63.6	5	1.82	3
20	杨勇平	华北电力大学	6	5	26	19	33.3	16	3.17	3
20	孙长生	浙江省电力试验研究院	4	4	5	19	75.0	17	4.75	1

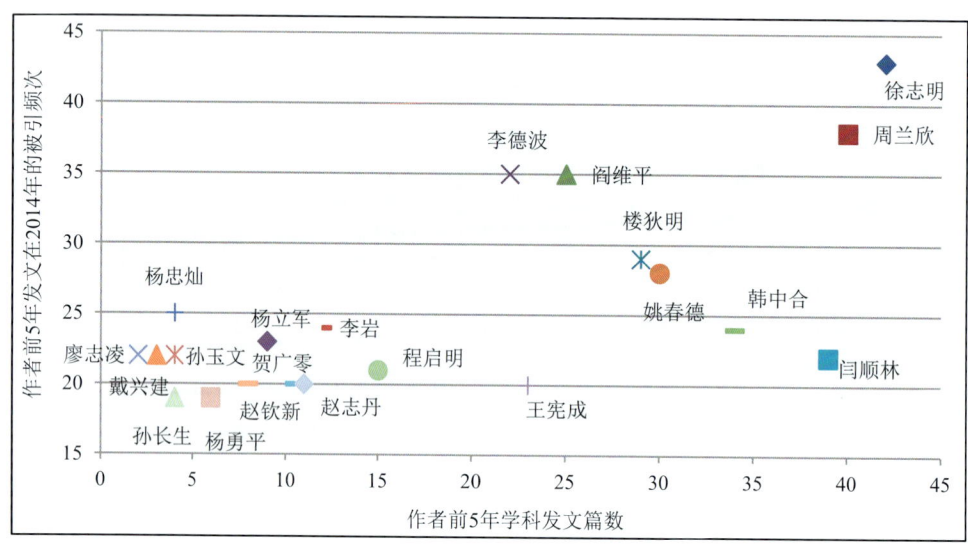

图 35-7　能源与动力工程学科高被引作者学科发文及被引对比

35.5.2　高被引作者科研合作关系

通过作者合著分析，获得 2014 年能源与动力工程学科高被引作者及与其他学者之间的科研论文合作关系（不考虑论文署名次序），如图 35-8 所示（合著 6 次以下不显示）。可以看出，能源与动力工程学科的高被引作者的论文合作现象比较普遍。学者徐志明、周兰欣和闫顺林的发文量较多；姚春德的论文合作网络最为突出，在该学科的研究人员中表现出一定的集聚效应；楼狄明和谭丕强、胡志远、杨勇平与杨立军等学者之间的合作关系最为紧密，显示出他们可能分别属于同一支科研团队。

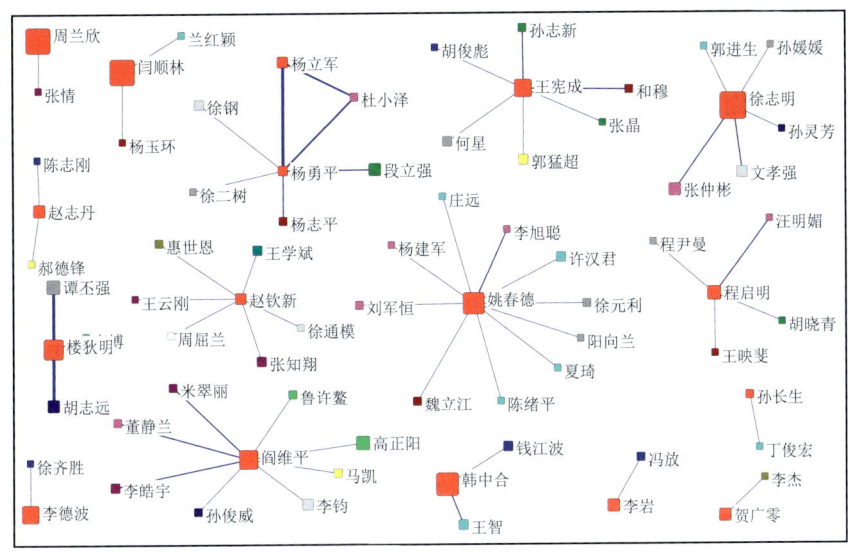

图 35-8　能源与动力工程学科高被引作者科研论文合作关系

35.5.3　高被引作者发文主题关联

通过作者共被引分析，获得 2014 年能源与动力工程学科高被引作者及与其他学者之间的发文主题关联（见图 35-9）。如图 35-9 所示，能源与动力工程学科的高被引作者基本主导了作者共被引网络，显示出该学科在热点主题上已经形成了优势较为明显的科研力量。学者徐志明和周兰欣的节点较大，显示出他们的学术成果在学科内得到较多关注；周兰欣与杨立军等学者之间的链接较强，意味着他们之间可能有较为相近的研究主题；以周兰欣、阎维平等学者为主要节点的共被引作者簇人数较多且网络规模较大，意味着这些学者的研究主题关联可能较为紧密。

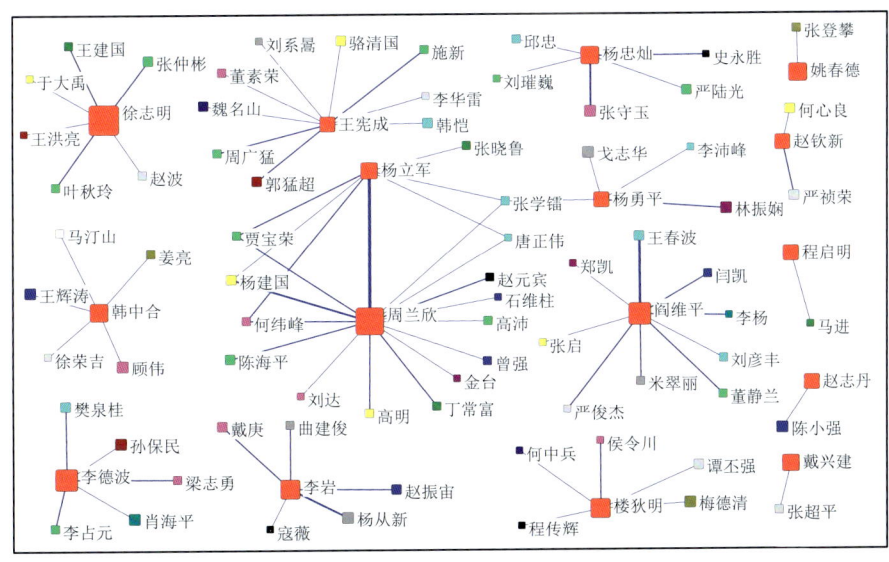

图 35-9　能源与动力工程学科高被引作者发文主题关联

35.6 高被引机构分析

35.6.1 高被引机构

为便于比较，本书将能源与动力工程学科的高被引机构分为高等院校和科研院所两种类型。其中，被引频次 TOP 10 高等院校和被引频次 TOP 5 科研院所的发文及被引情况分别见表 35-5 和表 35-6。其中，总被引频次较高的 3 所高等院校分别是华北电力大学、清华大学和上海交通大学，中国科学院工程热物理研究所、中国科学院广州能源研究所和广东电网公司电力科学研究院是总被引频次较高的 3 所科研院所；前 5 年学科发文在 2014 年的被引率最高的高等院校和科研院所分别是华中科技大学和中国科学院广州能源研究所，篇均被引最高的高等院校和科研院所分别是同济大学和中国科学院广州能源研究所。上述高被引机构的论文被引率和篇均被引频次对比如图 35-10 所示。

表 35-5　能源与动力工程学科高被引高等院校 TOP 10

序号	第一作者单位	学科发文量（篇）		前 5 年学科发文在 2014 年的被引			
		前 5 年	2014 年	频次	被引率(%)	最高（次）	篇均（次）
1	华北电力大学	2043	345	1150	29.6	16	0.56
2	清华大学	1554	269	665	25.4	15	0.43
3	上海交通大学	1257	199	487	24.7	8	0.39
4	西安交通大学	1016	158	462	26.3	11	0.45
5	天津大学	717	133	398	30.8	12	0.56
6	浙江大学	624	99	325	31.2	7	0.52
7	东南大学	612	90	301	27.0	8	0.49
8	重庆大学	663	96	286	24.0	8	0.43
9	华中科技大学	511	75	275	32.9	10	0.54
10	同济大学	385	66	239	29.4	11	0.62

表 35-6　能源与动力工程学科高被引科研院所 TOP 5

序号	第一作者单位	学科发文量（篇）		前 5 年学科发文在 2014 年的被引			
		前 5 年	2014 年	频次	被引率(%)	最高（次）	篇均（次）
1	中国科学院工程热物理研究所	352	51	156	23.9	12	0.44
2	中国科学院广州能源研究所	239	68	135	31.0	7	0.56
3	广东电网公司电力科学研究院	155	44	76	24.5	7	0.49
4	上海核工程研究设计院	178	38	53	22.5	4	0.30
4	中国原子能科学研究院	298	94	53	13.8	4	0.18

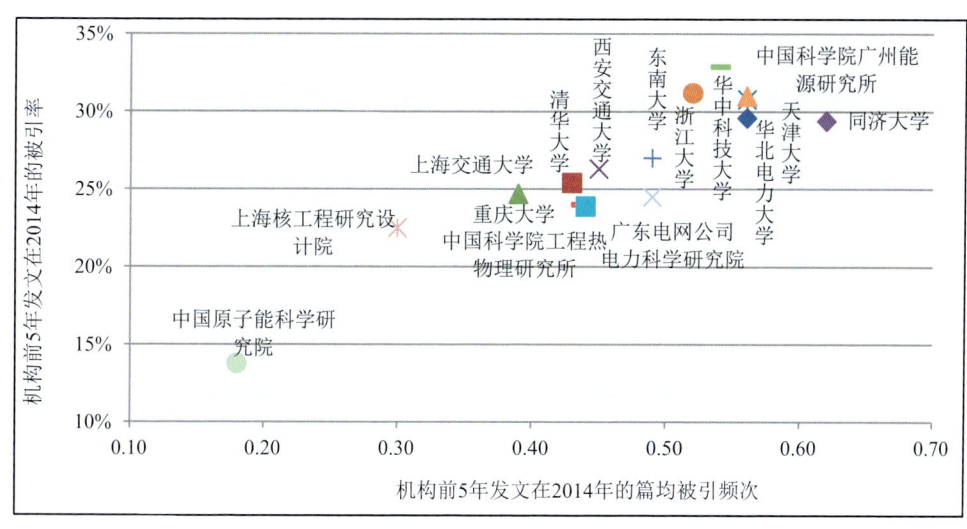

图 35-10　能源与动力工程学科高被引机构论文篇均被引及被引率对比

35.6.2　高被引机构科研合作关系

通过合著分析，获得能源与动力工程学科高被引机构之间及其与其他机构之间的科研合作关联，如图 35-11 所示（合作 45 次以下不显示）。分析得知，能源与动力工程学科的机构合作链接比较紧密，表明学科内机构合作现象非常普遍；高被引机构基本主导了机构合作网络，显示出这些机构已经在学科内具有了一定的科研优势；西安交通大学与东方汽轮机有限公司、中国核动力研究设计院等机构之间的链接较强，显示出它们的学术合作较为频繁。

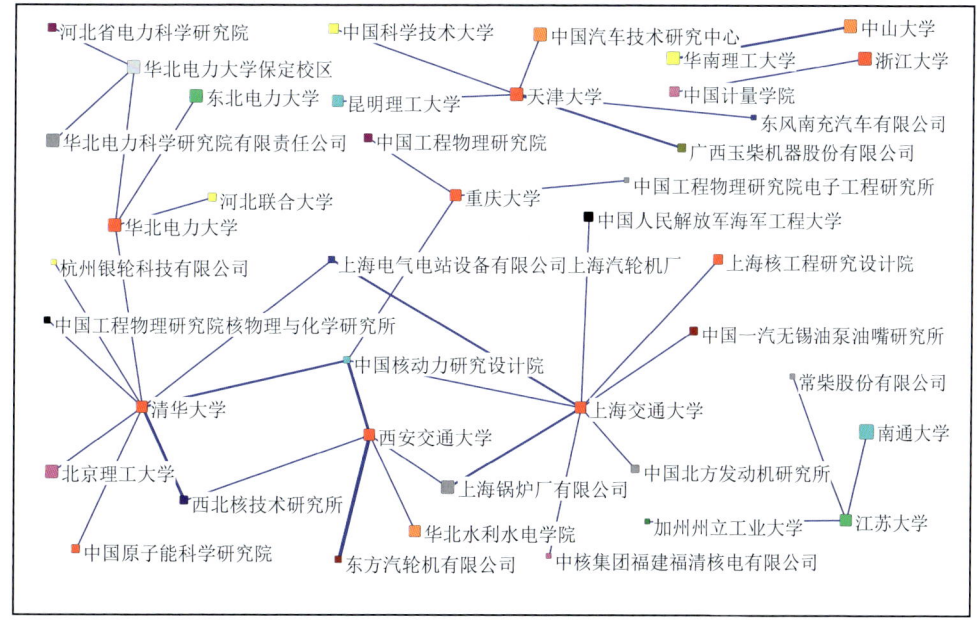

图 35-11　能源与动力工程学科高被引机构科研合作关联

35.7 高被引图书、国外期刊及学术会议

2014 年，能源与动力工程学科被引频次位居前 10 位的图书及国外期刊见表 35-7 和表 35-8。其中，被引次数较多的 3 种图书分别是杨世铭的《传热学》、周龙保的《内燃机学》和陶文铨的《数值传热学》；被引次数较多的 3 种国外期刊分别是《International Journal of Heat and Mass Transfer》《Fuel》和《Applied Thermal Engineering》；被引次数较多的 3 场学术会议分别是"SAE Paper""Proceedings of ASME Turbo Expo"和"ASME Conference Proceedings"。

表 35-7 能源与动力工程学科高被引图书 TOP 10

序号	责任者	图书名称	出版社	2014 年被引频次
1	杨世铭	传热学	高等教育出版社	121
2	周龙保	内燃机学	机械工业出版社	87
3	陶文铨	数值传热学	西安交通大学出版社	85
4	岑可法	循环流化床锅炉理论设计与运行	中国电力出版社	38
5	林万超	火电厂热系统节能理论	西安交通大学出版社	36
6	王福军	计算流体动力学分析	清华大学出版社	30
7	郑体宽	热力发电厂	中国电力出版社	29
7	樊泉桂	锅炉原理	中国电力出版社	29
9	冯俊凯	锅炉原理及计算	科学出版社	27
10	沈维道	工程热力学	高等教育出版社	25

表 35-8 能源与动力工程学科高被引国外期刊 TOP 10

序号	期刊名称	2014 年被引频次
1	International Journal of Heat and Mass Transfer	1420
2	Fuel	972
3	Applied Thermal Engineering	832
4	Energy & Fuels	675
5	Energy	649
6	Energy Conversion and Management	582
7	Applied Energy	549
8	Bioresource Technology	542
9	Combustion and Flame	497
10	Nuclear Engineering and Design	471

第 36 章　电工技术学科高被引分析

36.1　学科论文概况

2009—2013 年，电工技术学科共有 204441 位来自 43410 所机构的论文第一作者在 3345 种期刊上发表了 219336 篇学术论文。其中，80%以上的论文产出自 10010 所机构、154811 位作者，发表在 247 种期刊上。在前 5 年发表的这些论文中，有 50956 篇在 2014 年获得过引用，整体被引率为 23.2%，总被引频次为 107101 次，篇均被引 0.49 次；其中，高被引论文有 563 篇，单篇论文最高被引频次为 104 次，累计被引 10046 次，篇均被引 17.84 次（表 36-1）。另外，2014 年电工技术学科共发表论文 58437 篇，其中有 2669 篇在当年获得过引用，总共被引 3353 次。

表 36-1　电工技术学科论文分布情况

年份	论文篇数	2014年被引频次	2014年被引率（%）	2014年高被引论文			
				论文篇数	最高被引频次	总被引频次	篇均被引频次
2009	30855	16526	24.9	85	75	1963	23.09
2010	37544	22121	26.3	112	93	2230	19.91
2011	46555	24473	23.7	122	104	2321	19.02
2012	53989	24068	21.2	116	87	1963	16.92
2013	50393	19913	21.6	128	91	1569	12.26
合计	219336	107101	23.2	563	104	10046	17.84

从电工技术学科论文的地域分布来看，2014 年被引频次较高的 5 个省、直辖市或自治区依次是北京、江苏、广东、湖北和上海（图 36-1）；5 年论文产出量较多的 5 个省、直辖市或自治区依次是广东、江苏、北京、黑龙江和河南（图 36-2）。

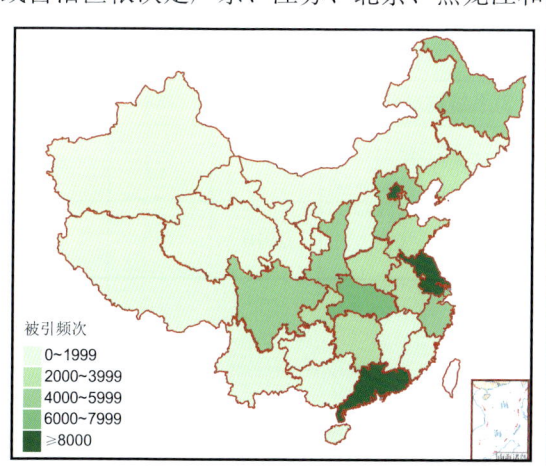

图 36-1　2014 年电工技术学科地区被引分布

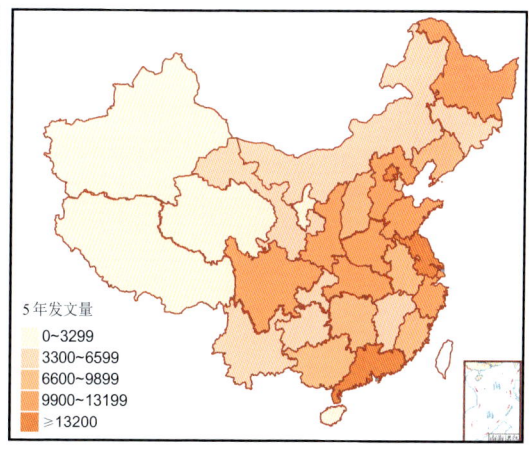

图 36-2　电工技术学科 5 年论文产出地区分布

36.2 高被引论文分析

在电工技术学科，2014 年被引频次位居前 10 位的论文（表 36-2）平均被引频次为 76.8 次，是全部 563 篇高被引论文篇均被引频次的 4.3 倍。其中，被引频次最高的论文是陈树勇于 2009 年发表的《智能电网技术综述》，随后 2 篇分别是张文亮于 2009 年发表的《智能电网的研究进展及发展趋势》和张丽英于 2010 年发表的《大规模风电接入电网的相关问题及措施》。

从论文分布来看，刊载高被引论文数量居前的 3 种期刊分别是《电力系统自动化》（111 篇）、《中国电机工程学报》（99 篇）和《电网技术》（70 篇），而《电网技术》《中国电机工程学报》和《电力系统自动化》分别刊载了高被引论文 TOP 10 中的 3 篇；发表高被引论文居前的 3 位学者分别是天津大学的王成山（8 篇）、合肥工业大学的丁明（7 篇）和中国电力科学研究院的张文亮（4 篇）；产出高被引论文数量居前的 3 所机构分别是中国电力科学研究院（46 篇）、清华大学（39 篇）和华北电力大学（38 篇），而中国电力科学研究院产出了高被引论文 TOP 10 中的 4 篇。

表 36-2 电工技术学科高被引论文 TOP 10

序号	论文题名	第一作者	期刊名称	发表年份	被引频次 总频次	被引频次 2014 年
1	智能电网技术综述	陈树勇	电网技术	2009	722	124
2	智能电网的研究进展及发展趋势	张文亮	电网技术	2009	372	92
3	大规模风电接入电网的相关问题及措施	张丽英	中国电机工程学报	2010	243	89
4	分布式发电、微网与智能配电网的发展与挑战	王成山	电力系统自动化	2010	279	86
5	构建中国智能电网技术思考	肖世杰	电力系统自动化	2009	452	82
6	智能电网述评	余贻鑫	中国电机工程学报	2009	250	72
7	电动汽车接入电网的影响与利用	胡泽春	中国电机工程学报	2012	154	64
8	智能配电网与配电自动化	徐丙垠	电力系统自动化	2009	188	56
9	微网中分布式电源逆变器的多环反馈控制策略	王成山	电工技术学报	2009	135	55
10	电动汽车充电功率需求的统计学建模方法	田立亭	电网技术	2010	155	48

36.3 研究主题关联分析

在电工技术学科,高被引论文累计被 2014 年发表的 6051 篇论文引用了 10046 次。通过分析施引文献关键词的词频及关键词之间的共现关系,获得 2014 年电工技术学科的热点主题和主题关联,如图 36-3 所示(共现 19 次以下不显示)。由图 36-3 可知:"智能电网""微电网""电动汽车"等关键词的文档词频较高,是 2014 年学科的研究热点;"分布式电源"与"配电网"等概念之间的共现次数较多,显示出它们之间主题关联较为紧密。以"智能电网""微电网""电动汽车"等关键词为核心的多个概念相互关联,构成了学科内最为突出的研究主题簇。

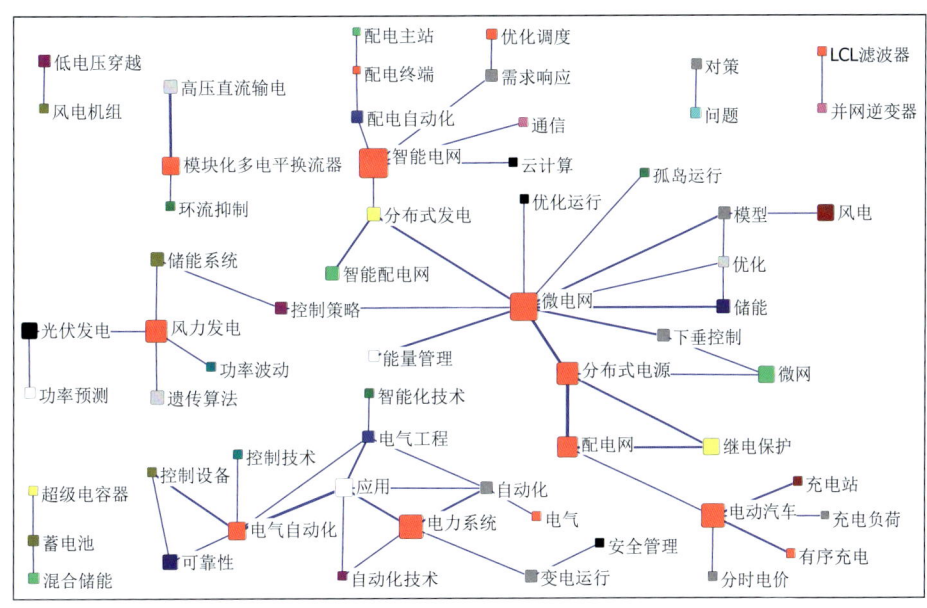

图 36-3 电工技术学科 2014 年热点主题关联

36.4 学科高影响力期刊分析

36.4.1 学科高影响力期刊 TOP 10

在电工技术学科,学科 5 年影响因子位居前 10 位的期刊见表 36-3,排在前 3 位的期刊分别是《电力系统自动化》《电网技术》和《中国电机工程学报》。在表 36-3 中,学科载文量占其总载文量比例最大的期刊是《高压电器》;前 5 年学科载文在 2014 年被引率最高的期刊是《电力系统自动化》;期刊 5 年影响因子较高的前 3 种期刊分别是《电力系统自动化》《电网技术》和《中国电机工程学报》;学科 5 年影响因子与期刊 5 年影响因子差异最大的期刊是《中国电机工程学报》。表 36-3 中期刊的学科 5 年影响因子和前 5 年学科载文的 2014 年被引率对比如图 36-4 所示,2009—2014 年期刊 5 年影响因子的变动情况如图 36-5 所示。

表36-3 电工技术学科高影响力期刊基本指数

序号	期刊名称	前5年载文量			2014年学科被引			5年影响因子		h指数(学科)
		学科(篇)	占比(%)	总量(篇)	频次	被引率(%)	高被引论文篇数	期刊(2014)	学科(2014)	
1	电力系统自动化	2949	91.8	3213	7523	62.3	111	2.522	2.551	24
2	电网技术	2972	96.2	3090	6666	62.1	70	2.286	2.243	21
3	中国电机工程学报	3662	73.5	4980	8169	57.1	99	1.954	2.231	24
4	电工技术学报	2307	92.2	2501	4465	55.3	51	1.872	1.935	18
5	电力系统保护与控制	4122	98.5	4187	7209	59.8	54	1.739	1.749	18
6	高电压技术	2518	85.4	2948	4115	57.1	18	1.578	1.634	13
7	电力自动化设备	2009	90.6	2217	3059	55.4	16	1.472	1.523	12
8	中国电力	1060	65.7	1613	1183	47.1	2	1.095	1.116	10
9	高压电器	1671	99.0	1688	1672	45.0	2	0.997	1.001	9
10	电瓷避雷器	645	97.9	659	642	43.1	1	0.991	0.995	7

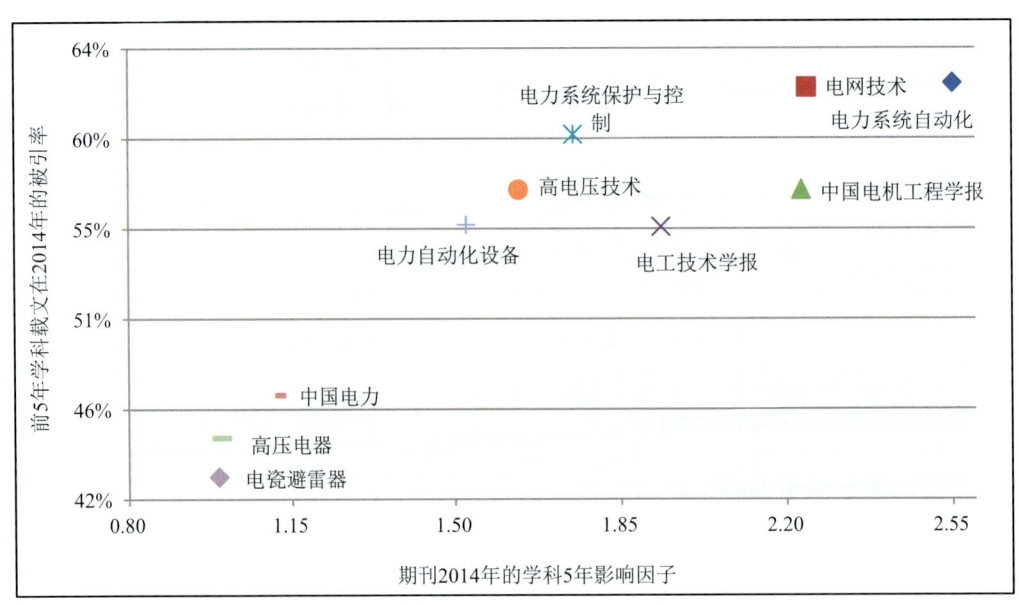

图36-4 电工技术学科高影响力期刊对比

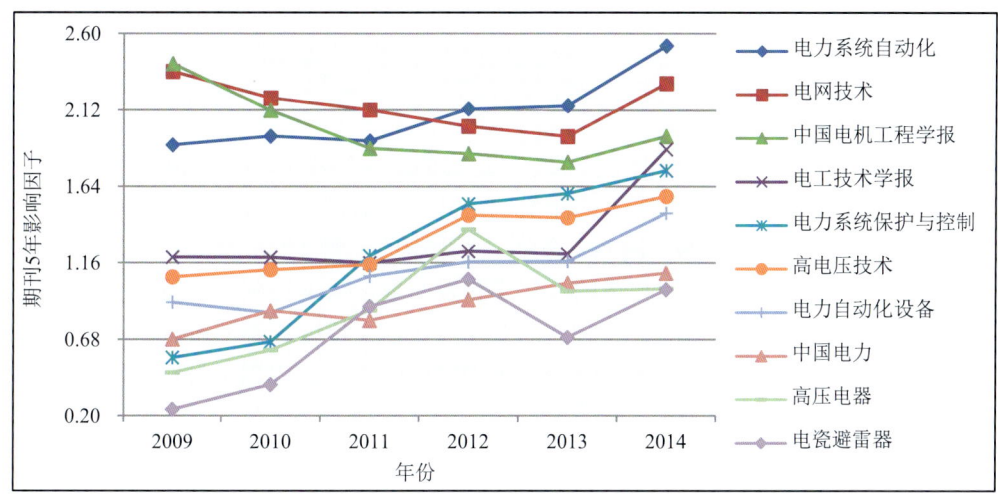

图 36-5　电工技术学科期刊 5 年影响因子变动

36.4.2　学科高影响力期刊载文主题关联

通过期刊共被引分析，获得电工技术学科高影响力期刊及与其他期刊之间的载文主题关联，如图 36-6 所示（共被引 89 次以下不显示）。结果显示，电工技术学科的高影响力期刊相互链接较为紧密，基本主导了该学科的期刊共被引网络，显示出该学科高影响力期刊可能共同刊载了许多相近的研究主题，热点研究主题分散在多种期刊上。《电力系统自动化》《电网技术》《中国电机工程学报》的学科 5 年影响因子较高，显示出它们在学科内学术影响力较大；《电力系统自动化》与《中国电机工程学报》《电网技术》《电力系统保护与控制》等期刊之间的链接较强，意味着它们之间可能有较多相同或相近的载文主题。

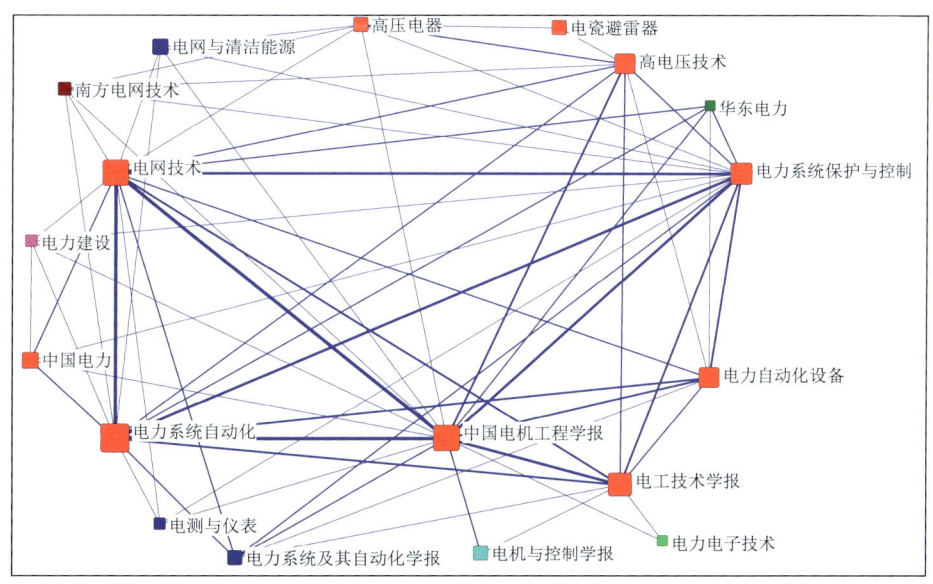

图 36-6　电工技术学科高影响力期刊载文主题关联

36.5 高被引作者分析

36.5.1 高被引作者 TOP 20

2009—2013年，在204441位电工技术学科论文的第一作者中，在2014年学科被引频次位居前20位的学者的发文及被引情况见表36-4。其中，学科发文总被引频次较高的3位作者分别是天津大学的王成山（297次）、合肥工业大学的丁明（246次）和中国电力科学研究院的张文亮（222次）。高被引作者的5年学科发文数量从1篇到110篇不等，同时，作者学科发文的期刊分布也在1种到15种之间变化。在发文超过5篇的所有作者中，篇均被引较高的3位作者分别是浙江大学的赵俊华（篇均19.40次）、中国电力科学研究院的陈树勇（篇均19.38次）和中国电力科学研究院的张文亮（篇均18.50次）；前5年发表学科论文较多的3位作者分别是华北电力大学的曾鸣（110篇）、重庆大学的蒋兴良（51篇）和重庆大学的侯世英（50篇）。高被引作者的学科发文量和被引量对比如图36-7所示。

表36-4 电工技术学科高被引作者 TOP 20

序号	姓名	作者单位	前5年发文			前5年学科发文在2014年的被引				h指数（学科）
			学科发文（篇）	期刊分布（种）	发文总量（篇）	总频次	被引率（%）	最高（次）	篇均（次）	
1	王成山	天津大学	37	10	39	297	67.6	86	8.03	8
2	丁明	合肥工业大学	38	10	84	246	79.0	32	6.47	10
3	张文亮	中国电力科学研究院	12	3	13	222	100.0	92	18.50	6
4	陈树勇	中国电力科学研究院	8	3	8	155	75.0	124	19.38	5
4	余贻鑫	天津大学	12	7	15	155	58.3	72	12.92	5
6	刘健	陕西省电力科学研究院	24	7	24	124	66.7	21	5.17	7
7	曾鸣	华北电力大学	110	15	176	116	41.8	13	1.05	5
8	汤涌	中国电力科学研究院	15	2	15	112	86.7	26	7.47	7
9	廖瑞金	重庆大学	49	7	59	110	59.2	12	2.24	6
10	管敏渊	浙江大学	9	5	20	102	100.0	35	11.33	7
11	徐丙垠	山东理工大学	12	2	18	101	83.3	56	8.42	4
12	赵俊华	浙江大学	5	1	5	97	100.0	29	19.40	5
13	蒋兴良	重庆大学	51	7	51	96	70.6	7	1.88	5
14	屠卿瑞	浙江大学	7	6	7	93	85.7	31	13.29	5
15	周林	重庆大学	22	10	22	91	59.1	40	4.14	5

序号	姓名	作者单位	前5年发文			前5年学科发文在2014年的被引				h指数（学科）
			学科发文（篇）	期刊分布（种）	发文总量（篇）	总频次	被引率（%）	最高（次）	篇均（次）	
16	张丽英	国家电网公司	1	1	1	89	100.0	89	89.00	1
17	胡泽春	清华大学	3	2	3	85	66.7	64	28.33	2
18	肖世杰	中国电力科学研究院	1	1	1	82	100.0	82	82.00	1
19	王德文	华北电力大学	14	3	15	81	64.3	31	5.79	5
20	张保会	西安交通大学	26	5	26	80	73.1	14	3.08	5

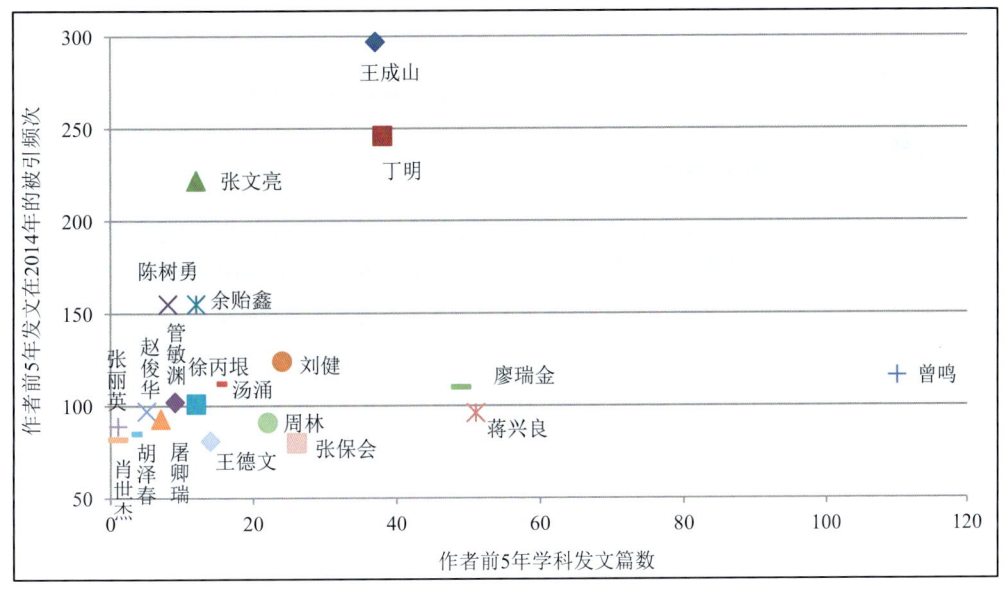

图 36-7　电工技术学科高被引作者学科发文及被引对比

36.5.2　高被引作者科研合作关系

通过作者合著分析，获得 2014 年电工技术学科高被引作者及与其他学者之间的科研论文合作关系（不考虑论文署名次序），如图 36-8 所示（合著 7 次以下不显示）。可以看出，电工技术学科的高被引作者的论文合作现象比较普遍。学者曾鸣、蒋兴良的发文量较多；学者曾鸣、廖瑞金的论文合作网络最为突出，在该学科的研究人员中表现出一定的集聚效应；廖瑞金和杨丽君、曾鸣与薛松、张志劲与蒋兴良等学者之间的合作关系最为紧密，显示出他们可能分别属于同一支科研团队。

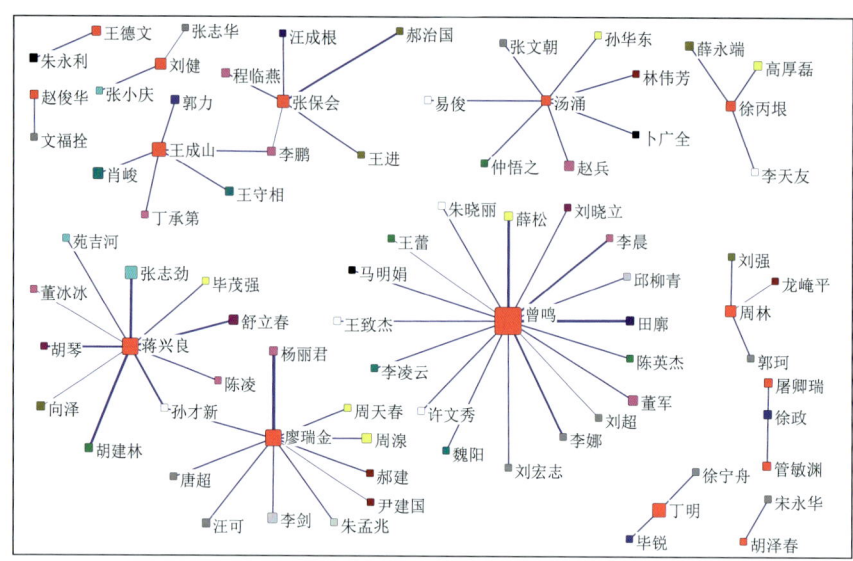

图 36-8　电工技术学科高被引作者科研论文合作关系

36.5.3　高被引作者发文主题关联

通过作者共被引分析，获得 2014 年电工技术学科高被引作者及与其他学者之间的发文主题关联（见图 36-9，共被引 9 次以下不显示）。如图 36-9 所示，电工技术学科的高被引作者基本主导了作者共被引网络，显示出该学科在热点主题上已经形成了优势较为明显的科研力量。学者王成山和丁明的节点较大，显示出他们的学术成果在学科内得到较多关注；管敏渊与屠卿瑞等学者之间的链接较强，意味着他们之间可能有较为相近的研究主题；以王成山与丁明、管敏渊与屠卿瑞等学者为主要节点的共被引作者簇人数较多且网络规模较大，意味着这些学者的研究主题关联可能较为紧密。

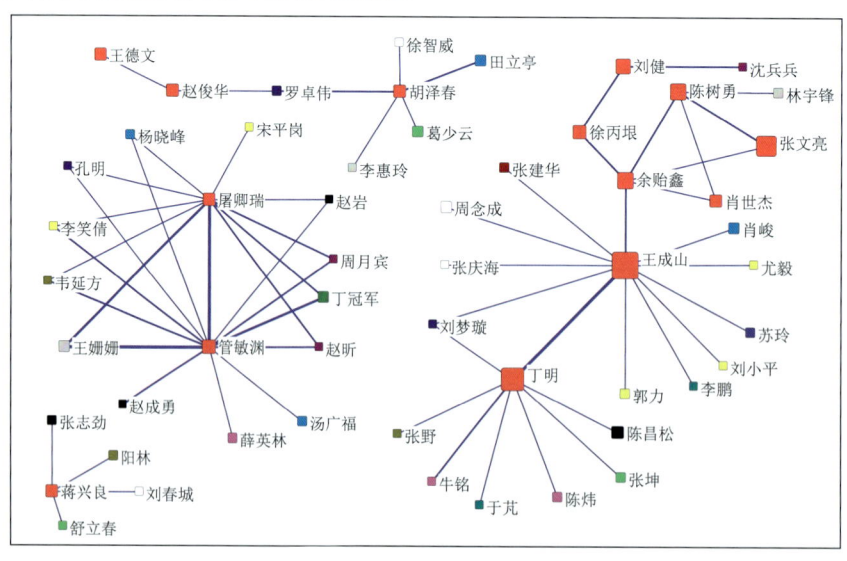

图 36-9　电工技术学科高被引作者发文主题关联

36.6 高被引机构分析

36.6.1 高被引机构

为便于比较，本书将电工技术学科的高被引机构分为高等院校和科研院所两种类型。其中，被引频次 TOP 10 高等院校和被引频次 TOP 5 科研院所的发文及被引情况分别见表 36-5 和表 36-6。其中，总被引频次较高的 3 所高等院校分别是华北电力大学、清华大学和重庆大学，中国电力科学研究院、国网电力科学研究院和中国科学院电工研究所是总被引频次较高的 3 所科研院所；前 5 年学科发文在 2014 年的被引率最高的高等院校和科研院所分别是清华大学和中国电力科学研究院，篇均被引最高的高等院校和科研院所分别是清华大学和中国电力科学研究院。上述高被引机构的论文被引率和篇均被引频次对比如图 36-10 所示。

表 36-5 电工技术学科高被引高等院校 TOP 10

序号	第一作者单位	学科发文量（篇）		前 5 年学科发文在 2014 年的被引			
		前 5 年	2014 年	频次	被引率(%)	最高（次）	篇均（次）
1	华北电力大学	6533	1135	5465	34.8	42	0.84
2	清华大学	1587	241	3272	54.6	64	2.06
3	重庆大学	2070	262	2609	47.9	40	1.26
4	浙江大学	1608	230	2400	45.1	35	1.49
5	华中科技大学	1314	182	1831	42.5	35	1.39
6	上海交通大学	2114	310	1822	33.6	29	0.86
7	天津大学	830	178	1461	40.7	86	1.76
8	华南理工大学	1431	185	1439	39.3	27	1.01
9	西安交通大学	1243	207	1420	43.4	29	1.14
10	武汉大学	1349	210	1388	36.8	31	1.03

表 36-6 电工技术学科高被引科研院所 TOP 5

序号	第一作者单位	学科发文量（篇）		前 5 年学科发文在 2014 年的被引			
		前 5 年	2014 年	频次	被引率(%)	最高（次）	篇均（次）
1	中国电力科学研究院	1786	329	3629	52.0	124	2.03
2	国网电力科学研究院	409	51	613	51.1	26	1.50
3	中国科学院电工研究所	362	70	393	40.6	19	1.09
4	广东电网公司电力科学研究院	457	98	288	32.2	9	0.63
5	国网北京经济技术研究院	220	41	266	47.3	17	1.21

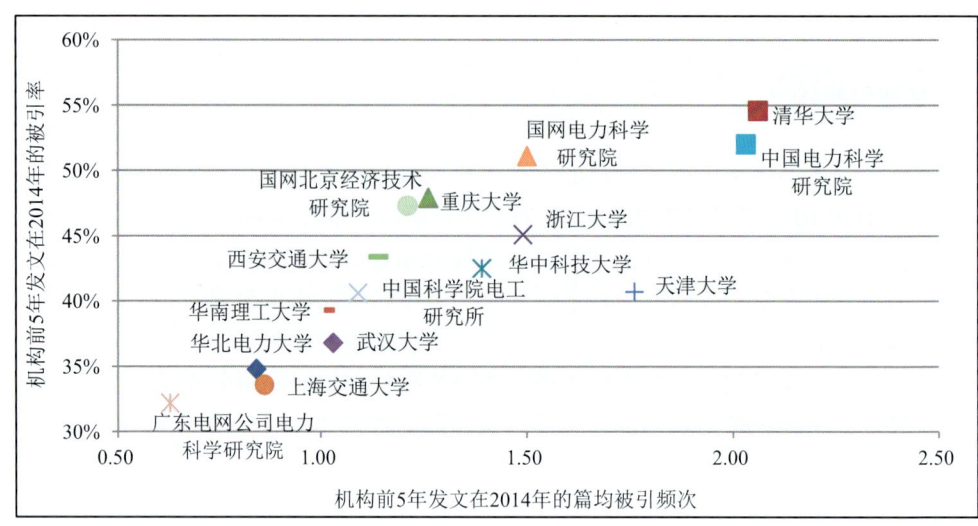

图 36-10 电工技术学科高被引机构论文篇均被引及被引率对比

36.6.2 高被引机构科研合作关系

通过合著分析，获得电工技术学科高被引机构之间及其与其他机构之间的科研合作关联，如图 36-11 所示（合作 118 次以下不显示）。分析得知，电工技术学科的机构合作链接比较紧密，表明学科内机构合作现象非常普遍；高被引机构基本主导了机构共被引网络，显示出这些机构已经在学科内具有了一定的科研优势；中国电力科学研究院和华北电力大学、国网上海市电力公司与上海交通大学等机构之间的链接较强，显示出它们的学术合作较为频繁。

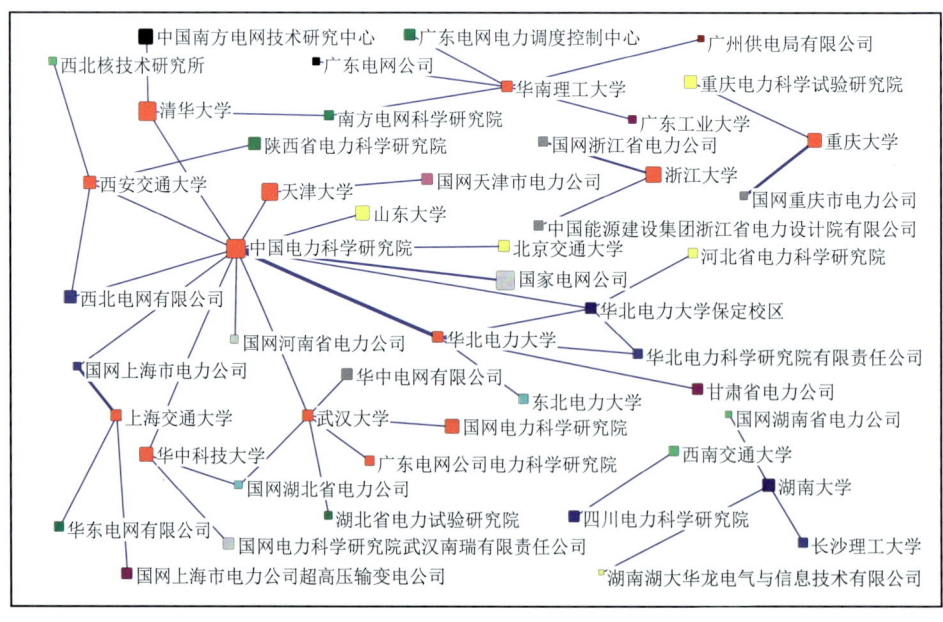

图 36-11 电工技术学科高被引机构科研合作关联

36.7 高被引图书、国外期刊及学术会议

2014 年，电工技术学科被引频次位居前 10 位的图书及国外期刊见表 36-7 和表 36-8。其中，被引次数较多的 3 种图书分别是王兆安的《谐波抑制和无功功率补偿》《电力电子技术》和赵畹君的《高压直流输电工程技术》；被引次数较多的 3 种国外期刊分别是《IEEE Transactions on Power Systems》《IEEE Transactions on Power Delivery》和《IEEE Transactions on Power Electronics》；被引次数较多的 3 场学术会议分别是"IEEE Power Engineering Society General Meeting""IEEE Power and Energy Society General Meeting"和"IEEE Power Electronics Specialists Conference"。

表 36-7 电工技术学科高被引图书 TOP 10

序号	责任者	图书名称	出版社	2014 年被引频次
1	王兆安	谐波抑制和无功功率补偿	机械工业出版社	182
2	王兆安	电力电子技术	机械工业出版社	166
3	赵畹君	高压直流输电工程技术	中国电力出版社	154
4	贺家李	电力系统继电保护原理	中国电力出版社	121
5	刘振亚	特高压电网	中国经济出版社	118
6	唐任远	现代永磁电机理论与设计	机械工业出版社	93
7	肖湘宁	电能质量分析与控制	中国电力出版社	91
8	陈世坤	电机设计	机械工业出版社	83
9	邱关源	电路	高等教育出版社	82
10	张保会	电力系统继电保护	中国电力出版社	82

表 36-8 电工技术学科高被引国外期刊 TOP 10

序号	期刊名称	2014 年被引频次
1	IEEE Transactions on Power Systems	3911
2	IEEE Transactions on Power Delivery	3430
3	IEEE Transactions on Power Electronics	3275
4	IEEE Transactions on Industrial Electronics	2915
5	Journal of Power Sources	2639
6	IEEE Transactions on Industry Applications	2020
7	IEEE Transactions on Magnetics	1503
8	IEEE Transactions on Energy Conversion	1421
9	IEEE Transactions on Dielectrics and Electrical Insulation	1211
10	Electrochimica Acta	919

第 37 章 无线电电子学、电信技术学科高被引分析

37.1 学科论文概况

2009—2013 年，无线电电子学、电信技术学科共有 175285 位来自 30342 所机构的论文第一作者在 3554 种期刊上发表了 214349 篇学术论文。其中，80%以上的论文产出自 12612 所机构、140763 位作者，发表在 305 种期刊上。在前 5 年发表的这些论文中，有 38173 篇在 2014 年获得过引用，整体被引率为 17.8%，总被引频次为 59462 次，篇均被引 0.28 次；其中，高被引论文有 513 篇，单篇论文最高被引频次为 80 次，累计被引 4581 次，篇均被引 8.93 次（表 37-1）。另外，2014 年无线电电子学、电信技术学科共发表论文 42576 篇，其中有 1544 篇在当年获得过引用，总共被引 1846 次。

表 37-1 无线电电子学、电信技术学科论文分布情况

年份	论文篇数	2014 年被引频次	2014 年被引率（%）	2014 年高被引论文			
				论文篇数	最高被引频次	总被引频次	篇均被引频次
2009	33346	8532	16.7	83	48	843	10.16
2010	37253	10628	18.2	74	54	817	11.04
2011	49782	13448	17.3	114	69	1007	8.83
2012	53053	14711	17.3	144	80	1149	7.98
2013	40915	12143	19.6	98	65	765	7.81
合计	214349	59462	17.8	513	80	4581	8.93

从无线电电子学、电信技术学科论文的地域分布来看，2014 年被引频次较高的 5 个省、直辖市或自治区依次是北京、陕西、江苏、四川和广东（图 37-1）；5 年论文产出量较多的 5 个省、直辖市或自治区依次是北京、江苏、陕西、广东和四川（图 37-2）。

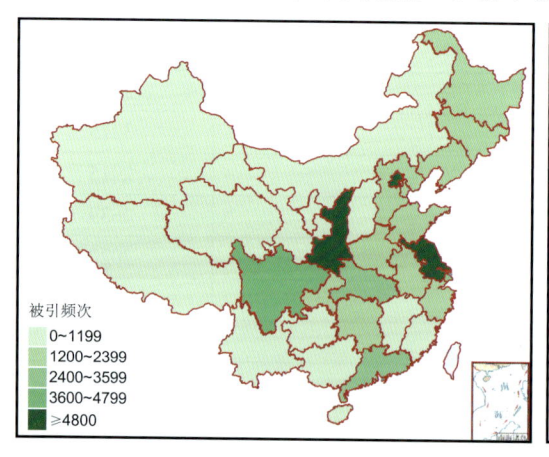
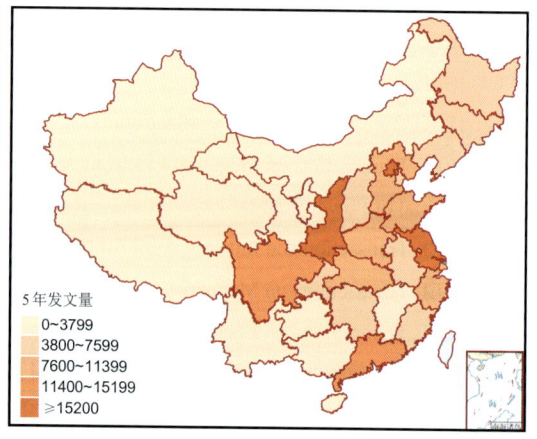

图 37-1 2014 年无线电电子学、电信技术学科地区被引分布　　图 37-2 无线电电子学、电信技术学科 5 年论文产出地区分布

37.2 高被引论文分析

在无线电电子学、电信技术学科，2014年被引频次位居前10位的论文（表37-2）平均被引频次为39.2次，是全部513篇高被引论文篇均被引频次的4.4倍。其中，被引频次最高的论文是石光明于2009年发表的《压缩感知理论及其研究进展》，随后2篇分别是黄伟于2009年发表的《含分布式发电系统的微网技术研究综述》和焦李成于2011年发表的《压缩感知回顾与展望》。

从论文分布来看，刊载高被引论文数量居前的3种期刊分别是《电信科学》（23篇）、《中国激光》（23篇）和《电子与信息学报》（21篇），而《电子学报》《电网技术》和《电力系统自动化》分别刊载了高被引论文TOP 10中的2篇；发表高被引论文居前的3位学者分别是湖南大学的程军圣（3篇）、中国工程物理研究院应用电子学研究所的谭昊（2篇）和中国南方电网电力调度通信中心的王勇（2篇）；产出高被引论文数量居前的3所机构分别是北京邮电大学（13篇）、中国科学院长春光学精密机械与物理研究所（13篇）和哈尔滨工业大学（12篇），而南京邮电大学、西安电子科技大学分别产出了高被引论文TOP 10中的2篇。

表37-2 无线电电子学、电信技术学科高被引论文 TOP 10

序号	论文题名	第一作者	期刊名称	发表年份	被引频次 总频次	被引频次 2014年
1	压缩感知理论及其研究进展	石光明	电子学报	2009	421	75
2	含分布式发电系统的微网技术研究综述	黄伟	电网技术	2009	182	52
3	压缩感知回顾与展望	焦李成	电子学报	2011	130	48
4	模块化多电平换流器型直流输电的调制策略	管敏渊	电力系统自动化	2010	144	37
5	微网研究中的关键技术	丁明	电网技术	2009	137	32
6	物联网的技术思想与应用策略研究	朱洪波	通信学报	2010	127	31
6	大数据时代的挑战价值与应对策略	陈如明	移动通信	2012	68	31
8	压缩传感综述	李树涛	自动化学报	2009	113	30
9	基于模块化多电平变流器的轻型直流输电系统	刘钟淇	电力系统自动化	2010	112	29
10	物联网技术进展与应用	朱洪波	南京邮电大学学报（自然科学版）	2011	82	27

37.3 研究主题关联分析

在无线电电子学、电信技术学科，高被引论文累计被2014年发表的4328篇论文引用了4581次。通过分析施引文献关键词的词频及关键词之间的共现关系，获得2014年无线电电子学、电信技术学科的热点主题和主题关联，如图37-3所示（共现6次以下不显示）。由图37-3可知："物联网""压缩感知"等关键词的文档词频较高，是2014年学科的研究热点；以"压缩感知""物联网""云计算"等关键词为主要核心的多个概念相互关联，构成了学科内最为突出的研究主题簇。

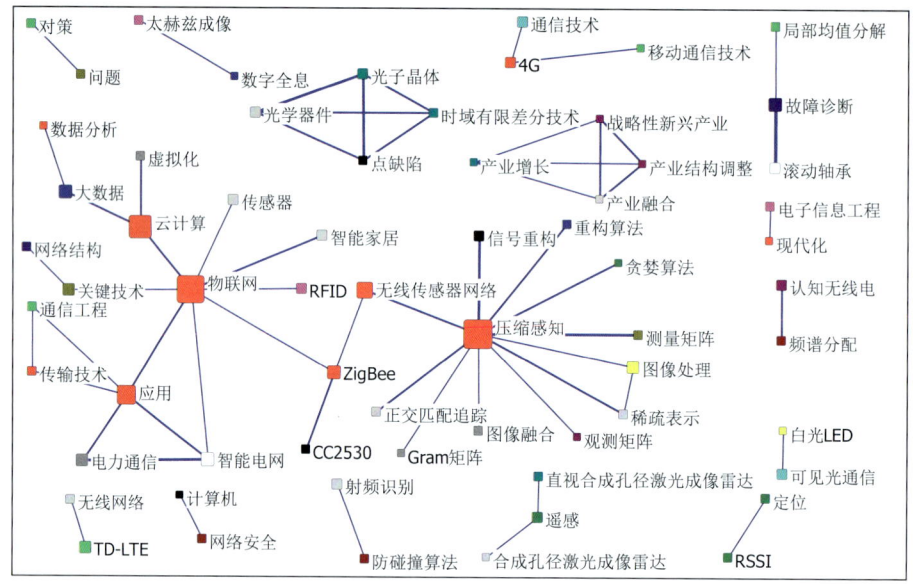

图 37-3　无线电电子学、电信技术学科 2014 年热点主题关联

37.4 学科高影响力期刊分析

37.4.1 学科高影响力期刊 TOP 10

在无线电电子学、电信技术学科，学科5年影响因子位居前10位的期刊见表37-3，排在前3位的期刊分别是《光学精密工程》《电子测量与仪器学报》和《电子学报》。在表37-3中，学科载文量占其总载文量比例最大的期刊是《电力系统通信》；前5年学科载文在2014年被引率最高的期刊是《光学精密工程》；期刊5年影响因子较高的前3种期刊分别是《电子测量与仪器学报》《光学精密工程》和《电子学报》；学科5年影响因子与期刊5年影响因子差异最大的期刊是《电子测量与仪器学报》。表37-3中期刊的学科5年影响因子和前5年学科载文的2014年被引率对比如图37-4所示，2009—2014年期刊5年影响因子的变动情况如图37-5所示。

表 37-3　无线电电子学、电信技术学科高影响力期刊基本指数

序号	期刊名称	前 5 年载文量			2014 年学科被引			5 年影响因子		h 指数 (学科)
		学科（篇）	占比（%）	总量（篇）	频次	被引率（%）	高被引论文篇数	期刊 (2014)	学科 (2014)	
1	光学精密工程	511	20.6	2478	582	46.4	19	1.283	1.139	11
2	电子测量与仪器学报	339	28.1	1208	368	42.8	15	1.387	1.086	11
3	电子学报	1164	41.0	2838	1118	41.6	21	1.024	0.960	14
4	中国激光	1665	50.5	3300	1385	42.1	23	0.826	0.832	9
5	电力系统通信	733	80.2	914	599	41.2	13	0.774	0.817	8
6	电子与信息学报	2175	69.0	3151	1651	40.5	21	0.794	0.759	9
7	中兴通讯技术	388	77.1	503	272	32.5	10	0.636	0.701	6
8	光电子·激光	1198	48.4	2476	803	36.6	3	0.650	0.670	6
9	强激光与粒子束	1484	38.1	3896	947	36.7	8	0.592	0.638	7
10	红外技术	575	60.1	957	365	36.2	6	0.620	0.635	7

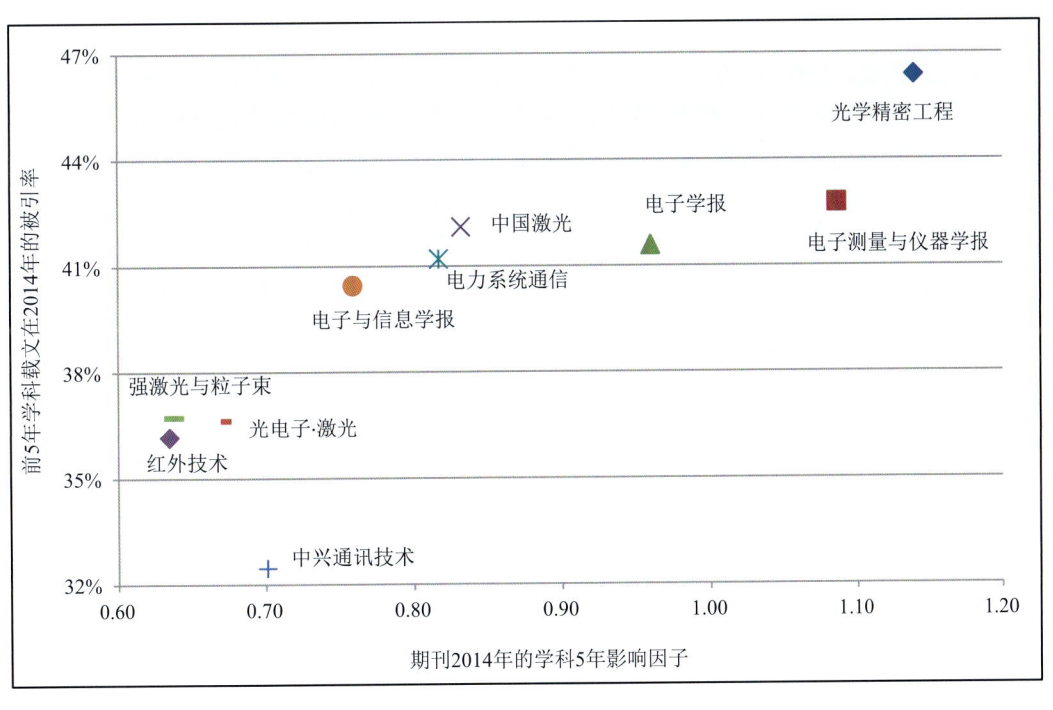

图 37-4　无线电电子学、电信技术学科高影响力期刊对比

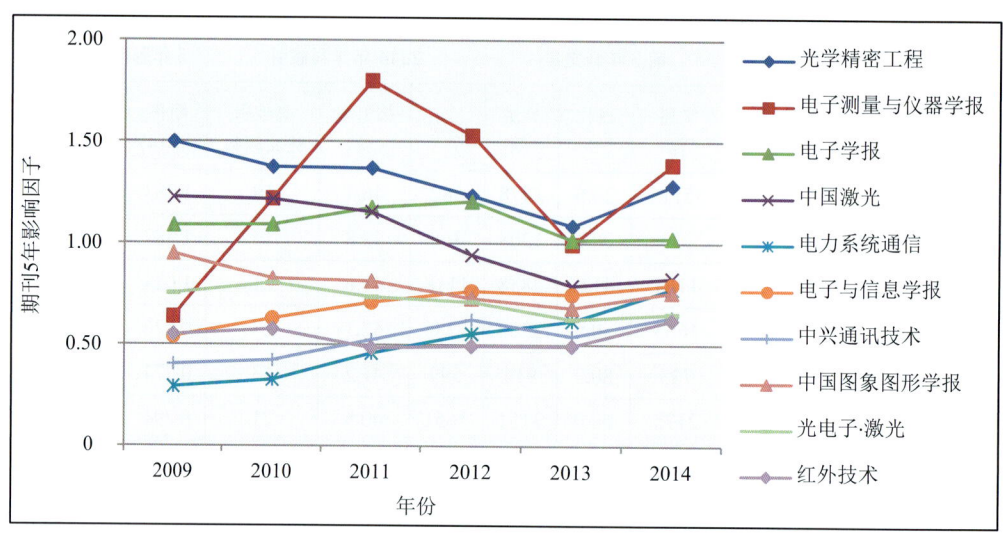

图 37-5　无线电电子学、电信技术学科期刊 5 年影响因子变动

37.4.2　学科高影响力期刊载文主题关联

通过期刊共被引分析，获得无线电电子学、电信技术学科高影响力期刊及与其他期刊之间的载文主题关联，如图 37-6 所示（共被引 30 次以下不显示）。结果显示，无线电电子学、电信技术学科的高影响力期刊相互链接较为紧密，基本主导了该学科的期刊共被引网络，显示出该学科高影响力期刊可能共同刊载了许多相近的研究主题，热点研究主题分散在多种期刊上。《光学精密工程》《电子测量与仪器学报》《电子学报》的学科 5 年影响因子较高，显示出它们在学科内学术影响力较大；《中国激光》与《光学学报》、《电子学报》与《电子与信息学报》等期刊之间的链接较强，意味着它们之间可能分别的有较多相同或相近的载文主题。

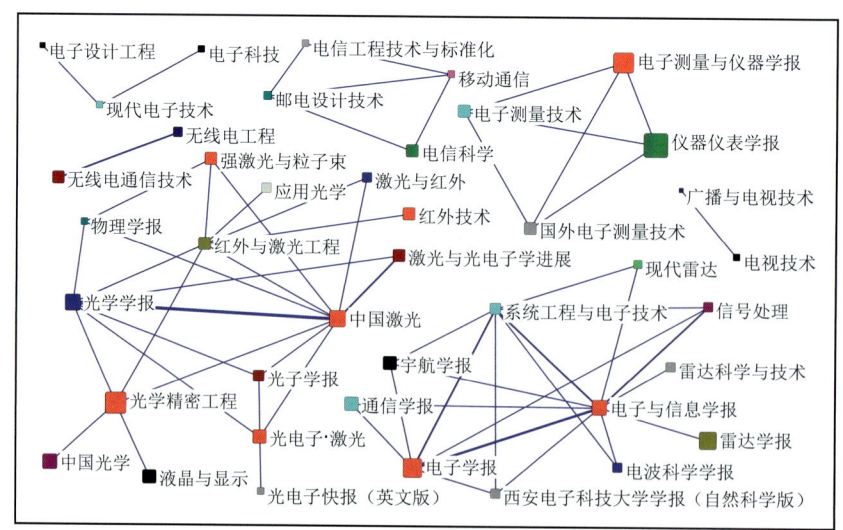

图 37-6　无线电电子学、电信技术学科高影响力期刊载文主题关联

37.5 高被引作者分析

37.5.1 高被引作者 TOP 20

2009—2013 年，在 175285 位无线电电子学、电信技术学科论文的第一作者中，在 2014 年学科被引频次位居前 20 位的学者的发文及被引情况见表 37-4。其中，学科发文总被引频次较高的作者分别是西安电子科技大学的石光明（75 次）、南京邮电大学的朱洪波（60 次）、哈尔滨工程大学的赵春晖（52 次）和华北电力大学的黄伟（52 次）。高被引作者的 5 年学科发文数量从 1 篇到 51 篇不等，同时，作者学科发文的期刊分布也在 1 种到 25 种之间变化。在发文超过 5 篇的所有作者中，篇均被引较高的 3 位作者分别是工业和信息化部通信科学技术委员会的陈如明（篇均 6.40 次）、湖南大学的程军圣（篇均 5.88 次）和中国科学院上海光学精密机械研究所的刘立人（篇均 3.09 次）；前 5 年发表学科论文较多的 3 位作者分别是重庆邮电大学的陈发堂（53 篇）、南京航空航天大学的吴一全（51 篇）和中国人民解放军通信指挥学院的郎为民（49 篇）。高被引作者的学科发文量和被引量对比如图 37-7 所示。

表 37-4 无线电电子学、电信技术学科高被引作者 TOP 20

序号	姓名	作者单位	前 5 年发文			前 5 年学科发文在 2014 年的被引				h 指数（学科）
			学科发文（篇）	期刊分布（种）	发文总量（篇）	总频次	被引率（%）	最高（次）	篇均（次）	
1	石光明	西安电子科技大学	1	1	2	75	100.0	75	75.00	1
2	朱洪波	南京邮电大学	4	4	8	60	75.0	31	15.00	2
3	赵春晖	哈尔滨工程大学	38	20	67	52	50.0	10	1.37	4
3	黄伟	华北电力大学	1	1	12	52	100.0	52	52.00	2
5	焦李成	西安电子科技大学	1	1	2	48	100.0	48	48.00	1
6	程军圣	湖南大学	8	5	52	47	75.0	16	5.88	5
7	吴一全	南京航空航天大学	51	25	98	40	45.1	3	0.78	3
8	兰羽	陕西工业职业技术学院	23	7	48	37	43.5	15	1.61	5
8	管敏渊	浙江大学	1	1	20	37	100.0	37	37.00	7
10	刘立人	中国科学院上海光学精密机械研究所	11	2	11	34	63.6	9	3.09	4
11	钱志鸿	吉林大学	4	3	7	33	100.0	24	8.25	4
12	丁明	合肥工业大学	1	1	84	32	100.0	32	32.00	10
12	陈如明	工业和信息化部通信科学技术委员会	5	3	18	32	40.0	31	6.40	2
14	李树涛	湖南大学	2	2	5	30	50.0	30	15.00	2
15	刘钟淇	清华大学	1	1	2	29	100.0	29	29.00	2

序号	姓名	作者单位	前5年发文			前5年学科发文在2014年的被引				h指数（学科）
			学科发文（篇）	期刊分布（种）	发文总量（篇）	总频次	被引率（%）	最高（次）	篇均（次）	
16	李琦	哈尔滨工业大学	14	6	19	28	50.0	11	2.00	3
16	袁建国	重庆邮电大学	36	8	45	28	33.3	8	0.78	3
16	郑争兵	陕西理工学院	18	11	20	28	50.0	6	1.56	4
19	吴吉义	浙江大学	2	1	4	27	100.0	24	13.50	2
20	万显荣	武汉大学	11	6	11	25	54.6	17	2.27	2

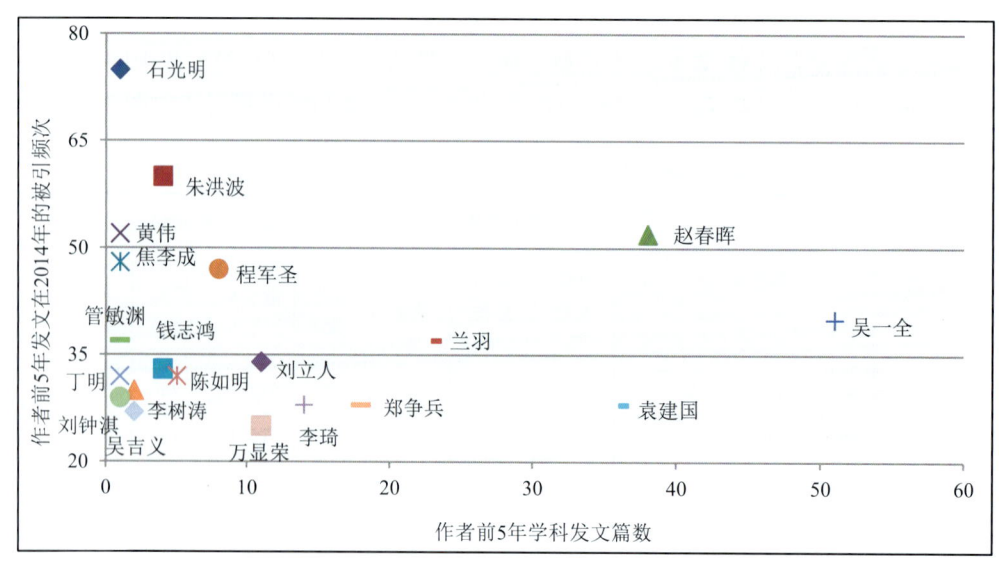

图 37-7　无线电电子学、电信技术学科高被引作者学科发文及被引对比

37.5.2　高被引作者科研合作关系

通过作者合著分析，获得 2014 年无线电电子学、电信技术学科高被引作者及与其他学者之间的科研论文合作关系（不考虑论文署名次序），如图 37-8 所示（合著 4 次以下不显示）。可以看出，无线电电子学、电信技术学科的高被引作者的论文合作现象比较普遍。学者吴一全、袁建国和赵春晖的发文量较多；学者王忆锋、吴一全的论文合作网络较为突出，在该学科的研究人员中表现出一定的集聚效应；王忆锋和唐利斌、程军圣与杨宇、刘立人与孙建锋等学者之间的合作关系最为紧密，显示出他们可能分别属于同一支科研团队。

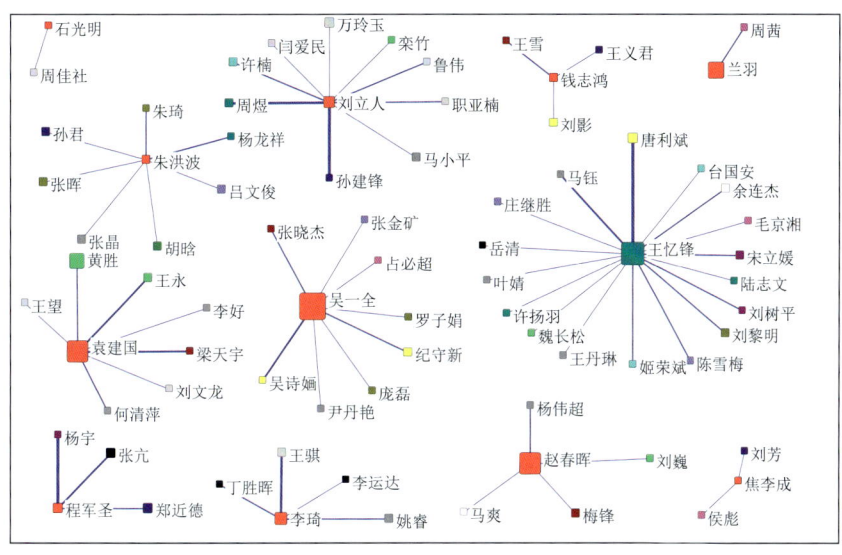

图 37-8 无线电电子学、电信技术学科高被引作者科研论文合作关系

37.5.3 高被引作者发文主题关联

通过作者共被引分析，获得 2014 年无线电电子学、电信技术学科高被引作者及与其他学者之间的发文主题关联（见图 37-9，共被引 2 次以下不显示）。如图 37-9 所示，无线电电子学、电信技术学科的高被引作者基本主导了作者共被引网络，显示出该学科在热点主题上已经形成了优势较为明显的科研力量。学者石光明和朱洪波的节点较大，显示出他们的学术成果在学科内得到较多关注；焦李成与石光明等学者之间的链接较强，意味着他们之间可能有较为相近的研究主题；以石光明、焦李成、赵春晖、袁建国等学者为主要节点的共被引作者簇人数较多且网络规模较大，意味着这些学者的研究主题关联可能较为紧密。

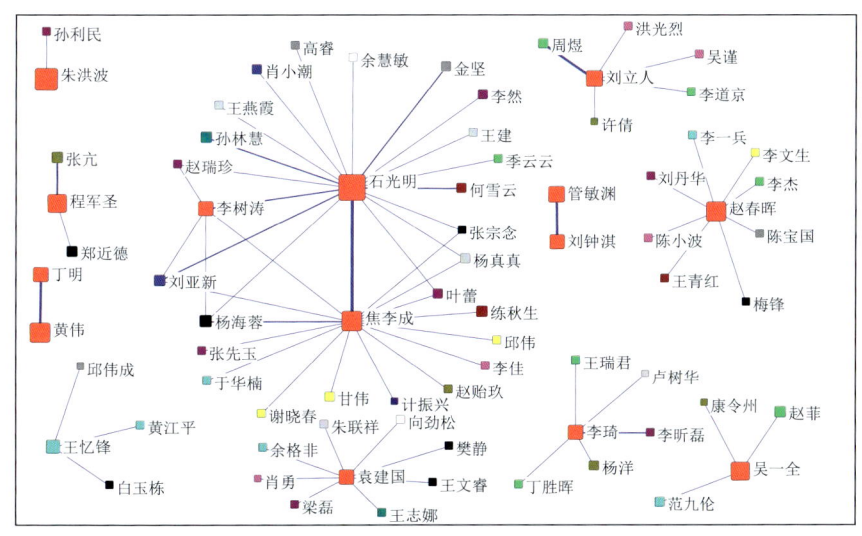

图 37-9 无线电电子学、电信技术学科高被引作者发文主题关联

37.6 高被引机构分析

37.6.1 高被引机构

为便于比较，本书将无线电电子学、电信技术学科的高被引机构分为高等院校和科研院所两种类型。其中，被引频次 TOP 10 高等院校和被引频次 TOP 5 科研院所的发文及被引情况分别见表 37-5 和表 37-6。其中，总被引频次较高的 3 所高等院校分别是西安电子科技大学、国防科学技术大学和电子科技大学，中国科学院长春光学精密机械与物理研究所、中国电子科技集团公司第五十四研究所和中国科学院电子学研究所是总被引频次较高的 3 所科研院所；前 5 年学科发文在 2014 年的被引率最高的高等院校和科研院所分别是南京航空航天大学和中国科学院长春光学精密机械与物理研究所，篇均被引最高的高等院校和科研院所分别是南京航空航天大学和中国科学院长春光学精密机械与物理研究所。上述高被引机构的论文被引率和篇均被引频次对比如图 37-10 所示。

表 37-5 无线电电子学、电信技术学科高被引高等院校 TOP 10

序号	第一作者单位	学科发文量（篇）		前 5 年学科发文在 2014 年的被引			
		前 5 年	2014 年	频次	被引率(%)	最高（次）	篇均（次）
1	西安电子科技大学	4020	527	1761	25.8	75	0.44
2	国防科学技术大学	2908	259	1356	28.6	8	0.47
3	电子科技大学	3659	463	1129	20.3	21	0.31
4	北京邮电大学	1792	230	766	24.2	17	0.43
5	重庆邮电大学	2671	431	722	17.0	14	0.27
6	西北工业大学	1934	309	685	22.8	8	0.35
7	南京邮电大学	1855	261	649	18.2	31	0.35
8	空军工程大学	1918	317	610	21.8	15	0.32
9	清华大学	1518	173	592	23.0	29	0.39
10	南京航空航天大学	1176	221	559	28.8	7	0.48

表 37-6 无线电电子学、电信技术学科高被引科研院所 TOP 5

序号	第一作者单位	学科发文量（篇）		前 5 年学科发文在 2014 年的被引			
		前 5 年	2014 年	频次	被引率(%)	最高（次）	篇均（次）
1	中国科学院长春光学精密机械与物理研究所	1034	189	764	37.5	12	0.74
2	中国电子科技集团公司第五十四研究所	1099	187	451	25.6	7	0.41
3	中国科学院电子学研究所	821	89	415	29.7	22	0.51
4	南京电子技术研究所	722	137	339	30.7	11	0.47
5	工业和信息化部电信研究院	694	121	244	21.5	12	0.35

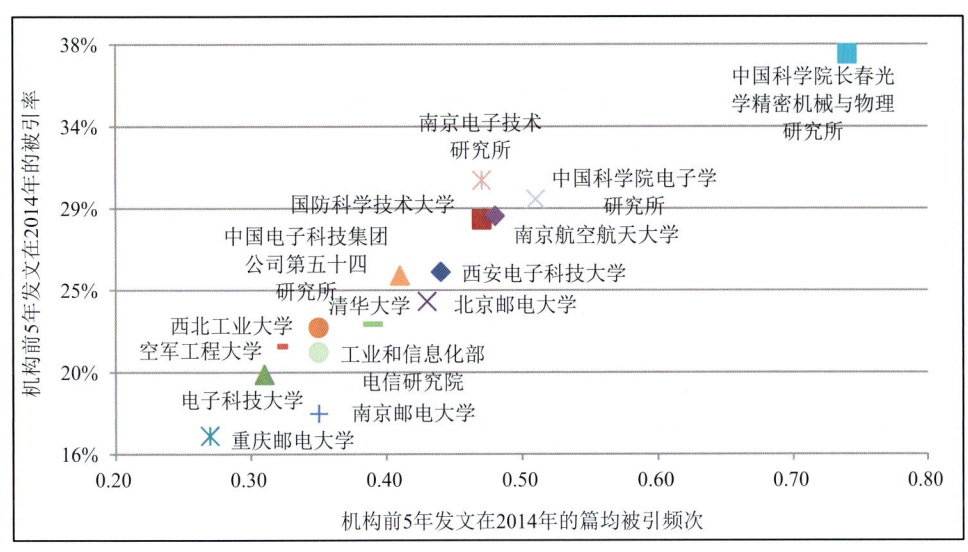

图 37-10　无线电电子学、电信技术学科高被引机构论文篇均被引及被引率对比

37.6.2　高被引机构科研合作关系

通过合著分析，获得无线电电子学、电信技术学科高被引机构之间及其与其他机构之间的科研合作关联，如图 37-11 所示（合作 59 次以下不显示）。分析得知，无线电电子学、电信技术学科的机构合作链接比较紧密，表明学科内机构合作现象非常普遍；高被引机构基本主导了机构合作网络，显示出这些机构已经在学科内具有了一定的科研优势；电子科技大学和珠海元盛电子科技股份有限公司、清华大学和西北核技术研究所等机构之间的链接较强，显示出它们的学术合作较为频繁。中国科学院长春光学精密器械与物理研究所、西安电子科技大学的篇均被引较高，说明它们的研究成果总体看来较为受业内学者的关注。

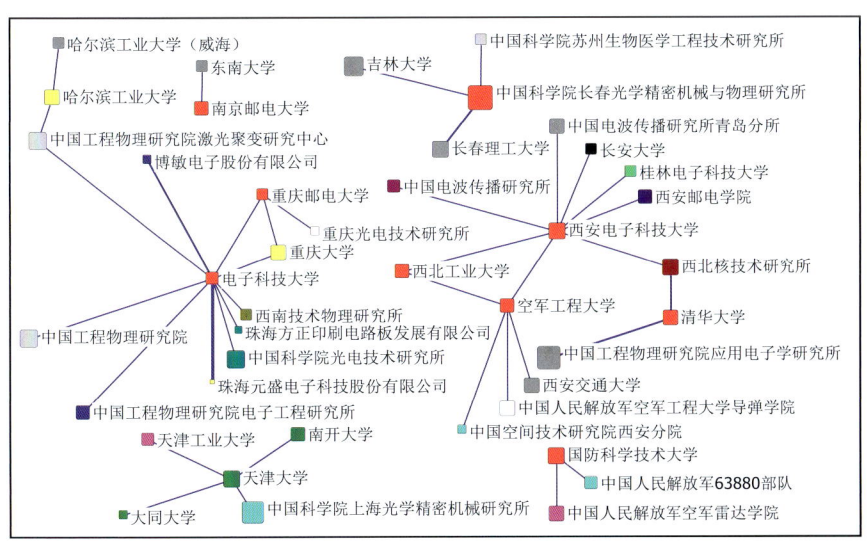

图 37-11　无线电电子学、电信技术学科高被引机构科研合作关联

37.7 高被引图书、国外期刊及学术会议

2014年,无线电电子学、电信技术学科被引频次位居前10位的图书及国外期刊见表37-7和表37-8。其中,被引次数较多的3种图书分别是樊昌信的《通信原理》、丁鹭飞的《雷达原理》和保铮的《雷达成像技术》；被引次数较多的3种国外期刊分别是《Applied Physics Letters》《IEEE Transactions on Signal Processing》和《Optics Express》；被引次数较多的3场学术会议分别是"IEEE Radar Conference""Proc of SPIE"和"IEEE International Conference on Communications"。

表37-7 无线电电子学、电信技术学科高被引图书 TOP 10

序号	责任者	图书名称	出版社	2014年被引频次
1	樊昌信	通信原理	北国防工业出版社	115
2	丁鹭飞	雷达原理	西安电子科技大学出版社	80
3	保铮	雷达成像技术	电子工业出版社	78
4	童诗白	模拟电子技术基础	高等教育出版社	67
5	沈嘉	3GPP长期演进(LTE)技术原理与系统设计	人民邮电出版社	66
6	赵国庆	雷达对抗原理	西安电子科技大学出版社	61
7	王映民	TD-LTE技术原理与系统设计	人民邮电出版社	52
8	孙利民	无线传感器网络	清华大学出版社	51
9	杨小牛	软件无线电原理与应用	电子工业出版社	49
10	王永良	空间谱估计理论与算法	清华大学出版社	47

表37-8 无线电电子学、电信技术学科高被引国外期刊 TOP 10

序号	期刊名称	2014年被引频次
1	Applied Physics Letters	3284
2	IEEE Transactions on Signal Processing	2927
3	Optics Express	2760
4	IEEE Transactions on Information Theory	2288
5	Optics Letters	2061
6	IEEE Transactions on Antennas and Propagation	1643
7	IEEE Transactions on Aerospace and Electronic Systems	1616
8	IEEE Transactions on Communications	1598
9	IEEE Transactions on Wireless Communications	1545
10	IEEE Photonics Technology Letters	1395

第38章 自动化技术学科高被引分析

38.1 学科论文概况

2009—2013年,自动化技术学科共有108790位来自20711所机构的论文第一作者在3482种期刊上发表了118605篇学术论文。其中,80%以上的论文产出自2693所机构、82576位作者,发表在487种期刊上。在前5年发表的这些论文中,有28857篇在2014年获得过引用,整体被引率为24.3%,总被引频次为49499次,篇均被引0.42次;其中,高被引论文有352篇,单篇论文最高被引频次为64次,累计被引3804次,篇均被引10.81次(表38-1)。另外,2014年自动化技术学科共发表论文23434篇,其中有905篇在当年获得过引用,总共被引1077次。

表38-1 自动化技术学科论文分布情况

年份	论文篇数	2014年被引频次	2014年被引率(%)	2014年高被引论文			
				论文篇数	最高被引频次	总被引频次	篇均被引频次
2009	21952	8317	22.6	52	41	625	12.02
2010	21655	9523	25.4	64	47	735	11.48
2011	25909	11582	25.3	78	59	949	12.17
2012	26031	11615	25.7	100	64	969	9.69
2013	23058	8462	22.4	58	35	526	9.07
合计	118605	49499	24.3	352	64	3804	10.81

从自动化技术学科论文的地域分布来看,2014年被引频次较高的5个省、直辖市或自治区依次是北京、江苏、陕西、辽宁和黑龙江(图38-1);5年论文产出量较多的5个省、直辖市或自治区依次是江苏、北京、陕西、辽宁和山东(图38-2)。

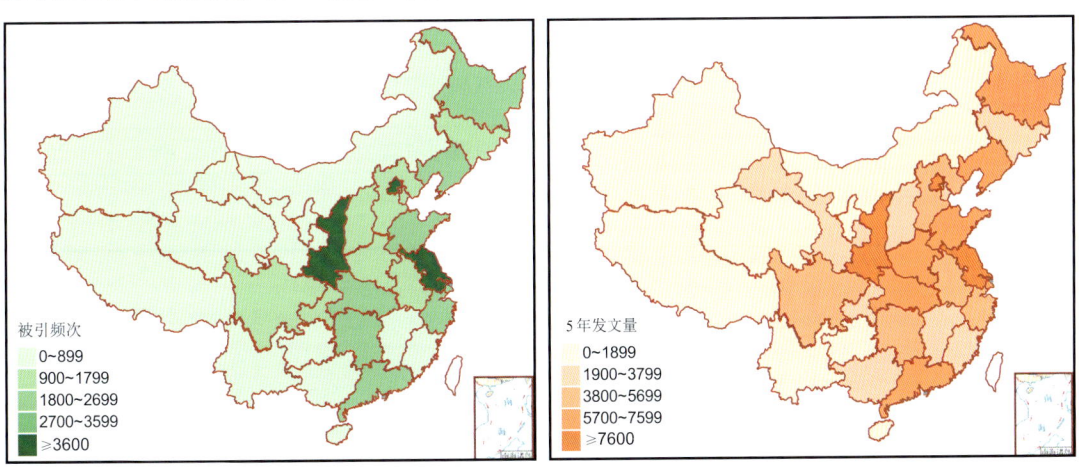

图38-1 2014年自动化技术学科地区被引分布　　图38-2 自动化技术学科5年论文产出地区分布

38.2 高被引论文分析

在自动化技术学科,2014 年被引频次位居前 10 位的论文(表 38-2)平均被引频次为 32.9 次,是全部 352 篇高被引论文篇均被引频次的 3.0 倍。其中,被引频次最高的论文是丁世飞于 2011 年发表的《支持向量机理论与算法研究综述》,随后 2 篇分别是公茂果于 2009 年发表的《进化多目标优化算法研究》和李修伟于 2011 年发表的《浅析电气自动化控制系统的应用及发展趋势》。

从论文分布来看,刊载高被引论文数量居前的 3 种期刊分别是《自动化学报》(15 篇)、《仪器仪表学报》(13 篇)和《农业工程学报》(12 篇),而《软件学报》刊载了高被引论文 TOP 10 中的 2 篇;发表高被引论文居前的 3 位学者分别是哈尔滨工程大学的陶新民(2 篇)、浙江工业大学的高峰(2 篇)和中国科学院遥感应用研究所的宫鹏(2 篇);产出高被引论文数量居前的 3 所机构分别是哈尔滨工业大学(8 篇)、西安交通大学(6 篇)和中国科学院遥感应用研究所(6 篇)。

表 38-2 自动化技术学科高被引论文 TOP 10

序号	论文题名	第一作者	期刊名称	发表年份	被引频次 总频次	被引频次 2014 年
1	支持向量机理论与算法研究综述	丁世飞	电子科技大学学报	2011	137	47
2	进化多目标优化算法研究	公茂果	软件学报	2009	192	43
3	浅析电气自动化控制系统的应用及发展趋势	李修伟	民营科技	2011	129	37
4	基于 CC2530 及 Ziee 协议栈设计无线网络传感器节点	章伟聪	计算机系统应用	2011	76	34
5	粗糙集理论与应用研究综述	王国胤	计算机学报	2009	164	33
6	电气自动化控制系统的设计	周艳惠	中国新技术新产品	2010	80	31
7	上下文感知推荐系统	王立才	软件学报	2012	64	27
7	浅谈电气自动化的现状与发展方向	马巍	黑龙江科技信息	2011	59	27
9	遗传算法研究进展	马永杰	计算机应用研究	2012	48	25
9	使用 SPSS 线性回归实现通径分析的方法	杜家菊	生物学通报	2010	110	25

38.3 研究主题关联分析

在自动化技术学科，高被引论文累计被 2014 年发表的 3031 篇论文引用了 3804 次。通过分析施引文献关键词的词频及关键词之间的共现关系，获得 2014 年自动化技术学科的热点主题和主题关联，如图 38-3 所示（共现 7 次以下不显示）。由图 38-3 可知："电气自动化""无线传感器网络"等关键词的文档词频较高，是 2014 年学科的研究热点；以"电气自动化""应用"等关键词为主要节点的多个概念相互关联，构成了学科内最为突出的研究主题簇。

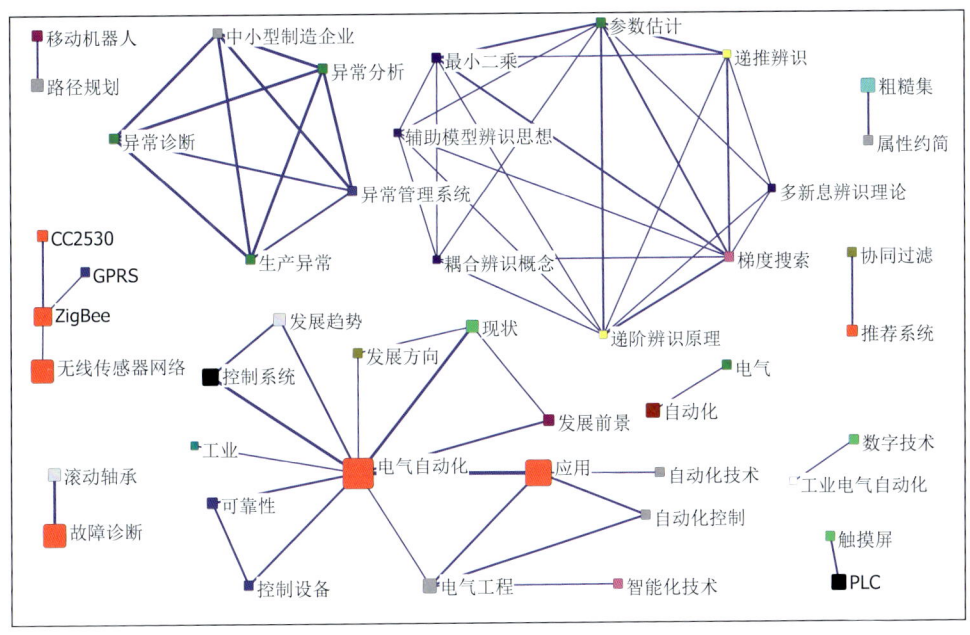

图 38-3　自动化技术学科 2014 年热点主题关联

38.4 学科高影响力期刊分析

38.4.1 学科高影响力期刊 TOP 10

在自动化技术学科，学科 5 年影响因子位居前 10 位的期刊见表 38-3，排在前 3 位的期刊分别是《仪器仪表学报》《自动化学报》和《国外电子测量技术》。在表 38-3 中，学科载文量占其总载文量比例最大的期刊是《机器人》；前 5 年学科载文在 2014 年被引率最高的期刊是《仪器仪表学报》；期刊 5 年影响因子较高的前 3 种期刊分别是《自动化学报》《仪器仪表学报》和《系统工程学报》；学科 5 年影响因子与期刊 5 年影响因子差异最大的期刊是《国外电子测量技术》。表 38-3 中期刊的学科 5 年影响因子和前 5 年学科载文的 2014 年被引率对比如图 38-4 所示，2009—2014 年期刊 5 年影响因子的变动情况如图 38-5 所示。

表38-3 自动化技术学科高影响力期刊基本指数

序号	期刊名称	前5年载文量			2014年学科被引			5年影响因子		h指数(学科)
		学科(篇)	占比(%)	总量(篇)	频次	被引率(%)	高被引论文篇数	期刊(2014)	学科(2014)	
1	仪器仪表学报	652	24.6	2656	959	58.4	13	1.357	1.471	10
2	自动化学报	590	42.4	1392	861	53.6	15	1.425	1.459	13
3	国外电子测量技术	311	20.8	1499	293	40.2	5	0.663	0.942	8
4	遥感技术与应用	615	72.3	851	567	44.4	5	0.844	0.922	7
5	控制与决策	1253	56.4	2223	1084	39.4	9	0.942	0.865	11
6	遥感学报	430	68.8	625	366	38.1	6	0.813	0.851	7
7	红外与毫米波学报	121	18.8	643	98	44.6	0	0.613	0.810	5
8	控制理论与应用	1134	73.8	1537	897	41.0	4	0.767	0.791	8
9	系统工程学报	119	18.3	650	93	42.9	0	1.058	0.782	9
10	机器人	527	83.0	635	391	42.9	2	0.743	0.742	6

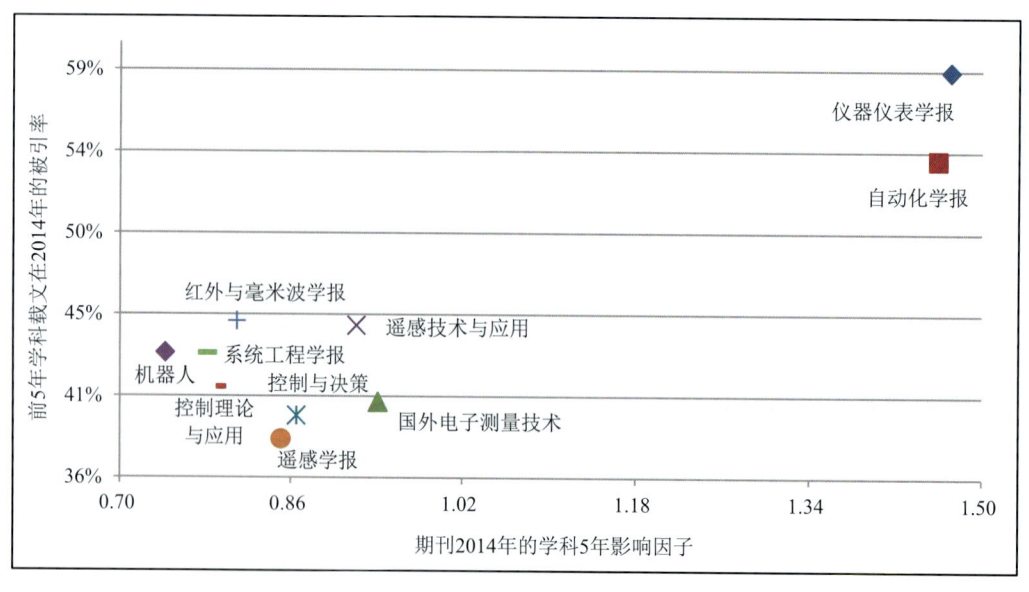

图38-4 自动化技术学科高影响力期刊对比

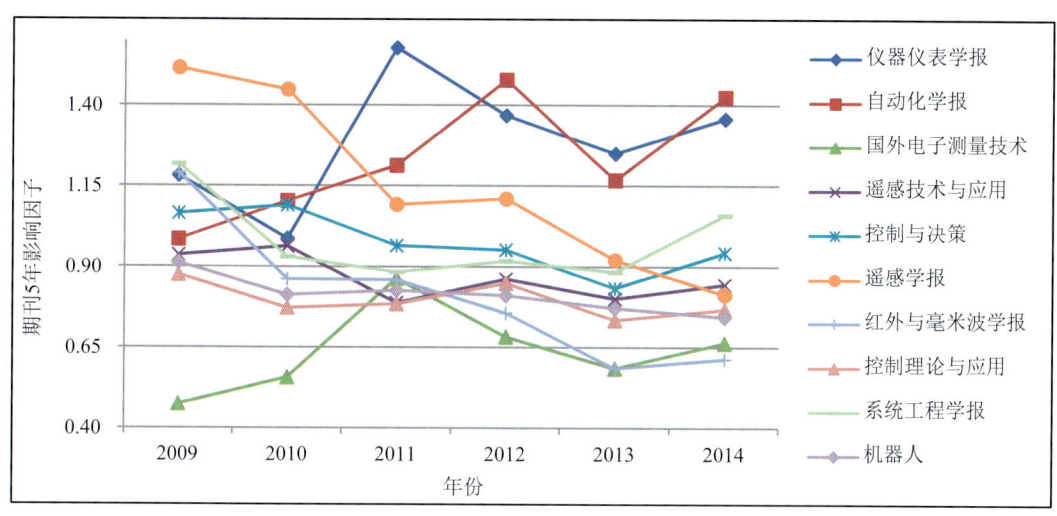

图 38-5　自动化技术学科期刊 5 年影响因子变动

38.4.2　学科高影响力期刊载文主题关联

通过期刊共被引分析，获得自动化技术学科高影响力期刊及与其他期刊之间的载文主题关联，如图 38-6 所示（共被引 18 次以下不显示）。结果显示，自动化技术学科的高影响力期刊相互链接较为紧密，基本主导了该学科的期刊共被引网络，显示出该学科高影响力期刊可能共同刊载了许多相近的研究主题，热点研究主题分散在多种期刊上。《仪器仪表学报》《自动化学报》的学科 5 年影响因子较高，显示出它们在学科内学术影响力较大；《仪器仪表学报》与《电子测量与仪器学报》、《控制理论与应用》与《控制与决策》等期刊之间的链接较强，意味着它们之间可能分别有较多相同或相近的载文主题。

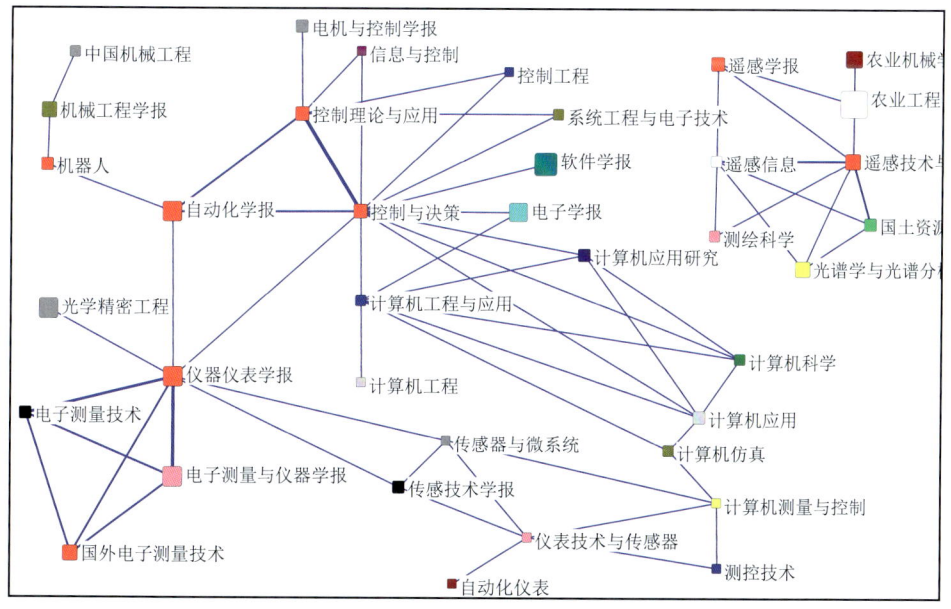

图 38-6　自动化技术学科高影响力期刊载文主题关联

38.5 高被引作者分析

38.5.1 高被引作者 TOP 20

2009—2013 年，在 108790 位自动化技术学科论文的第一作者中，在 2014 年学科被引频次位居前 20 位的学者的发文及被引情况见表 38-4。其中，学科发文总被引频次较高的 3 位作者分别是江南大学的丁锋（81 次）、中国矿业大学的丁世飞（52 次）和西安电子科技大学的公茂果（46 次）。高被引作者的 5 年学科发文数量从 1 篇到 30 篇不等，同时，作者学科发文的期刊分布也在 1 种到 21 种之间变化。在发文超过 5 篇的所有作者中，篇均被引较高的 3 位作者分别是江南大学的丁锋（篇均 4.26 次）、中国科学院长春光学精密机械与物理研究所的杨词银（篇均 4.00 次）和南阳师范学院的秦怡（篇均 2.88 次）；前 5 年发表学科论文较多的 3 位作者分别是兰州理工大学的李炜（55 篇）、辽宁工程技术大学的付华（32 篇）和兰州理工大学的王树东（31 篇）。高被引作者的学科发文量和被引量对比如图 38-7 所示。

表 38-4 自动化技术学科高被引作者 TOP 20

序号	姓名	作者单位	前 5 年发文			前 5 年学科发文在 2014 年的被引				h 指数（学科）
			学科发文（篇）	期刊分布（种）	发文总量（篇）	总频次	被引率（%）	最高（次）	篇均（次）	
1	丁锋	江南大学	19	2	19	81	63.2	11	4.26	6
2	丁世飞	中国矿业大学	4	4	4	52	75.0	47	13.00	2
3	公茂果	西安电子科技大学	4	2	4	46	100.0	43	11.50	1
4	李修伟	黑龙江建龙钢铁有限公司炼铁厂	1	1	1	37	100.0	37	37.00	1
4	王国胤	重庆邮电大学	4	4	7	37	75.0	33	9.25	2
6	章伟聪	浙江万里学院	3	3	6	36	66.7	34	12.00	2
7	陶新民	哈尔滨工程大学	17	10	34	35	47.1	14	2.06	4
8	周东华	清华大学	3	1	4	34	100.0	24	11.33	3
9	毕晓君	哈尔滨工程大学	21	13	52	33	47.6	7	1.57	4
10	周艳惠	黑龙江省牡丹江市路灯管理处	1	1	1	31	100.0	31	31.00	1
11	周世兵	江南大学	4	4	8	27	100.0	10	6.75	4
11	王立才	北京邮电大学	1	1	2	27	100.0	27	27.00	2
11	马巍	哈尔滨香坊物业有限责任公司第五分公司	1	1	4	27	100.0	27	27.00	1
14	马永杰	西北师范大学	3	3	5	25	33.3	25	8.33	2
14	杜家菊	山东理工大学	1	1	3	25	100.0	25	25.00	1

序号	姓名	作者单位	前5年发文			前5年学科发文在2014年的被引				h指数(学科)
			学科发文(篇)	期刊分布(种)	发文总量(篇)	总频次	被引率(%)	最高(次)	篇均(次)	
16	王国霞	北京科技大学	1	1	5	24	100.0	24	24.00	2
16	宫鹏	中国科学院遥感应用研究所	2	1	5	24	100.0	15	12.00	3
16	杨词银	中国科学院长春光学精密机械与物理研究所	6	5	6	24	66.7	7	4.00	3
16	苏文胜	大连理工大学	1	1	3	24	100.0	24	24.00	3
20	张雨浓	中山大学	30	21	30	23	46.7	4	0.77	3
20	乔俊飞	北京工业大学	14	8	15	23	35.7	11	1.64	3
20	秦怡	南阳师范学院	8	5	13	23	75.0	6	2.88	4
20	高峰	浙江工业大学	2	2	4	23	100.0	13	11.50	2

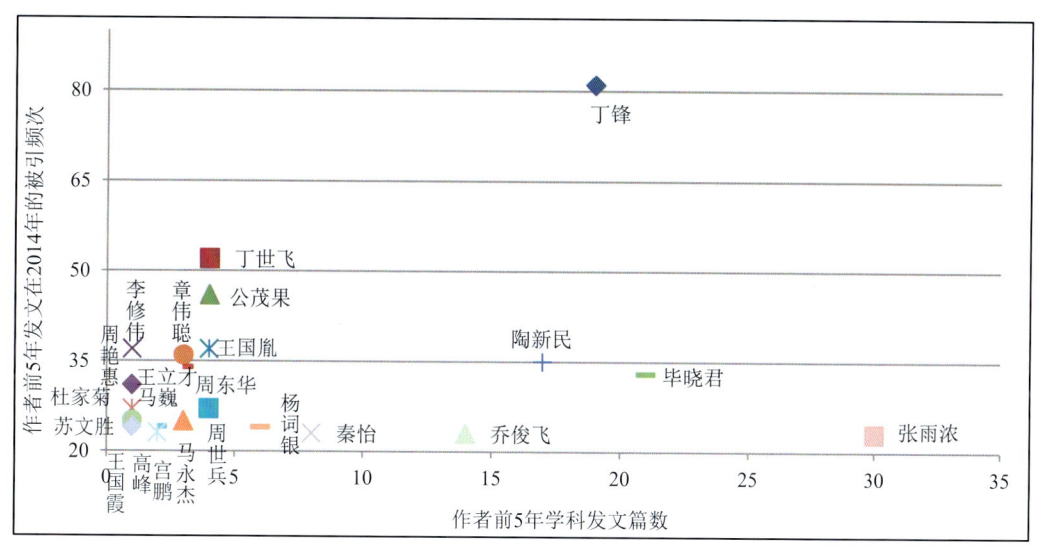

图 38-7 自动化技术学科高被引作者学科发文及被引对比

38.5.2 高被引作者科研合作关系

通过作者合著分析，获得 2014 年自动化技术学科高被引作者及与其他学者之间的科研论文合作关系（不考虑论文署名次序），如图 38-8 所示（合著 2 次以下不显示）。可以看出，自动化技术学科的高被引作者的论文合作现象比较普遍。学者毕晓君、陶新民和丁锋的发文量较多；周东华、陶新民的论文合作网络最为突出，在该学科的研究人员中表现出一定的集聚效应；陶新民和刘玉、王国胤和张清华等学者之间的合作关系最为紧密，显示出他们可能分别属于同一支科研团队。

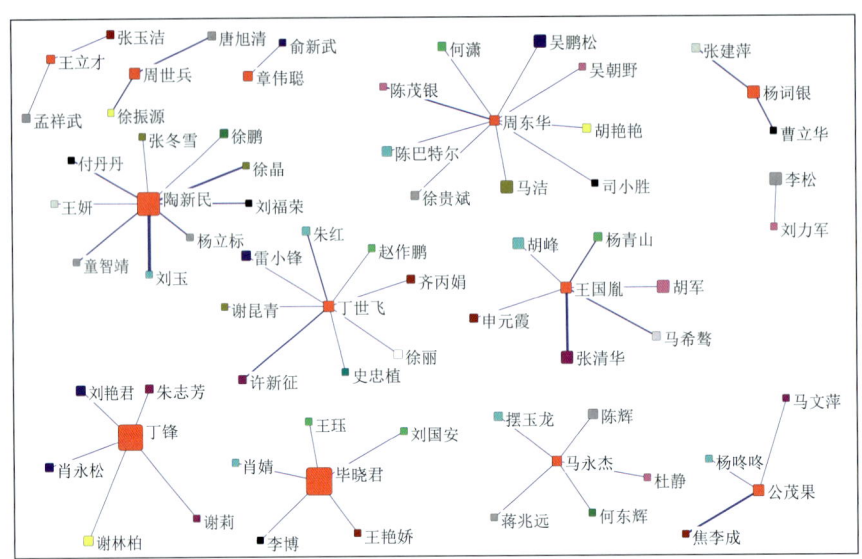

图 38-8　自动化技术学科高被引作者科研论文合作关系

38.5.3　高被引作者发文主题关联

通过作者共被引分析,获得 2014 年自动化技术学科高被引作者及与其他学者之间的发文主题关联(见图 38-9,共被引 2 次以下不显示)。如图 38-9 所示,自动化技术学科的高被引作者基本主导了作者共被引网络,显示出该学科在热点主题上已经形成了优势较为明显的科研力量。学者丁锋和李修伟的节点较大,显示出他们的学术成果在学科内得到较多关注;王立才与孟祥武、周艳惠与李红文、马巍与孙刚等学者之间的链接较强,意味着他们之间可能分别有较为相近的研究主题;以周东华、公茂果等学者为主要节点的共被引作者簇初具规模,意味着这些学者的研究主题关联可能较为紧密。

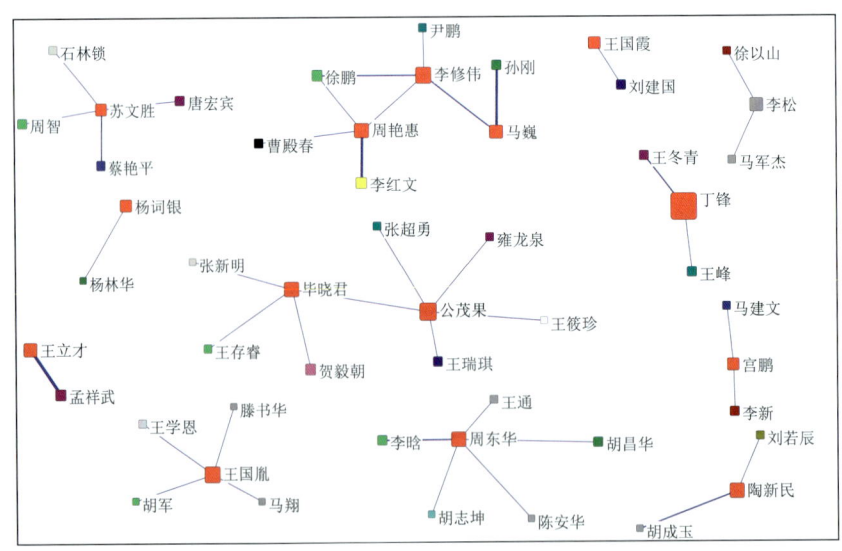

图 38-9　自动化技术学科高被引作者发文主题关联

38.6 高被引机构分析

38.6.1 高被引机构

为便于比较,本书将自动化技术学科的高被引机构分为高等院校和科研院所两种类型。其中,被引频次 TOP 10 高等院校和被引频次 TOP 5 科研院所的发文及被引情况分别见表 38-5 和表 38-6。其中,总被引频次较高的 3 所高等院校分别是西北工业大学、哈尔滨工业大学和浙江大学,中国科学院长春光学精密机械与物理研究所、中国科学院沈阳自动化研究所和中国科学院地理科学与资源研究所是总被引频次较高的 3 所科研院所;前 5 年学科发文在 2014 年的被引率最高的高等院校和科研院所分别是浙江大学和中国科学院寒区旱区环境与工程研究所,篇均被引最高的高等院校和科研院所分别是浙江大学和中国科学院地理科学与资源研究所。上述高被引机构的论文被引率和篇均被引频次对比如图 38-10 所示。

表 38-5 自动化技术学科高被引高等院校 TOP 10

序号	第一作者单位	学科发文量(篇)		前 5 年学科发文在 2014 年的被引			
		前 5 年	2014 年	频次	被引率(%)	最高(次)	篇均(次)
1	西北工业大学	1641	165	822	29.1	11	0.50
2	哈尔滨工业大学	1328	127	708	29.3	13	0.53
3	浙江大学	1065	107	690	34.2	18	0.65
4	北京航空航天大学	1194	174	646	29.8	13	0.54
5	重庆大学	948	74	578	32.0	13	0.61
6	中南大学	972	93	565	30.5	10	0.58
7	南京航空航天大学	1106	153	543	27.5	13	0.49
8	哈尔滨工程大学	914	100	513	29.5	14	0.56
9	东北大学	951	126	472	28.8	15	0.50
10	国防科学技术大学	850	61	438	29.9	11	0.52

表 38-6 自动化技术学科高被引科研院所 TOP 5

序号	第一作者单位	学科发文量(篇)		前 5 年学科发文在 2014 年的被引			
		前 5 年	2014 年	频次	被引率(%)	最高(次)	篇均(次)
1	中国科学院长春光学精密机械与物理研究所	546	131	438	34.6	10	0.80
2	中国科学院沈阳自动化研究所	247	47	149	28.3	8	0.60
3	中国科学院地理科学与资源研究所	88	9	145	48.9	12	1.65
4	中国科学院自动化研究所	113	17	109	35.4	14	0.96
5	中国科学院寒区旱区环境与工程研究所	68	15	87	52.9	9	1.28

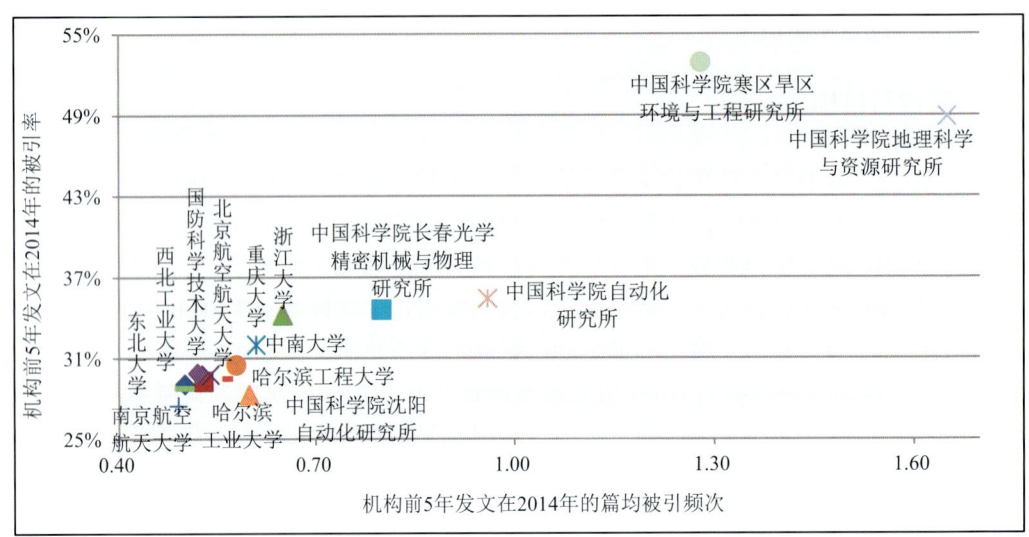

图 38-10　自动化技术学科高被引机构论文篇均被引及被引率对比

38.6.2　高被引机构科研合作关系

通过合著分析，获得自动化技术学科高被引机构之间及其与其他机构之间的科研合作关联，如图 38-11 所示（合作 28 次以下不显示）。分析得知，自动化技术学科的机构合作链接比较紧密，表明学科内机构合作现象非常普遍；高被引机构基本主导了机构合作网络，显示出这些机构已经在学科内具有了一定的科研优势；哈尔滨工业大学与哈尔滨工程大学、哈尔滨理工大学等机构之间的链接较强，显示出它们的学术合作较为频繁。中国科学院长春光学精密器械与物理研究所、浙江大学的篇均被引较高，说明它们的研究成果总体看来较为受业内学者的关注。

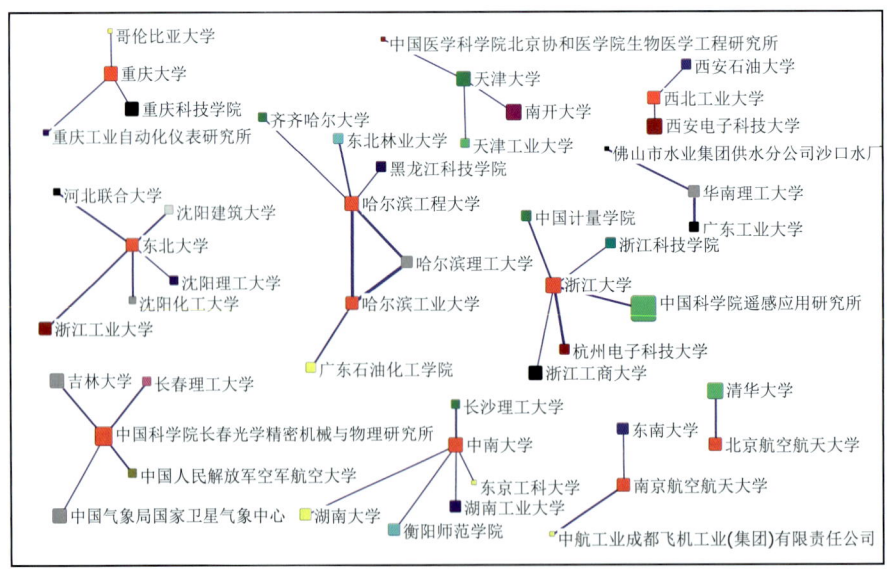

图 38-11　自动化技术学科高被引机构科研合作关联

38.7 高被引图书、国外期刊及学术会议

2014 年,自动化技术学科被引频次位居前 10 位的图书及国外期刊见表 38-7 和表 38-8。其中,被引次数较多的 3 种图书分别是胡寿松的《自动控制原理》、刘金琨的《先进 PID 控制 MATLAB 仿真》和蔡自兴的《机器人学》;被引次数较多的 3 种国外期刊分别是《IEEE Transactions on Automatic Control》《Automatica》和《Remote Sensing of Environment》;被引次数较多的 3 场学术会议分别是"IEEE International Conference on Robotics and Automation" "Proceedings of the American Control Conference"和"IEEE/RSJ International Conference on Intelligent Robots and Systems"。

表 38-7 自动化技术学科高被引图书 TOP 10

序号	责任者	图书名称	出版社	2014 年被引频次
1	胡寿松	自动控制原理	科学出版社	68
2	刘金琨	先进 PID 控制 MATLAB 仿真	电子工业出版社	53
3	蔡自兴	机器人学	清华大学出版社	51
4	赵英时	遥感应用分析原理与方法	科学出版社	48
5	刘金琨	先进 PID 控制及其 MATLAB 仿真	电子工业出版社	40
6	陶永华	新型 PID 控制及其应用	机械工业出版社	39
7	孙利民	无线传感器网络	清华大学出版社	38
8	廖常初	PLC 编程及应用	机械工业出版社	37
9	张文修	粗糙集理论与方法	科学出版社	35
10	陈伯时	电力拖动自动控制系统	机械工业出版社	34

表 38-8 自动化技术学科高被引国外期刊 TOP 10

序号	期刊名称	2014 年被引频次
1	IEEE Transactions on Automatic Control	1721
2	Automatica	1694
3	Remote Sensing of Environment	1284
4	IEEE Transactions on Geoscience and Remote Sensing	1155
5	IEEE Transactions on Pattern Analysis and Machine Intelligence	802
6	Information Sciences	730
7	International Journal of Remote Sensing	708
8	IEEE Transactions on Neural Networks	683
9	IEEE Transactions on Industrial Electronics	632
10	Expert Systems With Applications	619

第 39 章 计算机技术学科高被引分析

39.1 学科论文概况

2009—2013 年,计算机技术学科共有 313350 位来自 51217 所机构的论文第一作者在 4763 种期刊上发表了 390291 篇学术论文。其中,80%以上的论文产出自 8333 所机构、238803 位作者,发表在 424 种期刊上。在前 5 年发表的这些论文中,有 74946 篇在 2014 年获得过引用,整体被引率为 19.2%,总被引频次为 126549 次,篇均被引 0.32 次;其中,高被引论文有 914 篇,单篇论文最高被引频次为 162 次,累计被引 12477 次,篇均被引 13.65 次(表 39-1)。另外,2014 年计算机技术学科共发表论文 80116 篇,其中有 3279 篇在当年获得过引用,总共被引 4051 次。

表 39-1 计算机技术学科论文分布情况

年份	论文篇数	2014 年被引频次	2014 年被引率(%)	2014 年高被引论文			
				论文篇数	最高被引频次	总被引频次	篇均被引频次
2009	70988	19465	17.1	146	104	2068	14.16
2010	72167	24146	19.8	174	132	2398	13.78
2011	87223	29028	19.1	209	155	3038	14.54
2012	88196	30382	19.8	215	162	2724	12.67
2013	71717	23528	20.1	170	124	2249	13.23
合计	390291	126549	19.2	914	162	12477	13.65

从计算机技术学科论文的地域分布来看,2014 年被引频次较高的 5 个省、直辖市或自治区依次是北京、江苏、陕西、广东和上海(图 39-1);5 年论文产出量较多的 5 个省、直辖市或自治区依次是江苏、北京、陕西、广东和河南(图 39-2)。

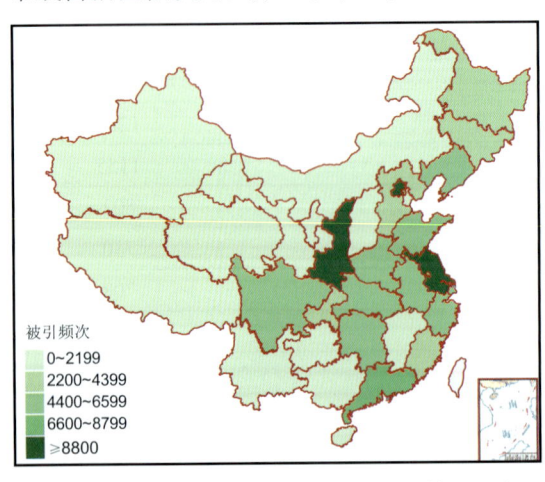

图 39-1 2014 年计算机技术学科地区被引分布

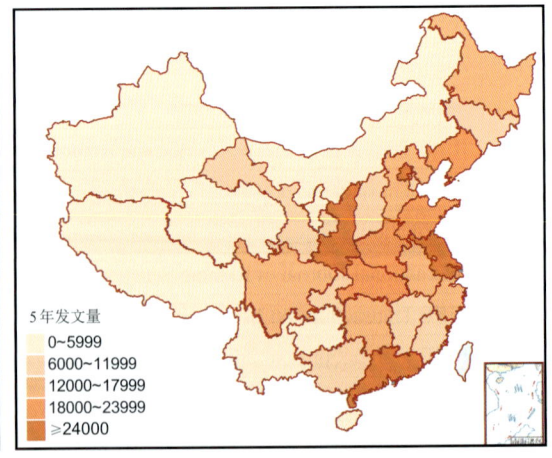

图 39-2 计算机技术学科 5 年论文产出地区分布

39.2 高被引论文分析

在计算机技术学科,2014 年被引频次位居前 10 位的论文(表 39-2)平均被引频次为 149 次,是全部 914 篇高被引论文篇均被引频次的 10.9 倍。其中,被引频次最高的论文是孟小峰于 2013 年发表的《大数据管理:概念、技术与挑战》,随后 2 篇分别是陈康于 2009 年发表的《云计算:系统实例与研究现状》和冯登国于 2011 年发表的《云计算安全研究》。

从论文分布来看,刊载高被引论文数量居前的 3 种期刊分别是《计算机学报》(71 篇)、《软件学报》(53 篇)和《计算机应用研究》(30 篇),而《软件学报》刊载了高被引论文 TOP 10 中的 2 篇;发表高被引论文居前的 3 位学者分别是清华大学的林闯(4 篇)、南京邮电大学的杨庚(3 篇)和北京航空航天大学的李伯虎(3 篇);产出高被引论文数量居前的 3 所机构分别是清华大学(32 篇)、国防科学技术大学(23 篇)和北京航空航天大学(18 篇),而中国人民大学、中国科学院计算技术研究所分别产出了高被引论文 TOP 10 中的 2 篇。

表 39-2 计算机技术学科高被引论文 TOP 10

序号	论文题名	第一作者	期刊名称	发表年份	被引频次 总频次	被引频次 2014 年
1	大数据管理:概念、技术与挑战	孟小峰	计算机研究与发展	2013	579	292
2	云计算:系统实例与研究现状	陈康	软件学报	2009	859	190
3	云计算安全研究	冯登国	软件学报	2011	504	170
4	大数据研究:未来科技及经济社会发展的重大战略领域——大数据的研究现状与科学思考	李国杰	中国科学院院刊	2012	356	163
5	物联网:概念、架构与关键技术研究综述	孙其博	北京邮电大学学报	2010	437	130
6	架构大数据:挑战、现状与展望	王珊	计算机学报	2011	264	129
7	云计算:体系架构与关键技术	罗军舟	通信学报	2011	308	124
8	云计算及其关键技术	陈全	计算机应用	2009	553	119
9	物联网技术研究综述	王保云	电子测量与仪器学报	2009	415	88
10	物联网关键技术与应用	刘强	计算机科学	2010	335	85

39.3 研究主题关联分析

在计算机技术学科,高被引论文累计被 2014 年发表的 8995 篇论文引用了 12477 次。通过分析施引文献关键词的词频及关键词之间的共现关系,获得 2014 年计算机技术学科的热点主题和主题关联,如图 39-3 所示(共现 15 次以下不显示)。由图 39-3 可知:"云计算""物联网""大数据"等关键词的文档词频较高,是 2014 年学科的研究热点;以"云计算"

"物联网""大数据"等关键词为主要节点的多个概念相互关联，构成了学科内最为突出的研究主题簇。

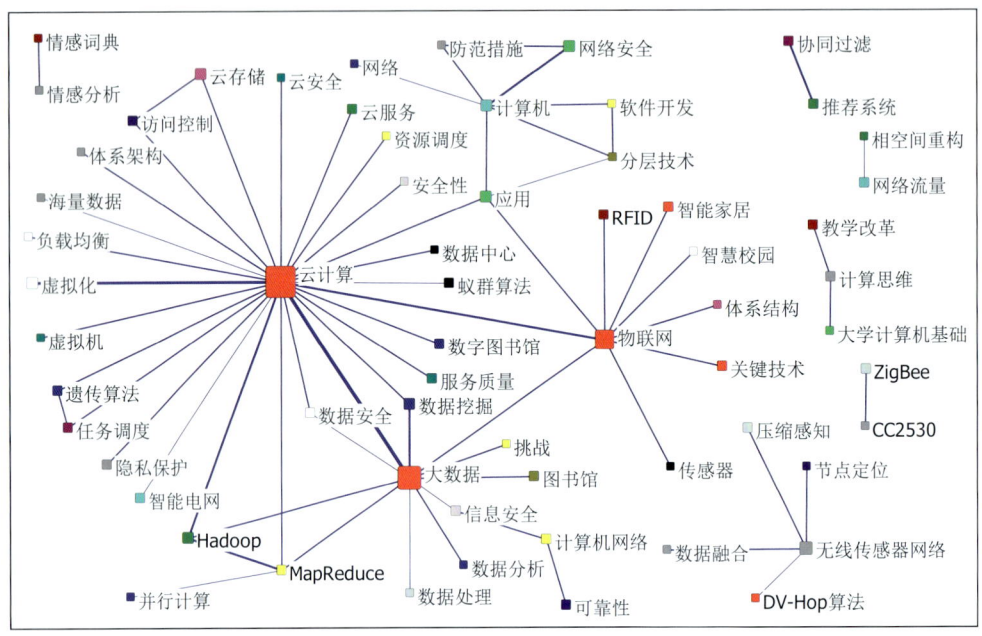

图 39-3 计算机技术学科 2014 年热点主题关联

39.4 学科高影响力期刊分析

39.4.1 学科高影响力期刊 TOP 10

在计算机技术学科，学科 5 年影响因子位居前 10 位的期刊见表 39-3，排在前 3 位的期刊分别是《软件学报》《计算机学报》和《南京邮电大学学报（自然科学版）》。在表 39-3 中，学科载文量占其总载文量比例最大的期刊是《中文信息学报》；前 5 年学科载文在 2014 年被引率最高的期刊是《计算机学报》；期刊 5 年影响因子较高的前 3 种期刊分别是《计算机学报》《软件学报》和《计算机研究与发展》；学科 5 年影响因子与期刊 5 年影响因子差异最大的期刊是《南京邮电大学学报（自然科学版）》。表 39-3 中期刊的学科 5 年影响因子和前 5 年学科载文的 2014 年被引率对比如图 39-4 所示，2009—2014 年期刊 5 年影响因子的变动情况如图 39-5 所示。

表 39-3 计算机技术学科高影响力期刊基本指数

序号	期刊名称	前 5 年载文量			2014 年学科被引			5 年影响因子		h 指数（学科）
		学科（篇）	占比（%）	总量（篇）	频次	被引率（%）	高被引论文篇数	期刊（2014）	学科（2014）	
1	软件学报	1167	84.4	1383	2523	52.3	53	2.074	2.162	18
2	计算机学报	1256	91.1	1379	2713	53.0	71	2.125	2.160	19
3	南京邮电大学学报（自然科学版）	182	25.6	710	219	29.1	4	0.503	1.203	5
4	液晶与显示	200	19.7	1016	209	42.0	0	0.697	1.045	6
5	计算机研究与发展	2066	89.2	2315	2038	35.9	29	0.997	0.986	12
6	通信学报	1006	58.6	1717	991	39.0	11	0.882	0.985	10
7	中国电子科学研究院学报	96	12.1	791	86	26.0	3	0.415	0.896	6
8	华东师范大学学报（自然科学版）	85	12.7	669	75	17.7	4	0.454	0.882	7
9	北京邮电大学学报	296	28.8	1029	258	26.0	2	0.518	0.872	6
10	中文信息学报	733	99.2	739	619	38.9	6	0.842	0.844	7

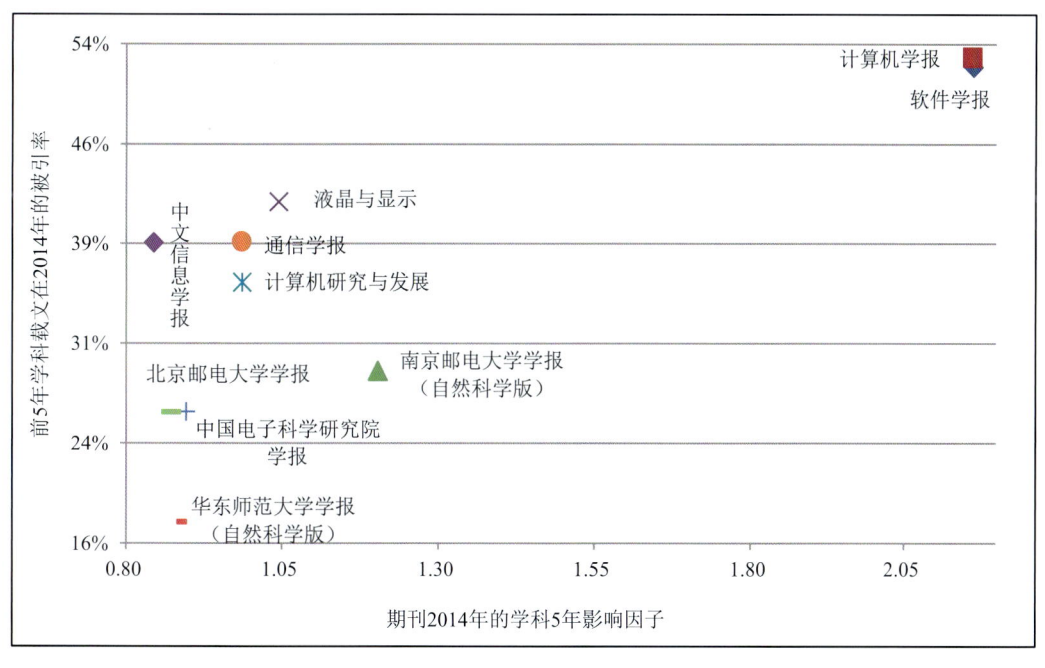

图 39-4 计算机技术学科高影响力期刊对比

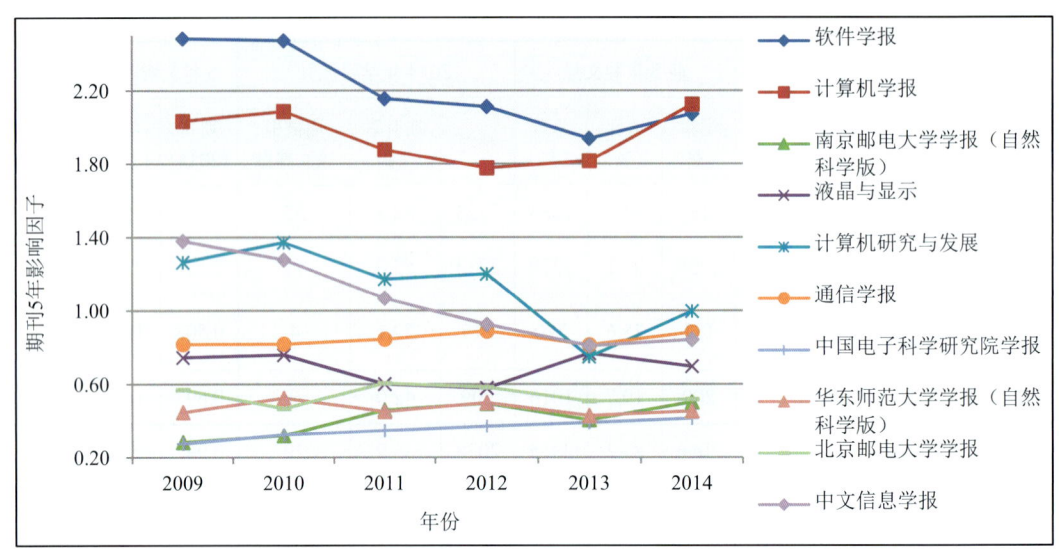

图 39-5　计算机技术学科期刊 5 年影响因子变动

39.4.2　学科高影响力期刊载文主题关联

通过期刊共被引分析，获得计算机技术学科高影响力期刊及与其他期刊之间的载文主题关联，如图 39-6 所示（共被引 92 次以下不显示）。结果显示，计算机技术学科的高影响力期刊相互链接较为紧密，部分主导了该学科的期刊共被引网络，显示出该学科高影响力期刊可能共同刊载了许多部分的研究主题，热点研究主题分散在多种期刊上。《计算机学报》的学科 5 年影响因子较高，显示出该刊在学科内学术影响力较大；《计算机学报》与《软件学报》、《计算机工程》与《计算机工程与应用》等期刊之间的链接较强，意味着它们之间可能分别有较多相同或相近的载文主题。

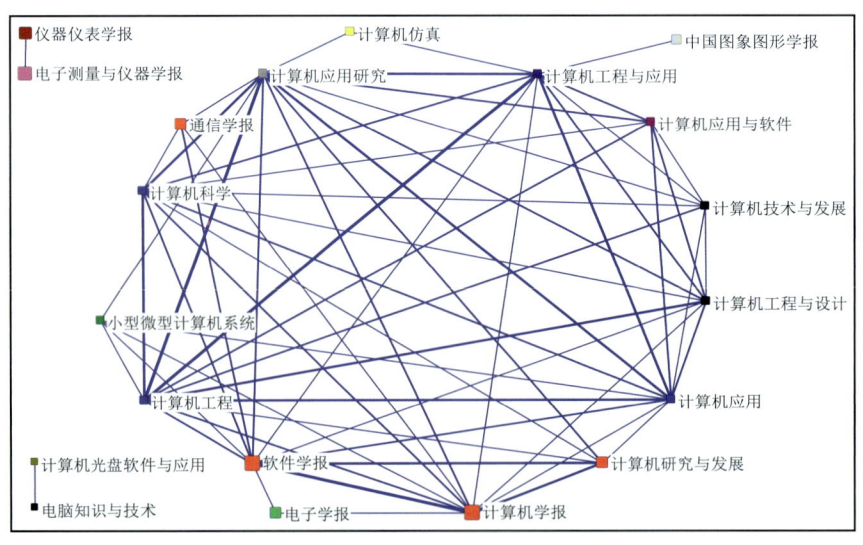

图 39-6　计算机技术学科高影响力期刊载文主题关联

39.5 高被引作者分析

39.5.1 高被引作者 TOP 20

2009—2013 年，在 313350 位计算机技术学科论文的第一作者中，在 2014 年学科被引频次位居前 20 位的学者的发文及被引情况见表 39-4。其中，学科发文总被引频次较高的 3 位作者分别是中国人民大学的孟小峰（300 次）、清华大学的陈康（192 次）和东南大学的罗军舟（174 次）。高被引作者的 5 年学科发文数量从 1 篇到 9 篇不等，同时，作者学科发文的期刊分布也在 1 种到 7 种之间变化。在发文超过 5 篇的所有作者中，篇均被引较高的 3 位作者分别是中国人民大学的覃雄派（篇均 20.80 次）、南京邮电大学的沈苏彬（篇均 18.20 次）和清华大学的林闯（篇均 14.38 次）；前 5 年发表学科论文较多的 3 位作者分别是沈阳工业大学的苑玮琦（78 篇）、燕山大学的胡正平（48 篇）和吉林电子信息职业技术学院的杨铭（40 篇）。高被引作者的学科发文量和被引量对比如图 39-7 所示。

表 39-4 计算机技术学科高被引作者 TOP 20

序号	姓名	作者单位	前 5 年发文			前 5 年学科发文在 2014 年的被引				h 指数（学科）
			学科发文（篇）	期刊分布（种）	发文总量（篇）	总频次	被引率（%）	最高（次）	篇均（次）	
1	孟小峰	中国人民大学	4	3	6	300	50.0	292	75.00	2
2	陈康	清华大学	3	3	5	192	100.0	190	64.00	2
3	罗军舟	东南大学	3	2	3	174	100.0	124	58.00	3
4	冯登国	中国科学院软件研究所	3	3	5	170	33.3	170	56.67	1
5	李国杰	中国科学院计算技术研究所	3	2	4	165	66.7	163	55.00	2
6	孙其博	北京邮电大学	1	1	1	130	100.0	130	130.00	1
7	王珊	中国人民大学	2	2	5	129	50.0	129	64.50	1
8	陈全	上海交通大学	2	2	2	123	100.0	119	61.50	2
9	林闯	清华大学	8	3	10	115	87.5	29	14.38	5
10	覃雄派	中国人民大学	5	4	5	104	60.0	79	20.80	2
11	沈苏彬	南京邮电大学	5	2	8	91	40.0	74	18.20	2
12	王保云	南京邮电大学	1	1	2	88	100.0	88	88.00	1
13	李乔	安徽工业大学	2	2	2	87	100.0	82	43.50	2
14	刘强	中国科学院计算技术研究所	1	1	1	85	100.0	85	85.00	1
15	邬贺铨	中国工程院	7	7	53	84	28.6	68	12.00	3
16	张建勋	北京理工大学	3	3	3	82	33.3	82	27.33	1

序号	姓名	作者单位	前5年发文			前5年学科发文在2014年的被引				h指数(学科)
			学科发文(篇)	期刊分布(种)	发文总量(篇)	总频次	被引率(%)	最高(次)	篇均(次)	
17	李伯虎	北京航空航天大学	3	1	4	79	100.0	32	26.33	4
18	许海玲	中国科学院计算机网络信息中心	1	1	1	68	100.0	68	68.00	1
18	王元卓	中国科学院计算技术研究所	3	2	2	68	66.7	59	22.67	2
20	彭宇	哈尔滨工业大学	9	5	16	60	100.0	31	6.67	4

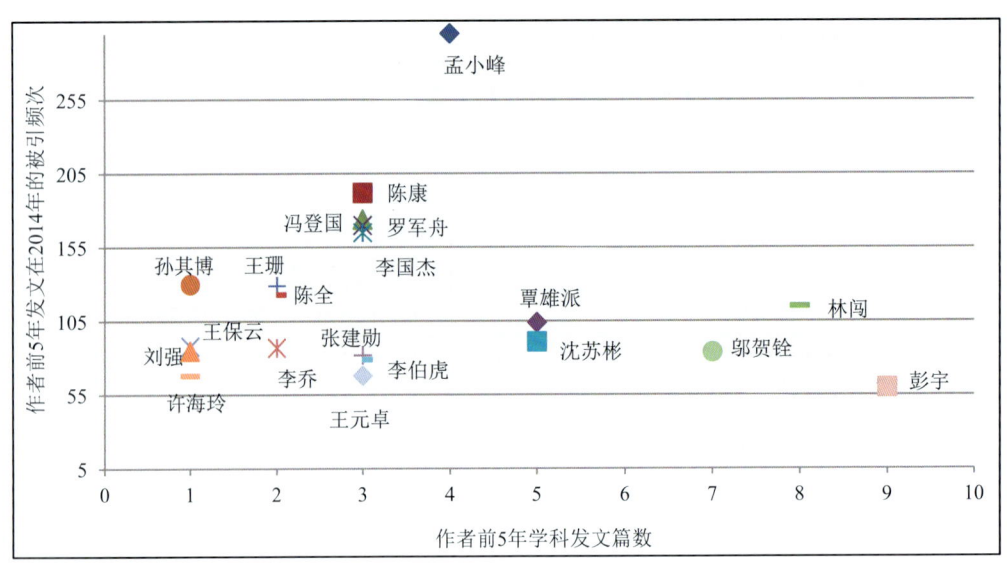

图 39-7　计算机技术学科高被引作者学科发文及被引对比

39.5.2　高被引作者科研合作关系

通过作者合著分析，获得 2014 年计算机技术学科高被引作者及与其他学者之间的科研论文合作关系（不考虑论文署名次序），如图 39-8 所示（合著 3 次以下不显示）。可以看出，计算机技术学科的高被引作者的论文合作现象比较普遍。学者林闯、彭宇的发文量较多；罗军舟、冯登国的论文合作网络最为突出，在该学科的研究人员中表现出一定的集聚效应；罗军舟与李伟、冯登国与苏璞睿等学者之间的合作关系最为紧密，显示出他们可能分别属于同一支科研团队。

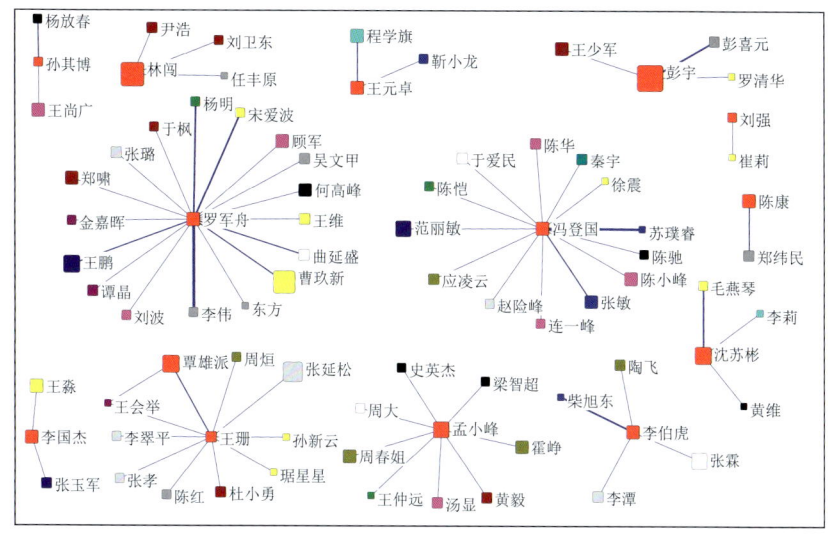

图 39-8　计算机技术学科高被引作者科研论文合作关系

39.5.3　高被引作者发文主题关联

通过作者共被引分析，获得 2014 年计算机技术学科高被引作者及与其他学者之间的发文主题关联（见图 39-9，共被引 4 次以下不显示）。如图 39-9 所示，计算机技术学科的高被引作者基本主导了作者共被引网络，显示出该学科在热点主题上已经形成了优势较为明显的科研力量。学者孟小峰、陈康和罗军舟的节点较大，显示出他们的学术成果在学科内得到较多关注；孟小峰与王珊、李国杰、覃雄派等学者之间的链接较强，意味着他们之间可能有较为相近的研究主题；以孟小峰、陈康、冯登国、罗军舟等学者为主要节点的共被引作者簇人数较多且网络规模较大，意味着这些学者的研究主题关联可能较为紧密。

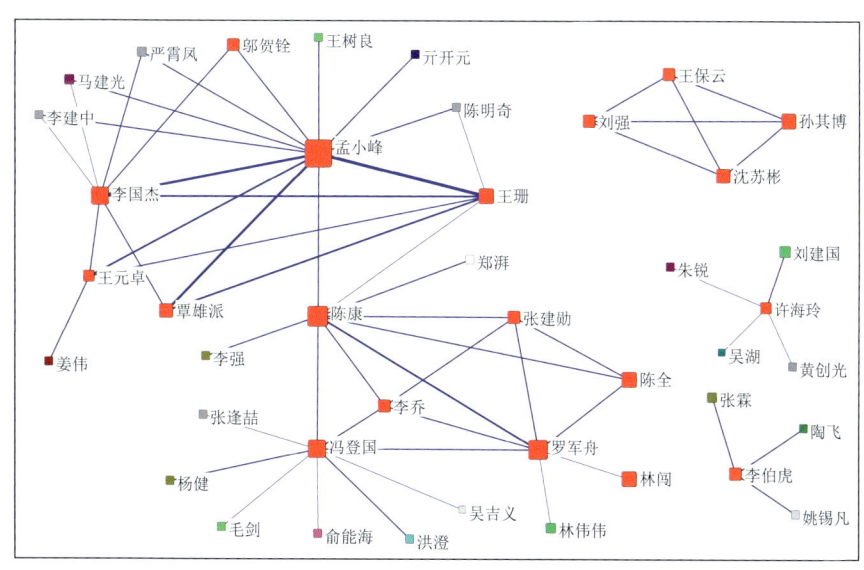

图 39-9　计算机技术学科高被引作者发文主题关联

39.6 高被引机构分析

39.6.1 高被引机构

为便于比较，本书将计算机技术学科的高被引机构分为高等院校和科研院所两种类型。其中，被引频次 TOP 10 高等院校和被引频次 TOP 5 科研院所的发文及被引情况分别见表 39-5 和表 39-6。其中，总被引频次较高的 3 所高等院校分别是国防科学技术大学、西北工业大学和清华大学，中国科学院计算技术研究所、中国科学院软件研究所和中国科学院长春光学精密机械与物理研究所是总被引频次较高的 3 所科研院所；前 5 年学科发文在 2014 年的被引率最高的高等院校和科研院所分别是重庆大学和中国科学院计算技术研究所，篇均被引最高的高等院校和科研院所分别是清华大学和中国科学院计算技术研究所。上述高被引机构的论文被引率和篇均被引频次对比如图 39-10 所示。

表 39-5 计算机技术学科高被引高等院校 TOP 10

序号	第一作者单位	学科发文量（篇）		前 5 年学科发文在 2014 年的被引			
		前 5 年	2014 年	频次	被引率(%)	最高(次)	篇均(次)
1	国防科学技术大学	4010	367	2045	26.3	46	0.51
2	西北工业大学	4129	421	1750	26.1	19	0.42
3	清华大学	1927	238	1652	29.0	190	0.86
4	北京航空航天大学	2137	229	1336	27.4	41	0.63
5	重庆大学	2383	161	1238	29.4	17	0.52
6	浙江大学	2024	224	1078	28.4	29	0.53
7	北京邮电大学	1484	238	1068	28.8	130	0.72
8	上海交通大学	2697	223	1051	20.7	119	0.39
9	哈尔滨工业大学	1664	212	1021	26.7	40	0.61
10	合肥工业大学	1829	260	1005	26.1	55	0.55

表 39-6 计算机技术学科高被引科研院所 TOP 5

序号	第一作者单位	学科发文量（篇）		前 5 年学科发文在 2014 年的被引			
		前 5 年	2014 年	频次	被引率(%)	最高(次)	篇均(次)
1	中国科学院计算技术研究所	715	98	1016	35.8	163	1.42
2	中国科学院软件研究所	658	76	629	31.2	170	0.96
3	中国科学院长春光学精密机械与物理研究所	730	154	608	33.2	16	0.83
4	中国科学院自动化研究所	251	30	165	35.5	6	0.66
5	中国科学院计算机网络信息中心	153	26	156	27.5	68	1.02

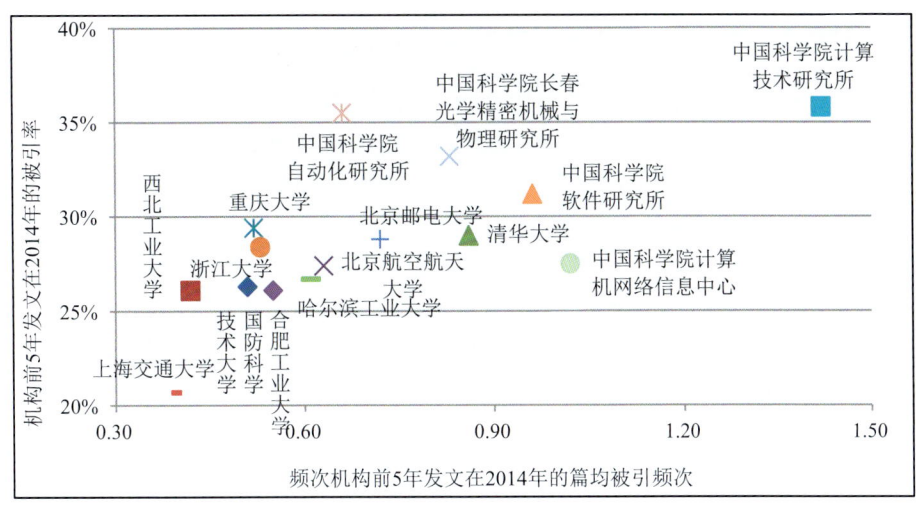

图 39-10　计算机技术学科高被引机构论文篇均被引及被引率对比

39.6.2　高被引机构科研合作关系

通过合著分析，获得计算机技术学科高被引机构之间及其与其他机构之间的科研合作关联，如图 39-11 所示（合作 48 次以下不显示）。分析得知，计算机技术学科的机构合作链接比较紧密，表明学科内机构合作现象非常普遍；高被引机构基本主导了机构合作网络，显示出这些机构已经在学科内具有了一定的科研优势；浙江大学与杭州电子科技大学、西安电子科技大学与北京电子科技学院等机构之间的链接较强，显示出它们的学术合作较为频繁。中国科学院计算技术研究所、北京邮电大学的篇均被引较高，说明它们的研究成果总体看来较为受业内学者的关注。

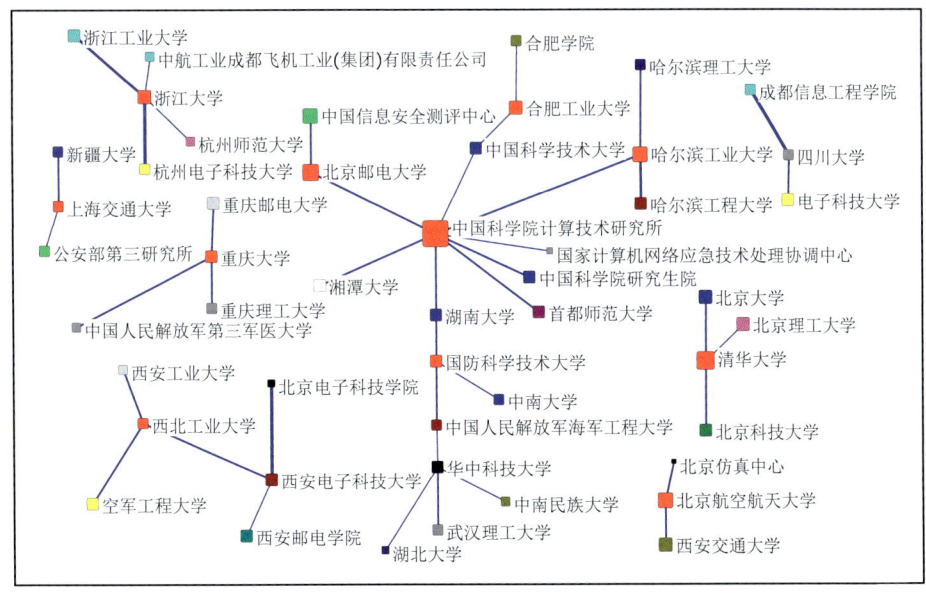

图 39-11　计算机技术学科高被引机构科研合作关联

39.7 高被引图书、国外期刊及学术会议

2014 年,计算机技术学科被引频次位居前 10 位的图书及国外期刊见表 39-7 和表 39-8。其中,被引次数较多的 3 种图书分别是孙利民的《无线传感器网络》、王珊的《数据库系统概论》和严蔚敏的《数据结构(C 语言版)》;被引次数较多的 3 种国外期刊分别是《IEEE Transactions on Pattern Analysis and Machine Intelligence》《IEEE Transactions on Image Processing》和《Pattern Recognition》;被引次数较多的 3 场学术会议分别是"Proceedings of IEEE Conference on Computer Vision and Pattern Recognition""IEEE Conference on Computer Vision and Pattern Recognition"和"Proceedings of IEEE Computer Society Conference on Computer Vision and Pattern Recognition"。

表 39-7 计算机技术学科高被引图书 TOP 10

序号	责任者	图书名称	出版社	2014 年被引频次
1	孙利民	无线传感器网络	清华大学出版社	149
2	王珊	数据库系统概论	高等教育出版社	137
3	严蔚敏	数据结构(C 语言版)	清华大学出版社	123
4	谢希仁	计算机网络	电子工业出版社	117
5	谭浩强	C 程序设计	清华大学出版社	115
6	刘鹏	云计算	电子工业出版社	109
7	冈萨雷斯	数字图像处理	电子工业出版社	77
8	张海藩	软件工程导论	清华大学出版社	57
9	汪小帆	复杂网络理论及其应用	清华大学出版社	48
10	杨丰盛	Android 应用开发揭秘	机械工业出版社	41

表 39-8 计算机技术学科高被引国外期刊 TOP 10

序号	期刊名称	2014 年被引频次
1	IEEE Transactions on Pattern Analysis and Machine Intelligence	4617
2	IEEE Transactions on Image Processing	2850
3	Pattern Recognition	1964
4	International Journal of Computer Vision	1579
5	Communications of the ACM	1349
6	ACM Transactions on Graphics	1287
7	IEEE Transactions on Information Theory	1218
8	Expert Systems With Applications	1054
9	Pattern Recognition Letters	1040
10	IEEE Transactions on Signal Processing	962

第 40 章 化学工业学科高被引分析

40.1 学科论文概况

2009—2013 年，化学工业学科共有 154509 位来自 34156 所机构的论文第一作者在 3663 种期刊上发表了 184388 篇学术论文。其中，80%以上的论文产出自 11493 所机构、120314 位作者，发表在 331 种期刊上。在前 5 年发表的这些论文中，有 38796 篇在 2014 年获得过引用，整体被引率为 21.0%，总被引频次为 57526 次，篇均被引 0.31 次；其中，高被引论文有 493 篇，单篇论文最高被引频次为 69 次，累计被引 3300 次，篇均被引 6.69 次（表 40-1）。另外，2014 年化学工业学科共发表论文 38627 篇，其中有 1193 篇在当年获得过引用，总共被引 1401 次。

表 40-1 化学工业学科论文分布情况

年份	论文篇数	2014 年被引频次	2014 年被引率（%）	2014 年高被引论文			
				论文篇数	最高被引频次	总被引频次	篇均被引频次
2009	29843	10108	22.5	74	42	555	7.50
2010	33808	11782	23.2	86	42	603	7.01
2011	41050	13142	21.2	96	50	711	7.41
2012	44229	12639	19.4	142	69	857	6.04
2013	35458	9855	19.7	95	46	574	6.04
合计	184388	57526	21.0	493	69	3300	6.69

从化学工业学科论文的地域分布来看，2014 年被引频次较高的 5 个省、直辖市或自治区依次是北京、江苏、广东、上海和山东（图 40-1）；5 年论文产出量较多的 5 个省、直辖市或自治区依次是江苏、北京、山东、广东和河南（图 40-2）。

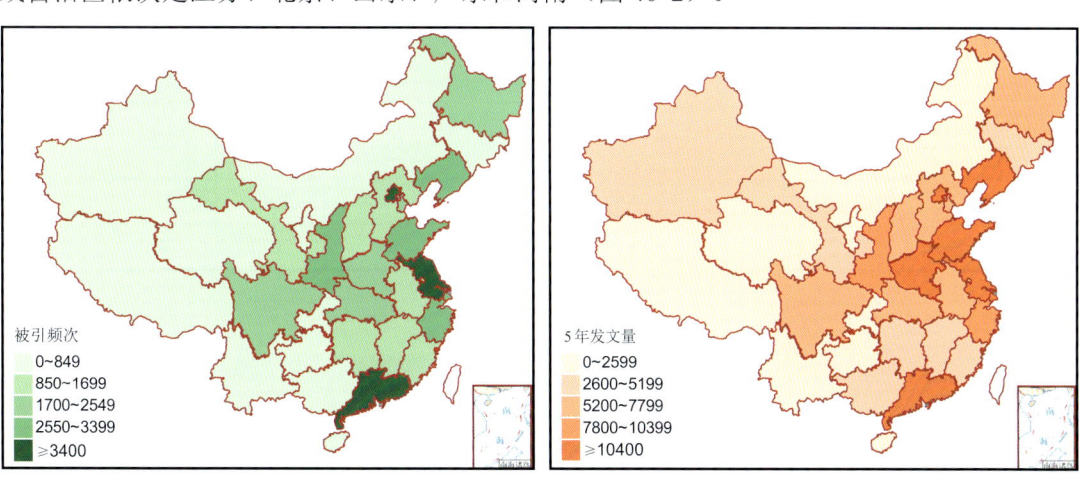

图 40-1　2014 年化学工业学科地区被引分布　　图 40-2　化学工业学科 5 年论文产出地区分布

40.2 高被引论文分析

在化学工业学科,2014 年被引频次位居前 10 位的论文(表 40-2)平均被引频次为 13.4 次,是全部 493 篇高被引论文篇均被引频次的 2.0 倍。其中,被引频次最高的论文是张军民于 2010 年发表的《低温煤焦油的综合利用》,随后 2 篇分别是韩明山于 2011 年发表的《化工机械设备的润滑管理和保养》和陈志新于 2009 年发表的《化工过程中节能降耗工艺设计》。

从论文分布来看,刊载高被引论文数量居前的 3 种期刊分别是《化工进展》(35 篇)、《化工学报》(23 篇)和《农药》(17 篇);发表高被引论文居前的 3 位学者分别是川化集团有限责任公司的汪家铭(3 篇)、上海纺织工业职工大学的陈荣圻(2 篇)和江西农业大学的刘光斌(2 篇);产出高被引论文数量居前的 3 所机构分别是华南理工大学(16 篇)、北京化工大学(16 篇)和南京工业大学(13 篇)。

表 40-2 化学工业学科高被引论文 TOP 10

序号	论文题名	第一作者	期刊名称	发表年份	被引频次 总频次	被引频次 2014 年
1	低温煤焦油的综合利用	张军民	煤炭转化	2010	48	17
2	化工机械设备的润滑管理和保养	韩明山	中国石油和化工标准与质量	2011	42	15
2	化工过程中节能降耗工艺设计	陈志新	化学工程与装备	2009	24	15
4	水稻秸秆生物炭对 Pb(Ⅱ)的吸附特性	安增莉	环境化学	2011	37	13
4	中国的铂族金属二次资源及其回收产业化实践	贺小塘	贵金属	2013	20	13
4	浅析化工机械设备管理及维修保养技术	邝东方	中国新技术新产品	2012	39	13
7	响应面分析法优化艾叶多糖提取工艺研究	刘军海	食品科学	2009	58	12
7	多糖的提取、分离纯化及分析鉴定方法研究	徐翠莲	河南科学	2009	32	12
7	中低温煤焦油加氢技术	张晓静	煤炭学报	2011	21	12
7	褐煤提质技术研究进展	屈进州	煤炭科学技术	2011	30	12

40.3 研究主题关联分析

在化学工业学科，高被引论文累计被 2014 年发表的 3968 篇论文引用了 3300 次。通过分析施引文献关键词的词频及关键词之间的共现关系，获得 2014 年化学工业学科的热点主题和主题关联，如图 40-3 所示（共现 5 次以下不显示）。由图 40-3 可知："复合材料""力学性能""吸附"等关键词的文档词频较高，是 2014 年学科的研究热点；以"复合材料""力学性能""聚丙烯"等关键词为主要节点的多个概念相互关联，构成了学科内最为突出的研究主题簇。

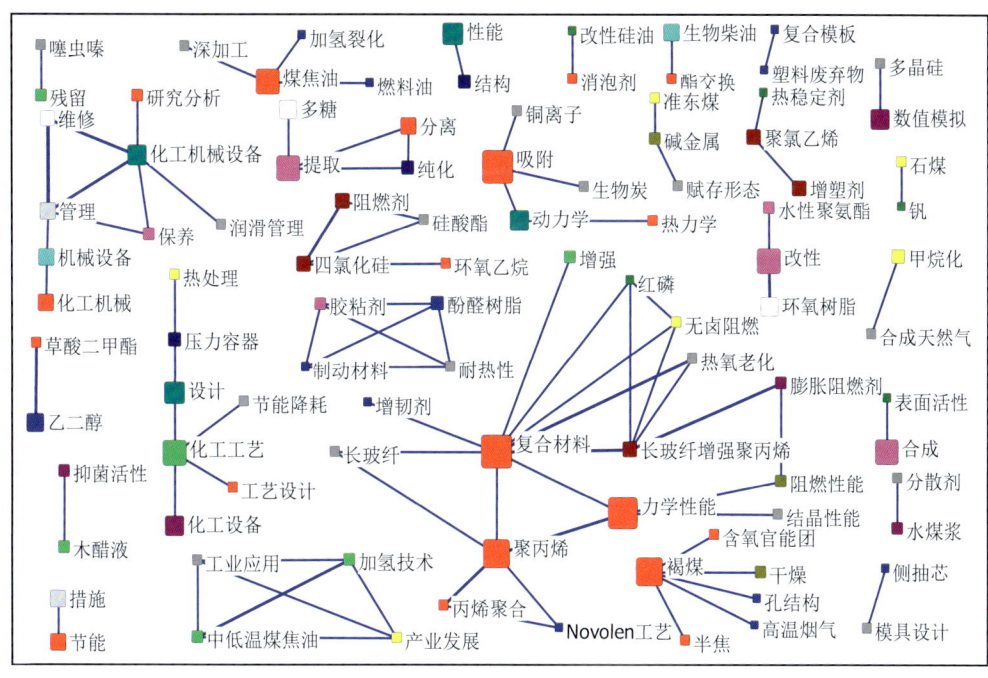

图 40-3　化学工业学科 2014 年热点主题关联

40.4 学科高影响力期刊分析

40.4.1 学科高影响力期刊 TOP 10

在化学工业学科，学科 5 年影响因子位居前 10 位的期刊见表 40-3，排在前 3 位的期刊分别是《燃料化学学报》《化工学报》和《煤炭转化》。在表 40-3 中，学科载文量占其总载文量比例最大的期刊是《林产化学与工业》；前 5 年学科载文在 2014 年被引率最高的期刊是《燃料化学学报》；期刊 5 年影响因子较高的前 3 种期刊分别是《燃料化学学报》《化工学报》和《煤炭转化》；学科 5 年影响因子与期刊 5 年影响因子差异最大的期刊是《硅酸盐通报》。表 40-3 中期刊的学科 5 年影响因子和前 5 年学科载文的 2014 年被引率对比如图 40-4 所示，2009—2014 年期刊 5 年影响因子的变动情况如图 40-5 所示。

表 40-3　化学工业学科高影响力期刊基本指数

序号	期刊名称	前 5 年载文量			2014 年学科被引			5 年影响因子		h 指数（学科）
		学科（篇）	占比（%）	总量（篇）	频次	被引率（%）	高被引论文篇数	期刊(2014)	学科(2014)	
1	燃料化学学报	381	34.2	1113	320	41.2	11	0.814	0.840	6
2	化工学报	1363	40.6	3357	975	39.6	23	0.730	0.715	7
3	煤炭转化	451	87.2	517	300	34.2	7	0.665	0.665	6
4	塑料	946	76.4	1239	596	36.4	15	0.645	0.630	6
5	生物质化学工程	423	93.4	453	265	36.2	4	0.598	0.626	4
6	林产化学与工业	879	99.9	880	549	36.4	10	0.625	0.625	5
7	高校化学工程学报	610	53.2	1146	369	39.0	5	0.599	0.605	5
8	硅酸盐通报	926	38.6	2400	547	32.6	11	0.637	0.591	6
8	化工进展	1684	46.4	3629	995	30.9	35	0.575	0.591	9
10	硅酸盐学报	687	33.2	2070	401	32.9	9	0.595	0.584	7

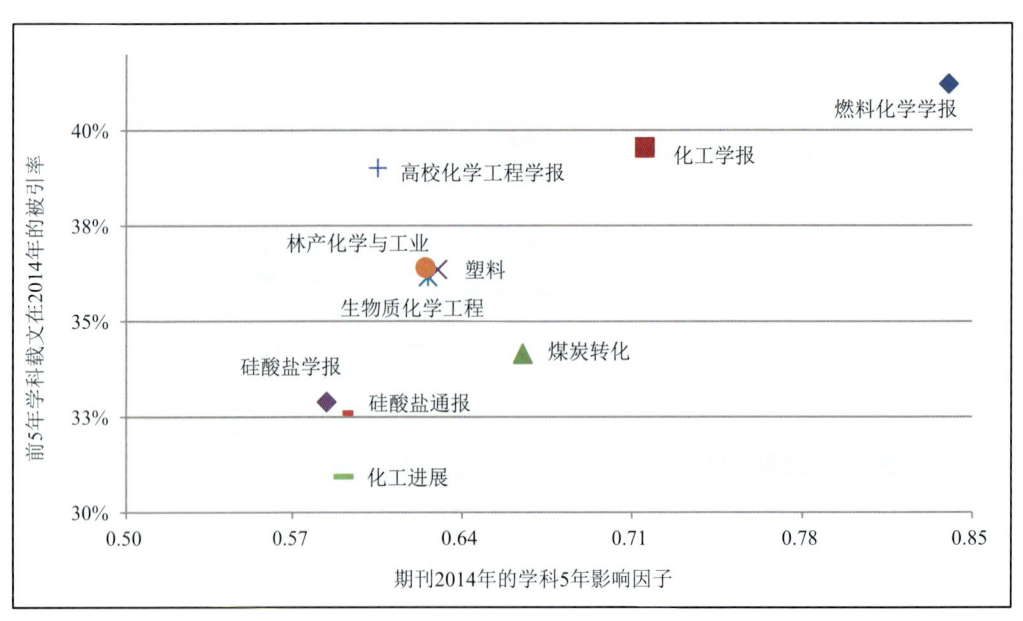

图 40-4　化学工业学科高影响力期刊对比

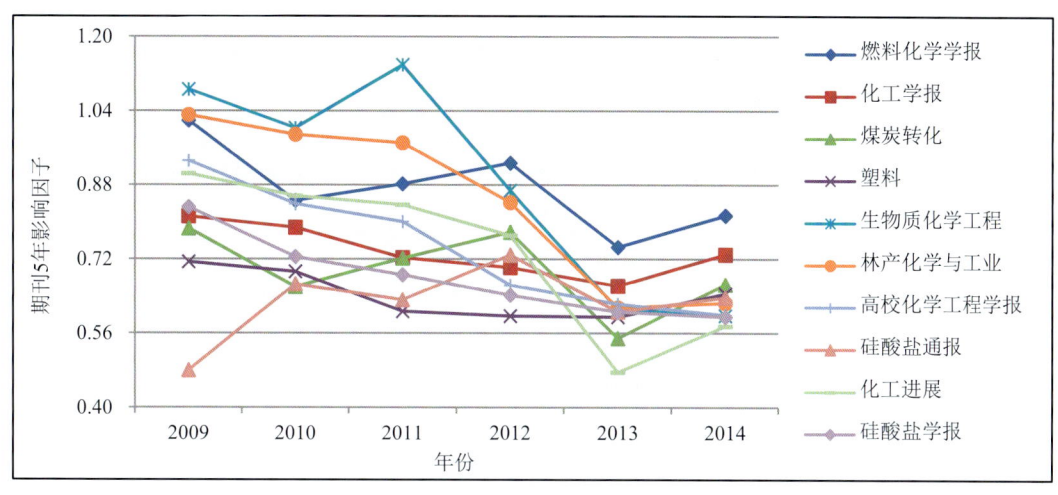

图 40-5 化学工业学科期刊 5 年影响因子变动

40.4.2 学科高影响力期刊载文主题关联

通过期刊共被引分析，获得化学工业学科高影响力期刊及与其他期刊之间的载文主题关联，如图 40-6 所示（共被引 25 次以下不显示）。结果显示，化学工业学科的高影响力期刊相互链接较为紧密，部分主导了该学科的期刊共被引网络，显示出该学科高影响力期刊可能共同刊载了部分相近的研究主题，热点研究主题分散在多种期刊上。《燃料化学学报》《化工学报》的学科 5 年影响因子较高，显示出它们在学科内学术影响力较大；《塑料工业》与《塑料》《塑料科技》《中国塑料》等期刊之间的链接较强，意味着它们之间可能有较多相同或相近的载文主题。

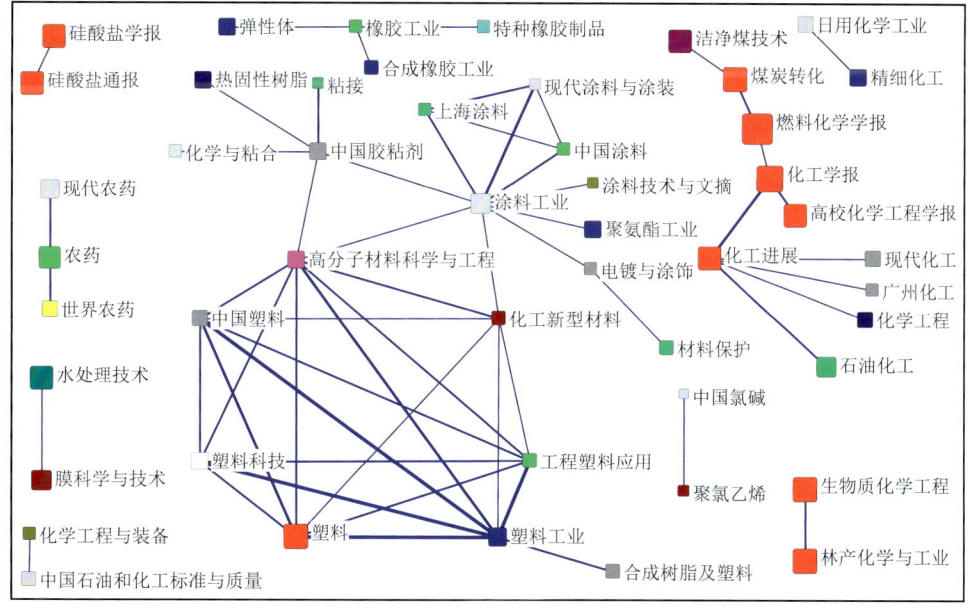

图 40-6 化学工业学科高影响力期刊载文主题关联

40.5 高被引作者分析

40.5.1 高被引作者 TOP 20

2009—2013年,在154509位化学工业学科论文的第一作者中,在2014年学科被引频次位居前20位的学者的发文及被引情况见表40-4。其中,学科发文总被引频次较高的3位作者分别是川化集团有限责任公司的汪家铭(68次)、中国石化北京燕山石化研究院的崔小明(42次)和上海纺织工业职工大学的陈荣圻(31次)。高被引作者的5年学科发文数量从1篇到110篇不等,同时,作者学科发文的期刊分布也在1种到23种之间变化。在发文超过5篇的所有作者中,篇均被引较高的3位作者分别是贵州大学的左晓玲(篇均2.88次)、中国科学院长春光学精密机械与物理研究所的王孝坤(篇均2.08次)和安徽理工大学的谭德新(篇均1.64次);前5年发表学科论文较多的3位作者分别是川化集团有限责任公司的汪家铭(110篇)、宁波市海达塑料机械有限公司的张友根(84篇)和上海纺织工业职工大学的陈荣圻(64篇)。高被引作者的学科发文量和被引量对比如图40-7所示。

表40-4 化学工业学科高被引作者 TOP 20

序号	姓名	作者单位	前5年发文			前5年学科发文在2014年的被引				h指数(学科)
			学科发文(篇)	期刊分布(种)	发文总量(篇)	总频次	被引率(%)	最高(次)	篇均(次)	
1	汪家铭	川化集团有限责任公司	110	23	156	68	33.6	9	0.62	3
2	崔小明	中国石化北京燕山石化研究院	50	15	50	42	44.0	9	0.84	3
3	陈荣圻	上海纺织工业职工大学	64	3	64	31	26.6	5	0.48	3
4	华乃震	深圳诺普信农化股份有限公司	32	3	31	29	46.9	4	0.91	3
5	王孝坤	中国科学院长春光学精密机械与物理研究所	12	7	19	25	75.0	6	2.08	3
6	左晓玲	贵州大学	8	5	8	23	75.0	7	2.88	3
6	谭德新	安徽理工大学	14	6	22	23	71.4	3	1.64	3
8	李玉芳	北京江宁化工技术研究所	44	12	45	22	25.0	6	0.50	3
9	李群生	北京化工大学	44	8	52	21	38.6	3	0.48	2
9	徐妍	中国农业大学	13	4	15	21	69.2	6	1.62	3
11	张光华	陕西科技大学	30	15	52	20	40.0	3	0.67	3
11	施惠生	同济大学	20	7	37	20	55.0	5	1.00	3
11	刘成楼	北京虹霞正升涂料有限责任公司	22	5	23	20	50.0	3	0.91	2
11	康永	陕西金泰氯碱化工有限公司	54	23	94	20	25.9	3	0.37	2

序号	姓名	作者单位	前5年发文			前5年学科发文在2014年的被引				h指数（学科）
			学科发文（篇）	期刊分布（种）	发文总量（篇）	总频次	被引率（%）	最高（次）	篇均（次）	
15	杜新胜	中国石油兰州石化公司研究院	20	6	23	19	55.0	4	0.95	2
15	张敏	陕西科技大学	34	11	61	19	29.4	4	0.56	3
17	赵卫东	浙江大学	2	2	2	18	100.0	11	9.00	2
18	张友根	宁波市海达塑料机械有限公司	84	10	84	17	16.7	3	0.20	2
18	张军民	陕西煤化工技术工程中心有限公司	1	1	1	17	100.0	17	17.00	1
18	吴茂英	广东工业大学	15	7	19	17	60.0	6	1.13	2
18	徐继红	安徽理工大学	12	6	15	17	58.3	4	1.42	3
18	高长明	中国水泥协会	27	5	36	17	44.4	4	0.63	2
18	郭建华	华南理工大学	26	8	28	17	38.5	4	0.65	3

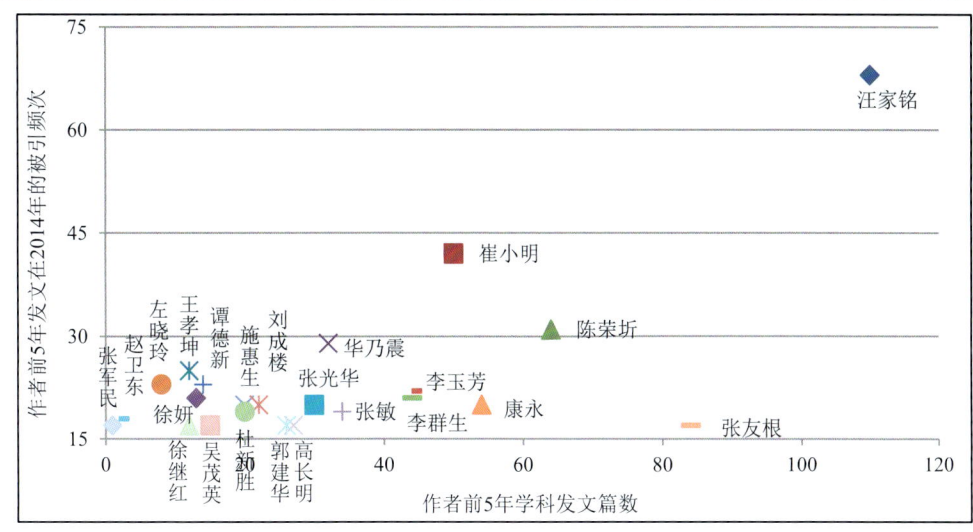

图 40-7　化学工业学科高被引作者学科发文及被引对比

40.5.2　高被引作者科研合作关系

通过作者合著分析，获得 2014 年化学工业学科高被引作者及与其他学者之间的科研论文合作关系（不考虑论文署名次序），如图 40-8 所示（合著 4 次以下不显示）。可以看出，化学工业学科的高被引作者的论文合作现象比较普遍。学者李玉芳、康永和李群生的发文量较多；张光华的论文合作网络最为突出，在该学科的研究人员中表现出一定的集聚效应；郭建华与曾幸荣、施惠生与郭晓潞等学者之间的合作关系最为紧密，显示出他们可能分别属于同一支科研团队。

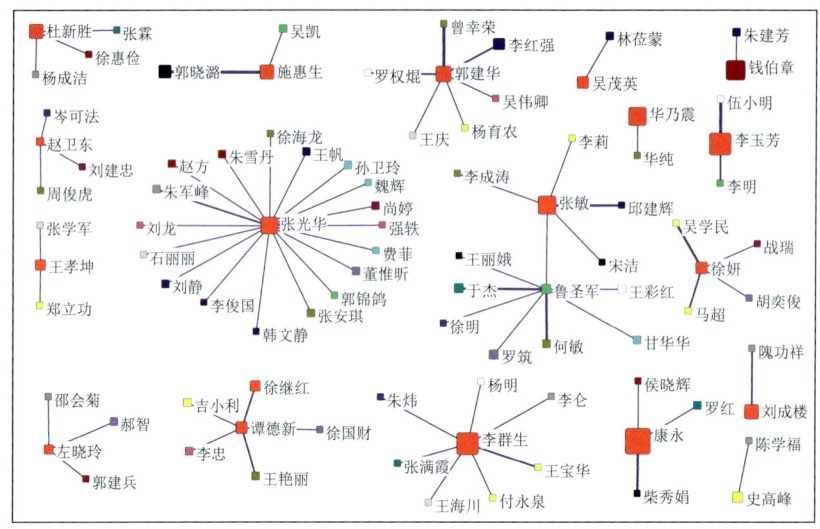

图 40-8　化学工业学科高被引作者科研论文合作关系

40.5.3　高被引作者发文主题关联

通过作者共被引分析，获得 2014 年化学工业学科高被引作者及与其他学者之间的发文主题关联（见图 40-9，共被引 2 次以下不显示）。如图 40-9 所示，化学工业学科的高被引作者基本主导了作者共被引网络，显示出该学科在热点主题上已经形成了优势较为明显的科研力量。学者陈荣圻的节点较大，显示出其学术成果在学科内得到较多关注；左晓玲与罗兴、张军民与赵俊学等学者之间的链接较强，意味着他们之间可能分别有较为相近的研究主题；以张军民、赵卫东等学者为主要节点的共被引作者簇初具规模，意味着这些学者的研究主题可能有一定关联。

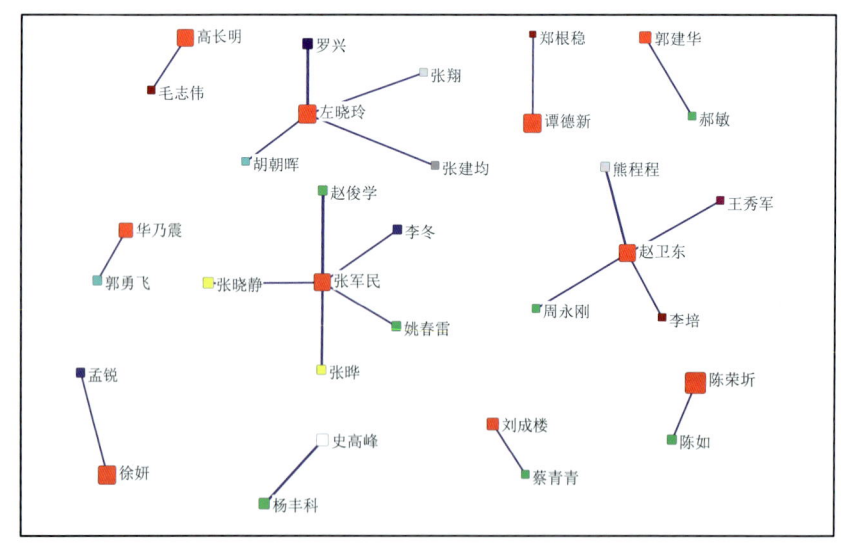

图 40-9　化学工业学科高被引作者发文主题关联

40.6 高被引机构分析

40.6.1 高被引机构

为便于比较，本书将化学工业学科的高被引机构分为高等院校和科研院所两种类型。其中，被引频次 TOP 10 高等院校和被引频次 TOP 5 科研院所的发文及被引情况分别见表 40-5 和表 40-6。其中，总被引频次较高的 3 所高等院校分别是华南理工大学、北京化工大学和华东理工大学，中国林业科学研究院林产化学工业研究所、中国科学院山西煤炭化学研究所和中国石油化工股份有限公司北京化工研究院是总被引频次较高的 3 所科研院所；前 5 年学科发文在 2014 年的被引率最高的高等院校和科研院所分别是陕西科技大学和煤炭科学研究总院北京煤化工研究分院，篇均被引最高的高等院校和科研院所分别是陕西科技大学和煤炭科学研究总院北京煤化工研究分院。上述高被引机构的论文被引率和篇均被引频次对比如图 40-10 所示。

表 40-5　化学工业学科高被引高等院校 TOP 10

序号	第一作者单位	学科发文量（篇）		前 5 年学科发文在 2014 年的被引			
		前 5 年	2014 年	频次	被引率(%)	最高（次）	篇均（次）
1	华南理工大学	2407	291	1099	29.3	9	0.46
2	北京化工大学	2265	370	950	27.8	7	0.42
3	华东理工大学	1880	243	783	27.0	11	0.42
4	南京工业大学	1740	249	743	27.2	9	0.43
5	四川大学	1733	277	643	25.2	9	0.37
6	陕西科技大学	1182	157	590	31.6	8	0.50
7	青岛科技大学	2179	402	578	18.0	8	0.27
8	浙江大学	1105	173	525	27.6	11	0.48
9	江南大学	1045	196	409	27.0	7	0.39
10	东华大学	1224	184	397	22.6	10	0.32

表 40-6　化学工业学科高被引科研院所 TOP 5

序号	第一作者单位	学科发文量（篇）		前 5 年学科发文在 2014 年的被引			
		前 5 年	2014 年	频次	被引率(%)	最高（次）	篇均（次）
1	中国林业科学研究院林产化学工业研究所	640	125	387	33.4	9	0.60
2	中国科学院山西煤炭化学研究所	302	39	191	32.8	10	0.63
3	中国石油化工股份有限公司北京化工研究院	317	68	152	26.8	7	0.48
4	中国科学院过程工程研究所	227	32	133	31.7	5	0.59
4	煤炭科学研究总院北京煤化工研究分院	168	19	133	35.7	12	0.79

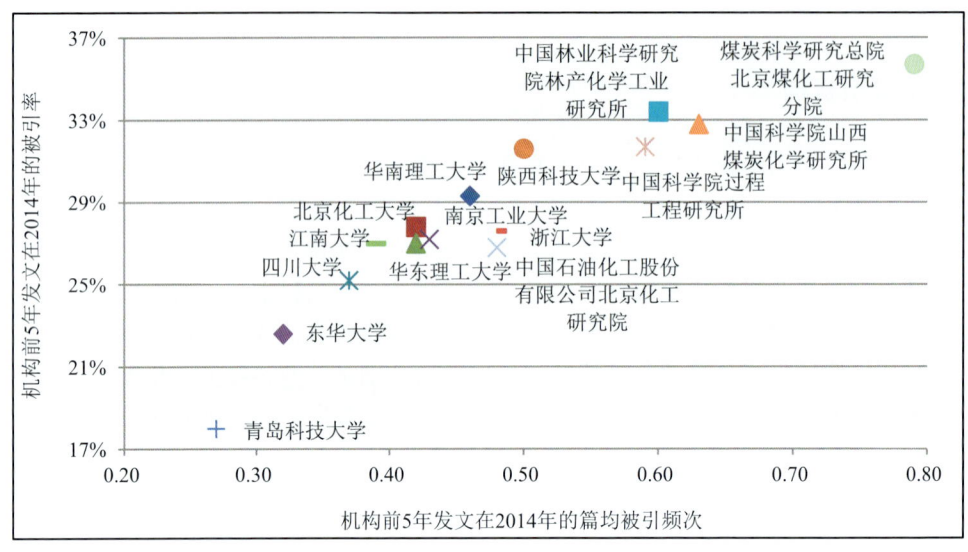

图 40-10　化学工业学科高被引机构论文篇均被引及被引率对比

40.6.2　高被引机构科研合作关系

通过合著分析，获得化学工业学科高被引机构之间及其与其他机构之间的科研合作关联，如图 40-11 所示（合作 63 次以下不显示）。分析得知，化学工业学科的机构合作链接比较紧密，表明学科内机构合作现象非常普遍；高被引机构基本主导了机构合作网络，显示出这些机构已经在学科内具有了一定的科研优势；国家复合改性聚合物材料工程技术研究中心与贵州大学等机构之间的链接较强，显示出它们的学术合作较为频繁。中国科学院过程工程研究所、中国林业科学研究院林产化学工业研究所的篇均被引较高，说明它们的研究成果总体看来较为受业内学者的关注。

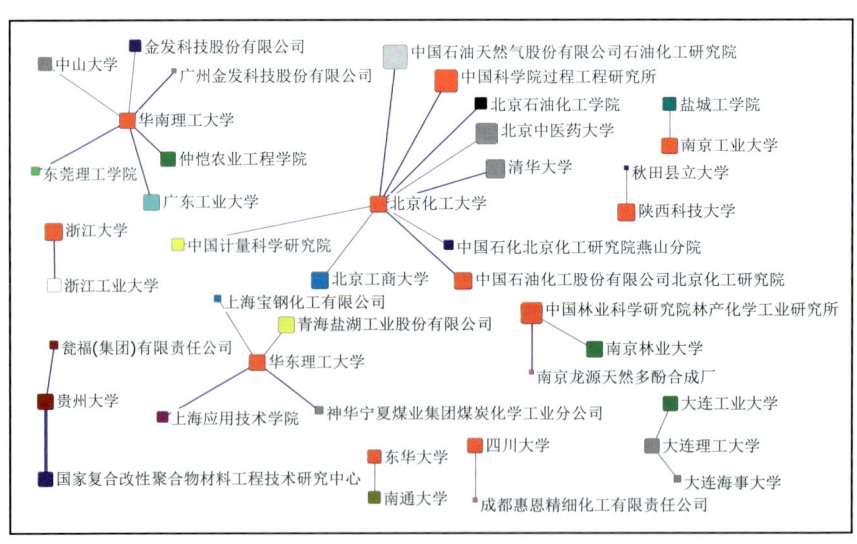

图 40-11　化学工业学科高被引机构科研合作关联

40.7 高被引图书、国外期刊及学术会议

2014 年，化学工业学科被引频次位居前 10 位的图书及国外期刊见表 40-7 和表 40-8。其中，被引次数较多的 3 种图书分别是幸松民的《有机硅合成工艺及产品应用》、何曼君的《高分子物理》和成大先的《机械设计手册》；被引次数较多的 3 种国外期刊分别是《Journal of Applied Polymer Science》《Polymer》和《Industrial & Engineering Chemistry Research》；被引次数较多的 3 场学术会议分别是"ACS symposium Series""SPE Annual Technical Conference and Exhibition"和"NPRA Annual Meeting"。

表 40-7 化学工业学科高被引图书 TOP 10

序号	责任者	图书名称	出版社	2014 年被引频次
1	幸松民	有机硅合成工艺及产品应用	化学工业出版社	58
2	何曼君	高分子物理	复旦大学出版社	57
3	成大先	机械设计手册	化学工业出版社	53
3	潘祖仁	高分子化学	化学工业出版社	53
5	程殿彬	离子膜法制碱生产技术	化学工业出版社	38
6	孙曼灵	环氧树脂应用原理与技术	机械工业出版社	36
7	贺永德	现代煤化工技术手册	化学工业出版社	35
8	胡荣祖	热分析动力学	科学出版社	34
9	曹同玉	聚合物乳液合成原理性能及应用	化学工业出版社	33
10	周本省	工业水处理技术	化学工业出版社	32

表 40-8 化学工业学科高被引国外期刊 TOP 10

序号	期刊名称	2014 年被引频次
1	Journal of Applied Polymer Science	3222
2	Polymer	2380
3	Industrial & Engineering Chemistry Research	2187
4	Journal of the American Chemical Society	2091
5	Journal of Membrane Science	1906
6	Macromolecules	1722
7	Fuel	1604
8	Applied Catalysis A: General	1460
9	Chemical engineering science	1408
10	Journal of Catalysis	1376

第 41 章 轻工业、手工业学科高被引分析

41.1 学科论文概况

2009—2013 年，轻工业、手工业学科共有 121588 位来自 27563 所机构的论文第一作者在 3780 种期刊上发表了 183583 篇学术论文。其中，80%以上的论文产出自 27563 所机构、100602 位作者，发表在 259 种期刊上。在前 5 年发表的这些论文中，有 38884 篇在 2014 年获得过引用，整体被引率为 21.2%，总被引频次为 63371 次，篇均被引 0.35 次；其中，高被引论文有 605 篇，单篇论文最高被引频次为 72 次，累计被引 4305 次，篇均被引 7.12 次（表 41-1）。另外，2014 年轻工业、手工业学科共发表论文 32303 篇，其中有 1268 篇在当年获得过引用，总共被引 1491 次。

表 41-1 轻工业、手工业学科论文分布情况

年份	论文篇数	2014 年被引频次	2014 年被引率（%）	2014 年高被引论文			
				论文篇数	最高被引频次	总被引频次	篇均被引频次
2009	23791	10745	27.0	111	59	891	8.03
2010	27909	12828	27.3	119	72	926	7.78
2011	44613	13769	18.7	128	66	910	7.11
2012	54128	14925	16.9	111	66	797	7.18
2013	33142	11104	22.3	136	54	781	5.74
合计	183583	63371	21.2	605	72	4305	7.12

从轻工业、手工业学科论文的地域分布来看，2014 年被引频次较高的 5 个省、直辖市或自治区依次是江苏、广东、北京、浙江和河南（图 41-1）；5 年论文产出量较多的 5 个省、直辖市或自治区依次是江苏、广东、北京、河南和浙江（图 41-2）。

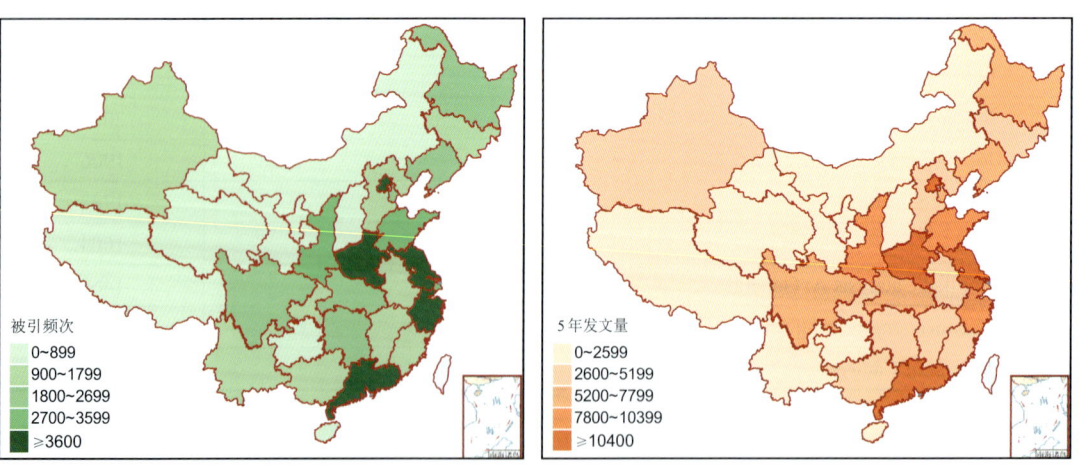

图 41-1 2014 年轻工业、手工业学科地区被引分布　图 41-2 轻工业、手工业学科 5 年论文产出地区分布

41.2 高被引论文分析

在轻工业、手工业学科，2014 年被引频次位居前 10 位的论文（表 41-2）平均被引频次为 19.4 次，是全部 605 篇高被引论文篇均被引频次的 2.7 倍。其中，被引频次最高的论文是孙建霞于 2009 年发表的《花色苷的结构稳定性与降解机制研究进展》和谢剑平于 2009 年发表的《卷烟烟气危害性指数研究》，随后 2 篇分别是吴惠玲于 2010 年发表的《影响美拉德反应的几种因素研究》和易军鹏于 2009 年发表的《牡丹籽油超声波辅助提取工艺的响应面法优化》。

从论文分布来看，刊载高被引论文数量居前的 3 种期刊分别是《食品科学》（109 篇）、《食品工业科技》（31 篇）和《食品与机械》（22 篇）；发表高被引论文居前的 3 位学者分别是湖南农业大学的邓小华（3 篇）、中国农业科学院烟草研究所的杜咏梅（2 篇）和合肥工业大学的姜绍通（2 篇）；产出高被引论文数量居前的 3 所机构分别是江南大学（16 篇）、中国农业大学（14 篇）和上海海洋大学（11 篇）。

表 41-2　轻工业、手工业学科高被引论文 TOP 10

序号	论文题名	第一作者	期刊名称	发表年份	被引频次 总频次	被引频次 2014 年
1	花色苷的结构稳定性与降解机制研究进展	孙建霞	中国农业科学	2009	76	31
1	卷烟烟气危害性指数研究	谢剑平	烟草科技	2009	132	31
3	影响美拉德反应的几种因素研究	吴惠玲	现代食品科技	2010	51	19
4	牡丹籽油超声波辅助提取工艺的响应面法优化	易军鹏	农业机械学报	2009	57	18
5	水产品鲜度品质评价方法研究进展	励建荣	北京工商大学学报（自然科学版）	2010	32	17
6	邻苯三酚自氧化法测定抗氧化活性的方法研究	韩少华	中国酿造	2009	71	16
6	顶空固相微萃取-气相色谱-质谱联用法分析黄茶香气成分	刘晓慧	食品科学	2010	53	16
6	不同生态尺度烟区烤烟香型风格的初步研究	李章海	中国烟草科学	2009	44	16
9	牡丹籽油的理化指标和脂肪酸成分分析	周海梅	中国油脂	2009	37	15
9	地沟油检测技术的发展与研究	曹文明	粮食科技与经济	2011	52	15

41.3 研究主题关联分析

在轻工业、手工业学科，高被引论文累计被 2014 年发表的 3297 篇论文引用了 4305 次。通过分析施引文献关键词的词频及关键词之间的共现关系，获得 2014 年轻工业、手工业学科的热点主题和主题关联，如图 41-3 所示（共现 6 次以下不显示）。由图 41-3 可知："烤烟""品质""响应面法"等关键词的文档词频较高，是 2014 年学科的研究热点；以"烤烟""香气成分"等关键词为主要节点的多个概念相互关联，构成了学科内最为突出的研究主题簇。

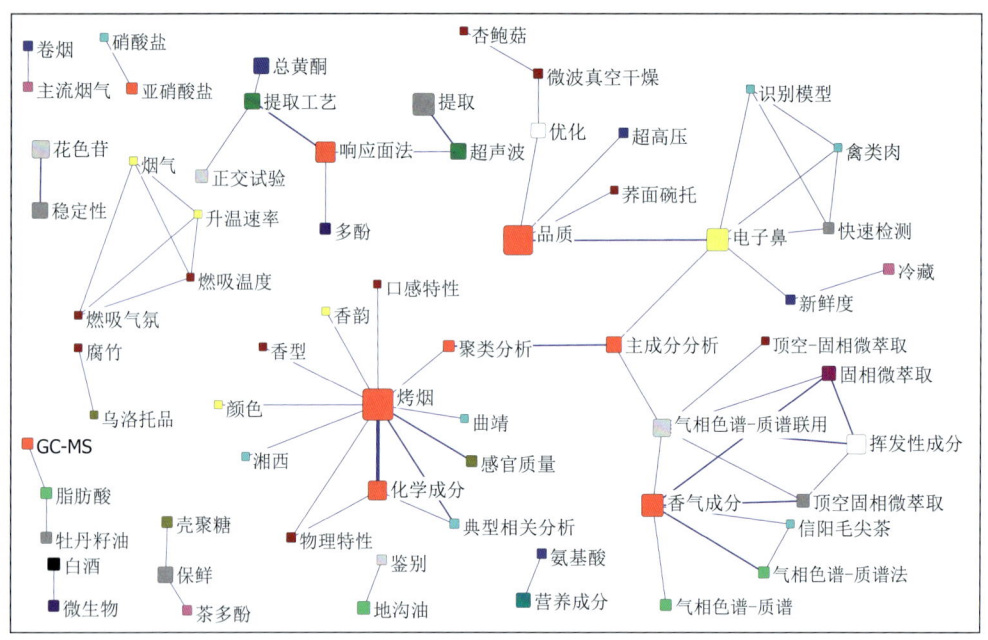

图 41-3　轻工业、手工业学科 2014 年热点主题关联

41.4　学科高影响力期刊分析

41.4.1　学科高影响力期刊 TOP 10

在轻工业、手工业学科，学科 5 年影响因子位居前 10 位的期刊见表 41-3，排在前 3 位的期刊分别是《茶叶科学》《食品科学》和《中国烟草学报》。在表 41-3 中，学科载文量占其总载文量比例最大的期刊是《现代食品科技》；前 5 年学科载文在 2014 年被引率最高的期刊是《茶叶科学》；期刊 5 年影响因子较高的前 3 种期刊分别是《茶叶科学》《中国烟草学报》和《食品科学》；学科 5 年影响因子与期刊 5 年影响因子差异最大的期刊是《中国烟草学报》。表 41-3 中期刊的学科 5 年影响因子和前 5 年学科载文的 2014 年被引率对比如图 41-4 所示，2009—2014 年期刊 5 年影响因子的变动情况如图 41-5 所示。

表 41-3　轻工业、手工业学科高影响力期刊基本指数

序号	期刊名称	前 5 年载文量			2014 年学科被引			5 年影响因子		h 指数（学科）
		学科（篇）	占比（%）	总量（篇）	频次	被引率（%）	高被引论文篇数	期刊（2014）	学科（2014）	
1	茶叶科学	255	52.5	486	298	51.4	3	1.093	1.169	6
2	食品科学	6760	63.0	10723	6408	46.4	109	0.937	0.948	11
3	中国烟草学报	336	47.5	707	292	39.9	7	1.017	0.869	8
4	中国粮油学报	1139	58.2	1958	977	42.1	15	0.835	0.858	7
5	烟草科技	931	75.2	1238	760	41.0	12	0.866	0.816	8
6	食品与机械	1707	80.9	2110	1366	41.2	22	0.789	0.800	7
7	中国食品学报	1571	81.7	1922	1235	40.0	15	0.805	0.786	7
8	包装与食品机械	467	71.1	657	330	36.8	6	0.683	0.707	6
9	中国油脂	1170	72.0	1625	813	37.0	11	0.706	0.695	7
10	现代食品科技	2386	82.7	2885	1541	37.2	16	0.648	0.646	7

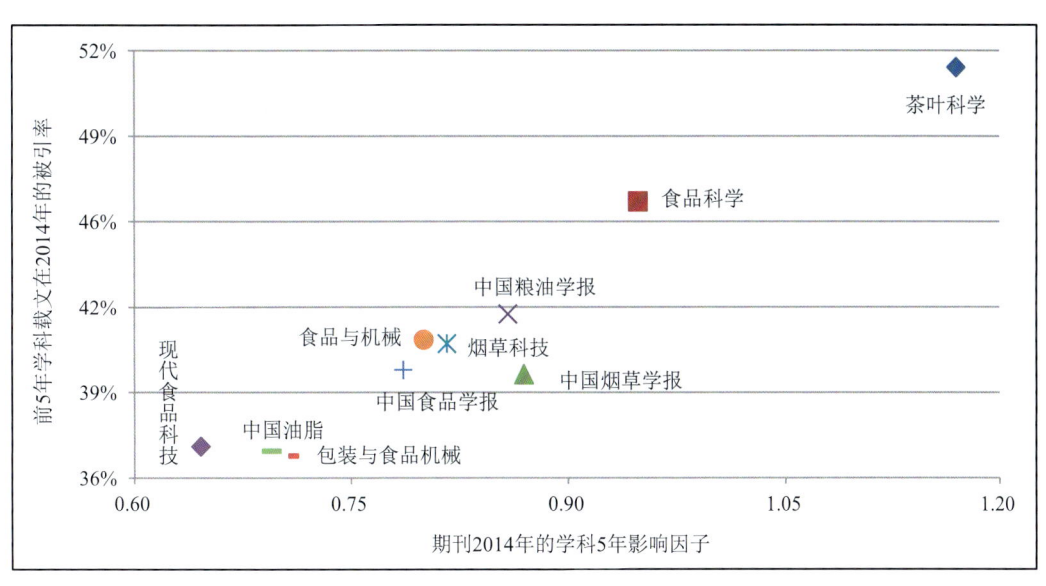

图 41-4　轻工业、手工业学科高影响力期刊对比

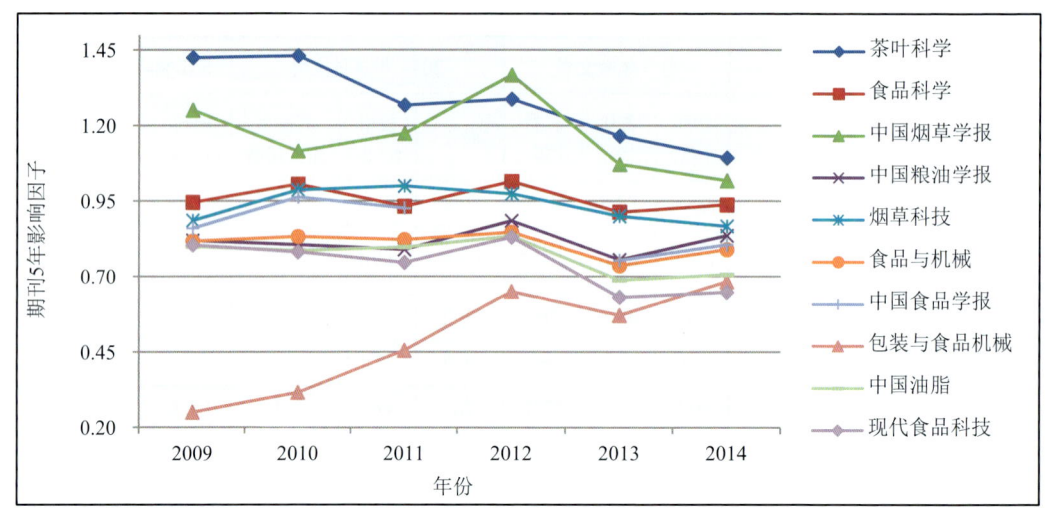

图 41-5　轻工业、手工业学科期刊 5 年影响因子变动

41.4.2　学科高影响力期刊载文主题关联

通过期刊共被引分析,获得轻工业、手工业学科高影响力期刊及与其他期刊之间的载文主题关联,如图 41-6 所示(共被引 86 次以下不显示)。结果显示,轻工业、手工业学科的高影响力期刊相互链接较为紧密,基本主导了该学科的期刊共被引网络,显示出该学科高影响力期刊可能共同刊载了许多相近的研究主题,热点研究主题分散在多种期刊上。《食品科学》的学科 5 年影响因子较高,显示出该刊在学科内学术影响力较大;《食品科学》与《食品工业科技》等期刊之间的链接较强,意味着它们之间可能有较多相同或相近的载文主题。

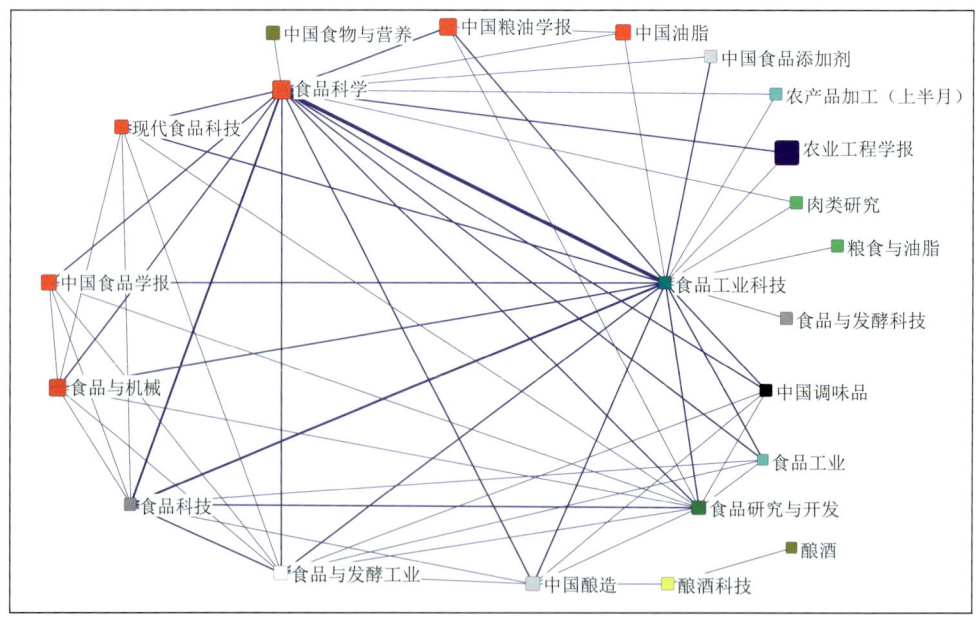

图 41-6　轻工业、手工业学科高影响力期刊载文主题关联

41.5 高被引作者分析

41.5.1 高被引作者 TOP 20

2009—2013 年，在 121588 位轻工业、手工业学科论文的第一作者中，在 2014 年学科被引频次位居前 20 位的学者的发文及被引情况见表 41-4。其中，学科发文总被引频次较高的 3 位作者分别是江南大学的范文来（44 次）、黄山学院的赵秀玲（40 次）和河南工业大学的张玉荣（38 次）。高被引作者的 5 年学科发文数量从 1 篇到 53 篇不等，同时，作者学科发文的期刊分布也在 1 种到 14 种之间变化。在发文超过 5 篇的所有作者中，篇均被引较高的 3 位作者分别是浙江工商大学的励建荣（篇均 6.00 次）、湖南农业大学的邓小华（篇均 4.71 次）和四川省食品发酵工业研究设计院的陈功（篇均 3.86 次）；前 5 年发表学科论文较多的 3 位作者分别是莆田市鸿立印刷包装有限公司的康启来（122 篇）、中原工学院的赵博（71 篇）和中国郑州粮食批发市场的刘正敏（59 篇）。高被引作者的学科发文量和被引量对比如图 41-7 所示。

表 41-4 轻工业、手工业学科高被引作者 TOP 20

序号	姓名	作者单位	前 5 年发文			前 5 年学科发文在 2014 年的被引				h 指数（学科）
			学科发文（篇）	期刊分布（种）	发文总量（篇）	总频次	被引率（%）	最高（次）	篇均（次）	
1	范文来	江南大学	18	7	18	44	77.8	10	2.44	4
2	赵秀玲	黄山学院	30	9	37	40	50.0	7	1.33	4
3	张玉荣	河南工业大学	37	7	44	38	54.1	4	1.03	3
4	孙建霞	中国农业大学	2	2	2	37	100.0	31	18.50	2
5	姜松	江苏大学	24	9	30	36	79.2	4	1.50	3
6	毕金峰	中国农业科学院农产品加工研究所	12	8	14	35	91.7	6	2.92	4
7	李超	徐州工程学院	53	14	66	33	35.9	4	0.62	3
7	邓小华	湖南农业大学	7	4	38	33	57.1	14	4.71	7
7	魏永义	漯河医学高等专科学校	39	8	42	33	38.5	10	0.85	3
7	顾赛麒	上海海洋大学	13	6	16	33	76.9	6	2.54	4
11	易军鹏	江苏大学	4	3	5	32	100.0	18	8.00	4
12	谢剑平	中国烟草总公司郑州烟草研究院	1	1	1	31	100.0	31	31.00	1
12	刘玉兰	河南工业大学	30	9	35	31	63.3	4	1.03	3
12	董庆利	上海理工大学	28	10	36	31	53.6	4	1.11	3
15	李新华	沈阳农业大学	38	11	46	30	42.1	5	0.79	3

序号	姓名	作者单位	前5年发文			前5年学科发文在2014年的被引				h指数（学科）
			学科发文（篇）	期刊分布（种）	发文总量（篇）	总频次	被引率（%）	最高（次）	篇均（次）	
15	励建荣	浙江工商大学	5	3	10	30	80.0	17	6.00	4
15	姜绍通	合肥工业大学	19	7	35	30	57.9	8	1.58	3
18	刘元军	西安工程大学	20	6	23	28	65.0	5	1.40	3
19	刘安军	天津科技大学	34	3	45	27	52.9	4	0.79	3
19	陈功	四川省食品发酵工业研究设计院	7	4	8	27	71.4	9	3.86	3

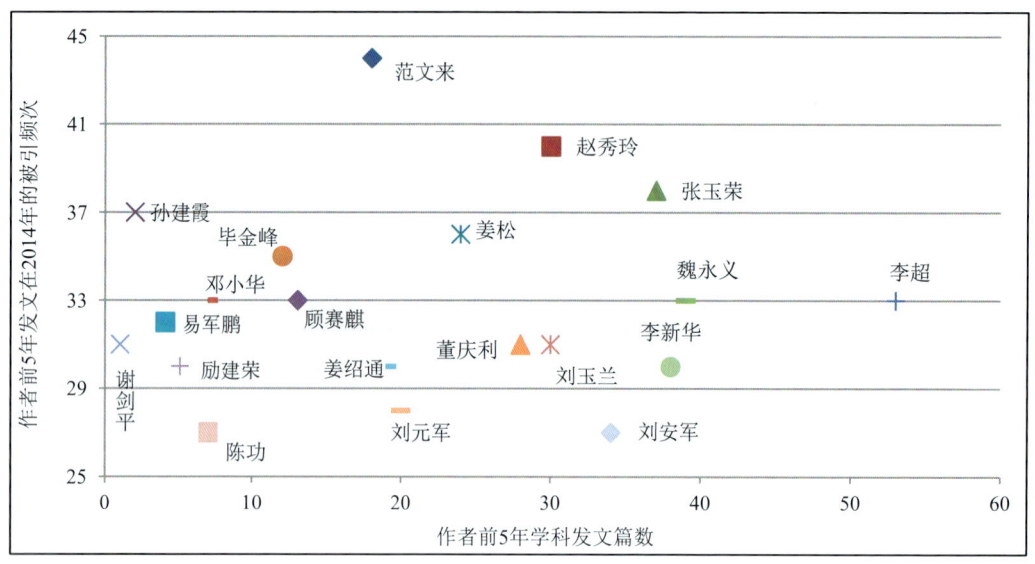

图41-7 轻工业、手工业学科高被引作者学科发文及被引对比

41.5.2 高被引作者科研合作关系

通过作者合著分析，获得2014年轻工业、手工业学科高被引作者及与其他学者之间的科研论文合作关系（不考虑论文署名次序），如图41-8所示（合著6次以下不显示）。可以看出，轻工业、手工业学科的高被引作者的论文合作现象比较普遍。学者李超、魏永义和李新华的发文量较多；陈功、李超、姜绍通的论文合作网络最为突出，在该学科的研究人员中表现出一定的集聚效应；张玉荣与周显青等学者之间的合作关系最为紧密，显示出他们可能属于同一支科研团队。

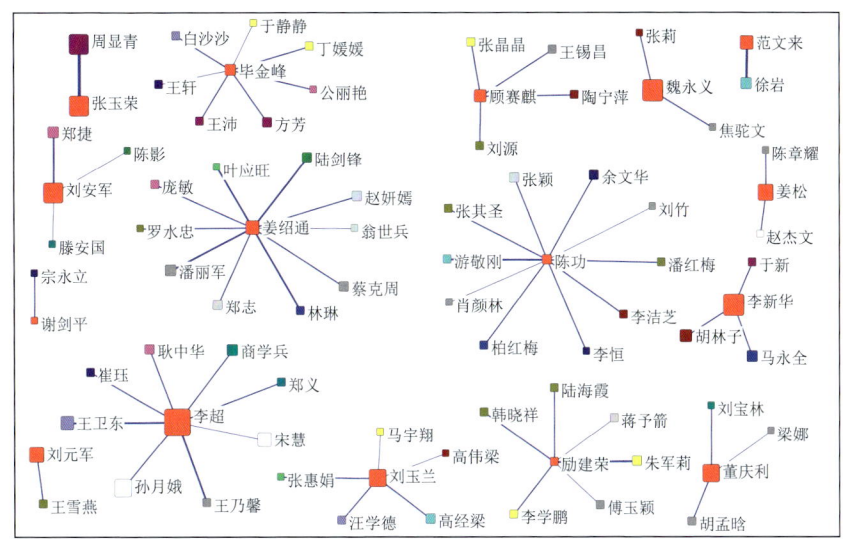

图 41-8　轻工业、手工业学科高被引作者科研论文合作关系

41.5.3　高被引作者发文主题关联

通过作者共被引分析，获得 2014 年轻工业、手工业学科高被引作者及与其他学者之间的发文主题关联（见图 41-9，共被引 2 次以下不显示）。如图 41-9 所示，轻工业、手工业学科的高被引作者基本主导了作者共被引网络，显示出该学科在热点主题上已经形成了优势较为明显的科研力量。学者范文来和孙建霞的节点较大，显示出他们的学术成果在学科内得到较多关注；毕金峰与郭婷等学者之间的链接较强，意味着他们之间可能有较为相近的研究主题；以谢剑平、董庆利等学者为主要节点的共被引作者簇初具规模，意味着这些学者的研究主题关联可能较为紧密。

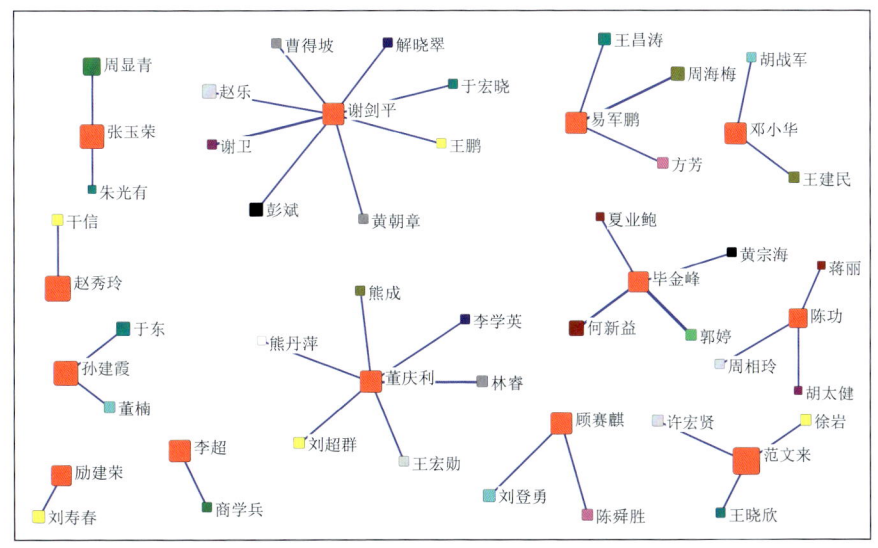

图 41-9　轻工业、手工业学科高被引作者发文主题关联

41.6 高被引机构分析

41.6.1 高被引机构

为便于比较，本书将轻工业、手工业学科的高被引机构分为高等院校和科研院所两种类型。其中，被引频次 TOP 10 高等院校和被引频次 TOP 5 科研院所的发文及被引情况分别见表 41-5 和表 41-6。其中，总被引频次较高的 3 所高等院校分别是江南大学、华南理工大学和西南大学，中国烟草总公司郑州烟草研究院、江苏省农业科学院和广东省农业科学院是总被引频次较高的 3 所科研院所；前 5 年学科发文在 2014 年的被引率最高的高等院校和科研院所分别是西南大学和中国烟草总公司郑州烟草研究院，篇均被引最高的高等院校和科研院所分别是中国农业大学、西北农林科技大学和中国烟草总公司郑州烟草研究院。上述高被引机构的论文被引率和篇均被引频次对比如图 41-10 所示。

表 41-5 轻工业、手工业学科高被引高等院校 TOP 10

序号	第一作者单位	学科发文量（篇）		前 5 年学科发文在 2014 年的被引			
		前 5 年	2014 年	频次	被引率(%)	最高（次）	篇均（次）
1	江南大学	3204	534	1790	32.7	12	0.56
2	华南理工大学	2495	232	1356	32.8	9	0.54
3	西南大学	1409	211	1016	39.7	9	0.72
4	中国农业大学	1240	160	917	37.9	31	0.74
5	河南工业大学	1951	353	859	27.6	7	0.44
6	陕西科技大学	2136	320	830	25.7	6	0.39
7	天津科技大学	1751	302	718	27.0	9	0.41
8	西北农林科技大学	892	158	660	36.5	15	0.74
9	东北农业大学	1234	187	633	32.2	6	0.51
10	东华大学	2066	318	632	21.1	8	0.31

表 41-6 轻工业、手工业学科高被引科研院所 TOP 5

序号	第一作者单位	学科发文量（篇）		前 5 年学科发文在 2014 年的被引			
		前 5 年	2014 年	频次	被引率(%)	最高（次）	篇均（次）
1	中国烟草总公司郑州烟草研究院	213	35	259	51.6	31	1.22
2	江苏省农业科学院	247	29	204	42.9	10	0.83
3	广东省农业科学院	209	33	191	41.6	9	0.91
4	国家粮食局科学研究院	182	32	143	39.0	11	0.79
5	中国水产科学研究院南海水产研究所	147	36	119	42.2	5	0.81

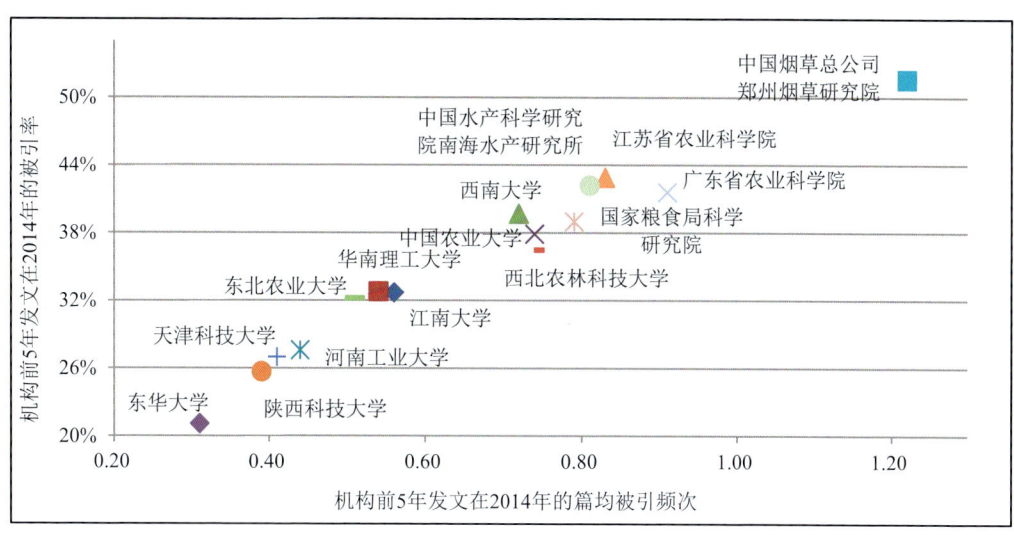

图 41-10 轻工业、手工业学科高被引机构论文篇均被引及被引率对比

41.6.2 高被引机构科研合作关系

通过合著分析，获得轻工业、手工业学科高被引机构之间及其与其他机构之间的科研合作关联，如图 41-11 所示（合作 62 次以下不显示）。分析得知，轻工业、手工业学科的机构合作链接比较紧密，表明学科内机构合作现象非常普遍；高被引机构基本主导了机构合作网络，显示出这些机构已经在学科内具有了一定的科研优势。江南大学和光明乳业股份有限公司、中华全国供销合作总社杭州茶叶研究院等机构之间的链接较强，显示出它们的学术合作较为频繁。中国烟草总公司郑州烟草研究院、国家粮食局科学研究院、广东省农业科学院的篇均被引较高，说明它们的研究成果总体看来较为受业内学者的关注。

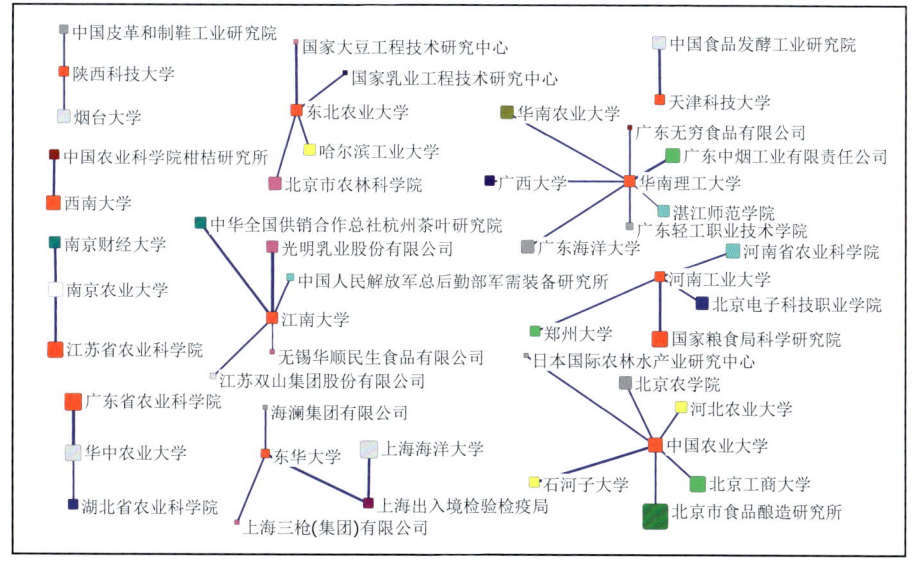

图 41-11 轻工业、手工业学科高被引机构科研合作关联

41.7 高被引图书、国外期刊及学术会议

2014 年,轻工业、手工业学科被引频次位居前 10 位的图书及国外期刊见表 41-7 和表 41-8。其中,被引次数较多的 3 种图书分别是曹建康的《果蔬采后生理生化实验指导》、沈怡方的《白酒生产技术全书》和于伟东的《纺织材料学》;被引次数较多的 3 种国外期刊分别是《Food Chemistry》《Journal of Agricultural and Food Chemistry》和《Meat Science》;被引次数较多的 3 场学术会议分别是"International Conference on Digital Printing Technologies""International Mechanical Pulping Conference"和"ACS Symposium Series"。

表 41-7 轻工业、手工业学科高被引图书 TOP 10

序号	责任者	图书名称	出版社	2014 年被引频次
1	曹建康	果蔬采后生理生化实验指导	中国轻工业出版社	98
2	沈怡方	白酒生产技术全书	中国轻工业出版社	85
3	于伟东	纺织材料学	中国纺织出版社	76
4	姚穆	纺织材料学	中国纺织出版社	68
5	石淑兰	制浆造纸分析与检测	中国轻工业出版社	60
6	李合生	植物生理生化实验原理和技术	高等教育出版社	51
7	宛晓春	茶叶生物化学	中国农业出版社	45
7	张水华	食品分析	中国轻工业出版社	45
9	东秀珠	常见细菌系统鉴定手册	科学出版社	41
10	张惟杰	糖复合物生化研究技术	浙江大学出版社	40

表 41-8 轻工业、手工业学科高被引国外期刊 TOP 10

序号	期刊名称	2014 年被引频次
1	Food Chemistry	6037
2	Journal of Agricultural and Food Chemistry	4317
3	Meat Science	2138
4	Journal of Food Engineering	2030
5	Journal of Food Science	1697
6	Food Research International	1366
7	Carbohydrate Polymers	1335
8	International Journal of Food Microbiology	1248
9	Journal of Chromatography A	1135
10	Food Hydrocolloids	1071

第 42 章 建筑科学学科高被引分析

42.1 学科论文概况

2009—2013 年,建筑科学学科共有 514097 位来自 139654 所机构的论文第一作者在 4599 种期刊上发表了 505798 篇学术论文。其中,80%以上的论文产出自 62166 所机构、396433 位作者,发表在 242 种期刊上。在前 5 年发表的这些论文中,有 88681 篇在 2014 年获得过引用,整体被引率为 17.5%,总被引频次为 168003 次,篇均被引 0.33 次;其中,高被引论文有 960 篇,单篇论文最高被引频次为 193 次,累计被引 14977 次,篇均被引 15.60 次(表42-1)。另外,2014 年建筑科学学科共发表论文 184308 篇,其中有 5033 篇在当年获得过引用,总共被引 6402 次。

表 42-1 建筑科学学科论文分布情况

年份	论文篇数	2014 年被引频次	2014 年被引率(%)	2014 年高被引论文			
				论文篇数	最高被引频次	总被引频次	篇均被引频次
2009	70150	26142	20.0	159	132	2391	15.04
2010	89807	37929	20.6	186	159	3606	19.39
2011	115790	41386	17.4	234	193	4089	17.47
2012	119888	32494	15.1	184	150	2682	14.58
2013	110163	30052	16.2	197	143	2209	11.21
合计	505798	168003	17.5	960	193	14977	15.60

从建筑科学学科论文的地域分布来看,2014 年被引频次较高的 5 个省、直辖市或自治区依次是广东、江苏、北京、黑龙江和浙江(图 42-1);5 年论文产出量较多的 5 个省、直辖市或自治区依次是江苏、广东、浙江、北京和河南(图 42-2)。

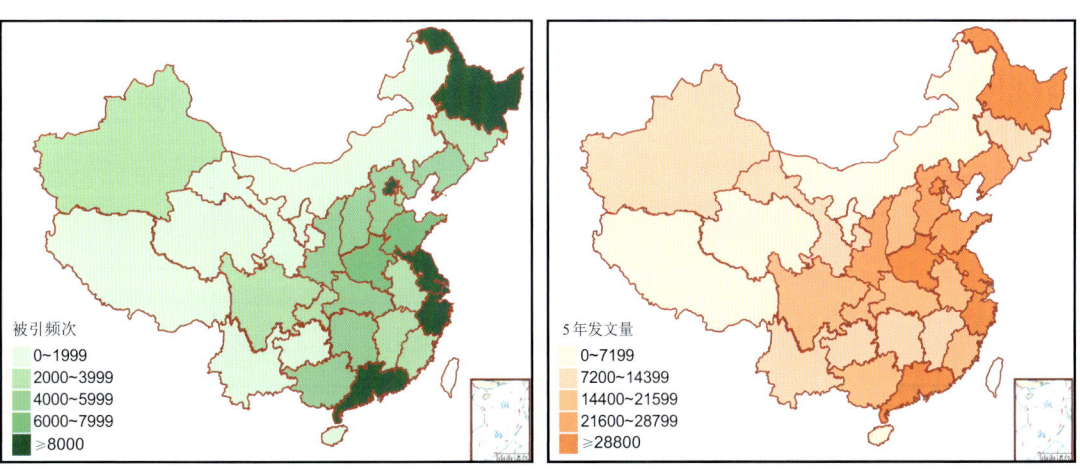

图 42-1 2014 年建筑科学学科地区被引分布　　图 42-2 建筑科学学科 5 年论文产出地区分布

42.2 高被引论文分析

在建筑科学学科，2014 年被引频次位居前 10 位的论文（表 42-2）平均被引频次为 50.8 次，是全部 960 篇高被引论文篇均被引频次的 3.3 倍。其中，被引频次最高的论文是雷燕峰于 2010 年发表的《园林绿化工程施工管理的几点思考》，随后 2 篇分别是孙玉华于 2010 年发表的《浅谈建筑工程施工管理》和梁朝松于 2011 年发表的《浅谈建筑工程施工技术质量控制措施》。

从论文分布来看，刊载高被引论文数量居前的 3 种期刊分别是《黑龙江科技信息》（73 篇）、《中国新技术新产品》（67 篇）和《价值工程》（54 篇）；发表高被引论文居前的 3 位学者分别是清华大学的顾朝林（3 篇）、宁波市北仑第二建筑工程有限公司的赵尧良（2 篇）和唐山开滦建设（集团）有限责任公司的陆文银（2 篇）；产出高被引论文数量居前的 3 所机构分别是同济大学（18 篇）、清华大学（14 篇）和东南大学（5 篇），而中国科学院生态环境研究中心产出了高被引论文 TOP 10 中的 2 篇。

表 42-2 建筑科学学科高被引论文 TOP 10

序号	论文题名	第一作者	期刊名称	发表年份	被引频次 总频次	2014 年
1	园林绿化工程施工管理的几点思考	雷燕峰	中国新技术新产品	2010	155	66
2	浅谈建筑工程施工管理	孙玉华	价值工程	2010	167	65
3	浅谈建筑工程施工技术质量控制措施	梁朝松	技术与市场	2011	106	54
4	浅谈建筑混凝土施工技术	魏娜	黑龙江科技信息	2011	98	49
4	浅析建筑工程中的深基坑支护施工技术	陆佰鑫	科技资讯	2011	136	49
6	房屋建筑工程中地基处理施工技术的探讨	张国强	科技传播	2011	119	48
7	浅析建筑工程现场施工技术管理	潘炎荣	建材技术与应用	2011	108	45
8	建筑工程施工技术及其现场施工管理探讨	杨颖	煤炭技术	2012	133	44
8	园林绿化工程施工质量管理浅析	刘有新	中国园艺文摘	2010	121	44
8	信息化在建筑工程管理中的应用	王晓飞	信息技术与信息化	2010	102	44

42.3 研究主题关联分析

在建筑科学学科，高被引论文累计被 2014 年发表的 12231 篇论文引用了 14977 次。通过分析施引文献关键词的词频及关键词之间的共现关系，获得 2014 年建筑科学学科的热点主题和主题关联，如图 42-3 所示（共现 53 次以下不显示）。由图 42-3 可知："施工技术""建筑工程"等关键词的文档词频较高，是 2014 年学科的研究热点；以"施工技术""建筑工程"等关键词为主要节点的多个概念相互关联，构成了学科内最为突出的研究主题簇。

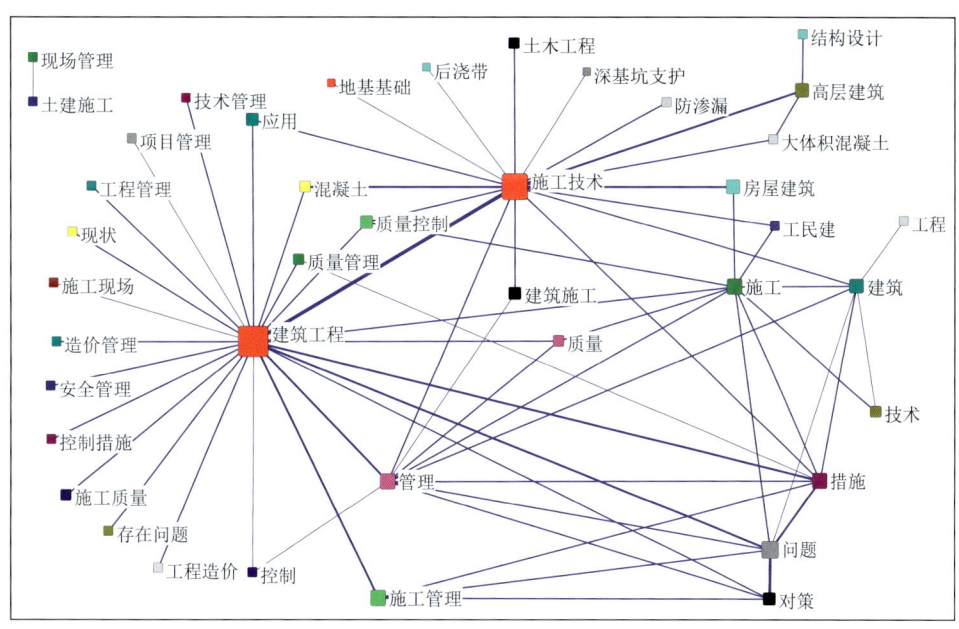

图 42-3　建筑科学学科 2014 年热点主题关联

42.4 学科高影响力期刊分析

42.4.1 学科高影响力期刊 TOP 10

在建筑科学学科，学科 5 年影响因子位居前 10 位的期刊见表 42-3，排在前 3 位的期刊分别是《城市规划学刊》《岩石力学与工程学报》和《岩土力学》。在表 42-3 中，学科载文量占其总载文量比例最大的期刊是《城市规划学刊》；前 5 年学科载文在 2014 年被引率最高的期刊是《岩石力学与工程学报》；期刊 5 年影响因子较高的前 3 种期刊分别是《岩石力学与工程学报》《城市规划学刊》和《岩土力学》；学科 5 年影响因子与期刊 5 年影响因子差异最大的期刊是《岩石力学与工程学报》。表 42-3 中期刊的学科 5 年影响因子和前 5 年学科载文的 2014 年被引率对比如图 42-4 所示，2009—2014 年期刊 5 年影响因子的变动情况如图 42-5 所示。

表 42-3 建筑科学学科高影响力期刊基本指数

序号	期刊名称	前 5 年载文量			2014 年学科被引			5 年影响因子		h 指数 (学科)
		学科 (篇)	占比 (%)	总量 (篇)	频次	被引率 (%)	高被引论文篇数	期刊 (2014)	学科 (2014)	
1	城市规划学刊	799	99.9	800	1088	46.1	15	1.362	1.362	11
2	岩石力学与工程学报	1569	57.9	2711	2094	50.2	12	1.645	1.335	14
3	岩土力学	2791	68.1	4100	3296	49.6	13	1.192	1.181	12
4	土木工程学报	1012	70.5	1436	1137	45.7	6	1.113	1.124	9
5	建筑结构学报	1306	98.6	1325	1416	45.3	10	1.083	1.084	10
6	城市规划	1123	89.4	1256	1210	46.0	5	1.107	1.077	9
7	岩土工程学报	1886	85.4	2209	1877	44.9	4	1.043	0.995	9
8	工程管理学报	331	37.2	890	298	35.7	3	0.826	0.900	9
9	城市发展研究	556	30.0	1855	489	39.0	5	1.121	0.879	13
10	建筑材料学报	704	66.5	1059	569	39.9	1	0.794	0.808	8

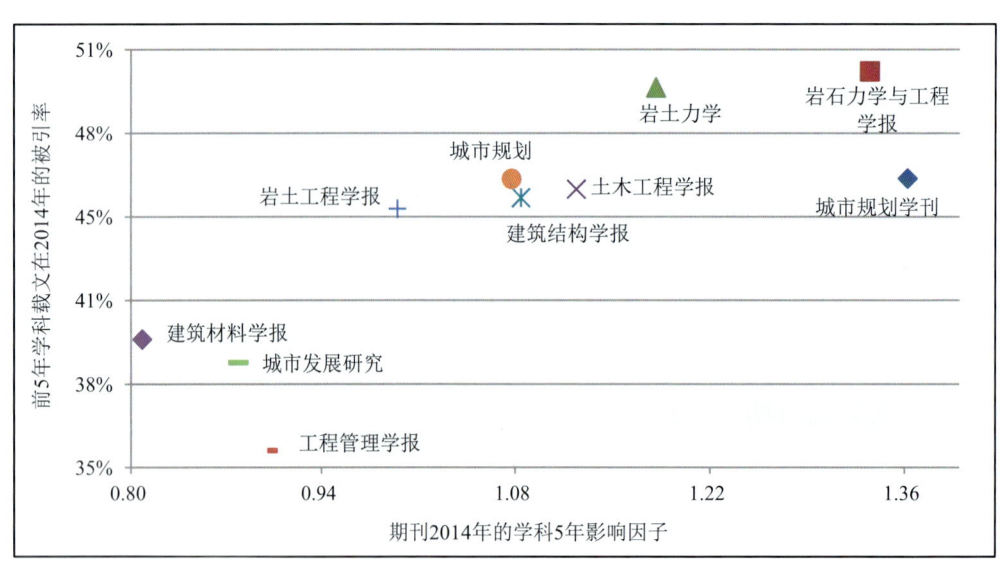

图 42-4 建筑科学学科高影响力期刊对比

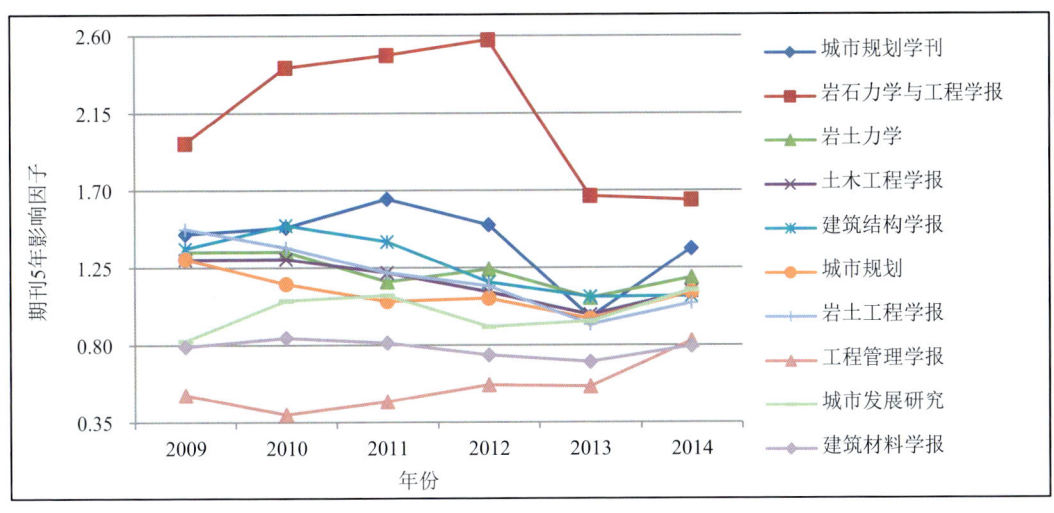

图 42-5　建筑科学学科期刊 5 年影响因子变动

42.4.2　学科高影响力期刊载文主题关联

通过期刊共被引分析,获得建筑科学学科高影响力期刊及与其他期刊之间的载文主题关联,如图 42-6 所示(共被引 87 次以下不显示)。结果显示,建筑科学学科的高影响力期刊相互链接较为紧密,部分主导了该学科的期刊共被引网络,显示出该学科高影响力期刊可能共同刊载了许多相近的研究主题,热点研究主题分散在多种期刊上。《城市规划学刊》《岩石力学与工程学报》《岩土力学》的学科 5 年影响因子较高,显示出它们在学科内学术影响力较大;《岩土力学》与《岩土工程学报》《岩石力学与工程学报》等期刊之间的链接较强,意味着它们之间可能有较多相同或相近的载文主题。

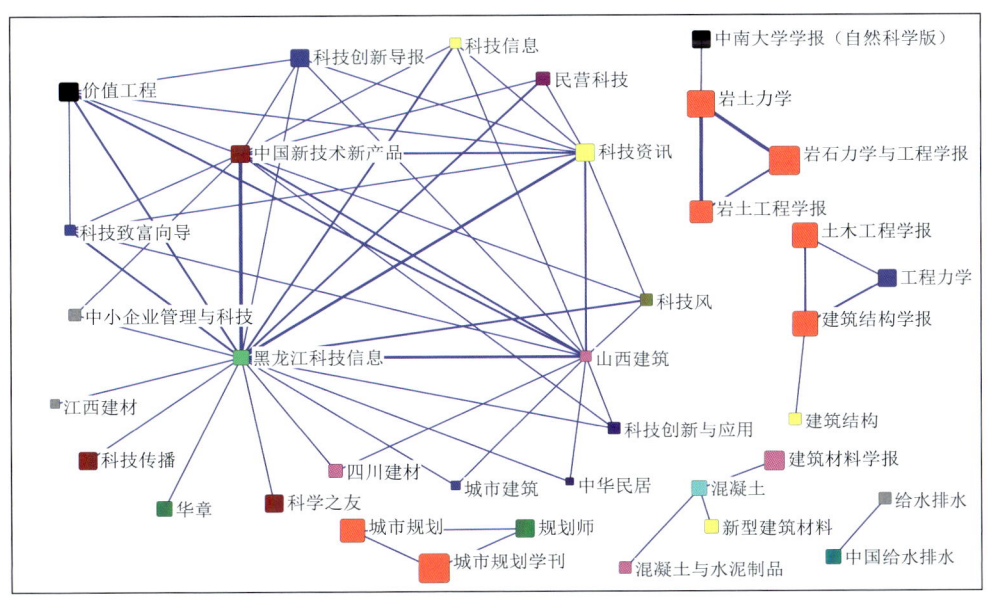

图 42-6　建筑科学学科高影响力期刊载文主题关联

42.5 高被引作者分析

42.5.1 高被引作者TOP 20

2009—2013年，在514097位建筑科学学科论文的第一作者中，在2014年学科被引频次位居前20位的学者的发文及被引情况见表42-4。其中，学科发文总被引频次较高的3位作者分别是清华大学的聂建国（106次）、清华大学的施刚（94次）和中华人民共和国住房和城乡建设部的仇保兴（88次）。高被引作者的5年学科发文数量从1篇到81篇不等，同时，作者学科发文的期刊分布也在1种到34种之间变化。在发文超过5篇的所有作者中，篇均被引较高的3位作者分别是清华大学的张建平（篇均9.33次）、同济大学的沈清基（篇均4.36次）和清华大学的顾朝林（篇均3.74次）；前5年发表学科论文较多的3位作者分别是广东工业大学的谢浩（135篇）、清华大学的王元清（81篇）和清华大学的郭彦林（69篇）。高被引作者的学科发文量和被引量对比如图42-7所示。

表42-4 建筑科学学科高被引作者TOP 20

序号	姓名	作者单位	前5年发文			前5年学科发文在2014年的被引				h指数（学科）
			学科发文（篇）	期刊分布（种）	发文总量（篇）	总频次	被引率（%）	最高（次）	篇均（次）	
1	聂建国	清华大学	59	8	74	106	59.3	13	1.80	6
2	施刚	清华大学	39	14	39	94	59.0	15	2.41	5
3	仇保兴	中华人民共和国住房和城乡建设部	53	23	53	88	52.8	15	1.66	7
4	郭彦林	清华大学	69	10	75	75	52.2	7	1.09	4
5	郑刚	天津大学	36	6	41	72	55.6	19	2.00	4
6	顾朝林	清华大学	19	12	38	71	52.6	22	3.74	5
7	雷燕峰	迁安市成建园林有限公司	1	1	1	66	100.0	66	66.00	1
8	肖建庄	同济大学	41	11	42	65	53.7	18	1.59	4
8	孙玉华	沧州市建筑设计研究院有限公司	2	2	2	65	50.0	65	32.50	1
10	蒋明镜	同济大学	53	9	60	62	54.7	5	1.17	4
11	吕西林	同济大学	26	9	27	61	61.5	15	2.35	4
11	沈清基	同济大学	14	4	17	61	71.4	40	4.36	3
13	潘炎棠	广州市第四建筑工程有限公司	2	2	2	58	100.0	45	29.00	2
13	石永久	清华大学	48	20	48	58	47.9	7	1.21	4
15	叶列平	清华大学	16	7	16	57	75.0	10	3.56	6
16	张建平	清华大学	6	2	10	56	66.7	42	9.33	3

序号	姓名	作者单位	前5年发文			前5年学科发文在2014年的被引				h指数（学科）
			学科发文（篇）	期刊分布（种）	发文总量（篇）	总频次	被引率（%）	最高（次）	篇均（次）	
17	王元清	清华大学	81	34	94	55	39.5	5	0.68	3
17	周乾	北京工业大学	33	19	34	55	78.8	4	1.67	3
19	王云才	同济大学	21	9	28	54	76.2	11	2.57	4
19	吴波	华南理工大学	46	12	48	54	52.2	11	1.17	4
19	梁朝松	南宁市盛柏建筑安装工程有限公司第一分公司	1	1	1	54	100.0	54	54.00	1
19	刘滨谊	同济大学	30	7	41	54	63.3	5	1.80	4

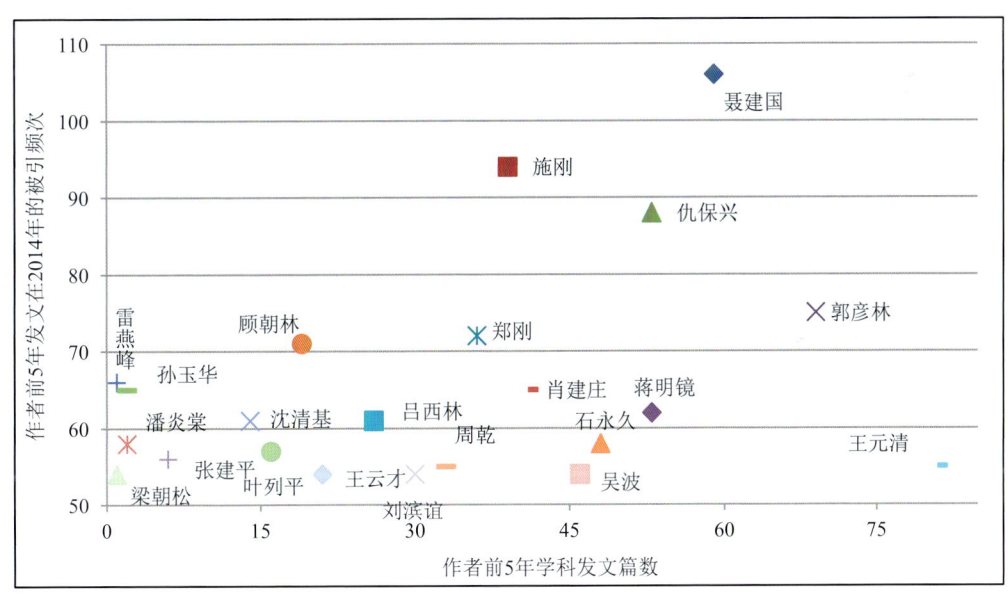

图 42-7　建筑科学学科高被引作者学科发文及被引对比

42.5.2　高被引作者科研合作关系

通过作者合著分析，获得 2014 年建筑科学学科高被引作者及与其他学者之间的科研论文合作关系（不考虑论文署名次序），如图 42-8 所示（合著 7 次以下不显示）。可以看出，建筑科学学科的高被引作者的论文合作现象比较普遍。学者王元清、郭彦林和聂建国的发文量较多；石永久、王元清的论文合作网络最为突出，在该学科的研究人员中表现出一定的集聚效应；石永久与王元清等学者之间的合作关系最为紧密，显示出他们可能属于同一支科研团队。

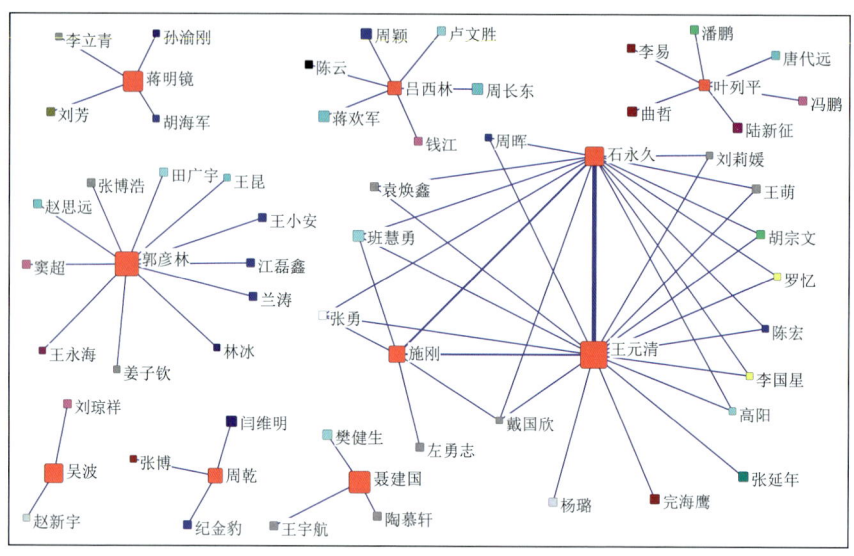

图 42-8　建筑科学学科高被引作者科研论文合作关系

42.5.3　高被引作者发文主题关联

通过作者共被引分析，获得 2014 年建筑科学学科高被引作者及与其他学者之间的发文主题关联（见图 42-9，共被引 3 次以下不显示）。如图 42-9 所示，建筑科学学科的高被引作者基本主导了作者共被引网络，显示出该学科在热点主题上已经形成了优势较为明显的科研力量。学者聂建国和郭彦林、施刚的节点较大，显示出他们的学术成果在学科内得到较多关注；雷燕峰与刘有新等学者之间的链接较强，意味着他们之间可能有较为相近的研究主题；以肖建庄、施刚等学者为主要节点的共被引作者簇初具规模，意味着这些学者的研究主题关联可能较为紧密。

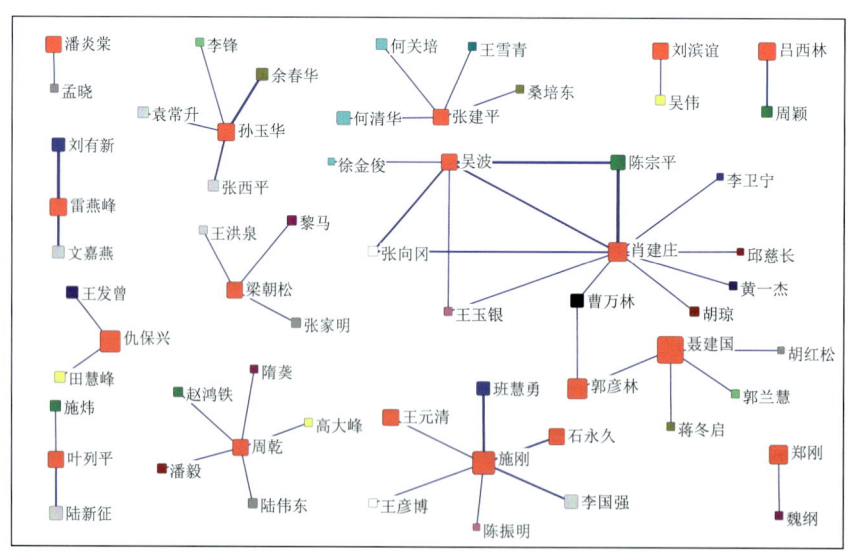

图 42-9　建筑科学学科高被引作者发文主题关联

42.6 高被引机构分析

42.6.1 高被引机构

为便于比较，本书将建筑科学学科的高被引机构分为高等院校和科研院所两种类型。其中，被引频次 TOP 10 高等院校和被引频次 TOP 5 科研院所的发文及被引情况分别见表 42-5 和表 42-6。其中，总被引频次较高的 3 所高等院校分别是同济大学、清华大学和重庆大学，中国科学院武汉岩土力学研究所、中国建筑科学研究院和中国科学院地理科学与资源研究所是总被引频次较高的 3 所科研院所；前 5 年学科发文在 2014 年的被引率最高的高等院校和科研院所分别是清华大学和中国科学院地理科学与资源研究所，篇均被引最高的高等院校和科研院所分别是清华大学和中国科学院地理科学与资源研究所。上述高被引机构的论文被引率和篇均被引频次对比如图 42-10 所示。

表 42-5 建筑科学学科高被引高等院校 TOP 10

序号	第一作者单位	学科发文量（篇）		前 5 年学科发文在 2014 年的被引			
		前 5 年	2014 年	频次	被引率(%)	最高（次）	篇均（次）
1	同济大学	7964	1245	4277	28.5	40	0.54
2	清华大学	2773	409	2228	34.7	42	0.80
3	重庆大学	3255	535	1499	25.7	30	0.46
4	西安建筑科技大学	3645	752	1378	22.7	10	0.38
5	东南大学	2754	373	1261	26.0	17	0.46
6	浙江大学	2417	352	1248	29.0	14	0.52
7	哈尔滨工业大学	2465	346	1173	26.7	21	0.48
8	中南大学	1876	267	1019	28.0	17	0.54
9	华南理工大学	2334	355	999	24.0	12	0.43
10	河海大学	1617	382	875	28.7	16	0.54

表 42-6 建筑科学学科高被引科研院所 TOP 5

序号	第一作者单位	学科发文量（篇）		前 5 年学科发文在 2014 年的被引			
		前 5 年	2014 年	频次	被引率(%)	最高（次）	篇均（次）
1	中国科学院武汉岩土力学研究所	532	88	625	44.5	14	1.17
2	中国建筑科学研究院	850	161	307	21.9	10	0.36
3	中国科学院地理科学与资源研究所	108	14	275	56.5	30	2.55
4	中国城市规划设计研究院	352	90	209	25.3	11	0.59
5	长江水利委员会长江科学院	236	34	190	35.6	13	0.81

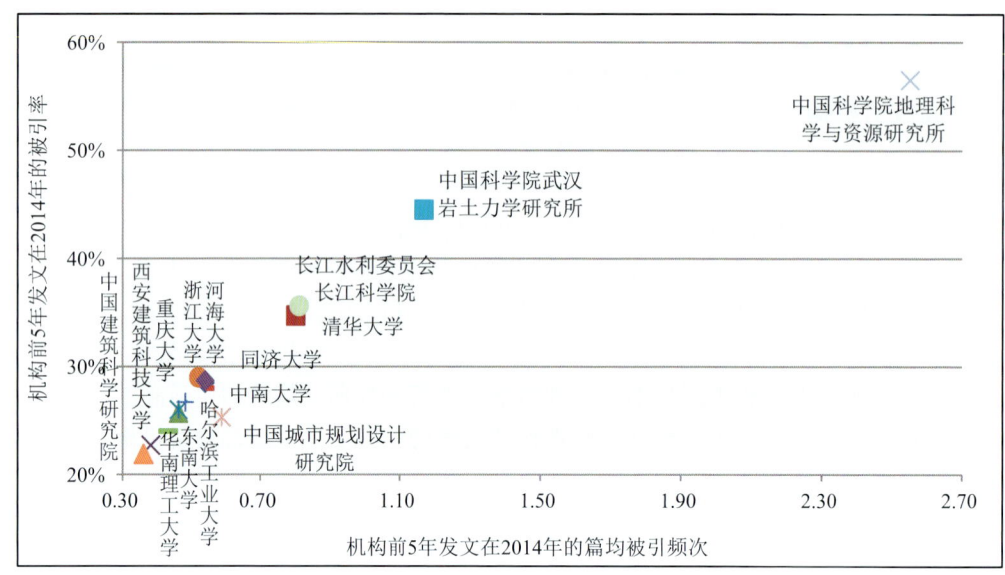

图 42-10 建筑科学学科高被引机构论文篇均被引及被引率对比

42.6.2 高被引机构科研合作关系

通过合著分析，获得建筑科学学科高被引机构之间及其与其他机构之间的科研合作关联，如图 42-11 所示（合作 66 次以下不显示）。分析得知，建筑科学学科的机构合作链接比较紧密，表明学科内机构合作现象非常普遍；高被引机构基本主导了机构合作网络，显示出这些机构已经在学科内具有了一定的科研优势。同济大学和同济大学建筑设计研究院（集团）有限公司、华东建筑设计研究院有限公司等机构之间的链接较强，显示出它们的学术合作较为频繁。中国科学院武汉岩土力学研究所、清华大学的篇均被引较高，说明它们的研究成果总体看来较为受业内学者的关注。

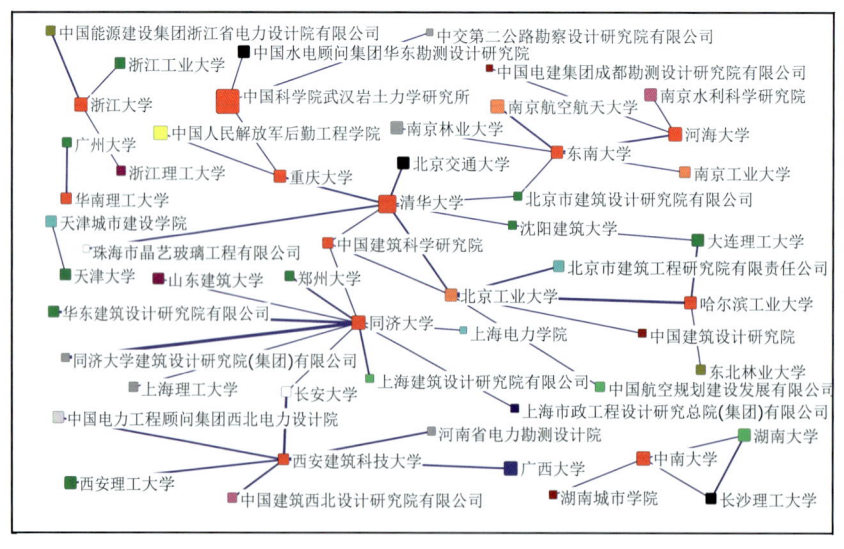

图 42-11 建筑科学学科高被引机构科研合作关联

42.7 高被引图书、国外期刊及学术会议

2014 年,建筑科学学科被引频次位居前 10 位的图书及国外期刊见表 42-7 和表 42-8。其中,被引次数较多的 3 种图书分别是王铁梦的《工程结构裂缝控制》、陆耀庆的《实用供热空调设计手册》和刘国彬的《基坑工程手册》;被引次数较多的 3 种国外期刊分别是《Cement and Concrete Research》《Journal of Structural Engineering》和《Construction and Building Materials》;被引次数较多的 3 场学术会议分别是"Offshore Technology Conference""13th World Conference on Earthquake Engineering"和"Proceedings of the 9th International Conference on Geosynthetics"。

表 42-7 建筑科学学科高被引图书 TOP 10

序号	责任者	图书名称	出版社	2014 年被引频次
1	王铁梦	工程结构裂缝控制	中国建筑工业出版社	243
2	陆耀庆	实用供热空调设计手册	中国建筑工业出版社	237
3	刘国彬	基坑工程手册	中国建筑工业出版社	183
4	刘建航	基坑工程手册	中国建筑工业出版社	119
5	徐培福	复杂高层建筑结构设计	中国建筑工业出版社	105
6	周维权	中国古典园林史	清华大学出版社	104
7	王新敏	ANSYS 工程结构数值分析	人民交通出版社	99
8	贺平	供热工程	中国建筑工业出版社	88
9	吴中伟	高性能混凝土	中国铁道出版社	86
10	过镇海	钢筋混凝土原理和分析	清华大学出版社	84

表 42-8 建筑科学学科高被引国外期刊 TOP 10

序号	期刊名称	2014 年被引频次
1	Cement and Concrete Research	2157
2	Journal of Structural Engineering	1830
3	Construction and Building Materials	1224
4	Géotechnique	1174
5	Engineering Structures	1111
6	Journal of Geotechnical and Geoenvironmental Engineering	909
7	International Journal of Rock Mechanics and Mining Sciences	897
8	Canadian Geotechnical Journal	864
9	Journal of Constructional Steel Research	776
10	Cement and Concrete Composites	775

第43章 水利工程学科高被引分析

43.1 学科论文概况

2009—2013 年,水利工程学科共有 94859 位来自 28277 所机构的论文第一作者在 2261 种期刊上发表了 94892 篇学术论文。其中,80%以上的论文产出自 9790 所机构、72129 位作者,发表在 122 种期刊上。在前 5 年发表的这些论文中,有 16987 篇在 2014 年获得过引用,整体被引率为 17.9%,总被引频次为 28305 次,篇均被引 0.30 次;其中,高被引论文有 206 篇,单篇论文最高被引频次为 33 次,累计被引 2178 次,篇均被引 10.60 次(表 43-1)。另外,2014 年水利工程学科共发表论文 30314 篇,其中有 818 篇在当年获得过引用,总共被引 965 次。

表 43-1 水利工程学科论文分布情况

年份	论文篇数	2014 年被引频次	2014 年被引率(%)	2014 年高被引论文			
				论文篇数	最高被引频次	总被引频次	篇均被引频次
2009	14811	4462	18.4	29	18	321	11.07
2010	17436	6327	20.3	47	29	547	11.64
2011	20073	6570	18.7	44	33	590	13.41
2012	21450	5891	17.0	42	25	370	8.81
2013	21122	5055	15.9	44	33	350	7.95
合计	94892	28305	17.9	206	33	2178	10.60

从水利工程学科论文的地域分布来看,2014 年被引频次较高的 5 个省、直辖市或自治区依次是江苏、湖北、北京、黑龙江和河南(图 43-1);5 年论文产出量较多的 5 个省、直辖市或自治区依次是江苏、河南、湖北、四川和陕西(图 43-2)。

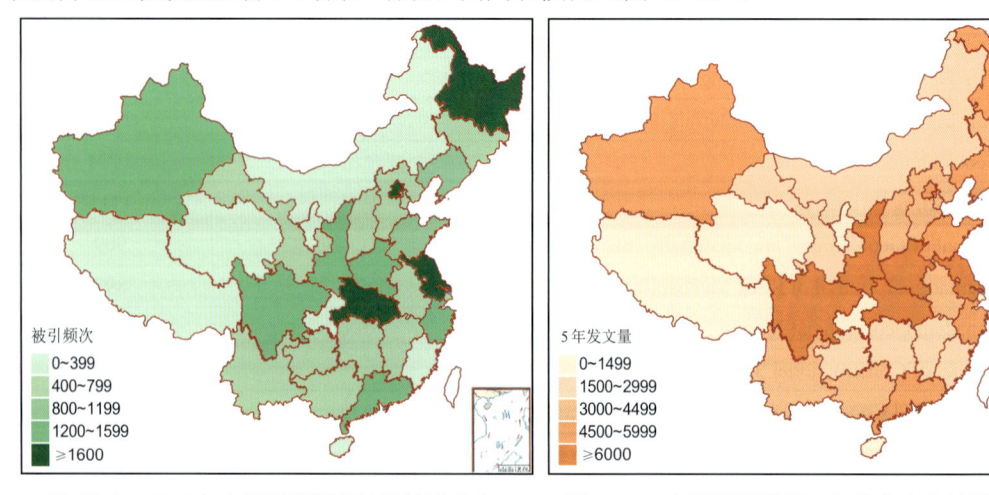

图 43-1 2014 年水利工程学科地区被引分布　　图 43-2 水利工程学科 5 年论文产出地区分布

43.2 高被引论文分析

在水利工程学科，2014 年被引频次位居前 10 位的论文（表 43-2）平均被引频次为 25.0 次，是全部 206 篇高被引论文篇均被引频次的 2.4 倍。其中，被引频次最高的论文是陈利伟于 2011 年发表的《水利工程学科施工质量及控制措施》，随后 3 篇分别是马龙军于 2011 年发表的《关于加强水利工程学科施工管理的必要性》、王树峰于 2011 年发表的《论水利水电工程建筑的施工技术及管理》和聂军洲于 2009 年发表的《浅析水利工程学科项目施工管理应注意的问题及管理创新》。

从论文分布来看，刊载高被引论文数量居前的 3 种期刊分别是《中国新技术新产品》（16 篇）、《黑龙江科技信息》（14 篇）和《中国水利》（9 篇），而《黑龙江科技信息》刊载了高被引论文 TOP 10 中的 3 篇；发表高被引论文较多学者分别是中华人民共和国水利部的陈雷（2 篇）和郑州大学的左其亭（2 篇）；产出高被引论文数量居前的 3 所机构分别是中国水利水电科学研究院（4 篇）、武汉大学（3 篇）和河海大学（3 篇）。

表 43-2 水利工程学科高被引论文 TOP 10

序号	论文题名	第一作者	期刊名称	发表年份	被引频次 总频次	被引频次 2014 年
1	水利工程学科施工质量及控制措施	陈利伟	安徽水利水电职业技术学院学报	2011	80	32
2	关于加强水利工程学科施工管理的必要性	马龙军	黑龙江科技信息	2011	97	31
2	论水利水电工程建筑的施工技术及管理	王树峰	黑龙江科技信息	2011	79	31
2	浅析水利工程学科项目施工管理应注意的问题及管理创新	聂军洲	知识经济	2009	91	31
5	防渗处理施工技术在水利工程学科中的具体应用	张爱疆	科技风	2010	61	25
6	浅谈水利水电工程建筑的施工技术及管理	宋元红	黑龙江科技信息	2010	69	24
7	水利工程学科中防渗技术的应用分析	张崇明	科技创新导报	2011	53	22
8	农田水利工程学科建设存在问题与对策	尹利海	科技创新导报	2010	64	18
8	水利工程学科施工质量控制探讨	田惠珍	内蒙古水利	2011	59	18
8	水利工程学科建设与管理主要工作及成效	徐勤勤	人民长江	2010	60	18

43.3 研究主题关联分析

在水利工程学科，高被引论文累计被 2014 年发表的 1814 篇论文引用了 2178 次。通过分析施引文献关键词的词频及关键词之间的共现关系，获得 2014 年水利工程学科的热点主题和主题关联，如图 43-3 所示（共现 4 次以下不显示）。由图 43-3 可知："水利工程""施工管理""施工技术"等关键词的文档词频较高，是 2014 年学科的热点研究主题；以"水利工程""水利水电""施工管理"等关键词为主要节点的多个概念相互关联，构成了学科内最为突出的研究主题簇。

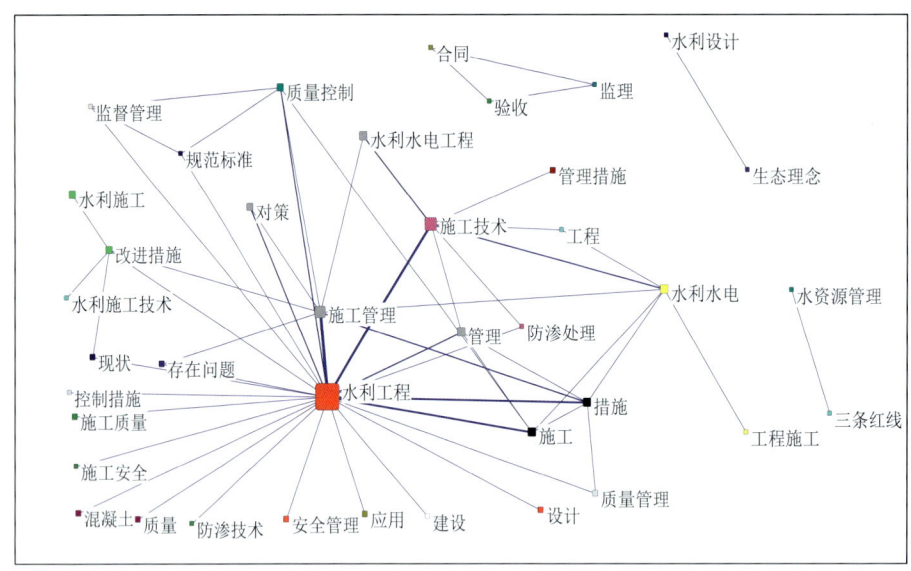

图 43-3　水利工程学科 2014 年热点主题关联

43.4　学科高影响力期刊分析

43.4.1　学科高影响力期刊 TOP 10

在水利工程学科，学科 5 年影响因子位居前 10 位的期刊见表 43-3，排在前 3 位的期刊分别是《水科学进展》《水利学报》和《应用基础与工程科学学报》。在表 43-3 中，学科载文量占其总载文量比例最大的期刊是《水力发电学报》；前 5 年学科载文在 2014 年被引率最高的期刊是《水科学进展》；期刊 5 年影响因子较高的前 3 种期刊分别是《水科学进展》《水利学报》和《水资源保护》；学科 5 年影响因子与期刊 5 年影响因子差异最大的期刊是《水科学进展》。表 43-3 中期刊的学科 5 年影响因子和前 5 年学科载文的 2014 年被引率对比如图 43-4 所示，2009—2014 年期刊 5 年影响因子的变动情况如图 43-5 所示。

表 43-3　水利工程学科高影响力期刊基本指数

序号	期刊名称	前5年载文量			2014年学科被引			5年影响因子		h指数(学科)
		学科(篇)	占比(%)	总量(篇)	频次	被引率(%)	高被引论文篇数	期刊(2014)	学科(2014)	
1	水科学进展	309	42.0	736	359	51.5	1	1.493	1.162	9
2	水利学报	638	49.2	1296	714	49.5	5	1.165	1.119	8
3	应用基础与工程科学学报	74	10.3	721	56	32.4	2	0.627	0.757	5
4	水力发电学报	1115	75.2	1482	829	39.5	0	0.725	0.743	6
5	水资源保护	167	21.7	770	116	39.5	1	0.738	0.695	6
6	水利水电科技进展	447	59.8	748	251	34.9	0	0.572	0.562	6
7	海洋工程	101	18.8	536	56	32.7	0	0.528	0.554	5
8	水文	174	24.3	717	93	31.0	1	0.611	0.534	6
9	西安理工大学学报	58	10.6	548	31	31.0	0	0.381	0.534	4
10	长江科学院院报	698	44.4	1571	364	31.7	0	0.482	0.521	6

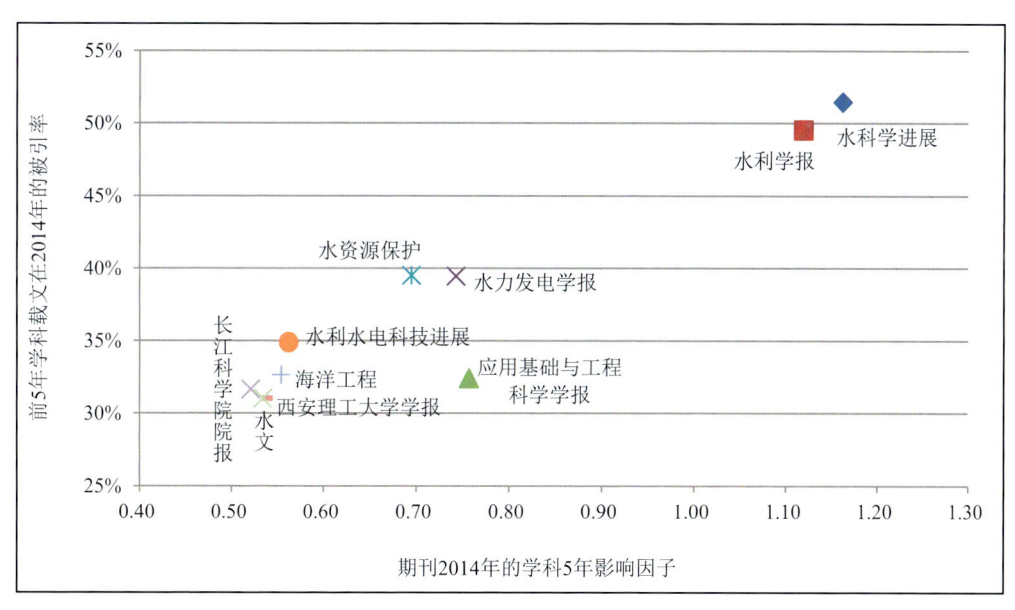

图 43-4　水利工程学科高影响力期刊对比

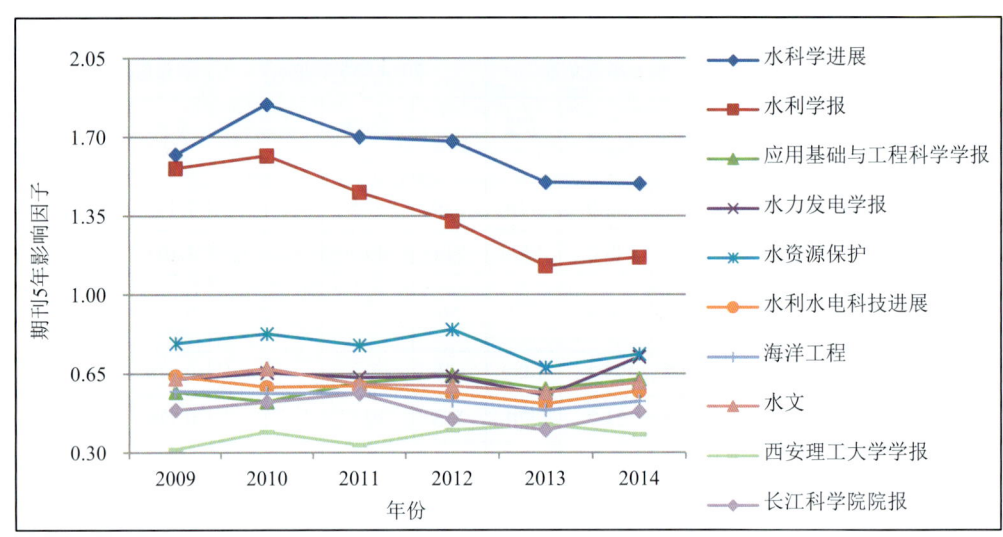

图 43-5　水利工程学科期刊 5 年影响因子变动

43.4.2　学科高影响力期刊载文主题关联

通过期刊共被引分析，获得水利工程学科高影响力期刊及与其他期刊之间的载文主题关联，如图 43-6 所示（共被引 15 次以下不显示）。结果显示，水利工程学科的高影响力期刊相互链接较为紧密，部分主导了该学科的期刊共被引网络，显示出该学科高影响力期刊可能共同刊载了许多相近的研究主题，热点研究主题分散在多种期刊上。《水利学报》《水科学进展》的学科 5 年影响因子较高，显示出它们在学科内学术影响力较大；《水利学报》与《水利发电学报》等期刊之间的链接较强，意味着它们之间可能有较多相同或相近的载文主题。

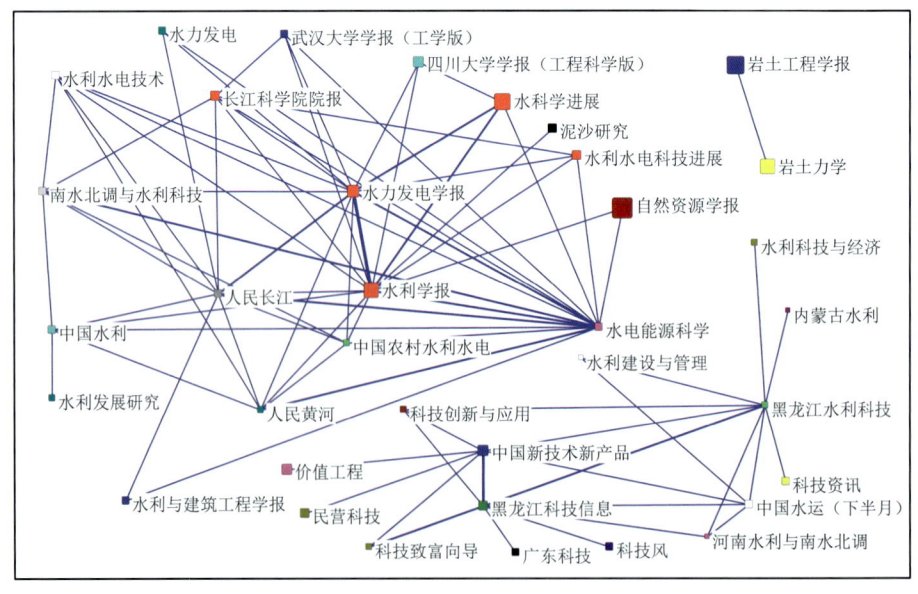

图 43-6　水利工程学科高影响力期刊载文主题关联

43.5 高被引作者分析

43.5.1 高被引作者 TOP 20

2009—2013 年，在 94859 位水利工程学科论文的第一作者中，在 2014 年学科被引频次位居前 20 位的学者的发文及被引情况见表 43-4。其中，学科发文总被引频次较高的 3 位作者分别是郑州大学的左其亭（41 次）、辽宁师范大学的孙才志（35 次）和湖北大禹水利水电建设有限责任公司的聂军洲（33 次）。高被引作者的 5 年学科发文数量从 1 篇到 36 篇不等，同时，作者学科发文的期刊分布也在 1 种到 15 种之间变化。在发文超过 5 篇的所有作者中，篇均被引较高的 3 位作者分别是武汉大学的郭旭宁（篇均 4.40 次）、武汉大学的谢平（篇均 4.00 次）和辽宁师范大学的孙才志（篇均 3.18 次）；前 5 年发表学科论文较多的 3 位作者分别是郑州大学的左其亭（41 篇）、天津大学的张社荣（36 篇）和黑龙江省齐齐哈尔市水务局的滕凯（35 篇）。高被引作者的学科发文量和被引量对比如图 43-7 所示。

表 43-4　水利工程学科高被引作者 TOP 20

序号	姓名	作者单位	前 5 年发文			前 5 年学科发文在 2014 年的被引				h 指数（学科）
			学科发文（篇）	期刊分布（种）	发文总量（篇）	总频次	被引率（%）	最高（次）	篇均（次）	
1	左其亭	郑州大学	16	8	30	41	50.0	11	2.56	5
2	孙才志	辽宁师范大学	11	7	59	35	90.9	9	3.18	6
3	聂军洲	湖北大禹水利水电建设有限责任公司	3	3	4	33	66.7	31	11.00	2
4	陈利伟	安徽水利开发股份有限公司	1	1	1	32	100.0	32	32.00	1
5	马龙军	黑龙江省农垦总局牡丹江分局水利工程学科管理分站	1	1	1	31	100.0	31	31.00	1
5	王树峰	黑龙江省中部引嫩工程管理处	1	1	2	31	100.0	31	31.00	2
7	张国新	中国水利水电科学研究院	12	3	14	27	50.0	10	2.25	3
8	张爱疆	葛洲坝新疆工程局（有限公司）	2	2	3	26	100.0	25	13.00	1
8	钮新强	长江水利委员会长江勘测规划设计研究院	17	7	18	26	70.6	9	1.53	3
10	崔东文	文山州水务局	13	7	18	25	38.5	8	1.92	5
10	宋元红	贵州省遵义县石板镇水利站	2	1	2	25	100.0	24	12.5	1
12	滕凯	黑龙江省齐齐哈尔市水务局	35	15	42	24	37.1	6	0.69	3
12	张社荣	天津大学	36	14	53	24	38.9	4	0.67	3
12	陈守煜	大连理工大学	8	6	33	24	75.0	9	3.00	4

序号	姓名	作者单位	前5年发文			前5年学科发文在2014年的被引				h指数(学科)
			学科发文(篇)	期刊分布(种)	发文总量(篇)	总频次	被引率(%)	最高(次)	篇均(次)	
15	郭旭宁	武汉大学	5	3	8	22	80.0	7	4.40	4
15	张崇明	天津市静海县水务局	1	1	1	22	100.0	22	22.00	1
17	杨泽艳	中国水电工程顾问集团有限公司	3	1	4	21	100.0	18	7.00	2
17	楼孟华	浙江省第一水电建设集团股份有限公司	4	3	6	21	75.0	15	5.25	3
17	陈进	长江水利委员会长江科学院	13	4	16	21	69.2	8	1.62	3
20	陈雷	中华人民共和国水利部	28	7	120	20	17.9	9	0.71	3

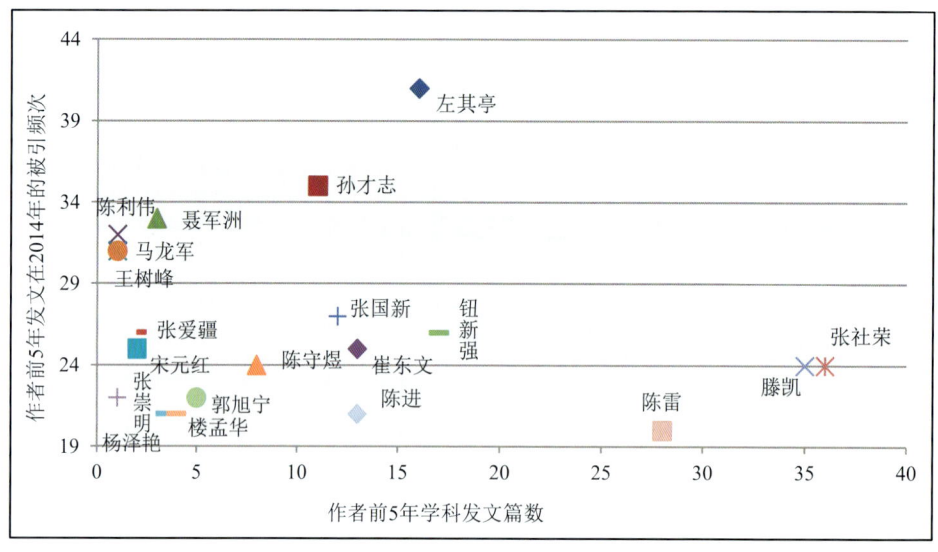

图 43-7　水利工程学科高被引作者学科发文及被引对比

43.5.2　高被引作者科研合作关系

通过作者合著分析，获得 2014 年水利工程学科高被引作者及与其他学者之间的科研论文合作关系（不考虑论文署名次序），如图 43-8 所示（合著 3 次以下不显示）。可以看出，水利工程学科的高被引作者的论文合作现象比较普遍。学者张社荣和滕凯的发文量较多；左其亭的论文合作网络较为突出，在该学科的研究人员中表现出一定的集聚效应。

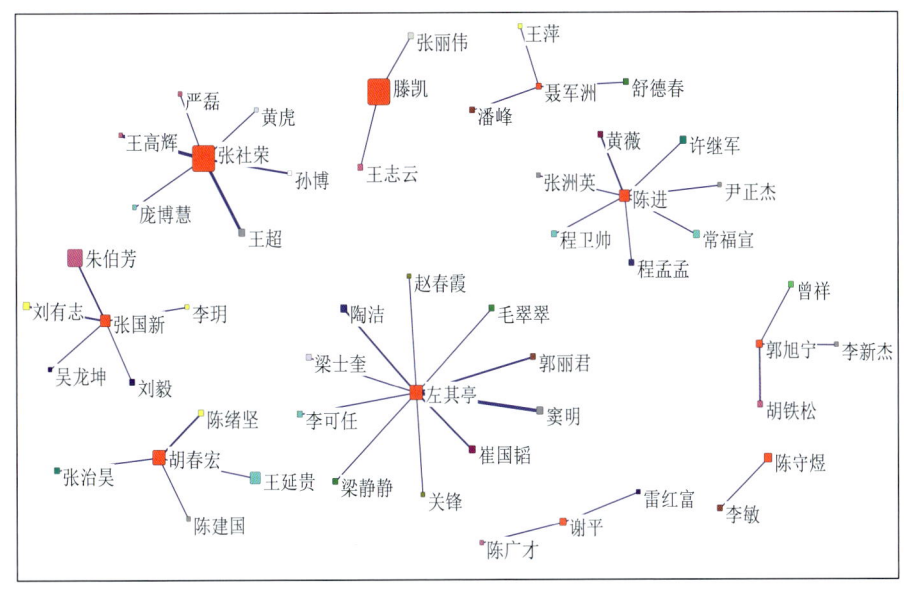

图 43-8　水利工程学科高被引作者科研论文合作关系

43.5.3　高被引作者发文主题关联

通过作者共被引分析，获得 2014 年水利工程学科高被引作者及与其他学者之间的发文主题关联（见图 43-9，共被引 4 次以下不显示）。如图 43-9 所示，水利工程学科的高被引作者基本主导了作者共被引网络，显示出该学科在热点主题上已经形成了优势较为明显的科研力量。学者左其亭、陈利伟和聂军洲的节点较大，显示出他们的学术成果在学科内得到较多关注；陈利伟与聂军洲等学者之间的链接较强，意味着他们之间可能有较为相近的研究主题；以左其亭、陈进等学者为主要节点的共被引作者簇人数较多且网络规模较大，意味着这些学者的研究主题关联可能较为紧密。

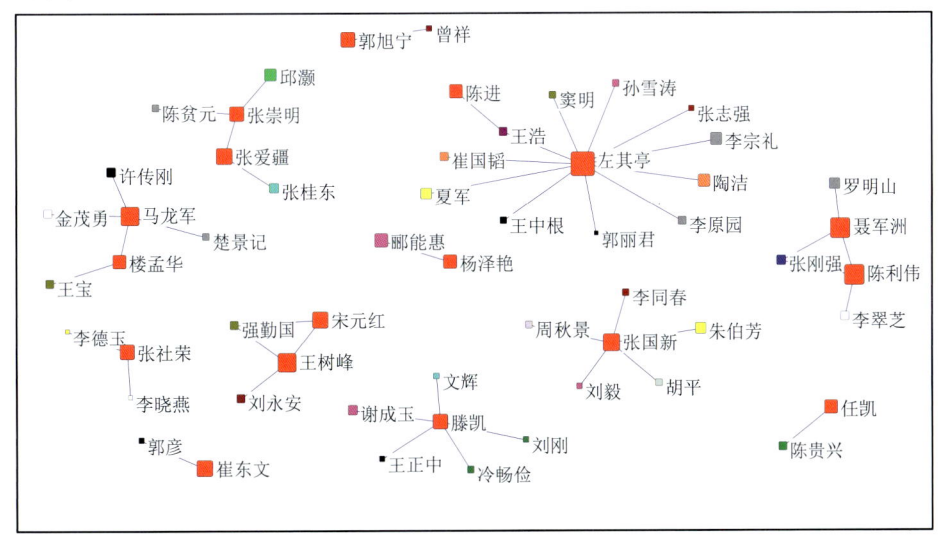

图 43-9　水利工程学科高被引作者发文主题关联

43.6 高被引机构分析

43.6.1 高被引机构

为便于比较,本书将水利工程学科的高被引机构分为高等院校和科研院所两种类型。其中,被引频次 TOP 10 高等院校和被引频次 TOP 5 科研院所的发文及被引情况分别见表 43-5 和表 43-6。其中,总被引频次较高的 3 所高等院校分别是河海大学、武汉大学和大连理工大学;中国水利水电科学研究院、南京水利科学研究院和长江水利委员会长江科学院是总被引频次较高的 3 所科研院所;前 5 年学科发文在 2014 年的被引率最高的高等院校和科研院所分别是清华大学和中国科学院地理科学与资源研究所,篇均被引最高的高等院校和科研院所分别是清华大学和中国科学院地理科学与资源研究所。上述高被引机构的论文被引率和篇均被引频次对比如图 43-10 所示。

表 43-5 水利工程学科高被引高等院校 TOP 10

序号	第一作者单位	学科发文量(篇)		前 5 年学科发文在 2014 年的被引			
		前 5 年	2014 年	频次	被引率(%)	最高(次)	篇均(次)
1	河海大学	2464	470	1089	27.0	10	0.44
2	武汉大学	1316	190	758	31.5	10	0.58
3	大连理工大学	655	85	373	32.4	9	0.57
4	四川大学	881	112	372	26.8	7	0.42
5	清华大学	513	68	308	34.1	9	0.60
6	华北水利水电学院	613	93	290	28.7	8	0.47
7	西安理工大学	577	97	282	29.3	6	0.49
8	天津大学	523	106	258	30.6	6	0.49
9	西北农林科技大学	457	56	238	29.3	7	0.52
10	三峡大学	575	105	207	23.5	13	0.36

表 43-6 水利工程学科高被引科研院所 TOP 5

序号	第一作者单位	学科发文量(篇)		前 5 年学科发文在 2014 年的被引			
		前 5 年	2014 年	频次	被引率(%)	最高(次)	篇均(次)
1	中国水利水电科学研究院	821	151	450	27.4	16	0.55
2	南京水利科学研究院	531	100	264	28.1	11	0.50
3	长江水利委员会长江科学院	471	56	256	30.1	8	0.54
4	长江水利委员会长江勘测规划设计研究院	359	42	146	24.2	9	0.41
5	中国科学院地理科学与资源研究所	94	9	108	38.3	14	1.15

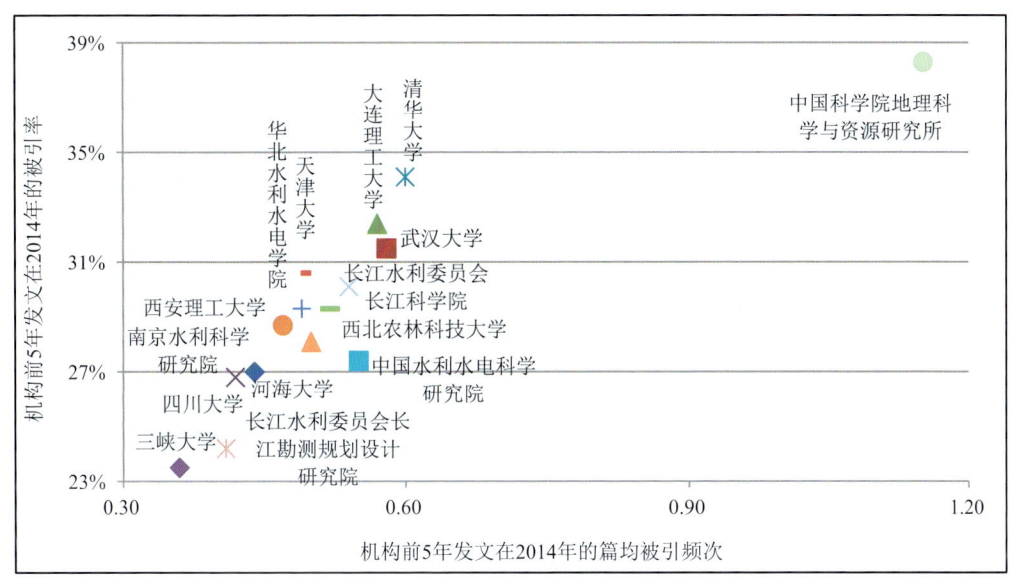

图 43-10　水利工程学科高被引机构论文篇均被引及被引率对比

43.6.2　高被引机构科研合作关系

通过合著分析，获得水利工程学科高被引机构之间及其与其他机构之间的科研合作关联，如图 43-11 所示（合作 29 次以下不显示）。分析得知，水利工程学科的机构合作链接比较紧密，说明学科内机构合作现象比较普遍；高被引机构基本主导了机构合作网络，显示出这些机构已经在学科内具有了一定的科研优势。河海大学与南京水利科学研究院、四川大学与中国电建集团成都勘测设计研究院有限公司等机构之间的链接较强，显示出它们的科研合作较为频繁。

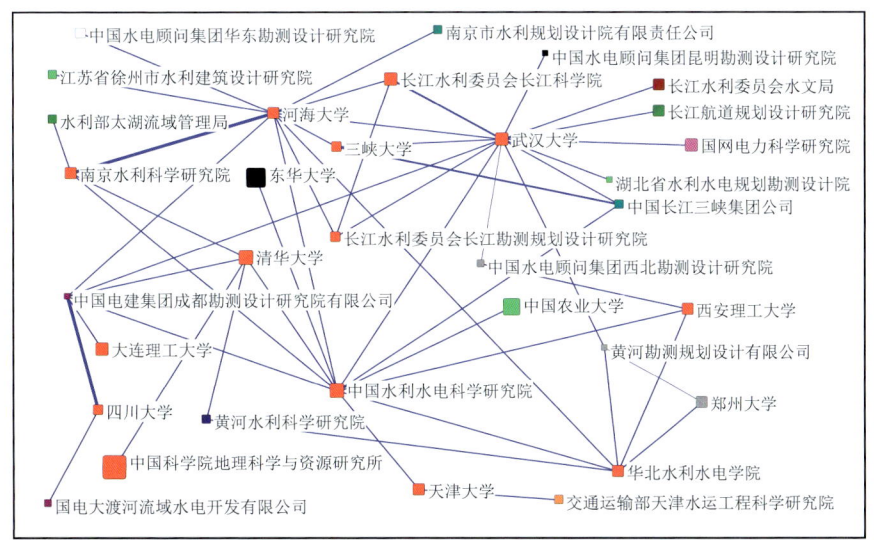

图 43-11　水利工程学科高被引机构科研合作关联

43.7 高被引图书、国外期刊及学术会议

2014 年，水利工程学科被引频次位居前 10 位的图书及国外期刊见表 43-7 和表 43-8。其中，被引次数较多的 3 种图书分别是：朱伯芳的《大体积混凝土温度应力与温度控制》、吴持恭的《水力学》和李炜的《水力计算手册》；被引次数较多的 3 种国外期刊分别是《Water Resources Research》《Journal of Hydrology》和《Journal of Hydraulic Engineering》；被引次数较多的 3 场学术会议分别是 "Proceedings of the World Environmental and Water Resources Congress" "25th IAHR Symposium on Hydraulic Machinery and Systems" 和 "Proceedings of the International Low Impact Development Conference 2010"。

表 43-7 水利工程学科高被引图书 TOP 10

序号	责任者	图书名称	出版社	2014 年被引频次
1	朱伯芳	大体积混凝土温度应力与温度控制	中国电力出版社	61
2	吴持恭	水力学	高等教育出版社	49
2	李炜	水力计算手册	中国水利水电出版社	49
4	钱宁	泥沙运动力学	科学出版社	46
5	林继镛	水工建筑物	中国水利水电出版社	34
6	毛昶熙	渗流计算分析与控制	中国水利水电出版社	33
7	王铁梦	工程结构裂缝控制	中国建筑工业出版社	31
7	詹道江	工程水文学	中国水利水电出版社	31
9	钱宁	河床演变学	科学出版社	29
9	吴中如	水工建筑物安全监控理论及其应用	高等教育出版社	29

表 43-8 水利工程学科高被引国外期刊 TOP 10

序号	期刊名称	2014 年被引频次
1	Water Resources Research	369
2	Journal of Hydrology	353
3	Journal of Hydraulic Engineering	231
4	Journal of Fluid Mechanics	143
5	Coastal Engineering	125
6	Water Resources Management	123
7	Journal of Hydraulic Research	114
7	Hydrological Processes	114
9	Journal of Geophysical Research	96
10	Geomorphology	90

第 44 章 交通运输学科高被引分析

44.1 学科论文概况

2009—2013 年,交通运输学科共有 262856 位来自 57766 所机构的论文第一作者在 3781 种期刊上发表了 307641 篇学术论文。其中,80%以上的论文产出自 23518 所机构、200495 位作者,发表在 284 种期刊上。在前 5 年发表的这些论文中,有 53097 篇在 2014 年获得过引用,整体被引率为 17.3%,总被引频次为 84046 次,篇均被引 0.27 次;其中,高被引论文有 677 篇,单篇论文最高被引频次为 109 次,累计被引 6005 次,篇均被引 8.87 次(表 44-1)。另外,2014 年交通运输学科共发表论文 76348 篇,其中有 2224 篇在当年获得过引用,总共被引 2677 次。

表 44-1 交通运输学科论文分布情况

年份	论文篇数	2014 年被引频次	2014 年被引率（%）	2014 年高被引论文			
				论文篇数	最高被引频次	总被引频次	篇均被引频次
2009	45539	13906	18.9	111	82	1070	9.64
2010	55871	17977	19.6	147	109	1460	9.93
2011	69455	19741	17.5	137	87	1322	9.65
2012	74414	17765	15.3	172	103	1346	7.83
2013	62362	14657	16.1	110	62	807	7.34
合计	307641	84046	17.3	677	109	6005	8.87

从交通运输学科论文的地域分布来看,2014 年被引频次较高的 5 个省、直辖市或自治区依次是北京、江苏、上海、陕西和湖北(图 44-1);5 年论文产出量较多的 5 个省、直辖市或自治区依次是北京、江苏、广东、上海和河北(图 44-2)。

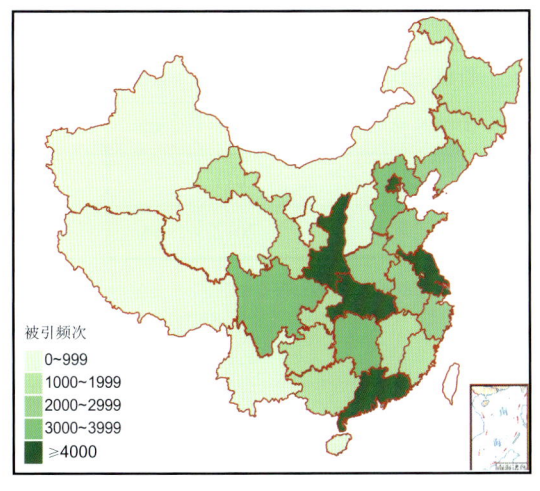
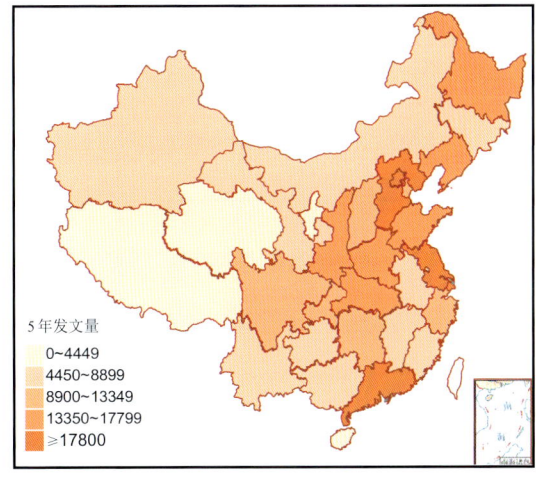

图 44-1　2014 年交通运输学科地区被引分布　　图 44-2　交通运输学科 5 年论文产出地区分布

44.2 高被引论文分析

在交通运输学科，2014 年被引频次位居前 10 位的论文（表 44-2）平均被引频次为 29.3 次，是全部 677 篇高被引论文篇均被引频次的 3.3 倍。其中，被引频次最高的论文是高赐威于 2011 年发表的《电动汽车充电对电网影响的综述》，随后 2 篇分别是杨云彪于 2009 年发表的《浅谈道路桥梁施工中应注意的问题》和俞建辉于 2010 年发表的《浅谈公路桥梁施工中预应力的应用及存在的问题》。

从论文分布来看，刊载高被引论文数量居前的 3 种期刊分别是《中国新技术新产品》（48 篇）、《黑龙江交通科技》（32 篇）和《黑龙江科技信息》（21 篇），而《中国新技术新产品》《中国高新技术企业》和《价值工程》刊载了高被引论文 TOP 10 中的 2 篇；发表高被引论文居前的 3 位学者分别是山东省公路建设（集团）有限公司的肖启涛（2 篇）、清华大学的陆化普（2 篇）和清华大学的李哲（2 篇）；产出高被引论文数量居前的 3 所机构分别是同济大学（23 篇）、西南交通大学（15 篇）和清华大学（13 篇），而贵州省公路工程集团有限公司产出了高被引论文 TOP 10 中的 1 篇。

表 44-2 交通运输学科高被引论文 TOP 10

序号	论文题名	第一作者	期刊名称	发表年份	被引频次 总频次	被引频次 2014 年
1	电动汽车充电对电网影响的综述	高赐威	电网技术	2011	166	53
2	浅谈道路桥梁施工中应注意的问题	杨云彪	中国高新技术企业	2009	114	34
3	浅谈公路桥梁施工中预应力的应用及存在的问题	俞建辉	中国高新技术企业	2010	97	30
4	浅析路桥施工中预应力技术的应用	金龙云	科技传播	2011	84	28
5	浅析如何加强市政道路工程施工质量	朱友良	工程与建设	2010	48	26
5	浅谈公路沥青路面施工技术	江玮	科技资讯	2010	78	26
7	浅析路桥施工中预应力技术的应用	刘伟	价值工程	2010	103	25
7	公路桥梁建筑项目现场施工管理之我见	姚元军	中国新技术新产品	2010	84	25
9	建筑工程质量监督管理及对策	任春刚	中国新技术新产品	2011	53	23
9	关于道路桥梁设计隐患问题的几点研究	齐心	价值工程	2012	54	23

44.3 研究主题关联分析

在交通运输学科，高被引论文累计被 2014 年发表的 4599 篇论文引用了 6005 次。通过分析施引文献关键词的词频及关键词之间的共现关系，获得 2014 年交通运输学科的热点主题和主题关联，如图 44-3 所示（共现 19 次以下不显示）。由图 44-3 可知："施工技术""质量控制""施工"等关键词的文档词频较高，是 2014 年学科的研究热点；以"施工技术""质量控制""公路桥梁"等关键词为主要节点的多个概念相互关联，构成了学科内最为突出的研究主题簇。

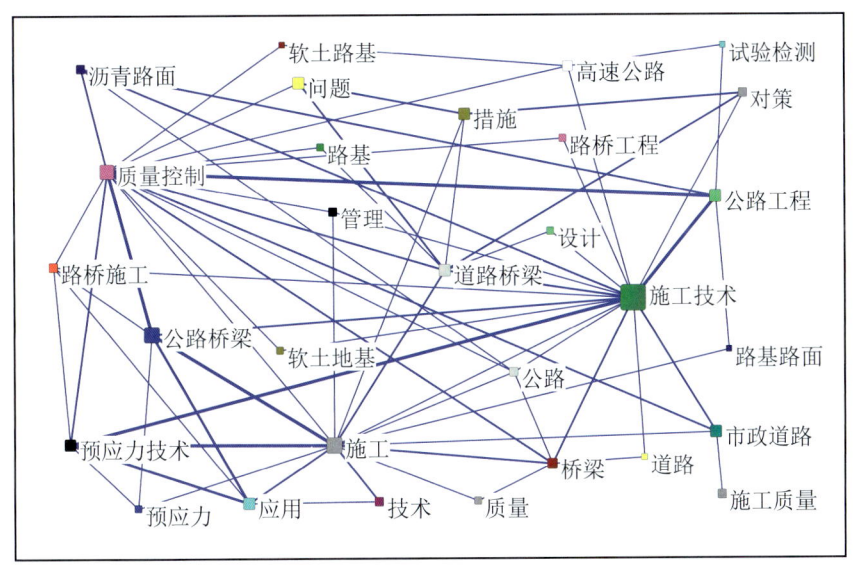

图 44-3　交通运输学科 2014 年热点主题关联

44.4 学科高影响力期刊分析

44.4.1 学科高影响力期刊 TOP 10

在交通运输学科，学科 5 年影响因子位居前 10 位的期刊见表 44-3，排在前 3 位的期刊分别是《江苏大学学报（自然科学版）》《铁道学报》和《交通运输工程学报》。在表 44-3 中，学科载文量占其总载文量比例最大的期刊是《中国公路学报》；前 5 年学科载文在 2014 年被引率最高的期刊是《江苏大学学报（自然科学版）》；期刊 5 年影响因子较高的前 3 种期刊分别是《交通运输工程学报》《中国铁道科学》和《现代隧道技术》；学科 5 年影响因子与期刊 5 年影响因子差异最大的期刊是《江苏大学学报（自然科学版）》。表 44-3 中期刊的学科 5 年影响因子和前 5 年学科载文的 2014 年被引率对比如图 44-4 所示，2009—2014 年期刊 5 年影响因子的变动情况如图 44-5 所示。

表 44-3　交通运输学科高影响力期刊基本指数

序号	期刊名称	前5年载文量			2014年学科被引			5年影响因子		h指数(学科)
		学科(篇)	占比(%)	总量(篇)	频次	被引率(%)	高被引论文篇数	期刊(2014)	学科(2014)	
1	江苏大学学报（自然科学版）	108	12.6	858	102	53.7	0	0.622	0.944	5
2	铁道学报	778	68.7	1132	728	45.2	6	0.837	0.936	6
3	交通运输工程学报	632	90.5	698	574	44.3	7	0.900	0.908	5
4	西南交通大学学报	362	35.8	1010	319	42.8	3	0.725	0.881	7
5	现代隧道技术	881	92.8	949	765	45.9	3	0.862	0.868	6
6	中国公路学报	845	98.8	855	730	43.6	7	0.862	0.864	7
7	中国铁道科学	803	93.3	861	693	43.6	6	0.868	0.863	7
8	桥梁建设	773	95.4	810	666	45.7	5	0.844	0.862	7
9	城市交通	450	91.5	492	383	36.2	9	0.829	0.851	7
10	同济大学学报（自然科学版）	562	28.9	1945	476	46.6	4	0.690	0.847	7

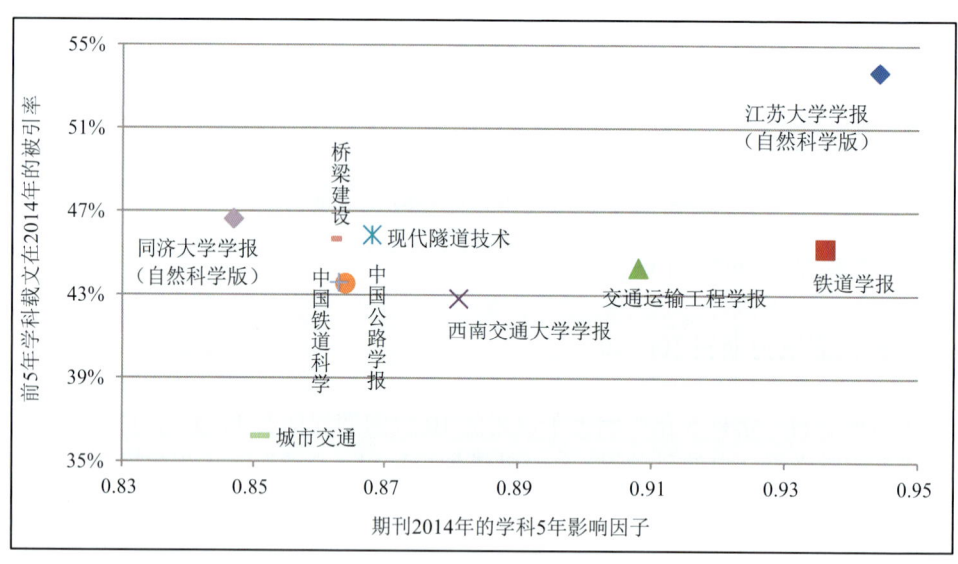

图 44-4　交通运输学科高影响力期刊对比

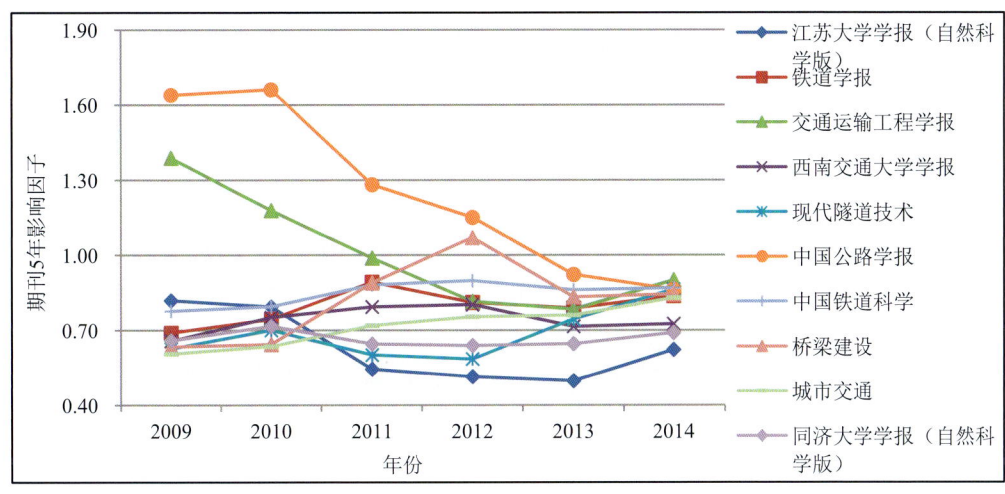

图 44-5　交通运输学科期刊 5 年影响因子变动

44.4.2　学科高影响力期刊载文主题关联

通过期刊共被引分析，获得交通运输学科高影响力期刊及与其他期刊之间的载文主题关联，如图 44-6 所示（共被引 7 次以下不显示）。结果显示，交通运输学科的高影响力期刊相互链接较为紧密，基本主导了该学科的期刊共被引网络，显示出该学科高影响力期刊可能共同刊载了许多相近的研究主题，热点研究主题分散在多种期刊上。《铁道学报》的学科 5 年影响因子较高，显示出该刊在学科内学术影响力较大；《交通运输研究》与《黑龙江交通科技》、《铁道学报》与《中国铁道科学》等期刊之间的链接较强，意味着它们之间可能分别有较多相同或相近的载文主题。

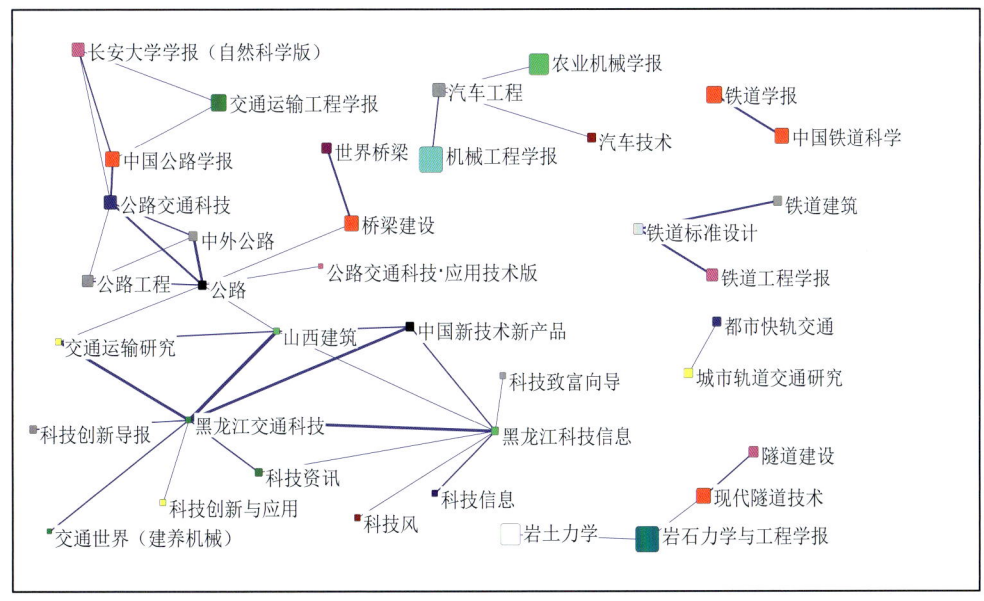

图 44-6　交通运输学科高影响力期刊载文主题关联

44.5 高被引作者分析

44.5.1 高被引作者 TOP 20

2009—2013 年,在 262856 位交通运输学科论文的第一作者中,在 2014 年学科被引频次位居前 20 位的学者的发文及被引情况见表 44-4。其中,学科发文总被引频次较高的 3 位作者分别是东南大学的高赐威(53 次)、哈尔滨工程大学的孙枫(53 次)和长安大学的王春生(45 次)。高被引作者的 5 年学科发文数量从 1 篇到 50 篇不等,同时,作者学科发文的期刊分布也在 1 种到 19 种之间变化。在发文超过 5 篇的所有作者中,篇均被引较高的 3 位作者分别是中国汽车工程研究院股份有限公司的马鸣图(篇均 5.50 次)、河北大学的李松(篇均 4.50 次)和西南交通大学的张卫华(篇均 3.60 次);前 5 年发表学科论文较多的 3 位作者分别是重庆大学的徐中明(50 篇)、珠江水运杂志社的陈小玲(50 篇)和《专用汽车》编辑部的张筱梅(46 篇)。高被引作者的学科发文量和被引量对比如图 44-7 所示。

表 44-4 交通运输学科高被引作者 TOP 20

序号	姓名	作者单位	前 5 年发文			前 5 年学科发文在 2014 年的被引				h 指数(学科)
			学科发文(篇)	期刊分布(种)	发文总量(篇)	总频次	被引率(%)	最高(次)	篇均(次)	
1	高赐威	东南大学	1	1	18	53	100.0	53	53.00	6
1	孙枫	哈尔滨工程大学	22	8	30	53	77.3	9	2.41	4
3	王春生	长安大学	18	10	19	45	72.2	11	2.50	4
4	陆化普	清华大学	20	12	24	36	30.0	11	1.80	4
4	徐中明	重庆大学	50	16	54	36	40.0	6	0.72	3
6	谭忆秋	哈尔滨工业大学	38	15	39	35	44.7	4	0.92	3
7	杨云彪	广东省第五建筑工程有限公司	1	1	2	34	100.0	34	34.00	1
7	秦大同	重庆大学	19	7	35	34	47.4	7	1.79	4
9	马鸣图	中国汽车工程研究院股份有限公司	6	4	12	33	83.3	19	5.50	3
10	吴光强	同济大学	14	6	18	31	71.4	7	2.21	3
11	俞建辉	浙江天一交通建设有限公司	1	1	1	30	100.0	30	30.00	1
11	李永乐	西南交通大学	45	19	54	30	37.8	3	0.67	3
13	李哲	清华大学	2	2	11	29	100.0	15	14.50	3
13	项贻强	浙江大学	26	16	32	29	50.0	9	1.12	3
15	金龙云	珲春边境经济合作区基础设施投资有限公司	1	1	3	28	100.0	28	28.00	1

序号	姓名	作者单位	前5年发文			前5年学科发文在2014年的被引			h指数(学科)
			学科发文（篇）	期刊分布（种）	发文总量（篇）	总频次	被引率（%）	最高（次）	篇均（次）	
16	李鹏飞	北京交通大学	10	5	17	27	80.0	8	2.70	3
16	李松	河北大学	6	4	13	27	66.7	15	4.50	3
16	郭孔辉	吉林大学	27	11	29	27	51.9	8	1.00	2
19	江玮	江西省上饶市公路管理局婺源分局	1	1	1	26	100.0	26	26.00	1
19	朱友良	安徽水利开发股份有限公司	3	3	3	26	33.3	26	8.67	1

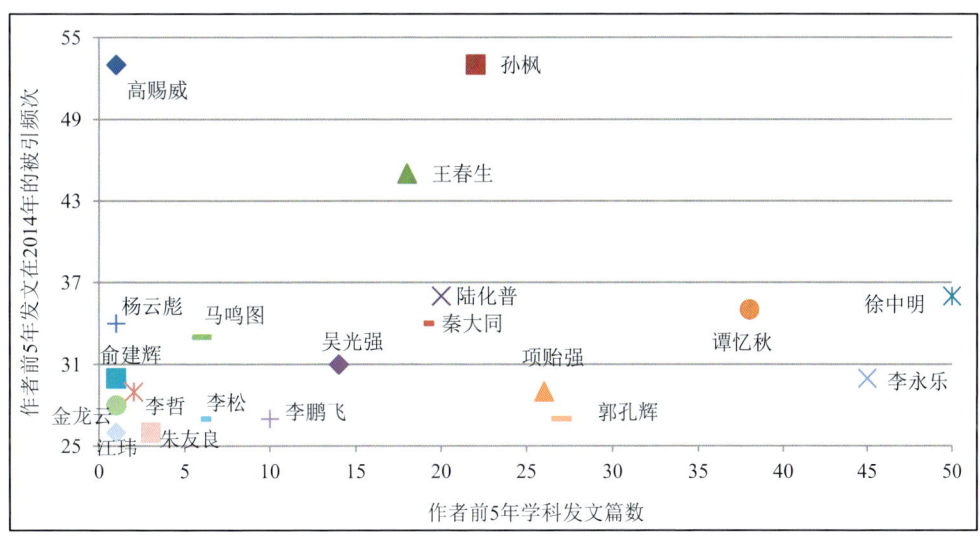

图44-7 交通运输学科高被引作者学科发文及被引对比

44.5.2 高被引作者科研合作关系

通过作者合著分析，获得2014年交通运输学科高被引作者及与其他学者之间的科研论文合作关系（不考虑论文署名次序），如图44-8所示（合著3次以下不显示）。可以看出，交通运输学科的高被引作者的论文合作现象比较普遍。学者徐中明、李永乐和谭忆秋的发文量较多；秦大同的论文合作网络最为突出，在该学科的研究人员中表现出一定的集聚效应；徐中明和张志飞、贺岩松等学者之间的合作关系最为紧密，显示出他们可能属于同一支科研团队。

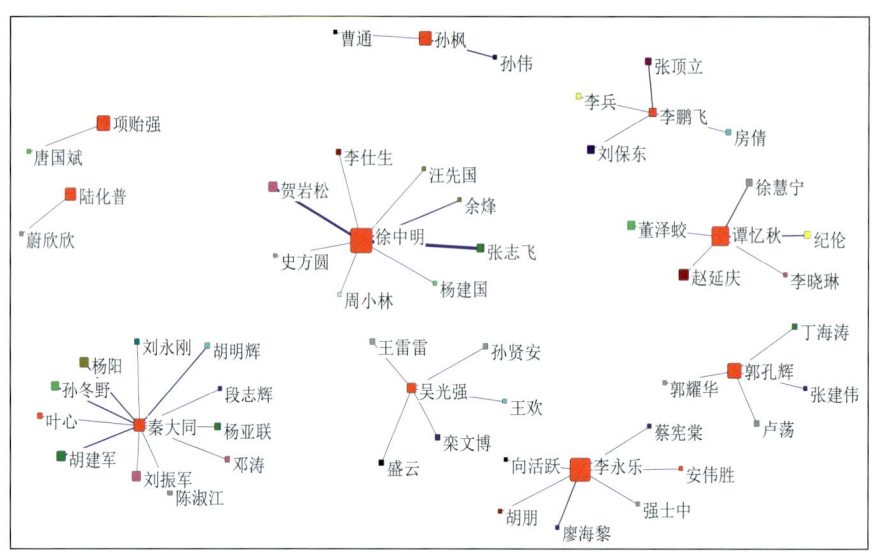

图 44-8　交通运输学科高被引作者科研论文合作关系

44.5.3　高被引作者发文主题关联

通过作者共被引分析，获得 2014 年交通运输学科高被引作者及与其他学者之间的发文主题关联（见图 44-9，共被引 4 次以下不显示）。如图 44-9 所示，交通运输学科的高被引作者基本主导了作者共被引网络，显示出该学科在热点主题上已经形成了优势较为明显的科研力量。学者高赐威和孙枫节点较大，显示出他们的学术成果在学科内得到较多关注；江玮与肖友高、朱友良与张建中等学者之间的链接较强，意味着他们之间可能分别有较为相近的研究主题；以王春生、秦大同等学者为主要节点的共被引作者簇人数较多且初具规模，意味着这些学者的研究主题关联可能较为紧密。

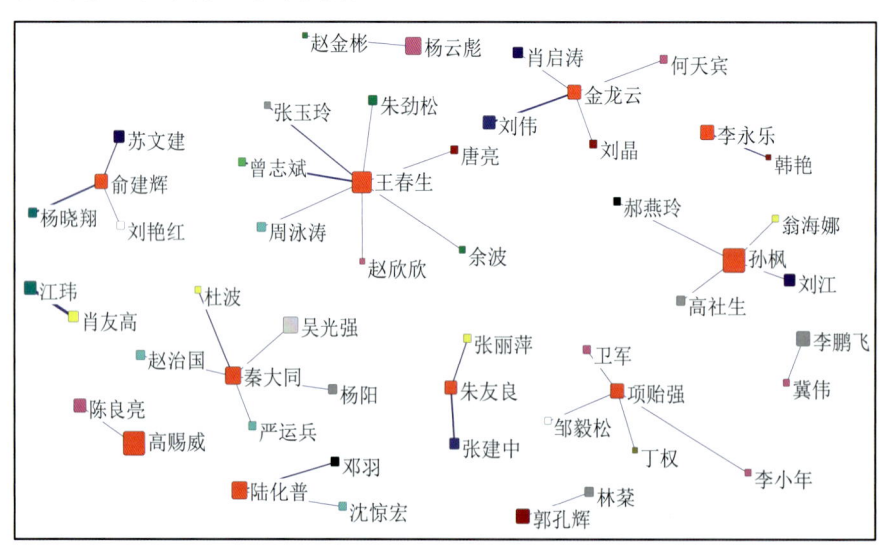

图 44-9　交通运输学科高被引作者发文主题关联

44.6 高被引机构分析

44.6.1 高被引机构

为便于比较，本书将交通运输学科的高被引机构分为高等院校和科研院所两种类型。其中，被引频次 TOP 10 高等院校和被引频次 TOP 5 科研院所的发文及被引情况分别见表 44-5 和表 44-6。其中，总被引频次较高的 3 所高等院校分别是同济大学、西南交通大学和长安大学，中国铁道科学研究院、山西省交通科学研究院和交通运输部公路科学研究院是总被引频次较高的 3 所科研院所；前 5 年学科发文在 2014 年的被引率最高的高等院校和科研院所分别是吉林大学和中国船舶科学研究中心，篇均被引最高的高等院校和科研院所分别是吉林大学和中国船舶科学研究中心。上述高被引机构的论文被引率和篇均被引频次对比如图 44-10 所示。

表 44-5 交通运输学科高被引高等院校 TOP 10

序号	第一作者单位	学科发文量（篇）		前 5 年学科发文在 2014 年的被引			
		前 5 年	2014 年	频次	被引率(%)	最高（次）	篇均（次）
1	同济大学	4087	670	2231	30.4	15	0.55
2	西南交通大学	4460	829	2084	26.8	12	0.47
3	长安大学	4348	844	1937	26.2	11	0.45
4	北京交通大学	2981	482	1682	32.1	12	0.56
5	东南大学	1681	216	1053	34.0	53	0.62
6	重庆交通大学	2976	620	894	20.4	8	0.30
7	武汉理工大学	2024	277	765	24.5	8	0.38
8	中南大学	1301	173	723	32.3	10	0.56
9	吉林大学	1134	174	715	34.9	10	0.63
10	长沙理工大学	1719	326	691	25.1	7	0.40

表 44-6 交通运输学科高被引科研院所 TOP 5

序号	第一作者单位	学科发文量（篇）		前 5 年学科发文在 2014 年的被引			
		前 5 年	2014 年	频次	被引率(%)	最高（次）	篇均（次）
1	中国铁道科学研究院	889	172	286	16.8	13	0.32
2	山西省交通科学研究院	875	221	208	16.3	9	0.24
3	交通运输部公路科学研究院	605	92	226	23.0	8	0.37
4	中国船舶科学研究中心	278	50	152	36.3	6	0.55
5	浙江省交通规划设计研究院	315	49	102	21.3	6	0.32

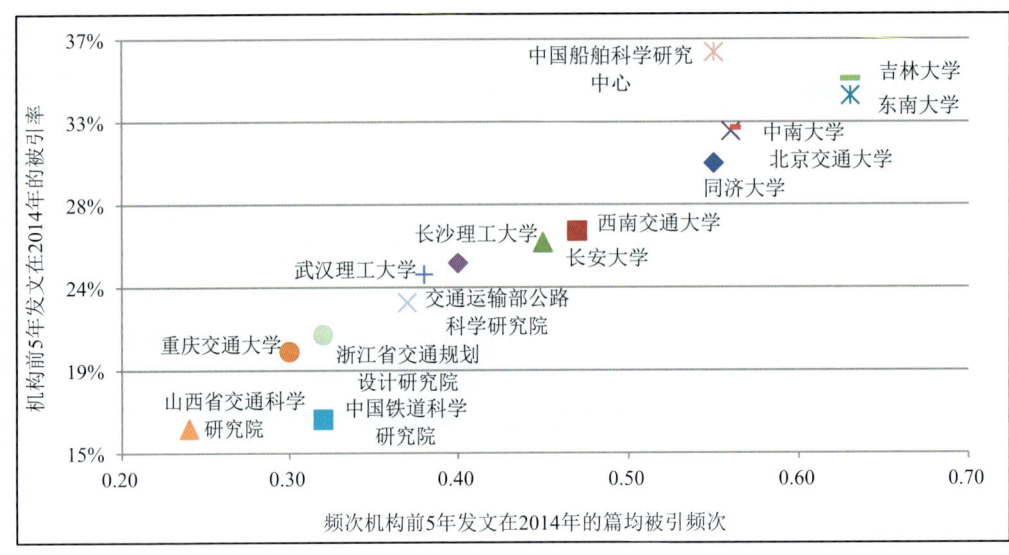

图 44-10　交通运输学科高被引机构论文篇均被引及被引率对比

44.6.2　高被引机构科研合作关系

通过合著分析，获得交通运输学科高被引机构之间及其与其他机构之间的科研合作关联，如图 44-11 所示（合作 56 次以下不显示）。分析得知，交通运输学科的机构合作链接比较紧密，说明学科内不同机构合作较为紧密；高被引机构基本主导了机构共被引网络，显示出这些机构已经在学科内具有了一定的科研优势。吉林大学和中国第一汽车集团公司、重庆交通大学和招商局重庆交通科研设计院有限公司等机构之间的链接较强，显示出它们的科研合作较为频繁。

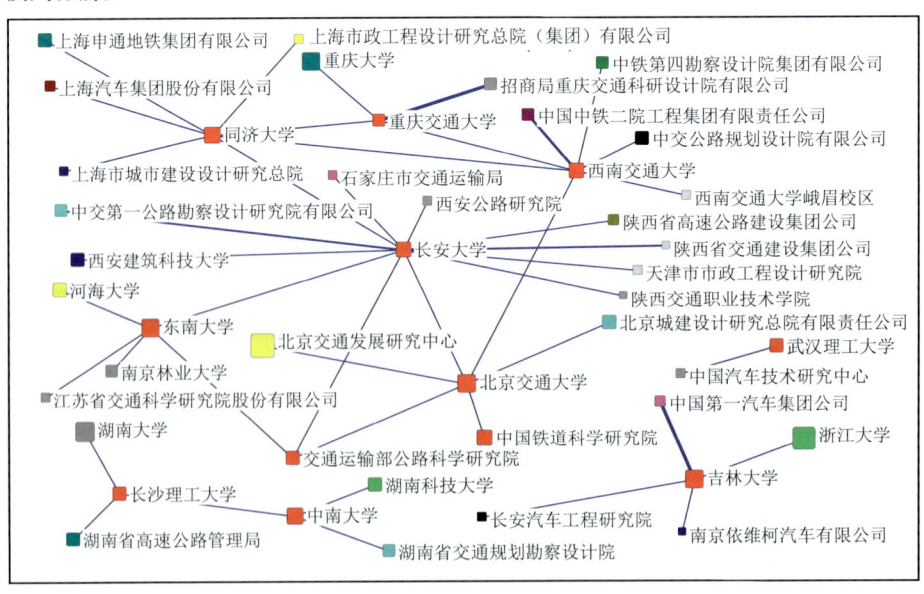

图 44-11　交通运输学科高被引机构科研合作关联

44.7 高被引图书、国外期刊及学术会议

2014 年,交通运输学科被引频次位居前 10 位的图书及国外期刊见表 44-7 和表 44-8。其中,被引次数较多的 3 种图书分别是余志生的《汽车理论》、范立础的《桥梁工程》和沈金安的《桥梁工程》;被引次数较多的 3 种国外期刊分别是《Journal of Sound and Vibration》《Vehicle System Dynamics》和《Transportation Research Part B:Methodological》;被引次数较多的 3 场学术会议分别是"Proceedings of the American Control Conference""Offshore Technology Conference"和"Proceedings of IEEE Intelligent Vehicles Symposium"。

表 44-7 交通运输学科高被引图书 TOP 10

序号	责任者	图书名称	出版社	2014 年被引频次
1	余志生	汽车理论	机械工业出版社	398
2	范立础	桥梁工程	人民交通出版社	183
3	沈金安	沥青及沥青混合料路用性能	人民交通出版社	120
4	周水兴	路桥施工计算手册	人民交通出版社	111
5	沙庆林	高速公路沥青路面早期破坏现象及预防	人民交通出版社	101
6	王望予	汽车设计	机械工业出版社	100
7	项海帆	高等桥梁结构理论	人民交通出版社	98
8	邓学钧	路基路面工程	人民交通出版社	96
9	王新敏	ANSYS 工程结构数值分析	人民交通出版社	95
10	姚玲森	桥梁工程	人民交通出版社	92

表 44-8 交通运输学科高被引国外期刊 TOP 10

序号	期刊名称	2014 年被引频次
1	Journal of Sound and Vibration	713
2	Vehicle System Dynamics	607
3	Transportation Research Part B:Methodological	572
4	Transportation Research Record	465
5	Journal of Structural Engineering	444
6	Engineering Structures	440
7	Tunnelling and Underground Space Technology	438
8	Accident Analysis & Prevention	394
9	Journal of Transportation Engineering	359
10	Journal of Wind Engineering & Industrial Aerodynamics	347

第 45 章 航空、航天学科高被引分析

45.1 学科论文概况

2009—2013 年,航空、航天学科共有 37031 位来自 5288 所机构的论文第一作者在 1959 种期刊上发表了 45609 篇学术论文。其中,80%以上的论文产出自 1565 所机构、28719 位作者,发表在 154 种期刊上。在前 5 年发表的这些论文中,有 11060 篇在 2014 年获得过引用,整体被引率为 24.2%,总被引频次为 17461 次,篇均被引 0.38 次;其中,高被引论文有 136 篇,单篇论文最高被引频次为 18 次,累计被引 950 次,篇均被引 6.99 次(表 45-1)。另外,2014 年航空、航天学科共发表论文 9686 篇,其中有 284 篇在当年获得过引用,总共被引 321 次。

表 45-1 航空、航天学科论文分布情况

年份	论文篇数	2014 年被引频次	2014 年被引率(%)	2014 年高被引论文			
				论文篇数	最高被引频次	总被引频次	篇均被引频次
2009	6668	2916	27.8	23	15	167	7.26
2010	7948	3681	28.6	28	11	184	6.57
2011	10095	4016	24.3	35	18	256	7.31
2012	11668	4124	22.3	32	11	210	6.56
2013	9230	2724	20.4	18	9	133	7.39
合计	45609	17461	24.2	136	18	950	6.99

从航空、航天学科论文的地域分布来看,2014 年被引频次较高的 5 个省、直辖市或自治区依次是北京、陕西、江苏、吉林和黑龙江(图 45-1);5 年论文产出量较多的 5 个省、直辖市或自治区依次是北京、陕西、江苏、上海和四川(图 45-2)。

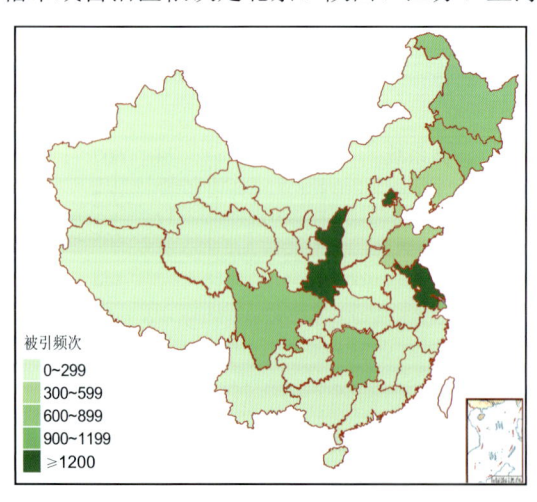
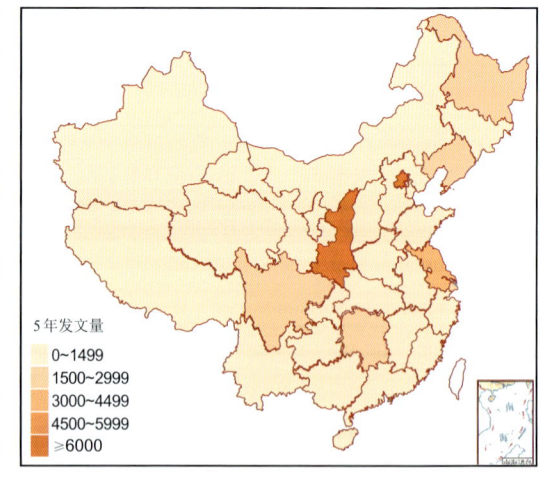

图 45-1 2014 年航空、航天学科地区被引分布　　图 45-2 航空、航天学科 5 年论文产出地区分布

45.2 高被引论文分析

在航空、航天学科，2014 年被引频次位居前 10 位的论文（表 45-2）平均被引频次为 11 次，是全部 136 篇高被引论文篇均被引频次的 1.6 倍。其中，被引频次最高的论文是张进于 2009 年发表的《空中交通管理中的复杂性研究》，随后 3 篇分别是黄琳于 2011 年发表的《近空间高超声速飞行器对控制科学的挑战》、黄张洪于 2011 年发表的《航空用钛及钛合金的发展及应用》和薛旭成于 2011 年发表的《空间遥感相机 TDI CCD 积分级数和增益的优化设置》。

从论文分布来看，刊载高被引论文数量居前的 3 种期刊分别是《航空学报》（19 篇）、《光学精密工程》（11 篇）和《航空动力学报》（7 篇），而《光学精密工程》刊载了高被引论文 TOP 10 中的 2 篇；发表高被引论文居前的 3 位学者分别是中国空间技术研究院的王家胜（2 篇）、中国科学院长春光学精密机械与物理研究所的薛旭成（2 篇）和北京航空工程技术研究中心的陈群志（2 篇）；产出高被引论文数量居前的 3 所机构分别是中国科学院长春光学精密机械与物理研究所（18 篇）、南京航空航天大学（12 篇）和北京航空航天大学（11 篇），而南京航空航天大学产出了高被引论文 TOP 10 中的 3 篇。

表 45-2 航空、航天学科高被引论文 TOP 10

序号	论文题名	第一作者	期刊名称	发表年份	被引频次 总频次	2014 年
1	空中交通管理中的复杂性研究	张进	航空学报	2009	32	13
2	近空间高超声速飞行器对控制科学的挑战	黄琳	控制理论与应用	2011	27	12
3	航空用钛及钛合金的发展及应用	黄张洪	材料导报	2011	24	12
3	空间遥感相机 TDI CCD 积分级数和增益的优化设置	薛旭成	光学精密工程	2011	24	12
5	空间相机 1 m 口径反射镜组件结构设计	徐宏	光学精密工程	2013	17	11
5	基于互补滤波器的四旋翼飞行器姿态解算	梁延德	传感器与微系统	2011	24	11
7	载人航天交会对接技术	周建平	载人航天	2011	17	10
7	振动信号处理方法综述	李舜酩	仪器仪表学报	2013	21	10
7	变循环发动机部件级建模技术	苟学中	航空动力学报	2013	17	10
10	先进材料在战斗机发动机上的应用与研究趋势	梁春华	航空材料学报	2012	14	9

45.3 研究主题关联分析

在航空、航天学科,高被引论文累计被 2014 年发表的 860 篇论文引用了 950 次。通过分析施引文献关键词的词频及关键词之间的共现关系,获得 2014 年航空、航天学科的热点主题和主题关联,如图 45-3 所示(共现 4 次以下不显示)。由图 45-3 可知:"太阳模拟器""空间相机""有限元分析"等关键词的文档词频较高,是 2014 年学科的研究热点;以"制导与控制""飞行控制"等关键词为主要节点的多个概念相互关联,构成了学科内最为突出的研究主题簇。

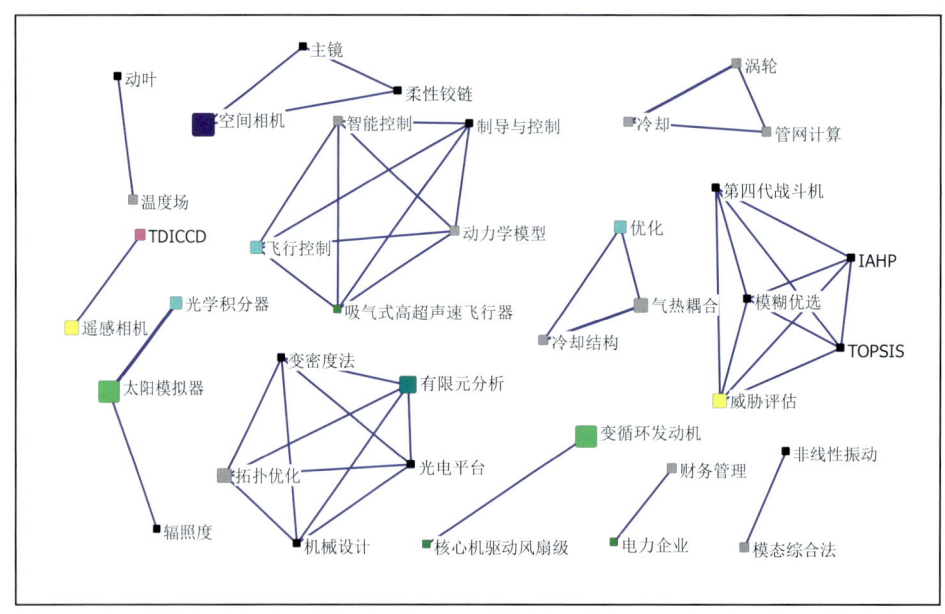

图 45-3 航空、航天学科 2014 年热点主题关联

45.4 学科高影响力期刊分析

45.4.1 学科高影响力期刊 TOP 10

在航空、航天学科,学科 5 年影响因子位居前 10 位的期刊见表 45-3,排在前 3 位的期刊分别是《航空学报》《宇航学报》和《中国航空学报(英文版)》。在表 45-3 中,学科载文量占其总载文量比例最大的期刊是《航空学报》;前 5 年学科载文在 2014 年被引率最高的期刊是《航空学报》;期刊 5 年影响因子较高的前 3 种期刊分别是《航空学报》《宇航学报》和《中国航空学报(英文版)》;学科 5 年影响因子与期刊 5 年影响因子差异最大的期刊是《航空电子技术》。表 45-3 中期刊的学科 5 年影响因子和前 5 年学科载文的 2014 年被引率对比如图 45-4 所示,2009—2014 年期刊 5 年影响因子的变动情况如图 45-5 所示。

表 45-3 航空、航天学科高影响力期刊基本指数

序号	期刊名称	前5年载文量			2014年学科被引			5年影响因子		h 指数 (学科)
		学科（篇）	占比（%）	总量（篇）	频次	被引率（%）	高被引论文篇数	期刊(2014)	学科(2014)	
1	航空学报	1727	90.7	1904	1418	44.1	19	0.836	0.821	7
2	宇航学报	1013	52.8	1919	771	41.6	7	0.728	0.761	6
3	中国航空学报（英文版）	419	59.5	704	286	41.8	2	0.642	0.683	5
4	航空电子技术	40	15.2	264	27	32.5	0	0.333	0.675	4
5	航空动力学报	2197	88.6	2480	1152	31.9	7	0.539	0.524	7
6	航天返回与遥感	275	59.3	464	144	32.0	0	0.554	0.524	4
7	南京航空航天大学学报	373	38.0	983	191	32.7	0	0.533	0.512	5
8	航天器工程	743	78.5	946	350	26.1	5	0.422	0.471	5
9	北京航空航天大学学报	757	38.6	1963	355	30.0	2	0.447	0.469	5
10	空军工程大学学报（自然科学版）	186	26.2	709	85	26.3	1	0.417	0.457	5

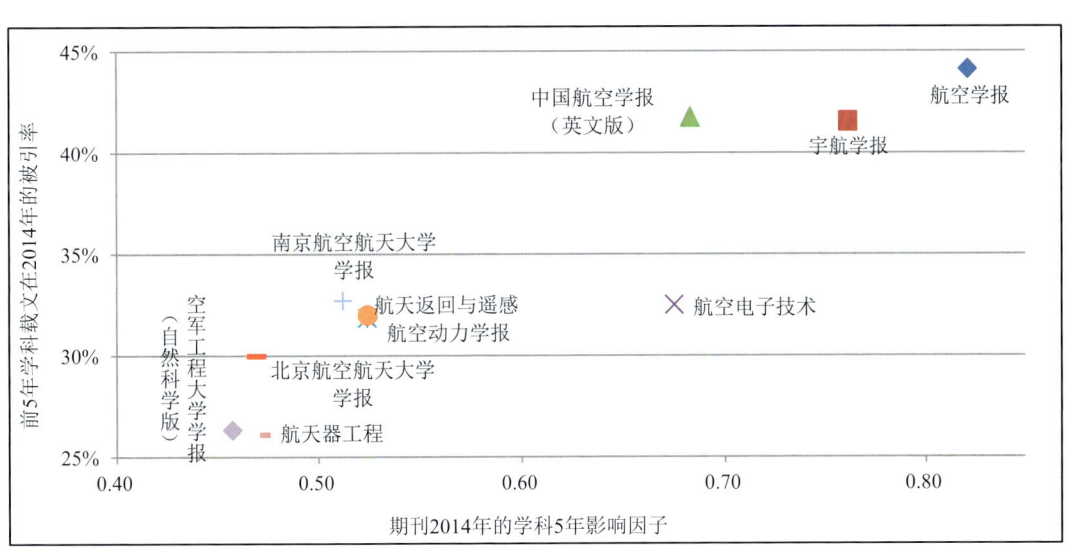

图 45-4 航空、航天学科高影响力期刊对比

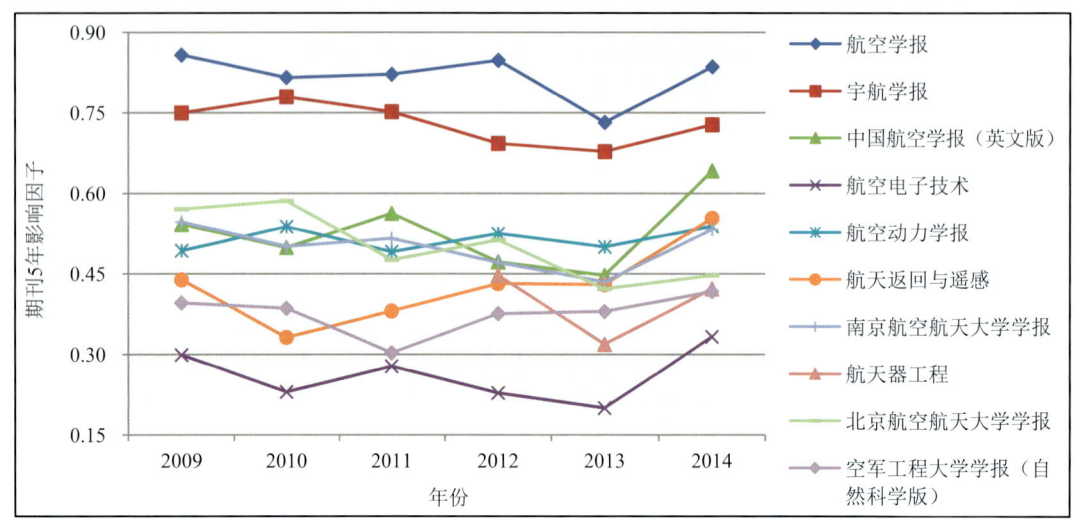

图 45-5　航空、航天学科期刊 5 年影响因子变动

45.4.2　学科高影响力期刊载文主题关联

通过期刊共被引分析，获得航空、航天学科高影响力期刊及与其他期刊之间的载文主题关联，如图 45-6 所示（共被引 11 次以下不显示）。结果显示，航空、航天学科的高影响力期刊相互链接较为紧密，基本主导了该学科的期刊共被引网络，显示出该学科高影响力期刊可能共同刊载了许多相近的研究主题，热点研究主题分散在多种期刊上。《航空学报》的学科 5 年影响因子较高，显示出该刊在学科内学术影响力较大；《航空动力学报》与《推进技术》《航空学报》等期刊之间的链接较强，意味着它们之间可能有较多相同或相近的载文主题。

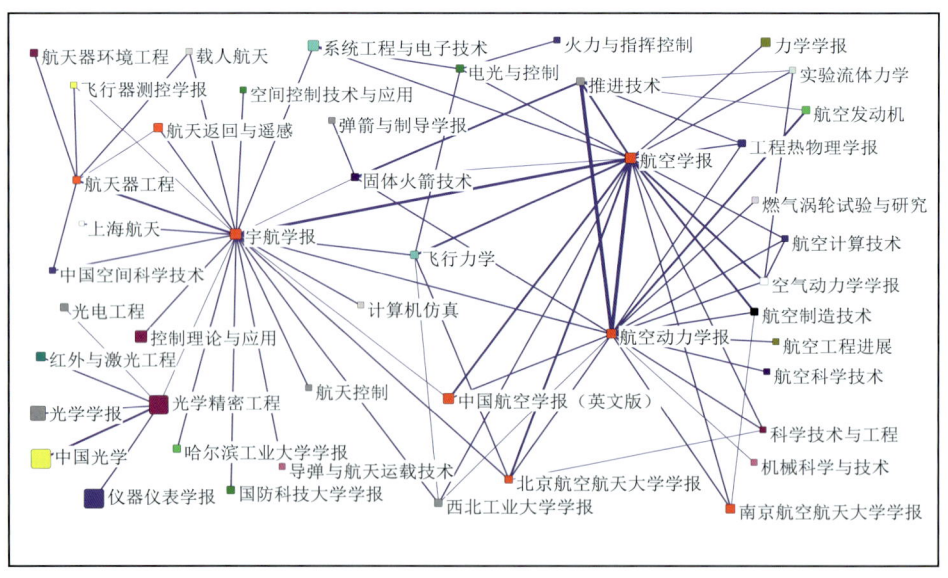

图 45-6　航空、航天学科高影响力期刊载文主题关联

45.5 高被引作者分析

45.5.1 高被引作者 TOP 20

2009—2013 年，在 37031 位航空、航天学科论文的第一作者中，在 2014 年学科被引频次位居前 20 位的学者的发文及被引情况见表 45-4。其中，学科发文总被引频次较高的 3 位作者分别是中国科学院长春光学精密机械与物理研究所的薛旭成（22 次）、中国民航大学的徐肖豪（19 次）和北京航空航天大学的王海涌（19 次）。高被引作者的 5 年学科发文数量从 3 篇到 20 篇不等，同时，作者学科发文的期刊分布也在 2 种到 9 种之间变化。在发文超过 5 篇的所有作者中，篇均被引较高的 3 位作者分别是中国空间技术研究院的王家胜（篇均 3.00 次）、中国科学院长春光学精密机械与物理研究所的佟刚（篇均 2.80 次）和北京航空航天大学的王海涌（篇均 2.71 次）；前 5 年发表学科论文较多的 3 位作者分别是中国民航大学的王莉莉（20 篇）、西北工业大学的白俊强（19 篇）和北京航空航天大学的李惠峰（19 篇）。高被引作者的学科发文量和被引量对比如图 45-7 所示。

表 45-4　航空、航天学科高被引作者 TOP 20

序号	姓名	作者单位	前 5 年发文			前 5 年学科发文在 2014 年的被引				h 指数（学科）
			学科发文（篇）	期刊分布（种）	发文总量（篇）	总频次	被引率（%）	最高（次）	篇均（次）	
1	薛旭成	中国科学院长春光学精密机械与物理研究所	3	2	8	22	100.0	12	7.33	3
2	徐肖豪	中国民航大学	12	7	14	19	58.3	4	1.58	3
2	王海涌	北京航空航天大学	7	3	11	19	85.7	9	2.71	2
4	李惠峰	北京航空航天大学	16	3	17	18	62.5	4	1.12	3
4	梁春华	中航工业沈阳发动机设计研究所	12	3	14	18	66.7	4	1.50	2
6	南向军	南京航空航天大学	7	4	7	17	85.7	6	2.43	3
6	武星星	中国科学院长春光学精密机械与物理研究所	9	3	10	17	55.6	5	1.89	2
8	郭军	空军工程大学	6	5	5	16	83.3	5	2.67	3
8	张进	南京航空航天大学	3	3	8	16	66.7	13	5.33	2
8	周军	西北工业大学	12	5	22	16	50.0	4	1.33	3
8	邓四二	河南科技大学	6	3	9	16	50.0	8	2.67	3
12	王家胜	中国空间技术研究院	5	2	6	15	60.0	7	3.00	3
12	王莉莉	中国民航大学	20	9	23	15	35.0	4	0.75	2
12	赵嶷飞	中国民航大学	18	7	24	15	50.0	4	0.83	3

序号	姓名	作者单位	前5年发文			前5年学科发文在2014年的被引				h指数(学科)
			学科发文（篇）	期刊分布（种）	发文总量（篇）	总频次	被引率（%）	最高（次）	篇均（次）	
12	张雷	中国科学院长春光学精密机械与物理研究所	8	3	12	15	75.0	3	1.88	3
12	张建平	南京航空航天大学	6	3	6	15	50.0	6	2.50	3
12	肖冰松	空军工程大学	7	3	8	15	57.1	6	2.14	3
18	辛宏伟	中国科学院长春光学精密机械与物理研究所	4	3	4	14	75.0	7	3.50	2
18	张兆宁	中国民航大学	11	6	18	14	72.7	3	1.27	3
18	佟刚	中国科学院长春光学精密机械与物理研究所	5	3	8	14	80.0	4	2.80	3

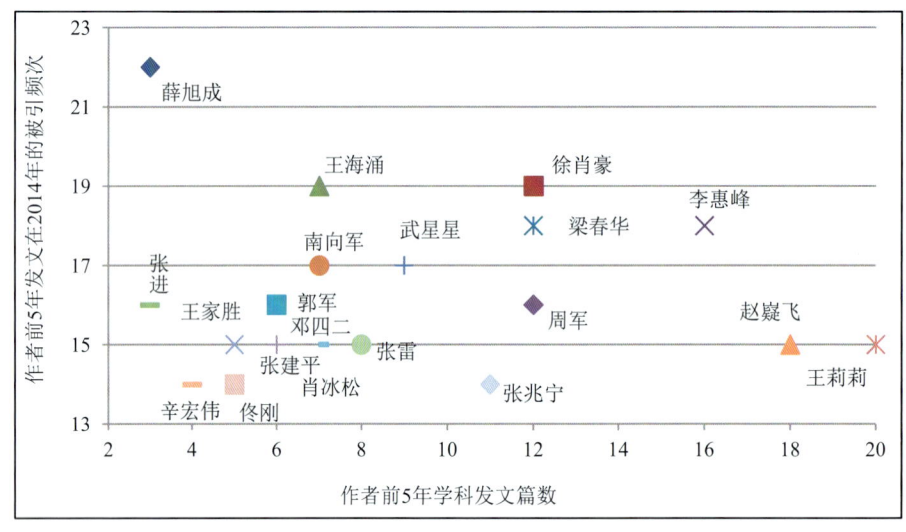

图 45-7 航空、航天学科高被引作者学科发文及被引对比

45.5.2 高被引作者科研合作关系

通过作者合著分析，获得 2014 年航空、航天学科高被引作者及与其他学者之间的科研论文合作关系（不考虑论文署名次序），如图 45-8 所示（合著 3 次以下不显示）。可以看出，航空、航天学科的高被引作者的论文合作现象比较普遍。学者王莉莉和赵嶷飞的发文量较多；周军的论文合作网络最为突出，在该学科的研究人员中表现出一定的集聚效应；周军和郭建国、刘莹莹等学者之间的合作关系较为紧密，显示出他们可能属于同一支科研团队。

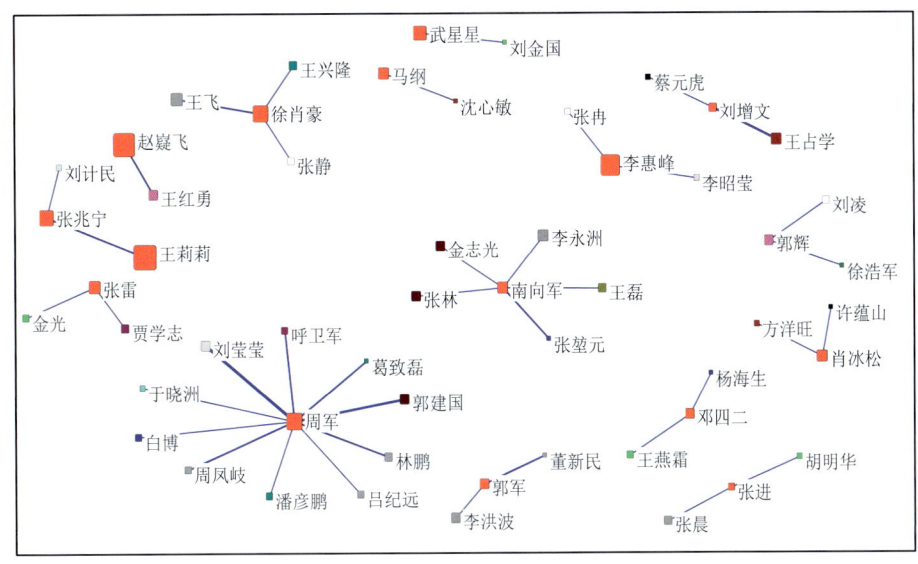

图 45-8　航空、航天学科高被引作者科研论文合作关系

45.5.3　高被引作者发文主题关联

通过作者共被引分析，获得 2014 年航空、航天学科高被引作者及与其他学者之间的发文主题关联（见图 45-9，共被引 3 次以下不显示）。如图 45-9 所示，航空、航天学科的高被引作者基本主导了作者共被引网络，显示出该学科在热点主题上已经形成了优势较为明显的科研力量。学者薛旭成和徐肖豪的节点较大，显示出他们的学术成果在学科内得到较多关注；邓四二与李伟雄等学者之间的链接较强，意味着他们之间可能有较为相近的研究主题；武星星、薛旭成和辛宏伟等学者为主要节点的共被引作者簇人数较多且网络规模较大，意味着这些学者的研究主题关联可能较为紧密。

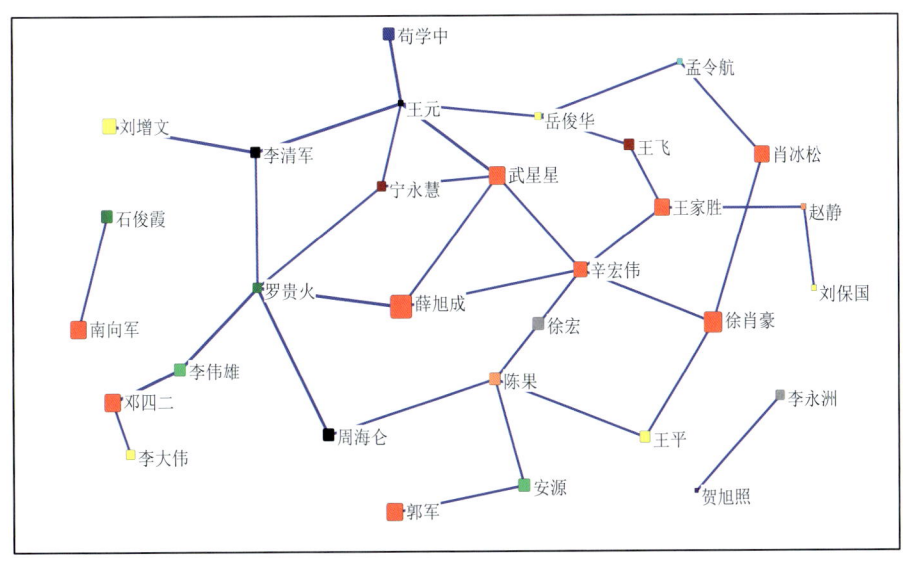

图 45-9　航空、航天学科高被引作者发文主题关联

45.6 高被引机构分析

45.6.1 高被引机构

为便于比较，本书将航空、航天学科的高被引机构分为高等院校和科研院所两种类型。其中，被引频次TOP 10高等院校和被引频次TOP 5科研院所的发文及被引情况分别见表45-5和表45-6。其中，总被引频次较高的3所高等院校分别是西北工业大学、北京航空航天大学和南京航空航天大学，中国科学院长春光学精密机械与物理研究所、中国空气动力研究与发展中心和中国空间技术研究院是总被引频次较高的3所科研院所；前5年学科发文在2014年的被引率最高的高等院校和科研院所分别是清华大学和中国科学院长春光学精密机械与物理研究所，篇均被引最高的高等院校和科研院所分别是清华大学和中国科学院长春光学精密机械与物理研究所。上述高被引机构的论文被引率和篇均被引频次对比如图45-10所示。

表45-5 航空、航天学科高被引高等院校 TOP 10

序号	第一作者单位	学科发文量（篇）		前5年学科发文在2014年的被引			
		前5年	2014年	频次	被引率(%)	最高(次)	篇均(次)
1	西北工业大学	4813	717	1930	26.2	9	0.40
2	北京航空航天大学	3664	511	1821	30.9	9	0.50
3	南京航空航天大学	3016	535	1575	31.4	13	0.52
4	哈尔滨工业大学	1235	135	622	31.7	8	0.50
5	国防科学技术大学	1322	143	573	27.4	7	0.43
6	空军工程大学	1286	236	545	24.6	8	0.42
7	中国民航大学	683	194	248	21.1	9	0.36
8	北京理工大学	521	114	235	29.0	8	0.45
9	中国人民解放军海军航空工程学院	555	92	204	23.6	6	0.37
10	清华大学	309	46	179	32.7	6	0.58

表45-6 航空、航天学科高被引科研院所 TOP 5

序号	第一作者单位	学科发文量（篇）		前5年学科发文在2014年的被引			
		前5年	2014年	频次	被引率(%)	最高(次)	篇均(次)
1	中国科学院长春光学精密机械与物理研究所	581	113	679	46.3	12	1.17
2	中国空气动力研究与发展中心	400	77	174	26.5	6	0.44
3	中国空间技术研究院	383	101	166	27.9	7	0.43
4	上海飞机设计研究院	802	160	141	14.5	3	0.18
5	中航工业沈阳发动机设计研究所	301	79	120	23.9	9	0.40

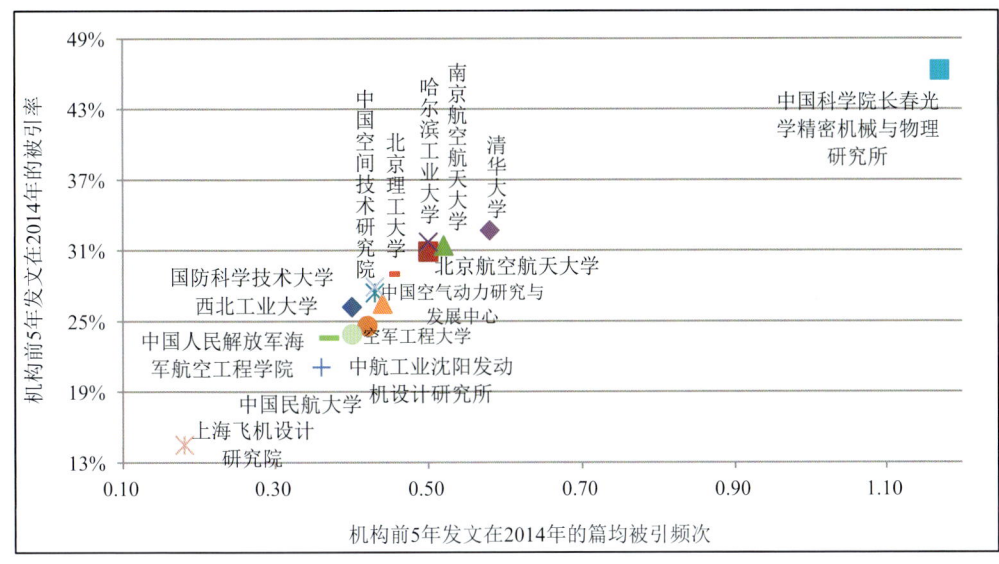

图 45-10　航空、航天学科高被引机构论文篇均被引及被引率对比

45.6.2　高被引机构科研合作关系

通过合著分析，获得航空、航天学科高被引机构之间及其与其他机构之间的科研合作关联，如图 45-11 所示（合作 50 次以下不显示）。分析得知，航空、航天学科的机构合作链接比较紧密，说明学科内各个机构的合作较为普遍；高被引机构基本主导了机构合作网络，显示出这些机构已经在学科内具有了一定的科研优势。中航工业沈阳发动机设计研究所和北京航空航天大学、南京航空航天大学和中国燃气涡轮研究院等机构之间的链接较强，显示出它们的合作较为普遍。

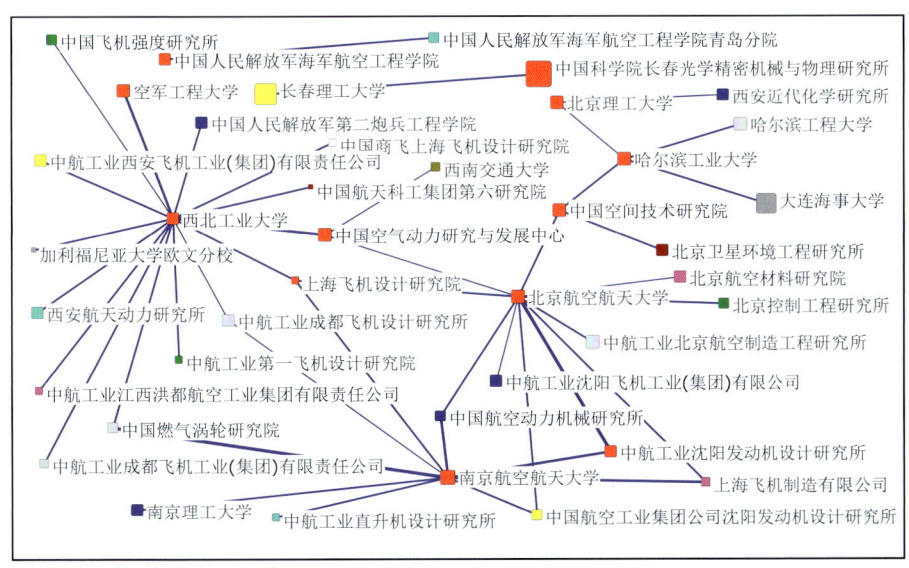

图 45-11　航空、航天学科高被引机构科研合作关联

45.7 高被引图书、国外期刊及学术会议

2014年,航空、航天学科被引频次位居前10位的图书及国外期刊见表45-7和表45-8。其中,被引次数较多的3种图书分别是廉筱纯的《航空发动机原理》、秦永元的《惯性导航》和钱杏芳的《导弹飞行力学》;被引次数较多的3种国外期刊分别是《Journal of Guidance, Control, and Dynamics》《AIAA Journal》和《Journal of Aircraft》;被引次数较多的3场学术会议分别是"AIAA Guidance, Navigation, and Control Conference""IEEE International Conference on Robotics and Automation"和"AIAA Atmospheric Flight Mechanics Conference and Exhibit"。

表45-7 航空、航天学科高被引图书 TOP 10

序号	责任者	图书名称	出版社	2014年被引频次
1	廉筱纯	航空发动机原理	西北工业大学出版社	38
2	秦永元	惯性导航	科学出版社	28
3	钱杏芳	导弹飞行力学	北京理工大学出版社	27
3	方振平	航空飞行器飞行动力学	北京航空航天大学出版社	27
5	林宇震	燃气轮机燃烧室	国防工业出版社	26
6	章仁为	卫星轨道姿态动力学与控制	北京航空航天大学出版社	25
6	杨世铭	传热学	高等教育出版社	25
8	秦永元	卡尔曼滤波与组合导航原理	西北工业大学出版社	23
9	阎超	计算流体力学方法及应用	北京航空航天大学出版社	19
9	刘沛清	空气螺旋桨理论及其应用	北京航空航天大学出版社	19

表45-8 航空、航天学科高被引国外期刊 TOP 10

序号	期刊名称	2014年被引频次
1	Journal of Guidance, Control, and Dynamics	1046
2	AIAA Journal	784
3	Journal of Aircraft	665
4	Journal of Turbomachinery	492
5	Journal of Propulsion and Power	483
6	Journal of Spacecraft and Rockets	457
7	Acta Astronautica	384
8	Journal of Computational Physics	374
9	IEEE Transactions on Aerospace and Electronic Systems	364
10	Journal of Engineering for Gas Turbines and Power	305

第46章 环境科学、安全科学学科高被引分析

46.1 学科论文概况

2009—2013年，环境科学、安全科学学科共有160037位来自42796所机构的论文第一作者在4811种期刊上发表了180456篇学术论文。其中，80%以上的论文产出自15068所机构、122977位作者，发表在577种期刊上。在前5年发表的这些论文中，有52633篇在2014年获得过引用，整体被引率为29.2%，总被引频次为98885次，篇均被引0.55次；其中，高被引论文有674篇，单篇论文最高被引频次为100次，累计被引7476次，篇均被引11.09次（表46-1）。另外，2014年环境科学、安全科学学科共发表论文40256篇，其中有1906篇在当年获得过引用，总被引2368次。

表46-1 环境科学、安全科学学科论文分布情况

年份	论文篇数	2014年被引频次	2014年被引率（%）	2014年高被引论文			
				论文篇数	最高被引频次	总被引频次	篇均被引频次
2009	28154	17366	32.3	98	74	1323	13.50
2010	31332	20025	32.8	163	100	1733	10.63
2011	42391	22978	28.1	137	95	1612	11.77
2012	42011	21943	28.0	138	91	1506	10.91
2013	36568	16573	26.2	138	85	1302	9.43
合计	180456	98885	29.2	674	100	7476	11.09

从环境科学、安全科学学科论文的地域分布来看，2014年被引频次较高的5个省、直辖市或自治区依次是北京、江苏、广东、上海和山东（图46-1）；5年论文产出量较多的5个省、直辖市或自治区依次是北京、江苏、广东、山东和辽宁（图46-2）。

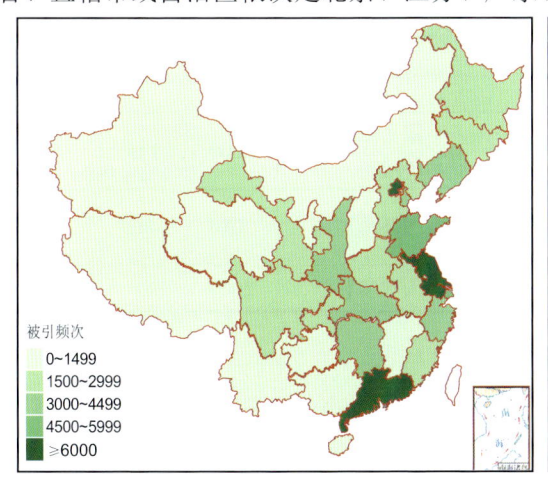

图46-1 2014年环境科学、安全科学学科地区被引分布

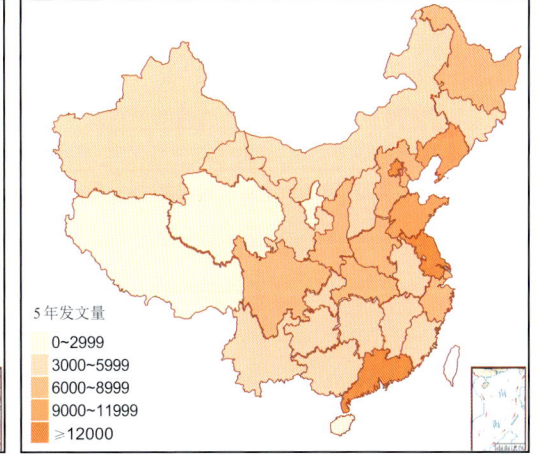

图46-2 环境科学、安全科学学科5年论文产出地区分布

46.2 高被引论文分析

在环境科学、安全科学学科，2014年被引频次位居前10位的论文（表46-2）平均被引频次为33.2次，是全部674篇高被引论文篇均被引频次的3.0倍。其中，被引频次最高的论文是吴兑于2012年发表的《近十年中国灰霾天气研究综述》，随后2篇分别是张小曳于2013年发表的《我国雾-霾成因及其治理的思考》和康重庆于2009年发表的《低碳电力技术的研究展望》。

从论文分布来看，刊载高被引论文数量居前的3种期刊分别是《环境科学》（57篇）、《环境科学学报》（49篇）和《中国环境科学》（46篇），而《环境科学研究》刊载了高被引论文TOP 10中的2篇；发表高被引论文居前的3位学者分别是中国气象局广州热带海洋气象研究所的吴兑（4篇）、中国气象局北京城市气象研究所的赵普生（2篇）和中南林业科技大学的王爱云（2篇）；产出高被引论文数量居前的3所机构分别是中国科学院生态环境研究中心（24篇）、中国科学院地理科学与资源研究所（23篇）和清华大学（19篇），而中国环境科学研究院产出了高被引论文TOP 10中的2篇。

表46-2 环境科学、安全科学学科高被引论文TOP 10

序号	论文题名	第一作者	期刊名称	发表年份	被引频次 总频次	被引频次 2014年
1	近十年中国灰霾天气研究综述	吴兑	环境科学学报	2012	91	43
2	我国雾-霾成因及其治理的思考	张小曳	科学通报	2013	76	42
3	低碳电力技术的研究展望	康重庆	电网技术	2009	202	41
4	环境健康风险评价中我国居民暴露参数探讨	王宗爽	环境科学研究	2009	97	34
5	污染土壤修复技术研究现状与趋势	骆永明	化学进展	2009	114	32
6	中国酸雨研究现状	张新民	环境科学研究	2010	100	30
7	环境保护与经济发展双赢的规制绩效实证分析	张红凤	经济研究	2009	119	29
8	中国碳排放影响因素分解及其周期性波动研究	宋德勇	中国人口·资源与环境	2009	175	27
8	杭州市大气$PM_{2.5}$和PM_{10}污染特征及来源解析	包贞	中国环境监测	2010	86	27
8	上海地表灰尘重金属污染的健康风险评价	常静	中国环境科学	2009	81	27

46.3 研究主题关联分析

在环境科学、安全科学学科，高被引论文累计被 2014 年发表的 6226 篇论文引用了 7476 次。通过分析施引文献关键词的词频及关键词之间的共现关系，获得 2014 年环境科学、安全科学学科的热点主题和主题关联，如图 46-3 所示（共现 11 次以下不显示）。由图 46-3 可知："重金属""碳排放""PM$_{2.5}$"等关键词的文档词频较高，是 2014 年学科的热点研究主题；以"重金属"与"土壤"共现次数最多，表明二者主题关系最为紧密。

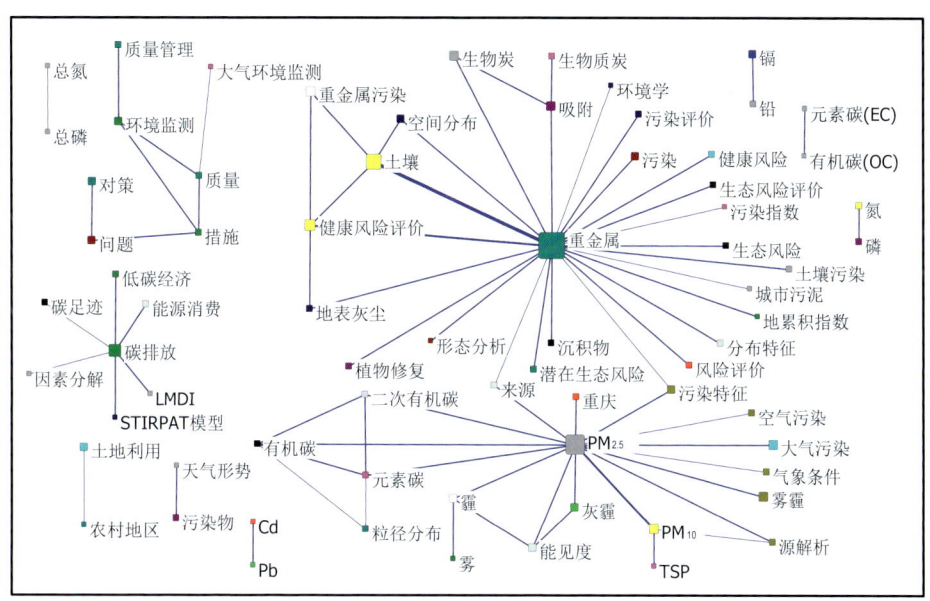

图 46-3　环境科学、安全科学学科 2014 年热点主题关联

46.4 学科高影响力期刊分析

46.4.1 学科高影响力期刊 TOP 10

在环境科学、安全科学学科，学科 5 年影响因子位居前 10 位的期刊见表 46-3，排在前 3 位的期刊分别是《中国人口·资源与环境》《资源科学》和《气象与环境学报》。在表 46-3 中，学科载文量占其总载文量比例最大的期刊是《中国环境科学》；前 5 年学科载文在 2014 年被引率最高的期刊是《中国人口·资源与环境》；期刊 5 年影响因子较高的前 3 种期刊分别是《中国人口·资源与环境》《资源科学》和《环境科学研究》；学科 5 年影响因子与期刊 5 年影响因子差异最大的期刊是《气象与环境学报》。表 46-3 中期刊的学科 5 年影响因子和前 5 年学科载文的 2014 年被引率对比如图 46-4 所示，2009—2014 年期刊 5 年影响因子的变动情况如图 46-5 所示。

表 46-3　环境科学、安全科学学科高影响力期刊基本指数

序号	期刊名称	前5年载文量			2014年学科被引			5年影响因子		h指数(学科)
		学科(篇)	占比(%)	总量(篇)	频次	被引率(%)	高被引论文篇数	期刊(2014)	学科(2014)	
1	中国人口·资源与环境	328	18.4	1784	690	62.5	20	1.860	2.104	15
2	资源科学	400	21.6	1853	760	57.3	17	1.759	1.900	14
3	气象与环境学报	96	16.6	578	151	53.1	6	1.242	1.573	8
4	生态环境学报	1276	56.4	2263	1861	55.1	31	1.423	1.458	12
5	中国环境科学	1946	99.2	1961	2792	52.1	46	1.427	1.435	12
6	环境科学研究	1271	95.7	1328	1823	53.6	22	1.430	1.434	11
7	环境科学学报	2316	97.9	2365	3035	50.6	49	1.298	1.310	11
8	湿地科学	158	35.5	445	204	46.2	2	1.249	1.291	7
9	环境科学	3682	98.7	3732	4631	51.0	57	1.243	1.258	12
10	农业环境科学学报	1883	79.4	2373	2223	50.7	22	1.236	1.181	12

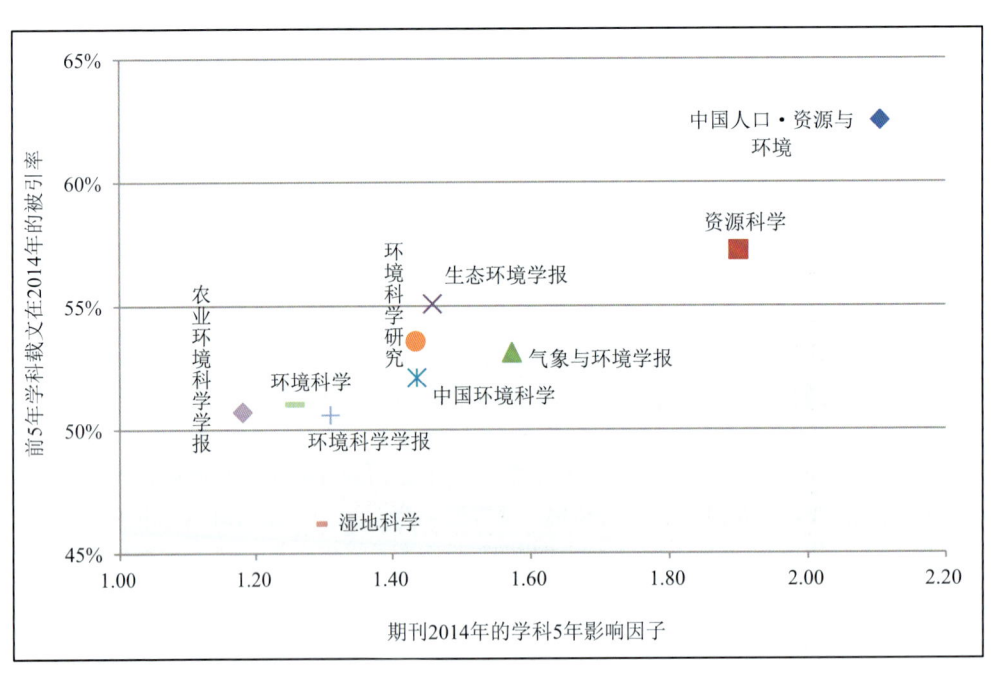

图 46-4　环境科学、安全科学学科高影响力期刊对比

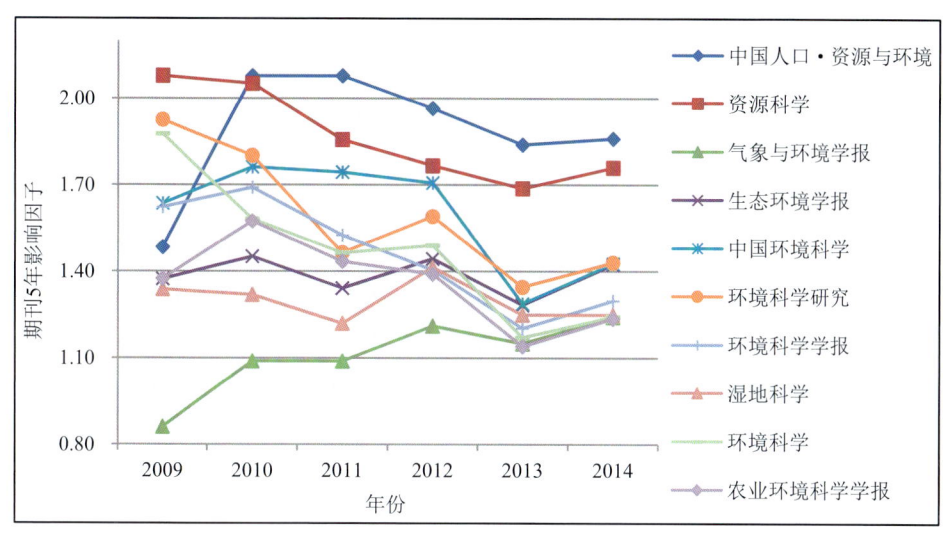

图 46-5 环境科学、安全科学学科期刊 5 年影响因子变动

46.4.2 学科高影响力期刊载文主题关联

通过期刊共被引分析,获得环境科学、安全科学学科高影响力期刊及与其他期刊之间的载文主题关联,如图 46-6 所示(共被引 70 次以下不显示)。结果显示,环境科学、安全科学学科的高影响力期刊相互链接较为紧密,基本主导了该学科的期刊共被引网络,显示出该学科高影响力期刊可能共同刊载了许多相近的研究主题,热点研究主题分散在多种期刊上。《环境科学研究》和《生态环境学报》的学科 5 年影响因子较高,显示出它们在学科内学术影响力较大;《环境科学》与《环境科学学报》《中国环境科学》等期刊之间的链接较强,意味着它们之间可能有较多相同或相近的载文主题。

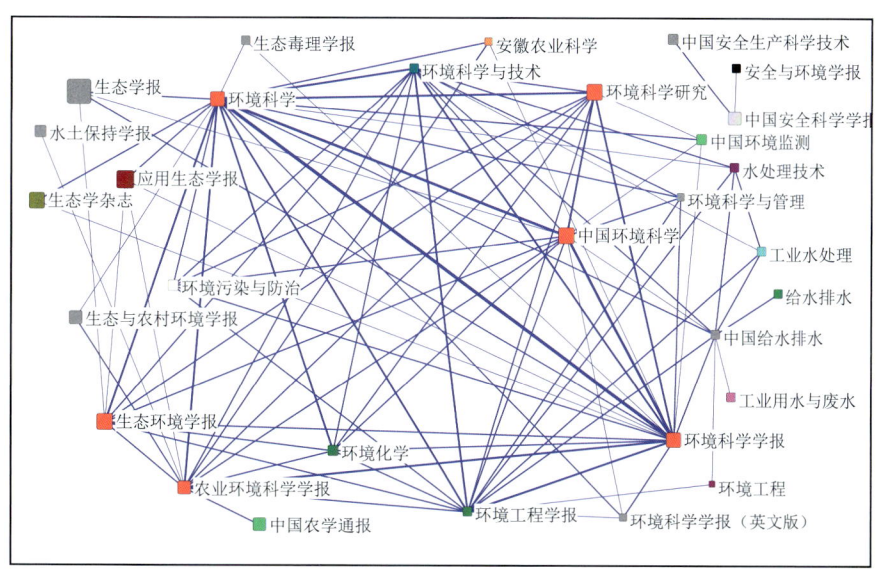

图 46-6 环境科学、安全科学学科高影响力期刊载文主题关联

46.5 高被引作者分析

46.5.1 高被引作者 TOP 20

2009—2013 年,在 160037 位环境科学、安全科学学科论文的第一作者中,在 2014 年学科被引频次位居前 20 位的学者的发文及被引情况见表 46-4。其中,学科发文总被引频次较高的 3 位作者分别是中国气象局广州热带海洋气象研究所的吴兑（120 次）、北京理工大学的安莹（77 次）和合肥工业大学的李如忠（72 次）。高被引作者的 5 年学科发文数量从 2 篇到 58 篇不等,同时,作者学科发文的期刊分布也在 1 种到 10 种之间变化。在发文超过 5 篇的所有作者中,篇均被引较高的 3 位作者分别是中国气象局广州热带海洋气象研究所的吴兑（篇均 12.00 次）、南京农业大学的潘根兴（篇均 9.75 次）和中国气象局北京城市气象研究所的赵普生（篇均 7.40 次）；前 5 年发表学科论文较多的 3 位作者分别是沈阳建筑大学的李亚峰（58 篇）、华北电力大学保定校区的赵毅（44 篇）和陕西理工学院的李琛（41 篇）。高被引作者的学科发文量和被引量对比如图 46-7 所示。

表 46-4 环境科学、安全科学学科高被引作者 TOP 20

序号	姓名	作者单位	前 5 年发文			前 5 年学科发文在 2014 年的被引				h 指数（学科）
			学科发文（篇）	期刊分布（种）	发文总量（篇）	总频次	被引率（%）	最高（次）	篇均（次）	
1	吴兑	中国气象局广州热带海洋气象研究所	10	5	14	120	90.0	43	12.00	1
2	安莹	北京理工大学	36	1	36	77	47.2	6	2.14	2
3	李如忠	合肥工业大学	30	8	32	72	66.7	12	2.40	3
4	王金南	环境保护部环境规划院	29	10	38	60	55.2	11	2.07	4
5	李生才	北京理工大学	17	1	17	53	58.8	7	3.12	5
5	李亚峰	沈阳建筑大学	58	9	69	53	43.1	9	0.91	6
7	康重庆	清华大学	2	1	15	52	100.0	41	26.00	7
8	骆永明	中国科学院南京土壤研究所	3	3	3	50	100.0	32	16.67	8
9	王宗爽	中国环境科学研究院	2	1	2	49	100.0	34	24.50	9
10	张小曳	中国气象科学研究院	2	2	5	46	100.0	42	23.00	10
11	宋德勇	华中科技大学	3	1	16	41	100.0	27	13.67	11
12	王洪德	大连交通大学	27	6	38	40	55.6	7	1.48	12
12	王建龙	清华大学	4	1	4	40	75.0	25	10.00	13
14	潘根兴	南京农业大学	4	3	6	39	100.0	15	9.75	14
15	姚青	天津市气象科学研究所	15	7	16	38	80.0	7	2.53	15

序号	姓名	作者单位	前 5 年发文			前 5 年学科发文在 2014 年的被引				h 指数（学科）
			学科发文（篇）	期刊分布（种）	发文总量（篇）	总频次	被引率（%）	最高（次）	篇均（次）	
16	赵普生	中国气象局北京城市气象研究所	5	3	5	37	100.0	17	7.40	16
17	张新民	中国环境科学研究院	5	3	5	36	60.0	30	7.20	17
17	杨新兴	中国环境科学研究院	12	1	16	36	50.0	24	3.00	18
17	陈家长	中国水产科学研究院淡水渔业研究中心	14	5	17	36	64.3	11	2.57	19
17	傅贵	中国矿业大学（北京）	13	4	15	36	69.2	8	2.77	20

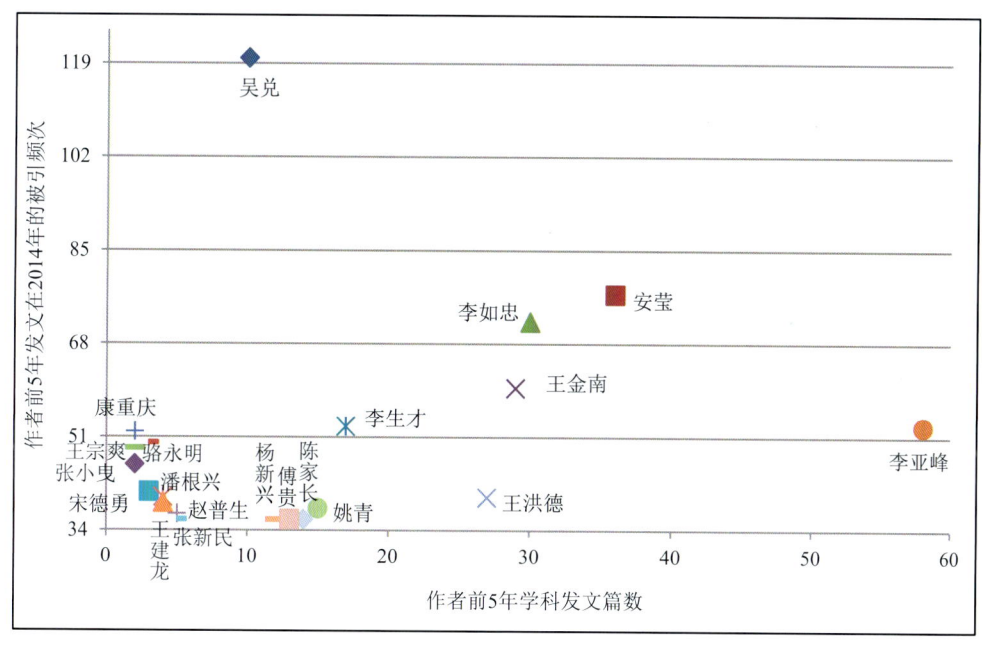

图 46-7　环境科学、安全科学学科高被引作者学科发文及被引对比

46.5.2　高被引作者科研合作关系

通过作者合著分析，获得 2014 年环境科学、安全科学学科高被引作者及与其他学者之间的科研论文合作关系（不考虑论文署名次序），如图 46-8 所示（合著 3 次以下不显示）。可以看出，环境科学、安全科学学科的高被引作者的论文合作现象比较普遍。学者李亚峰与骆永明发文量较多；骆永明的论文合作网络最为突出，在该学科的研究人员中表现出一定的集聚效应；安莹与李生才、骆永明与吴龙华等学者之间的合作关系最为紧密，显示出他们可能分别属于同一支科研团队。

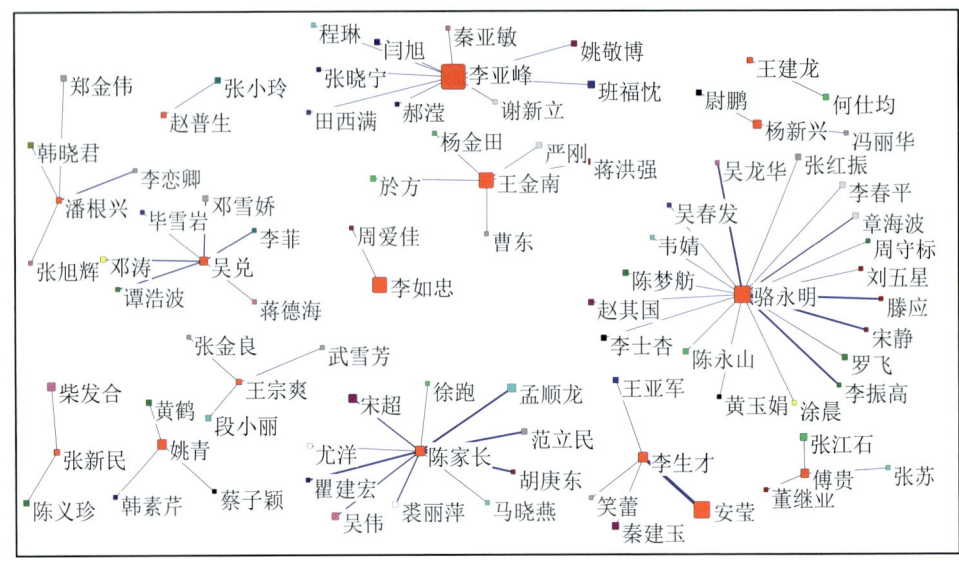

图 46-8　环境科学、安全科学学科高被引作者科研论文合作关系

46.5.3　高被引作者发文主题关联

通过作者共被引分析，获得 2014 年环境科学、安全科学学科高被引作者及与其他学者之间的发文主题关联（见图 46-9，共被引 4 次以下不显示）。如图 46-9 所示，环境科学、安全科学学科的高被引作者基本主导了作者共被引网络，显示出该学科在热点主题上已经形成了优势较为明显的科研力量。学者吴兑的节点较大，显示出其学术成果在学科内得到较多关注；李如忠与王宗爽、吴兑与张小曳等学者之间的链接较强，意味着他们之间可能分别有较为相近的研究主题；以吴兑、赵普生等学者为主要节点的共被引作者簇人数较多，意味着这些学者的研究主题关联可能较为紧密。

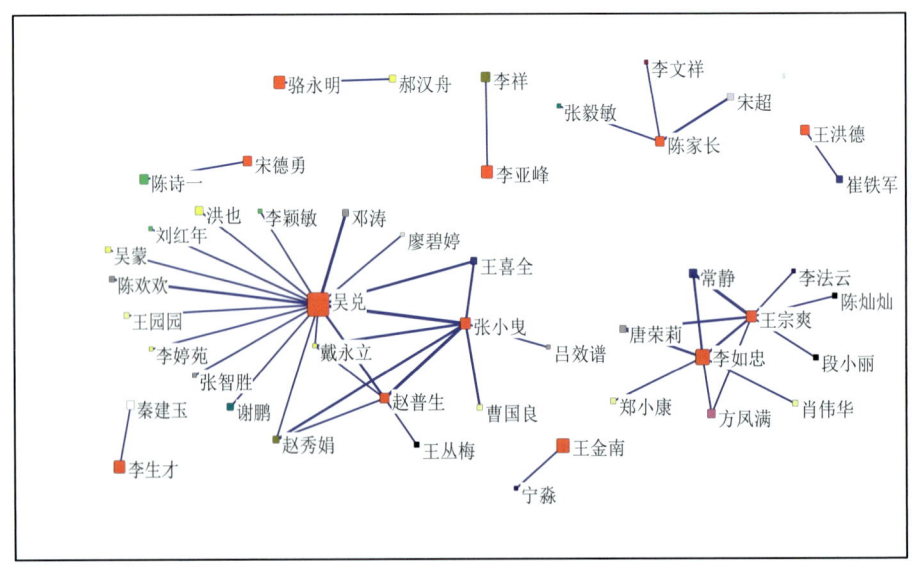

图 46-9　环境科学、安全科学学科高被引作者发文主题关联

46.6 高被引机构分析

46.6.1 高被引机构

为便于比较，本书将环境科学、安全科学学科的高被引机构分为高等院校和科研院所两种类型。其中，被引频次 TOP 10 高等院校和被引频次 TOP 5 科研院所的发文及被引情况分别见表 46-5 和表 46-6。其中，总被引频次较高的 3 所高等院校分别是清华大学、同济大学和南开大学，中国环境科学研究院、中国科学院生态环境研究中心和中国科学院地理科学与资源研究所是总被引频次较高的 3 所科研院所；前 5 年学科发文在 2014 年的被引率最高的高等院校和科研院所分别是北京大学和中国科学院南京土壤研究所，篇均被引最高的高等院校和科研院所分别是南开大学和中国科学院地理科学与资源研究所。上述高被引机构的论文被引率和篇均被引频次对比如图 46-10 所示。

表 46-5 环境科学、安全科学学科高被引高等院校 TOP 10

序号	第一作者单位	学科发文量（篇）		前 5 年学科发文在 2014 年的被引			
		前 5 年	2014 年	频次	被引率(%)	最高（次）	篇均（次）
1	清华大学	1127	125	1247	44.8	41	1.11
2	同济大学	1497	206	1145	38.3	17	0.76
3	南开大学	908	110	1049	45.7	20	1.16
4	南京大学	1062	130	991	40.9	19	0.93
5	北京师范大学	1011	142	974	42.2	21	0.96
6	北京大学	715	94	821	46.4	20	1.15
7	华南理工大学	1024	104	793	40.0	11	0.77
8	重庆大学	1210	122	781	36.8	10	0.65
9	浙江大学	953	140	775	40.1	17	0.81
10	南京农业大学	712	94	736	44.9	15	1.03

表 46-6 环境科学、安全科学学科高被引科研院所 TOP 5

序号	第一作者单位	学科发文量（篇）		前 5 年学科发文在 2014 年的被引			
		前 5 年	2014 年	频次	被引率(%)	最高（次）	篇均（次）
1	中国环境科学研究院	1006	208	1200	43.0	34	1.19
2	中国科学院生态环境研究中心	735	124	1031	48.4	23	1.40
3	中国科学院地理科学与资源研究所	464	62	815	52.2	22	1.76
4	中国科学院南京土壤研究所	324	43	488	58.3	32	1.51
5	中国科学院南京地理与湖泊研究所	258	37	332	52.7	12	1.29

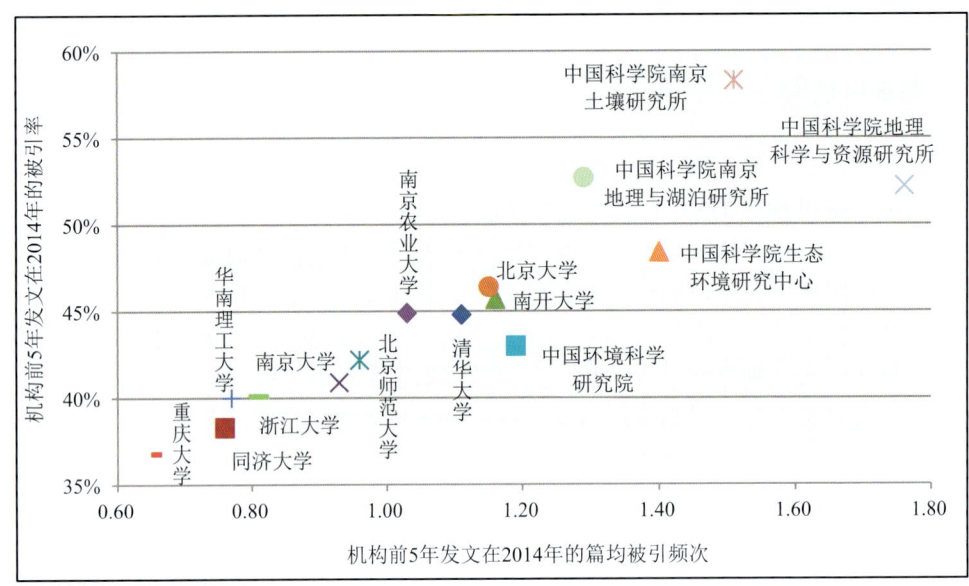

图 46-10　环境科学、安全科学学科高被引机构论文篇均被引及被引率对比

46.6.2　高被引机构科研合作关系

通过合著分析，获得环境科学、安全科学学科高被引机构之间及其与其他机构之间的科研合作关联，如图 46-11 所示（合作 70 次以下不显示）。分析得知，环境科学、安全科学学科的机构合作链接比较紧密，表明学科内机构间科研合作较为普遍；高被引机构基本主导了机构合作网络，显示出这些机构已经在学科内具有了一定的科研优势。中国环境科学研究院和北京师范大学、东北农业大学等机构之间的链接较强，表明它们的科研合作较为频繁。

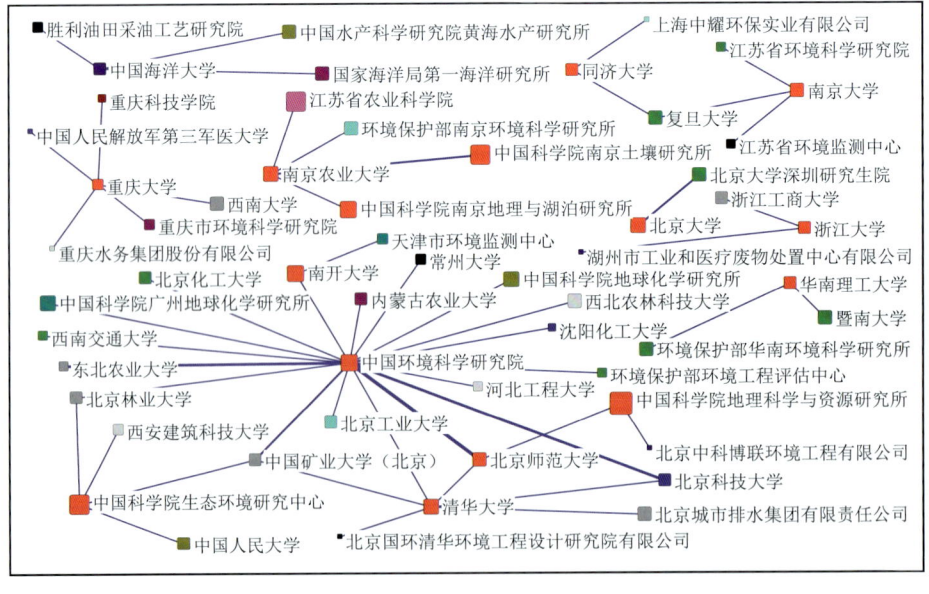

图 46-11　环境科学、安全科学学科高被引机构科研合作关联

46.7 高被引图书、国外期刊及学术会议

2014年，环境科学、安全科学学科被引频次位居前10位的图书及国外期刊见表46-7和表46-8。其中，被引次数较多的3种图书分别是国家环境保护总局的《水和废水监测分析方法》、鲁如坤的《土壤农业化学分析方法》和鲍士旦的《土壤农化分析》；被引次数较多的3种国外期刊分别是《Water Research》《Journal of Hazardous Materials》和《Chemosphere》；被引次数较多的3场学术会议分别是"33th Oil Shale Symposium, Colorado School of Mines""Proceedings of the Water Environment Federation"和"International Oil Shale Symposium"。

表46-7 环境科学、安全科学学科高被引图书 TOP 10

序号	责任者	图书名称	出版社	2014年被引频次
1	国家环境保护总局	水和废水监测分析方法	中国环境科学出版社	546
2	鲁如坤	土壤农业化学分析方法	中国农业科技出版社	178
3	鲍士旦	土壤农化分析	中国农业出版社	157
4	中国环境监测总站	中国土壤元素背景值	中国环境科学出版社	93
5	唐孝炎	大气环境化学	高等教育出版社	63
5	张自杰	排水工程	中国建筑工业出版社	63
5	金相灿	湖泊富营养化调查规范	中国环境科学出版社	63
8	东秀珠	常见细菌系统鉴定手册	科学出版社	59
9	奚旦立	环境监测	高等教育出版社	57
10	贺延龄	废水的厌氧生物处理	中国轻工业出版社	54

表46-8 环境科学、安全科学学科高被引国外期刊 TOP 10

序号	期刊名称	2014年被引频次
1	Water Research	6450
2	Journal of Hazardous Materials	5295
3	Chemosphere	4706
4	Atmospheric Environment	3853
5	Bioresource Technology	3760
6	Environmental Science & Technology	3484
7	Science of the Total Environment	2752
8	Water Science and Technology	2474
9	Environmental Pollution	2392
10	Applied and Environmental Microbiology	1571

第 47 章 哲学、社会科学学科高被引分析

47.1 学科论文概况

2009—2013 年，哲学、社会科学学科共有 544251 位来自 101999 所机构的论文第一作者在 6099 种期刊上发表了 811929 篇学术论文。其中，80%以上的论文产出自 23622 所机构、380751 位作者，发表在 928 种期刊上。在前 5 年发表的这些论文中，有 111173 篇在 2014 年获得过引用，整体被引率为 13.7%，总被引频次为 191338 次，篇均被引 0.24 次；其中，高被引论文有 1276 篇，单篇论文最高被引频次为 209 次，累计被引 17082 次，篇均被引 13.39 次（表 47-1）。另外，2014 年哲学、社会科学学科共发表论文 154638 篇，其中有 5845 篇在当年获得过引用，总共被引 8231 次。

表 47-1 哲学、社会科学学科论文分布情况

年份	论文篇数	2014 年被引频次	2014 年被引率（%）	2014 年高被引论文			
				论文篇数	最高被引频次	总被引频次	篇均被引频次
2009	126290	31262	14.5	209	154	2737	13.10
2010	145499	38089	15.0	265	209	3625	13.68
2011	187297	41678	12.8	271	200	3609	13.32
2012	196324	42180	12.4	249	193	3594	14.43
2013	156519	38129	14.5	282	209	3517	12.47
合计	811929	191338	13.7	1276	209	17082	13.39

从哲学、社会科学学科论文的地域分布来看，2014 年被引频次较高的 5 个省、直辖市或自治区依次是北京、江苏、上海、湖北和广东（图 47-1）；5 年论文产出量较多的 5 个省、直辖市或自治区依次是北京、江苏、上海、湖北和广东（图 47-2）。

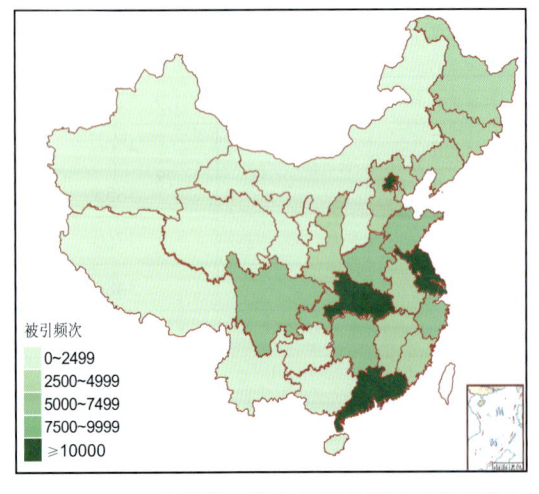 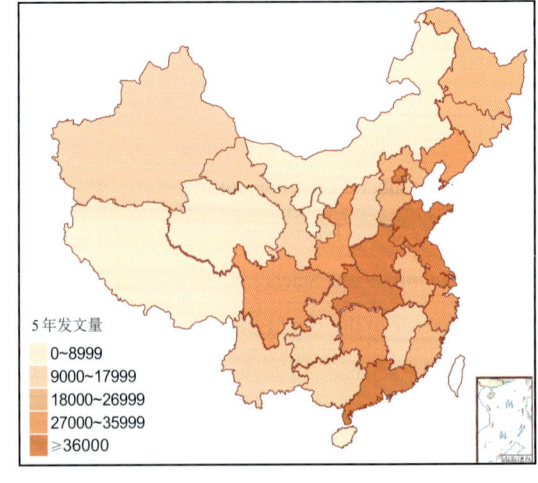

图 47-1 2014 年哲学、社会科学学科地区被引分布　图 47-2 哲学、社会科学学科 5 年论文产出地区分布

47.2 高被引论文分析

在哲学、社会科学学科，2014 年被引频次位居前 10 位的论文（表 47-2）平均被引频次为 67.3 次，是全部 1276 篇高被引论文篇均被引频次的 5.0 倍。其中，被引频次最高的论文是陈劲于 2012 年发表的《协同创新的理论基础与内涵》，随后 2 篇分别是何郁冰于 2012 年发表的《产学研协同创新的理论模式》和刘永泽于 2013 年发表的《关于行政事业单位内部控制的几个问题》。

从论文分布来看，刊载高被引论文数量居前的 3 种期刊分别是《中国法学》（62 篇）、《中国社会科学》（47 篇）和《法学研究》（35 篇），而《科学学研究》和《中国社会科学》刊载了高被引论文 TOP 10 中的 2 篇；发表高被引论文居前的 3 位学者分别是中国人民大学的王利明（12 篇）、北京大学的陈瑞华（10 篇）和清华大学的张明楷（9 篇）；产出高被引论文数量居前的 3 所机构分别是中国人民大学（108 篇）、北京大学（88 篇）和清华大学（59 篇）。

表 47-2 哲学、社会科学学科高被引论文 TOP 10

序号	论文题名	第一作者	期刊名称	发表年份	被引频次 总频次	被引频次 2014 年
1	协同创新的理论基础与内涵	陈劲	科学学研究	2012	316	125
2	产学研协同创新的理论模式	何郁冰	科学学研究	2012	269	107
3	关于行政事业单位内部控制的几个问题	刘永泽	会计研究	2013	160	94
4	从总体支配到技术治理——基于中国 30 年改革经验的社会学分析	渠敬东	中国社会科学	2009	198	62
5	权威体制与有效治理:当代中国国家治理的制度逻辑	周雪光	开放时代	2011	129	58
6	论国家治理与国家审计	刘家义	中国社会科学	2012	127	50
7	网络舆情管控工作机制研究	曾润喜	图书情报工作	2009	169	47
8	心理资本：本土量表的开发及中西比较	柯江林	心理学报	2009	126	46
9	第二代民族政策：促进民族交融一体和繁荣一体	胡鞍钢	新疆师范大学学报（哲学社会科学版）	2011	78	42
9	中国城镇化进程与经济增长关系的实证研究	朱孔来	统计研究	2011	86	42

47.3 研究主题关联分析

在哲学、社会科学学科，高被引论文累计被 2014 年发表的 12926 篇论文引用了 17082 次。通过分析施引文献关键词的词频及关键词之间的共现关系，获得 2014 年哲学、社会科学学科的热点主题和主题关联，如图 47-3 所示（共现 4 次以下不显示）。由图 47-3 可知："群众路线""大学生""中国梦"等关键词的文档词频较高，是 2014 年学科的研究热点；以"农民工""城市融入""市民化"等关键词为主要节点的多个概念相互关联，构成了学科内最为突出的研究主题簇。

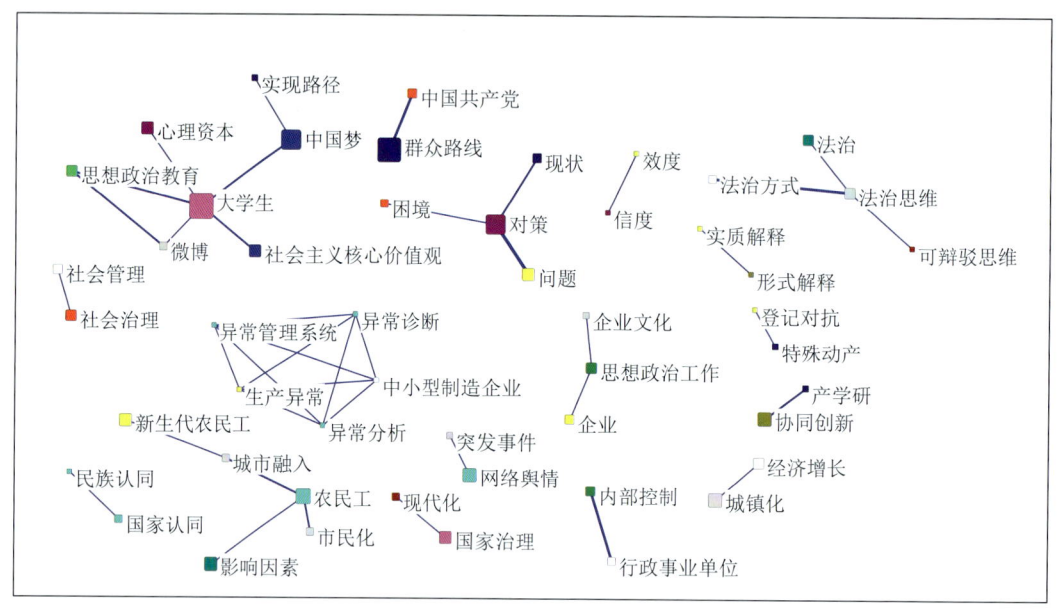

图 47-3　哲学、社会科学学科 2014 年热点主题关联

47.4 学科高影响力期刊分析

47.4.1 学科高影响力期刊 TOP 10

在哲学、社会科学学科，学科 5 年影响因子位居前 10 位的期刊见表 47-3，排在前 3 位的期刊分别是《中国法学》《中国社会科学》和《社会学研究》。在表 47-3 中，学科载文量占其总载文量比例最大的期刊是《法学研究》；前 5 年学科载文在 2014 年被引率最高的期刊是《中国农村观察》；期刊 5 年影响因子较高的前 3 种期刊分别是《中国社会科学》《中国法学》和《社会学研究》；学科 5 年影响因子与期刊 5 年影响因子差异最大的期刊是《南开经济研究》。表 47-3 中期刊的学科 5 年影响因子和前 5 年学科载文的 2014 年被引率对比如图 47-4 所示，2009—2014 年期刊 5 年影响因子的变动情况如图 47-5 所示。

表 47-3 哲学、社会科学学科高影响力期刊基本指数

序号	期刊名称	前 5 年载文量			2014 年学科被引			5 年影响因子		h 指数 (学科)
		学科（篇）	占比（%）	总量（篇）	频次	被引率（%）	高被引论文篇数	期刊(2014)	学科(2014)	
1	中国法学	542	96.8	560	1882	66.1	62	3.500	3.472	17
2	中国社会科学	428	63.9	670	1360	53.7	47	4.125	3.178	23
3	社会学研究	255	64.2	397	804	62.4	27	3.212	3.153	14
4	南开经济研究	40	12.2	328	111	67.5	3	1.662	2.775	9
5	科学学研究	201	13.4	1501	512	52.2	6	1.556	2.547	10
6	人口研究	283	78.0	363	699	61.5	18	2.584	2.470	11
7	中国农村观察	42	12.9	326	89	71.4	1	2.071	2.119	10
8	法学研究	590	97.7	604	1242	57.5	35	2.151	2.105	12
9	公共管理学报	219	69.5	315	421	60.7	6	1.848	1.922	9
10	中外法学	394	95.6	412	727	53.6	16	1.830	1.845	11

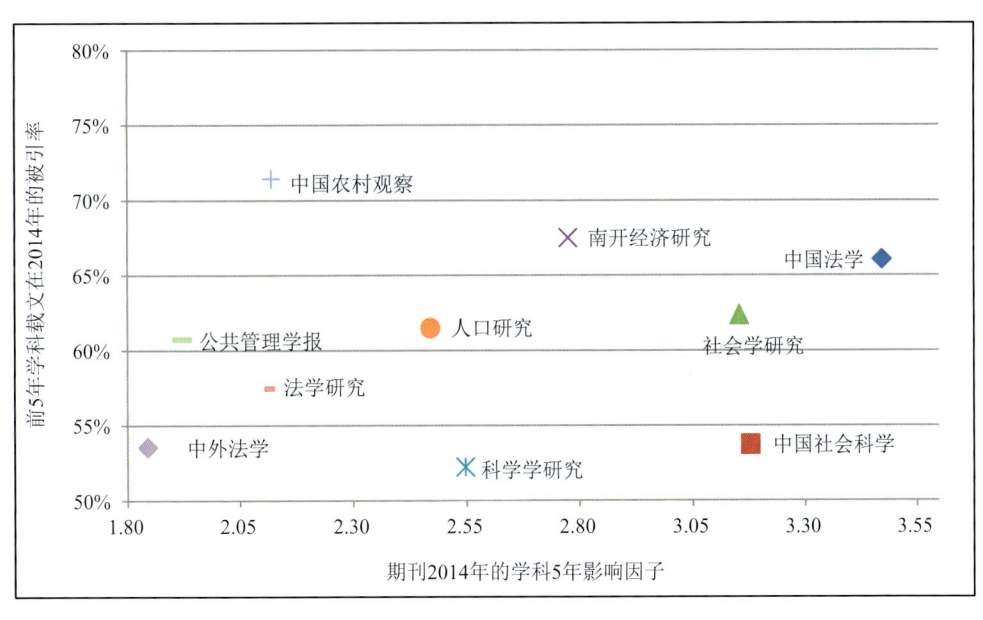

图 47-4 哲学、社会科学学科高影响力期刊对比

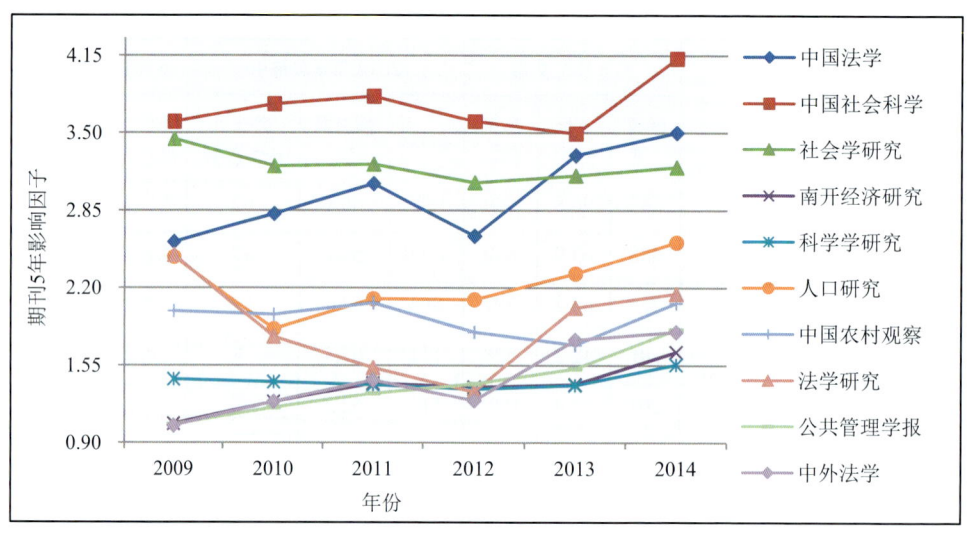

图 47-5 哲学、社会科学学科期刊 5 年影响因子变动

47.4.2 学科高影响力期刊载文主题关联

通过期刊共被引分析，获得哲学、社会科学学科高影响力期刊及与其他期刊之间的载文主题关联，如图 47-6 所示（共被引 130 次以下不显示）。结果显示，哲学、社会科学学科的高影响力期刊相互链接较为紧密，基本主导了该学科的期刊共被引网络，显示出该学科高影响力期刊可能共同刊载了许多相近的研究主题，热点研究主题分散在多种期刊上。《中国法学》的学科 5 年影响因子较高，显示出该刊在学科内学术影响力较大；《中国法学》与《法学研究》《法学》等期刊之间的链接较强，意味着它们之间可能有较多相同或相近的载文主题。

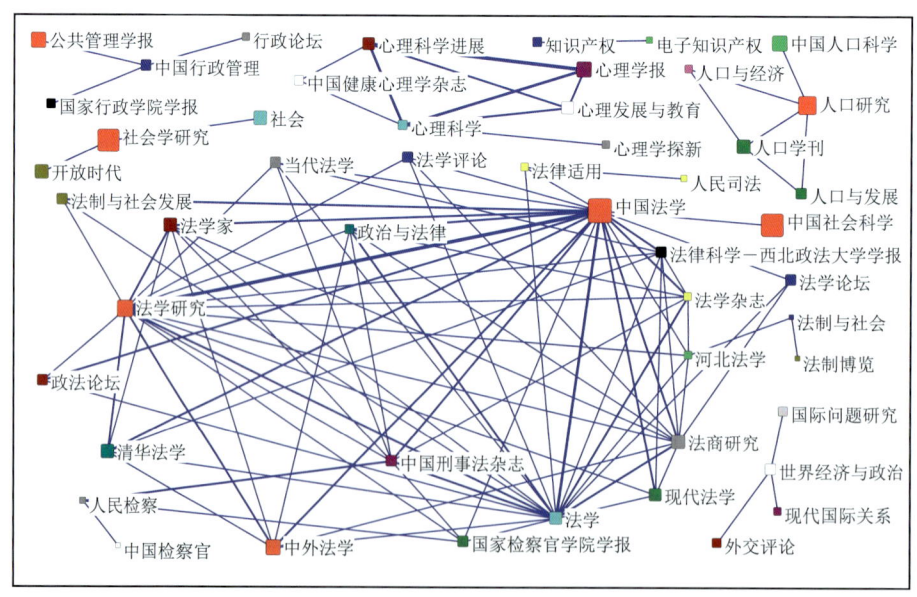

图 47-6 哲学、社会科学学科高影响力期刊载文主题关联

47.5 高被引作者分析

47.5.1 高被引作者 TOP 20

2009—2013 年，在 544251 位哲学、社会科学学科论文的第一作者中，在 2014 年学科被引频次位居前 20 位的学者的发文及被引情况见表 47-4。其中，学科发文总被引频次较高的 3 位作者分别是清华大学的张明楷（300 次）、中国人民大学的王利明（270 次）和北京大学的陈兴良（243 次）。高被引作者的 5 年学科发文数量从 1 篇到 117 篇不等，同时，作者学科发文的期刊分布也在 1 种到 44 种之间变化。在发文超过 5 篇的所有作者中，篇均被引较高的 3 位作者分别是浙江大学的陈劲（篇均 21.33 次）、斯坦福大学的周雪光（篇均 11.90 次）和清华大学的劳东燕（篇均 6.05 次）；前 5 年发表学科论文较多的 3 位作者分别是中共山东省委党校的张书林（267 篇）、河南大学的王浩斌（246 篇）和中共临沂市委党校的李抒望（150 篇）。高被引作者的学科发文量和被引量对比如图 47-7 所示。

表 47-4 哲学、社会科学学科高被引作者 TOP 20

序号	姓名	作者单位	前 5 年发文			前 5 年学科发文在 2014 年的被引				h 指数（学科）
			学科发文（篇）	期刊分布（种）	发文总量（篇）	总频次	被引率（%）	最高（次）	篇均（次）	
1	张明楷	清华大学	61	18	64	300	75.4	42	4.92	9
2	王利明	中国人民大学	76	39	85	270	55.3	25	3.55	10
3	陈兴良	北京大学	66	28	66	243	63.6	39	3.68	9
4	陈瑞华	北京大学	55	22	57	234	67.3	36	4.25	9
5	杨立新	中国人民大学	95	39	101	184	56.8	16	1.94	6
6	赵秉志	北京师范大学	117	44	123	164	45.3	18	1.40	5
7	陈卫东	中国人民大学	58	28	60	163	55.2	27	2.81	6
8	龙宗智	四川大学	40	15	43	161	62.5	22	4.03	7
9	于志刚	中国政法大学	70	36	72	137	48.6	27	1.96	6
10	陈劲	浙江大学	6	4	46	128	66.7	125	21.33	5
11	陈光中	中国政法大学	44	22	49	125	52.3	19	2.84	6
12	周雪光	斯坦福大学	10	7	12	119	80.0	58	11.90	7
13	周光权	清华大学	43	20	44	118	58.1	14	2.74	7
14	贺雪峰	华中科技大学	39	26	140	117	56.4	17	3.00	7
15	姜明安	北京大学	42	23	48	115	52.4	20	2.74	6

序号	姓名	作者单位	前5年发文			前5年学科发文在2014年的被引				h指数（学科）
			学科发文（篇）	期刊分布（种）	发文总量（篇）	总频次	被引率（%）	最高（次）	篇均（次）	
15	劳东燕	清华大学	19	9	19	115	79.0	17	6.05	7
15	张新宝	中国人民大学	25	17	25	115	84.0	20	4.60	6
18	王思斌	北京大学	49	14	68	108	28.6	31	2.20	6
19	何郁冰	中国科学院	1	1	1	107	100.0	107	107.00	1
20	吴汉东	中南财经政法大学	34	18	38	99	61.8	20	2.91	6

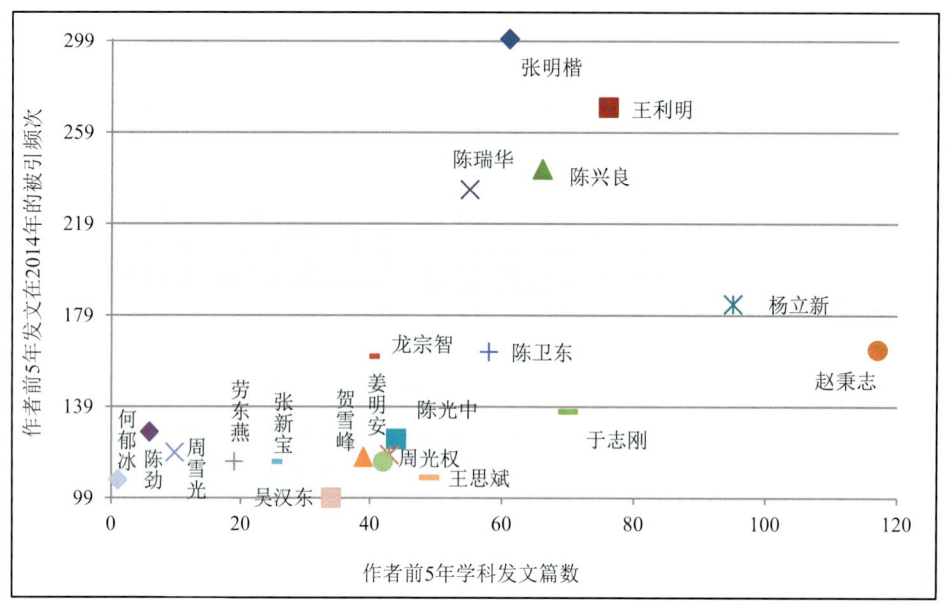

图 47-7　哲学、社会科学学科高被引作者学科发文及被引对比

47.5.2　高被引作者科研合作关系

通过作者合著分析，获得2014年哲学、社会科学学科高被引作者及与其他学者之间的科研论文合作关系（不考虑论文署名次序），如图47-8所示（合著3次以下不显示）。可以看出，哲学、社会科学学科的高被引作者的论文合作现象比较普遍。学者赵秉志和杨立新的发文量较多；赵秉志的论文合作网络最为突出，在该学科的研究人员中表现出一定的集聚效应；赵秉志和袁彬、彭新林等学者之间的合作关系最为紧密，显示出他们可能属于同一支科研团队。

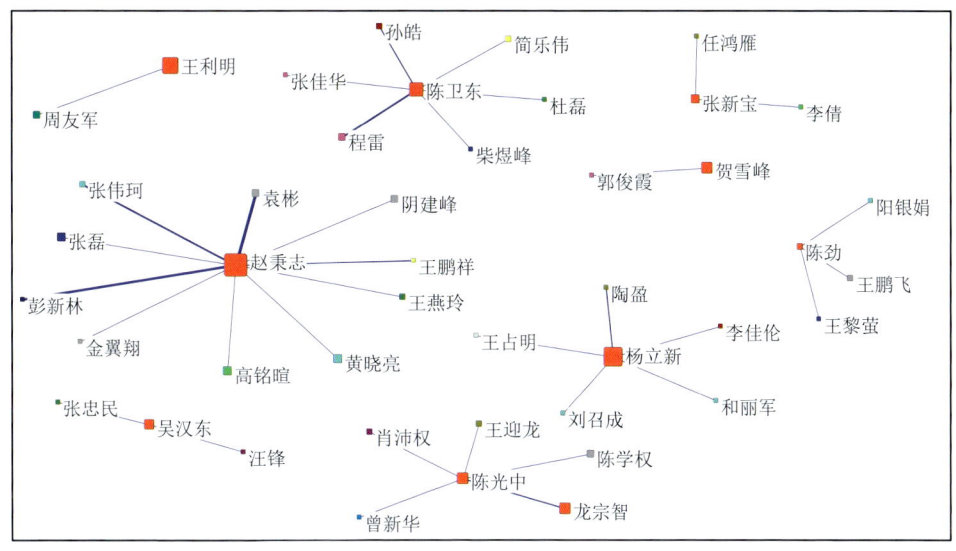

图 47-8　哲学、社会科学学科高被引作者科研论文合作关系

47.5.3　高被引作者发文主题关联

通过作者共被引分析，获得 2014 年哲学、社会科学学科高被引作者及与其他学者之间的发文主题关联（见图 47-9，共被引 4 次以下不显示）。如图 47-9 所示，哲学、社会科学学科的高被引作者基本主导了作者共被引网络，显示出该学科在热点主题上已经形成了优势较为明显的科研力量。学者张明楷和王利明的节点较大，显示出他们的学术成果在学科内得到较多关注；陈兴良与张明楷等学者之间的链接较强，意味着他们之间可能有较为相近的研究主题；以张明楷、陈兴良等学者为主要节点的共被引作者簇人数较多且网络规模较大，意味着这些学者的研究主题关联可能较为紧密。

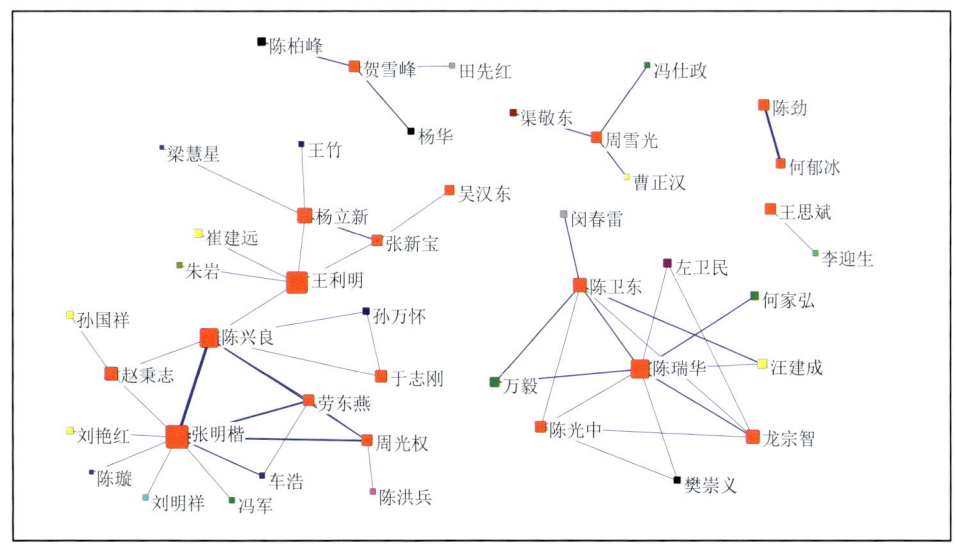

图 47-9　哲学、社会科学学科高被引作者发文主题关联

47.6 高被引机构分析

47.6.1 高被引机构

为便于比较，本书将哲学、社会科学学科的高被引机构分为高等院校和科研院所两种类型。其中，被引频次 TOP 10 高等院校和被引频次 TOP 5 科研院所的发文及被引情况分别见表 47-5 和表 47-6。其中，总被引频次较高的 3 所高等院校分别是中国人民大学、北京大学和武汉大学，中国社会科学院、上海社会科学院和中国科学院心理研究所是总被引频次较高的 3 所科研院所；前 5 年学科发文在 2014 年的被引率最高的高等院校和科研院所分别是清华大学和中国科学院心理研究所，篇均被引最高的高等院校和科研院所分别是清华大学和中国科学院心理研究所。上述高被引机构的论文被引率和篇均被引频次对比如图 47-10 所示。

表 47-5 哲学、社会科学学科高被引高等院校 TOP 10

序号	第一作者单位	学科发文量（篇）		前 5 年学科发文在 2014 年的被引			
		前 5 年	2014 年	频次	被引率(%)	最高（次）	篇均（次）
1	中国人民大学	12565	1981	7008	22.8	38	0.56
2	北京大学	7992	1377	4894	24.1	39	0.61
3	武汉大学	8694	1435	2966	18.7	27	0.34
4	清华大学	3621	676	2917	28.6	42	0.81
5	北京师范大学	6010	981	2901	22.5	46	0.48
6	中国政法大学	8527	1297	2838	16.4	27	0.33
7	南京大学	7366	1092	2718	19.5	24	0.37
8	复旦大学	5634	792	2407	20.7	26	0.43
9	华东政法大学	8543	1561	2185	13.7	23	0.26
10	吉林大学	6216	1003	2095	18.2	38	0.34

表 47-6 哲学、社会科学学科高被引科研院所 TOP 5

序号	第一作者单位	学科发文量（篇）		前 5 年学科发文在 2014 年的被引			
		前 5 年	2014 年	频次	被引率(%)	最高（次）	篇均（次）
1	中国社会科学院	1925	310	848	21.6	14	0.44
2	上海社会科学院	1451	197	650	22.8	41	0.45
3	中国科学院心理研究所	321	47	332	38.6	24	1.03
4	天津社会科学院	762	101	238	18.4	10	0.31
5	上海国际问题研究院	326	60	173	26.1	10	0.53

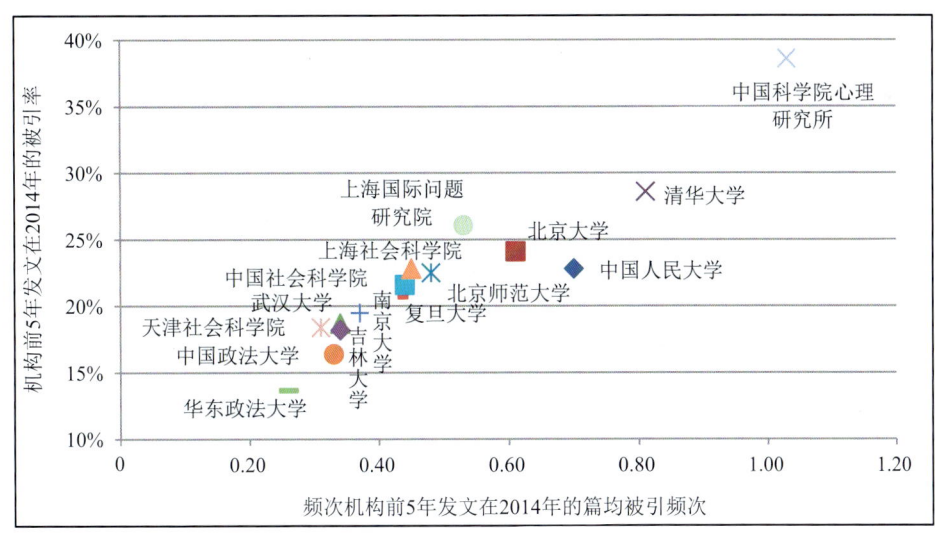

图 47-10 哲学、社会科学学科高被引机构论文篇均被引及被引率对比

47.6.2 高被引机构科研合作关系

通过合著分析,获得哲学、社会科学学科高被引机构之间及其与其他机构之间的科研合作关联,如图 47-11 所示(共被引 24 次以下不显示)。分析得知,哲学、社会科学学科的机构合作链接比较紧密,显示出学科内各个机构间的研究主题关联非常紧密;高被引机构基本主导了机构共被引网络,显示出这些机构已经在学科内具有了一定的科研优势。复旦大学和卫生部食品安全综合协调与卫生监督局、卫生部食品安全与卫生监督局等机构之间的链接较强,表明它们的科研合作较为频繁。

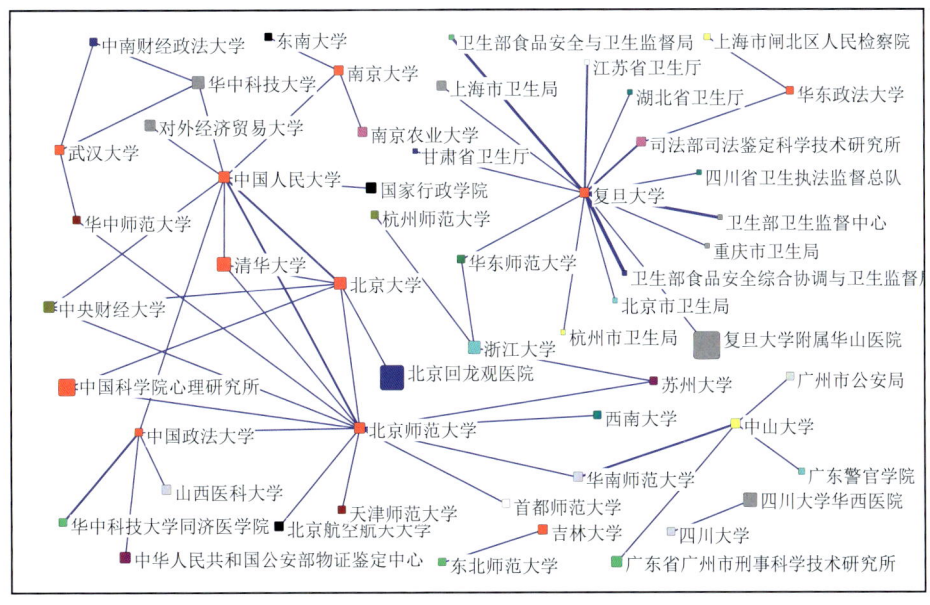

图 47-11 哲学、社会科学学科高被引机构科研合作关联

47.7 高被引图书、国外期刊及学术会议

2014 年,哲学、社会科学学科被引频次位居前 10 位的图书及国外期刊见表 47-7 和表 47-8。其中,被引次数较多的 3 种图书分别是马克思的《马克思恩格斯全集》、马克思的《马克思恩格斯选集》和邓小平的《邓小平文选》;被引次数较多的 3 种国外期刊分别是《Journal of Personality and Social Psychology》《Journal of Applied Psychology》和《Academy of Management Journal》;被引次数较多的 3 场学术会议分别是 "2013 Lien Conference on Public Administration" "CRS Report for Congress" 和 "Paper Presented at the Annual Meeting of the National Council on Measurement in Education"。

表 47-7 哲学、社会科学学科高被引图书 TOP 10

序号	责任者	图书名称	出版社	2014 年被引频次
1	马克思	马克思恩格斯全集	人民出版社	5716
2	马克思	马克思恩格斯选集	人民出版社	5649
3	邓小平	邓小平文选	人民出版社	4626
4	毛泽东	毛泽东选集	人民出版社	4227
5	马克思	马克思恩格斯文集	人民出版社	2676
6	毛泽东	毛泽东文集	人民出版社	1951
7	列宁	列宁全集	人民出版社	1656
8	张明楷	刑法学	法律出版社	1111
9	马克思	马克思恩格斯全集	人民出版社	995
10	列宁	列宁选集	人民出版社	990

表 47-8 哲学、社会科学学科高被引国外期刊 TOP 10

序号	期刊名称	2014 年被引频次
1	Journal of Personality and Social Psychology	2317
2	Journal of Applied Psychology	1183
3	Academy of Management Journal	1141
4	Academy of Management Review	848
5	Psychological Bulletin	732
6	The American Economic Review	677
7	Science	663
8	American Journal of Sociology	609
9	Public Administration Review	583
10	American Sociological Review	542

第48章 经济学科高被引分析

48.1 学科论文概况

2009—2013年，经济学科共有1105928位来自244664所机构的论文第一作者在6322种期刊上发表了1639240篇学术论文。其中，80%以上的论文产出自138328所机构、814812位作者，发表在834种期刊上。在前5年发表的这些论文中，有250260篇在2014年获得过引用，整体被引率为15.3%，总被引频次为441172次，篇均被引0.27次；其中，高被引论文有2892篇，单篇论文最高被引频次为483次，累计被引41720次，篇均被引14.43次（表48-1）。另外，2014年经济学科共发表论文332161篇，其中有14596篇在当年获得过引用，总共被引19253次。

表48-1 经济学科论文分布情况

年份	论文篇数	2014年被引频次	2014年被引率（%）	2014年高被引论文			
				论文篇数	最高被引频次	总被引频次	篇均被引频次
2009	216774	62870	16.3	386	314	6625	17.16
2010	266862	88345	18.1	551	448	9028	16.38
2011	406404	105132	14.4	622	483	9462	15.21
2012	442679	100984	13.0	633	475	9112	14.39
2013	306521	83841	16.5	700	453	7493	10.70
合计	1639240	441172	15.3	2892	483	41720	14.43

从经济学科论文的地域分布来看，2014年被引频次较高的5个省、直辖市或自治区依次是北京、江苏、广东、湖北和上海（图48-1）；5年论文产出量较多的5个省、直辖市或自治区依次是北京、江苏、山东、河南和广东（图48-2）。

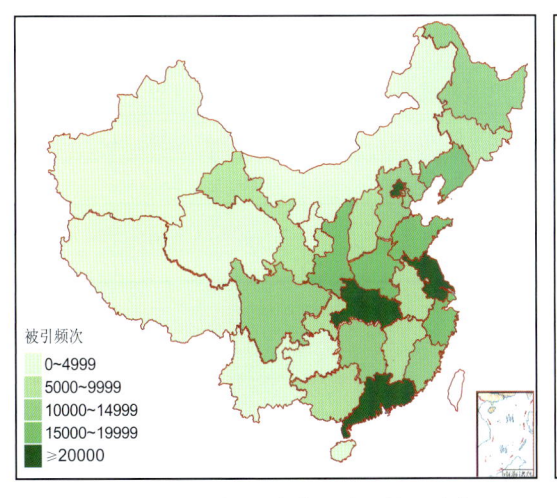

图48-1 2014年经济学科地区被引分布

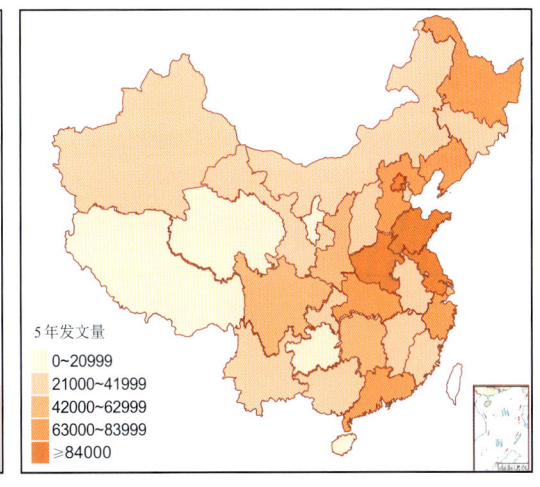

图48-2 经济学科5年论文产出地区分布

48.2 高被引论文分析

在经济学科，2014 年被引频次位居前 10 位的论文（表 48-2）平均被引频次为 130.3 次，是全部 2892 篇高被引论文篇均被引频次的 9.0 倍。其中，被引频次最高的论文是谢平于 2012 年发表的《互联网金融模式研究》，随后 2 篇分别是宫晓林于 2013 年发表的《互联网金融模式及对传统银行业的影响》和干春晖于 2011 年发表的《中国产业结构变迁对经济增长和波动的影响》。

从论文分布来看，刊载高被引论文数量居前的 3 种期刊分别是《经济研究》（238 篇）、《管理世界》（142 篇）和《会计研究》（111 篇），而《经济研究》刊载了高被引论文 TOP 10 中的 4 篇；发表高被引论文居前的 3 位学者分别是华中科技大学的张兆国（8 篇）、中国科学院地理科学与资源研究所的刘彦随（7 篇）和武汉大学的辜胜阻（7 篇）；产出高被引论文数量居前的 3 所机构分别是中国人民大学（131 篇）、北京大学（71 篇）和南开大学（66 篇）。

表 48-2 经济学科高被引论文 TOP 10

序号	论文题名	第一作者	期刊名称	发表年份	被引频次 总频次	被引频次 2014 年
1	互联网金融模式研究	谢平	金融研究	2012	789	431
2	互联网金融模式及对传统银行业的影响	宫晓林	南方金融	2013	198	124
3	中国产业结构变迁对经济增长和波动的影响	干春晖	经济研究	2011	302	114
4	中国城镇化水平和速度的实证分析与前景预测	简新华	经济研究	2010	269	106
5	新型城镇化的战略意义和改革难题	张占斌	国家行政学院学报	2013	200	106
6	中国城市化水平的综合测度及其动力因子分析	陈明星	地理学报	2009	294	86
7	互联网金融的模式与发展	李博	中国金融	2013	139	86
8	人口转变、人口红利与刘易斯转折点	蔡昉	经济研究	2010	353	84
9	管理层权力、私有收益与薪酬操纵	权小锋	经济研究	2010	228	83
10	中国二氧化碳的环境库兹涅茨曲线预测及影响因素分析	林伯强	管理世界	2009	349	83

48.3 研究主题关联分析

在经济学科，高被引论文累计被 2014 年发表的 28447 篇论文引用了 41720 次。通过分析施引文献关键词的词频及关键词之间的共现关系，获得 2014 年经济学科的热点主题和主题关联，如图 48-3 所示（共现 39 次以下不显示）。由图 48-3 可知："互联网金融""城镇化""经济增长"等关键词的文档词频较高，是 2014 年学科的研究热点；以"互联网金融""商业银行"等关键词为主要节点的多个概念相互关联，构成了学科内最为突出的研究主题簇。

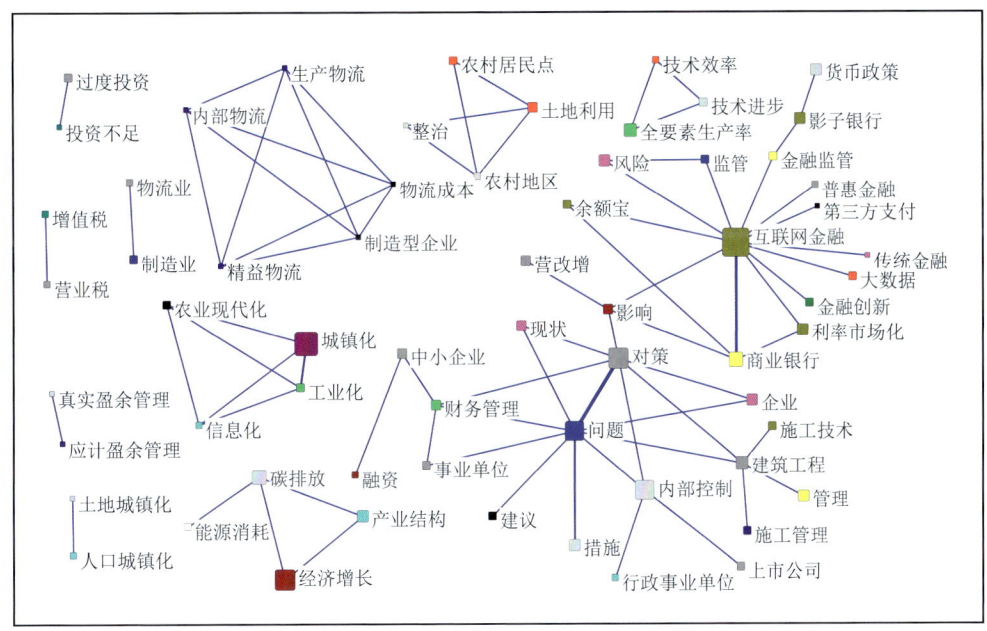

图 48-3　经济学科 2014 年热点主题关联

48.4 学科高影响力期刊分析

48.4.1 学科高影响力期刊 TOP 10

在经济学科，学科 5 年影响因子位居前 10 位的期刊见表 48-3，排在前 3 位的期刊分别是《经济研究》《会计研究》和《管理世界》。在表 48-3 中，学科载文量占其总载文量比例最大的期刊是《中国工业经济》；前 5 年学科载文在 2014 年被引率最高的期刊是《会计研究》；期刊 5 年影响因子较高的前 3 种期刊分别是《经济研究》《会计研究》和《金融研究》；学科 5 年影响因子与期刊 5 年影响因子差异最大的期刊是《金融研究》。表 48-3 中期刊的学科 5 年影响因子和前 5 年学科载文的 2014 年被引率对比如图 48-4 所示，2009—2014 年期刊 5 年影响因子的变动情况如图 48-5 所示。

表 48-3 经济学科高影响力期刊基本指数

序号	期刊名称	前 5 年载文量			2014 年学科被引			5 年影响因子		h 指数 (学科)
		学科(篇)	占比(%)	总量(篇)	频次	被引率(%)	高被引论文篇数	期刊(2014)	学科(2014)	
1	经济研究	919	92.3	996	6503	65.0	238	7.082	7.076	35
2	会计研究	895	98.5	909	3479	71.3	111	4.007	3.887	19
3	管理世界	1509	92.6	1630	4797	62.6	142	3.125	3.179	24
4	世界经济	564	95.1	593	1701	58.3	53	3.032	3.016	16
5	中国农村经济	629	94.7	664	1879	64.1	50	2.899	2.987	15
6	南开管理评论	572	97.8	585	1590	64.5	40	2.875	2.780	14
7	中国工业经济	1041	99.1	1050	2673	61.0	74	2.565	2.568	16
8	自然资源学报	403	31.9	1264	1010	68.7	17	1.948	2.506	13
9	数量经济技术经济研究	814	97.4	836	1963	59.1	56	2.358	2.412	15
10	金融研究	585	46.7	1252	1350	34.2	26	3.145	2.308	19

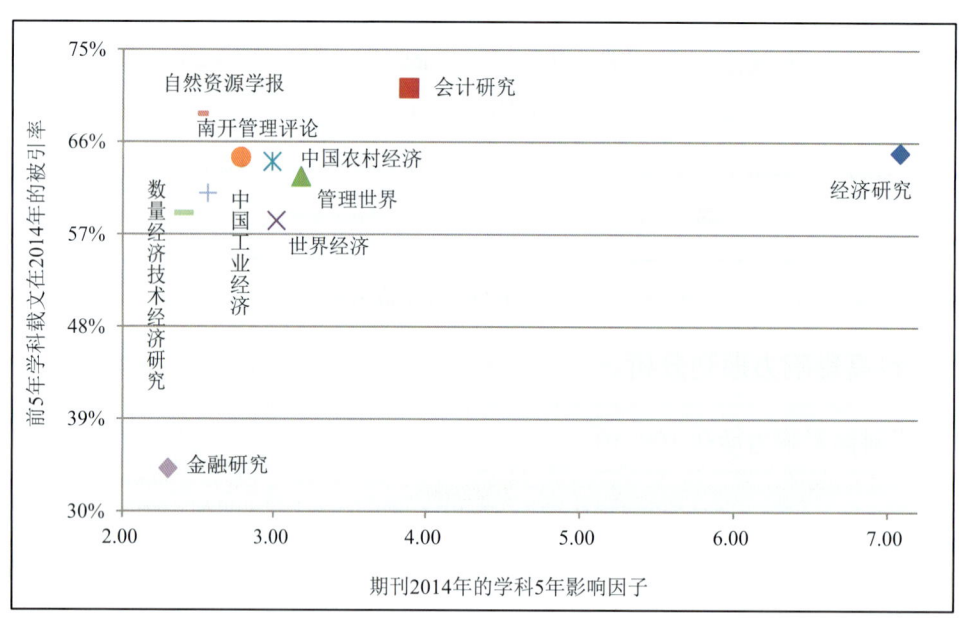

图 48-4 经济学科高影响力期刊对比

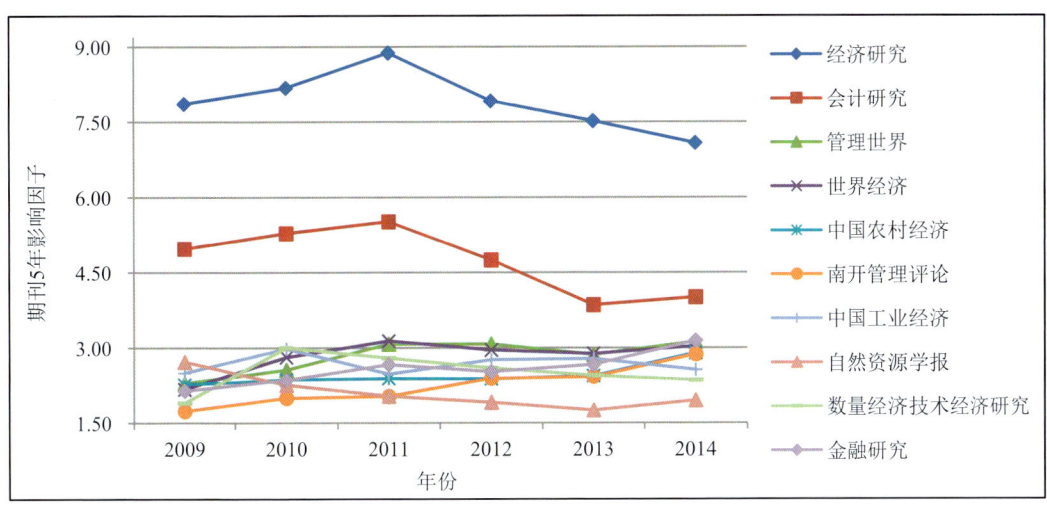

图 48-5　经济学科期刊 5 年影响因子变动

48.4.2　学科高影响力期刊载文主题关联

通过期刊共被引分析，获得经济学科高影响力期刊及与其他期刊之间的载文主题关联，如图 48-6 所示（共被引 53 次以下不显示）。结果显示，经济学科的高影响力期刊相互链接较为紧密，基本主导了该学科的期刊共被引网络，显示出该学科高影响力期刊可能共同刊载了许多相近的研究主题，热点研究主题分散在多种期刊上。《经济研究》的学科 5 年影响因子较高，显示出该刊在学科内学术影响力较大；《经济研究》与《管理世界》《世界经济》等期刊之间的链接较强，意味着它们之间可能有较多相同或相近的载文主题。

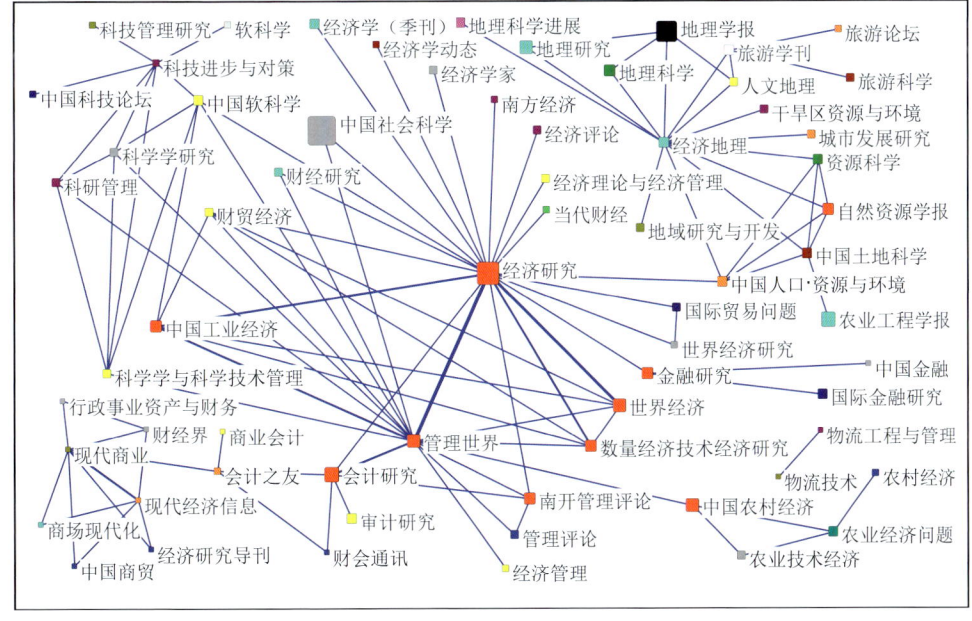

图 48-6　经济学科高影响力期刊载文主题关联

48.5 高被引作者分析

48.5.1 高被引作者 TOP 20

2009—2013 年，在 1105928 位经济学科论文的第一作者中，在 2014 年学科被引频次位居前 20 位的学者的发文及被引情况见表 48-4。其中，学科发文总被引频次较高的 3 位作者分别是中国投资有限责任公司的谢平（437 次）、厦门大学的林伯强（239 次）和财政部财政科学研究所的贾康（234 次）。高被引作者的 5 年学科发文数量从 1 篇到 242 篇不等，同时，作者学科发文的期刊分布也在 1 种到 92 种之间变化。在发文超过 5 篇的所有作者中，篇均被引较高的 3 位作者分别是中国投资有限责任公司的谢平（篇均 62.43 次）、复旦大学的陈诗一（篇均 24.86 次）和上海财经大学的干春晖（篇均 21.57 次）；前 5 年发表学科论文较多的 3 位作者分别是财政部财政科学研究所的贾康（242 篇）、卡莱（梅州）橡胶制品有限公司的董鹏（223 篇）和天津社会科学院的陈柳钦（180 篇）。高被引作者的学科发文量和被引量对比如图 48-7 所示。

表 48-4 经济学科高被引作者 TOP 20

序号	姓名	作者单位	前 5 年发文			前 5 年学科发文在 2014 年的被引				h 指数（学科）
			学科发文（篇）	期刊分布（种）	发文总量（篇）	总频次	被引率（%）	最高（次）	篇均（次）	
1	谢平	中国投资有限责任公司	7	6	9	437	28.6	431	62.43	3
2	林伯强	厦门大学	27	18	63	239	40.7	83	8.85	8
3	贾康	财政部财政科学研究所	242	65	302	234	28.9	19	0.97	8
4	黄祖辉	浙江大学	48	28	57	198	62.5	52	4.12	7
5	刘彦随	中国科学院地理科学与资源研究所	18	12	21	194	66.7	45	10.78	8
6	蔡昉	中国社会科学院人口与劳动经济研究所	34	26	57	187	55.9	84	5.50	7
7	陈诗一	复旦大学	7	4	9	174	100.0	71	24.86	7
8	白重恩	清华大学	19	12	27	158	42.1	62	8.32	6
9	简新华	武汉大学	31	22	34	156	41.9	106	5.03	5
10	干春晖	上海财经大学	7	5	7	151	71.4	114	21.57	4
11	张杰	中国人民大学	44	19	53	143	38.6	37	3.25	6
12	方军雄	复旦大学	25	12	25	139	56.0	52	5.56	5
12	王小鲁	中国经济改革研究基金会国民经济研究所	16	12	7	139	43.8	68	8.69	4
14	姜付秀	中国人民大学	8	4	9	133	87.5	46	16.62	5
15	陈柳钦	天津社会科学院	180	92	261	132	37.2	13	0.73	5

序号	姓名	作者单位	前5年发文			前5年学科发文在2014年的被引				h指数（学科）
			学科发文（篇）	期刊分布（种）	发文总量（篇）	总频次	被引率（%）	最高（次）	篇均（次）	
16	张占斌	国家行政学院	33	24	69	129	27.3	106	3.91	4
16	陆铭	复旦大学	30	18	49	129	50.0	39	4.30	7
18	辜胜阻	武汉大学	49	24	65	126	44.9	19	2.57	8
19	宫晓林	中央汇金投资有限责任公司	1	1	1	124	100.0	124	124.00	1
20	聂辉华	中国人民大学	11	8	18	121	72.7	61	11.00	4

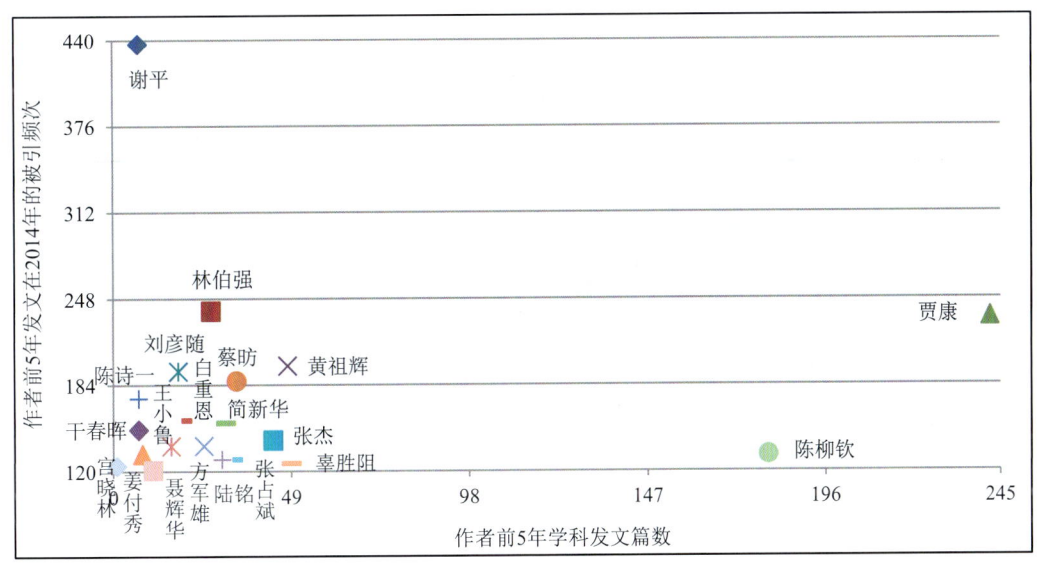

图 48-7　经济学科高被引作者学科发文及被引对比

48.5.2　高被引作者科研合作关系

通过作者合著分析，获得2014年经济学科高被引作者及与其他学者之间的科研论文合作关系（不考虑论文署名次序），如图48-8所示（合著4次以下不显示）。可以看出，经济学科的高被引作者的论文合作现象比较普遍。学者贾康、陈柳钦的发文量较多；刘彦随的论文合作网络最为突出，在该学科的研究人员中表现出一定的集聚效应；陈柳钦和胡振华、陆铭和陈钊等学者之间的合作关系最为紧密，显示出他们可能分别属于同一支科研团队。

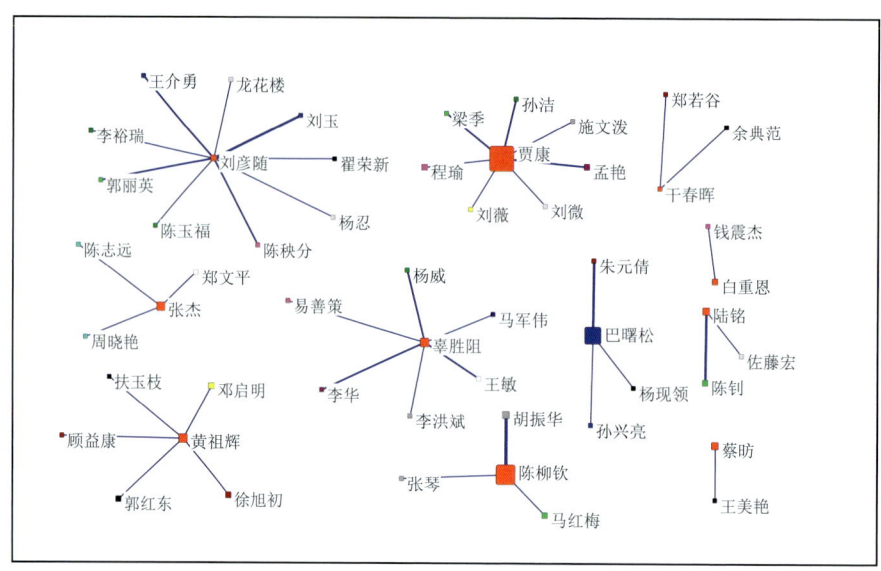

图 48-8　经济学科高被引作者科研论文合作关系

48.5.3　高被引作者发文主题关联

通过作者共被引分析，获得 2014 年经济学科高被引作者及与其他学者之间的发文主题关联（见图 48-9，共被引 9 次以下不显示）。如图 48-9 所示，经济学科的高被引作者基本主导了作者共被引网络，显示出该学科在热点主题上已经形成了优势较为明显的科研力量。学者谢平和林伯强的节点较大，显示出他们的学术成果在学科内得到较多关注；谢平与宫晓林、李博、黄海龙等学者之间的链接较强，意味着他们之间可能有较为相近的研究主题；以谢平、宫晓林等学者为主要节点的共被引作者簇人数较多且网络规模较大，意味着这些学者的研究主题关联可能较为紧密。

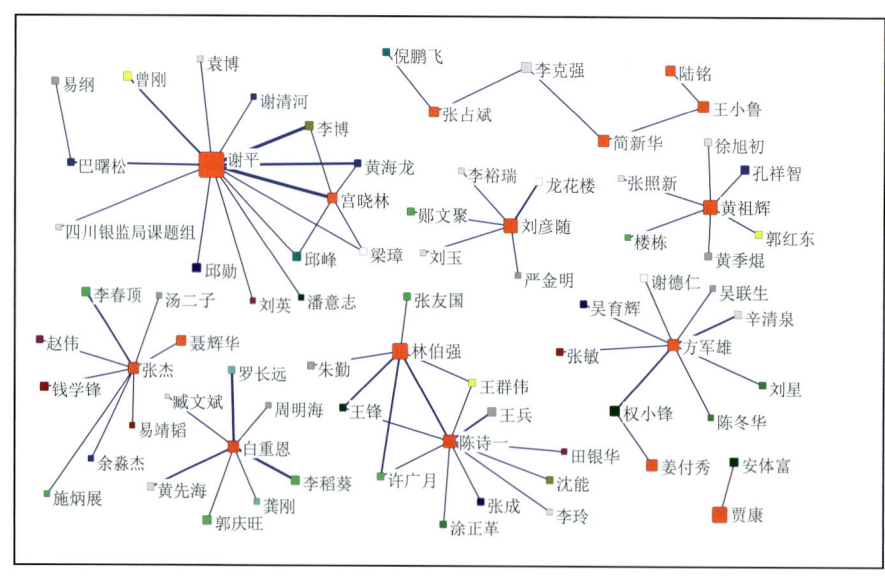

图 48-9　经济学科高被引作者发文主题关联

48.6 高被引机构分析

48.6.1 高被引机构

为便于比较，本书将经济学科的高被引机构分为高等院校和科研院所两种类型。其中，被引频次 TOP 10 高等院校和被引频次 TOP 5 科研院所的发文及被引情况分别见表 48-5 和表 48-6。其中，总被引频次较高的 3 所高等院校分别是中国人民大学、南开大学和北京大学，中国科学院地理科学与资源研究所、财政部财政科学研究所和国务院发展研究中心是总被引频次较高的 3 所科研院所；前 5 年学科发文在 2014 年的被引率最高的高等院校和科研院所分别是南开大学和中国科学院地理科学与资源研究所，篇均被引最高的高等院校和科研院所分别是南京大学和中国科学院地理科学与资源研究所。上述高被引机构的论文被引率和篇均被引频次对比如图 48-10 所示。

表 48-5　经济学科高被引高等院校 TOP 10

序号	第一作者单位	学科发文量（篇）		前 5 年学科发文在 2014 年的被引			
		前 5 年	2014 年	频次	被引率(%)	最高（次）	篇均（次）
1	中国人民大学	11901	1967	7578	24.7	61	0.64
2	南开大学	6749	991	4704	29.9	26	0.70
3	北京大学	6542	949	4496	25.5	61	0.69
4	南京大学	5902	801	4445	29.8	39	0.75
5	中南财经政法大学	10652	1358	3877	18.1	48	0.36
6	武汉大学	7411	1177	3698	22.1	106	0.50
7	东北财经大学	8465	1118	3604	20.6	53	0.43
8	厦门大学	5035	643	3469	26.0	83	0.69
9	西南财经大学	13702	1102	3355	12.9	35	0.24
10	复旦大学	4400	541	3273	26.0	71	0.74

表 48-6　经济学科高被引科研院所 TOP 5

序号	第一作者单位	学科发文量（篇）		前 5 年学科发文在 2014 年的被引			
		前 5 年	2014 年	频次	被引率(%)	最高（次）	篇均（次）
1	中国科学院地理科学与资源研究所	871	106	2209	57.5	86	2.54
2	财政部财政科学研究所	1761	276	1063	26.7	28	0.60
3	国务院发展研究中心	1635	213	719	18.1	36	0.44
4	上海社会科学院	1382	197	703	26.6	20	0.51
5	中国社会科学院	2165	302	652	11.7	36	0.30

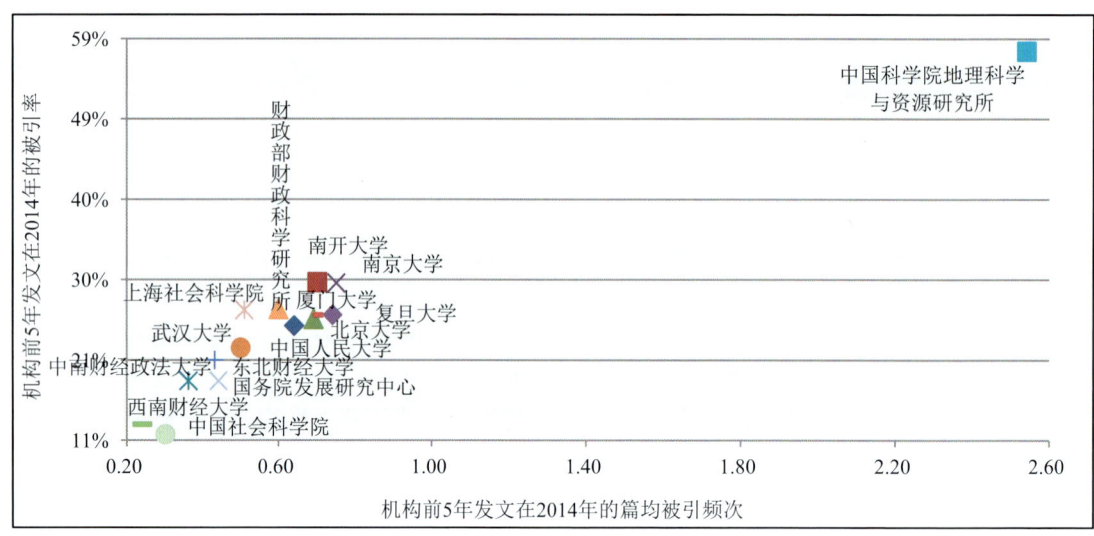

图 48-10　经济学科高被引机构论文篇均被引及被引率对比

48.6.2　高被引机构科研合作关系

通过合著分析，获得经济学科高被引机构之间及其与其他机构之间的科研合作关联，如图 48-11 所示（合作 38 次以下不显示）。分析得知，经济学科的机构合作链接较为紧密，表明学科内机构合作现象普遍且具有一定的地域性；高被引机构基本主导了机构合作网络，显示出这些机构已经在学科内具有了一定的科研优势。中国人民大学和北京大学、中央财经大学等机构之间的链接较强，表明它们的学术合作较为频繁。

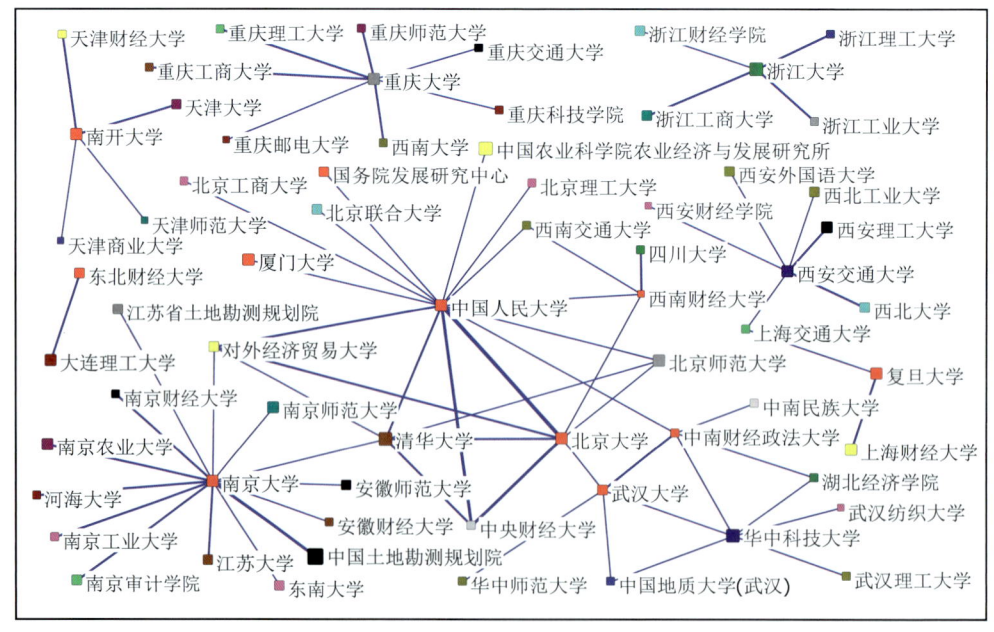

图 48-11　经济学科高被引机构科研合作关联

48.7 高被引图书、国外期刊及学术会议

2014 年,经济学科被引频次位居前 10 位的图书及国外期刊见表 48-7 和表 48-8。其中,被引次数较多的 3 种图书分别是马克思的《马克思恩格斯全集》、马克思的《马克思恩格斯选集》和马克思的《资本论》;被引次数较多的 3 种国外期刊分别是《The American Economic Review》《Journal of Finance》和《Journal of Financial Economics》;被引次数较多的 3 场学术会议分别是 "Carnegie-Rochester Conference Series on Public Policy" "NBER Macroeconomics Annual" 和 "CRS Report for Congress"。

表 48-7 经济学科高被引图书 TOP 10

序号	责任者	图书名称	出版社	2014 年被引频次
1	马克思	马克思恩格斯全集	人民出版社	1165
2	马克思	马克思恩格斯选集	人民出版社	778
3	马克思	资本论	人民出版社	476
4	马克思	马克思恩格斯文集	人民出版社	406
5	邓小平	邓小平文选	人民出版社	331
6	张维迎	博弈论与信息经济学	上海人民出版社	215
7	高铁梅	计量经济分析方法与建模	清华大学出版社	205
8	刘思峰	灰色系统理论及其应用	科学出版社	176
9	毛泽东	毛泽东选集	人民出版社	156
10		中共中央关于全面深化改革若干重大问题的决定	人民出版社	148

表 48-8 经济学科高被引国外期刊 TOP 10

序号	期刊名称	2014 年被引频次
1	The American Economic Review	7561
2	Journal of Finance	6175
3	Journal of Financial Economics	5736
4	Journal of Political Economy	4141
5	Strategic Management Journal	3965
6	Quarterly Journal of Economics	3668
7	Academy of Management Journal	3185
8	Management Science	2914
9	Academy of Management Review	2693
10	Econometrica	2549

第49章 文化传播学科高被引分析

49.1 学科论文概况

2009—2013 年,文化传播学科共有 599718 位来自 76170 所机构的论文第一作者在 5605 种期刊上发表了 966493 篇学术论文。其中,80%以上的论文产出自 14635 所机构、403490 位作者,发表在 862 种期刊上。在前 5 年发表的这些论文中,有 91771 篇在 2014 年获得过引用,整体被引率为 9.5%,总被引频次为 136284 次,篇均被引 0.14 次;其中,高被引论文有 1029 篇,单篇论文最高被引频次为 173 次,累计被引 12152 次,篇均被引 11.81 次(表 49-1)。另外,2014 年文化传播学科共发表论文 181787 篇,其中有 4238 篇在当年获得过引用,总共被引 5217 次。

表 49-1 文化传播学科论文分布情况

年份	论文篇数	2014 年被引频次	2014 年被引率（%）	2014 年高被引论文			
				论文篇数	最高被引频次	总被引频次	篇均被引频次
2009	136237	22472	11.0	161	129	2199	13.66
2010	173245	29175	11.1	197	153	2780	14.11
2011	235128	31621	8.9	239	173	2931	12.26
2012	244966	28302	7.9	199	137	2087	10.49
2013	176917	24714	9.6	233	159	2155	9.25
合计	966493	136284	9.5	1029	173	12152	11.81

从文化传播学科论文的地域分布来看,2014 年被引频次较高的 5 个省、直辖市或自治区依次是北京、江苏、上海、广东和湖北(图 49-1);5 年论文产出量较多的 5 个省、直辖市或自治区依次是江苏、北京、河南、湖北和山东(图 49-2)。

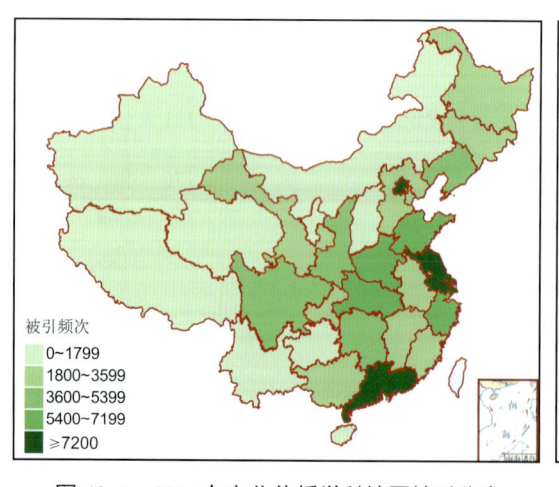

图 49-1 2014 年文化传播学科地区被引分布

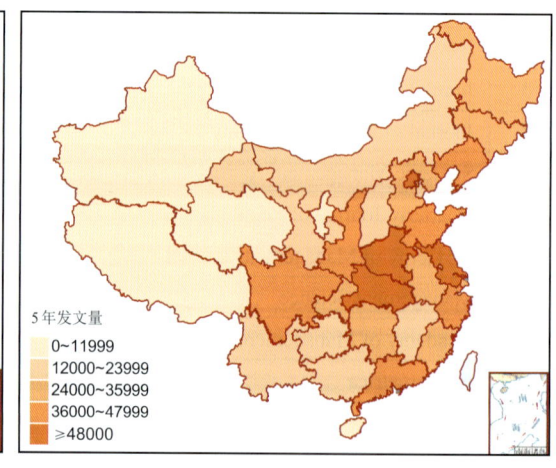

图 49-2 文化传播学科 5 年论文产出地区分布

49.2 高被引论文分析

在文化传播学科，2014 年被引频次位居前 10 位的论文（表 49-2）平均被引频次为 86.1 次，是全部 1029 篇高被引论文篇均被引频次的 7.3 倍。其中，被引频次最高的论文是张德禄于 2009 年发表的《多模态话语分析综合理论框架探索》，随后 2 篇分别是胡庚申于 2011 年发表的《生态翻译学的研究焦点与理论视角》和张德禄于 2009 年发表的《多模态话语理论与媒体技术在外语教学中的应用》。

从论文分布来看，刊载高被引论文数量居前的 3 种期刊分别是《外语界》（84 篇）、《中国翻译》（48 篇）和《中国外语》（37 篇），而《中国外语》刊载了高被引论文 TOP 10 中的 3 篇；发表高被引论文居前的 3 位学者分别是复旦大学的蔡基刚（27 篇）、北京外国语大学的文秋芳（11 篇）和上海外国语大学的束定芳（9 篇）；产出高被引论文数量居前的 3 所机构分别是复旦大学（43 篇）、北京外国语大学（37 篇）和中国人民大学（35 篇），而南京大学和中国海洋大学分别产出了高被引论文 TOP 10 中的 2 篇。

表 49-2 文化传播学科高被引论文 TOP 10

序号	论文题名	第一作者	期刊名称	发表年份	被引频次 总频次	被引频次 2014 年
1	多模态话语分析综合理论框架探索	张德禄	中国外语	2009	426	131
2	生态翻译学的研究焦点与理论视角	胡庚申	中国翻译	2011	246	104
3	多模态话语理论与媒体技术在外语教学中的应用	张德禄	外语教学	2009	323	92
4	英语专业课程必须彻底改革——再谈"思辨缺席"	黄源深	外语界	2010	297	90
5	高职高专公共英语教学现状调查与改革思路	刘黛琳	中国外语	2009	294	88
6	文学伦理学批评：基本理论与术语	聂珍钊	外国文学研究	2010	224	77
7	构建我国外语类大学生思辨能力量具的理论框架	文秋芳	外语界	2009	207	74
8	关于高校大学英语教学的几点思考	王守仁	外语教学理论与实践	2011	181	70
9	我国高校大学英语教学现状调查及大学英语教学改革与发展方向	王守仁	中国外语	2011	176	69
10	关于我国大学英语教学重新定位的思考	蔡基刚	外语教学与研究	2010	225	66

49.3 研究主题关联分析

在文化传播学科，高被引论文累计被 2014 年发表的 8837 篇论文引用了 12152 次。通过分析施引文献关键词的词频及关键词之间的共现关系，获得 2014 年文化传播学科的热点主题和主题关联，如图 49-3 所示（共现 14 次以下不显示）。由图 49-3 可知："大学英语""大学英语教学"等关键词的文档词频较高，是 2014 年学科的研究热点；"大学英语"与"教学改革"之间共现次数较多，显示出它们之间的主题关联较为紧密。

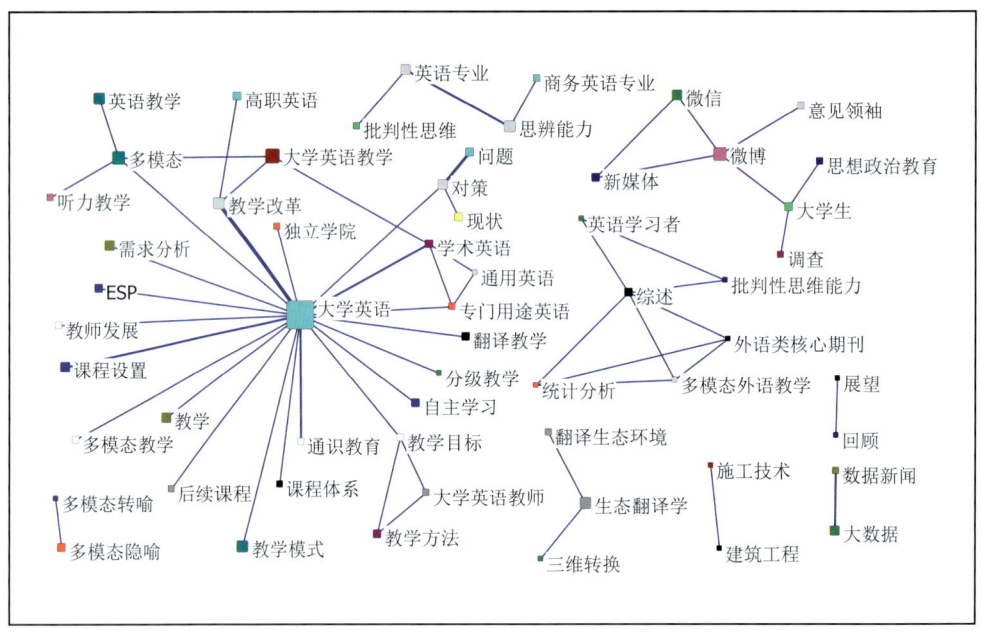

图 49-3　文化传播学科 2014 年热点主题关联

49.4 学科高影响力期刊分析

49.4.1 学科高影响力期刊 TOP 10

在文化传播学科，学科 5 年影响因子位居前 10 位的期刊见表 49-3，排在前 3 位的期刊分别是《外语界》《中国外语》和《外语教学与研究》。在表 49-3 中，学科载文量占其总载文量比例最大的期刊是《外语研究》；前 5 年学科载文在 2014 年被引率最高的期刊是《外语界》；期刊 5 年影响因子较高的前 3 种期刊分别是《外语界》《中国外语》和《外语教学与研究》；学科 5 年影响因子与期刊 5 年影响因子差异最大的期刊是《外语教学理论与实践》。表 49-3 中期刊的学科 5 年影响因子和前 5 年学科载文的 2014 年被引率对比如图 49-4 所示，2009—2014 年期刊 5 年影响因子的变动情况如图 49-5 所示。

表 49-3　文化传播学科高影响力期刊基本指数

序号	期刊名称	前5年载文量			2014年学科被引			5年影响因子		h指数（学科）
		学科（篇）	占比（%）	总量（篇）	频次	被引率（%）	高被引论文篇数	期刊(2014)	学科(2014)	
1	外语界	471	99.2	475	1839	64.8	84	3.872	3.904	17
2	中国外语	544	95.6	569	1416	51.5	37	2.527	2.603	15
3	外语教学与研究	456	91.9	496	1063	50.9	12	2.220	2.331	14
4	外语教学理论与实践	160	48.2	332	352	55.0	9	1.852	2.200	10
5	外语电化教学	487	98.8	493	956	57.3	31	1.961	1.963	11
6	中国翻译	783	93.6	837	1249	42.7	48	1.546	1.595	13
7	外语教学	890	98.9	900	1273	44.5	33	1.428	1.430	12
8	外语与外语教学	805	99.5	809	966	44.6	31	1.194	1.200	11
9	现代外语	377	95.0	397	432	40.9	13	1.111	1.146	8
10	外语研究	719	99.7	721	777	33.7	23	1.078	1.081	14

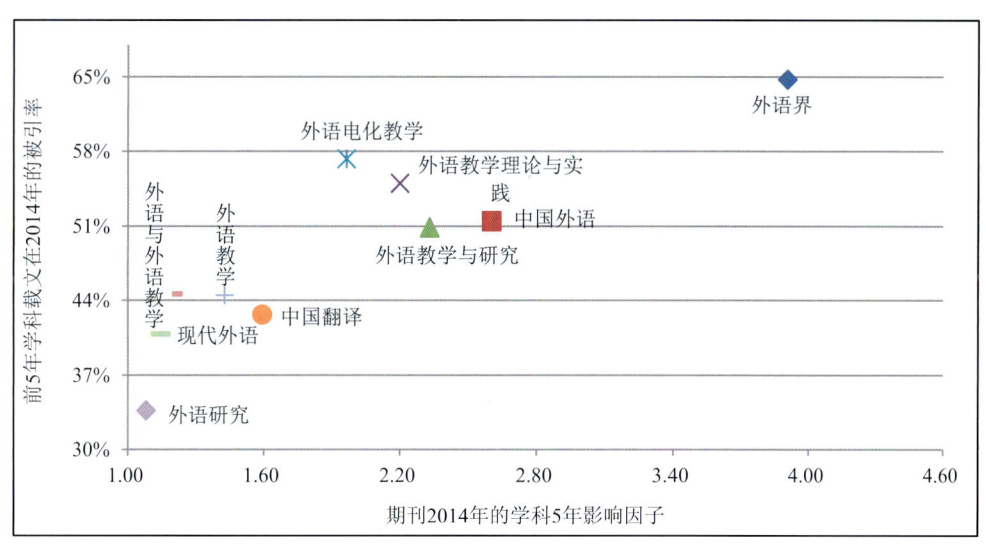

图 49-4　文化传播学科高影响力期刊对比

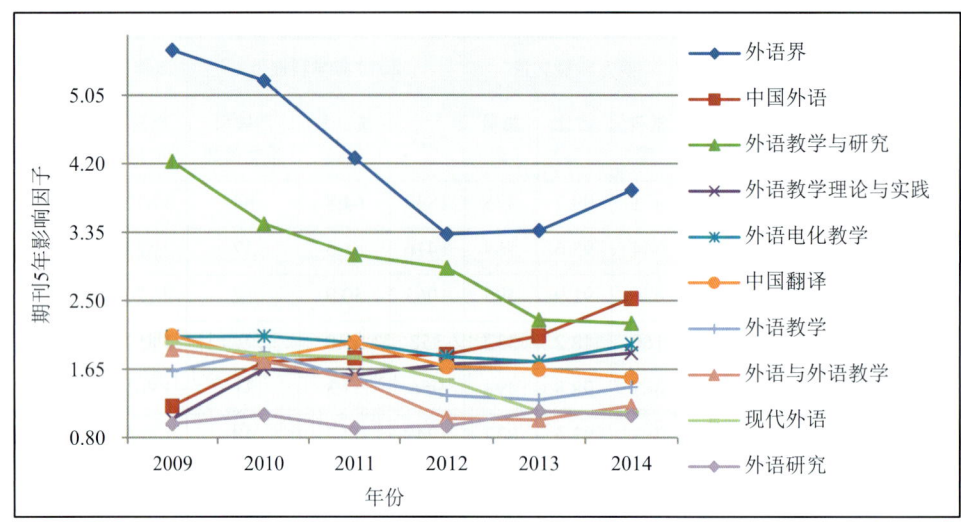

图 49-5　文化传播学科期刊 5 年影响因子变动

49.4.2　学科高影响力期刊载文主题关联

通过期刊共被引分析，获得文化传播学科高影响力期刊及与其他期刊之间的载文主题关联，如图 49-6 所示（共被引 35 次以下不显示）。结果显示，文化传播学科的高影响力期刊相互链接较为紧密，基本主导了该学科的期刊共被引网络，显示出该学科高影响力期刊可能共同刊载了许多相近的研究主题，热点研究主题分散在多种期刊上。《外语界》的学科 5 年影响因子较高，显示出该刊在学科内学术影响力较大；《中国外语》与《外语界》《外语教学》等期刊之间的链接较强，意味着它们之间可能有较多相同或相近的载文主题。

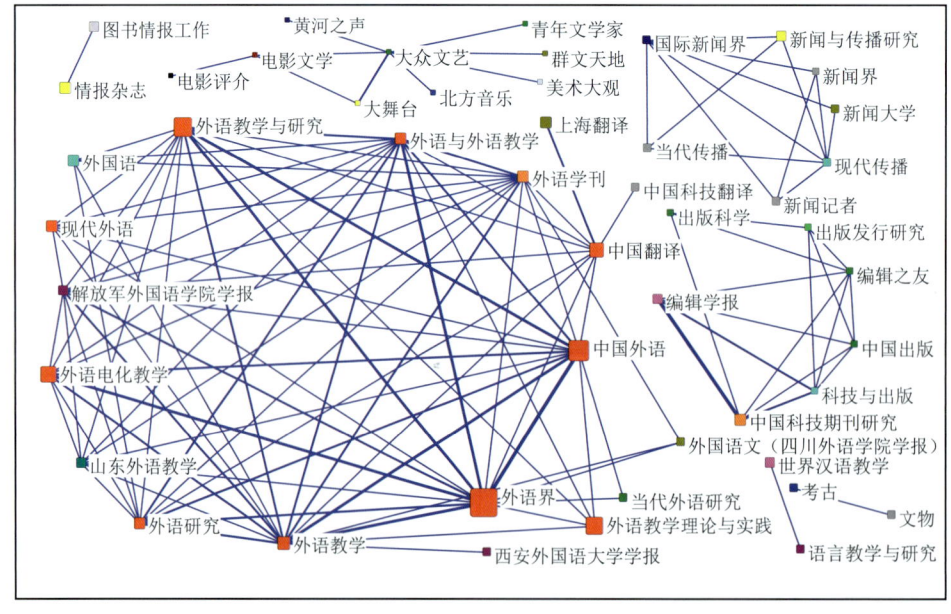

图 49-6　文化传播学科高影响力期刊载文主题关联

49.5 高被引作者分析

49.5.1 高被引作者 TOP 20

2009—2013 年，在 599718 位文化传播学科论文的第一作者中，在 2014 年学科被引频次位居前 20 位的学者的发文及被引情况见表 49-4。其中，学科发文总被引频次较高的 3 位作者分别是复旦大学的蔡基刚（562 次）、同济大学的张德禄（289 次）和北京外国语大学的文秋芳（284 次）。高被引作者的 5 年学科发文数量从 3 篇到 242 篇不等，同时，作者学科发文的期刊分布也在 2 种到 36 种之间变化。在发文超过 5 篇的所有作者中，篇均被引较高的 3 位作者分别是北京外国语大学的孙有中（篇均 19.80 次）、澳门理工学院的胡庚申（篇均 16.88 次）和南京大学的王守仁（篇均 16.77 次）；前 5 年发表学科论文较多的 3 位作者分别是中国人民大学的陈力丹（242 篇）、河南师范大学的苏全有（203 篇）和中国人民大学的喻国明（125 篇）。高被引作者的学科发文量和被引量对比如图 49-7 所示。

表 49-4 文化传播学科高被引作者 TOP 20

序号	姓名	作者单位	前 5 年发文			前 5 年学科发文在 2014 年的被引				h 指数（学科）
			学科发文（篇）	期刊分布（种）	发文总量（篇）	总频次	被引率（%）	最高（次）	篇均（次）	
1	蔡基刚	复旦大学	38	13	48	562	89.5	66	14.79	16
2	张德禄	同济大学	31	15	31	289	58.0	131	14.10	7
3	文秋芳	北京外国语大学	26	12	31	284	65.4	74	10.92	10
4	王守仁	南京大学	13	6	16	218	76.9	70	16.77	7
5	彭兰	中国人民大学	41	23	61	155	63.4	27	3.78	7
6	束定芳	上海外国语大学	22	13	24	148	68.2	34	6.73	7
7	胡庚申	澳门理工学院	8	5	8	135	50.0	104	16.88	3
8	喻国明	中国人民大学	125	27	190	134	42.4	14	1.07	6
9	刘黛琳	中央广播电视大学	3	2	3	111	100.0	88	37.00	3
9	聂珍钊	华中师范大学	16	9	18	111	43.8	77	6.94	2
11	孙有中	北京外国语大学	5	3	6	99	100.0	48	19.80	5
12	黄源深	上海对外贸易学院	3	2	3	95	100.0	90	31.67	2
13	王寅	四川外语学院	26	12	29	93	103.9	12	3.58	5
14	陈力丹	中国人民大学	242	36	372	85	17.8	7	0.35	5
15	陈冰冰	温州大学	4	4	6	82	75.0	35	20.50	3
16	蔡雯	中国人民大学	34	11	41	73	50.0	24	2.15	4

序号	姓名	作者单位	前5年发文			前5年学科发文在2014年的被引				h指数(学科)
			学科发文（篇）	期刊分布（种）	发文总量（篇）	总频次	被引率（%）	最高（次）	篇均（次）	
16	王立非	对外经济贸易大学	19	11	20	73	68.4	18	3.84	5
18	王初明	广东外语外贸大学	9	5	10	65	88.9	22	7.22	5
19	王宁	清华大学	29	20	40	64	48.3	18	2.21	4
20	王婷婷	齐齐哈尔大学	4	4	7	61	50.0	38	15.25	2

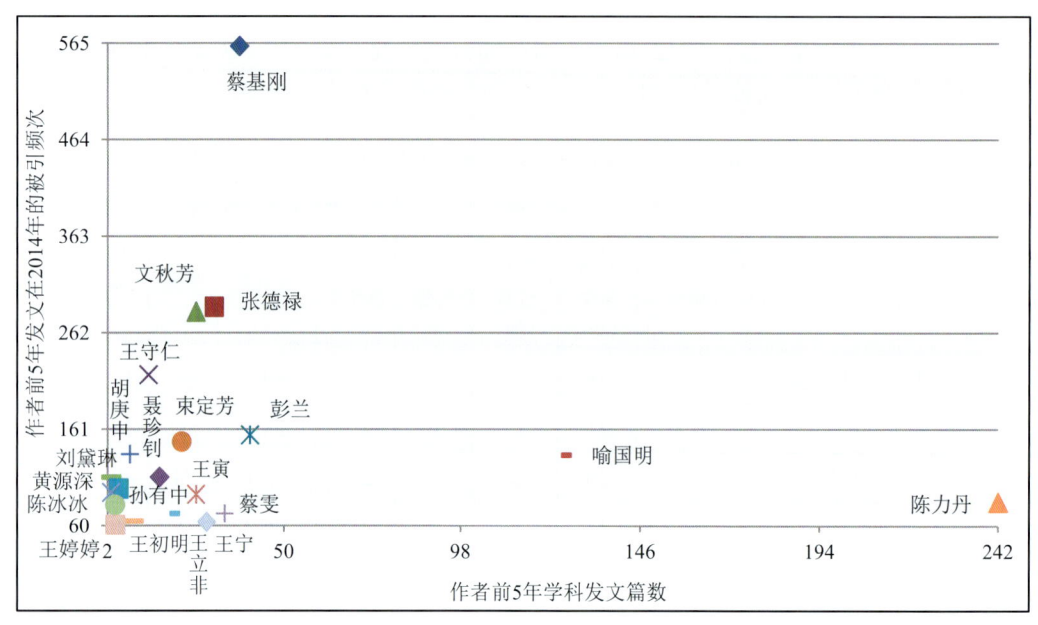

图 49-7　文化传播学科高被引作者学科发文及被引对比

49.5.2 高被引作者科研合作关系

通过作者合著分析，获得 2014 年文化传播学科高被引作者及与其他学者之间的科研论文合作关系（不考虑论文署名次序），如图 49-8 所示（合著 3 次以下不显示）。可以看出，文化传播学科的高被引作者的论文合作现象比较普遍。学者陈力丹、喻国明的发文量较多；喻国明的论文合作网络最为突出，在该学科的研究人员中表现出一定的集聚效应；喻国明和李彪等学者之间的合作关系最为紧密，显示出他们可能属于同一支科研团队。

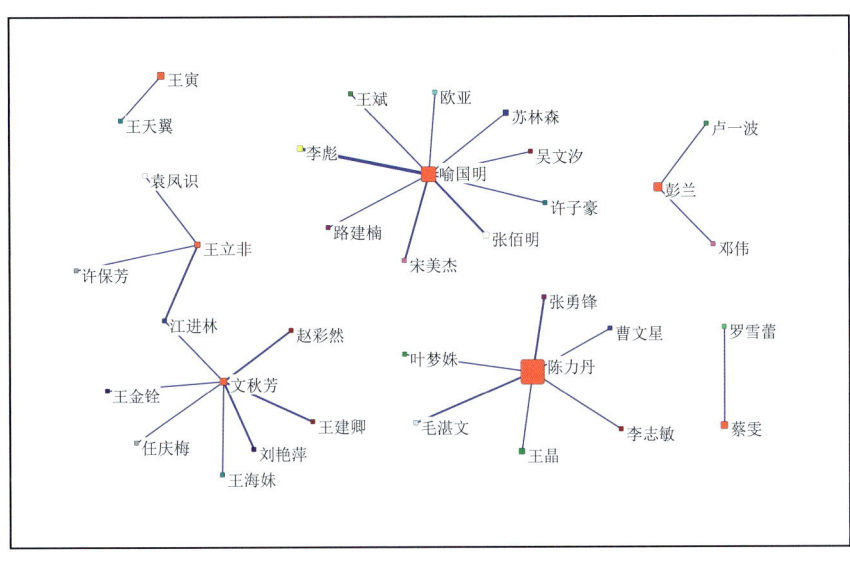

图 49-8　文化传播学科高被引作者科研论文合作关系

49.5.3　高被引作者发文主题关联

通过作者共被引分析，获得 2014 年文化传播学科高被引作者及与其他学者之间的发文主题关联（见图 49-9，共被引 8 次以下不显示）。如图 49-9 所示，文化传播学科的高被引作者基本主导了作者共被引网络，显示出该学科在热点主题上已经形成了优势较为明显的科研力量。学者蔡基刚和文秋芳的节点较大，显示出他们的学术成果在学科内得到较多关注；蔡基刚与王守仁、文秋芳与黄源深等学者之间的链接较强，意味着他们之间可能分别有较为相近的研究主题；以蔡基刚、文秋芳等学者为主要节点的共被引作者簇人数较多且网络规模较大，意味着这些学者的研究主题关联可能较为紧密。

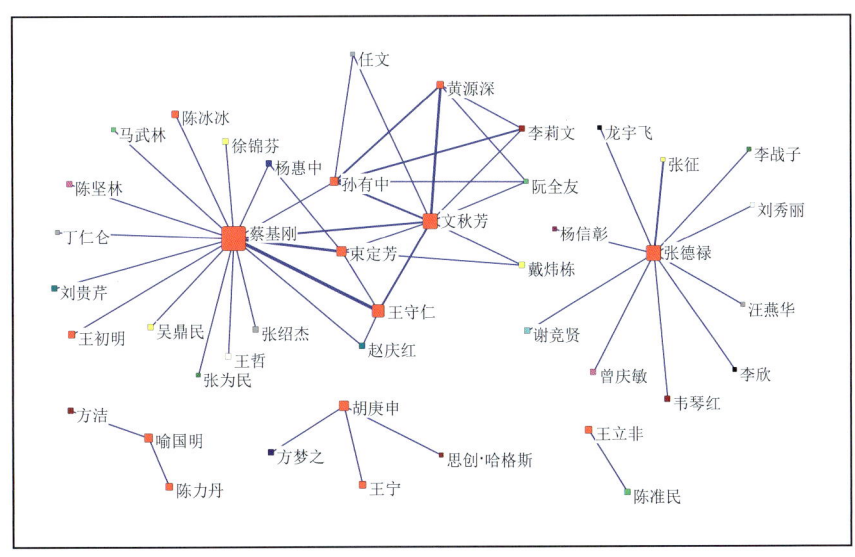

图 49-9　文化传播学科高被引作者发文主题关联

49.6 高被引机构分析

49.6.1 高被引机构

为便于比较，本书将文化传播学科的高被引机构分为高等院校和科研院所两种类型。其中，被引频次 TOP 10 高等院校和被引频次 TOP 5 科研院所的发文及被引情况分别见表 49-5 和表 49-6。其中，总被引频次较高的 3 所高等院校分别是南京大学、复旦大学和中国人民大学，中国社会科学院文学研究所、中国社会科学院语言研究所和中国艺术研究院是总被引频次较高的 3 所科研院所；前 5 年学科发文在 2014 年的被引率最高的高等院校和科研院所分别是北京外国语大学和中国社会科学院语言研究所，篇均被引最高的高等院校和科研院所分别是北京外国语大学和中国社会科学院语言研究所。上述高被引机构的论文被引率和篇均被引频次对比如图 49-10 所示。

表 49-5　文化传播学科高被引高等院校 TOP 10

序号	第一作者单位	学科发文量（篇）		前 5 年学科发文在 2014 年的被引			
		前 5 年	2014 年	频次	被引率(%)	最高（次）	篇均（次）
1	南京大学	6518	1024	1920	14.5	70	0.29
2	复旦大学	5048	669	1856	15.5	66	0.37
3	中国人民大学	5607	866	1774	15.6	33	0.32
4	北京大学	5502	873	1667	16.3	18	0.30
5	中国传媒大学	7384	1738	1427	12.6	16	0.19
6	武汉大学	6723	1038	1363	12.3	21	0.20
7	四川大学	9842	1244	1230	8.6	20	0.12
8	北京师范大学	6597	1018	1152	10.9	32	0.17
9	北京外国语大学	1367	274	994	18.8	74	0.73
10	华中师范大学	5943	1094	959	9.4	77	0.16

表 49-6　文化传播学科高被引科研院所 TOP 5

序号	第一作者单位	学科发文量（篇）		前 5 年学科发文在 2014 年的被引			
		前 5 年	2014 年	频次	被引率(%)	最高（次）	篇均（次）
1	中国社会科学院文学研究所	902	134	203	14.0	17	0.23
2	中国社会科学院语言研究所	221	39	202	36.7	18	0.91
3	中国艺术研究院	1534	231	153	7.8	7	0.10
4	中国社会科学院近代史研究所	424	78	107	16.3	5	0.25
5	中国社会科学院考古研究所	254	66	102	21.7	9	0.40

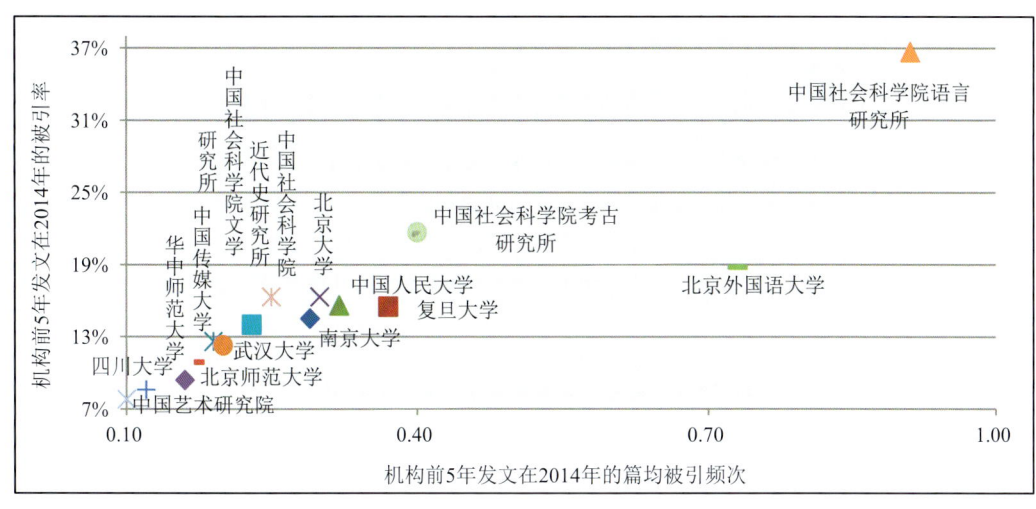

图 49-10 文化传播学科高被引机构论文篇均被引及被引率对比

49.6.2 高被引机构科研合作关系

通过合著分析，获得文化传播学科高被引机构之间及其与其他机构之间的科研合作关联，如图 49-11 所示（合作 12 次以下不显示）。分析得知，文化传播学科的机构合作链接比较紧密，表明学科内机构合作现象普遍且具有一定的地域性；高被引机构基本主导了机构合作网络，显示出这些机构已经在学科内具有了一定的科研优势。中国传媒大学和中国中央电视台、清华大学和北京大学等机构之间的链接较强，表明它们的学术合作较为频繁。

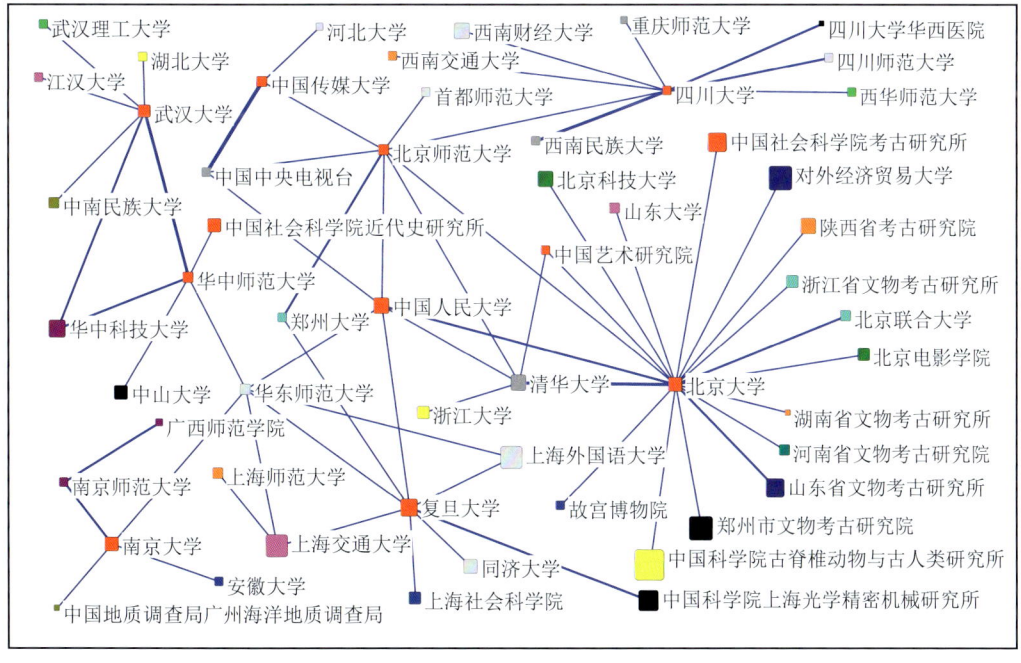

图 49-11 文化传播学科高被引机构科研合作关联

49.7 高被引图书、国外期刊及学术会议

2014 年,文化传播学科被引频次位居前 10 位的图书及国外期刊见表 49-7 和表 49-8。其中,被引次数较多的 3 种图书分别是司马迁的《史记》、班固的《汉书》和脱脱的《宋史》;被引次数较多的 3 种国外期刊分别是《Applied Linguistics》《Journal of Pragmatics》和《Language Learning》;被引次数较多的 3 场学术会议分别是"Literary Style: A Symposium""Proceedings of International Conference on Speech Communication and Technology"和"20th Century Literary Criticism"。

表 49-7 文化传播学科高被引图书 TOP 10

序号	责任者	图书名称	出版社	2014 年被引频次
1	司马迁	史记	中华书局	1112
2	班固	汉书	中华书局	916
3	脱脱	宋史	中华书局	573
4	马克思	马克思恩格斯选集	人民出版社	566
5	郭庆光	传播学教程	中国人民大学出版社	547
6	范晔	后汉书	中华书局	543
7	毛泽东	毛泽东选集	人民出版社	484
7	欧阳修	新唐书	中华书局	484
9	许慎	说文解字	中华书局	480
10	马克思	马克思恩格斯全集	人民出版社	467

表 49-8 文化传播学科高被引国外期刊 TOP 10

序号	期刊名称	2014 年被引频次
1	Applied Linguistics	837
2	Journal of Pragmatics	642
3	Language Learning	634
4	TESOL Quarterly	591
5	The Modern Language Journal	486
6	Studies in Second Language Acquisition	435
7	Language	429
8	System	369
9	Science	342
10	Linguistic Inquiry	315

第 50 章 图书情报档案学科高被引分析

50.1 学科论文概况

2009—2013 年,图书情报档案学科共有 113409 位来自 30316 所机构的论文第一作者在 4700 种期刊上发表了 167831 篇学术论文。其中,80%以上的论文产出自 8487 所机构、80023 位作者,发表在 296 种期刊上。在前 5 年发表的这些论文中,有 35666 篇在 2014 年获得过引用,整体被引率为 21.3%,总被引频次为 63723 次,篇均被引 0.38 次;其中,高被引论文有 426 篇,单篇论文最高被引频次为 76 次,累计被引 6147 次,篇均被引 14.43 次(表 50-1)。另外,2014 年图书情报档案学科共发表论文 35039 篇,其中有 1912 篇在当年获得过引用,总被引 2586 次。

表 50-1 图书情报档案学科论文分布情况

年份	论文篇数	2014年被引频次	2014年被引率(%)	2014年高被引论文			
				论文篇数	最高被引频次	总被引频次	篇均被引频次
2009	28287	9705	20.3	64	48	823	12.86
2010	30421	11977	22.7	90	65	1104	12.27
2011	36253	13830	21.0	98	76	1399	14.28
2012	39932	14468	19.4	88	73	1521	17.28
2013	32938	13743	23.2	86	65	1300	15.12
合计	167831	63723	21.3	426	76	6147	14.43

从图书情报档案学科论文的地域分布来看,2014 年被引频次较高的 5 个省、直辖市或自治区依次是北京、广东、江苏、湖北和河南(图 50-1);5 年论文产出量较多的 5 个省、直辖市或自治区依次是江苏、北京、广东、黑龙江和河南(图 50-2)。

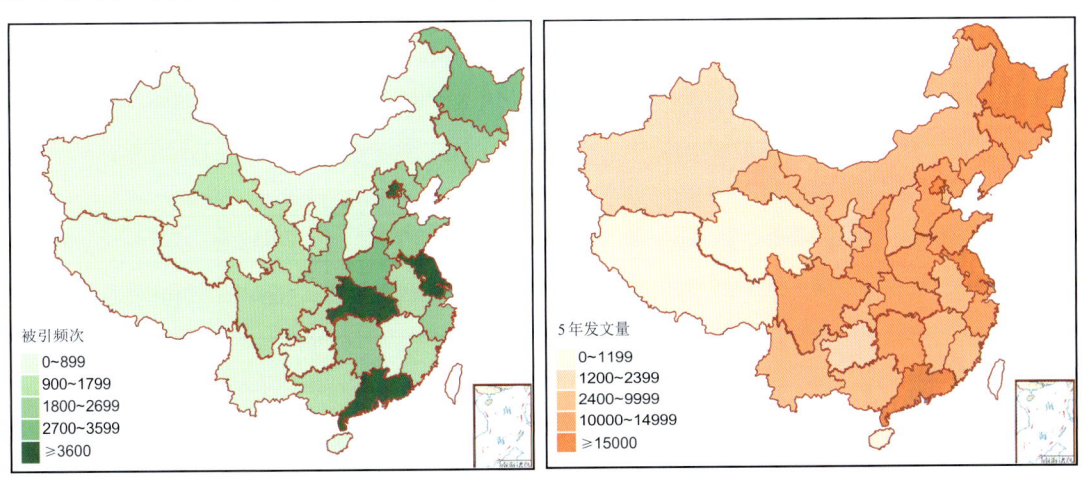

图 50-1 2014 年图书情报档案学科地区被引分布　　图 50-2 图书情报档案学科 5 年论文产出地区分布

50.2 高被引论文分析

在图书情报档案学科，2014 年被引频次位居前 10 位的论文（表 50-2）平均被引频次为 55.4 次，是全部 426 篇高被引论文篇均被引频次的 3.8 倍。其中，被引频次最高的论文是陈超美于 2009 年发表的《CiteSpace Ⅱ：科学文献中新趋势与新动态的识别与可视化》，随后 2 篇分别是黄浩波于 2013 年发表的《微信及其在图书馆信息服务中的应用》和樊伟红于 2012 年发表的《图书馆需要怎样的"大数据"》。

从论文分布来看，刊载高被引论文数量居前的 3 种期刊分别是《图书情报工作》（41 篇）、《大学图书馆学报》（35 篇）和《中国图书馆学报》（33 篇），而《中国图书馆学报》刊载了高被引论文 TOP 10 中的 3 篇；发表高被引论文居前的 3 位学者分别是中国科学院文献情报中心的初景利（6 篇）、中国科学院文献情报中心的张晓林（6 篇）和武汉大学的邱均平（5 篇）；产出高被引论文数量居前的 3 所机构分别是武汉大学（26 篇）、北京大学（18 篇）和中国科学院文献情报中心（17 篇）。

表 50-2　图书情报档案学科高被引论文 TOP 10

序号	论文题名	第一作者	期刊名称	发表年份	被引频次	
					总频次	2014 年
1	CiteSpace Ⅱ：科学文献中新趋势与新动态的识别与可视化	陈超美	情报学报	2009	284	79
2	微信及其在图书馆信息服务中的应用	黄浩波	图书馆学刊	2013	119	64
3	图书馆需要怎样的"大数据"	樊伟红	图书馆杂志	2012	101	58
4	未来图书馆的新模式——智慧图书馆	王世伟	图书馆建设	2011	124	57
5	大数据带给图书馆的影响与挑战	韩翠峰	图书与情报	2012	116	56
6	读者决策的图书馆藏书采购——藏书建设 2.0 版	张甲	中国图书馆学报	2011	121	53
7	移动的书海：国内移动图书馆现状及发展趋势	宋恩梅	中国图书馆学报	2010	166	50
8	大数据时代图书馆的服务创新与发展	韩翠峰	图书馆	2013	76	49
9	颠覆数字图书馆的大趋势	张晓林	中国图书馆学报	2011	127	44
9	CALIS 数字图书馆云服务平台模型	王文清	大学图书馆学报	2009	191	44

50.3 研究主题关联分析

在图书情报档案学科，高被引论文累计被 2014 年发表的 4033 篇论文引用了 6147 次。通过分析施引文献关键词的词频及关键词之间的共现关系，获得 2014 年图书情报档案学科的热点主题和主题关联，如图 50-3 所示（共现 19 次以下不显示）。由图 50-3 可知："图书馆""高校图书馆""大数据"等关键词的文档词频较高，是 2014 年学科的研究热点；以"图书馆""信息服务""高校图书馆"等关键词为主要节点的多个概念相互关联，构成了学科内最为突出的研究主题簇。

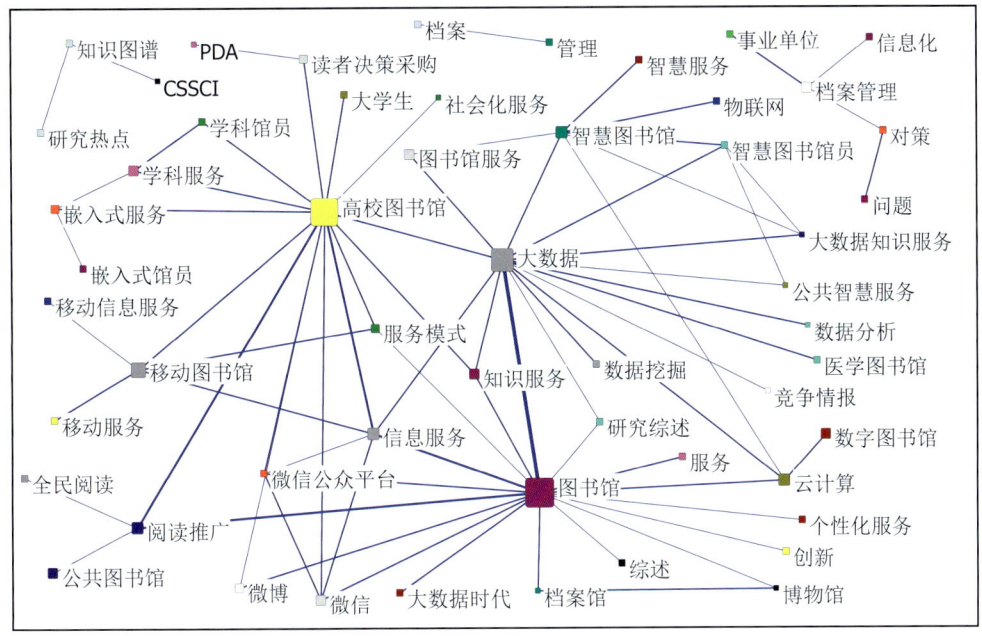

图 50-3　图书情报档案学科 2014 年热点主题关联

50.4 学科高影响力期刊分析

50.4.1 学科高影响力期刊 TOP 10

在图书情报档案学科，学科 5 年影响因子位居前 10 位的期刊见表 50-3，排在前 3 位的期刊分别是《中国图书馆学报》《大学图书馆学报》和《图书与情报》。在表 50-3 中，学科载文量占其总载文量比例最大的期刊是《图书馆建设》；前 5 年学科载文在 2014 年被引率最高的期刊是《中国图书馆学报》；期刊 5 年影响因子较高的前 3 种期刊分别是《中国图书馆学报》《大学图书馆学报》和《图书与情报》；学科 5 年影响因子与期刊 5 年影响因子差异最大的期刊是《图书与情报》。表 50-3 中期刊的学科 5 年影响因子和前 5 年学科载文的 2014 年被引率对比如图 50-4 所示，2009—2014 年期刊 5 年影响因子的变动情况如图 50-5 所示。

表 50-3　图书情报档案学科高影响力期刊基本指数

序号	期刊名称	前 5 年载文量			2014 年学科被引			5 年影响因子		h 指数 (学科)
		学科（篇）	占比（%）	总量（篇）	频次	被引率（%）	高被引论文篇数	期刊 (2014)	学科 (2014)	
1	中国图书馆学报	456	86.5	527	1395	64.0	33	2.941	3.059	14
2	大学图书馆学报	690	86.3	800	1255	49.3	35	1.862	1.819	14
3	图书与情报	880	78.9	1116	1398	46.9	22	1.461	1.589	13
4	情报资料工作	672	83.6	804	799	43.9	16	1.129	1.189	10
5	情报学报	764	87.2	876	881	48.8	6	1.102	1.153	8
6	图书情报知识	519	81.0	641	569	39.7	9	1.020	1.096	9
6	图书情报工作	3100	72.8	4259	3398	44.7	41	1.009	1.096	13
8	图书馆论坛	1586	93.7	1692	1667	45.7	18	1.035	1.051	11
9	图书馆建设	2025	99.3	2040	1920	41.0	22	0.945	0.948	11
10	图书馆杂志	1342	87.5	1533	1255	35.3	21	0.883	0.935	11

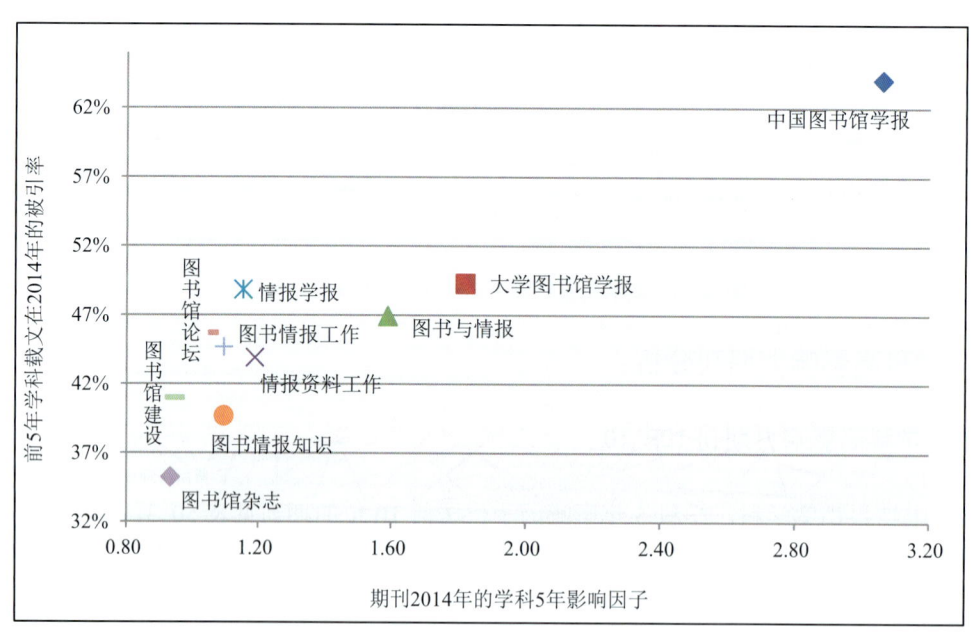

图 50-4　图书情报档案学科高影响力期刊对比

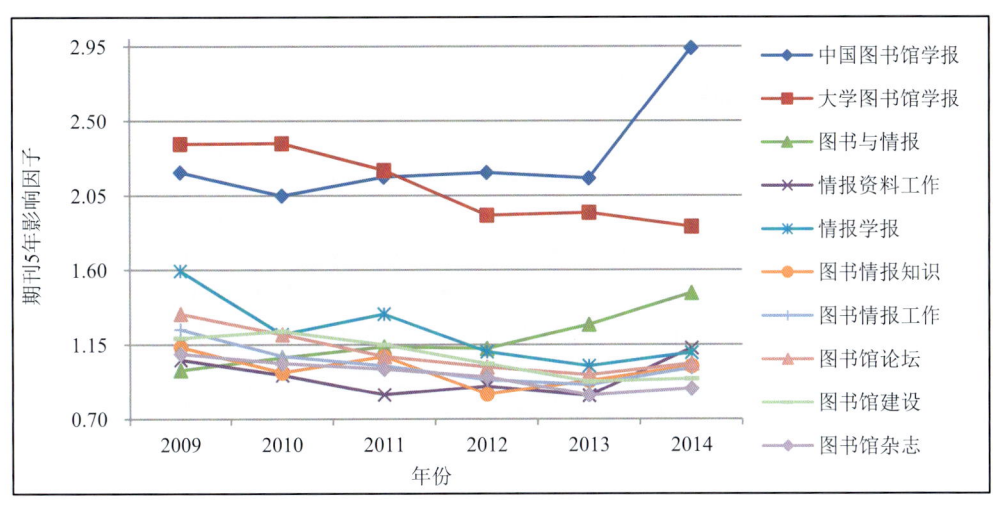

图 50-5　图书情报档案学科期刊 5 年影响因子变动

50.4.2　学科高影响力期刊载文主题关联

通过期刊共被引分析，获得图书情报档案学科高影响力期刊及与其他期刊之间的载文主题关联，如图 50-6 所示（共被引 100 次以下不显示）。结果显示，图书情报档案学科的高影响力期刊相互链接较为紧密，基本主导了该学科的期刊共被引网络，显示出该学科高影响力期刊可能共同刊载了许多相近的研究主题，热点研究主题分散在多种期刊上。《中国图书馆学报》的学科 5 年影响因子较高，显示出该刊在学科内学术影响力较大；《图书情报工作》与《中国图书馆学报》《图书馆论坛》等期刊之间的链接较强，意味着它们之间可能有较多相同或相近的载文主题。

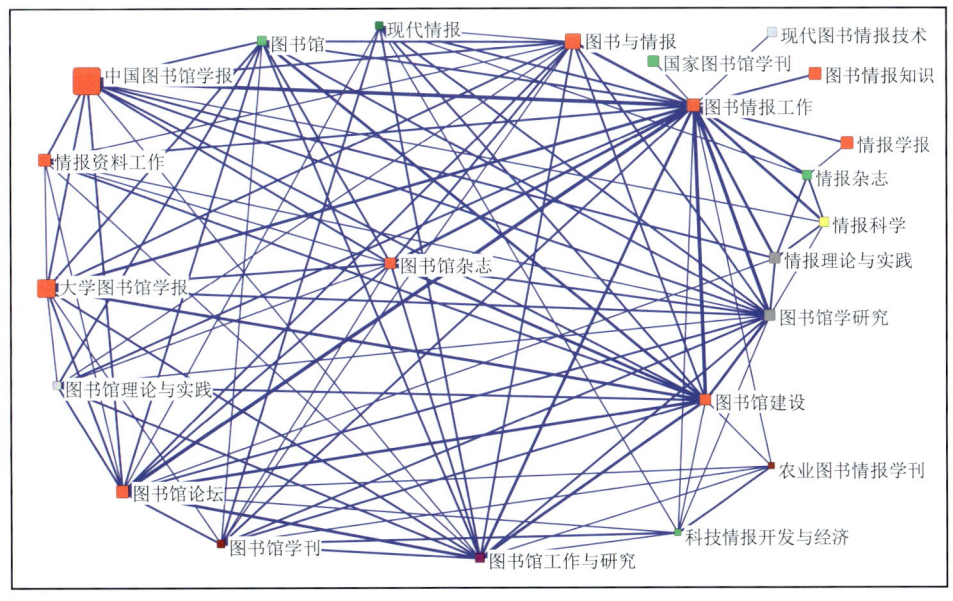

图 50-6　图书情报档案学科高影响力期刊载文主题关联

50.5 高被引作者分析

50.5.1 高被引作者 TOP 20

2009—2013 年,在 113409 位图书情报档案学科论文的第一作者中,在 2014 年学科被引频次位居前 20 位的学者的发文及被引情况见表 50-4。其中,学科发文总被引频次较高的 3 位作者分别是武汉大学的邱均平(213 次)、中国科学院文献情报中心的张晓林(130 次)和上海社会科学院的王世伟(128 次)。高被引作者的 5 年学科发文数量从 2 篇到 114 篇不等,同时,作者学科发文的期刊分布也在 2 种到 26 种之间变化。在发文超过 5 篇的所有作者中,篇均被引较高的 3 位作者分别是兰州商学院的韩翠峰(篇均 21.20 次)、广西医科大学的黄浩波(篇均 13.00 次)和南京农业大学的茆意宏(篇均 12.17 次);前 5 年发表学科论文较多的 3 位作者分别是武汉大学的邱均平(114 篇)、南开大学的王知津(106 篇)和郑州师范学院的袁红军(71 篇)。高被引作者的学科发文量和被引量对比如图 50-7 所示。

表 50-4 图书情报档案学科高被引作者 TOP 20

序号	姓名	作者单位	前 5 年发文			前 5 年学科发文在 2014 年的被引				h 指数 (学科)
			学科发文(篇)	期刊分布(种)	发文总量(篇)	总频次	被引率(%)	最高(次)	篇均(次)	
1	邱均平	武汉大学	114	24	189	213	48.3	21	1.87	8
2	张晓林	中国科学院文献情报中心	14	4	19	130	71.4	44	9.29	6
3	王世伟	上海社会科学院	23	9	31	128	56.5	57	5.57	4
4	王知津	南开大学	106	26	128	117	56.6	6	1.10	4
5	初景利	中国科学院文献情报中心	13	7	16	111	100.0	28	8.54	7
6	韩翠峰	兰州商学院	5	4	6	106	60.0	56	21.20	2
7	柯平	南开大学	47	17	53	92	63.8	11	1.96	6
8	刘华	上海大学	8	7	11	82	62.5	38	10.25	3
9	蒋永福	黑龙江大学	24	13	28	80	79.2	11	3.33	6
10	陈超美	德雷塞尔大学	2	2	2	79	50.0	79	39.50	1
11	司莉	武汉大学	34	15	37	78	47.1	22	2.29	5
12	魏群义	重庆大学	10	8	11	77	90.0	30	7.70	3
13	范并思	华东师范大学	18	11	20	76	66.7	20	4.22	5
14	茆意宏	南京农业大学	6	5	10	73	100.0	30	12.17	4
15	贺德方	中国科学技术信息研究所	22	6	29	65	63.6	9	2.95	5
15	黄浩波	广西医科大学	5	3	9	65	40.0	64	13.00	1

序号	姓名	作者单位	前5年发文			前5年学科发文在2014年的被引				h指数(学科)
			学科发文（篇）	期刊分布（种）	发文总量（篇）	总频次	被引率（%）	最高（次）	篇均（次）	
17	马晓亭	兰州商学院	45	15	58	64	48.9	9	1.42	4
18	樊伟红	桂林理工大学	7	5	10	59	28.6	58	8.43	1
18	肖希明	武汉大学	39	13	49	59	48.7	9	1.51	4
20	黄幼菲	西安铁路职业技术学院	31	19	31	58	45.2	16	1.87	5

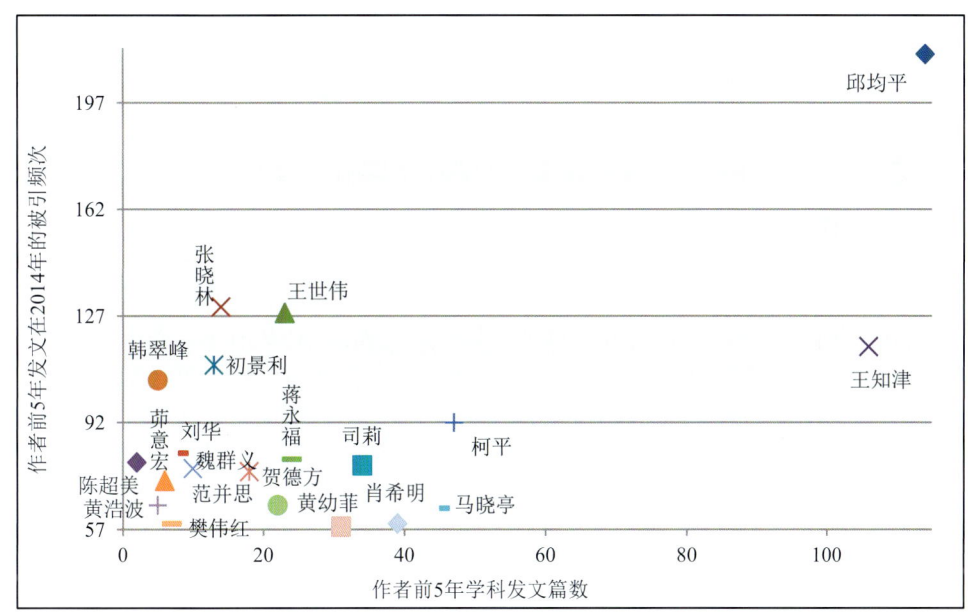

图 50-7　图书情报档案学科高被引作者学科发文及被引对比

50.5.2　高被引作者科研合作关系

通过作者合著分析，获得2014年图书情报档案学科高被引作者及与其他学者之间的科研论文合作关系（不考虑论文署名次序），如图50-8所示（合著3次以下不显示）。可以看出，图书情报档案学科的高被引作者的论文合作现象比较普遍。学者邱均平和王知津的发文量较多；王知津的论文合作网络最为突出，在该学科的研究人员中表现出一定的集聚效应；王知津和韩正彪、马晓亭和陈臣等学者之间的合作关系最为紧密，显示出他们可能分别属于同一支科研团队。

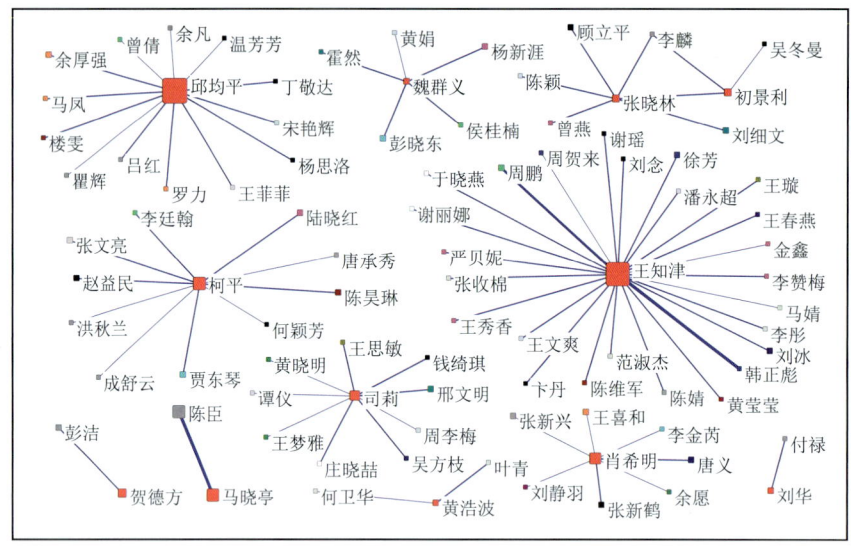

图 50-8　图书情报档案学科高被引作者科研论文合作关系

50.5.3 高被引作者发文主题关联

通过作者共被引分析，获得 2014 年图书情报档案学科高被引作者及与其他学者之间的发文主题关联（见图 50-9，共被引 6 次以下不显示）。如图 50-9 所示，图书情报档案学科的高被引作者基本主导了作者共被引网络，显示出该学科在热点主题上已经形成了优势较为明显的科研力量。学者邱均平和王世伟的节点较大，显示出他们的学术成果在学科内得到较多关注；王世伟与董晓霞、韩翠峰与樊伟红等学者之间的链接较强，意味着他们之间可能分别有较为相近的研究主题；以韩翠峰、樊伟红等学者为主要节点的共被引作者簇人数较多且网络规模较大，意味着这些学者的研究主题关联可能较为紧密。

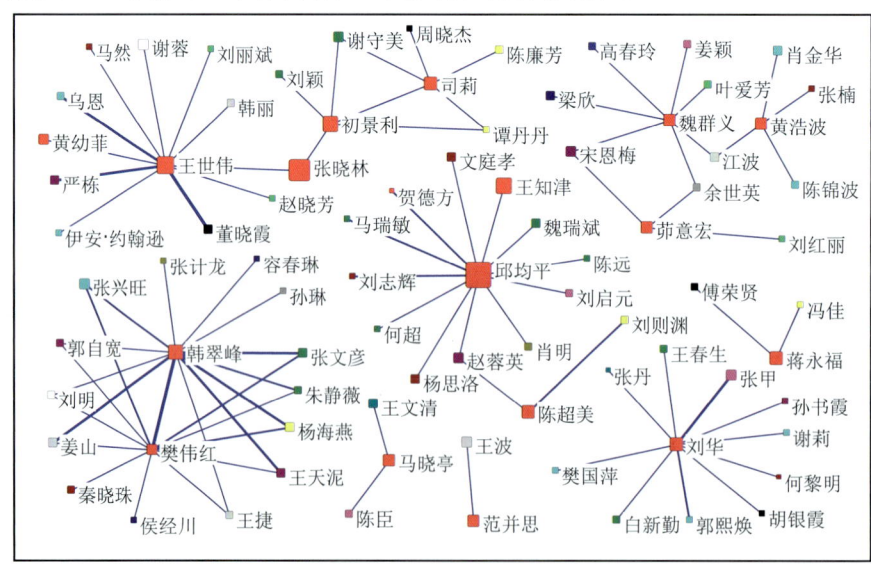

图 50-9　图书情报档案学科高被引作者发文主题关联

50.6 高被引机构分析

50.6.1 高被引机构

为便于比较，本书将图书情报档案学科的高被引机构分为高等院校和科研院所两种类型。其中，被引频次 TOP 10 高等院校和被引频次 TOP 5 科研院所的发文及被引情况分别见表 50-5 和表 50-6。其中，总被引频次较高的 3 所高等院校分别是武汉大学、北京大学和南京大学，中国科学院文献情报中心、中国科学技术信息研究所和中国国家图书馆是总被引频次较高的 3 所科研院所；前 5 年学科发文在 2014 年的被引率最高的高等院校和科研院所分别是南开大学和中国科学院文献情报中心，篇均被引最高的高等院校和科研院所分别是清华大学和中国科学院文献情报中心。上述高被引机构的论文被引率和篇均被引频次对比如图 50-10 所示。

表 50-5 图书情报档案学科高被引高等院校 TOP 10

序号	第一作者单位	学科发文量（篇）		前 5 年学科发文在 2014 年的被引			
		前 5 年	2014 年	频次	被引率(%)	最高（次）	篇均（次）
1	武汉大学	2112	412	1857	33.9	50	0.88
2	北京大学	1050	139	909	31.6	43	0.87
3	南京大学	1457	265	879	31.4	12	0.60
4	南开大学	727	89	615	36.7	32	0.85
5	中山大学	807	107	564	31.2	24	0.70
6	吉林大学	802	139	517	31.5	10	0.64
7	中国人民大学	777	137	512	30.0	21	0.66
7	上海大学	792	126	512	28.4	38	0.65
9	清华大学	427	70	402	34.4	28	0.94
10	黑龙江大学	621	83	396	30.1	11	0.64

表 50-6 图书情报档案学科高被引科研院所 TOP 5

序号	第一作者单位	学科发文量（篇）		前 5 年学科发文在 2014 年的被引			
		前 5 年	2014 年	频次	被引率(%)	最高（次）	篇均（次）
1	中国科学院文献情报中心	531	20	843	49.7	44	1.59
2	中国科学技术信息研究所	947	141	682	35.1	16	0.72
3	中国国家图书馆	970	169	446	26.5	8	0.46
4	东莞图书馆	222	18	149	28.8	10	0.67
5	上海社会科学院	92	16	144	27.2	57	1.57

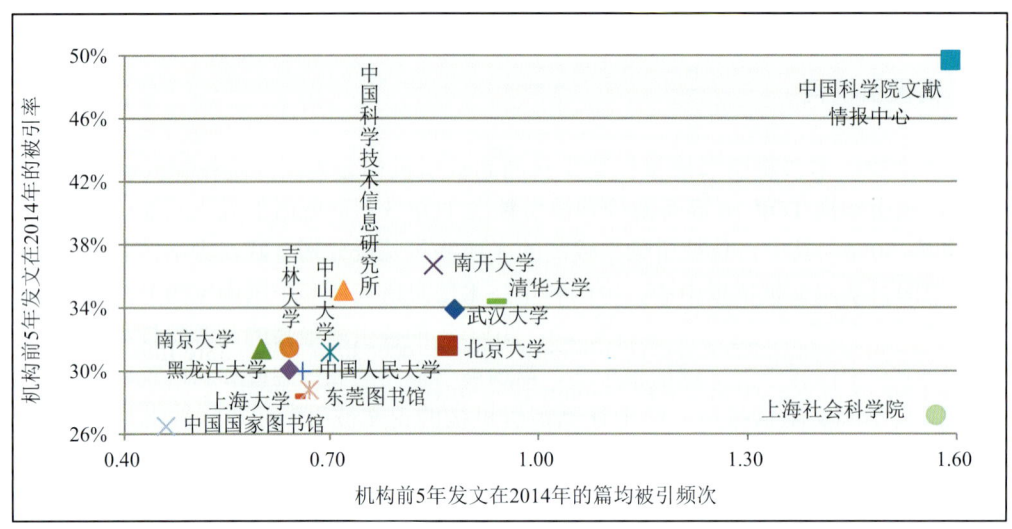

图 50-10　图书情报档案学科高被引机构论文篇均被引及被引率对比

50.6.2　高被引机构科研合作关系

通过合著分析，获得图书情报档案学科高被引机构之间及其与其他机构之间的科研合作关联，如图 50-11 所示（合作 12 次以下不显示）。分析得知，图书情报档案学科的机构合作链接比较紧密，表明学科内机构合作现象较为普遍；高被引机构基本主导了机构合作网络，显示出这些机构已经在学科内具有了一定的科研优势。中国科学技术信息研究所和南京大学、中国科学院文献情报中心和中国科学院文献情报中心武汉分馆等机构之间的链接较强，表明它们的学术合作较为频繁。

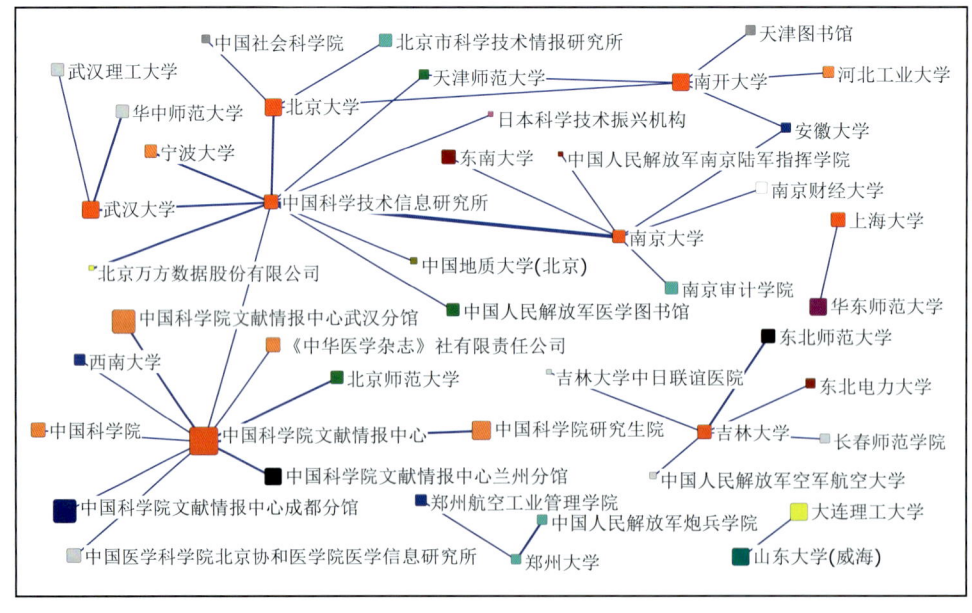

图 50-11　图书情报档案学科高被引机构科研合作关联

50.7 高被引图书、国外期刊及学术会议

2014年，图书情报档案学科被引频次位居前10位的图书及国外期刊见表50-7和表50-8。其中，被引次数较多的3种图书分别是邱均平的《信息计量学》、冯惠玲的《档案学概论》和阮冈纳赞的《图书馆学五定律》；被引次数较多的3种国外期刊分别是《Scientometrics》《Journal of the American Society for Information Science and Technology》和《Research Policy》；被引次数较多的 3 场学术会议分别是"Proceedings of the 32nd International ACM SIGIR Conference on Research and Development in Information Retrieval""Proceedings of the American Society for Information Science and Technology"和"Proceedings of the 33rd International ACM SIGIR Conference on Research and Development in Information Retrieval"。

表 50-7　图书情报档案学科高被引图书 TOP 10

序号	责任者	图书名称	出版社	2014年被引频次
1	邱均平	信息计量学	武汉大学出版社	98
2	冯惠玲	档案学概论	中国人民大学出版社	78
3	阮冈纳赞	图书馆学五定律	书目文献出版社	43
4	吴慰慈	图书馆学概论	国家图书馆出版社	35
5	永瑢	四库全书总目	中华书局	30
6	程焕文	信息资源共享	高等教育出版社	28
7	吴宝康	档案学概论	中国人民大学出版社	27
7	吴慰慈	图书馆学基础	高等教育出版社	27
9	国家图书馆	新版中国机读目录格式使用手册	国家图书馆出版社	26
9	冯惠玲	电子文件管理教程	中国人民大学出版社	26

表 50-8　图书情报档案学科高被引国外期刊 TOP 10

序号	期刊名称	2014年被引频次
1	Scientometrics	867
2	Journal of the American Society for Information Science and Technology	714
3	Research Policy	384
4	Journal of the American Society for Information Science	254
5	Nature	247
6	Information Processing & Management	242
7	Journal of Documentation	239
8	Science	210
9	Journal of Academic Librarianship	191
9	MIS Quarterly	191

第 51 章 教育学科高被引分析

51.1 学科论文概况

2009—2013 年,教育学科共有 1877705 位来自 286978 所机构的论文第一作者在 5386 种期刊上发表了 2390007 篇学术论文。其中,80%以上的论文产出自 42626 所机构、1321374 位作者,发表在 541 种期刊上。在前 5 年发表的这些论文中,有 276600 篇在 2014 年获得过引用,整体被引率为 11.6%,总被引频次为 439598 次,篇均被引 0.18 次;其中,高被引论文有 3637 篇,单篇论文最高被引频次为 594 次,累计被引 39927 次,篇均被引 10.98 次(表 51-1)。另外,2014 年教育学科共发表论文 608959 篇,其中有 14739 篇在当年获得过引用,总共被引 18370 次。

表 51-1 教育学科论文分布情况

年份	论文篇数	2014 年被引频次	2014 年被引率(%)	2014 年高被引论文			
				论文篇数	最高被引频次	总被引频次	篇均被引频次
2009	262682	66489	15.7	565	401	6194	10.96
2010	414428	95050	14.1	791	541	8493	10.74
2011	544338	102009	11.6	851	594	9173	10.78
2012	632045	91737	9.3	655	453	7567	11.55
2013	536514	84313	10.3	775	516	8500	10.97
合计	2390007	439598	11.6	3637	594	39927	10.98

从教育学科论文的地域分布来看,2014 年被引频次较高的 5 个省、直辖市或自治区依次是江苏、广东、北京、浙江和河南(图 51-1);5 年论文产出量较多的 5 个省、直辖市或自治区依次是江苏、河北、河南、广东和浙江(图 51-2)。

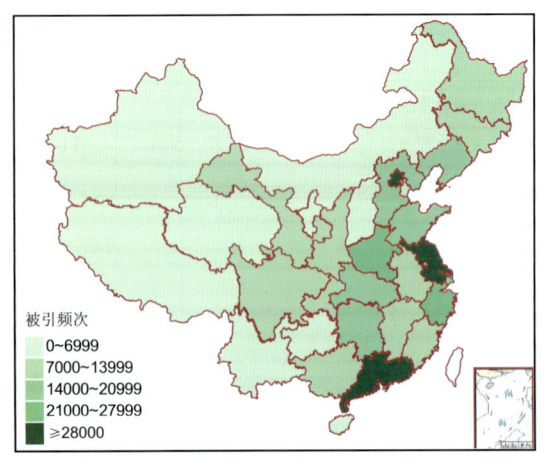

图 51-1 2014 年教育学科地区被引分布

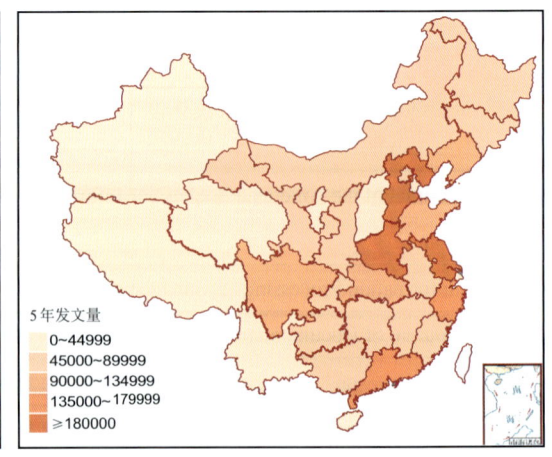

图 51-2 教育学科 5 年论文产出地区分布

51.2 高被引论文分析

在教育学科，2014 年被引频次位居前 10 位的论文（表 51-2）平均被引频次为 160.9 次，是全部 3637 篇高被引论文篇均被引频次的 14.7 倍。其中，被引频次最高的论文是张金磊于 2012 年发表的《翻转课堂教学模式研究》，随后 2 篇分别是梁乐明于 2013 年发表的《微课程设计模式研究——基于国内外微课程的对比分析》和钟晓流于 2013 年发表的《信息化环境中基于翻转课堂理念的教学设计研究》。

从论文分布来看，刊载高被引论文数量居前的 3 种期刊分别是《实验技术与管理》（117 篇）、《教育研究》（102 篇）和《中国大学教学》（94 篇），而《远程教育杂志》刊载了高被引论文 TOP 10 中的 3 篇；发表高被引论文居前的 3 位学者分别是河北联合大学的黄璐（23 篇）、清华大学的林健（14 篇）和华东师范大学的祝智庭（10 篇）；产出高被引论文数量居前的 3 所机构分别是北京师范大学（119 篇）、华东师范大学（83 篇）和清华大学（57 篇），而南京大学产出了高被引论文 TOP 10 中的 2 篇。

表 51-2 教育学科高被引论文 TOP 10

序号	论文题名	第一作者	期刊名称	发表年份	被引频次 总频次	2014 年
1	翻转课堂教学模式研究	张金磊	远程教育杂志	2012	1072	395
2	微课程设计模式研究——基于国内外微课程的对比分析	梁乐明	开放教育研究	2013	422	182
3	信息化环境中基于翻转课堂理念的教学设计研究	钟晓流	开放教育研究	2013	486	175
4	微课的含义与发展	黎加厚	中小学信息技术教育	2013	305	155
5	计算思维与大学计算机基础教育	陈国良	中国大学教学	2011	366	142
6	MOOC 的发展及其对高等教育的影响	王文礼	江苏高教	2013	210	122
7	我国微课发展的三个阶段及其启示	胡铁生	远程教育杂志	2013	335	119
8	论高等职业教育课程的系统化设计——关于工作过程系统化课程开发的解读	姜大源	中国高教研究	2009	540	114
9	基于关联主义的大规模网络开放课程（MOOC）及其学习支持	樊文强	远程教育杂志	2012	196	108
10	注意各个教学环节，激发学生的学习兴趣	钱霞	中国校外教育（理论）	2009	238	97

51.3 研究主题关联分析

在教育学科，高被引论文累计被 2014 年发表的 29069 篇论文引用了 39927 次。通过分析施引文献关键词的词频及关键词之间的共现关系，获得 2014 年教育学科的热点主题和主题关联，如图 51-3 所示（共现 34 次以下不显示）。由图 51-3 可知："教学改革""大学生"等关键词的文档词频较高，是 2014 年学科的研究热点；以"大学生""高校""思想政治教育"等关键词为主要节点的多个概念相互关联，构成了学科内最为突出的研究主题簇。

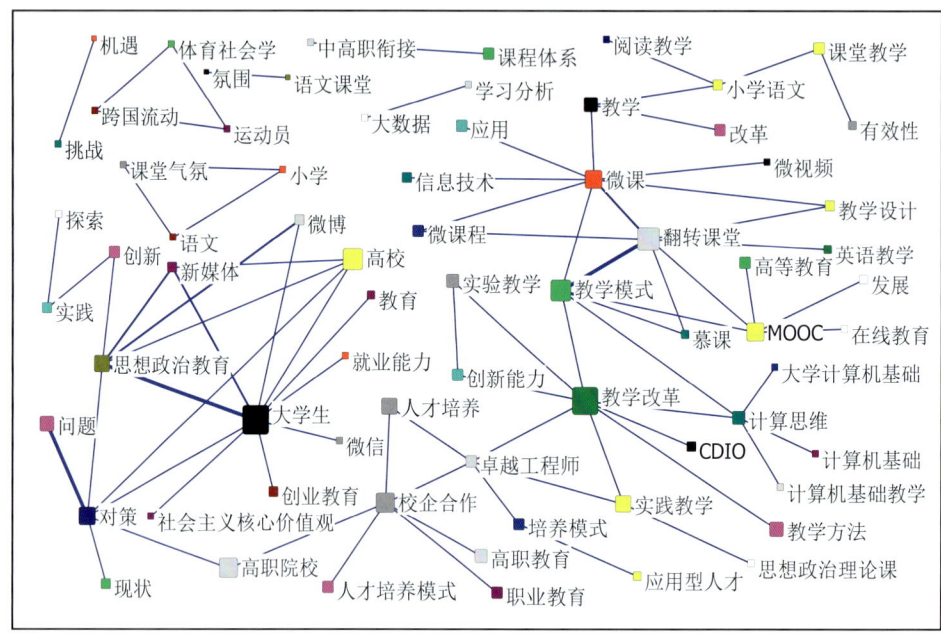

图 51-3 教育学科 2014 年热点主题关联

51.4 学科高影响力期刊分析

51.4.1 学科高影响力期刊 TOP 10

在教育学科，学科 5 年影响因子位居前 10 位的期刊见表 51-3，排在前 3 位的期刊分别是《远程教育杂志》《开放教育研究》和《中国大学教学》。在表 51-3 中，学科载文量占其总载文量比例最大的期刊是《体育科学》；前 5 年学科载文在 2014 年被引率最高的期刊是《体育科学》；期刊 5 年影响因子较高的前 3 种期刊分别是《远程教育杂志》《开放教育研究》和《中国大学教学》；学科 5 年影响因子与期刊 5 年影响因子差异最大的期刊是《北京师范大学学报（社会科学版）》。表 51-3 中期刊的学科 5 年影响因子和前 5 年学科载文的 2014 年被引率对比如图 51-4 所示，2009—2014 年期刊 5 年影响因子的变动情况如图 51-5 所示。

表 51-3　教育学科高影响力期刊基本指数

序号	期刊名称	前5年载文量			2014年学科被引			5年影响因子		h指数（学科）
		学科（篇）	占比（%）	总量（篇）	频次	被引率（%）	高被引论文篇数	期刊（2014）	学科（2014）	
1	远程教育杂志	543	97.5	557	1720	48.6	34	3.117	3.168	14
2	开放教育研究	583	97.3	599	1396	48.9	36	2.346	2.395	13
3	中国大学教学	1433	88.6	1617	2875	50.0	94	2.066	2.006	20
4	北京师范大学学报（社会科学版）	86	13.9	617	157	55.8	7	0.964	1.826	10
5	高等工程教育研究	922	91.0	1013	1657	47.8	55	1.796	1.797	14
6	教育研究	1566	96.0	1632	2761	51.3	102	1.738	1.763	15
7	实验室研究与探索	1994	43.5	4581	3134	54.3	86	1.102	1.572	14
8	实验技术与管理	2694	59.2	4554	4189	53.2	117	1.169	1.555	15
9	北京大学教育评论	298	96.4	309	457	54.4	10	1.557	1.534	8
10	体育科学	888	99.0	897	1348	57.4	27	1.514	1.518	11

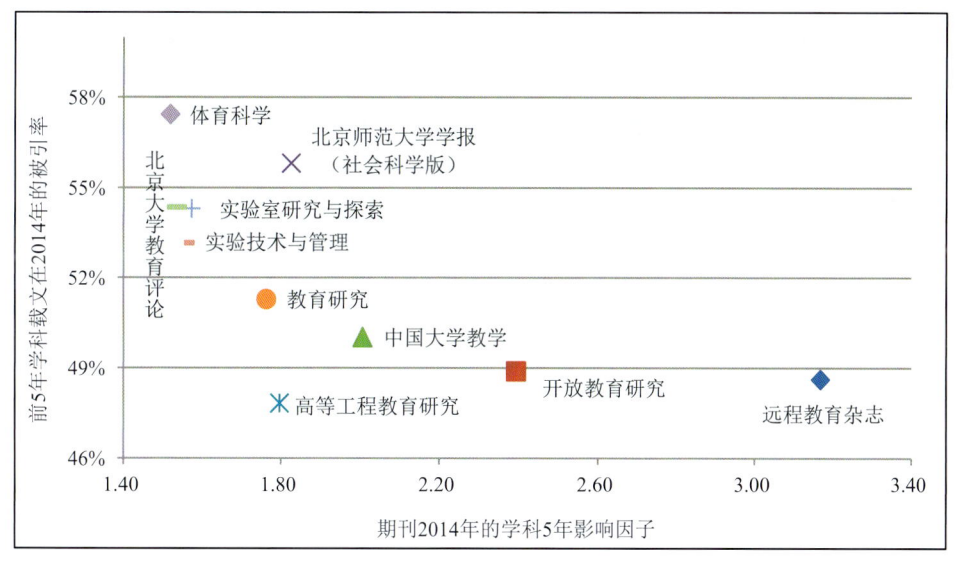

图 51-4　教育学科高影响力期刊对比

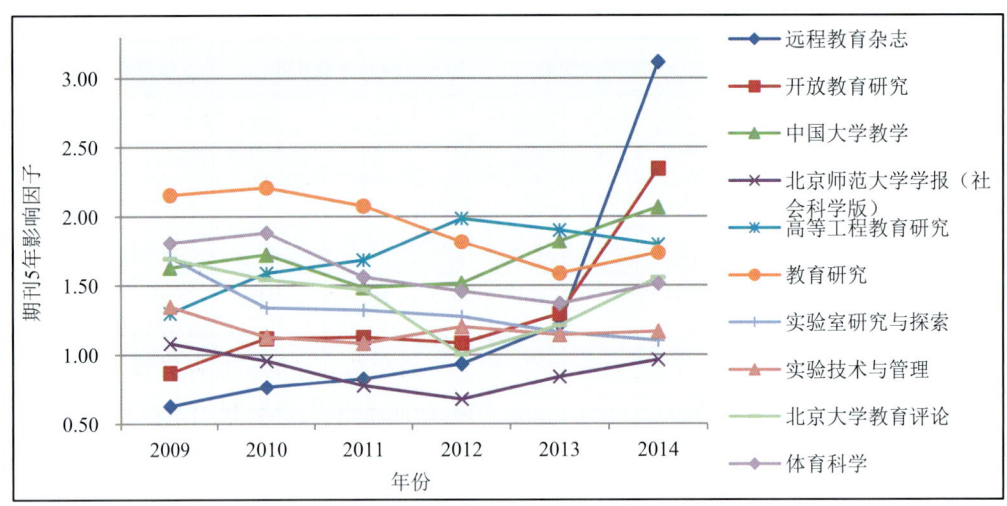

图 51-5　教育学科期刊 5 年影响因子变动

51.4.2　学科高影响力期刊载文主题关联

通过期刊共被引分析，获得教育学科高影响力期刊及与其他期刊之间的载文主题关联，如图 51-6 所示（共被引 117 次以下不显示）。结果显示，教育学科的高影响力期刊相互链接较为紧密，基本主导了该学科的期刊共被引网络，显示出该学科高影响力期刊可能共同刊载了许多相近的研究主题，热点研究主题分散在多种期刊上。《远程教育杂志》的学科 5 年影响因子较高，显示出该刊在学科内学术影响力较大；《实验室研究与探索》与《实验技术与管理》期刊之间的链接较强，意味着它们之间可能有较多相同或相近的载文主题。

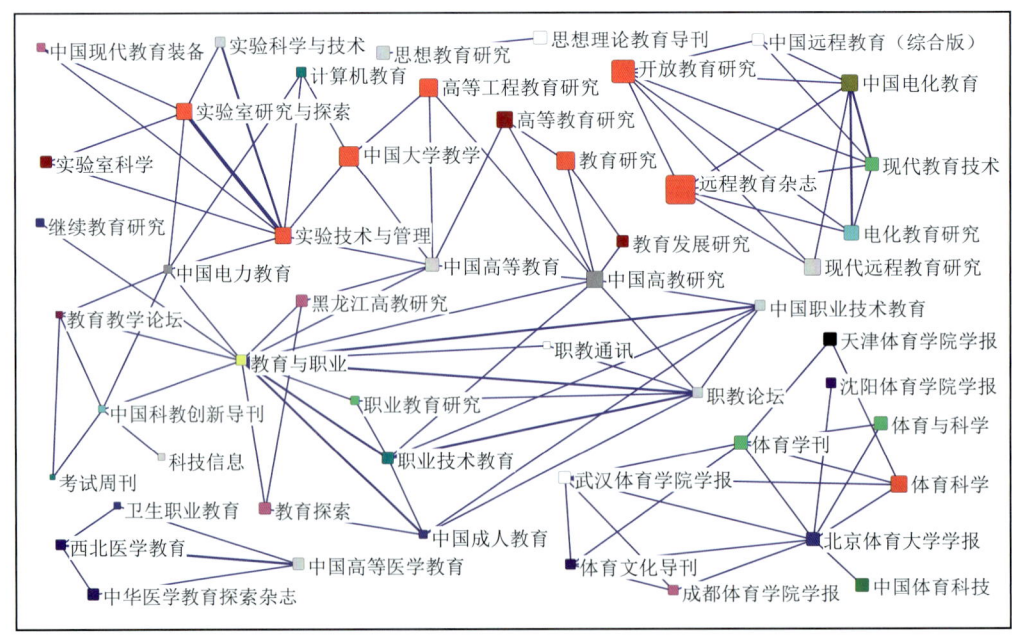

图 51-6　教育学科高影响力期刊载文主题关联

51.5 高被引作者分析

51.5.1 高被引作者 TOP 20

2009—2013 年，在 1877705 位教育学科论文的第一作者中，在 2014 年学科被引频次位居前 20 位的学者的发文及被引情况见表 51-4。其中，学科发文总被引频次较高的 3 位作者分别是华北理工大学的黄璐（539 次）、南京大学的张金磊（449 次）和清华大学的林健（434 次）。高被引作者的 5 年学科发文数量从 1 篇到 48 篇不等，同时，作者学科发文的期刊分布也在 1 种到 23 种之间变化。在发文超过 5 篇的所有作者中，篇均被引较高的 3 位作者分别是清华大学的钟晓流（篇均 25.29 次）、上海师范大学的黎加厚（篇均 20.25 次）和广东省佛山市教育局的胡铁生（篇均 16.12 次）；前 5 年发表学科论文较多的 3 位作者分别是江苏省太仓高级中学的唐惠忠（121 篇）、山东省枣庄市市中区实验小学的贾宪章（108 篇）和滁州职业技术学院的张健（106 篇）。高被引作者的学科发文量和被引量对比如图 51-7 所示。

表 51-4 教育学科高被引作者 TOP 20

序号	姓名	作者单位	前 5 年发文			前 5 年学科发文在 2014 年的被引				h 指数（学科）
			学科发文（篇）	期刊分布（种）	发文总量（篇）	总频次	被引率（%）	最高（次）	篇均（次）	
1	黄璐	华北理工大学	48	18	35	539	75.0	64	11.23	14
2	张金磊	南京大学	3	2	3	449	100.0	395	149.67	3
3	林健	清华大学	33	6	38	434	75.8	72	13.15	11
4	胡铁生	广东省佛山市教育局	17	9	16	274	35.3	119	16.12	5
5	潘懋元	厦门大学	33	23	38	224	51.5	49	6.79	7
6	梁乐明	南京大学	2	2	2	221	100.0	182	110.50	2
7	焦建利	华南师范大学	42	8	60	206	33.3	94	4.90	6
8	钟晓流	清华大学	7	5	9	177	28.6	175	25.29	2
9	何克抗	北京师范大学	37	13	38	174	56.8	48	4.70	6
10	黄荣怀	北京师范大学	18	7	21	173	72.2	38	9.61	7
11	黎加厚	上海师范大学	8	5	13	162	37.5	155	20.25	2
12	祝智庭	华东师范大学	27	12	32	160	55.6	42	5.93	6
13	陈国良	中国科学技术大学	1	1	3	142	100.0	142	142.00	2
14	徐国庆	华东师范大学	29	14	30	139	75.9	45	4.79	6
15	钟秉林	北京师范大学	43	15	48	132	67.4	18	3.07	5
16	余胜泉	北京师范大学	19	10	22	131	36.8	46	6.89	6
17	王文礼	井冈山大学	15	10	15	122	6.7	122	8.13	1

序号	姓名	作者单位	前5年发文			前5年学科发文在2014年的被引				h指数(学科)
			学科发文(篇)	期刊分布(种)	发文总量(篇)	总频次	被引率(%)	最高(次)	篇均(次)	
18	刘献君	华中科技大学	48	15	53	119	54.2	16	2.48	7
19	李青	北京邮电大学	23	9	28	117	56.5	71	5.09	4
19	姜大源	教育部职业技术教育中心	3	3	3	117	66.7	114	39.00	2

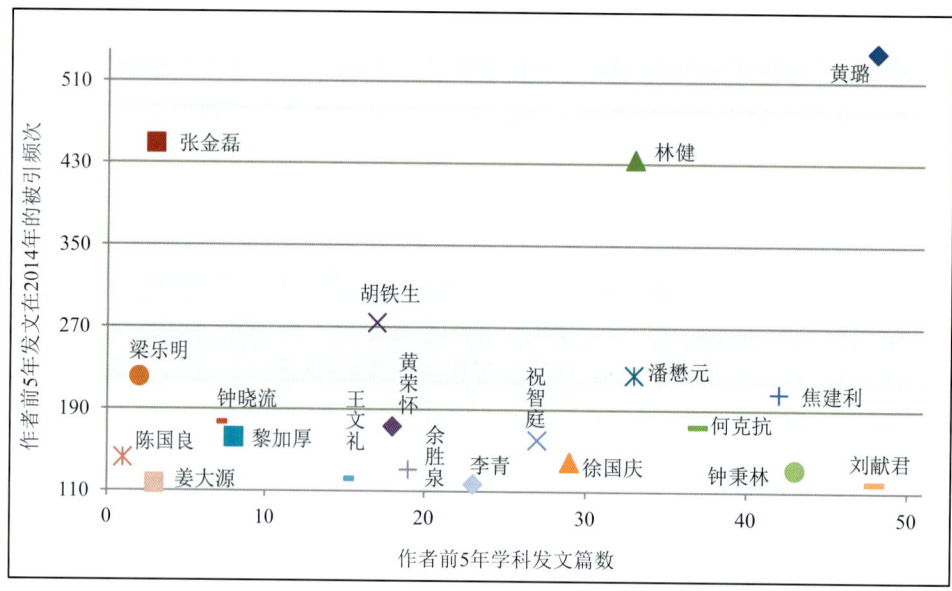

图 51-7　教育学科高被引作者学科发文及被引对比

51.5.2　高被引作者科研合作关系

通过作者合著分析，获得 2014 年教育学科高被引作者及与其他学者之间的科研论文合作关系（不考虑论文署名次序），如图 51-8 所示（合著 3 次以下不显示）。可以看出，教育学科的高被引作者的论文合作现象比较普遍。学者刘献君、焦建利和钟秉林的发文量较多；祝智庭和黄荣怀的论文合作网络最为突出，在该学科的研究人员中表现出一定的集聚效应；余胜泉和杨现民、钟秉林和赵应生等学者之间的合作关系最为紧密，显示出他们可能分别属于同一支科研团队。

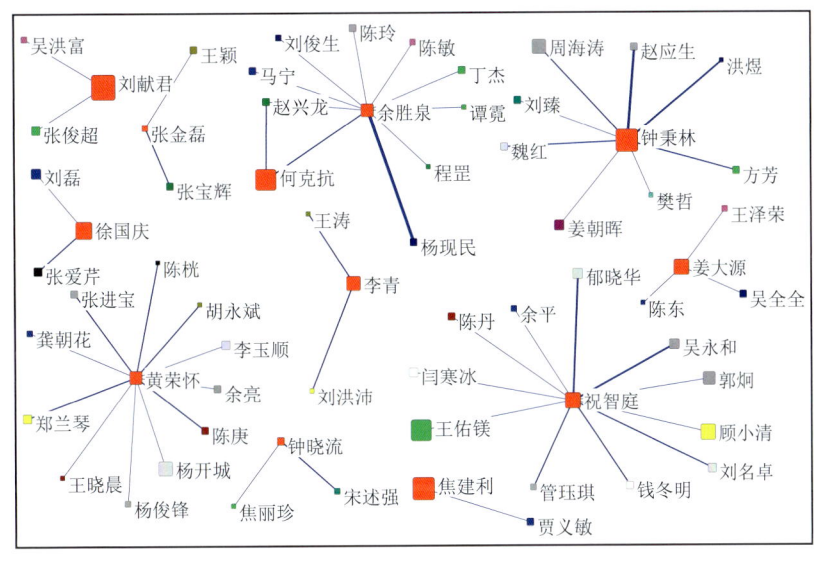

图 51-8　教育学科高被引作者科研论文合作关系

51.5.3　高被引作者发文主题关联

通过作者共被引分析，获得 2014 年教育学科高被引作者及与其他学者之间的发文主题关联（见图 51-9，共被引 9 次以下不显示）。如图 51-9 所示，教育学科的高被引作者基本主导了作者共被引网络，显示出该学科在热点主题上已经形成了优势较为明显的科研力量。学者张金磊和黄璐的节点较大，显示出他们的学术成果在学科内得到较多关注；焦建利与黎加厚、张金磊与钟晓流等学者之间的链接较强，意味着他们之间可能分别有较为相近的研究主题；以张金磊、胡铁生等学者为主要节点的共被引作者簇人数较多且网络规模较大，意味着这些学者的研究主题关联可能较为紧密。

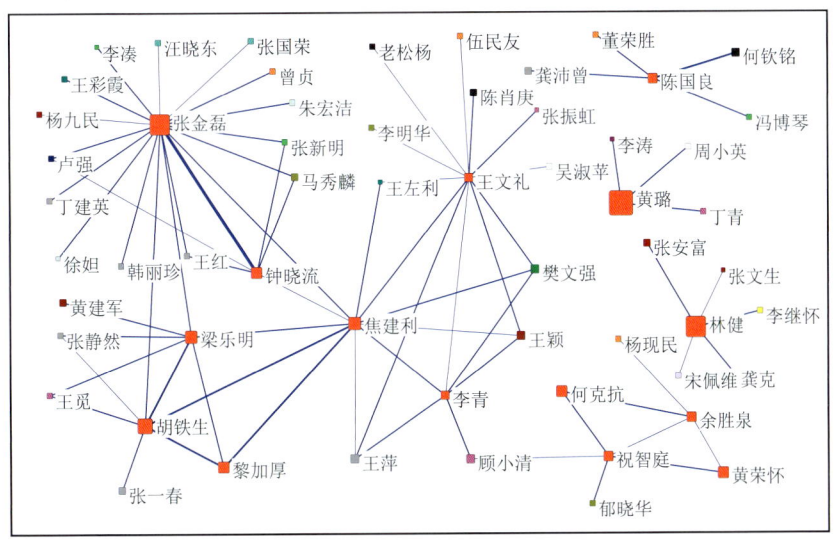

图 51-9　教育学科高被引作者发文主题关联

51.6 高被引机构分析

51.6.1 高被引机构

为便于比较，本书将教育学科的高被引机构分为高等院校和科研院所两种类型。其中，被引频次 TOP 10 高等院校和被引频次 TOP 5 科研院所的发文及被引情况分别见表 51-5 和表 51-6。其中，总被引频次较高的 3 所高等院校分别是北京师范大学、华东师范大学和西南大学，上海市教育科学研究院、北京教育科学研究院和国家体育总局体育科学研究所是总被引频次较高的 3 所科研院所；前 5 年学科发文在 2014 年的被引率最高的高等院校和科研院所分别是清华大学和国家体育总局体育科学研究所，篇均被引最高的高等院校和科研院所分别是清华大学和国家体育总局体育科学研究所。上述高被引机构的论文被引率和篇均被引频次对比如图 51-10 所示。

表 51-5 教育学科高被引高等院校 TOP 10

序号	第一作者单位	学科发文量（篇）		前 5 年学科发文在 2014 年的被引			
		前 5 年	2014 年	频次	被引率(%)	最高(次)	篇均(次)
1	北京师范大学	7281	1314	4726	25.5	51	0.65
2	华东师范大学	8535	992	4288	23.6	51	0.50
3	西南大学	9998	1277	2812	16.5	26	0.28
4	南京师范大学	6094	1009	2526	21.4	46	0.41
5	华南师范大学	4712	744	2408	24.3	94	0.51
6	华中师范大学	5923	995	2331	20.4	28	0.39
7	东北师范大学	4130	838	2141	23.5	48	0.52
8	清华大学	1709	283	2095	32.2	175	1.23
9	北京大学	2474	443	1934	31.1	32	0.78
10	南京大学	1832	301	1825	26.1	395	1.00

表 51-6 教育学科高被引科研院所 TOP 5

序号	第一作者单位	学科发文量（篇）		前 5 年学科发文在 2014 年的被引			
		前 5 年	2014 年	频次	被引率(%)	最高(次)	篇均（次）
1	上海市教育科学研究院	542	76	377	31.0	28	0.70
2	北京教育科学研究院	718	126	272	16.0	15	0.38
3	国家体育总局体育科学研究所	175	24	204	42.3	14	1.17
4	第二军医大学附属长海医院	248	45	168	37.1	13	0.68
5	第二军医大学长征医院	193	30	156	37.3	9	0.81

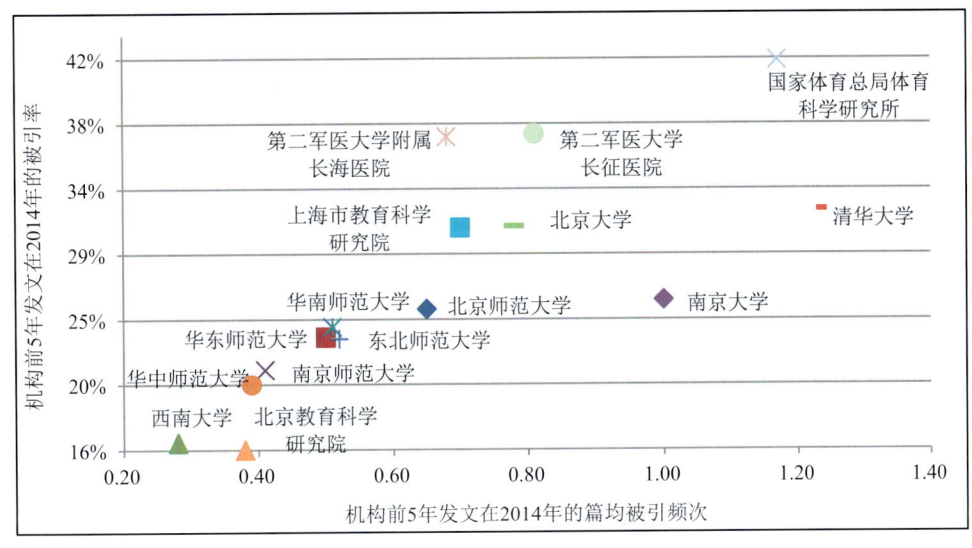

图 51-10 教育学科高被引机构论文篇均被引及被引率对比

51.6.2 高被引机构科研合作关系

通过合著分析，获得教育学科高被引机构之间及其与其他机构之间的科研合作关联，如图 51-11 所示（合作 25 次以下不显示）。分析得知，教育学科的机构合作链接比较紧密，显示出学科内各个机构间的研究主题关联非常紧密；高被引机构基本主导了机构合作网络，表明学科内机构合作现象较为普遍。北京师范大学和首都师范大学、北京大学等机构之间的链接较强，表明它们的学术合作较为频繁。

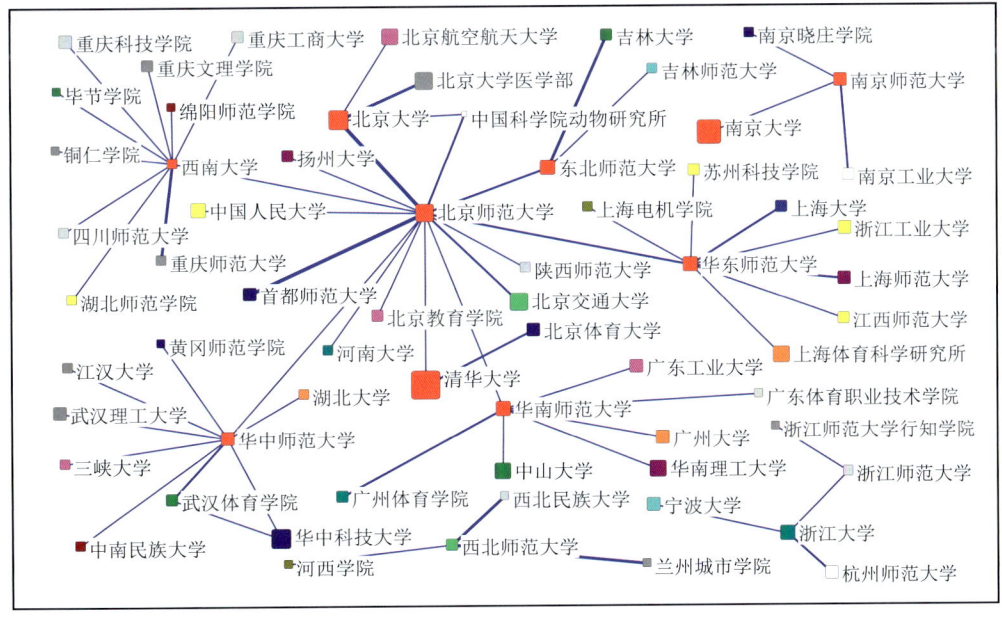

图 51-11 教育学科高被引机构科研合作关联

51.7 高被引图书、国外期刊及学术会议

2014年,教育学科被引频次位居前10位的图书及国外期刊见表51-7和表51-8。其中,被引次数较多的3种图书分别是苏霍姆林斯基的《给教师的建议》、张耀灿的《现代思想政治教育学》和姜大源的《职业教育学研究新论》;被引次数较多的3种国外期刊分别是《Medicine & Science in Sports & Exercise》《Journal of Personality and Social Psychology》和《Teaching and Teacher Education》;被引次数较多的3场学术会议分别是"Proceedings of the IADIS International Conference on Cognition and Exploratory Learning in the Digital Age(CELDA 2013)""Proceedings of the 1st Moodle Research Conference(MRC 2012)"和"Proceedings of International Conference of Adult Educators"。

表51-7 教育学科高被引图书 TOP 10

序号	责任者	图书名称	出版社	2014年被引频次
1	苏霍姆林斯基	给教师的建议	教育科学出版社	530
2	张耀灿	现代思想政治教育学	人民出版社	495
3	姜大源	职业教育学研究新论	教育科学出版社	447
4	王道俊	教育学	人民教育出版社	374
5	陈琦	当代教育心理学	北京师范大学出版社	359
6	田麦久	运动训练学	人民体育出版社	332
7	雅斯贝尔斯	什么是教育	生活·读书·新知三联书店	320
8	赵志群	职业教育工学结合一体化课程开发指南	清华大学出版社	288
9	张大均	教育心理学	人民教育出版社	287
10	戴士弘	职业教育课程教学改革	清华大学出版社	282

表51-8 教育学科高被引国外期刊 TOP 10

序号	期刊名称	2014年被引频次
1	Medicine & Science in Sports & Exercise	710
2	Journal of Personality and Social Psychology	523
3	Teaching and Teacher Education	424
4	TESOL Quarterly	403
5	American Psychologist	393
6	Journal of Educational Psychology	391
7	Applied Linguistics	379
8	Journal of Applied Physiology	373
9	Journal of Sports Sciences	356
10	Science	338

参考文献

[1] 中国科学技术信息研究所. 2011年版中国科技期刊引证报告（核心版）[M]. 北京：科学技术文献出版社，2011.

[2] 曾建勋. 2011年版中国期刊引证报告（扩刊版）[M]. 北京：科学技术文献出版社，2011.

[3] 曾建勋，李旭林. 中国期刊高被引指数的探究[J]. 中国科技期刊研究，2007，18（4）：555-557.

[4] 曾建勋，赵捷，吴雯娜，等. 基于引文的知识链接服务体系研究[J]. 情报理论与实践，2009，32（5）：1-4.

[5] 贺德方，郑彦宁. 世界高影响力学术论文科学计量学分析（1978—2008）[M]. 北京：科学技术文献出版社，2010.

[6] 贺德方. 中国高影响力论文产出状况的国际比较研究[J]. 中国软科学，2011（9）：94-99.

[7] 贺德方. 事实型数据：科技情报研究工作的基石[J]. 情报学报，2010，29（5）：771-776.

[8] 苏新宁，邓三鸿，韩新民. 中国人文社会科学学术影响力报告[M]. 北京：高等教育出版社，2011.

[9] 苏新宁. 中国人文社会科学图书学术影响力报告[M]. 北京：中国社会科学出版社，2011.

[10] 邱均平，燕今伟，刘霞. 中国学术期刊评价研究报告：RCCSE权威期刊、核心期刊排行榜与指南（2011—2012）[M]. 北京：科学出版社，2011.

[11] 朱强，蔡蓉华，何峻. 中文核心期刊要目总览（2011年版）[M]. 北京：北京大学出版社，2011.

[12] 万锦堃，薛芳渝. 中国学术期刊综合引证报告（2008）[M]. 北京：科学出版社，2008.

[13] 姜晓辉. 中国人文社会科学核心期刊要览（2008）[M]. 北京：社会科学文献出版社，2009.

[14] 中国科学引文数据库项目组. 中国科学计量指标：论文与引文统计（2011年卷）[M]. 北京：知识产权出版社，2012.

[15] 中国科学引文数据库项目组. 中国科学计量指标：期刊引证报告（2011年卷）[M]. 北京：知识产权出版社，2011.

[16] 潘教峰，张晓林，王小梅，等. 科学结构地图2009[M]. 北京：科学出版社，2010.